Pluralismus als Strukturprinzip im Rundfunk

Studien zum deutschen und europäischen Medienrecht

herausgegeben von Dieter Dörr und Udo Fink

mit Unterstützung der Dr. Feldbausch Stiftung

Bd. 39

PETER LANG

Frankfurt am Main · Berlin · Bern · Bruxelles · New York · Oxford · Wien

Kristoff M. Ritlewski

Pluralismus als Strukturprinzip im Rundfunk

Anforderungen aus dem Funktionsauftrag und Regelungen zur Sicherung in Deutschland und Polen

PETER LANG
Internationaler Verlag der Wissenschaften

Bibliografische Information der Deutschen Nationalbibliothek
Die Deutsche Nationalbibliothek verzeichnet diese Publikation in der Deutschen Nationalbibliografie; detaillierte bibliografische Daten sind im Internet über <http://www.d-nb.de> abrufbar.

Zugl.: Mainz, Univ., Diss., 2009

D 77
ISSN 1438-4981
ISBN 978-3-631-59406-3

www.peterlang.de

Meinem Vater

Klaus-Dietrich Ritlewski

(1946 – 1985)

„Zum Regieren brauche ich nur BILD, BamS und Glotze."

– Gerhard Schröder zugeschrieben

„Nicht die Dinge selbst, sondern die Meinungen von den Dingen beunruhigen die Menschen."

– Epiktet, Handbüchlein der Moral

Vorwort des Herausgebers

Mit seiner Abhandlung greift Kristoff M. Ritlewski ein grundlegendes, rechtlich bedeutsames und auch praktisch wichtiges Thema auf. Die Sicherung der Meinungsvielfalt im Rundfunk und der Pluralismus spielen nicht nur in Deutschland, sondern in ganz Europa eine wichtige Rolle. Mit der rasanten Veränderung der Medienlandschaft stellen sich neue Herausforderungen für die Pluralismussicherung. Der Verfasser unternimmt den Versuch, die Erkenntnisse der Medienwirkungsforschung für sein Pluralismuskonzept nutzbar zu machen, um damit eine aus seiner Sicht bestehende Lücke zu schließen. Schließlich ist gerade auch der Vergleich zwischen Deutschland und Polen besonders reizvoll da sich die Rundfunklandschaft in den beiden Staaten ganz unterschiedlich entwickelt hat. Daher verwundert es auch nicht, dass sich die Antworten der polnischen Rechtsordnung teilweise deutlich von denjenigen in Deutschland unterscheiden.

Der Verfasser hat nach einer kurzen Einleitung seine Arbeit in drei Hauptteile untergliedert, an die sich ein Vergleich mit den wesentlichen Ergebnissen anschließt. Der erste Hauptteil hat den Pluralismus und die Meinungsvielfalt als Eckpfeiler der Rundfunkordnung zum Gegenstand. Der zweite Hauptteil beschäftigt sich mit der Pluralismussicherung und dem Funktionsauftrag für den Rundfunk in Deutschland. Der dritte Hauptteil betrifft die Pluralismussicherung in Polen. In dem abschließenden Teil, der einen Vergleich vornimmt, werden die zentralen Ergebnisse nochmals in anschaulichen Thesen zusammengefasst.

Kristoff M. Ritlewski hat insgesamt eine eindrucksvolle Dissertation vorgelegt. Literatur und Rechtsprechung werden in der Abhandlung in bemerkenswerter Breite berücksichtigt. Insbesondere macht der Verfasser die Erkenntnisse der Medienwirkungsforschung für die Pluralismussicherung nutzbar. Seine Bewertungen sind stets abgewogen, die Begründungen nachvollziehbar und überzeugend.

Mainz, im Juli 2009 Dieter Dörr

Dankeswort

Die vorliegende Arbeit wurde im Sommersemester 2009 vom Fachbereich Rechts- und Wirtschaftswissenschaften der Johannes Gutenberg-Universität Mainz angenommen. Für die Druckfassung wurde Literatur und Rechtsprechung bis November 2008 berücksichtigt.

Der erste Dank gebührt Herrn Prof. Dr. Dieter Dörr, der diese Arbeit betreut hat. Durch wertvolle Hinweise und Anregungen hat er wesentlichen Anteil am Gelingen der Arbeit gehabt. Herrn Prof. Dr. Rolf Schwartmann möchte ich für seine Bereitschaft und die ausgesprochen schnelle Erstellung des Zweitgutachtens herzlich Danken.

Diese Arbeit ist im Rahmen des „Europäischen Graduiertenkollegs“ der Universitäten Mainz, Heidelberg und Krakau enstanden. Durch die Aufnahme in dieses Graduiertenkolleg wurde mir ein großzügiges Stipendium der Deutschen Forschungsgesellschaft – DFG gewährt, sowie ein Forschungsaufenthalt für vier Monate an der Jagiellonen-Universität Krakau finanziert. Über die materielle Förderung hinaus habe ich in diesem Graduiertenkolleg wichtige Impluse für die eigene Arbeit und viele Freunde gewinnen können.

Maßgeblichen Anteil hieran hatte das engagierte, persönliche und herzliche Engagement des Heidelberger Kollegleiters Prof. Dr. Peter-Christian Müller-Graff, dem ich herzlich Danken möchte.

Ebenfalls in diesem Zusammenhang möchte ich Herrn Prof. Dr. Matthias Jacobs, Bucerius Law School, danken, der mich erst auf das Graduiertenkolleg aufmerksam machte.

Danken möchte ich darüber hinaus meinen Freunden in Hamburg und Mainz, die mich während der Dissertationsphase stets unterstützt haben. Stellvertretend für viele möchte ich mich ganz besonders bei Dr. Sven Kürvers und Dr. Marcus Mohr bedanken, die die Last des Korrekturlesens auf sich genommen haben.

Schließlich möchte ich mich bei meiner Mutter und meiner Schwester bedanken. Sie waren und sind mir stets meine Zuhörer, mein Rückhalt und die wichtigste Unterstützung.

Hamburg, im Mai 2009 *Kristoff M. Ritlewski*

Inhaltsverzeichnis

Literaturverzeichnis

Adorno, Theodor W. / Horkheimer, Max, Kulturindustrie – Aufklärung als Massenbetrug, in: Dialektik der Aufklärung – Philosophische Fragmente, Neuauflage, Frankfurt a. M. 1997, S. 128 – 176.

Andreoli, Virginia / Worchele, Stephen, Effects of Media, Communicator and Message Position on Attitude Change, Public Opinion Quarterly Vl. 42 (1978) S. 59 – 70.

Arbeitsgemeinschaft der Landesmedienanstalten, ALM Jahrbuch 2004 – Landesmedienanstalten und privater Rundfunk in Deutschland, Berlin 2005.

Assmann, Aleida, Wie wahr sind unsere Erinnerungen?, in: Welzer /Markowirtsch (Hrsg.) Warum Menschen sich erinnern können – Fortschritte in der interdisziplinären Gedächtnisforschung, Stuttgart 2006, S. 96 – 110.

Baars, Wiebke, Kooperation und Kommunikation durch Landesmedienanstalten – Eine Analyse ihres Aufgaben- und Funktionsbereichs, Baden-Baden 1999.

Bakke, Marit, Culture at stake, in: McQual/Siune (Hrsg.) New Media Politics, London 1986.

Barendt, Eric, The Legal Protection of Diversity in British Television, in: Kohl (Hrsg.), Vielfalt im Rundfunk, Konstanz 1997, S. 76 – 82.

Battis, Ulrich / Krautzberger, Michael / Löhr, Rolf-Peter, Baugesetzbuch, Kommentar 10. Auflage, München 2007.

Beck, Kurt, Föderal verfasster öffentlich-rechtlicher Rundfunk, in: Festschrift für Marie-Luise Kiefer, S. 106 – 120, Wiesbaden 2005.

Berghaus, Margot, Wie Massenmedien wirken – ein Modell zur Systematisierung, Rundfunk und Fernsehen, Nr. 47 (1999), S. 181 – 199.

Bethge, Herbert, Pluralismus als medienrechtliches Ordnungsprinzip, in: Festschrift für Walter Schmitt-Glaeser zum 70. Geburtstag, Berlin 2003, S. 465 – 486.

Bethge, Herbert, Der Grundrechtseingriff, VVDStRL 57 (1998), S. 7 – 56.

Bethge, Heribert, Verfassungsrechtliche Aspekte der künftigen Medienordnung, FuR 1984, S. 71 – 82.

Biedenkopf, Kurt / Stoiber, Edmund, Thesen zur Strukturreform des öffentlich-rechtlichen Rundfunks, Media-Perspektiven 1995, S. 104 – 108.

Böckenförde, Ernst-Wilhelm, Demokratie als Verfassungsprinzip, in: Isensee/Kirchhof (Hrsg.), Handbuch des Staatsrechts, Band I, 2. Auflage, Heidelberg 1995.

Bonfadelli, Heinz, Medienwirkungsforschung I, 3. Auflage, Konstanz 2004.

Bornemann, Roland, Wie die KEK gefühlte Meinungsmacht in eine Eingriffskompetenz umdeutete, MMR 2006, S. 275 – 279.

Bösch, Frank, Holokaust mit „K", in: Paul (Hrsg.), Visual History – Ein Studienbuch, Göttingen 2006, S. 317 – 332.

Bosman, Wieland, Programmgrundsätze für den privaten Rundfunk, ZUM 1989, S. 6 – 16.

Brockhaus, Enzyklopädie, Brockhaus, Enzyklopädie in zwanzig Bänden, Bd. XVIII, Wiesbaden 1971.

Brohm, Winfried, Zum Funktionswandel der Verwaltungsgerichtsbarkeit, NJW 1984, S. 8 – 14.

*Bruck, Peter / Dörr, Dieter / Cole, Marc, et. al.,*Transnational Media Concentrations in Europe, AP-MD Panel Report for Directorate General for Human Rights, Strasbourg 2004.

Bullinger, Martin, Elektronische Medien als Marktplatz der Meinungen, AöR 108 (1983), S. 161 – 215.

Bullinger, Martin, Konzentration im digitalen Rundfunk, JZ 2002, S. 264 – 268.

Bumke, Ulrike, Die öffentliche Aufgabe der Landesmedienanstalten, München 1995.

Burkart, Roland, Kommunikationswissenschaft, 4. Auflage, Wien 2002.

Castendyk, Oliver / Böttcher, Kathrin, Ein neuer Rundfunkbegriff für Deutschland ? – Die Richtlinie „audiovisuelle Mediendienste ohne Grenzen" und der deutsche Rundfunkbegriff, MMR 2008, S. 13 – 18.

Cole, Marc D., Lebach II – Resozialisierung versus Rundfunkfreiheit, Sieg für das Fernsehen in Runde zwei, NJW 2001, S. 795 – 796.

Cornils, Matthias, Rundfunk-Grundversorgung durch subventionierten Privatrundfunk? – Rundfunkverfassungsrechtliche Perspektiven nach der Entscheidung des Bundesverfassungsgerichts zum bayerischen Teilnehmerentgelt, DVBl. 2006, 789 – 799.

Cromme, Franz, Die Programmüberwachung des Rundfunkrats, NJW 1985, S. 351 – 360.

Darkow, Michael, Möglichkeiten und Grenzen der kontinuierlichen Fernsehzuschauerforschung, in: DLM, Zuschaueranteile als Maßstab vorherrschender Meinungsmacht, Berlin 1999, S. 126 – 140

Degenhardt, Christoph, Öffentlich-rechtlicher Rundfunkauftrag und Rundfunkgebühr nach dem siebten und achten Rundfunkänderungsstaatsvertrag, AfP 2005, S. 295 – 302.

Degenhart, Christoph, Rundfunk in gesetzgeberischer Freiheit?, DVBl. 1991, S. 510 – 521.

Diemer-Benedict, Tanja, Die Wirtschaftsfreiheit in Polen, Berlin 2001.

Dittmann, Armin, Die allzu kecke KEK? – Anmerkungen zu Vorbehalt und Vorrang des Gesetzes bei Anwendung von § 26 RStV und zur Rolle der Rechtsaufsicht, in: Festschrift für Peter Mailänder zum 70. Geburtstag, Berlin 2006

DLM-Schriftenreihe, Medienrelevante verwandte Märkte in der Rundfunkrechtlichen Konzentrationskontrolle – Auswahl, Messung und Bewertung, in: Dokumentation des Symposiums der Kommission zu Ermittlung der Konzentration im Medienbereich (KEK) Berlin 2006.

Doetz, Jürgen, Statement des VPRT-Vorsitzenden Jürgen Doetz zum öffentlich-rechtlichen Auftrag in der Digitalen Welt, abrufbar unter: www.vprt.de/ (Stand: 27.03.2009).

Doetz, Jürgen, VPRT-Beschwerde: Intransparenz der öffentlich-rechtlichen Finanzierung und unzulässige Beihilfe gerügt, MMR 2003, S. 429 – 430.

Donsbach, Wolfgang, Medienwirkung trotz Selektion. Einflussfaktoren auf die Zuwendung zu Zeitungsinhalten, Wien 1991.

Dörr, Dieter, Die Aufgaben der Deutschen Welle und die Rundfunkfreiheit, München 1998

Dörr, Dieter, Programmvielfalt im öffentlich-rechtlichen Rundfunk durch funktionsgerechte Finanzausstattung, Baden-Baden 1999.

Dörr, Dieter, Grundversorgung vs. „Lückenfüllung“ als künftige Aufgabe der öffentlich-rechtlichen Fernsehanbieter, in: Kohl (Hrsg.), Vielfalt im Rundfunk, Konstanz 1997, S. 184 – 189.

Dörr, Dieter, Die Gebührenfrage und die Debatte um die Strukturreform, in: Festschrift für Georg Ress zum 70. Geburtstag, München 2005, S. 1151 – 1162.

Dörr, Dieter, Programmvielfalt im öffentlich-rechtlichen Rundfunk durch funktionsgerechte Finanzausstattung: Rechtsgutachten zum Anspruch kleiner Rundfunkanstalten auf funktionsgerechte Finanzausstattung am Beispiel des Saarländischen Rundfunks unter Einbeziehung politikwissenschaftlicher und ökonomischer Erkenntnisse, Baden-Baden 1998.

Dörr, Dieter, Die Entwicklung des Medienrechts, NJW 1995, S. 2263 – 2271.

Dörr, Dieter, Die Europäische Medienordnung, in: Hans-Bredow-Institut für Medienforschung an der Universität Hamburg (Hrsg.): Internationales Handbuch Medien 2004/2005, 27. Auflage, Baden-Baden 2004, S. 335 – 52.

Dörr, Dieter, Europäisches Medienrecht, in: Schiwy/Schütz/Dörr (Hrsg.), Medienrecht Lexikon, 4. Auflage Köln 2006, S. 114 – 130.

Dörr, Dieter, Multimedia und die Rundfunkfreiheit des Art. 10 EMRK, in: Festschrift für Martin Kriele zum 65. Geburtstag, München 1997, S. 1417 – 1430.

Dörr, Dieter, Auf dem Weg zur europäischen Informationsgesellschaft?, in: Dörr/Dreher (Hrsg.), Europa als Rechtsgemeinschaft, Baden-Baden 1997.

Dörr, Dieter, „Auch eine Wertegemeinschaft", epd-medien 2001 Nr. 89, S. 3 – 6.

Dörr, Dieter, Die Maastricht-Entscheidung des Bundesverfassungsgerichtes und ihre Auswirkungen auf die Medienpolitik, ZUM 1995, S. 14 – 20.

Dörr, Dieter, Vielfaltssicherung durch die EU?, Media-Perspektiven 2/96, S. 87 – 92.

Dörr, Dieter, Der öffentlich-rechtliche Rundfunk im Kontext des neuen EU-Verfassungsvertrages, in: Festschrift für Marie-Luise Kiefer Wiesbaden 2005, S. 90 – 105.

Dörr, Dieter, Die freien Mitarbeiter und die Rundfunkfreiheit, in: Festschrift für Werner Thieme zum 70. Geburtstag, Köln 1993.

Dörr, Dieter, Öffentlich-rechtlicher Rundfunk und die Vorgaben des Europarecht, Media-Perspektiven 7/2005, S. 333 – 342.

Dörr, Dieter, Rundfunkföderalismus auf dem Prüfstand, ZUM 1996, S. 617 – 631.

Dörr, Dieter, „Rundfunk über Gebühr?" – 3. Mainzer Mediengespräch, Frankfurt a.M. 2003.

Dörr, Dieter, Programmvielfalt im öffentlich-rechtlichen Rundfunk durch funktionsgerechte Finanzausstattung, Baden-Baden 1998.

Dörr, Dieter, Die Kabelbelegungsregelungen in den Landesmediengesetzen und der Anspruch auf unentgeltliche Durchleitung des Fernsehprogramms PREMIERE zu den angeschlossenen Haushalten, ZUM 1997, S. 337 – 372.

Dörr, Dieter, Wie erhalten wir die Meinungsvielfalt? – Statement von Dieter Dörr auf der Fachgespräch der Bundestagsfraktion Bündnis 90/DIE GRÜNEN am 20.02.2006, abrufbar unter: http://www.kek-online.de/ (Stand: 27.09.2009).

Dörr, Dieter, Wieviel Macht verträgt die Vielfalt - Die Springer-Entscheidung der KEK und ihre Folgen Vortrag im Rahmen des 18. Medienforums NRW am 23.05.2006, abrufbar unter: http://www.kekonline.de/ Inhalte/reden_und_sonstige_beitraege.html (Stand: 27.03.2009).

Dörr, Dieter, Vielfaltssicherung im bundesweiten Fernsehen, Sonderheft AfP 2007, S. 33 – 40.

Dörr, Dieter, Möglichkeiten und Grenzen europäischer Medienpolitik: Konvergenz und Kompetenz, K&R 1999, S. 97 – 103.

Dörr, Dieter, Die Entwicklung des Medienrechts, NJW 1997, S. 1371 – 1346.

Dörr, Dieter, Vielfaltssicherung in Gefahr? – Die Verhinderung vorherrschender Meinungsmacht und die Springer-Entscheidung der KEK, in: Festschrift für Peter Mailänder zum 70. Geburtstag, Berlin 2006.

Dörr, Dieter, Möglichkeiten und Grenzen supranationaler Deregulierung des Rundfunks, Institut für Rundfunkökonomie, Arbeitspapier Nr. 148, Köln 2001.

Dörr, Dieter, Öffentlich-rechtlicher Rundfunk und die Vorgaben des Europarechts – Public-Service-Idee, Dienstleistungsfreiheit und Beihilfenkontrolle – zum Spannungsverhältnis zwischen nationalen und europäischen Recht, Media-Perspektiven 2005, S. 333 – 342.

Dörr, Dieter / Charissé, Peter, Die Rangfolge im Kabel und die Dienstleistungsfreiheit, AfP 1999, S. 18 – 24.

Dörr, Dieter / Schiedermair, Stephanie, Ein kohärentes Konzentrationsrecht für die Medienlandschaft in Deutschland, Frankfurt a.M. 2007.

Dörr, Dieter / Zorn, Nicole, Die Entwicklung des Medienrecht im Jahr 2000, NJW 2001, 2837 – 2854.

Dörr, Dieter / Zorn, Nicole, Die Entwicklung des Medienrecht, NJW 2003, 3020 – 3027.

Eberle, Carl-Eugen, Die Rundfunkgebühr, in: Stern, u.a. (Hrsg.), Die Finanzierung des Rundfunks nach dem Gebührenurteil des Bundesverfassungsgerichts, München 1996, S. 15 – 32.

Eberle, Carl-Eugen, Krise der Medienwirtschaft – ein Fall für die Medienregulierung?, MMR 2003, S. 623 – 628.

Ebsen, Christian, Fensterprogramme im Privatrundfunk als Mittel zur Sicherung von Meinungsvielfalt, Frankfurt a.M. 2003.

Eifert, Martin, Selbstregulierung und Funktionsauftrag des öffentlich-rechtlichen Rundfunks, in: Festschrift für Marie-Luise Kiefer, S. 41 – 53, Wiesbaden 2005.

Eisermann, Andrea, Mediengewalt – die gesellschaftliche Kontrolle von Gewaltdarstellungen im Fernsehen, Wiesbaden 2001.

Elitz, Ernst, Par Excellence, epd-medien 2004, Nr. 84, S. 22.

Elitz, Ernst /Stammler, Dieter, Programmliche Selbstverpflichtungen und Medienqualität, Kölner Institut für Rundfunkökonomie, Arbeitspapier Nr. 217, Köln 2006.

Engel, Christoph, „Rundfunk in Freiheit" – Antrittsvorlesung in Osnabrück, AfP 1994, S. 185 – 191.

Engel, Christoph, Zuschaueranteile in der publizistischen Konzentrationskontrolle – Grenzwert oder bloß ein Indiz unter vielen?, ZUM 2005, S. 776 – 782.

Engel, Christoph, Sonderlasten für Fernsehveranstalter mit einer Zuschaueranteilsquote von 10%, ZUM 2000, S. 345 – 356.

EUMAP, Open Society Institut, Television across Europe: Regulation, Policy and Independence, Volume 2: Poland, Budapest 2005.

Fassbender, Kurt, Das jüngste Rundfunkgebührenurteil des BVerfG, NVwZ 2007, S. 1265 – 1268.

Fechner, Frank, Der neuen SWR-Staatsvertrag auf dem Prüfstand der Rundfunkfreiheit, NJW 1997, S. 3211 – 3217.

Fehling, Michael, Die Konkurrentenklage bei der Zulassung privater Rundfunkveranstalter, Berlin 1994.

Fest, Joachim C., Hitler, Eine Biographie, 9. Auflage, Berlin 2006.

Filas, Ryszard / Planeta, Pawel, Das Mediensystem Polens, in: Hans-Bredow-Institut für Medienforschung an der Universität Hamburg (Hrsg.): Internationales Handbuch Medien 2004/2005, 27. Auflage, Baden-Baden 2004, S. 520 – 541.

Fraenkel, Ernst, Der Pluralismus als Strukturelement der Demokratie, in: Verhandlungen des 45. Juristentags 1964, Bd. II, München 1964, S. B 1 – B 29.

Freemann, Mark, Autobiographische Erinnerungen und das narrative Unbewusste, in: Welzer/Markowirtsch (Hrsg.), Warum Menschen sich erinnern können – Fortschritte in der interdisziplinären Gedächtnisforschung, Stuttgart 2006, S. 129 – 143.

Frey, Dieter, Fernsehen und audiovisueller Pluralismus im Binnenmarktrecht der EG, Baden-Baden 1999.

Gerbner, George, Growing up with Television: Cultivation Process, in: Bryant/Zillmann (Hrsg.) Media Effects, 2. Auflage, London 2002, S. 43 – 68.

Gericke, Gun, Beurteilung von vorherrschender Meinungsmacht privater Rundfunkveranstalter im Rundfunkstaatsvertrag Berlin 2001.

Gersdorf, Hubertus, Staatsfreiheit des Rundfunks in der dualen Rundfunkordnung der Bundesrepublik Deutschland, Berlin 1991.

Gersdorf, Hubertus, Kabeleinspeisung von Programmbouquets, Zugang digitaler Programmbouquets des öffentlich-rechtlichen Rundfunks zum breitbandigen Kommunikationsnetz, Berlin 2000.

Goerlich, Helmut / Meier, Anne-Kristin, Selbstverpflichtungen und Autonomie am Beispiel des öffentlich-rechtlichen Rundfunks, ZUM 2007, S. 889 – 898.

Gounalakis, Georgios, Funktionsauftrag und anstaltliches Selbstverwaltungsrecht, AfP 2006, S. 395 – 404.

Gounalakis, Georgios / Zagouras, Georgios, Plädoyer für ein europäisches Medienkonzentrationsrecht, AfP 2006, S. 716 – 725.

Grätz, Reinhard, Gremien in öffentlich-rechtlichen Rundfunkanstalten – Entscheidungsträger oder Erfüllungsgehilfen, Institut für Rundfunkökonomie, Arbeitspapier Nr. 161, Köln 2002.

Grätz, Reinhard, Rechte und Pflichten der Mitglieder in den Rundfunk- und Verwaltungsräten der öffentlich-rechtlichen Rundfunkanstalten, Vortag vom 20. September 2004, Friedrich-Ebert-Stiftung, abrufbar unter www.fes.de (Stand: 27.03.2009).

Grätz, Reinhard, Kritische Darstellung der derzeitigen Willenbildung in den dezentralen Aufgabenbereichen der ARD, Institut für Rundfunkökonomie, Arbeitspapier Nr. 73, Köln 1997.

GRUR – Redaktion, Polen – Neuregelung des Rundfunk- und Fernsehwesens auf Grundlage eines dualen Systems GRUR-Int 1993, S. 510 – 511.

Häberle, Peter, Menschenwürde und pluralistische Demokratie, in: Festschrift für Georg Ress zum 70. Geburtstag, München 2005, S. 1163 – 1173.

Hadamik, Katharina, Transformation und Entwicklungsprozess des Mediensystems in Polen von 1989 – 2001, Dissertation Dortmund 2003.

Hahn, Daniel, Der Rundfunkrat – ein verzichtbares Kontrollinstrument? in: Baum/Langenbucher/Pöttker/Schicha (Hrsg.), Handbuch der Medienselbstkontrolle, Wiesbaden 2005.

Hahn, Werner, Gutes Urteil, schlechte Presse, MMR 2007, S. 613 – 614.

Hahn, Werner / Vesting, Thomas, Beck´scher Kommentar zum Rundfunkrecht, München 2003.

Hain, Karl-Eberhard, Zum ersten Akt des (verwaltungs-) gerichtlichen Nachspiels der gescheiterten Fusion von Springer und Pro7Sat1, K&R 2008, S. 160 – 165.

Hain, Karl-Eberhard, Rundfunkfreiheit und Rundfunkordnung, Baden-Baden, 1993.

Hain, Karl-Eberhard, Vorherrschende Meinungsmacht i.S.d. § 26 Abs. 1, 2 RStV – Die Kontroverse um „quantitative" oder „qualitative" Bestimmung, MMR 2000, S. 537 – 544.

Hamann, Christoph, Fluchtpunkt Birkenau, in: Paul (Hrsg.), Visual History – Ein Studienbuch, Göttingen 2006, S. 283 – 302.

Hansmeyer, Karl-Heinrich, Der Wandel des öffentlich-rechtlichen Rundfunks, in: Stern, u.a. (Hrsg.), Die Finanzierung des Rundfunks nach dem Gebührenurteil des Bundesverfassungsgerichts, München 1996, S. 333 – 49.

Hartstein, Reinhard / Ring, Wolf-Dieter / Kreile, Johannes / Dörr, Dieter / Stettner, Rupert Kommentar zum Staatsvertrag der Länder zur Neuordnung des Rundfunkwesens, München, Loseblattsammlung, Stand: April 2009.

Hasebrink, Uwe, Zur Berücksichtigung medienrelevanter verwandter Märkte bei der Verwendung des Zuschaueranteilmodell (§ 26 Abs. 2 S. 2 RStV) – Kommunikationswissenschaftliches Gutachten für die Kommission zur Ermittlung der Konzentration im Fernsehbereich, vom 2. August 2003, abrufbar unter: http://www.kek-online.de/ (Stand: 27.03.2009).

Hasebrink, Uwe, Das Zuschaueranteilsmodell: Herausforderungen durch Pay-TV und Online-Medien, Hamburg 2001, zugl. Gutachten für die KEK.

Held, Thorsten / Sankol, Barry, Staatsfreiheit der Aufsichtsgremien öffentlich-rechtlichen Rundfunks, in: Schulz (Hrsg.), Staatsfreiheit der Aufsichtsgremien öffentlich-rechtlichen Rundfunkanstalten – Materialien zur Diskussion um eine Reform, Hans-Bredow- Institut, Arbeitspapier Nr. 12, Hamburg 2002.

Hellstern, Gerd-Michael / Hoffmann-Riem, Wolfgang / Reese, Jürgen, Die Landesregierung Nordrhein-Westfalen informiert: Begleitforschung des Landes Nordrhein-Westfalen zum Kabelpilotprojekt Dortmund, Rundfunkaufsicht in vergleichender Analyse, Band 3, Paderborn 1989.

Helsinki Watch, The Fund for Free Expression, Poland – Freedom of Expression Threatened by Cursb on Criticism of Government and Religion, August 1993, Vol. 5, Issue 16.

Henle, Victor, Wie testet man Public Value? – Ein vergleichender Blick auf das britische Verfahren, epd-medien 2007, Nr. 92, S. 3 – 6.

Hepach, Stefan, Der Grundrechtsstatus der Landesmedienanstalten, Frankfurt a.M. 1997.

Herdegen, Matthias, Europarecht, 7. Auflage München 2005.

Herrmann, Günter, Rundfunkrecht – Fernsehen und Hörfunk mit neuen Medien, 2. Auflage, München, 2004.

Hesse, Albrecht, Rundfunkrecht, 3. Auflage, München 2003.

Hesse, Albrecht, Der Vierte Rundfunkänderungsstaatsvertrag aus der Sicht des öffentlich-rechtlichen Rundfunks, ZUM 2000, S. 183 – 194.

Hesse, Hermann, Stufen. Ausgewählte Gedichte, 25. Auflage 2005 Frankfurt a.M.

Hilger, Marie Louise, Rundfunkfreiheit und „freie Mitarbeiter“, RdA 1981, S. 265 – 271.

Hillig, Hans-Peter, Rechtsschutz von Redakteuren gegen Entscheidungen von Rundfunkorganen im öffentlich-rechtlichen und privaten Rundfunk, in: Festschrift für Carl Herrmann Ule zum 80. Geburtstag, Baden-Baden 1988, S. 11 – 30.

Hinz, Werner, Jugendstrafrecht auf dem Prüfstand, ZRP 2001, S. 106 – 112.

Hoeren, Thomas, Rechtliche Fragen der Einführung einer Programmquoten zugunsten neuer, deutschsprachiger Musiktitel MMR 2004, Beilage 8, S. 1 – 28.

Hoffmann-Riem, Die beiden Gesichter der Pressefreiheit – ZRP-Rechtsgespräch, ZRP 2006, S. 29 – 30.

Hoffmann-Riem, Wolfang, Erosionen des Rundfunkrecht, München 1990.

Hoffmann-Riem, Wolfgang, Medienwirkung und Medienverantwortung, in: Kübler (Hrsg.), Medienwirkung und Medienverantwortung Baden-Baden 1975, S. 19 – 44.

Hoffmann-Riem, Wolfgang, Programmgrundsätze – Programmverantwortung – Programmkontrolle, RuF 1978, S. 111 – 140.

Hoffmann-Riem, Wolfgang, Der Schutz der Meinungsbildungsfreiheit im privaten Rundfunk, in: Bundeszentrale für politische Bildung (Hrsg.), Privat-Kommerzieller Rundfunk in Deutschland, Bonn 1992, S. 89-102.

Hoffmann-Riem, Wolfgang, Rundfunkrecht neben Wirtschaftsrecht, Baden-Baden 1991.

Hoffmann-Riem, Wolfgang, Art. 5 Abs. 1, 2 GG (Stand: 2001) in: Denninger/Erhard (Hrsg.), Alternativkommentar zum Grundgesetz, 3. Auflage, Neuwied 2001.

Hoffmann-Riem, Wolfgang, Regulierung der dualen Rundfunkordnung: Grundfragen Baden-Baden 2000.

Hoffmann-Riem, Wolfgang, Medienfreiheit und der außenplurale Rundfunk, AöR 109 (1984), S. 304 – 368.

Holicki, Sabine, Pressefoto und Pressetext im Wirkungsvergleich, München 1993.

Holznagel, Bernd, BVerfG: Absolutes Verbot der Beteiligung an privaten Rundfunkanbietern für Parteien ist verfassungswidrig, MMR 2008, S. 591 – 597.

Holznagel, Bernd, Rundfunkrecht in Europa: auf dem Weg zu einem Gemeinrecht, Tübingen 1998.

Holznagel, Bernd, Der spezifische Funktionsauftrag des zweiten deutschen Fernsehens (ZDF), Gutachten im Auftrag des ZDF, Mainz 1999.

Holznagel, Bernd / Dörr, Dieter / Hildebrand, Doris, Elektronische Medien – Entwicklung und Regulierungsbedarf, München 2008.

Holznagel, Bernd / Krone, Daniel, Wie frei ist die KEK? – Ein Beitrag zur Auslegung des § 26 Abs. 2 S. 2 RStV, MMR2005, S. 666 – 673.

Holznagel, Bernd / Krone, Daniel, Wie frei ist die KEK? Ein Beitrag zur Auslegung des § 26 Abs. 2 S. 2 2. Alt. RStV, MMR 2005, S. 666 – 673.

Hönck, Theresia / Pfeiffer, Christian, Verbot von „Killerspielen“ ? – Kritik und Vorschläge zur Verbesserung des Jugendschutzes, ZRP 2007, S. 91 – 94.

Immenga, Ulrich, Pressefusionen als „Kinder der Not“?, WuW 2004, S. 717 – 738.

Immenga, Ulrich / Mestmäcker, Ernst-Joachim, Gesetz gegen Wettbewerbsbeschränkungen, 3. Auflage Köln 2001.

Institut für Europäisches Medienrecht, Einschaltquoten: Medienwissenschaftliche und rechtliche Aspekte der Ermittlung von Zuschauermarktanteile, Expertengespräch EMR/MEFIS, München 1997.

Ipsen, Hans-Peter, Mitbestimmung im Rundfunk, Frankfurt a.M. 1972.

Jäckel, Michael, Medienwirkungen, Wiesbaden 1999.

Jakubowicz, Karol, Den Westen überbieten – der landeseigene Weg: Polen, in: Europäische Kommission (Hrsg.), Die Entwicklung der audiovisuellen Medienlandschaft in Mitteleuropa seit 1989, Berlin 1996, S. 56 – 88.

Jakubowicz, Karol, Perspektiven des Rundfunks in Osteuropa, Media Perspektiven 2/91, S. 70 – 76.

Jakubowicz, Karol, Entwicklungen im polnischen Fernsehmarkt, Media Perspektiven 1/98, S. 39 – 45.

Jakubowicz, Karol, Voices not yet heard, Rede anlässlich der Jubiläumskonferenz zum 10-jährigen Bestehen der Europäischen audiovisuellen Informationsstelle, Straßburg am 17. Januar 2003.

Jakubowicz, Karol, Rude awakening: Social and Media Transformation in Central and Eastern Europe, The Public, Vol. 8 (2001) 4, S. 59 – 80.

Jarass, Hans D., Die Freiheit der Massenmedien, Baden-Baden, 1978.

Jarren, Otfried / Weber, Selbstregulierung und Selbstorganisation, unveröffentlichter Schlussbericht zuhanden des Bundesamtes für Kommunikation

(BAKOM), Universität Zürich/IPMZ/ZIK, Zürich 2004, abrufbar unter: http://www.mediapolicy.uzh.ch/ (Stand: 27.03.2009).

Katz, Elihu; Blumler, Jay G.; Gurevitch, Michael, Utilization of Mass Communication by the Individual, in: Katz/Blumler/ (Hrsg.), The Uses of Mass Communications, Beverly Hills/London 1974, S. 19 – 34.

Kepplinger, Hans Mathias, Künstliche Horizonte – Folgen, Darstellung und Akzeptanz von Darstellung in der Bundesrepublik Deutschland, Frankfurt a.M. 1989.

Kepplinger, Hans Mathias / Hartmann, Thomas, Stachel oder Feigenblatt?: Rundfunk- und Fernsehräte in der Bundesrepublik Deutschland, Frankfurt a.M. 1989.

Khabyuk, Olexiy, Der ukrainische Rundfunk zwischen Staat und Markt. Platz für einen dritten Weg?, Institut für Rundfunkökonomie, Arbeitspapier Nr. 180, Köln 2004.

Kind, Ulrike, Der Kurs der Zwillinge, Herder-Korrespondenz 2006, S. 102 – 106.

Klapper, Joseph T., The Effects of Mass Communication, Glencoe, New York 1960.

Kleist, Thomas / Scheuer, Alexander, Neue Regelungen für audiovisuelle Mediendienste – Vorschriften zu Werbung und Jugendschutz und ihre Anwendung in den Mitgliedstaaten, MMR 2006, S. 206 – 212.

Klimkiewicz, Beata, Countryreport Poland, in: Petkovic (Hrsg.), Media Ownership and it's Impact on Media Independence and Pluralism, Ljubljana 2004, S. 364 – 401.

Knobelsdorf, Wladimir N., Nr. 8 Medien, in: Wöhlke (Hrsg.) Länderbericht Polen, Bundeszentrale für politische Bildung, Bd. 296 Bonn 1991, S. 427 – 447.

Knothe, Matthias, Die neuen Institutionen des Rundfunkstaatsvertrages zwischen Rechtsaufsicht und Staatsfreiheit, Bargstedt/Holstein 2000.

Koch, Hans-Joachim / Hendler, Reinhard, Baurecht, Raumordnung- und Landesplanungsrecht, 3. Auflage, Stuttgart 2001.

Koch, Ulrich, Medienkonzentrationsrecht in Deutschland – sind wir auf dem richtigen Weg?, AfP 2007, S. 305 – 313.

Köhne, Michael, Jugendschutz und Pornographie, MMR 2006, XXI – XXII.

Kommission zur Ermittlung der Konzentration im Medienbereich, 3. Konzentrationsbericht – Crossmediale Verflechtungen als Herausforderung für die Konzentrationskontrolle, Berlin 2007.

Kops, Manfred, Die Vorschläge zur Strukturreform des öffentlich-rechtlichen Rundfunks im Überblick, in: Kops/Sieben (Hrsg.), Die Organisationsstruktur des öffentlich-rechtlichen Rundfunks in der Diskussion, Berlin 1996, S. 21 – 120.

Kops, Manfred, Indexierung der Rundfunkgebühr?, Berlin 1995.

Kötterheinrich, Manfred, Mehr Rundfunkdemokratie durch Hörer- und Zuschauerorganisationen? in: Festschrift für Fritz Eberhard zum 80. Geburtstag, Frankfurt a.M. 1976, S. 443 – 450.

Krausnick, Daniel, Gebührenfinanzierung unter dem Damoklesschwert – Zur Entscheidung der Europäischen Kommission vom 24. April 2007, ZUM 2007, S. 806 – 814.

Kreile Johannes / Stumpf, Christoph A., Das neue „Medienkartellrecht" – Die Sicherung der Meinungsvielfalt im novellierten Rundfunkstaatsvertrag, MMR 1998, S. 192 – 196.

Kreile, Martin, Die Reform des Rundfunkstaatsvertrages – neue Wege bei der Vielfaltssicherung im privaten Rundfunk, NJW 1997, S. 1329 – 1334.

KRRiT (Krajowa Rada Radiofonii i Telewizji), National Polish Electronic Media Policy in the context of European Audiovisual Policy – Strategic Guidance for the law on electronic media and amendments to other laws, White Paper 2004, Warschau 2004.

KRRiT (Krajowa Rada Radiofonii i Telewizji), Broadcasting Landscape in Poland 2006, Warschau 2006.

KRRiT (Krajowa Rada Radiofonii i Telewizji), Radio i Telewizja w Polsce: Raport o stanie Rynku 2006, Warschau 2006.

KRRiT (Krajowa Rada Radiofonii i Telewizji), Sprawodzdanie Krajowey Rady Radiofonii i Telewizji z Dzialałnosci w 2006 Roku, Warschau 2007.

Krüger, Michael, Programmanalyse 2003 von ARD/Das Erste, ZDF, RTL, SAT.1 und ProSieben, Media-Perspektiven 2004, S. 194 – 207.

Krzeminski, Adam, Polen im 20. Jahrhundert, 2. Auflage, München 1998.

Kübler, Friedrich, Die verfassungsrechtliche Verbürgung der Vielfalt in der Bundesrepublik Deutschland, in: Kohl (Hrsg.), Vielfalt im Rundfunk, Konstanz 1997, S. 21 – 30.

Kühn, Michael, Meinungsvielfalt im Rundfunk – Die Sicherung von Pluralismus in den Rundfunksystemen Deutschlands und der USA, München, 2003.

Kull, Edgar, Auf dem Weg zum dualen Rundfunk, AfP 1987, S. 365 – 375.

Kull, Edgar, Rundfunkgleichheit statt Rundfunkfreiheit, AfP 1981, S. 378 – 385.

Kümmel, Annette / Meyer-Burckhart, Hubertus, Gewährleisten die Regionalprogramme die Vielfaltssicherung? – Eine kritische Bestandsaufnahme zwischen Vielfaltssicherung, Standortpolitik und europarechtlichen Vorgaben, MMR 2005, S. 288 – 290.

Kurschildgen, Johannes, Die demokratisch verfasste Öffentlichkeit, Aachen 1998.

Ladeur, Karl-Heinz, Die vertikale Integration von Film-, Fernseh- und Video-Wirtschaft als Herausforderung der Medienregulierung, RuF 1998, S. 5 – 23.

Lange, Bernd-Peter, Landesmedienanstalten und „Außenpluralismus" auf dem Prüfstand, Media-Perspektiven 1989, Nr. 4, S. 268 – 276.

Langenbucher, Wolfgang, Der Rundfunk der Gesellschaft – Ein Rückblick nach vorne auf die Institution seiner Kontrolle, in: Festschrift für Marie-Luise Kiefer, S. 162 – 176, Wiesbaden 2005.

Laschet, Remo, Programmgrundsätze für den kommerziellen Rundfunk, Baden-Baden 1994.

Laski, Harold J., Die Souveränität des Staates (1915), in: Nuscheler/Steffani (Hrsg.), Pluralismus: Konzeptionen und Kontroversen, 2. Auflage München 1973, S. 62 – 76.

Lerche, Peter, Bemerkungen zur Auseinandersetzung um die rundfunkmäßige Grundversorgung, in: Festschrift für Martin Kreile zum 65. Geburtstag, München 1997, S. 357 – 366.

Lerche, Peter, Beteiligung Privater im Rundfunk und Vielfaltsstandard, NJW 1982, S. 1676 – 1682.

Lerche, Peter, Referat zum 56. Deutschen Juristentag in: Verhandlungen des 56. Deutschen Juristentages, Band II, Teil O, München 1986, S. O 38 – O 57.

Lilienthal, Volker, Mesalliance – Finanzinvestoren vs. Konzentrationskontrolle?, epd-medien 2007, Nr. 56, S. 3 – 7.

Lilienthal, Volker, Um ein Ritual reicher – Die Selbstverpflichtungen von ARD, ZDF und DLR, epd-medien 2004, Nr. 73, S. 3.

Lindner, Josef Franz, Verfassungsrechtliche Ewigkeitsgarantie für den öffentlich-rechtlichen Rundfunk?, AfP 2005, S. 429 – 433.

Lübbe-Wolff, Gertrude, Die Grundrechte als Eingriffsabwehrrechte – Struktur und Reichweite der Eingriffsdogmatik im Bereich staatlicher Leistungen, Baden-Baden 1988.

Lüscher, Kurt, Medienforschung und Rechtsprechung – soziologische Bemerkungen zum Fall Lebach, AfP 1974, S. 643 – 647.

Lüscher, Kurt, VIII. Mündliche Stellungnahme vor dem Bundesverfassungsgericht, in: Kübler (Hrsg.), Medienwirkung und Medienverantwortung Baden-Baden 1975, S. 145 – 165.

Mailänder, K. Peter, Crossmediale Zusammenschlüsse – eine Herausforderung für die medienrechtliche Konzentrationskontrolle AfP 2007, S. 297 – 305.

Maliszewski, Michał, Mediale Machtspiele, Osteuropa 2006, S. 271 – 281.

Mallmann, Walter, Zur Rechtsaufsicht über das Zweite Deutsche Fernsehen, Wiesbaden 1975.

Maunz Theodor / Dürig, Günther, Grundgesetz, Kommentar München, Loseblatt (Stand: April 2009).

McCombs, Maxwell E. / Shaw, Donald, The Agenda-Setting Function for Mass Media, Public Opinion Quarterly Vol. 36 (1972) S. 176 – 187.

McQuail, Denis, Media Performance: Mass Communication and the Public Interest, London 1992.

Mecke, Bettina-Dorothee, Im Apostolat der Medien – Radio Maryja, Polenanalysen 2007, Nr. 16, S. 2 – 8.

Meier, Henk Erik, Von der „Sendeplatzverwaltung“ zum kompetetiven „programming“ – Veränderung in der Programmplanung des ZDF, Institut für Rundfunkökonomie, Arbeitspapier Nr. 159, Köln 2002.

Mensching, Jürgen, Medienmärkte aus Sicht der EU-Kommission: Auswirkungen der Konvergenz, in: Regulierung der Medienkonzentration in Europa – Perspektiven für Deutschland, EMR-Medientage 2002, Saarbrücken 2003, S. 19 – 22.

Meyer, Timothy, Media Credibility: The State of the Research, Public Telecommunications Review Vol. 2 Nr. 4 (1974) S. 48 – 52.

Mitsch, Wolfgang, Abschusserlaubnis nach § 14 Abs. 3 Luftsicherheitsgesetz, ZRP 2005, 243.

Motz, Thomas, Rechtsschutz gegen Handlungen der Landesmedienanstalten, Frankfurt a.M. 1999.

Müller, Michael, Die Rundfunkfreiheit emanzipiert sich – Zu den aktuellen Entscheidungen der Verfassungsgerichte, MMR 2005, S. VI – VII.

Naumann, Jerzy, Mediasystem of Poland – Report for the Study on Co-Regulation Measures in the Media, Hans-Bredow-Institut, for the European Commission, Hamburg 2005.

Nettesheim, Martin, Die Aufgaben des Bundespräsidenten, in: Isensee/Kirchhof (Hrsg.), Handbuch des Staatsrechts, Band III, 2. Auflage Heidelberg 2005, S. 1073 – 1104.

Nickel, Barbara, Indexierung der Rundfunkgebühr, ZUM 2006, S. 737 – 746.

Niepalla, Peter, Die Grundversorgung durch die öffentlich-rechtlichen Rundfunkanstalten, München 1990.

Niepalla, Peter, Selbstverpflichtungserklärungen als Instrument der Qualitätssicherung – Erfahrungen und Positionen der Deutschen Welle, Institut für Rundfunkökonomie, Arbeitspapier Nr. 198, Köln 2005.

Noelle-Neumann, Elisabeth, Wirkung der Massenmedien auf die Meinungsbildung, in: Noelle-Neumann/Schulz/Wilke, Lexikon Publizistik und Massenkommunikation, 6. Auflage Frankfurt a.M. 1997, S. 518 – 571.

Noelle-Neumann, Elisabeth, Die Schweigespirale – Öffentliche Meinung, unsere soziale Haut. 6. Auflage, München 2001.

Noelle-Neumann, Elisabeth, Die Öffentliche Meinung, in: Noelle-Neumann/Schulz/Wilke, Lexikon Publizistik und Massenkommunikation, 6. Auflage, Frankfurt a.M. 2002, S. 366 – 382.

Ory, Stephan, Gebührenurteil 2.0 – Ein Update aus Karlsruhe, AfP 2007, S. 401 – 407.

Ossenbühl, Fritz, Programmnormen im Rundfunkrecht, Gesellschaft für Rechtspolitik, Bd. 1, München 1981.

Ossenbühl, Fritz, Rundfunkprogramm – Leistung in treuhänderischer Freiheit, DÖV 1977, S. 381 – 389.

Ostendorf, Heribert, Jugendstrafrecht in der Diskussion, ZRP 2000, S. 103 – 107.

Pestalozza, Christian von, Der Schutz vor der Rundfunkfreiheit in Deutschland, NJW 1981, S. 2958 – 2966.

Pestalozza, Christian von, Rundfunkfreiheit in Deutschland, ZRP 1979, S. 25 – 30.

Pethig, Rüdiger, Die verfassungsrechtliche Verbürgung der Vielfalt in der Bundesrepublik Deutschland – Koreferat zum Referat von Friedrich Kübler, in: Kohl (Hrsg.), Vielfalt im Rundfunk, Konstanz 1997, S. 22 – 42.

Pfeifer, Karl-Nikolaus, Vielfaltssicherung im bundesweiten Fernsehen – Voraussetzungen und Grenzen einer Prüfung der medienrelevanten verwandten Märkte, München 2005.

Podszun, Rupprecht, VG München: KEK-Votum gegen Springer/P7S1-Fusion, mit Anmerkungen Podszun MMR 2008, S. 427 – 432.

Puttfarcken, Carsten, Prozessrechtliche Fragen bei Streitigkeiten zwischen Organen öffentlich-rechtlicher Rundfunkanstalten, in: Festschrift für Carl Herrmann Ule zum 80. Geburtstag, Baden-Baden 1988, S. 63 – 70.

Reese, Stephanie, Der Funktionsauftrag des öffentlich-rechtlichen Rundfunks vor dem Hintergrund der Digitalisierung, Frankfurt a.M. 2006.

Reffken, Hendrik, Rundfunkbeteiligungen politischer Parteien, NVwZ 2008, S. 857 – 860.

Ricker, Reinhardt, Staatsfreiheit und Rundfunkfinanzierung, NJW 1994, S. 2199 – 2200.

Ricker, Reinhart / Schiwy, Peter, Rundfunkverfassungsrecht, 2. Auflage München 2002

Riederer, Günther, Wie wahr sind unsere Erinnerungen?, in: Paul (Hrsg.) Visual History – ein Studienbuch, Göttingen 2006, S. 96 – 113.

Rittler, Robert / Cenary, Banasinski, Das Recht der Rundfunkunternehmen in Polen, in: Busek/Doralt/Houlobek (Hrsg.), Das Recht der Rundfunkunternehmen in Ost- und Mitteleuropa, Wirtschaftsuniversität Wien 2000, S. 527 – 628.

Rossen-Stadtfeld, Helge, Funktion und Bedeutung des öffentlich-rechtlichen Kulturauftrags im dualen System, Institut für Rundfunkökonomie, Arbeitspapier Nr. 201, Köln 2005.

Ruck, Silke, Zur Unterscheidung von Ausgestaltungs- und Schrankengesetzen im Bereich der Rundfunkfreiheit, AöR 117 (1992), S. 543 – 566.

Rupp, Hans Heinrich, Vom Wandel der Grundrechte, AöR 101 (1976), S. 161 – 201.

Rüter, Klaus, Föderalismus als Organisationsprinzip des öffentlich-rechtlichen Rundfunks, Institut für Rundfunkökonomie, Arbeitspapier Nr. 93, Köln 1998.

Rüthers, Bernd, Programmfreiheit der Rundfunkanstalten und Arbeitsschutz der freien Mitarbeiter, DB 1981, S. 1869 – 1879.

Säcker, Franz Jürgen, Zur Ablehnung des Zusammenschlussvorhabens Axel Springer AG / ProSiebenSat. 1 Media AG durch KEK und Bundeskartellamt, K&R 2006, S.49 – 54.

Schächter, Markus, Europaberichterstattung im ZDF – Vernetzung als Beitrag zur Entstehung einer „Europäischen Öffentlichkeit", MMR 2005, S. 294 – 297.

Schatz, Heribert / Schulz, Wolfgang, Qualität von Fernsehprogrammen, Media-Perspektiven 1992, S. 690 – 714.

Scheel, Tobias, Die staatliche Festsetzung der Rundfunkgebühr, Berlin 2007.

Schellenberg, Martin, Pluralismus: Zu einem medienrechtlichen Leitmotiv in Deutschland, Frankreich und Italien, AöR 119 (1994) S. 427 – 448.

Schellenberg, Martin, Rundfunk-Konzentrationsbekämpfung zur Sicherung des Pluralismus im Rechtsvergleich, Baden-Baden 1997.

Schenk, Michael, Medienwirkungsforschung, 2. Auflage Tübingen 2002.

Scheuer, Alexander, EMR – Die medienrechtliche Monatsschau, MMR 2007, S. XXIII - XXIV.

Scheuner, Ulrich, Rudolf Smend. Leben und Werk, in: Rechtsprobleme in Staat und Kirche, Festschrift für Rudolf Smend zum 70. Geburtstag, Göttingen 1952, S. 432 – 443.

Scheuner, Ulrich, Staatszielbestimmungen, in: Festschrift zum 70. Geburtstag für Ernst Forsthoff, München 1972, S. 325 – 346.

Schiedermaier, Stephanie, Bundespräsident verhindert Verbraucherinformationsgesetz, DÖV 2007, S. 726.

Schiwy, Peter / Schütz, Walter / Dörr, Dieter, Medienrecht – Lexikon für Praxis und Wissenschaft, 4. Auflage Köln 2006.

Schmidt, Hendrik, Staatseinfluss und Gremienmacht – unbewältigte Aspekte der Rundfunkorganisation, in: Festschrift für Fritz Eberhard zum 80. Geburtstag, Frankfurt a.M. 1976, S. 60 – 75.

Schmidt, Wolfgang, Rundfunkvielfalt – Möglichkeiten und Grenzen einer „pluralistischen" Rundfunkorganisation, Frankfurt a.M. 1986.

Schmidt-Jortzig, Edzard, Meinungs- und Informationsfreiheit, in: Isensee/Kirchhof (Hrsg.), Handbuch des Staatsrechts, Band VI, 2. Auflage Heidelberg 2001, S. 635 – 665.

Schmitt Glaeser, Walter, Art. 5 Abs. 1 S. 2 GG als „Ewigkeitsgarantie" des öffentlich-rechtlichen Rundfunks, DÖV 1987, S. 837 – 844.

Schreier, Tobias, Das Selbstverwaltungsrecht der öffentlich-rechtlichen Rundfunkanstalten, Frankfurt a.M. 2000.

Schuler-Harms, Margarethe, Rundfunkaufsicht im Bundesstaat, Baden-Baden 1995.

Schüll, Ralf, Schutz der Meinungsvielfalt im Rundfunkbereich durch das europäische Recht, Bern 2006.

Schüller, Valérie, Die Auftragsdefinition für den öffentlich-rechtlichen Rundfunk nach dem 7. und 8. Rundfunkänderungsstaatsvertrag, Frankfurt a.M. 2007.

Schulz, Winfried, Wirkungsqualitäten verschiedener Medien, Rundfunk und Fernsehen, Vol. 23 (1975) S. 57 – 72.

Schulz, Wolfgang, Medienkonvergenz light – Zur neuen Europäischen Richtline über audiovisuelle Mediendienste, EuZW 2008, S. 107 – 111.

Schuster, Detlev, Meinungsvielfalt in der dualen Rundfunkordnung, Berlin 1990.

Schwarzkopf, Dietrich, Funktionsauftrag – wie ein Bertelsmann-Begriff Eingang in die Rundfunkpolitik fand, Funkkorrespondenz 2003, Nr. 32, S. 3 – 8.

Seemann, Klaus, Das „Fünfte Rundfunkurteil" des Bundesverfassungsgerichts, DÖV 1987, S. 844 – 850.

Selmer, Peter, Bestands- und Entwicklungsgarantien für den öffentlich-rechtlichen Rundfunk in einer dualen Rundfunkordnung, Berlin 1988.

Sobczak, Jacek, Ustawa o Radiofonii i Telewizji: Komentarz, Krakau 2001.

Sporn, Stefan, Vielfalt im digitalen Rundfunk – Eine Untersuchung zur Problematik der Sicherung von Programmangebotsvielfalt bei T-DAB und T-DVB sowie generell im digitalen Rundfunk, Berlin 1999.

Springer, Jochen, Die Reform der ARD: notwendige Reformen zur künftigen Erfüllung des klassischen Rundfunkauftrages bei gleichzeitiger Bündelung der Kräfte zur Erzielung von Synergieeffekten, Frankfurt a.M. 2000.

Sprycha, Anna, Zensur mit dem Teppichmesser, Polen und Wir 2006, Nr. 79, S. 27 – 30.

Stadelmaier, Martin, Die Konsequenzen aus dem 9. Rundfunkurteil des Bundesverfassungsgerichts für die Ländern, Institut für Rundfunkökonomie, Arbeitspapier Nr. 237, Köln 2007.

Starck, Christian, Rundfunkräte und Rundfunkfreiheit, ZRP 1970, S. 217 – 220.

Steffani, Winfried, Vom Pluralismus zum Neopluralismus, in: Oberreuter (Hrsg.), Pluralismus, Opladen 1980, S. 37 – 108.

Steinmann, Matthias, Messinstrumente zur kontinuierlichen Erhebung der Zuschaueranteile – Stand der Messtechnik, Entwicklungstrend, in: DLM, Zuschaueranteile als Maßstab vorherrschender Meinungsmacht, Berlin 1999, S. 79 – 96.

Steinwärder, Phillip, Die Arbeitsgemeinschaft der öffentlich-rechtlichen Rundfunkanstalten der Bundesrepublik Deutschland, Baden-Baden 1998.

Stender-Vorwachs, Jutta, „Staatsferne“ und „Gruppenferne“ in einem außenpluralistisch organisierten privaten Rundfunksystem, Berlin 1988.

Stern, Klaus, Das Staatsrecht der Bundesrepublik Deutschland, Band I, 2. Auflage München 1984.

Stettner, Rupert, Exempel deutsches Sportfernsehen. Zur Anatomie eines Verfassungsstreits, ZfP 1994, S. 405 – 434.

Stock, Martin, Das vierte Rundfunkurteil des Bundesverfassungsgerichts: Kontinuität oder Wende?, NJW 1987, S. 217 – 224.

Stock, Martin, Programmauftrag und Medienforschung – zur Bedeutung des rechtlichen Rahmens, Mediaperspektiven 1992, Nr. 11, S. 678 – 689.

Stock, Martin, Die EU-Medienfreiheit – Kommunikationsgrundrecht oder Unternehmerfreiheit?, K&R 2001, 289 – 301.

Stock, Martin, Duales System: funktionsgerecht ausgestaltet? in: Festschrift für Marie-Luise Kiefer Wiesbaden 2005, S. 54 – 76.

Stock, Martin, Zum Reformbedarf im dualen Rundfunksystem: Public-Service-Rundfunk und kommerzieller Rundfunk – wie können sie koexistieren? Institut für Rundfunkökonomie, Arbeitspapier Nr. 204, Köln 2005.

Strack, Christian, „Grundversorgung“ und „Rundfunkfreiheit“, NJW 1992, S. 3257 – 3263.

Streinz, Rudolf, EUV/EGV – Kommentar, München 2003.

Telewizja Polska S.A., Misja Telewizji Polskiej S.A. jako nadawcy publicznego, Warschau 1994.

Tettenborn, Alexander, Europäische Union: Rechtrahmen für die Informationsgesellschaft, MMR 1998, S. 18 – 23.

Thomaschki, Kathrin / Krakies, Jens, Verfassungsrechtliche Anforderungen an die Kanalbelegung in Kabelnetzen, ZUM 1995, S. 368 – 382.

Thum, Kai, Funktionsauftrag des öffentlich-rechtlichen Rundfunks und legislative Grenzziehung im dualen System, AfP 2006, S. 522 – 529.

UNHCR, Committee on the Elimination of Racial Discrimination, Summary Report of the 1572nd Meeting: Poland, CERD/C/SR.1572 vom 21. März 2003, abrufbar unter: http://www.unhchr.ch/ (Stand: 27.03.2009).

UNHCR, Polen, Report submitted by Poland, pursuant to Article 25 Paragraph 1 of the Framework Convention for Protection of Ethnic Minorities, ACFC/SR(2002)002.

Vesting, Thomas, Programmaufsicht im Fernsehen – Überlegungen zu einer öffentlich-rechtlichen Strategie unternehmensinterner Konventions- und Standardbildung, in: Festschrift für Günther Herrmann zum 70. Geburtstag, Baden-Baden 2002.

Von Coelln, Christian, Lebach einmal anders – die Rundfunkfreiheit fordert ihr Recht, ZUM 2001, S. 478 – 487.

Von der Groeben, Hans / Schwarze, Jürgen, EUV/EGV – Kommentar, 6. Auflage Baden-Baden 2003.

von Gierke, Otto, Das Wesen der menschlichen Verbände, Rektoratsrede vom 15. Oktober 1901 zu Berlin, Darmstadt 1954.

von Mangoldt, Hermann / Klein, Friedrich / Starck, Christian, Kommentar zum Grundgesetz, Band 1, München 2005.

von Wallenberg, Gabriela, Strukturelle Vorgaben für den öffentlich-rechtlichen Rundfunk im 8. Rundfunkänderungsstaatsvertrag, MMR 2005, S. 88 – 92.

Voß, Jörg Michael, Rundfunkrecht in den Staaten der EU, in: Schiwy/Schütz/Dörr (Hrsg.) Medienrecht Lexikon, 4. Auflage Köln 2006, S. 432 – 471.

Wagner, Christoph, Die Landesmedienanstalten – Organisation und Verfahren der Kontrolle privater Rundfunkveranstalter in der Bundesrepublik Deutschland, Baden-Baden 1990.

Wank, Rolf, Die freien Mitarbeiter bei den Rundfunkanstalten und das Bundesverfassungsgericht, RdA 1982, S. 363 – 371.

Weber, Werner, Rundfunkfreiheit – Rundfunkmonopol, in: Festschrift zum 70. Geburtstag für Ernst Forsthoff, München 1972, S. 467 – 494.

Wiedemann, Verena, Der Programmauftrag des öffentlich-rechtlichen Rundfunks in der digitalen Ära in Deutschland und Europa, ZUM 2007, S. 800 – 806.

Wirth, Stephen, Der Fernsehrat des ZDF [1962], in: Baum/Langenbucher /Pöttker/Schicha (Hrsg.), Handbuch der Medienselbstkontrolle, Wiesbaden 2005.

Wojahn, Michael, Die Organisationsstrukturen der Hauptorgane der Landesmedienanstalten unter dem Grundsatz der Staatsfreiheit, Konstanz 2002.

Wojtas, Jacek, Die Eckpunkte und die Entwicklung des polnischen Presserechts, Osteuroparecht 2007, S. 183 – 195.

Wojtyczek, Krzysztof, § 1 Verfassungsrecht, in: Liebscher/Zoll (Hrsg.), Einführung in das polnische Recht, München 2005, S. 11 – 35.

Woldt, Runar, Probleme der Messung von Vielfalt, in: Weber, (Hrsg.) Publizistische Vielfalt zwischen Markt und Politik, Düsseldorf 1992, S. 186 – 211.

Wouter, Hins, Vielfalt im niederländischen Rundfunk, in: Kohl (Hrsg.), Vielfalt im Rundfunk, Konstanz 1997, S. 83 – 93.

Wrede, Beatrice, Bestand und Bestandsschutz von Arbeitsverhältnissen in Rundfunk, Fernsehen und Presse, NZA 1999, S. 1019 - 1027.

Zacher, Hans F., Das soziale Staatsziel, in: Isensee/Kirchhof (Hrsg.), Handbuch des Staatsrechts, Band I, 2. Auflage Heidelberg 1995.

Zagouras, Georgios, Der „Reding-Wallström-Plan" zum Schutz der Meinungsvielfalt in Europa, AfP 2007, S. 1 – 5.

Zeidler, Karl, Gedanken zum Fernsehurteil des Bundesverfassungsgerichts, AöR 86 (1961), S. 361 – 404.

Zippelius, Reinhold, Allgemeine Staatslehre, 14. Auflage München 2003.

Zubayr, Camille / Gerhard, Heinz, Tendenzen im Zuschauerverhalten, Media-Perspektiven 2007, Nr. 4, S. 187 – 199.

Zuchowicz, Katarzyna, „Europa ocenia polską lustrację" Rzeczpospolita vom 20.März 2007.

A. Einführung

Der Rundfunk ist ein Zwitterwesen. Einerseits ist er Marktteilnehmer, bietet als solcher Dienstleitungen an und ist Plattform für diverse weitere Märkte, wie Werbung, Produktion, Lizenzrechte usf. Auf der anderen Seite ist er aber auch Kulturträger, Spiegelbild der Gesellschaft und ihrer Werte und wichtigstes Forum für die demokratisch notwendige Meinungsbildung und den Meinungsaustausch. Beide Seiten stehen nicht notwendig in einem Gegensatz, sondern können und – so die Zielrichtung der beiden untersuchten Medienordnungen – sollen sich ergänzen. Allerdings hat diese zweite Seite der Medaille einen wesentlichen Schwachpunkt. Sie ist für sich genommen nicht marktfähig und kann als meritorisches Gut nicht im Wege von Angebot und Nachfrage realisiert werden. Im Extremfall, also bei einer Nachfrage unterhalb der Produktionskosten, würde diese Eigenschaft verschwinden. Die Aufgabe der Medienordnung muss es also sein, diese spezifische Funktion, der der Markt nicht, nur in ungenügendem Maße oder potentiell nicht mehr gerecht wird, einerseits systemisch, andererseits durch inhaltliche Vorgaben zu stützen. Maßstab dieser Aufgabe ist die Meinungsvielfalt. Sie ist das positiv definierte Ziel der Regulierung einer Rundfunkordnung.

In dieser Arbeit soll ein Rechtsvergleich der Rundfunkregulierungssysteme von Deutschland und Polen im Hinblick auf dieses Merkmal gezogen werden. Das Merkmal der Meinungsvielfalt wird hier in seinen Bezügen und seiner Funktion zur freiheitlich-demokratischen Gesellschaftsverfassung betrachtet. Grundlage der Regulierung des Rundfunks ist daher die Medienwirkung, die potentiell geeignet ist, die Meinungsvielfalt und vor allem den vorgelagerten Prozess freier Meinungsbildung zu beeinflussen oder sogar zu gefährden. Die Medienwirkung bietet sich deshalb als tertium comparationis an, da davon auszugehen ist, dass die Medienwirkungen in Polen und Deutschland weitgehend vergleichbar sind. Als eigentliche Grundlage der Regulierung wird ihr in Zukunft wachsende Bedeutung zukommen. Die polnische wie auch die deutsche Rechtsordnung werden sich zukünftig auf starke Veränderungen einstellen müssen, die nicht mit der bisher größten Neuerung, der Einführung des dualen Systems, vergleichbar sein werden. Es zeichnet sich eine vollständige Digitalisierung von Inhalten und Übertragungswegen ab, die nicht nur die Anbieterseite stark verändern, sondern vor allem auch das Nutzerverhalten völlig umgestalten wird. Will die Rundfunkordnung ihrer ursprünglichen Aufgabe, der oben benannten Sicherung des meritorischen Guts der Meinungsvielfalt im Gesamtangebot nachkommen, wird sie die tatsächliche Wirkung eines Mediums und dessen Inhalt stärker in den Blick nehmen müssen. Um diese Ausrichtung vornehmen zu können, muß aber zunächst ermittelt werden, inwiefern die Meinungsvielfalt derzeit durch organisationsplurale und materielle Pluralismusvorgaben gesichert wird.

Die Aufgabenstellung der Arbeit lautet daher: Wie wird die Medienwirkung in Deutschland und Polen eingeschätzt und welche rechtlichen Anforderungen und Sicherungssysteme bieten die Rechtsordnungen, um einen Missbrauch des Massenmediums Rundfunk zu verhindern. Und: Sind diese Anforderungen und Sicherungen in einer sytematischen Betrachtung erfassbar, die Defizite bei Organisation, materiellen Anforderungen und deren Abstimmung sichtbar macht und dadurch eine eigene Dogmatik des Rundfunkpluralismus als Leitlinie für die kommenden Herausforderungen des Gesetzgebers bieten kann.

Um diese Fragen zu beantworten, werden im Folgenden zunächst die staats- und verfassungsrechtlichen und europäischen Bezüge des Pluralismusprinzips herausgearbeitet. Daran schließt sich eine Darstellung der wesentlichen Erkenntnisse der Medienwirkungsforschung an. Im darauf folgenden Abschnitt wird die Rechtsprechung des Bundesverfassungsgerichts im Hinblick auf materielle, prozedurale und organisatorische Anforderungen und Sicherungssysteme vorgestellt, sowie ihre Umsetzung durch den Gesetzgeber im einfachrechtlichen Rechtsrahmen. Daran anschließend werden neueste Entwicklungen im europäischen Recht, die Überlegungen zum 10. Rundfunkänderungsstaatsvertrag sowie die Anforderungen und der Einfluss der Einstellungsentscheidung der Europäischen Kommission aus dem abgeschlossenen Beihilfeverfahren auf das Merkmal der Meinungsvielfalt im öffentlich-rechtlichen Rundfunk bewertet. Im letzten Abschnitt findet sich eine Auseinandersetzung mit der Ausgangsfrage für das polnische Recht, eine Bewertung und abschließende Thesen. Im Anschluss an jeden Unterabschnitt erfolgt eine Bewertung, ob die rechtlichen Vorgaben dem Ziel der Meinungsvielfalt durch organisationsplurale und materielle Pluralismusvorgaben in geeigneter Weise nachkommen und gegebenenfalls Reformvorschläge gemacht.

B. Pluralismus und Meinungsvielfalt als Eckpfeiler der Rundfunkordnung

Der Pluralismus in der Medienlandschaft gehört seit Beginn des Zeitalters der modernen Massenmedien zu einem Leitprinzip aller Medienordnungen in Europa.[1] In Deutschland wurden der Begriff und die Anforderungen der Meinungsvielfalt durch das Bundesverfassungsgericht allerdings erst in der Nachkriegszeit durch Auslegung des Art. 5 Abs. 2 S. 1 GG geprägt und in ständiger Rechtsprechung die immense gesellschaftliche Bedeutung des Rundfunks betont. Auslöser dieser Einschätzung dürfte wohl der Eindruck der nationalsozialistischen Propaganda gewesen sein. Diese konnte seit 1933 durch den berüchtigten „Volksempfänger" technisch die gesamte Nation erreichen und durch eine planmäßige Aufbereitung der Inhalte durch das Reichspropagandaministerium eine lückenlose Gleichschaltung der Medien erreichen.[2] Die Erfahrung der eminent wichtigen Rolle des Rundfunks für die Kriegspropaganda bestimmte in der Nachkriegszeit die Bewertung des Rundfunkpotentials.

Die Schlussfolgerungen waren eindeutig: Der Rundfunk musste organisatorisch unabhängig von Staat oder einzelnen Gruppen der Gesellschaft organisiert sein. Weiter musste das vermutete inhaltliche Beeinflussungspotential des Rundfunks kanalisiert werden. Aus diesem Potential erwuchs dem Rundfunk als Institution ein gesellschaftlicher Auftrag, er wurde als „Medium und Faktor"[3] des freien Meinungsbildungsprozesses erkannt.

Auch wenn der hohe Stellenwert des Pluralismus in Deutschland sich teilweise aus den Erfahrungen des zweiten Weltkriegs erklären lässt, scheint es doch ein inzwischen auch international gültiges Prinzip zu sein.[4] Diese transnationale Dimension erklärt sich logisch aus der Demokratiesicherungsfunktion des Pluralismusprinzips im Bereich der Massenmedien, da der freie Kampf der Meinungen für die freiheitlich-demokratische Grundordnung konstitutiv ist.[5]

---

[1] Vgl. nur *Dörr*, Europäisches Medienrecht, S. 119; *Dörr*, Multimedia und die Rundfunkfreiheit, S. 1425 f.; *Schellenberg*, AöR 119 (1994), 427 ff. und *Schellenberg*, Rundfunk-Konzentrationsbekämpfung, S. 26 m.w.N. Manche sehen im Pluralismus sogar ein geschütztes Rechtsgut, vgl. *Hoffmann-Riem*. Im Folgenden soll aber von dem Pluralismus als einem Strukturprinzip ausgegangen werden, der zwingende Folge anderer, hoch stehender Güter – namentlich der Meinungs- und Rundfunkfreiheit einschließlich ihrer Bezüge zu den Staatsprinzipien des Art. 20 GG – ist und dem Ziel der Verwirklichung der Meinungsvielfalt dient.

[2] Eine Besonderheit des „Volksempfängers" war, dass er mangels Kurzwellenempfangsgerät keine ausländischen Sender empfangen konnte. Dies führte zu einer Monopolisierung der Information beim Propagandaministerium. Zur Rolle des Rundfunks in der NS-Zeit ausführlich *Herrmann*, Rundfunkrecht, § 14 Rn. 14 ff. Ebenfalls dazu *Hansmeyer*, Der Wandel des öffentlich-rechtlichen Rundfunks, S. 36 f.

[3] So bereits BVerfGE 12, 205 (262).

[4] Wohl herrschende Auffassung, vgl. nur *Holznagel*, Rundfunkrecht in Europa, 158 ff.

[5] Vgl. BVerfGE 57, 295 (323) – *FRAG*.

In den meisten europäischen Nachbarstaaten wurde dem Prinzip des Pluralismus ebenfalls ein hoher Stellenwert eingeräumt.[6] Auch auf der Ebene des EG-Rechts findet sich die ausdrückliche Erwähnung des Pluralismus als Ordnungsprinzip, so z.B. in der Fusionskontrollverordnung, Art. 21 Abs. 3[7]oder dem Beschluss des Europarates über das Abkommen zum Schutz und zur Förderung der Vielfalt kultureller Ausdrucksformen.[8]

I. Verfassungsrechtliche Wurzeln des Vielfaltsgebots

Aus seinem gesellschaftlichen Potential als Medium und Faktor der freien und öffentlichen Meinungsbildung entsteht ein direkter Zusammenhang, zunächst zum Demokratieprinzip des Art. 20 Abs. 1 GG. Dieses setzt als Ursprung des demokratischen Prinzips den freien und unbeeinflussten Austausch von Meinungen voraus.[9] Hierzu gehört vor allem die Bewertung der Meinungsfreiheit als „schlechthin konstituierend für die freiheitlich demokratische Grundordnung",[10] dem gemeinsamen Existenzminimum von individueller Kommunikationsfreiheit und öffentlicher Meinungsbildung.

Neben einem Minimum an gemeinsamer Wertüberzeugung, und sachlichen Vorraussetzungen wie etwa der gemeinsamen Sprache,[11] ist die tatsächliche

---

[6] Zu den Pluralismusregelungen in den Medien in Italien und Frankreich, vgl. *Schellenberg*, AöR 119 (1994), 427 (429 f., 434 f.); für England siehe *Barendt*, The Legal Protection of Diversity in British Television, 76 ff.; für die Niederlanden vgl. *Wouter*, Vielfalt im niederländischen Rundfunk, 83 ff. In Polen findet sich ein Vielfaltsgebot nicht in vergleichbarer Form. Es wird der Rundfunkrat angewiesen, einen „pluralen Charakter" des Rundfunks sicherzustellen. Den öffentlich-rechtliche Rundfunk trifft durch das Rundfunkgesetz Art. 21 Nr. 1 allerdings ein Programmauftrag, der ihn zu einem „breit gefächerten" Programm verpflichtet, vgl. dazu *Banasinski/Rittler*, Das Recht der Rundfunkunternehmen in Polen, S. 570. Ausführlich unten D.II.

[7] Dort wird es ausdrücklich den Mitgliedstaaten überlassen, geeignete Maßnahmen zur Sicherung des Pluralismus in den Medien zu treffen, vgl. Art. 21 Abs. 3 FKVO vom 21. September 1990, dazu *Dörr/Schiedermair*, Kohärentes Konzentrationsrecht, S. 48; *Holznagel/Dörr/Hildebrand*, Elektronische Medien, S. 208.

[8] Beschluss des Rates vom 18.6.2006, 2006/515/EG. Neben dem sog. Amsterdamer Protokoll, Abl. EG Nr. C 340, S. 5 (10.11.2005), privilegiert dieser Beschluss in Art. 6 Abs. 2 h) ausdrücklich Maßnahmen zur Förderung der Vielfalt im Rundfunk in den Mitgliedstaaten.

[9] Unstrittig bereits seit BVerfGE 5, 85 (205) – *KPD-Verbot*, vgl. dazu nur *Stern*, Staatsrecht I, § 18 II 5 e, m.w.N. Zu dem Zusammenhang von Meinungsfreiheit, Demokratieprinzip und Massenmedien auch *Schellenberg*, Rundfunk-Konzentrationsbekämpfung, S. 29 f. und ausführlich *Herrmann*, Rundfunkrecht, § 6 Rn. 1 f.

[10] BVerfGE 7, 198 (208) – *Lüth*.

[11] Zu diesen und anderen soziologischen und kulturellen Vorrausetzungen einer funktionierenden Demokratie, vgl. *Böckenförde*, in: HdBStR I, § 22 Rn. 59 ff. Ähnlich *Fraenkel*, der einen bestimmten Anteil von „consensus omnium" im Sinne der Pluralistischen Theorie des Allgemeinwohls für notwendig hält, *Fraenkel*, Pluralismus, S. B 17. *Häberle* rügt den Begriff der „vorrechtlichen Voraussetzung" des Maastrichturteils BVerfGE 89, 115 (185) als zu weit

Möglichkeit zum Meinungsaustausch Grundvoraussetzung zur Bildung von Mehrheiten und Minderheiten, die sich dann im Wettbewerb zu behaupten haben. Wesentlich für das Demokratieprinzip ist, dass jede Meinung die Chance haben muss zur mehrheitlichen Meinung zu werden.[12] Neben der politischen Dimension ermöglicht dieses demokratische Prinzip auch die Bildung von jeder Form öffentlicher Meinung, gemeinsamer Werte und Grundüberzeugungen.[13] Dabei kommt es zu Wechselwirkungen zwischen Meinungsbildung und gesellschaftlicher Kultur- und Wertüberzeugung, da die gebildete öffentliche Meinung wiederum zur notwendigen soziologischen und kulturellen Grundüberzeugung beiträgt.

Geht man also mit dem Verfassungsgericht davon aus, dass der Rundfunk potentiell Einfluss auf die öffentliche Meinung hat und diese öffentliche Meinung mitbildet,[14] so bedarf es besonderer Sicherungen, um das Funktionieren und die Freiheit dieses Prozesses nicht zu gefährden. Dabei ist der Rundfunk nicht lediglich als „Transmissionsriemen“ zwischen Staat und Gesellschaft zu verstehen. Seine Rolle in der Demokratie ist aktiver Natur, er beteiligt sich, ist Faktor der Meinungsbildung und erfüllt eine integrierende Funktion für das Staatsganze.[15] Diese Beschreibung erinnert schon vom Wortlaut her deutlich an die Integrationslehre *Rudolf Smends*. Nach seiner Auffassung wird eine statische, positivistische Beschreibung des Staates, seiner Organisation und der Gesellschaft dem tatsächlich stattfindenden, lebendigen Austauschprozess nicht gerecht. Er plädierte für eine organische Sichtweise, in der das öffentliche Leben den Staat als geistiges und dennoch reales Gebilde stetig erneuert und durch Interaktion legitimiert.[16] Grundbedingung jeder Interaktion ist aber wiederum die freiheitliche Kommunikation als Kanal zur Abstimmung von Verhalten. Auch im Sinne *Smends* ist die Sicherung der offenen Meinungsbildung somit Grundbedingung des öffentlichen Lebens. So entsteht ein untrennbarer Funkti-

---

und sieht vor allem die Kultur, ökonomische Grundvoraussetzungen und die Garantie der Menschenwürde in der Ausprägung des Rechtsstaates als Grundvoraussetzung jeder Demokratie, *Häberle*, Menschenwürde und pluralistische Demokratie, S. 1166. Aus neuerer Zeit ausführlich *Kurschildgen*, Die demokratisch verfasste Öffentlichkeit, S. 24 ff.

[12] *Herrmann*, Rundfunkrecht, § 6 I 1; siehe auch *Gersdorf*, Staatsfreiheit des Rundfunks, S. 80.

[13] Mit Recht verweist *Zippelius* auf die Vielgestaltigkeit der „sozialen Mächte“, die sich im pluralistischen Meinungskampf messen. Daher stellt der Pluralismus nicht nur ein staatstheoretisches, sondern vor allem auch soziologisches Ordnungsprinzip dar, vgl. *Zippelius*, Allgemeine Staatslehre, § 26, § 28 IV.

[14] BVerfGE 12, 205 (262) - *1. Rundfunkentscheidung.*

[15] BVerfGE 31, 314 (329) - *2. Rundfunkentscheidung.*

[16] *Scheuner*, FS Smend, S. 439.

onszusammenhang zwischen der individuellen Freiheitssphäre der Meinungsfreiheit und dem demokratischen Prinzip der Gesellschaftsordnung.[17]

Die zweite Wurzel des Pluralismus findet sich im Sozialstaatsprinzip. Dieses gebietet dem Staat, die Voraussetzungen dafür zu schaffen, dass die grundrechtlich verbürgten Freiheiten auch tatsächlich wahrgenommen werden können. Das ansonsten eher inhaltsleere[18] Sozialstaatsprinzip verdichtet sich hier in Verbindung mit den grundrechtlichen Wertungen der Kommunikationsfreiheiten und ihrer Bedeutung für den demokratischen Prozess zu einer Leitlinie staatlichen Handelns bis hin zu einem Gebot zum Tätigwerden.

Konkret gebietet das Sozialstaatsprinzip ein staatliches Tätigwerden insoweit, als dass der demokratisch notwendige Meinungsbildungsprozess auch für den Einzelnen offen gehalten werden muss.[19] Es sind also durch den Staat Strukturen zu schaffen, die es dem Einzelnen zumindest potentiell ermöglicht, seine grundrechtlich verbürgte Meinungsfreiheit auch über den Rundfunk zu verbreiten.[20] Die Ausformung dieser Strukturen liegt allerdings im Ausgestaltungsspielraum des Gesetzgebers. Denn das Sozialstaatsprinzip verpflichtet den Staat zu einem abstrakten Erfolg, der nicht an konkreten Einzelbeispielen gemessen werden kann.[21] Im Ergebnis führt das Sozialstaatsprinzip zur Notwendigkeit einer Rundfunkordnung, die einen offenen Meinungsmarkt ermöglicht und schützt.[22]

Aus diesen verfassungsrechtlich vorgegebenen Prinzipien kristallisierte das Verfassungsgericht folgerichtig die objektiv-rechtliche Dimension der Rundfunkfreiheit heraus. Neben der ebenfalls bestehenden, aber traditionell weniger im Vordergrund stehenden abwehrrechtlichen Komponente beinhaltet Art. 5

---

[17] Zum ganzen ausführlich *Zippelius*, Allgemeine Staatsrechtslehre, § 7 I 1. Im Ergebnis ebenso, *Schellenberg*, Rundfunk-Konzentrationsbekämpfung, S. 30. *Hain* weißt allerdings zurecht darauf hin, dass dieser Zusammenhang der Rundfunkfreiheit keinen höheren Stellenwert einräumen dürfte, als alle anderen, vom öffentlichen Kommunikationsprozess betroffenen Grundrechte (Meinungsfreiheit, Versammlungsfreiheit, Vereinigungsfreiheit, etc.), vgl. *Hain*, Rundfunkfreiheit und Rundfunkordnung, S. 45.

[18] Die genauen Konturen des Sozialstaatsprinzips sind umstritten. Wohl herrschend wird es als Staatszielbestimmung aufgefasst, das in Verbindung mit anderen grundrechtlichen Wertungen einen Ausschlag ins „Soziale" gibt, vgl. dazu *Zacher*, HdBStR I, § 25 Rn. 107 f. Siehe auch *Scheuner*, Staatszielbestimmungen, S. 335, der hinsichtlich des Sozialstaatsprinzips von „sehr allgemeinen Grundeinstellungen staatlichen Tuns" spricht.

[19] *Zippelius*, Allgemeine Staatsrechtslehre, § 26 II.

[20] Gemeint ist die rein faktische Möglichkeit zur Teilnahme, nicht etwa ein Teilhabeanspruch oder Zugangsanspruchs i.S.e. subjektiven Rechts, der so jedenfalls vom BVerfG nicht zuerkannt wird. Dazu ausführlich *Ricker/Schiwy*, Rundfunkverfassungsrecht, C II. 3. So auch *Herrmann*, Rundfunkrecht, § 6 Rn. 7 f.

[21] Siehe *Zacher*, HdBStR I, § 25 Rn. 98 ff.

[22] BVerfGE, 57, 295 (320); Lerche, NJW 1982, 1676 (1676); *Ricker/Schiwy*, Rundfunkverfassungsrecht, C I. 6 m.w.N.

Abs. 2 S. 1 GG auch und vor allem die objektiv-rechtliche Dimension mit der Ordnungsidee der „dienenden Freiheit“ als ihrem Kern. Trotz einigem anfänglichen Widerspruch in der Literatur[23] ist es nach heutiger Auffassung gerade diese Konzeption, die es dem Gesetzgeber ermöglicht und ihn verpflichtet, dem besonderen Kriterium der Vielfalt im Rahmen seiner Ausgestaltungsfreiheit Geltung zu verschaffen.[24] Auf der anderen Seite handelt es sich nicht um eine freiwillige Leistung des Gesetzgebers. Durch den allgemein anerkannten Wesentlichkeitsgrundsatz muss er grundrechtsrelevante Entscheidungen selbst treffen.[25] Aus der Bedeutung des Rundfunks für die freiheitlich-demokratische Grundordnung, seiner Bedeutung für den Grundrechtsvoraussetzungsschutz des Einzelnen aber auch bereits dem Sozialstaatsprinzip folgt weiter, dass die Gesetzgebung im Bereich der Einrichtung und Organisation der Rundfunkordnung wesentlich ist.[26]

II. Europäische Dimension des Vielfaltsgebots

Der Europäischen Gemeinschaft kommt nach dem Prinzip der begrenzten Einzelermächtigung grundsätzlich keine Kompetenz zur Regulierung und Rechtsetzung im Bereich des Rundfunks zu.[27] Allerdings ergeben sich aufgrund der funktionalen Zuständigkeitsregelungen zur Rechtsangleichung im europäischen Binnenmarkt immer wieder Berührungen mit den grundsätzlich mitgliedstaatlich verfassten Medienordnungen.[28] Mit Art. 6 Abs. 2 des EU-Vertrages bekennt sich die europäische Gemeinschaft zu den Gemeinschaftsgrundrechten, wie sie ihren Ausdruck in der EMRK und den gemeinsamen Verfassungsüberlieferungen finden. Diese sind auch Grundlage der Rechtsprechung des EuGH, der damit auf die Meinungs- und Informationsfreiheit des Art. 10 EMRK als

---

[23] Vgl. *v. Pestalozza*, ZRP 1979, 25 (28); *Weber*, Rundfunkfreiheit – Rundfunkmonopol, S. 487; *Engel*, AfP 1994, 185 (186) m.w.N. Nunmehr die abwehrrechtliche Komponente betonend BVerfGE 95, 220 (226) – *Dreyeckland*; BVerfGE 97, 298 (310, 314) – *Extra-Radio*. Darin mag eine Annäherung an die Konzeption des Art. 10 EMRK liegen, der eine objektivrechtliche Komponente der Rundfunkfreiheit nicht kennt. Ob aber auch eine Abkehr von der „dienenden Freiheit“ gemeint war, die nun mehr zum „Schrebergarten verfassungsrechtlich lieb gewordener Rundfunkrechtsdogmatik“– *Müller*, MMR 2005, VI (VI) - degeneriert, darf bezweifelt werden.

[24] So z.B. *Hesse*, Rundfunkrecht, S. 67 m.w.N.

[25] So auch *Hesse*, Rundfunkrecht, S. 67.

[26] Vgl. *Hesse*, Rundfunkrecht. S. 67; ebenso BVerfGE 31, 314 (326) – *2. Rundfunkurteil*. Zuvor in die gleiche Richtung BVerfGE 12, 205 (263) – *1. Rundfunkurteil*.

[27] Vgl. nur *Herdegen*, Europarecht, § 9 Rn. 55 ff.; *Holznagel*, Rundfunkrecht in Europa, S. 128 f.; ausführlich zum europäischen Regulierungszusammenhang *Dörr*, Supranationale Deregulierung des Rundfunks, S. 5 ff.

[28] *Herdegen*, Europarecht, § 9 Rn. 56. Siehe dazu vor allem unten die Vorgaben der Europäischen Kommission in der Einstellungsentscheidung des abgeschlossenen Beihilfenverfahren sowie die Überlegungen zum Reding-Wallström-Plan, C.II.2.c) und C.II.7.

Prüfungsmaßstab zurückgreift.[29] Art. 10 EMRK wird allerdings sowohl vom EGMR, als auch von EuGH hauptsächlich subjektiv-rechtlich ausgelegt, so dass die Rundfunkfreiheit, ähnlich wie in Polen,[30] mehr einer „rundfunkvermittelten Meinungsfreiheit" gleichkommt.[31] Das Strukturprinzip des Pluralismus findet sich erst in der Berücksichtigung von Allgemeininteressen als Rechtfertigungsgrund für eine Einschränkung der Freiheit. In diesem Bereich allerdings wird die Notwendigkeit des Schutzes einer pluralen Medienordnung ausdrücklich anerkannt.[32] Begründet wird diese Auffassung durch den EuGH, wie auch den EGMR mit dem funktionalen Zusammenhang von pluraler Medienordnung und funktionierender Demokratie und der überragend wichtigen Rolle, die den Medien in der Gesellschaft zukommt.[33] In diese Richtung weist auch das Bekenntnis zur Berücksichtigung der kulturellen Vielfalt in den Mitgliedstaaten im primären Gemeinschaftsrecht durch den im Vertrag von Maastricht eingeführten Art. 128 Abs. 4 EGV a.F. (neu Art. 151 EG).[34] Damit stellt das Strukturprinzip des Pluralismus einen auch von Seiten des Europarechts zu beachtenden Rechtfertigungsgrund für mitgliedstaatliche Regulierungsmaßnahmen dar.[35]

Darüber hinaus lässt sich der Pluralismus als Strukturprinzip aber auch für das „europäische Medienrecht" selbst begründen, also als originär europarechtliches Prinzip.[36] Ausgangspunkt hierfür sind einmal die primärrechtlich in Art. 6 Abs. 2 EU verankerten gemeinsamen Verfassungsüberlieferungen sowie die EMRK als allgemeine Grundsätze des Gemeinschaftsrechts. Durch die Auslegung von Art. 10 EMRK durch EGMR und EuGH wird dadurch gleichzeitig die Notwen-

---

[29] Dies ist durch die Einführung von Art. 46 des Amsterdamer Vertrags abgesichert, vgl. *Dörr/Schiedermair*, Kohärentes Konzentrationsrecht, S. 40.

[30] Dazu siehe unten D.II.2.b).

[31] Siehe dazu ausführlich *Dörr*, Europäisches Medienrecht, S. 119. Zum Verhältnis subjektiv- und objektiv-rechtlicher Auslegung im Europarecht auch *Dörr/Schiedermair*, Kohärentes Konzentrationsrecht, S. 40 f.

[32] *Hoffmann-Riem* sieht den Rundfunkpluralismus im Rahmen der Grundfreiheiten europarechtlich nur „toleriert", vgl. *Hoffmann-Riem*, in: AK-GG, Art. 5 Rn. 177. Dies stellt auch *Dörr* heraus und rügt, dass damit die Idee des Pluralismus nicht durch den EuGH voll anerkannt wird, vgl. *Dörr*, Media-Perspektiven 2/96, S. 87 (88).

[33] Vgl. die Urteile des EuGH Rs. C-288/89, Slg. 1991, I-4007 – *Gouda* und Rs. C-23/93, Slg. 1994, I-4795 – *TV 10*; vgl. zu den Urteilen *Dörr*, Auf dem Weg zur europäischen Informationsgesellschaft?, S. 87. Am deutlichsten wohl EGMR vom 24. November 1993, Band A Nr. 276 - *Informationsverein Lentia*.

[34] Dazu *Frey*, Fernsehen und audiovisueller Pluralismus, S. 39. Allerdings hat das BVerfG in der Entscheidung BVerfGE 89, 155 – *Maastricht* jeden Versuch, darin einen Kompetenztitel zugunsten des Gemeinschaftsrechts zu sehen, eine Absage erteilt. Dazu ausführlich *Dörr*, ZUM 1995, 14 (20).

[35] Dazu *Dörr*, Multimedia und die Rundfunkfreiheit, S. 1429; ebenso *Dörr*, Europäisches Medienrecht, S. 119.

[36] Ähnlich Hahn/Vesting – *Rossen-Stadtfeld*, Rundfunkrecht, § 25 Rn. 75 ff.

digkeit von Maßnahmen zur Sicherung des Pluralismus mit aufgenommen. Daraus ergibt sich eine spezielle Schranke für die „rundfunkvermittelte Meinungsfreiheit", die nicht nur die Freiheit begrenzt, sondern gleichzeitig das Handeln europäischer Organe in Bereichen, die den Rundfunk betreffen einer Zielkontrolle unterwirft. Maßnahmen, die einer pluralen Ordnung des Rundfunks in Europa schaden, sind daher mit dem Primärrecht nicht vereinbar. Noch deutlicher ist die Aussage des Art. 11 Abs. 2 der Grundrechtecharta, wonach die „Freiheit der Medien und ihre Pluralität" geachtet werden.[37] Die Charta hat zwar bislang keine Rechtsverbindlichkeit, kann aber als gemeinsame Deklaration der Mitgliedstaaten als Erkenntnisquelle im Rahmen von Art. 6 Abs. 2 EU durch den EuGH berücksichtigt werden.[38]

Weiter lässt sich dieses Ergebnis aus der Verpflichtung der Gemeinschaft auf den Grundsatz der Demokratie gem. Art. 6 Abs. 1 EU abstützen.[39] Da ein untrennbarer funktionaler Zusammenhang zwischen einer demokratischen Organisation der Gesellschaft und der Möglichkeit zur freien Meinungsäußerung auch über massenmediale Kanäle besteht, muss das Gemeinschaftsrecht folglich das Strukturprinzip des Pluralismus zumindest in seiner allgemeinsten Form – als Zielwert der Spiegelung gesellschaftlich vorhandener Meinungen in den Massenmedien[40] – beachten, da es grundlegend bzw. „konstitutiv" für eine demokratische Grundordnung ist.[41] Ungeachtet der schwierigen Bestimmung eines „europäischen Demokratiebegriffs" kann aber von einem Kernbereich von demokratischen Elementen ausgegangen werden, die in jedem Fall auch und gerade von Seiten der Europäischen Gemeinschaft zu beachten sind.[42] Zu

---

[37] Zuerst hieß die Formulierung „die Freiheit der Medien und ihre Pluralität werden gewährleistet". Allerdings bestand die Befürchtung, damit einen Kompetenztitel für die Gemeinschaft zu schaffen. Dazu *Dörr/Zorn*, NJW 2001, 2838 (2842) und *Dörr*, Europäische Medienordnung, S. 46; *Stock*, K&R 2001, 289 (298).

[38] In Bezug auf die Medienfreiheiten dazu *Dörr*, Europäisches Medienrecht, S. 120; *Dörr*, Öffentlich-rechtlicher Rundfunk im Kontext des EU-Verfassungsvertrages, S. 103. Ausführlich zur GRC Streinz – *Pechstein*, EUV/EGV, Art. 6 Rn. 17 f.; Von der Groeben/Schwarz – *Beutler*, EGV/EUV, Art. 6 Rn. 57 ff. Zuletzt *Dörr/Schiedermair*, Kohärentes Konzentrationsrecht, S. 44.

[39] *Dörr*, Europäisches Medienrecht, S. 119.

[40] Dazu unten B.III.2.c) und B.V.3.c).

[41] St. Rspr. seit BVerfGE 57, 295 (323) – *FRAG*. Dieser Grundsatz dürfte aber wohl europaweit unstreitig sein. Allerdings ist das konkrete Verständnis des Begriffs der „Demokratie" äußert strittig, vgl. Von der Groeben/Schwarze – *Beutler*, EUV/EGV, Art. 6 Rn. 29 f.. Zuletzt zeigte sich dies an den bilateralen Sanktionen gegenüber Österreich 2000, in deren Zuge auch ein gemeinsames europäisches Vorgehen gem. Art. 7 EU zumindest angedacht wurde. Dazu ausführlich Streinz – *Pechstein*, Art. 7 Rn. 1f.

[42] Zu dieser Frage im Zusammenhang mit einer europäischen Konzentrationskontrolle *Bruck/Dörr/Cole/et.al.*, Transnational Media Concentration in Europe, S. 22.

diesem Kernbestand gehört jedenfalls die Meinungsfreiheit.[43] Als Voraussetzung der Meinungsfreiheit kann das Strukturprinzip des Pluralismus im Medienbereich daher auch auf europäischer Ebene als Grundsatz aufgefasst werden, an dessen Maßstab europäische Akte zu messen sind.[44] In die gleiche Richtung weist auch die Rechtfertigungsformel mit der der EGMR Eingriffe in Art. 10 EMRK prüft, nach der diese „in einer demokratischen Gesellschaft notwendig" sein müssen.[45] Zuzugeben ist, dass aufgrund der Schwächen des europäischen Demokratiebegriffs und der mangelnden Kompetenz der EG, sich ein medienrechtliches Strukturprinzip des Pluralismus bislang nicht in gleicher Weise ausgebildet hat, wie dies auf Ebene der Mitgliedstaaten der Fall ist. Daraus lässt sich aber nicht ableiten, dass dieser Grundsatz keine Gültigkeit im Rahmen der EG hätte, im Gegenteil: Je geringer der Konsens hinsichtlich des Demokratiebegriffs und seine Anforderungen auf europäischer Ebene ist, desto eher muss sein Kernbestand herausgearbeitet und geschützt werden.[46]

Die Konturierung des Pluralismus als Strukturprinzip auf europäischer Ebene wird in Zukunft von wachsender Bedeutung sein. Abgesehen von früheren, unstrittig kompetenzwidrigen Regelungsversuchen,[47] ergibt sich durch die funktional orientierten Querschnittsregelungen der EG zunehmend ein „europäisches Medienrecht".[48] Wie noch zu zeigen sein wird, speist sich die Relevanz des pluralen Strukturprinzips wesentlich aus der funktionalen Verbindung der

---

[43] So auch Von der Groeben/Schwarz – *Beutler*, EUV/EGV, Art. 6 Rn. 30.

[44] Allerdings bezieht sich die Kompetenz des EuGH gerade nicht auf Art. 6 Abs. 1 EU, sondern nur auf dessen Absatz 2. Eine direkte Nichtigerklärung wegen Verstoßes gegen einen „europäischen Demokratiegrundsatz" aus Art. 6 Abs. 1 EU kann der EuGH also nicht feststellen. Das gleiche Ergebnis dürfte sich aber auf dem Umwege über die gemeinsamen Verfassungsüberlieferungen erzielen. Zu diesem Rechtsprechungsdefizit anhand der Rechtslage vor dem Vertrag von Nizza 2000 siehe *Frey*, Fernsehen und audiovisueller Pluralismus, S. 49 f.

[45] Vgl. zu diesem Begriff ausführlich *Holznagel*, Rundfunkrecht in Europa, S. 158 f. Die ausführlichste Analyse mit europaweit vergleichendem Ansatz findet sich in EGMR v. 24.11.1993, Bd. A, Nr. 276 (Abs. 39) - *Informationsverein Lentia*. Dazu *Dörr*, Multimedia und die Rundfunkfreiheit, S. 1427.

[46] Dagegen *Frey*, Fernsehen und audiovisueller Pluralismus, S. 52.

[47] Dies betraf die Richtlinienentwürfe im Anschluss an das Grünbuch „Pluralismus und Medienkonzentrationskontrolle in der EG" der Kommission im Jahre 1992. Dazu *Mensching*, Medienmärkte aus Sicht der Kommission: Auswirkungen der Konvergenz, S. 19 ff. sowie ausführlich unten C.II.2.c). Siehe aber auch die Kompetenzvorschrift des Art. 128 EG a.F., der allerdings gem. Art. 128 Abs. 5 EG a.F. (Art. 151 EG) nur Kulturförderung, nicht jedoch Regulierung umfassen soll, dazu *Dörr*, Auf dem Weg zur europäischen Informationsgesellschaft?, S. 78; *Dörr*, K&R 1998, 97 (98 f.).

[48] Hier ist die Richtlinie *89/552/EG – Fernsehen ohne Grenzen* und ihre Folgeänderungen als „Magna Charta" (*Hesse*) des europäischen Rundfunkrechts zu nennen. Siehe auch die Einstellungsentscheidung an *F.-W. Steinmeier* vom 24. April 2007, K(2007) 1761 endg., dazu ausführlich unten C.II.7.

Massenmedien und ihrer Wirkung mit Elementen der demokratischen und sozialen Gesellschaftsverfassung.[49] Seine Parameter liegen damit mehr im Bereich der kulturellen Seite des Rundfunks, die eindeutig in der mitgliedstaatlichen Regulierungskompetenz liegt.[50] Durch die zunehmende Spaltung der rundfunkrechtlichen Regulierung – mitgliedstaatliche Kultur- und europäische Wirtschaftsregulierung – drohen aber äußerst ernsthafte Konsequenzen für die Medienlandschaft.[51] Insofern ist es dringlich, auf europäischer Ebene mit der Entstehung eines „europäischen Medienrechts“ auch und gleichzeitig ein europäisches Verständnis des Pluralismus als Strukturprinzip der Massenmedien zu entwickeln.[52]

III. Kommunikationswissenschaftliche und sozialwissenschaftliche Grundlagen

Die hohe Wertschätzung des Pluralismus in den Massenmedien geht auf zwei Prämissen zurück. Zum einem wird seit Beginn der Rechtsprechung des Verfassungsgerichts dem Rundfunk eine enorme gesellschaftliche Bedeutung zuerkannt, nach der ein freier Rundfunk für die freiheitlich-demokratische Grundordnung schlechthin konstituierend ist.[53] Zum anderen wird von einer „Aktualität, Suggestivkraft und Breitenwirkung“[54] des Rundfunks ausgegangen. Mit dem zweiten Argument ist eine Besonderheit des Rundfunks angesprochen, der ihn von anderen Formen der Massenkommunikation abhebt. Das erste Argument bezieht sich dagegen auf die oben erwähnte verfassungsrechtliche Verortung des Rundfunks im Demokratieprinzip. Ohne zu werten, kann zunächst einmal festgestellt werden, dass diese Argumente und Einschätzungen heute zum rundfunkrechtlichen Allgemeingut gehören und daher nur selten kritisch hinterfragt werden.[55]

---

[49] Dies hat auch die Kommission erkannt, wie sich dem „Reding-Wallström-Plan“ entnehmen lässt, vgl. ausführlich unten C.II.2.c).

[50] Die kulturelle Dimension des Rundfunks wird inzwischen auch europarechtlich ausdrücklich anerkannt, vgl. Erwägungsgrund Nr. 3 der Richtlinie über audiovisuelle Mediendienste, 2007/65/EG. Dazu *Holznagel/Dörr/Hildebrand*, Elektronische Medien, S. 152 ff.

[51] Darauf weißt auch hin *Dörr*, epd-Medien 2001 Nr. 89, S. 4. Zur Thematik ausführlich auch *Dörr*, Öffentlich-rechtlicher Rundfunk im Kontext des EU-Verfassungsvertrages, S. 92.

[52] So bereits *Dörr*, Multimedia und Rundfunkfreiheit, S. 1424. Insofern ist der „Reding-Wallström-Plan“ nur zu begrüßen, dazu unten C.II.2.c).

[53] Diese Aussage aus BVerfGE 7, 198 (208) – *Lüth* bezog sich ursprünglich auf die Meinungsfreiheit, entspricht aber ständiger Rechtsprechung im Rundfunkrecht, vgl. nur BVerfGE, 12, 205 (260) – *1. Rundfunkurteil*, BVerfGE 31, 314 (325) – *2. Rundfunkurteil*, BVerfGE 35, 202 (221) - *Lebach*, BVerfGE 74, 298 (338) – *BW-Beschluss*.

[54] BVerfGE, 90, 60 (87) – *Rundfunkgebühr*.

[55] Diese Kritik äußert *Jarass* bereits 1978, vgl. *Jarass*, Die Freiheit der Massenmedien, S. 48. Geändert an dieser Tatsachen hat sich wenig, wie die gleiche Kritik von *Hain* zeigt, der die

Seit den 1960er Jahren hat sich der Bereich des Rundfunks qualitativ wie quantitativ rasant entwickelt. Seit den 1990er Jahren kommen weitere Phänomene mit Bezug zur Massenkommunikation hinzu wie das Internet, Digitalisierung und Konvergenz, die zumindest vordergründig kaum den Schluss zulassen, der Einfluss der Massenmedien sei gesunken. Im Folgenden soll der Frage der Wirkweise des Rundfunks nachgegangen werden, da sie grundlegend für die Gestaltung der Anforderungen und Sicherungssysteme ist. Im Folgenden wird davon ausgegangen, dass die Wirkweise des Rundfunks auf Mensch und Gesellschaft in Polen - mit sicherlich vorhandenen nationalen Besonderheiten - wie in Deutschland gleich funktioniert.[56] Aus diesem Grunde ist wird hier zunächst die Wirkweise dargestellt und in einem späteren Abschnitt die national unterschiedlichen Reaktionen des Rechts aufgezeigt.

1. Meinungsmacht in der Medienwirkungsforschung

Die Massenmedien sind seit ihrer Entstehung immer auch Gegenstand soziologischer und kommunikationsbezogener Wissenschaften gewesen. Die Medienwissenschaften beschäftigen sich mit der Analyse des Charakters und seiner gesellschaftlichen Bedeutung eines oder auch aller Massenmedien. Die Kommunikationswissenschaften hingegen untersuchen empirisch die Wirkweise der Medien. Gegenstand ihrer Teildisziplin der Medienwirkungsforschung sind die konkreten Möglichkeiten und Grenzen des Einflusses der Medien auf den Rezipienten. Der für die rechtswissenschaftliche Fragestellung der Pluralität der Medien, bzw. der Abwesenheit von einseitiger Medienmacht interessierende Ansatz ist daher hauptsächlich in der Medienwirkungsforschung zu finden. Es muss vorausgeschickt werden, dass dieses Forschungsfeld sich, wie es für die empirische Forschung nicht unüblich ist, durch eine große Menge an Daten, Studien und Theorien auszeichnet. Die folgende Darstellung muss daher kursorisch bleiben und kann nur einige der wichtigsten Erkenntnisse abbilden.

a) Allmacht der Medien

Das wohl prominenteste Beispiel der Medienwirkungsforschung, und zugleich eines der ersten, ist das am 30. Oktober 1938 in den USA verbreitete Hörspiel „*The War of the Worlds*“ von Orson Welles nach der gleichnamigen Novelle

---

Wirkung des Rundfunks als a priori der Diskussion bezeichnet, vgl. *Hain*, Rundfunkfreiheit und Rundfunkordnung, S. 53. Ebenso *Schuster*, Meinungsvielfalt, S. 117; mit interessantem Ansatz *Stock*, MediaPerspektiven 11/92, S. 678 ff.

[56] Vergleichende medienwirkungsspezifische Studien zwischen Deutschland und Polen sind, soweit ersichtlich, nicht vorhanden.

von H.G. Wells.[57] Zeitungsberichten zufolge kam es zu einer Massenpanik, da die Zuhörer das als Livereportage konzipierte Hörspiel für einen Tatsachenbericht hielten. Nur wenig später wurde der Glaube an eine Massenpanik als homogene Reaktion aber wieder erschüttert. *Hadley Cantril* konnte 1940 beweisen, dass die Reaktionen der Hörer durchaus unterschiedlich waren, und führte diese Unterschiede auf persönliche Prädispositionen wie Alter, Erfahrung und Bildungsstand zurück.[58]

Die These von der direkten Beeinflussung hielt sich jedoch hartnäckig. Dies mag an der zu dieser Zeit herrschenden Instinktpsychologie gelegen haben.[59] Diese ging davon aus, dass der Mensch durch die Industrialisierung seiner Primärgruppen wie etwa der Großfamilie und seinem gewachsenem, vormals dörflichem Umfeld beraubt und dadurch anfällig für externe Beeinflussung wurde. Nach dieser Auffassung lässt sich die Medienbeeinflussung dann in einem einfachen stimulus-response-Modell abbilden. Mit dieser These wäre eine einseitige Beeinflussung durch die Medien nicht nur möglich, sondern zwingende Folge bei bestehender Meinungsmacht.

In der Sozialwissenschaft herrschte zu dieser Zeit die Schule der Kritischen Theorie, deren bekannteste Vertreter *Theodor W. Adorno* und *Max Horkheimer* in ihrer 1944 erschienenen Essay-Sammlung „Dialektik der Aufklärung" den Begriff der „Kulturindustrie" schufen. Die Autoren zeichneten ein äußerst düsteres Bild der nunmehr industrialisierten Kultur.[60] Diese würde – im Gegensatz zur von den Autoren so genannten authentischen Kultur – ausschließlich nach marktwirtschaftlichen Gesichtspunkten produziert. Sie versucht die Grundbedürfnisse des Menschen plakativ zu befriedigen und muss damit notwendig an der Oberfläche bleiben.[61] Im Gegensatz zur authentischen Kultur verhindert die Kulturindustrie so eine Sublimierung der Bedürfnisse als eine wesentliche schöpferische Quelle der Kulturschaffenden, aber auch des Kulturrezipienten, für den sie wichtiger Kanal zu einem tiefer gehenden Verständnis ist. Sie ist hauptsächlich an der Realität orientiert und versucht diese wiederzugeben, allerdings nur soweit dies mit ihrem Charakter als Ware, den die Autoren im Sinne Marx' „Gebrauchsfähigkeit" nennen, vereinbar ist. Dadurch wären schwierige, aufwändige oder der Mehrheit unangenehme Themen kaum

[57] Gesendet wurde auf CBS im Ausstrahlungsgebiet New Jersey und New York, wo auch die Handlung des Hörspiels platziert wurde.
[58] *Handley Cantril*, The Invasion from Mars, Princeton 1940, zitiert nach *Noelle-Neumann*, Wirkung der Massenmedien auf die Meinungsbildung, S. 522.
[59] Zu den Parallelen siehe *Burkart*, Kommunikationswissenschaften, S. 195.
[60] *Adorno/Horkheimer*, Kulturindustrie, S. 128.
[61] *Adorno/Horkheimer*, Kulturindustrie, S. 148.

„gebrauchsfähig“ und es kommt zu einer allgemeinen Nivellierung von Themen und Niveau.[62]

Hinsichtlich des Fernsehens beklagen die Autoren schließlich, dass „die Übereinstimmung von Wort, Bild und Musik um so viel perfekter [gelingt] als im Tristan, weil die sinnlichen Elemente, die einspruchslos allesamt die Oberfläche der gesellschaftlichen Realität protokollieren, dem Prinzip nach im gleichen technischen Arbeitsgang produziert werden und dessen Einheit als ihren eigentlichen Gehalt ausdrücken.“[63] So erstaunlich diese Kritik zu einer Zeit, als die elektronischen Massenmedien noch in der Entwicklungsphase steckten ist, so treffend sie auch erscheinen mag, so ist sie doch von einer elitären Überzeugung getragen, die allein den individuelle Umgang mit dem Original gelten lässt. Aus heutiger Sicht erscheint diese Kritik eher befremdlich und antiquiert.[64] Diese sozialwissenschaftliche Kritik an den Massenmedien reihte sich nahtlos in das gesellschaftlich vorherrschende Bild der „allmächtigen Medien“ ein. Die Rezeption des in den 1940er Jahren in den USA erschienenen Werkes erfolgte in Deutschland allerdings erst in den 1960er Jahren, zu einem Zeitpunkt, als die Medienwirkungsforschung bereits die „Ohnmachtsthese“ wieder zu revidieren begann.[65]

Es herrschte also ein Bild von „allmächtigen Medien“, die ihre Kraft und entscheidende Stellung in der Gesellschaft in der NS-Zeit gezeigt hatten. Unter diesem Eindruck dürften wohl auch die Vorgaben der Alliierten für das deutsche Rundfunksystem gestanden haben, da die Wirkung der Propaganda der Nationalsozialisten sich damit einwandfrei erklären ließ.[66] Auch die ohne Zweifel zutreffende Feststellung des Bundesverfassungsgerichts, der Rundfunk sei Medium und Faktor der gesellschaftlichen Kommunikationsprozesse, wird noch durch diese Annahme geprägt sein.[67] Die These der „Allmacht der Medien“ schien gefestigt und bewiesen.

---

[62] *Adorno/Horkheimer*, Kulturindustrie, S. 129 nennen dies einen „Zirkel von Manipulation und rückwirkendem Bedürfnis“. Dazu ausführlich *Jaeckel*, Medienwirkungen, S. 81.

[63] *Adorno/Horkheimer*, Kulturindustrie, S. 132.

[64] Dass die Autoren – zumal *Adorno* - sich bereits damals in ihrem tiefen Kulturverständnis vom Kulturbetrieb unverstanden fühlten, zeigt auch das folgende Zitat: „Kennerschaft und Sachverständnis verfallen der Acht als Anmaßung dessen, der sich besser dünkt als die anderen, wo doch die Kultur so demokratisch ein Privileg an alle verteilt.“ aaO, S. 142.

[65] Der enorme Erfolg dieses Werkes stellte sich erst in Ende der 1960er Jahre ein, vgl. den deutschen (offiziellen) Erstdruck bei S. Fischer, Frankfurt a.M. 1969.

[66] Zu den Vorgaben der Alliierten in den drei Besatzungszonen, vgl. *Hesse*, Rundfunkrecht, S. 8 f.

[67] Dass die bereits zu dieser Zeit bekannten Ergebnisse der *Cantril*-Studie nicht in Bezug zur NS-Propaganda gesetzt wurden überrascht kaum. Es hätte eine Auseinandersetzung mit den individuellen Prädispositionen bedeutet. Mit der Instinktpsychologie hingegen war ein Ansatz

b) Ohnmacht der Medien

Indessen wurde das stimulus-response-Modell in der Kommunikationswissenschaft erweitert. Nach den Ergebnissen von *Cantril* kam mit der Studie „The People`s Choice" von *Paul Lazarsfeld* eine erste empirische Untersuchung eines Wahlkampfes heraus.[68] *Lazarsfeld* untersuchte den Wahlkampf von *Präsident Roosevelt* in Erie County, Ohio, der aufgrund einer überragenden Medienpräsenz seines Herausforderers *Wendell Willkie* als sicherer Verlierer schien. Dennoch gewann Roosevelt und *Lazarsfeld* konnte beweisen, dass die Beeinflussung durch die Medien keinesfalls linear verläuft. Seine Ergebnisse zeigten, dass der Grad der Beeinflussung – ähnlich wie bei *Cantril* – von individuellen Faktoren wie Intellekt, Gruppenzugehörigkeit und Selbstverständnis abhängigen. Dem Einfluss der zuvor negierten Primärgruppen kam wieder eine größere, ja entscheidende Bedeutung zu. Es wurde nun von sog. opinion-leadern gesprochen, die die Einstellungen des Rezipienten wesentlich beeinflussen. Diese opinion-leader sind in allen Schichten anzutreffen und werden durch bestimmte Eigenschaften wie hohes politisches Interesse, überdurchschnittlicher Medienkonsum, etc. definiert.[69] Der durch die Medien vermittelte Inhalt traf nun nicht mehr direkt auf den Rezipienten, sondern zunächst auf sog. intervenierende Variablen. Diese entweder auf persönlichen Eigenschaften des Rezipienten (intrapersonelle Variablen) oder Interpretation durch einen opinion-leader (interpersonelle Variablen) beruhende Störung des Informationsflusses verfälschte die Botschaft der Medien und machte damit eine vorhersehbare Medienwirkung unmöglich. Dennoch ging dieser Ansatz immer noch von einem linearen Modell der Informationsvermittlung vom Medium zum Rezipienten aus.[70]

Die intervenierenden Variablen konnten allerdings auch für eine besonders wirksame Vermittlung des Medieninhaltes im Sinne einer nur selektiven Wahrnehmung sorgen. So wurde angenommen, dass Meinungen, die mit der des Rezipienten übereinstimmen, von diesem wahrgenommen werden und ihn in seiner Auffassung bestärken.[71] Abweichende Ansichten hätten dagegen kaum eine Chance, aus sich heraus den Rezipienten zu überzeugen. Dieser sog. Ver-

---

gefunden, der das Individuum entlastete. Er kam am deutschen Mantra der Nachkriegszeit, „davon haben wir nichts gewusst", entgegen.

[68] *Lazarsfeld/Berelson/Gaudet*, The People`s Choice.

[69] In der nachfolgenden Studie wurden die opinion-leader mit der eher unscharfen Frage „Haben Sie neulich versucht, jemanden von Ihren politischen Ideen zu überzeugen?" identifiziert. Zitiert nach *Bonfadelli*, Medienwirkungsforschung I, S. 146.

[70] *Klapper*, The Effects of Mass Communication, S. 247.

[71] Auch dieses Ergebnis stellte *Lazarsfeld* bereits in „The People´s Choice" fest, vgl. dazu *Bonfadelli*, Medienwirkungsforschung I, S. 146 f.

stärkereffekt ist auch heute Grundlage der Wahlwerbung, die meist auf sog. Wechselwähler ausgerichtet ist, gleichzeitig aber auch die eigenen Stammwähler erreichen muss.[72]

Die weitere Medienwirkungsforschung teilte sich nach dieser Erkenntnis in eine medienzentrierte Betrachtung und die interpersonale Kommunikationsforschung als rezipientenzentrierten Ansatz auf. Erstere untersuchte weiterhin die Möglichkeiten der Manipulation der Medien, während der letztere die Medien in einem sozialen Netzwerk eingebettet sah und untersuchte, wie groß die gesellschaftliche Reichweite der Medien und ihrer Inhalte ist. Als Zwischenergebnis kam die Medienwirkungsforschung zu der Überzeugung, dass die Wirkung der Medien nicht direkt ermittelbar ist. Daraufhin wechselte die Perspektive. Nicht mehr die Frage „Was machen die Medien mit dem Menschen?“, sondern „Was macht der Mensch mit den Medien?“ stand nunmehr im Vordergrund.

aa) Rezipientenzentrierte Forschung

Eine der bekanntesten Studie zu dem sog. uses-and-gratifications Ansatz wurde von *Elihu Katz* veröffentlicht.[73] Er konnte nachweisen, dass die Medienwirkung abhängig von Bedürfnissen des einzelnen ist und daher nur schwer zu kategorisieren war.[74] Dieser Ansatz unterschied sich fundamental von der vorhergehenden Forschung, da er den Rezipienten als aktive Person sah, die ihren Medienkonsum mehr oder minder bewusst an ihren Bedürfnissen ausrichtet. Damit wurde zunächst die sog. Ohnmachtsthese weiter gefördert, nach der die Medien nur geringen Einfluss auf den Rezipienten haben. Die Medien fühlten sich durch diese Forschung von einer sozialen Verantwortung wissenschaftlich freigesprochen.[75]

In der Folge wurde untersucht, welche Bedürfnisse zu welchem Wirkungsergebnis führten, da ziemlich schnell feststand, dass der inzwischen sehr gestiegene Medien- und vor allem Fernsehkonsum selbst noch keine Aussage zur Verbreitung von Meinungen oder Inhalten beinhaltete. Es wurden die Motivlagen in aktive (z.B. Informationsbedürfnis) und passive Motive (z.B. Entspannung,

---

[72] Vgl. *Noelle-Neumann*, Wirkung der Massenmedien auf die Meinungsbildung, S. 551.
[73] *Katz/Blumler/Gurevitch*, Utilization of Mass Media by the Individual.
[74] *Katz/Blumler/Gurevitch*, Utilization of Mass Media by the Individual, S. 28.
[75] Zu den nicht immer schönen Zusammenhängen zwischen Forschung, Forschungsförderung und Forschungsobjekt vgl. mit eingehender Kritik *Noelle-Neumann*, Wirkung der Massenmedien auf die Meinungsbildung, S. 536; dazu auch *Burkart*, Kommunikationswissenschaft, S. 218.

Unterhaltung) differenziert.[76] Folge dieses Ansatzes war vor allem, dass das vorherige eindimensionale Bild des passiven Rezipienten aufgegeben wurde und bereits zu diesem Zeitpunkt von einer echten Integration der Mediennutzung in den sozialen Ablauf des Einzelnen im Sinne einer Habitualisierung ausgegangen wurde.

Hier ergab sich eine Überscheidung mit der opinion-leader-Forschung.[77] Es wurde nun nicht mehr von einer linearen Wirkung mit zwischengeschalteter Interpretation des Medieninhalts an den Rezipienten ausgegangen, sondern von einer sozialen Interaktion zwischen Ratsuchenden und Ratgebenden, die ihre Rollen aber auch tauschen können.[78] Übrig blieb nur eine sehr kleine Gruppe von „avoiders", die sich gar nicht am Kommunikationsprozess beteiligten.[79]

Ein bewusst von der Wirkungsforschung abweichender, aber dennoch rezipientenorientierter Ansatz zur Funktion der Massenmedien ist die von *George Gerbner* ab 1976 entwickelte Kultivierungsthese.[80] In dieser Arbeit wurde eine Korrelation zwischen der Dauer des Medienkonsums und der Angst der Rezipienten, Opfer von Gewalt zu werden, festgestellt. Die These lautete demnach, dass das Bild der Wirklichkeit des Konsumenten sich dem medial vermittelten Bild bei hohem Konsum anpasst. Diese These wurde schließlich auf das gesamte Realitätsbild erweitert. Nach Ansicht *Gerbners* muss das Fernsehen aufgrund des inzwischen sehr hohen Nutzungsgrades[81] im Tagesablauf der Rezipienten als eine der primären Sozialisationsinstanzen verstanden werden. Die ursprünglichen Primärgruppen als Reflektionsfilter oder intervenierender Faktor werden in diesem Modell durch das Medium selbst abgelöst.[82] Da der medial verbreitete Inhalt sich nicht auf Informationen beschränkt, kommt die Kultivierung im Sinne einer vorbildenden Einflussnahme in jeder nur denkbaren Form von Sozialisation in Frage. Diese Ansicht wurde heftig kritisiert. Zum einen wurden

---

[76] Vgl. die Zusammenstellung der verschiedenen Studien bei *Bonfadelli*, Medienwirkungsforschung I, S. 183 ff. Zur „Lean-Back-Funktion" des Fernsehens auch *Holznagel/Dörr/Hildebrandt*, Elektronische Medien, S. 309.

[77] Dieses sehr weitläufige Forschungsfeld führt von der Medienwirkung in die Soziologie und kann hier nicht näher beleuchtet werden. Eine ausführliche Übersicht findet sich bei *Schenk*, Medienwirkungsforschung, S. 338 ff.

[78] Dieses Modell wird als opinion sharing bezeichnet.

[79] Plastisch *Milbrath/Goel*:„The apathetics don´t even watch the show", zitiert nach *Jäckel*, Medienwirkungsforschung, S. 122.

[80] *Gerbner*, Growing up with Television, S. 47 f.

[81] Davon geht auch aus *Noelle-Neumann*, Wirkung der Massenmedien auf die Meinungsbildung, S. 548. Aktuelle Nutzungsdaten bei *Holznagel/Dörr/Hildebrandt*, Elektronische Medien, S. 20.

[82] Dieses selbstreferentielle Arbeiten des Fernsehens lässt sich an der Themeninteraktion zwischen Nachrichten- und Talkshowsendungen studieren.

ihr vorgeworfen, zum Stimulus-response-Modell zurück zu kehren, auch wenn es nicht um eine einzelne Meinung oder Einstellung mehr ging. Zum anderen wurde sogar an der Art und Weise der statistischen Erhebungen Zweifel geäußert.[83] Weiter ermittelte *Gerbner*, dass der Kultivierungseffekt unabhängig vom Inhalt des Mediums ist, weshalb die Studie tatsächlich nur den Gesamtkonsum, nicht aber den Inhalt des Medienkonsums ermittelt.[84] Diese These ließ sich sowohl mit den Ergebnissen zur uses-and-gratifications-Forschung als auch den grundsätzlich anerkannten intervenierenden Faktoren nicht in Einklang bringen und wurde auch deshalb scharf kritisiert.[85] Aus dem Bereich der medienzentrierten Forschung kam aber auch Unterstützung. Bereits in den 1950er Jahren wurde bei einer Übertragung der Rückkehr eines Generals aus Korea die Wirkung auf die Fernsehrezipienten mit derjenigen der Zuschauer vor Ort verglichen.[86] Während erstere aufgrund eines geschickt gewählten Bildausschnitts einen begeisterten Empfang zu sehen glaubten, notierten die Zuschauer vor Ort eine eher kühle Atmosphäre. Diese Untersuchung leitete einen Spezialzweig der Medienwirkungsforschung ein, der sich mit der transportierten Realität als „synthetischer Erfahrung“[87] auseinander setzte.

bb) Medienzentrierte Forschung

Die medienzentrierte Forschung erholte sich nur mühsam von der oben erwähnten Ohnmachtsthese. Ihr Schwerpunkt lag nunmehr auf den Journalisten, den Besonderheiten der Massenmedien und ihren gesellschaftlichen Auswirkungen. Nicht anders als der rezipientenorientierte Ansatz verfolgte auch diese Forschung eine soziologische Perspektive, allerdings in makroskopischer Form.

In einer der ersten Arbeiten seit *Lazarsfeld* beschäftigten sich *McCombs* und *Shaw* mit den Möglichkeiten des Mediums selbst. Im Rahmen der amerikanischen Präsidentschaftswahl 1968 entdeckten sie, dass die Medien nicht so sehr einen Einfluss auf das Meinungsklima ausübten, sondern ihre Wirkung bereits auf früherer Stufe ansetzt: Sie entscheiden nicht was der Rezipient denkt, son-

---

[83] Zu den diversen Ansätzen der Kritik, vgl. *Burkart*, Kommunikationswissenschaft, S. 332 f.; *Schenk*, Medienwirkungsforschung, S. 560 ff.

[84] Zu dieser Kritik eingehend *Schenk*, Medienwirkungsforschung, S. 562. Verteidigt wird diese These mit dem Argument, es sei gleich, was gesehen wird, da die Kultivierung sich nach dem Querschnitt richte und die Medieneigentümerlandschaft ohnehin von starker Konzentration geprägt sei.

[85] *Schenk*, Medienwirkungsforschung, S. 562 m.w.N.

[86] Studie von *Kurt* und *Gladys Lang* in: American Sociological Review 18 (1953), S. 3 ff, zitiert nach *Noelle-Neumann*, Wirkung der Massenmedien auf die Meinungsbildung, S. 550.

[87] *Schenk*, Medienwirkungsforschung, S. 701.

dern worüber er nachdenkt.[88] Diese sog. Agenda-Setting-Hypothese wurde in der Folgezeit weiter verfeinert und ausdifferenziert.[89] Eine Gleichsetzung von Medien-Agenda und Publikums-Agenda ist jedenfalls in dieser Einfachheit nicht zutreffend, wohl aber scheint sie einen zentralen Wirkungsstrang darzustellen, dessen konkrete Konstruktion aber von weiteren Faktoren abhängig ist. Zu diesen Faktoren gehören zum einen die bereits genannten intervenierenden Faktoren, zum anderen aber auch die inzwischen professionalisierte Außendarstellung von Medienobjekten. Diese PR-Maßnahmen setzen gezielt auf die selektive Aufmerksamkeit des Rezipienten und die nur geringe Aufmerksamkeit der Medien. So ist Agenda-Setting inzwischen weniger ein reines Medienphänomen, als vielmehr ein wirksames Instrument von PR-Abteilungen und PR-Agenturen geworden.[90] In die gleiche Richtung geht die moderne Kommunikationsforschung mit Konzepten wie dem sog. Framing, bei dem durch die Medien Informationen in einem bei den Rezipienten bereits bestehenden Bezugsrahmen transportiert werden.[91] Dieser Bezugsrahmen schränkt die Interpretationsmöglichkeiten der eigentlichen Nachricht in starker Weise ein, im Extremfall kann nur eine Deutung möglich bleiben.

In Bezug auf die Journalisten erlebten die Ergebnisse der rezipientenorientierten Forschung eine erstaunliche Renaissance. Insbesondere die Erkenntnisse zur selektiven Wahrnehmung und dem damit einhergehenden Verstärkereffekt ließen sich bei Journalisten nachweisen.[92]

Hinsichtlich der unterschiedlichen Medien wurde vor allem aufgrund der immer stärkeren Verbreitung des Fernsehens als Leitmedium die Glaubwürdigkeit untersucht, die den einzelnen Medien entgegen gebracht wird. Die Forschung nahm ihren Ausgangspunkt in der Kommunikatorforschung, in der zunächst nicht das Medium, sondern die Quelle (z.B. Nachrichtensprecher, Politiker oder Straftäter) eine bestimmte Aussage transportierte. Schnell stellte sich heraus,

---

[88] *McCombs/Shaw*, The Agenda-Setting Function for Mass Media, POQ Vol. 36 (1972) S. 176 ff.

[89] Vgl. zu der Agenda-Setting-Hypothese im Rahmen der öffentlichen politischen Debatte *McQuail*, Media Performance, S. 163.

[90] Vgl. dazu *Burkart*, Kommunikationswissenschaft, S. 293 ff.

[91] Ein anschauliches Beispiel ist die in den Medien oft bemühte Beschreibung des Nahost-Konflikts als „Kampf Davids gegen Goliath". Dieses beim Rezipienten vorstrukturierte Schema („Frame") impliziert nicht nur eine Kräfteverteilung, sondern gleichzeitig eine moralische Wertung. Dieses Beispiel offenbart allerdings auch, dass die Wirkung vom Rezipienten und seiner Vor-„Bildung" abhängt. Zum Framing ausführlich, vgl. *Schenk*, Medienwirkungsforschung, S. 298.

[92] Ausführlich *Kepplinger*, Künstliche Horizonte, S. 144 ff.; mit weiteren Nachweisen siehe *Noelle-Neumann*, Wirkung der Massenmedien auf die Meinungsbildung, S. 554. Dazu auch *Burkart*, Kommunikationswissenschaft, S. 284 f.

dass das Medium die der Quelle zugeschriebene Glaubwürdigkeit beeinflusste. Diese Interaktion lässt sich jedoch nicht einseitig darstellen. So wächst zwar die Überzeugungsfähigkeit eines ohnehin glaubwürdigen Nachrichtensprechers im Fernsehen, eine unglaubwürdige Quelle erzielt hingegen im Radio bessere Werte als im Fernsehen.[93] Diese differenzielle Forschung im Rahmen der Medienwirkungen ist allerdings noch nicht sehr weit vorgedrungen. Dies mag zum einen daran liegen, dass die Wirkungen unterschiedlicher Medien hinsichtlich eines Rezipienten und nur einer Information schwer zu messen sind. Zum anderen gibt es auch in diesem Bereich eine Vielzahl möglicher intervenierender Faktoren, die die Glaubwürdigkeit des Mediums nicht mehr singulär feststellbar machen lässt.[94] So fehlt es vor allem an großen Feldstudien. In einer Studie zur Wirkung des Mediums unter Laborbedingungen wurde allerdings die audiovisuelle Präsentation (Fernsehen) als diejenige ermittelt, die die größte Wirkung hinsichtlich Aufmerksamkeit und Erinnerungsvermögen erzielt. Weitere Forschungen in dieser Richtung haben sich mit der Wirkung unterschiedlichen Art und Weise der inhaltlichen Präsentation beschäftigt.[95]

Nicht die tatsächliche Wirkweise, sondern die vom Rezipienten dem Medium zugeschriebene Glaubwürdigkeit hat die Persuasionsforschung untersucht. Dabei wird seit den 1970er Jahren ein stetiger Zuwachs des Vertrauens in die Medien insgesamt, besonders aber hinsichtlich des Fernsehens gemessen.[96] *Noelle-Neumann* führt die Ergebnisse einer Studie – 40% für Fernsehen gegenüber 14% für Zeitungen – auf die Natürlichkeit des Medienkonsums zurück, „man sieht und hört, ohne dass, wie beim Lesen, eine weitere „Entschlüsselung" notwendig [...] ist."[97]

Grundsätzlich muss weiterhin sorgfältig unterschieden werden, welche Wirkung ein Medium gegenüber anderen tatsächlich hat und welche Glaubwürdigkeit ihnen ein Rezipient zuschreibt. Kurz gesagt: Glaubwürdigkeit heißt noch nicht Wirksamkeit. Allerdings scheinen die Forschungsergebnisse zumindest hinsichtlich des Fernsehens zu einer Wirkung schon durch das Medium selbst zu gelan-

---

[93] Zu dieser Forschung siehe *Andreoli/Worchel*, Effects of Media, Public Opinion Quarterly, Vol. 42 (1978), S. 59 ff.

[94] Zum Ganzen siehe die Übersicht bei *Schenk*, Medienwirkungsforschung, S. 108 ff.

[95] Ein früheres Beispiel dieses Forschungsbereichs sind die Ergebnisse von *Kurt* und *Gladys Lang*, siehe oben. Weiter dazu die Übersicht bei *Schenk*, Medienwirkungsforschung, S. 118 ff. Vgl. auch unten zum sog. iconic turn B.III.2.b).

[96] Grundlegend *Meyer*, Media Credibility, PTR Vol. 2 Nr. 4 (1974), S. 48 ff.; zum ganzen *Schenk*, Medienwirkungsforschung, S. 112 m.w.N.

[97] *Noelle-Neumann*, Wirkung der Massenmedien, S. 546. Ebenso *Holicki*, Pressefoto und Pressetext, S. 23 ff., die dies „stellvertretendes Sehen" nennt.

gen.[98] Ein wesentlicher Teil des Effekts wird wohl durch die bildliche Darstellung in audiovisueller Kommunikation erreicht, die gegenüber einer rein textlichen Aufbereitung oder auch einer akustischen Verbreitung eine höhere Aufmerksamkeit genießt.[99]

c) Noch einmal: Die Macht der Medien

Wenig später wurde der offizielle Abschied von der Ohnmachtsthese[100] eingeläutet mit einer der wohl bekanntesten Arbeiten, der sog. Schweigespirale von *Elisabeth Noelle-Neumann*[101], entstanden vor und nach dem Wahlkampf *Willy Brandts* 1976. Diese Arbeit reihte sich in den Kontext der soziologischen Ansätze zur Wirkungsforschung ein, insbesondere in den Forschungsbereich zur Entstehung der öffentlichen Meinung. Die These geht von dem sozialen Grundbedürfnis des Menschen aus, sich nicht unnötig zu isolieren. Aus diesem Grundbedürfnis heraus hat der Mensch ein äußerst feines Gespür, welche die gesellschaftlich dominierende Meinung zu einer Thematik ist.[102] Fällt diese konträr zur eigenen Ansicht aus, so hält er sich, eben um sich nicht zu isolieren, mit seiner eigenen Ansicht zurück. Dadurch erfährt die ohnehin dominierende Auffassung keinen Widerspruch und wird in den Augen eines (anderen) schweigenden Meinungsgegners noch stärker.[103]

Den Medien kommt dabei die entscheidende Rolle zu, dem Einzelnen die „gefühlte Mehrheit" zu vermitteln, es kommt zu einem „doppelten Meinungsklima".[104] Dabei spielen typische Effekte der Medien eine wesentliche Rolle. So wird durch das Agenda-Setting für eine stetige Wiederholung bestimmter Inhalte gesorgt. Mit dem Framing wird eine einheitliche Bewertung der Informationen suggeriert. Dabei muss die als dominierende Auffassung verbreitete Ansicht überhaupt nicht der tatsächlichen Mehrheitsauffassung entsprechen. Da die oben erwähnte selektive Wahrnehmung auch und gerade auf Journalisten

---

[98] Im Hinblick auch auf soziale Wirkungen *Noelle-Neumann*, Wirkung der Massenmedien, S. 548 f. m.w.N.

[99] Zuerst *Schulz*, Wirkungsqualitäten, RuF Vol. 23 (1975), S. 70; aus neuerer Zeit *Holicki*, Pressefoto und Pressetext, S. 185 f. und 201, die auch auf den Widerspruch dieser Ergebnisse zum uses-and-gratifications Ansatz hinweist. Zu den Folgen dieser Ergebnisses im Zusammenhang mit dem sog. „iconic turn" siehe unten B.III.2.b).

[100] So ihr eigener Titel zu Beginn der Forschungen zur Schweigespirale: „Return to the Concept of Powerful Mass Media", Studies of Broadcasting, Vol. 9, 1973, S. 67 – 112, zitiert nach *Bonfadelli*, Medienwirkungsforschung I, S. 156.

[101] *Noelle-Neumann*, Die Schweigespirale; vgl. auch *Noelle-Neumann*, Öffentliche Meinung, S. 378 ff.

[102] *Noelle-Neumann*, Die Schweigespirale, S. 49 ff.

[103] *Noelle-Neumann*, Die Schweigespirale, S. 27.

[104] *Noelle-Neumann*, Die Schweigespirale, S. 241.

zutrifft, kann es durchaus zu einer auch unbewussten Verzerrung der Darstellung kommen, die sich mehr an den beeinflussten Präferenzen des Journalisten als an der objektiven Realität orientiert. Schließlich kommt nach *Noelle-Neumann* auch der sog. Öffentlichkeitseffekt der Medien hinzu: Durch die mediale Veröffentlichung der dominierenden Meinung weiß bzw. fühlt der Einzelne, dass diese Ansicht allen anderen Rezipienten auch bekannt ist. Dadurch kommt den Medien ein enormer Stellenwert in der Gesellschaft zu. Wendet man diese Funktion der Medien außerhalb der politischen auf die soziale Sphäre an, so ergeben sich deutliche Überschneidungen mit der Kultivierungshypothese.

Während nach der Schweigespirale der Rezipient zwar seiner Auffassung treu bleiben kann, wurde dies in den 1980er Jahren durch eine Korrekturstudie zur selektiven Wahrnehmung in Frage gestellt. Die bis dahin herrschende Ansicht, dass die individuellen Präferenzen und Prädispositionen, wie sie nach den Ergebnissen von *Lazarsfeld* verstanden wurden, durch die Medien nicht zu revidieren sind, wurde durch *Wolfgang Donsbach* überprüft. Er kam zu dem Ergebnis, dass die eigene Einstellung und Überzeugung als intrapersoneller Störfaktor zwar die Rezeption beeinflusst, dieser Effekt aber durch äußere Faktoren des Mediums wie Gestaltung, Wahl der Konnotation, reißerische Aufmachung o.ä. überlagert und verdrängt werden kann.[105] Die Selektion wurde damit manipulierbar und die Vormachtstellung des Individuums in der Wirkungsthese der Medien widerlegt.

2. Folgen der Medienwirkungsforschung für einen rundfunkrechtlichen Pluralismus in der Regulierung

Die dargestellten Forschungsergebnisse scheinen sich zu widersprechen, verschiedene Akzente und Positionen zu setzten, die eine klare und der Rechtssicherheit dienende Bewertung kaum zulassen.[106] Sieht man die Historie dieser Forschung allerdings als Querschnitt der möglichen Medienwirkungen, so kann man zunächst einmal schlussfolgern, dass es eine Medienwirkung überhaupt gibt. Welche Wirkungen aber konkret-individuell ausgelöst werden, kann nicht bis ins letzte Detail vorausgesagt werden. Nach heutigem Stand der Medienwirkungsforschung lässt sich eine Hierarchie der Wirkungsmöglichkeiten erstellen.[107] Demnach hat das soziale Umfeld einen größeren Einfluss als die Massenmedien. Letztere können auch mehr durch die besondere Eigenheit als

---

[105] *Donsbach*, Medienwirkung trotz Selektion, S. 96.

[106] So auch das Fazit von *Schenk*, Medienwirkungsforschung, S. 697; dazu auch *Berghaus*, RuF 99, 181 (181).

[107] Die Einteilung folgt der Darstellung von *Berghaus*, siehe *Berghaus*, RuF 99, 181 (182).

Medium einen Effekt erzielen (z.B. durch den Bildausschnitt oder besonders suggestive Darstellung, Framing, usw.), als dass nur der transportierte Inhalt selbst zur Wirkung führt. Schließlich liegt die Kraft der Medien nicht in der direkten Manipulation, im Sinne einer Umstimmung des Rezipienten. Ihre eigentliche Wirkung besteht in der Beeinflussung unentschlossener, Nicht-Wissender und der Bestärkung derjenigen Rezipienten, die bereits der transportierten Information zugeneigt waren. Damit lässt sich sagen, dass das bereits erwähnte Zitat von *McCombs* wohl Gültigkeit behält: die Medien entscheiden nicht was, sondern, worüber wir nachdenken.[108]

a) Bewertung

Die oben erwähnte Prämisse des Verfassungsgerichts, der Rundfunk sei „für die freiheitlich-demokratische Grundordnung schlechthin konstituierend", scheint also keineswegs falsch, allerdings doch im Lichte der Medienwirkungsforschung ausführungsbedürftig.

Der Zusammenhang zwischen Demokratieprinzip und Massenkommunikation beruht auf den Möglichkeiten der Einflussnahme auf die Meinungsbildung. Es ist wohl nicht so, dass bei einer einseitigen Beeinflussung durch die Medien der Meinungsbildungsprozess automatisch gefährdet wäre und eine divergierende Meinung sich nicht mehr bilden könnte. Im Sinne der *Schweigespirale* würde dies sicherlich den Meinungsaustausch erschweren und durch die veröffentlichte Meinung den Rezipienten den Eindruck vermitteln, es gäbe nur eine homogene öffentliche Meinung als monolithischen Block. Allerdings führt die Schweigespirale nicht zur Überzeugung aller. Diejenigen, die zwar nicht mehr öffentlich sprechen mögen, würden sich aber wohl dennoch finden und austauschen. Auch dies wäre eine logische Folge der sozialen Natur des Menschen, der sich nicht gerne isoliert.

Nimmt man die Ergebnisse zur selektiven Wahrnehmung hinzu, so wird dieses Ergebnis auch weiter gestützt. Auch wenn die Selektion durch Reizappelle manipulierbar ist (*Donsbach*), so bleibt sie der Sache nach aber erhalten. Erst eine völlige Gleichschaltung der Massenmedien – und damit das Ausbleiben von Alternativen als Vorbedingung der Selektion – würde diesen „Schutzmechanismus der eigenen Überzeugung" beseitigen. Aus dieser Erkenntnis lässt sich zweierlei ableiten: Zum einen darf es niemals zu einer solchen Gleichschaltung kommen. Dies ist exakt die negative Vorbildfunktion der NS-Propaganda, die für die Alliierten wie auch das Bundesverfassungsgericht bestimmend war. Zum

[108] *McCombs/Shaw*, The Agenda-Setting Function for Mass Media, POQ Vol. 36 (1972) S. 176 ff.

anderen kann das Selektionsargument auch umgedreht werden. Je differenzierter das mediale Angebot ist, desto geringer ist die Chance, nur durch Reizappelle die Aufmerksamkeit der Mehrheit in eine Richtung zu bewegen.[109]

Problematisch ist die Rolle der Massenmedien – hier vor allem des Fernsehens - als Sozialisierungsinstanz, da gerade das soziale Umfeld des Rezipienten die Wirkung der transportierten Information bestimmt und notfalls korrigieren kann. Die stark angegriffene These *Gerbners* von der Kultivierungshypothese und die Konzepte des Framing und Agenda-Setting, aber auch die Schweigespirale *Noelle-Neumanns* enthalten einen Grundgedanken, der über die direkte Meinungsbeeinflussung durch die Medien und eine dadurch entstehende Gefährdung der Demokratie hinausweist. Die Sozialisierung vollzieht sich ursprünglich durch die Interaktion mit den oben erwähnten Primärgruppen. Sie setzt noch vor der Meinungsbildung an, ist in den Kontext der vor-demokratischen gesellschaftlichen Grundbedingungen einzureihen.[110] Die oben erwähnten gesellschaftlichen Grundlagen wie gemeinsame Wertüberzeugung, Sprache usw. als Rahmen- und Grundvoraussetzungen für eine funktionierende Demokratie werden hier direkt an der Wurzel getroffen. Inhaltlich geht es um die Prägung und Vermittlung von Werten, Charaktereigenschaften, Interessen, Vorbildern, Idealen.[111] Außerhalb von Wissens- und Wertvermittlung durch Erziehung, Aus- und Fortbildung geschieht die soziale Positionierung des Einzelnen im Diskurs mit der Primärgruppe als Wertabgleich in Interaktion.[112]

Wenn die Ansicht *Gerbners* zutrifft, so wird bei steigendem Konsum eben dieser Austausch mehr und mehr durch die Massenmedien, insbesondere das Fernsehen ersetzt.[113] Die oben erwähnte Prämisse, eine Auffassung könne zwar zum Verstummen (*Noelle-Neumann*) gebracht werden, nicht jedoch verschwinden, greift dann nicht mehr, wenn es außerhalb der medialen Vermittlung nicht oder kaum zur reflexiven Interaktion kommt.

---

[109] Allerding lässt sich bei besonderen Ereignissen, die von sich aus eine große Reizwirkung ausstrahlen, eine reflexartige Gleichschaltung der Medien besonders gut beobachten, z.B. beim Attentat auf das World Trade Center 2001 oder etwa der Tsunami-Katastrophe 2004.

[110] Zur Rolle des Rundfunks für die Entstehung und Ausbildung vor-demokratischer Grundlagen *Dörr*, Media-Perspektiven 7/2005, 333 (334). Zur Funktion des Bundesstaatsprinzips und seinem Beitrag zum vor-demokratischen Gesellschaftswert der Toleranz siehe *Dörr*, ZUM 1996, 617 (622).

[111] In diese Richtung weißt auch *Dörr*, wenn er feststellt, dass gerade Unterhaltungssendungen [...] die öffentliche Meinungsbildung unter Umständen sehr viel stärker als politische Magazine [prägen]", *Dörr*, Multimedia und die Rundfunkfreiheit, S. 1429.

[112] Der Begriff des opinion-sharing bezeichnet diesen Vorgang sehr plastisch.

[113] Zum aktuellen Fernseh- und Medienkonsum, insbesondere Jugendlicher vgl. *Holznagel/Dörr/Hildebrandt*, Elektronische Medien, S. 20 f.

Damit wird die Vorbedingung der Demokratie im obigen Sinne, die Meinungsfreiheit der Bevölkerung und ihre Nutzung im Meinungsaustausch als Grundlage einer freien und individuellen Gewaltausübung durch das Volk i.S.d. Art. 20 Abs. 2 S. 1 GG, verlagert in Richtung einer Medienmeinungsfreiheit, die aus der Natur der Sache nur die Freiheit einer kleinen Gruppe mit Medienzugang sein kann. Die demokratische Legitimation als Legitimation durch die Mehrheit der Einzelnen würde ersetzt durch die Legitimation einer virtuell-medialen Mehrheit, vermittelt durch den Einzelnen.

Dieses Szenario ist der schlechteste aller denkbaren Fälle. Hinzukommend kann man den Medien ihre Nutzung wohl kaum zum Vorwurf machen. Die Frage, ob erst die Medien den Menschen isolieren, oder der Mensch isoliert war und die Medien nur das Bedürfnis zur Sozialisation bedienen, muss dahingestellt bleiben. Tatsache bleibt der hohe und weiter steigende Medienkonsum.

Eine Medienordnung kann hier nur wenig entgegen wirken. Selbst bei bestmöglicher Vielfalt müsste die Sozialisation von einer gesellschaftlichen Minderheit – der Gruppe mit Medienzugang – abhängig bleiben. Es wird aber auch immer andere Quellen der Sozialisation geben. Dennoch lässt sich wohl aus dem zunehmenden Medienkonsum spiegelbildlich die abnehmende Interaktion der Bevölkerung ablesen. Ein möglicher Ausweg kommt ausgerechnet von den Medien selbst. Internet und rückkanalfähige Kabelnetze ermöglichen inzwischen die Interaktion zwischen Rezipient und Medium.[114] Denkbar wäre, dass sich über diesen Umweg ein wesentlicher Teil der sozialen Interaktion insgesamt in das Medium verschiebt.[115] Wenn oben das schlechteste Szenario beschrieben wurde, so ist es nur billig in diesem Kontext das bestmögliche Szenario zu beschreiben. Denkbar wäre ebenso eine medieninterne direkte Sozialisation jedes einzelnen Rezipienten, dann vielleicht eher Teilnehmers, eine Ausdifferenzierung der virtuellen Realität mit größtmöglichem Zugang und einer damit einhergehenden Egalisierung von gesellschaftlichen Barrieren, Abbau von Informationsherrschaften und –defiziten, deren mediale Meinungsbildung durch

[114] Dies sieht auch *Schenk*, führt den Gedanken aber nicht weiter. Vgl. *Schenk*, Medienwirkungsforschung, S. 699. Zu den sog. „Proaktiven Nutzern“ siehe *Holznagel/Dörr/ Hildebrandt*, Elektronische Medien, S. 22 und S. 313 zu souveränen Mediennutzungsmitteln wie EPG und PVR.

[115] Der anfänglich zögerliche, schließlich aber überwältigende Erfolg von sog. Dating-Portalen ist hierfür ein interessantes Beispiel. Zur allgemeinen sozialen Interaktion im Internet sei auf Web-2.0.-Phänomene wie www.youtube.com, www.myspace.com und die Blogging-Kultur verwiesen. Dazu ausführlich *Holznagel/Dörr/Hildebrandt*, Elektronische Medien, S. 316.

Kernelement der direkten Demokratie unter Beteiligung aller Rezipienten geprägt sein würde.[116]

b) Ausblick: Der „Iconic Turn"

Einen neuen, sehr interdisziplinär angelegten Ansatz verfolgen vor allem Historiker, Soziologen und Kommunikationswissenschaftler, aber auch Neurologen und Psychologen unter dem Schlagwort „visual turn" oder „iconic turn".[117] Im Gegensatz zur Medienwirkungsforschung beziehen sich die Erkenntnisse des „iconic turn" nicht auf aktuelle und kurzfristige Medienwirkungen, sondern betreffen eher mögliche langfristige Konsequenzen von Mediennutzung. Grob vereinfacht, untersucht der „visual turn" die Bedeutung von Bildern in ihrem historischen und soziologischen Kontext. Das Bild als eigenständige Quelle wird in den Bezug zu Individuum und Gesellschaft gesetzt und nach den Wechselwirkungen gefragt. Anders als die Medienwirkungsforschung fragt diese Richtung also mehr nach dem Inhalt des Bildes und seiner Interpretation und weniger nach Rezipientenwirkungen oder den Eigenarten des Mediums.[118]

Dem Fernsehen als audio-visuellem Medium kommt dabei aufgrund seiner „Breitenwirkung" eine große Bedeutung zu. Unabhängig davon, ob man nun eine über die normale Bildwirkung wesentlich hinausgehende Wirkkraft des Bewegtbildes anerkennt, ist es auf jeden Fall seine Rolle als Leitmedium, die dem Rundfunk in diesem Zusammenhang in den Fokus rückt.

Die Forschung zum „iconic turn" geht davon aus, dass die konkrete Bildgestaltung einen enormen Effekt hat, der sogar gegenteilige Überzeugungen zur abgebildeten Wirklichkeit erzeugen kann.[119] Das Bild verliert dadurch seinen Status als objektive Informationsquelle, die die Wirklichkeit nur abbildet. Die Forschung zum „iconic turn" beschäftigt sich demgemäß zum einen mit der

---

[116] Dass beide Szenarien sich wohl auf absehbare Zeit noch nicht realisieren, ergibt sich zumindest aus der These von der medialen Wissenskluft von *Philip Tichenor*, die hier nicht mehr dargestellt werden kann. Eine ähnliche Vision hat Hahn/Vesting – *Rossen-Stadtfeld*, Rundfunkrecht, § 25 Rn. 45. *Holznagel/Dörr/Hildebrandt*, Elektronische Medien, S. 318, dort „globales Dorf" genannt.

[117] Daneben finden sich auch Arbeiten von Informatikern, Biologen, Literaturwissenschaftlern und sogar Rechtswissenschaftlern, die sich der Erforschung des Bildes in ihrer jeweiligen Disziplin gewidmet haben.

[118] Vgl. *Hamann*, Fluchtpunkt Birkenau, S. 285: „Das Foto ist nicht mehr Quelle, sondern Symbol und Träger von Deutung."

[119] Siehe *Hamann*, Fluchtpunkt Birkenau, S. 289 f.; *Hamann* beschreibt die Aufnahme des Torhauses von Auschwitz-Birkenau. Er beschreibt die Überzeugung eines Betrachters, es handele sich die Toreinfahrt zum KZ. Diesen Eindruck analysiert Hamann als Ergebnis von Bildaufteilung, Bildkomposition, Fluchtpunktperspektive und unbewussten Assoziation mit historischem Kontextwissen. Tatsächlich ist das Bild aber im Lager entstanden und zeigt den Weg aus dem Lager heraus.

Auswahl, Gestaltung, Aufbereitung und Nutzung des Bildes als Informationsträger, zum anderen mit der Wirkung der verschiedenen Ebenen der Bildinformationen auf den Betrachter.

Es bedarf also eine kritischen Auseinander mit dem konkreten Inhalt von bildlichen Darstellungen. Ein gutes Beispiel ist die Darstellung von Bildern des NS-Regimes. Dieses wohl fast jedem bekannte Material, das in unzähligen Dokumentationen, Berichten, einschließlich beiläufiger Bebilderung von Nachrichten, die in einem NS-historischen Kontext stehen unzählig verwendet wurde, ist von den Nationalsozialisten selbst erstellt und gründlich geprüft worden.[120] Jedes filmische Dokument dieser Zeit wurde vom Propagandaministerium geprüft und nur freigegeben, wenn es der Ideologie dienlich oder nicht schädlich war. Legendär ist die äußerst sorgfältige Bearbeitung und Inszenierung des Filmes „Triumph des Willens“ von *Leni Riefenstahl*, einer Dokumentation des Reichsparteitages 1934 in Nürnberg. Doch auch sämtliche filmischen Aufnahmen der Reden Adolf Hitlers sind inszenierte Dokumente.[121] Die Problematik besteht darin, dass dies in neuzeitlichen Darstellungen oft weder erwähnt noch berücksichtig wird.[122] Damit wird die bildliche Vorstellung des heutigen Rezipienten von der NS-Zeit nach wie vor von der nationalsozialistischen Propaganda geprägt – ein erschreckender Gedanke.

Der Kerngedanke medialer Kritik von historischen Darstellungen hat nun auch die Geschichtsredaktion des ZDF erreicht. Das ab dem 13. November 2007 gesendete Docufiction-Format „Die Wehrmacht – eine Bilanz“ von *Sönke Neitzel*, das auf Tonbandaufnahmen von im englischen Trent Park gefangen gesetzten Wehrmachtsoffizieren basiert, wurde als authentisch gelobt aber auch als zu einseitig kritisiert, da z.B. die Sichtweise der Wehrmachtsoffiziere unkommentiert blieben und insbesondere mit dramaturgischen Mitteln emotional verstärkt wurden, während gegenläufige Stellungnahmen z.B. russischer Kriegsgefangener nicht vorkamen. Ob dadurch der Eindruck entsteht, die Wehrmacht sei primär Opfer gewesen, wurde daraufhin eingehend untersucht.[123]

Die bildliche Vorstellung von Realität spielt zwischen Neurologie und Geschichtswissenschaften eine große Rolle. In Frage steht, wie Erinnerungen entstehen und welchen Einfluss mediale Bilder auf das subjektiv als selbst erlebt Erinnerte, das sog. episodische Gedächtnis, haben. Die Mehrheit der Erinnerun-

---

[120] *Bösch*, Holokaust mit „K“, S. 324.

[121] Dazu ausführlich *Fest*, Hitler, S. 501 ff.; *Fest* zeigt insbesondere die sorgfältige Planung der Reden und des der zunehmenden medialen Verarbeitung nach Propagandakriterien.

[122] *Bösch*, Holokaust mit „K“, S. 324.

[123] Mit eingehender Kritik auch zur Medienwirkung der Dokumentation siehe FAZ vom 13. November 2007, S. 53. Ein Ergebnis der Befassung steht bislang noch aus.

gen besteht aus einer Mischung aus subjektiven Ersteindrücken und subjektiven Zweitverarbeitungen von Gehörtem und Vorgestelltem, Bewertungen und medialen Eindrücken.[124] Die „erworbene“ Erinnerung kann dabei so deutlich sein, dass der Träger überzeugt ist, selbst dabei gewesen zu sein.[125] Diese Erkenntnis lässt in der Folge Zweifel an der Authentizität von Zeitzeugenberichten aufkommen, die aber nicht gleich zu einer Entwertung der Geschichtswissenschaften führen müssen.[126] Auf der anderen Seite lassen sie an der Bedeutung der (Bild-)Medien für das individuelle wie kollektive Geschichtsbewusstsein, keinen Zweifel mehr zu.[127] In diesen Kontext gehört das Wort *Walter Benjamins*, die Geschichte zerfalle in Bilder, nicht in Geschichten.[128]

Auch der „iconic turn“ sollte bei den Überlegungen zur Medienregulierung eine Rolle spielen. Sicherlich kann es nicht darum gehen, den Medien inhaltliche Vorgaben zu machen, die sich an einer Bildkritik im Sinne einer allgemeinen Medienkritik orientieren. Das wäre nicht nur vom praktischen Standpunkt her undurchführbar, es wäre auch ein eklatanter Eingriff in die Rundfunkfreiheit als Programmfreiheit.[129] Der Ansatz muss sich daher auf das grundlegende Phänomen beschränken und systematische Anreize schaffen, die die beschriebenen Wirkungen der Bilder begrenzen, mildern oder zumindest erkennbar machen. Aus den Erkenntnissen der Forschung zum „iconic turn“ lässt sich mehr eine besondere Verantwortlichkeit der visuellen Medien destillieren, als klare Präferenzen in der Struktur von Medienordnungen festlegen. Eine Ausnahme bildet insoweit der Pluralismus als Strukturprinzip. Die besondere Wirkung und

---

[124] Ein bekanntes Beispiel ist eine Episode, die Ronald Reagan gerne als eigene Erfahrung von Kameradschaft im Zweiten Weltkrieg erzählte: ein Flugzeug drohte abzustürzen, der junge Co-Pilot war verletzt und konnte den Schleudersitz nicht mehr betätigen. Der Kapitän entschloss sich darauf hin, die Maschine unter Einsatz seines Lebens notzulanden. Die Geschichte kommt allerdings genau so in einem dem Film „Wing and a Prayer“ von 1944 vor. Auch sind Berichte von Vietnamveteranen überliefert, deren als selbst erlebt empfundene Kriegsgräuel sich auf den Film „Apocalypse Now“ zurückführen lassen. Siehe *Der Spiegel* Nr. 38, vom 18.9.2006, S. 164 ff.

[125] Vgl. *Assmann*, Wie wahr sind unsere Erinnerungen?, S. 106.

[126] Zu diesem Streit siehe *Assmann*, Wie wahr sind unsere Erinnerungen?, S. 108 f.

[127] Dass daraus sogar eine – wohl selbst den Autor überzeugende – Autobiographie entstehen kann, belegt der sog. *„Fall Wilkomirski“*, der von eine Kindheitsbiographie in der Shoa handelt, die nach ausführlicher Untersuchung durch den Verlag Suhrkamp objektiv nicht vom Autor erlebt gewesen sein kann. Dazu ausführlich *Freemann*, Autobiographische Erinnerung, S. 131 ff.

[128] Aus *Walter Benjamin*, Passagen-Werk 1930, zitiert nach *Riederer*, Film und Geschichtswissenschaft, S. 96.

[129] Die Erkenntnisse aus dem Bereich des „iconic turn“ ließen sich in der journalistischen Arbeit allerdings im Rahmen der Selbstkontrolle und der Sorgfaltskriterien des Presserates für gute journalistische Arbeit verwerten. Aber auch für das Strukturprinzip des Pluralismus, in Form des Quellenpluralismus, haben diese Erkenntnisse eine große Bedeutung.

Integration von Bildern in die subjektive Erfahrungswelt bedarf einer gewissen Kompatibilität des medialen Abbildes mit der individuellen Prädisposition des Rezipienten. Da alternative Bilder und konkrete Bilderklärungen also störend auf diese Kompatibilität wirken, erscheinen die Formen des Quellenpluralismus und des Veranstalterpluralismus als wichtige Vorgaben zur Gestaltung der Medienordnung.

c) Pluralismus als Ordnungsprinzip unter Einbezug der Medienwirkungsforschung

Aus den obigen Ergebnissen lassen sich für eine Medienordnung bestimmte Grundanforderungen im Hinblick auf den Pluralismus als Ordnungsprinzip gewinnen. Einteilen lassen sich diese Anforderungen in einen Organisationspluralismus und materielle Pluralismusanforderungen.

Der Prozess der Sozialisierung, aktuell bei den Vielsehern, potentiell bei allen Rezipienten auch durch „erworbene Erinnerung", durch den Rundfunk kann nicht eingeschränkt werden. Als vor-demokratische gesellschaftliche Grundvoraussetzung noch vor der eigentlichen Meinungsbildung bedarf es an dieser Stelle aber größtmöglicher Pluralität. Diese Pluralität ist zunächst eine Anbieterpluralität. Vorausgesetzt, der Rundfunk bestimmt, über was nachgedacht wird im Sinne einer Themengenerierung, so wird eine größtmögliche gesellschaftliche Themenpluralität konsequent nur mit einer größtmöglichen unabhängigen Anbieterpluralität gewährleistet. Das System der Binnenpluralität des öffentlich-rechtlichen Rundfunks, wie auch die sog. Senderfamilien müssen in diesem Sinne kritisch betrachtet werden. Zu berücksichtigen ist hingegen, dass es sich um ein Ideal handelt, das aufgrund der hohen Kosten der Rundfunkveranstaltung nicht erreichbar ist. Hier muss eine Medienordnung einen an der Verwirklichung des Ideals orientierten Ausgleich schaffen. Die organisationspluralen Vorgaben des Medienkonzentrationsrechts, aber auch die Kriterien zur Lizenzvergabe und Plattformregulierung spielen in diesem Zusammenhang eine Rolle.[130]

Auf der zweiten Ebene ergibt sich für die Medienordnung die Aufgabe, die Pluralität der angebotenen Medieninhalte zu sichern. Die selektive Wahrnehmung des Rezipienten, die gleichzeitig als Schutz vor einseitiger Beeinflussung dient, darf nicht im Sinne *Donsbachs* durch einseitige und gleichförmige Inhalte und Gestaltungen konterkariert werden, sondern muss von der Medienordnung gestützt werden. Hinzu kommt, dass die Selektionswirkung bereits im Stadium der Inhaltsbeschaffung und Aufbereitung ansetzt. Diese Prozesse, die mögli-

---

[130] Zu Auswahlgrundsätzen und Konzentrationskontrolle in Deutschland unten C.II.2.a)bb) und C.II.2.b)bb). Zur den teilweise fehlenden polnischen Regelungen siehe unten D.V.1.a) und D.V.2.

cherweise nicht mal beabsichtigt und unbewusst stattfinden, führen im Ergebnis dennoch zu einer Gefährdung der Pluralität der Inhalte. Grundsätzlich muss eine Medienordnung daher einen Rahmen setzten, der es den Anbietern erschwert, die Inhalte gleichförmig zu gestalten. Die Motivation der Anbieter zur gleichförmigen Produktion liegt dabei nicht so sehr in einer Beeinflussung der Rezipienten, als vielmehr in wirtschaftlichen Überlegungen. Typische Ergebnisse solcher Überlegungen sind möglichst günstige Eigenproduktionsmittel, Mehrfachausstrahlungen und Übernahme von bewährten Programmformaten und die höheren Absatzchancen normierter Formate in ausländische Märkte.[131] Hier spielen materielle Pluralismusvorgaben eine wesentliche Rolle. Dazu gehört nicht nur ein genau spezifizierter Programmauftrag, der die verfassungsrechtlichen Möglichkeiten, insbesondere gegenüber dem öffentlich-rechtlichen Rundfunk auszuschöpfen hat, sondern auch Vorgaben hinsichtlich der effektiven Erreichbarkeit der Rezipienten.[132]

Doch auch dieser Regelungsebene sind, vor allem verfassungsrechtliche, Grenzen gesetzt. Zum einen ist es tatsächlich weder wünschenswert noch möglich, alle Inhalte zu kontrollieren. Zum zweiten kann und darf eine Medienordnung die Rundfunkfreiheit, die sich in ihrer abwehrrechtlichen Komponente vor allem als Programmfreiheit darstellt, nicht in solcher Weise beschränken, dass den Anbietern die prinzipielle Entscheidungsfreiheit über ihre Inhalte genommen wird. Hier muss die Medienordnung in Achtung der Rundfunkfreiheit als Programmfreiheit den Anbietern einen Rahmen setzten, der die inhaltliche Gestaltung eines pluralen Gesamtsytem Rundfunk nicht nur den Anbietern überlässt, sondern aktive - aber auch attraktive – Regelungen und Ziele festschreibt. Als Mittel stehen dazu dem Gesetzgeber die im FRAG-Urteil[133] benannten materiellen, organisatorischen und verfahrensrechtlichen Ausgestaltungen der „positiven Ordnung" zur Seite. Denkbar wären aber auch neue Regulierungsformen wie die Schaffung ökonomischer Anreizsysteme für den Privatrundfunk.[134]

Der Organisationspluralismus greift aber nicht nur für das Gesamtsystem Rundfunk als Summe aller Rundfunkangebote, sondern vor allem auch auf der Ebene der Rundfunkorganisation. Die oben dargestellten Ergebnisse der Medienwirkungsforschung haben nicht ganz unerhebliche Divergenzen und Schwankungen gezeigt. Dieser Befund setzt dem Einsatz von Sachverstand in der Medienregu-

---

[131] Dies gilt z.B. für Telenovela-Formate. Dazu im Hinblick auf europäische Konzentrationsprozesse *Bruck/Dörr/Cole/et.al.*, Transnational Media Concentration in Europe, S. 33.

[132] So kann es nicht aus ausreichend angesehen werden, dass wesentliche Programmanteile des Funktionsauftrages quasi am Rezipienten vorbei zu nachtschlafener Stunde gesendet werden. Dazu unten C.II.2.b)aa).

[133] BVerfGE 57, 295 (320) - *FRAG*.

[134] Dazu unten ausführlich C.II.1.h).

lierung Grenzen. Es wäre mit dem Präventionsgedanken des Verfassungsgerichts, wonach Fehlentwicklungen, wenn überhaupt nur schwer zu korrigieren sind,[135] nicht vereinbar, ausschließlich die Vorgaben der Medienwirkungsforschung zum Maßstab rundfunkrechtlicher Regulierung zu nehmen und damit die Maßstäbe der Regulierung allein durch Sachverständige bestimmen zu lassen.[136] Als Korrektiv und gleichzeitige zweite Legitimationsbasis bietet sich der organisationsplurale Einsatz von gesellschaftlich relevanten Gruppen an. Ihm kommt eine Originärlegitimation durch Vertreter der gesamten „sehenden" Bevölkerung zu, wie sich an der Vorgabe ablesen lässt, die Gruppenvertreter sollen die Interessen der Gesamtbevölkerung vertreten.[137] In dieser Funktion kommt dem „Legaleinsatz"[138] der Gruppen als Bevölkerungsvertretung ohne demokratisches Mandant die Funktion einer „Richtigkeitsgewähr"[139] gerade solcher Entscheidungen zu, die einen Beurteilungsspielraum hinsichtlich des von und in der Gesellschaft gewollten, gewünschten und vor allem verfassungsrechtlich geforderten Niveau an Meinungsvielfalt zu.[140]

Daher kann der Organisationspluralismus als die organisatorische und verfahrensrechtliche Absicherung der materiellen Pluralismusanforderungen im Sinne des *FRAG-Urteils* verstanden werden.[141] Diese notwendige Ergänzung der materiellen Pluralismusverpflichtungen sollte nicht isoliert betrachtet werden, da sie als Sicherungsfunktion die materiellen Anforderungen nur unterstützen, nicht jedoch ersetzen kann. Entscheidend dürfte es auf das Zusammenspiel von materiellen Pluralismusverpflichtungen und Organisationspluralismus ankommen. Mit einer genauen Abstimmung könnten mögliche Defizite der verfahrensrechtlichen oder materiellen Seite ausgeglichen werden.

IV. Das Strukturprinzip des Pluralismus als Grenze der Ausgestaltungsfreiheit

Die konkrete Ausformung der Medienordnung liegt im Ausgestaltungsspielraum des Gesetzgebers.[142] Durch materielle, prozedurale und organisatorische Rege-

---

[135] Vgl. bereits BVerfGE 57, 295 (323) – *FRAG.*

[136] Aus diesem Grunde bedarf es auch der strukturellen Beteiligung des „medienrechtlichen Souverän", vgl. unten C.I.2.d).

[137] St. Rspr., besonders deutlich in BVerfGE 60, 53 (65) – *Rundfunkrat,* „Sachwalter des Allgemeininteresses".

[138] Der Begriff stammt von *Ipsen,* Mitbestimmung im Rundfunk, S. 68, dazu unten B.V.2.c).

[139] So wohl *Gersdorf,* Staatsfreiheit des Rundfunks, S. 153.

[140] Auch dazu bereits BVerfGE 57, 295 (323) – *FRAG.*

[141] BVerfGE 57, 295 (320) – *FRAG.*

[142] Vgl. BVerfGE 57, 295 (329) - *FRAG,* BVerfGE 73, 118 (153) – *Niedersachsen,* BVerfGE 74, 297 (324) – *BW-Beschluss,* BVerfGE 83, 238 (296) – *WDR-Gesetz,* BVerfGE 87, 181 (198) – *HR3-Beschluss*; BVerfGE 90, 60 (88) – *Rundfunkgebühr.*

lungen hat er eine „positive Ordnung“ zu schaffen, innerhalb derer sich die Rundfunkfreiheit als subjektives Recht einerseits entfalten kann, andererseits aber zusätzlich auch die spezifische Funktion des Rundfunks in und für die Gesellschaft als Medium und Faktor des freien Meinungsbildungsprozesses erhalten bleibt. Die spezifische Funktion besteht darin, die Meinungsvielfalt, wie sie in der Gesellschaft besteht, im Rundfunk abzubilden, mithin die pluralistische Gesellschaft, ihre Meinungen, Werte und Überzeugungen auch im Rundfunk widerzuspiegeln.[143]

Diese Regelungen zu Anforderungen und zur Sicherung der Meinungsvielfalt im Rahmen der „positiven Ordnung“ prägen das Grundrecht inhaltlich vor und stellen daher als so genannte Ausgestaltungsgesetze keinen Eingriff dar. Das heißt aber nicht, dass Regelungen zur „positiven Ordnung“ nicht auch verfassungswidrig sein könnten. Die Dogmatik zu den Grenzen der Ausgestaltungsgesetzgebung ist bislang nicht annähernd so genau untersucht und ausdifferenziert, wie dies bei Eingriffs- und eingriffsähnlichen Gesetzen der Fall ist.[144] Einigkeit herrscht aber darin, dass der Gesetzgeber über Art. 1 Abs. 3 GG an Art. 5 GG und insbesondere an Art. 5 Abs. 1 S. 2 GG bei der Ausgestaltung der Rundfunkfreiheit gebunden ist.[145] Eine Ausgestaltungsregelung ist also dann nicht mehr verfassungsgemäß, wenn sie Ziel und Inhalt von Art. 5 GG widerspricht.[146] Allgemein anerkannt und hinreichend deutlich ist dies für die objektiv-rechtliche Ausgestaltungsvorgabe der Staatsfreiheit. Es ist auch sicherlich kein Zufall, dass sich ausgerechnet mit diesem Prinzip bereits das erste Rundfunkurteil zu beschäftigen hatte.[147] Das Prinzip der Staatsfreiheit ist jedoch aus sich heraus operabel: Lässt man einmal den Streit beiseite, ob und bis zu welcher Quote eine staatliche Beteiligung im Rundfunk zulässig sei, kann man aus dem Prinzip relativ gut direkte Vorgaben für die Medienordnung ableiten und konkrete Ausgestaltungen subsumieren.

Dies ist bei der Leistungsvorgabe der Meinungsvielfalt nicht in gleicher Weise der Fall. Einigkeit herrscht nur hinsichtlich des Ziels, weshalb auch das Verfassungsgericht immer wieder deutlich macht, es handele sich auch um eine schwer zu subsumierende Zielvorgabe, die nicht ohne weiteres auf konkrete Maßnah-

---

[143] BVerfGE 12, 205 (262) – *1. Rundfunkurteil.*

[144] *Ruck*, AöR 117 (1992), 543 (547); *Lübbe-Wolff*, Die Grundrechte, S. 19 f.; siehe auch *Hesse*, Rundfunkrecht, S. 128.

[145] Vgl. nur BVerfGE 74, 297 (334) – *BW-Beschluss.* Für eine eher subjektiv-rechtliche Lesart, die am sog. notwendiger Weise subjektbezogenen „Menschenwürdekern“ der Grundrechte anknüpft *Hain*, Rundfunkfreiheit und Rundfunkordnung, S. 61 ff.

[146] BVerfGE 83, 238 (324) – *WDR-Gesetz.* Dazu Hesse, Rundfunkrecht, S. 73; *Ruck*, AöR 117 (1992), 543 (549); *Holznagel*, Rundfunkrecht in Europa, S. 101 f.

[147] Siehe dazu ausführlich unten B.V.1.a).

men und Regelungen angewandt werden könne.[148] Diese Situation ist äußerst misslich, da Grund und Grenzen der Rundfunkregulierung letztlich in der Herstellung und Offenhaltung des Kommunikationsprozesses zur Erreichung der Meinungsvielfalt in den Massenmedien liegen. Die Meinungsvielfalt als objektiv-rechtliche Leistungsvorgabe für den Rundfunk liegt daher mit der Staatsfreiheit in der Priorität mindestens auf gleicher Höhe, da ein staatsfreier Rundfunk ohne Meinungsvielfalt die freiheitlich-demokratische Grundordnung ebenso gefährlich sein dürfte, wie ein staatlich kontrollierter aber vielfältiger Rundfunk.

Das Ziel von Art. 5 GG ist es, den Kommunikationsprozess der Gesellschaft offen und insbesondere frei von einerseitiger Beherrschung durch den Staat oder einzelne Gruppen zu halten. Daher verlangt Art. 5 Abs. 1 S. 2 GG, dass der Rundfunk *insgesamt*, also als Gesamtsystem Rundfunk, die Vielfalt der bestehenden Meinungen abbildet. Damit ist eine materielle Pluralismusvorgabe vorgegeben, auf deren Verwirklichung die Medienordnung auszurichten ist. Grundsätzlich wird dem Gesetzgeber ein weiter Gestaltungsspielraum eingeräumt, wie er dieses Ziel, diese materielle Pluralismusvorgabe verwirklichen will.[149] An dieser Stelle besteht jedoch ähnliches „strukturelles Dilemma", wie es der Regelung zur Finanzbedarfsfeststellung der öffentlich-rechtlichen Anstalten unterliegt[150]: Einerseits soll der Gesetzgeber die Erfüllung der Zielvorgabe durch Regelungen zur „positiven Ordnung", inzwischen auch aus europarechtlichen Gründen,[151] möglichst genau konkretisieren, auf der anderen Seite muss er die Rundfunkfreiheit in ihrer Grundform als „Programmfreiheit" respektieren.[152] Das Regulierungsziel der Meinungsvielfalt selbst kann er also weder normieren, noch selbst kontrollieren, sondern muss dies in die Hände der Rundfunkveranstalter geben und die Kontrolle der Gesellschaft selbst und ihren gesellschaftlich relevanten Gruppen als „medienrechtlichem Souverän"[153] überantworten.[154]

---

[148] Vgl. BVerfGE 73, 118 (157) – *Niedersachsen.*

[149] Siehe *Hesse*, Rundfunkrecht, S. 72 ff.

[150] Dazu ausführlich *Dörr*, Die Gebührenfrage, S. 1156 und unten C.I.4.d)bb).

[151] Zu den Anforderungen der Europäischen Kommission nach dem Beihilfeverfahren unten C.II.7.

[152] Siehe *Hartstein/Ring/Kreile/Dörr/Stettner*, B 5, § 11 RStV, Rn. 4 ff. Dazu sehr deutlich *Hesse*, Rundfunkrecht, S. 128.

[153] Einen „medienrechtlichen Souverän" im staatsrechtlichen Sinne gibt es selbstverständlich nicht. Diese an eine Formulierung von *Werner d'Inka* in der FAZ vom 5. Oktober 2007, S. 1, angelehnte Bezeichnung soll nur der Verdeutlichung der aus der Effektivität des Pluralismusgebots ausstrahlenden Notwendigkeit einer Rückbindung der Leitentscheidungen über die Meinungsvielfalt an den eigentlichen Ort der Meinungsentstehung – der freiheitlich-demokratischen Gesellschaft und ihrer Grundordnung - dienen. Dazu unten ausführlich unter B.IV.

[154] *Ricker/Schiwy* sehen den Staat daher als „Garanten" für die Rundfunkfreiheit. Da aber die Rundfunkfreiheit nicht in die alleinige Verantwortung der Gesellschaft entlassen werden

Zusätzlich fehlt bei der Ausgestaltungsgesetzgebung ein Träger subjektiver Rechte, sodass die Ausgestaltungsgesetzgebung nur einer objektiv-rechtlichen Kontrolle, z.B. im Rahmen eines Normenkontrollverfahrens unterliegt.[155] Im Ergebnis hat diese Konstellation dazu geführt, dass der Gesetzgeber sich mit größter Sorgfalt im Sinne eines Grundrechtsvoraussetzungsschutzes durch Verfahren der Normierung organisationsrechtlicher Vorschriften gewidmet hat, bei der Normierung von materiellen Anforderungen wie etwa dem Programmauftrag aber äußerst zurückhaltend blieb.[156]

Dieser Regulierungsansatz ist aber aus mehren Gründen in Kürze nicht mehr zu halten. Zum einen verlangt die europäische Kommission, zunächst nur für neue digitale Angebote, eine detaillierte und subsumptionsfähige Definition des Auftrages einschließlich einer wirksamen Kontrolle.[157] Weiter steht der öffentlich-rechtliche Rundfunk zunehmend in der Kritik, da ihm vorgeworfen wird, mit populären Formaten dem Privatrundfunk Konkurrenz zu machen, seine Unterscheidbarkeit zu verlieren und damit seinen Auftrag zu vernachlässigen.[158] Auch die technische Entwicklung setzt den Rundfunk unter Druck. Die frühere „Sondersituation" der Frequenzknappheit hat sich in ihr Gegenteil verkehrt, in dem jeder sein eigenes Programm macht bzw. wird machen können. Schließlich aber ist auch der Rückzug auf einen Grundrechtsvoraussetzungsschutz durch Verfahren schon deshalb nicht die Antwort, da immer weitere Gremien und immer mehr Dokumentation nicht nur extrem viele Ressourcen binden, sondern irgendwann – man denke nur an systemische Selbsterhaltungsmechanismen – die eigentliche Aufgabe der Konkretisierung von materiellen Werten hinter bloße Verfahrensfragen, Zustimmungs- und Benehmensregelungen verschwindet, die aber nicht minder störend auf die Rundfunkfreiheit als Veranstalterfrei-

---

kann, bezieht sich die staatliche Garantenfunktion auf die Ausfüllung der Rundfunkfreiheit durch die Gesellschaft und ihre Kräften, vgl. *Ricker/Schiwy*, Rundfunkverfassungsrecht, S. 102 f.

155 Die Mehrzahl der sog. Rundfunkurteile geht auf Normenkontrollverfahren zurück. Dies liegt nicht zuletzt an der erst sehr späten Anerkennung einer subjektiv-rechtlichen Komponente des Art. 5 Abs. 1 S. 2 GG durch das Verfassungsgericht. Siehe dazu die Urteilsanalysen unten B.V.

156 Die heutige, leidlich konkrete Form des Programmauftrags des öffentlich-rechtlichen Rundfunks gem. § 11 RStV wurde erst mit dem 7. Rundfunkänderungsstaatsvertrag vom 1. April 2004 eingeführt. Vgl. die Entstehungsgeschichte bei *Hartstein/Ring/Kreile/Dörr/Stettner*, B 5, § 11 RStV, Rn. 1 ff.

157 Einstellungsentscheidung der Kommission vom 24. April 2007, K(2007) 1761 endg., S. 53, Rn. 230 ff. dazu unten C.II.7.

158 Vgl. *Dörr*, Die Gebührenfrage, S. 1157. Aus neuerer Zeit siehe *Degenhardt*, epd-medien 2007, Nr. 63, 6 (8); in diese Richtung auch *Hilker*, epd-medien 2007, Nr. 64, 5 (6);

heit einwirken können.[159] Hier könnte eine Dogmatik des Pluralismus für den Ausgestaltungsgesetzgeber hilfreich sein.

Die obigen Ergebnisse zur Medienwirkungsforschung haben sehr deutlich gezeigt, welche Grundbedingungen erfüllt sein müssen, welche Strukturen schädlich sind, das Ziel der Ausgestaltung gem. Art. 5 GG gefährden und welche Ordnungsmöglichkeiten dem Ziel größtmöglicher Meinungsvielfalt nützen. Sie selbst sind nicht direkt übertragbar auf einen medienrechtlichen Ordnungsrahmen, jedoch können und müssen ihre Erkenntnisse zur Organisation – in Form eines medienrechtlichen Organisationspluralismus – und zur Wirkweise – in Form inhaltlich-materieller Pluralismusanforderungen – abstrakt umgesetzt werden. Um die dazu notwendige Gesamtschau unter Berücksichtigung der Medienwirkung zu entwickeln, soll im Folgenden zunächst eine Bestandsaufnahme von Organisationspluralismus und materiellen Pluralismusverpflichtungen anhand einer Analyse der Verfassungsrechtsprechung vorgenommen werden.

V. Entwicklung des Pluralismus in der Deutschen Verfassungsrechtsprechung

In der deutschen Verfassung findet sich weder das Wort Pluralismus, das Wort Vielfalt noch ein entsprechendes Ziel oder Gebot.[160] Dies ist durchaus erstaunlich, angesichts des enormen Stellenwertes, der diesem Prinzip oder Wert nicht nur von Seiten des Verfassungsgerichts zugesprochen wird. Die wesentliche Bedeutung des Pluralismus und sein Rang als Verfassungsprinzip[161] entstammt aus einer Verknüpfung seiner Wurzeln, die wie oben bereits erwähnt im Demokratieprinzip einerseits und im Sozialstaatsprinzip andererseits liegen, mit der Auslegung der Rundfunkfreiheit gem. Art. 5 Abs. 1 S. 2 GG durch das Bundesverfassungsgericht. Erst durch diese Verknüpfung wird der Pluralismus als Ordnungsprinzip operabel.[162] Deshalb soll hier zunächst die Aussagen des Verfassungsgericht zum Prinzip des Pluralismus dargestellt werden.

---

[159] Reminiszenzen an „Das Schloss“ und „Der Prozess“ von *Franz Kafka* drängen sich in diesem Szenario auf.

[160] Die Worte „Vielfalt“ und „Pluralismus“ werden im Folgenden synonym verwendet. Dies entspricht allgemeiner Auffassung, vgl. *Schüll*, Schutz der Meinungsvielfalt, S. 12.

[161] Vgl. *Kühn*, Meinungsvielfalt im Rundfunk, S. 48.

[162] Siehe zu dem Zusammenhang ausführlich *Dörr*, Meinungsvielfalt im öffentlich-rechtlichen Rundfunk, S. 11f.

1. Von Lüth zu Lebach

Die ersten Entscheidungen zu den so genannten Kommunikationsfreiheiten wurden in der Mitte der 1950er Jahre gefällt. In der Entscheidung SRP-Verbot[163] konnte das Verfassungsgericht noch die Frage des Stellenwertes der Meinungsfreiheit in der jungen Republik mit dem etwas vereinfachenden Hinweis umgehen, bei den Aussagen der SRP handele es sich um „gehäufte Beschimpfungen, Verdächtigungen und Verleumdungen [die] mit der verfassungsmäßig gewährleisteten freien Meinungsäußerung und einer echten politischen Opposition nichts mehr zu tun [haben]“[164].

Nur vier Jahre später musste wieder über ein Parteiverbot, diesmal der KPD, verhandelt werden.[165] Zwar richtete sich die Partei ebenfalls auf eine Auflösung der demokratischen Ordnung, doch waren ihre Aussagen diesmal nicht als Schmähkritik einzuordnen. In dem Konflikt, mit dem Verbot nach Art. 21 Abs. 2 GG eigentlich die Rechte der KPD auf freie Meinungsäußerung zu beschneiden, ließ das Gericht letztlich Art. 21 Abs. 2 GG als Ausdruck der „streitbaren Demokratie“[166] obsiegen, bescheinigte aber der Meinungsfreiheit, sie sei „ohne Frage eines der vornehmsten Rechtsgüter jeder freiheitlichen Demokratie.“[167] Bereits hier klingt nicht nur der besondere Stellenwert der Meinungsfreiheit im Gefüge der Verfassungsgrundsätze an, sondern auch seine unmittelbare Verknüpfung zur Demokratie. Diesen Zusammenhang benannte das Gericht kurze Zeit danach im *Lüth-Urteil* auch ausdrücklich. Es rückte die Meinungsfreiheit an vorderste Stelle einer funktionierenden Demokratie, da sie „für eine freiheitlich-demokratische Staatsordnung schlechthin konstituierend [sei], denn [sie] ermöglicht erst die ständige geistige Auseinandersetzung, den Kampf der Meinungen, der ihr Lebenselement ist.“[168]

Im *Schmid-Spiegel-Beschluss*[169] schließlich fasste das Verfassungsgericht diese Aussagen zusammen und bekräftigte seine Ansicht, dass „nur die freie öffentliche Diskussion über Gegenstände von allgemeiner Bedeutung die freie Bildung der öffentlichen Meinung [sichert].“ In diesem Zusammenhang verwendete das Gericht auch den Begriff „pluralistisch“, jedoch noch vorsichtig in Anführungszeichen. Der Pluralismus wurde einerseits als funktionales Element im öffentli-

---

[163] BVerfGE 2, 1 – *SRP-Verbot.*

[164] BVerfGE 2, 1 (59) – *SRP-Verbot.*

[165] BVerfGE 5, 85 – *KPD-Verbot.*

[166] BVerfGE 5, 85 (139) – *KPD-Verbot.*

[167] BVerfGE 5, 85 (134) – *KPD-Verbot*, ein Verweis auf Artikel 11 der französischen Erklärung der Menschen- und Bürgerrechte von 1789.

[168] BVerfGE 7, 198 (208) – *Lüth.* Darin ein Zitat von *Justice Benjamin N. Cardozo,* nach dem die Meinungsfreiheit Grundlage jeder Freiheit sei.

[169] BVerfGE 12, 113 – *Schmid-Spiegel.*

chen Meinungsbildungsprozess benannt, andererseits durch die Anführungszeichen als Beschreibung verwendet.

a) 1. Rundfunkurteil

1961 nahm das Verfassungsgericht erstmalig Stellung zur Rundfunkfreiheit mit dem sog. *„Deutschland Fernsehen GmbH"-Urteil*[170], das als „Magna Charta"[171] des Rundfunkrechts gilt. Neben vielen entscheidenden Aussagen vor allem zum Bund-Länder-Verhältnis im Bereich des Rundfunks findet sich auch die erste Bewertung des Gerichts zur Stellung des Rundfunks im Zusammenhang von Meinungsfreiheit und Demokratie. Das Gericht sah den Rundfunk als „Medium und Faktor" der öffentlichen Meinungsbildung an, der nicht nur als Medium fungiert, sondern durch eine „Tendenz", die sich aus der Selektion sowie der Art und Weise einer Darstellung ergibt, selbst zum Akteur der öffentlichen Meinungsbildung wird.[172] Er gehört neben der Presse zu den bedeutsamen, unentbehrlichen Massenkommunikationsmitteln, weshalb seine „institutionelle Freiheit" besonders wichtig sei.[173] Eine wichtige Weichenstellung für die späteren Entscheidungen und eine erste Ahnung, dass gegenständliche Vielfalt für eine pluralistisch geprägte öffentliche Meinungsbildung unabdingbar ist, gibt das Gericht mit seiner inhaltlichen und an Themen orientierten Beschreibung der öffentlichen Meinungsbildung als deren Mitakteur der Rundfunk qualifiziert wurde. So wird der Rundfunk nicht auf Information zur Meinungsbildung beschränkt, er beteiligt sich auch „in Hörspielen, musikalischen Darbietungen, Übertragungen kabarettistischer Programme bis hinein in die szenische Gestaltung einer Darbietung".[174] Auch wenn diese Aussagen schon ein wenig nach dem späteren „klassischen Programmauftrag" klingen, waren die Aussagen erklärend gemeint und beziehen noch nicht die spätere „Funktion" bzw. „Auftrag" mit ein.

Umso deutlicher findet sich allerdings bereits die Forderung nach einer organisatorischen Pluralität. Im Rahmen der zu entscheidenden Frage nach der Staatsfreiheit des Rundfunks stellte das Gericht fest, „dass dieses moderne Instrument der Meinungsbildung weder dem Staat noch einer gesellschaftlichen Gruppe ausgeliefert" werden dürfe. Daher müssen die Veranstalter von Rundfunkdarbietungen so organisiert sein, „dass alle in Betracht kommenden Kräfte in ihren Organen Einfluss haben und im Gesamtprogramm zu Wort kommen können,

---

[170] BVerfGE 12, 205 – *1. Fernsehurteil.*
[171] Z.B. *Hesse*, Rundfunkrecht, S. 18; *Herrmann*, § 4 VI. 1.
[172] BVerfGE 12, 205 (260) – *1. Fernsehurteil.*
[173] BVerfGE 12, 205 (261) – *1. Fernsehurteil.* Seitdem st. Rspr. vgl. BVerfGE 14, 121 (136) – *FDP-Sendezeit.*
[174] BVerfGE 12, 205 (260) – *1. Fernsehurteil.*

und dass für den Inhalt des Gesamtprogramms Leitgrundsätze verbindlich sind, die ein Mindestmaß von inhaltlicher Ausgewogenheit, Sachlichkeit und gegenseitiger Achtung gewährleisten. Das lässt sich nur sicherstellen, wenn diese organisatorischen und sachlichen Grundsätze durch Gesetz allgemein verbindlich gemacht werden."[175]

Damit war nicht nur nebenbei ein inhaltlicher Qualitätsmaßstab gefordert worden, es wurde das Prinzip der Spiegelung des in der Gesellschaft vorhandenen Meinungsspektrums im Rundfunk als zwingende Folge des Verfassungsgrundsatzes aus Art. 5 GG betrachtet und seine Sicherung durch unabhängige Organe verlangt. Obwohl der Terminus Vielfalt bzw. Pluralismus noch nicht verwendet wurde, mit dieser Aussage wurde Vielfalt aus Verfassungsgründen Pflicht.[176]

b) 2. Rundfunkurteil

Auch im Rahmen des zweiten Rundfunkurteils präzisierte das Gericht seine Aussagen zur Staatsfreiheit. So wurde der Rundfunk als „Sache der Allgemeinheit", sowie etwas missverständlich als „öffentlich-rechtliche Aufgabe" bezeichnet.[177] Grundlegend war dazu die Bekräftigung, dass der Rundfunk „weder dem Staat noch *einer* gesellschaftlichen Gruppe überlassen"[178] werden dürfe, aus der sich auch die Schwierigkeit einer Zuordnung zu Staat oder Gesellschaft erklärt.

Anders noch als im ersten Urteil deutete das Gericht eine Unterscheidung an, da der Staat – obgleich Garant für die Durchführung von Rundfunk – keine Zuständigkeit für die programmlichen Inhalte habe, aber in der Pflicht sei „immer und ausschließlich" solche Organisationsformen zu wählen, die einen staatsfreien Rundfunkinhalt ermöglichen.[179] Auch das inhaltliche Kriterium der Ausgewogenheit sowie der Modus der Spiegelung des gesellschaftlichen Meinungsspekt-

---

[175] BVerfGE 12, 205 (263) – *1. Fernsehurteil.* Dies kommentiert *Schmitt Glaeser:* „Das ist alles. Wie einfach und überzeugend Rechtsprechung sein kann.", *Schmitt Glaeser*, DÖV 1987, 837 (840).

[176] *Gersdorf* sieht diese Aussagen eher bezogen auf inhaltliche Vielfalt und Ausgewogenheit, weniger den Akzent auf einer organisatorischen Pluralität, *Gersdorf*, Staatsfreiheit des Rundfunks, S. 23. So aber in aller Deutlichkeit BVerfGE 31, 314 (329) – *2. Rundfunkurteil.* Im Ergebnis ebenso *Schellenberg*, Rundfunk-Konzentrationsbekämpfung, S. 30.

[177] BVerfGE 31, 314 (329) – *2. Rundfunkurteil.* Gemeint war nicht etwa eine staatliche Veranstaltung im Hoheitsbereich des Staates, sondern nur die Veranstaltung in öffentlich-rechtlicher Trägerschaft, die eine Umsatzsteuerverpflichtung ausschließt. Dazu *Hain*, Rundfunkfreiheit und Rundfunkordnung, S. 141; *Gersdorf*, Staatsfreiheit des Rundfunks, S. 25.

[178] BVerfGE 31, 314 (325) – *2. Rundfunkentscheidung,* Hervorhebung im Orginal.

[179] Ob daraus sich aber zwei verschiedene Qualitäten von Staatsfreiheit ableiten lassen, erscheint fraglich. So aber *Mallmann*, Rechtsaufsicht über das ZDF, S. 66 und S. 138.

rums wurden präzisiert. So bestimmte das Gericht, der Gesetzgeber sei in der Pflicht, „die Mitwirkung und das Zuwortekommen aller gesellschaftlich relevanten Gruppen in einem ausgewogenen Verhältnis innerhalb des gesamten Rundfunk- und Fernsehwesens zu sichern."[180] Eine Änderung zum vorigen Urteil war die Umstellung von den „in Betracht kommenden Kräften" zur den „gesellschaftlich relevanten Gruppen". Diese Einschränkung ist durch das Gericht nicht näher konkretisiert worden.[181] Wollte man aber alle vorhandenen Kräfte repräsentieren, so stößt dies an faktische Grenzen. Prinzipiell setzte das erste Urteil mit der gewählten Formulierung alle Meinungen, bzw. Kräfte gleich. Damit hätte auch noch die kleinste Ansicht zumindest strukturell berücksichtigt werden müssen. Die Berücksichtigung von gesellschaftlich relevanten Gruppen bedeutet dagegen zwar eine Einschränkung, nämlich zum einen die Notwendigkeit eine Meinung als Gruppe zu vertreten, um im Rundfunk Berücksichtigung zu finden.[182] Zum anderen muss diese Gruppe relevant sein. Wann die der Fall ist, ließ das Gericht allerdings völlig offen.[183] Auf der anderen Seite erleichtert diese Einschränkung die Bewertung, ob der Rundfunk seiner Aufgabe der Spiegelung des gesellschaftlichen Meinungsspektrums tatsächlich nachkommt. Nach Ansicht des Gerichtes vollzieht sich das Ideal der Spiegelung des gesellschaftlichen Meinungsspektrums also in drei Stufen: Zunächst findet eine Meinungsfindung in der Gesellschaft statt, die sich dann innerhalb einer Gruppe einen Konsens oder eine Mehrheitsansicht formuliert. Diese wird vom Rundfunk aufgenommen und gegen andere bestehende Meinungen im Sinne einer Ausgewogenheit gewichtet, dargestellt und, in der Funktion als Faktor, kommentiert.[184] Diese Konzeption stellt im wesentlichen eine Übernahme aus der staatsrechtlichen Pluralismustheorie dar. Auch wenn umstritten ist, inwieweit sich Gruppen selbständig bilden, geht die Pluralismustheorie insgesamt von einer gesellschaft-

---

[180] BVerfGE 31, 314 (339) – *2. Rundfunkentscheidung.*

[181] Man mag darin eine unerwähnte Übernahme des Gruppenbegriffs aus der staatsrechtlichen Pluralismustheorie sehen. Vgl. Dazu *Schellenberg*, Rundfunk-Konzentrationsbekämpfung, S. 26 f. und vor allem *Fraekel*, Pluralismus als Strukturelement, S. B 8 ff.

[182] So auch das Verfassungsgericht später unter dem Stichwort der „Bedingungen von Gruppenvertretung", vgl. BVerfGE 83, 238 (335) – *WDR-Gesetz.*

[183] Dies ist nicht unproblematisch, da damit die gesellschaftliche Rückbindung des Rundfunks an die „gesellschaftlich relevanten Gruppen" in den gesetzgeberischen Ausgestaltungsspielraum fällt. Auch als die FDP als „gesellschaftlich relevante Gruppe" im Rundfunkrat des NDR berücksichtigt werden wollte, nahm das Verfassungsgericht die falsche Klageart zur alleinigen Entscheidungsbegründung und schwieg sich über die materielle Rechtsfrage aus, vgl. dazu unten und BVerfGE 60, 53 ff – *Rundfunkrat.*

[184] Ähnlich auch *Schellenberg*, Rundfunk-Konzentrationsbekämpfung, S. 32.

lichen Tendenz zur Gruppenbildung aus, die den demokratischen Prozess prägt.[185]

Im Hinblick auf die Wirkweise ergänzte das Gericht zur ersten Entscheidung, der Rundfunk sei zu einem der mächtigsten Kommunikationsmittel und Massenmedium geworden, das wegen seiner weitreichenden Wirkungen und Möglichkeiten sowie der Gefahr des Mißbrauchs zum Zweck einseitiger Einflußnahme auf die öffentliche Meinung nicht dem freien Spiel der Kräfte überlassen werden könne.[186] Anders als im ersten Urteil wurde die inhaltliche Beeinflussung, die Zweckentfremdung des Rundfunks als Faktor im Meinungsbildungsprozess hervorgehoben. Das Gericht zeigt sich überzeugt von der direkten Beeinflussung durch Rundfunk im Sinne einer echten Manipulation. Auf Seiten der Medienwirkungsforschung wurde zum Zeitpunkt des Urteils (1971) eine tatsächliche Wirkweise der Massenmedien allerdings erst langsam wieder entdeckt.[187]

c) Lebach

Die erste und bislang letzte ausführliche Auseinandersetzung mit der Wirkweise der Medien kam zwei Jahre später mit der *Lebach-Entscheidung*[188] des Zweiten Senats. In der Entscheidung Lebach trat die Frage hervor, ob und in wie fern durch die Ausstrahlung einer Fernsehdokumentation eines Verbrechens, die Resozialisierung eines inhaftierten Täters gefährdet und sein Persönlichkeitsrecht verletzt werden könnte. Als Vorfrage beschäftigte sich das Gericht mit der Wirkung der Medien bzw. des konkret angegriffenen Formats auf die Rezipienten anhand der Ausführungen eines soziologischen Gutachters.[189]

Für das gerichtliche Verständnis einer Medienordnung, insbesondere eines Strukturprinzips wie dem des Pluralismus, kann dieses Urteil nur begrenzte Aussagekraft entwickeln, da anhand eines Einzelfalles entschieden wurde. Die Perspektive war ungewöhnlich, da es nicht um den Einfluss durch Gruppen *auf* den Rundfunk ging sondern der Einfluss *durch* den Rundfunk auf ein Individuum in Frage stand. Aufgrund des konkreten Streitgegenstanden hat das

---

[185] So vor allem die Ansicht von *Harold J. Laski*, mit Bezug zur freiheitlichen Demokratie auch der Neopluralimustheoretiker *Ernst Fraenkel*. Dazu ausführlich unten B.VI.1.

[186] BVerfGE 31, 314 (325) – *2. Rundfunkentscheidung.*

[187] Siehe oben die Ergebnisse von *McCombs/Shaw* und vor allem *Noelle-Neumann*. B.III.1.c).

[188] BVerfGE 35, 202 – *Lebach.*

[189] Da die Zusammenarbeit von Jurisprudenz und Soziologie zum damaligen nicht wesentlich über die Kriminologie hinaus gekommen war, bezeichnete der Gutachter *Kurt Lüscher* die Anfrage als „ziemliches Novum", AfP 1974, 643. Dass sich das Verhältnis nicht wesentlich gebessert hat, zeigt der Kommentar von *Hasebrink*, hinsichtlich der Zusammenarbeit beim Zuschaueranteilsmodell, vgl. *Hasebrink*, in: DLM, Medienrelevante verwandte Märkte, S. 54.

Gericht es vermieden, pauschale Aussage über Medienwirkungen bzw. ihr Gefährdungspotential zu treffen. Insbesondere hat das Gericht sich nicht die vom Gutachter vorgeschlagene Analogie zur Produkthaftung hinsichtlich der Zuordnung von Verantwortlichkeit zu Eigen gemacht.[190] Das Gericht machte deutlich, dass der Schutz des Art. 5 GG unabhängig von einem legitimen Interesse an der Sendung selbst eingreift, das Funktionieren der Rundfunkordnung also nicht an einzelnen Sendungen gemessen wird. Damit wurde klargestellt, dass die Idee der gegenständlichen Vielfalt nicht lediglich eine Struktur der objektiv-rechtlichen Wertentscheidung des Art. 5 GG ist, sondern auch im abwehrrechtlichen Schutzbereich des Grundrechtes selber liegt.[191]

Um den Grad der Beeinträchtigung des Beschwerdeführers durch die Veröffentlichung zu ermitteln, bestimmte das Gericht zunächst eine „besondere Wirkweise" des Fernsehens als Medium. Dieses sei zunächst durch seine Reichweite gekennzeichnet,[192] weise daneben aber zusätzlich eine stärkere Intensität des optischen Eindrucks durch die Kombination von Bild und Ton auf.[193] Weiter bezog das Gericht die Aussage des Gutachters ein, dass gerade das Fernsehen die höchste Glaubwürdigkeit der Rezipienten genießt. Hier zeigen sich Parallelen zu den Ergebnissen von *Holicki* und *Schulz* und der Studie von *Noelle-Neumann*.[194] Interessant ist allerdings, dass die Aussagen des Gerichts vor deren Veröffentlichung liegen. Zum anderen ist hier wieder wie oben kritisch zu bemerken: Die Zumessung von Glaubwürdigkeit in einer Umfrage ist etwas anderes, als die tatsächlich gemessene Überzeugung durch einen medial vermittelten Inhalt.

Schließlich ging das Gericht auf das Dokumentarspiel als das angegriffene Format ein. Dieses zeichnete sich dadurch aus, dass es so nah wie möglich an der Realität blieb und – wie das Gericht den Leiter des Dokumentarspiels/ZDF *Wolfgang Bruhn* zitierte – „dem Zuschauer [...] die totale Illusion, bei einem solchen historischen Vorgang dabei zu sein bzw. dabei gewesen zu sein"[195] vermittelt. Hinzu kam, dass einzelne Tathintergründe, insbesondere die Homosexualität der Täter, einseitig dargestellt wurden. Das Gericht verknüpfte diese

---

[190] *Lüscher*, AfP 1974, 643 (647).

[191] Anders *Hoffmann-Riem*, Medienwirkung und Medienverantwortung, S. 46 f., der hier kritisiert, die Verantwortlichkeit in den Rundfunkanstalten sei dann auf Individualinteressen begrenzt ohne die „öffentliche Aufgabe" des Rundfunks zu beachten.

[192] Das konkrete Format Dokumentarspiel wies die aus heutiger Sicht als Traumquote zu bezeichnende Zuschaueranteilsquote von 38% auf, BVerfGE 25, 202 (227) – *Lebach*.

[193] BVerfGE 35, 202 (227) – *Lebach*. Diese Einschätzungen werden später vor allem in BVerfGE 90, 60 (87) – *8. Rundfunkentscheidung* wieder aufgegriffen.

[194] Siehe oben B.III.1.c).

[195] BVerfGE 35, 202 (228) – *Lebach*.

Aussagen mit seiner Vorstellung von der Glaubwürdigkeit des Mediums und dem schon damals in der Medienwirkungsforschung bekannten Effekt der selektiven Wahrnehmung, der die tendenziell dargestellten Ansichten noch verstärken würde. Daraus schloss es ohne große Differenzierung, dass die Rezipienten „die realistische Darstellung des Dokumentarspiels mit der Wirklichkeit verwechseln und die Interpretation des Geschehens durch die Sendung als richtige, objektive Bewertung zu übernehmen."[196] Eine solche Prognose wäre nach Maßstäben der Medienwirkungsforschung gerade mal für einen extremen Vielseher berechtigt gewesen.[197]

Mit dieser Bewertung stellte das Gericht fest, dass die öffentliche Berichterstattung über ein Verbrechen unter Nennung des richtigen Namens des Täters, besonders in der Form des Dokumentarspiels einen starker Eingriff in das Persönlichkeitsrecht darstellt, der auch nicht durch ein eventuell vorhandenes Informationsinteresse gerechtfertigt sei. Diese Feststellung ist interessant, da hier das Gericht tatsächlich die Rezeption des Zuschauers als Spezifikum des Mediums in der Abwägung berücksichtigte. Nicht also nur die Streubreite des Mediums, auch nicht nur die Namensnennung, sondern auch gerade die Reaktion des Publikums führte zur Verletzung des Beschwerdeführers. Nimmt man die Erkenntnisse der Medienwirkungsforschung hinzu, so erscheint diese Bewertung sonderbar, da sie die auch damals schon bekannten intervenierenden Faktoren nicht berücksichtigt, sondern von einer gleichmäßigen Medienwirkung im Sinne des veralteten Stimulus-response-Modells getragen ist. Besonders interessant ist die Begründung der Verletzung durch das Rezeptionsverhalten hinsichtlich der „selektiven Wahrnehmung" durch das Gericht. Dieser Effekt galt weithin als Beispiel für eine fehlende, bzw. nur schwach ausgeprägte Medienwirkung. Das Gericht aber deutete diesen Effekt als Beleg für eine besondere und eben auch gefährdende Medienwirkung. Diese wurde aber erst mit der späteren Entdeckung von Makrophänomenen wie der Agenda-Setting-Funktion oder der „Schweigespirale" wieder anerkannt.[198] Diese Divergenz mag auch als Beispiel dafür dienen, dass die Erkenntnisse der Medienwirkungsforschung, was wohl für viele sog. „Hilfswissenschaften"[199] zutrifft, in mehr als nur eine Richtung gerichtlich nutzbar sind.

---

[196] BVerfGE 35, 202 (230) – *Lebach.*

[197] Vgl. *Schuster*, Meinungsvielfalt, S. 119, der sich wohl auf *Gerbners* Ergebnisse bezieht..

[198] Mit entsprechend harscher Kritik an Vertretern der „schwachen" Medienwirkung, insb. unter den Journalisten *Noelle-Neumann*, Medienwirkung und Medienpolitik, S. 502.

[199] So die of verwendete Bezeichnung für u.a. soziologische Gutachten in Gerichtsprozessen. Kritisch dazu *Hoffmann-Riem*, Medienwirkung und Medienverantwortung, S. 21 ff.

Obwohl diese Entscheidung keine ausdrücklichen Vorgaben zur Struktur des Rundfunks und seiner Medienordnung enthält, ist sie dennoch von großer Bedeutung.[200] Sie beschäftigt sich mit der „zweiten Seite der Medaille", den denkbaren Wirkungen einer medialen Berichterstattung auf Gesellschaft und Individuum. Die Aufgabe einer Medienordnung wird nur aus dem Umkehrschluss zu den Aussagen greifbar. Die besondere Wirkweise kann nur durch eine pluralistische, an Meinungsvielfalt orientierte Regulierung abgeschwächt werden, zu beseitigen ist sie wohl nicht. Wenn es also auch an vorbildhaften Aussagen für Regulierungsmechanismen fehlen mag, so zeigt doch diese Entscheidung deutlich auf, welches Potential das Verfassungsgericht dem Rundfunk zuschreibt. Nicht umsonst begann in der Folge ein intensives Umdenken in den ARD-Anstalten, die daraufhin die ersten Studien zur Medienwirkungsforschung initiierten.[201]

Nachzutragen bleibt noch: das Gericht blieb sich treu.[202] Als der Sender Sat1 etwa 22 Jahre nach der Entscheidung einen Fernsehfilm mit dem Titel „Der Soldatenmord von Lebach" ausstrahlen wollte, scheiterte der Sender zunächst wieder an einer einstweiligen Verfügung eines noch einsitzenden Täters. Im Jahr 2001 stand die Neuauflage vor dem Verfassungsgericht an.[203] Das Gericht bestätigte die damaligen Grundsätze prinzipiell, mit zwei Ausnahmen. Die sehr hohe Quote, und damit eine der wesentlich tragenden Voraussetzung der Medienwirkung im ersten Urteil beruhte auf den damaligen Umständen der Fernsehlandschaft. Die Wirkung selbst wird mit dem im 8. Rundfunkurteil eingeführten Schlagworten „Breitenwirkung und Suggestion" beschrieben, womit aber keine formatspezifische Wirkung, sondern eine allgemeine Wirkung des Fernsehens gemeint ist.[204] Das Gericht erlaubte die Ausstrahlung, allerdings unter dem deutlichen Hinweis, dass „ein Mord derart persönlichkeitsbestimmend [ist], daß der Mörder mit der Tat praktisch lebenslang identifiziert wird", auf der anderen Seite der Täter keinen Anspruch hat, nie wieder mit seiner Tat konfrontiert zu werden.[205] Letztlich enthielt die Sendung keine Verletzung des Persönlichkeitsrechtes, da in dieser Auflage die damaligen Täter nicht namentlich genannt und daher nur durch solche Personen identifizierbar waren, die von der Tatbeteiligung ohnehin wussten.[206]

---

[200] Ebenso *Hoffmann-Riem*, RuF 1978, 111 (114).
[201] *Lüscher*, AfP 1974, 643 (647).
[202] Beschluss des BVerfG vom 25. November 1999 Az.: 1 BvR 348/98.
[203] Dazu ausführlich *von Coelln*, ZUM 2001, 478 ff.
[204] Zustimmend *Cole*, NJW 2001, 795 (796). Dazu auch *Dörr/Zorn*, NJW 2001, 2837 (2851).
[205] Beschluss des BVerfG vom 25. November 1999 Az.: 1 BvR 348/98 Rn. 38. Diese Aussage als Klarstellung begrüßend *Cole*, NJW 2001, 795 (796).
[206] Zu diesem in der Abwägung gefundenen Ergebnis *von Coelln*, ZUM 2001, 478 (487).

2. Vom privaten Rundfunk zur dd_vg.

Die zweite Phase der Rundfunkrechtsprechung des Bundesverfassungsgerichts begann mit der Überprüfung der ersten Landesgesetze, die die Einführung von privat veranstaltetem Rundfunk zuließen. Das Gericht musste in der Folge sowohl die Aufgabe des öffentlich-rechtlichen und des privaten Rundfunks in und für die öffentliche Meinungsbildung bestimmen, als auch sich mit technischen Neuerungen auseinander setzen.

a) FRAG-Urteil

Mit dem *FRAG-Urteil*[207] hatte das Bundesverfassungsgericht über die Zulassung von privatem Rundfunk im Saarland zu entscheiden.[208] Dieses für die heutige duale Rundfunkordnung grundlegende Urteil zeichnet sich im Hinblick auf den Gegenstand dieser Untersuchung besonders aus: Das Gericht erwähnt den Begriff der „Vielfalt“ ausdrücklich und insgesamt acht Mal. Anders als im *Schmid-Spiegel-Beschluss* wird der Begriff nicht in Anführungszeichen gesetzt, es fehlt aber an einer terminologischen Auseinandersetzung. Das Gericht verwendete den Begriff wie selbstverständlich.

Zu entscheiden hatte das Gericht, ob die rechtlichen Voraussetzungen des Saarlandes zur Zulassung des privaten Rundfunks verfassungsgemäß waren. Dabei begründet das Gericht zuerst die Notwendigkeit der gesetzlichen Ausgestaltung der „positiven Ordnung“, die sich nicht in einer staatsfreien Rahmensetzung erschöpfen dürfe, sondern sicherstellen muss, dass die Vielfalt der bestehenden Meinungen im Rundfunk in möglichster Breite und Vollständigkeit Ausdruck findet.[209] Auch nach Wegfall der im ersten Urteil angesprochenen „Sondersituation“ des Rundfunks ist diese „positive Ordnung“ weiterhin notwendig, um die Freiheit des Rundfunks zu gewährleisten.[210]

In einem Vergleich mit der Situation der Presse stellte das Gericht fest, dass es anders als dort nicht genügend Rundfunkakteure gibt, die durch ihre Beiträge im Sinne eines außenpluralen Modells insgesamt ein Gleichgewicht der Meinungen

---

[207] BVerfGE 52, 295 – *FRAG.*

[208] Anders *Kull*, der in dem saarländischen Modell nur die Zulassung „unechten“ Privatrundfunks sieht, da mit der Zulassung der ersten Sender noch kein außenplurales System entsteht, vgl. *Kull*, AfP 1981, 378 (379f.).

[209] BVerfGE 52, 295 (320 f.) – *FRAG.* Zur Grundsatz der Staatsfreiheit in diesem Urteil ausführlich, *Gersdorf*, Staatsfreiheit des Rundfunks, S. 27 f.

[210] Dahinter stand allerdings wohl auch die Hoffnung, der damals als politisch einseitig und wenig experimentierfreudig geltende öffentlich-rechtliche Rundfunk würde durch Wettbewerb flexibler werden und selbst einen größeren Beitrag zur Meinungsbildung leisten, vgl. ausführlich dazu *Hesse*, Rundfunkrecht, S. 24 ff. Kritisch *Kull*, AfP 1981, 378 (379) und *Kull*, AfP 1987, 365 (365).

darstellen.[211] Neben diesem zunächst auf die nähere Zukunft bezogenen Ergebnis äußerte das Gericht auch Zweifel an der Entwicklung eines ausbalancierten zukünftigen Meinungsmarktes, soweit dieser nur durch die Eigengesetzlichkeit des Marktes bestimmt würde. Dahinter steht das Grundmisstrauen gegenüber dem Beeinflussungspotential des Rundfunks und seiner Attraktivität für Gruppeninteressen.[212] Den Schaden durch eine Indienstnahme des Rundfunks für Partikularinteressen bewertete das Gericht so hoch, dass die potentielle Gefährdung der Rundfunkfreiheit durch eine reine Marktsteuerung zunächst nicht vom Gesetzgeber verantwortet werden könnte.[213] Die positive Ordnung des Gesetzgebers müsse daher die Gewährleistung desjenigen Niveaus an Meinungsvielfalt bieten, das für die freiheitlich-demokratische Grundordnung konstitutiv ist.[214] Einen Schwellenwert, wann dieses Niveau erreicht oder unterschritten wäre, lieferte das Gericht nicht. Als einzige Fallgestaltung wurde ein Negativ-Beispiel explizit erwähnt: Das Gericht erklärte vorsorglich, dass auch eine Marktsteuerung nur des privaten Sektors aus seiner Sicht die Rundfunkfreiheit nicht ausreichend sichere, sondern im Gesamtprogramm gleichwohl eine Schieflage entstehen würde.[215] Mit dieser Aussage ist für die Spezifizierung des Merkmals „Meinungsvielfalt“ zwar nicht viel gewonnen. Allerdings wurde der Bezugsrahmen des Merkmals vom Gericht eindeutig auf den gesamten Rundfunkmarkt gesetzt.

Zweierlei ist hier festzuhalten. Das Gericht hat durch die Benennung eines „für die freiheitlich-demokratische Grundordnung konstitutiven“ Niveaus an Meinungsvielfalt das eher diffuse Phänomen des Rundfunks als „Medium und Faktor“ innerhalb und für die öffentliche Meinungsbildung mit der Rechtsprechung zur Meinungsfreiheit als „für die freiheitlich-demokratische Grundordnung schlechthin konstituierende“[216] Freiheit verknüpft. Damit ergibt sich ein vom Gesetzgeber zu sichernder materieller Maßstab, der durch das Gesamtsystem Rundfunk zu erfüllen ist.[217] Die grundsätzlich im Gestaltungsspielraum des Gesetzgebers liegende Ausgestaltung der Rundfunkordnung wird hier begrenzt und vor einer willkürlichen Beschneidung dogmatisch geschützt. Der zu si-

---

[211] Dazu *Kull*, AfP 1981, 378 (380).
[212] BVerfGE 52, 295 (322) – *FRAG*. Dazu *Herrmann*, Rundfunkrecht, § 4 Rn. 88 m.w.N.
[213] Die Aussagen sind eindeutig auf die nähere Zukunft bezogen, insofern geht der Vorwurf von *Kull*, das Gericht habe die mögliche Entwicklung zu einem gegenüber der Presse dank Koaxial- und Glasfaserkabel (!) breiteren Meinungsmarkt falsch eingeschätzt, fehl, *Kull*, AfP 1981, 378 (379).
[214] BVerfGE 52, 295 (323) – *FRAG*.
[215] BVerfGE 52, 295 (324) – *FRAG*. Dazu zweifelnd *Kull*, AfP 1981, 378 (382).
[216] Seit BVerfGE 7, 198 (208) – *Lüth*.
[217] Ebenso *Kull*, AfP 1981, 378 (383), der sich aber gegen die starke Betonung der objektivrechtlichen Seite der Rundfunkfreiheit stellt.

chernde Maßstab ist Kern der vom Verfassungsgericht entwickelten objektivrechtlichen Komponente der Rundfunkfreiheit, ihrer „dienenden" Funktion.[218] Damit sind solche Ausgestaltungen, die für diesen materiellen Maßstab nicht geeignet sind, unzulässig.

Anknüpfend an das erste Rundfunkurteil bewertete das Gericht die für den Privatrundfunk gewählte binnenpluralistische Konzeption als Teil des gesetzgeberischen Gestaltungsspielraums. Dem stellte das Gericht als Alternative das aus seiner Sicht ebenso mögliche außenplurale Modell gegenüber, in dem den Veranstalter die Anforderung der „Ausgewogenheit" nicht treffe, da diese durch das außenplurale Gesamtprogramm gewährleistet werden würde. Damit erschöpfen sich allerdings bereits die Ausführungen zum alternativen Modell.[219] Für die Zulassungskriterien wies das Gericht darauf hin, dass neben allgemeinen Voraussetzungen nur solche Kriterien gefordert und geprüft werden dürften, die zur Gewährleistung der Rundfunkfreiheit zwingend erforderlich seien.

Hier wird bereits deutlich, dass die Gewährleistung der Meinungsvielfalt durch organisatorische Mittel leichter zu handhaben ist, als durch eine direkte Bewertung inhaltlicher Maßstäbe. Das Gericht tut sich erheblich leichter, die Verfahrensvorschriften zur Sicherung der Meinungsvielfalt zu bewerten. In der Sache segnet das Gericht den gesetzgeberischen Ansatz ab, das materielle Ziel der Meinungsfreiheit im Rundfunk durch pluralistisch ausgerichtete Verfahrens- und Organisationsregulierung zu erreichen.

b) Freie Mitarbeiter

Gelegenheit seine Vorstellung der Rundfunkfreiheit im binnen- bzw. außenpluralen Modell weiter zu entwickeln bekam das Gericht im *Freie-Mitarbeiter-Beschluss*.[220] Zunächst präzisierte das Gericht seine Vorstellung von der Rundfunkfreiheit als „Programmfreiheit". Diese würde weder staatliche noch von anderer Seite kommende Einmischung in Auswahl, Inhalt und Ausgestaltung der Programme erlauben. Trotz dieser sehr weiten Freiheitssphäre spricht das Gericht dem Rundfunk aber keine Freiheit zur Tendenz zu. Er muss „im Prinzip allen Tendenzen Raum geben", um „dem Gebot einer Wiedergabe der Vielfalt der Meinungen und umfassender Information"[221] gerecht zu werden. Hier

---

[218] BVerfGE 57, 295 (320) – *FRAG.*

[219] Dazu *Hesse*, Rundfunkrecht, S. 28, der in den hier noch arg dürren Worten zum Außenpluralismus schon die Mindestvoraussetzungen einer außenpluralen Ordnung sieht. Kritisch auch *Schuster*, Meinungsvielfalt, S. 94.

[220] BVerfGE 59, 238 – *Freie Mitarbeiter.* Dazu ausführlich *Rüthers*, DB 1981, 1869 ff.; *Hilger*, RdA 1981, 265 ff.; *Wank*, RdA 1982, 363 ff.

[221] BVerfGE 59, 238 (258) – *Freie Mitarbeiter.* Dabei ist dem öffentlich-rechtlichen Rundfunk jede Tendenz nach dem binnenpluralen Modell verboten, dem privaten Rundfunk nur im

spricht das Verfassungsgericht das Prinzip der Spiegelung der in der Gesellschaft vorhandenen Meinungen im Gesamtprogramm offen aus und sieht damit die interne Neutralität als Grundvoraussetzung im binnenpluralistischen Rundfunkmodell.

Mehr mit tatsächlichen als rechtlichen Argumenten begründete das Gericht die nur begrenzte Möglichkeit zur Sicherung dieser Neutralität. Den Inhalt des Programms bestimmen die Mitarbeit der Rundfunks, ihre Qualität, Kreativität, Sachlichkeit, usw. All diese Kriterien – also das gewünschte, ansprechende und dem klassischen Rundfunkauftrag entsprechende Programm - lassen sich schon praktisch nicht erzwingen.[222] Dieser qualitative Inhalt, gekoppelt mit dem Prinzip der Tendenzfreiheit bzw. Spiegelung Meinungsspektrums macht eine große Flexibilität erforderlich, die mit einem festen Mitarbeiterstab nicht zu erreichen sei.[223] Hier findet der gesetzgeberische Einfluss seine Grenze und kann nur indirekt wirken, indem die rechtlichen Voraussetzungen für die Erfüllung des personal gebundenen Anteils des Rundfunkauftrags mit wechselndem Personal geschaffen werden.[224] Das Ergebnis war hier also ein Weniger an Regulierung gegenüber dem bestehenden Arbeitnehmerschutz, der eine rechtzeitige und kurzfristige Orientierung des Rundfunks am geänderten Meinungsspektrum verhindert oder zumindest erschwert hätte.

Die Entscheidung bedeutet keine Erweiterung zum Begriff der Meinungsvielfalt oder Konkretisierung des pluralistischen Strukturprinzips.[225] Allerdings ist sie ein Beispiel für eine andere Spielart gesetzlicher Ausformung bei konsequenter Anwendung: Das Prinzip kann auch Deregulierung notwendig machen.[226]

Rahmen des auch ihn treffenden Beitrags zur Meinungsvielfalt als „Grundstandard gleichgewichtiger Vielfalt". Dazu siehe *Hesse*, Rundfunkrecht, S. 170.

[222] Dazu auch *Gersdorf*, Staatsfreiheit des Rundfunks, S. 29.

[223] Vgl. *Dörr*, in: FS Thieme, S. 911 f.; dazu auch *Herrmann*, Rundfunkrecht, § 4 Rn. 90 f. und § 12 Rn. 59 ff.; ebenso *Wrede*, NZA 1999, 1019 (1026), die die programmgestaltenden Mitarbeiter deshalb grundsätzlich als Freiberufler einordnen will. Dagegen *Rüthers*, der den Tendenzschutz auf die Rundfunkanstalten ausdehnen will. Der Tendenzschutz ist aber gerade das Komplementärmodell zum binnenplural vielfältigen Rundfunk. Siehe *Rüthers*, DB 1982, 1869 (1873).

[224] Siehe zur durchaus kreativen Auslegung des Urteils, wonach die Rundfunkfreiheit nur durch unbefristete Arbeitsverhältnisse eingeschränkt würde, die Folgerechtsprechung des BAG bei *Dörr*, in: FS Thieme, S. 919 f.

[225] Anders *Schuster*, Meinungsvielfalt, S. 95, der hier die Meinungsvielfalt als „Hauptthema der Rundfunkfreiheit" gefestigt und ausgebaut sieht.

[226] Zu der zuvor bestehenden Rechtsprechung des BAG und den arbeitsrechtlichen Auswirkungen siehe *Rüthers*, DB 1982, 1869 (1870 f.). Mit deutlichen Worten vor allem zur Folgerechtsprechung des BAG, die das Sozialstaatsprinzip über die Rundfunkfreiheit erhebt und sich damit dem Verfassungsgericht effektiv widersetzte *Dörr*, in: FS Thieme, S. 928.

c) Rundfunkrat

Mit dem bislang unbestimmten Merkmal der „gesellschaftlich relevanten Gruppe“ hatte sich das Verfassungsgericht in dem Beschluss „Rundfunkrat“[227] auseinander zu setzen. Es hatte sich die FDP beschwert, nicht als gesellschaftlich relevante Gruppe im Rundfunkrat des NDR vertreten zu sein. Das Gericht versagte der FDP einen Beteiligungsanspruch, da sich ein solches Recht nicht aus der in einem Organstreitverfahren geltend gemachten verfassungsrechtlichen Stellung gem. Art. 21 GG herleiten lässt. Während diese den Parteien ihrer Mitwirkung an der *Willens*bildung des Volkes sichert, ist Aufgabe des Rundfunksrates die *Meinungs*bildung zu sichern bzw. frei zu halten.[228] Das Gericht argumentierte streng von der Aufgabe des Rundfunkrates zur Sicherung der Meinungsvielfalt her. So folgerte es aus der Aufgabe des Rates ein Gebot zur organisatorischen Vielfalt.[229] Weiter repräsentiere der Rat die Allgemeinheit, weshalb das einzelne Ratsmitglied nicht an Weisungen der entsendenden Gruppe gebunden und insbesondere nicht zur Repräsentation von (politischen) Partikularinteressen berufen sei.[230] Ein aus Art. 21 GG folgendes Recht auf Beteiligung bzw. Entsendung bestand daher nicht.

Mangels verletzter verfassungsrechtlicher Position war das Organstreitverfahren damit unzulässig.[231] Unbeantwortet blieb damit die Frage, ob die FDP generell als „gesellschaftlich relevante Gruppe“ eingestuft werden könnte oder müsste. Nach der landesgesetzlichen Regelung hätte sich die Partei als „weitere gesellschaftliche Gruppe“ um Berücksichtigung im Rundfunkrat bewerben können. In diesem Fall wäre ein aus Art. 3 GG folgender Gleichbehandlungsanspruch zu prüfen gewesen, der das Gericht zur Präzision des Merkmals gezwungen hätte. Der Entscheidung lässt sich jedoch entnehmen, dass das Gericht von einer gesellschaftlich neutralen Position des Rundfunkrates ausgeht und auch jedes einzelne Mitglied nur auf sein Gewissen verpflichtet sieht.[232] Diese Auffassung steht in einer gewissen Spannung zu dem auf Gruppenpartizipation ausgerichteten Organisationspluralismus. Tatsächlich erinnert die Vorstellung des Gerichts eher an die unabhängige Rechtstellung eines Abgeordneten gem. Art. 38 Abs. 1

---

[227] BVerfGE 60, 53 – *Rundfunkrat.*

[228] Ähnlich *Herrmann*, Rundfunkrecht, § 4 Rn. 92 f.

[229] BVerfGE 60, 53 (65) – *Rundfunkrat.*

[230] BVerfGE 60, 53 (66) – *Rundfunkrat.*

[231] Mit Kritik an dem Rückzug auf prozessuale Erwägungen, *Bethge*, FS Schmitt-Glaeser, S. 438.

[232] Vor allem BVerfGE 60, 53 (66 f.) – *Rundfunkrat.* Siehe dazu *Bethge*, FS Schmitt-Glaeser, S. 485 f., der diese Ansicht des Verfassungsgerichts als „idealistische Sympathie-Vorgabe“ bezeichnet, die inzwischen allerdings verspielt sei. Dazu auch *Schuster*, Meinungsvielfalt, S. 96.

S. 2 GG, der als Vertreter des ganzen Volkes agiert. Aufzulösen ist dieser Konflikt nur über den dem Gesetzgeber eingeräumten weiten Gestaltungsspielraum hinsichtlich der Rundfunkordnung. Denn nicht nur die Entscheidung für ein bestimmtes Ordnungsmodell, sondern auch die Regulierung der Einzelheiten, wie das verfassungsrechtlich geforderte Ziel angestrebt wird, obliegt dem Gesetzgeber.[233] Interessant und richtungsweisend ist aber der Schluss des Gerichts von der Aufgabe auf die Organisationsform: Da der Rundfunkrat wesentlichen Einfluss auf Art und Umfang des realisierten Niveas an Meinungsvielfalt hat, muss er selbst pluralistisch organisiert und zusammengesetzt sein. Dies muss dann aber als allgemeines Prinzip des Organisationspluralismus auch für die gesamte Rundfunkordnung gelten.

d) Niedersachen

Nachdem die Zulässigkeit privaten Rundfunks im FRAG-Urteil der Sache nach bereits festgestellt wurde, hatte das Verfassungsgericht 1986 im *Niedersachsen-Urteil*[234] wieder über landesgesetzliche Zulassungsregelungen zu entscheiden. Neben anderen Fragestellungen ging es um die je eigene Rolle des privaten und öffentlich-rechtlichen Rundfunks, Vielfaltsanforderungen, sowie Sicherungen der Meinungsvielfalt durch Konzentrationsregelungen. Seit Einführung des privaten Rundfunks mehrten sich die Stimmen, dass der Privatrundfunk aufgrund seiner Abhängigkeit von Werbeeinnahmen und der meist schwachen Stellung des Aufsichtsgremiums insgesamt nur wenig zur Meinungsvielfalt beitragen könne.[235] Das Gericht sah diese Bedenken als zutreffend an.[236] Weiter nahm das Gericht an, dass die Zulassung des Privatrundfunks „Schwankungen der inhaltlichen Ausgewogenheit" im Gesamtprogramm, bis hin zu Störungen mit sich bringt. Das Gericht zeigte sich überzeugt, dass der private Rundfunk schon aus strukturellen Gründen nicht geeignet war, zur umfassenden Meinungsbildung beizutragen. Legt man nun die Aussagen des FRAG-Urteils zugrunde, nach denen eine Schieflage im Privatrundfunk zu einer unzulässigen Verzerrung der Spiegelung des Meinungsspektrums im Gesamtprogramm führt, die auch nicht durch den öffentlich-rechtlichen Rundfunk ausgeglichen werden könnten,[237] so wäre die Zulassung des Privatrundfunks unter diesen Rahmenbe-

---

[233] Ebenso, aber den Gesetzgeber daher von jeder Optimierungspflicht freisprechend, *Bethge*, FS Schmitt-Glaeser, S. 484. Kritisch insbesondere im Hinblick auf das tatsächliche Zusammenwirkung von politischen Vertretern und Politik, die er als „Kondominium" bezeichnet *Starck*, in: v. Mangoldt/Klein/Starck, GG I, Art 5 Rn. 130.
[234] BVerfGE 73, 118 – *Niedersachen.*
[235] Siehe nur *Hesse*, Rundfunkrecht, S. 31 m.w.N.
[236] BVerfGE 73, 118 (156) – *Niedersachsen.*
[237] BVerfGE 52, 295 (324) – *FRAG.*

dingungen eigentlich nicht möglich gewesen.[238] Diesen Schluss zog das Verfassungsgericht jedoch nicht. Die strengen Voraussetzungen der vorangegangenen Urteile wurden mit der bereits festgestellten grundsätzlichen Zulässigkeit privaten Rundfunks kombiniert.

Dies wurde möglich, indem das Gericht die vormals direkt auf jeden Anbieter und jedes Programm anzuwendenden Maßstäbe nunmehr allein für das Gesamtprogramm gelten ließ, während die Säulen öffentlich-rechtlicher und privater Rundfunk je eigenen Anforderungen unterliegen sollten. Die Anforderungen der Rundfunkfreiheit nach bisherigem Verständnis greifen also auf einer Metaebene, auf der das Rundfunksystem in seiner Gesamtheit dem verfassungsrechtlich Gebotenen im Rahmen des Möglichen entsprechen muss.[239] Als spezifische Anforderung und unbedingte Verpflichtung gegenüber der Metaebene wurde dem öffentlich-rechtlichen Rundfunk die „Grundversorgung" zugewiesen.[240] Damit führte das Gericht einen Begriff in die rundfunkrechtliche Debatte ein, der an Strahlkraft wohl kaum zu überbieten ist und bis heute von allen Lagern gleichermaßen argumentativ verwendet wird.[241]

Das Gericht definiert diesen Terminus zum einen quantitativ: Weil der Privatrundfunk damals noch nicht die gesamte Bevölkerung erreichte und in seiner Programmgestaltung von massenattraktiven Sendungen abhängig sei, müsse der öffentlich-rechtliche Rundfunk das Niveau der Meinungsvielfalt gewährleisten, das auf der Metaebene für die freiheitlich-demokratische Grundordnung konstitutiv sei.[242] Zum anderen versteht das Gericht darunter als qualitatives Merkmal den in dieser Entscheidung erstmals so genannten „klassischen" Rundfunkauftrag, „der neben seiner Rolle für die Meinungs- und politische Willensbildung, neben Unterhaltung und über laufende Berichterstattung hinausgehender Information seine kulturelle Verantwortung umfaßt."[243] Seine Funktion besteht also nicht in einer Lückenfüllung der Defizite des Privatrundfunks, sondern in der unbedingten Verpflichtung auf die Anforderungen der Rundfunkfreiheit.[244]

---

[238] So auch *Schuster*, Meinungsvielfalt, S. 112.

[239] BVerfGE 73, 118 (157) – *Niedersachsen.* Siehe auch *Klein* in FAZ vom 19. Juli 2007, S. 7.

[240] BVerfGE 73, 118 (157) – *Niedersachsen.*

[241] Sehr plastisch *Dörr*, der die Grundversorgung einen „Prügelknaben" nennt, *Dörr*, Grundversorgung vs. Lückenfüllung, S. 186.

[242] Diesen Maßstab hatte das Gericht im FRAG-Urteil aufgestellt, vgl. BVerfGE 57, 295 (323) – *FRAG.* Mit Betonung auf den vorläufigen Charakter dieser Bewertung in beiden Urteilen, *Selmer*, Bestands- und Entwicklungsgarantien, S. 27.

[243] BVerfGE 73, 118 (153) – *Niedersachsen.*

[244] Da das Gericht die Aufgabenbereiche nicht voneinander trennte, wird es wohl auch von einem die Meinungsvielfalt stimulierenden Wettbewerb und damit positiver Entwicklung des

Diese Anforderung bestand aber schon vorher: Die Aussage, seine „Aufgabe umfasse die essentiellen Funktionen des Rundfunks für die demokratische [Ordnung] ebenso wie für das kulturelle Leben in der Bundesrepublik" entspricht genau der zuvor dem Rundfunk als Ganzes zukommenden Funktion, in dem den öffentlich-rechtlichen Rundfunk nicht etwa eine geringere Verantwortung traf.[245] Damit blieb für den öffentlich-rechtlichen Rundfunk alles beim Alten, sein Auftrag und inhaltliche Verpflichtung wurde nur vom Gericht als „Grundversorgung" bezeichnet.[246]

Diese Bezeichnung diente auch weniger einer Änderung der spezifischen Anforderungen an den öffentlich-rechtlichen Rundfunk, sondern vielmehr der Rechtfertigung eines anderen Maßstabs für den privaten Rundfunk. Der Ansicht der Antragsteller, das Landesgesetz würde keine ausreichende inhaltliche Sicherung der Meinungsvielfalt bieten, folgte das Gericht nicht. Auch wenn der Privatrundfunk wichtige Dimensionen gegenständlicher und inhaltlicher Vielfalt vernachlässigen würde, sei dies solange und soweit hinnehmbar, wie der öffentlich-rechtliche Rundfunk seinem „Grundversorgungsauftrag" nachkomme.[247] Ausgehend von der wirtschaftlichen Abhängigkeit von massenattraktiven Programme stellte das Gericht fest, dass die Utopie noch des *FRAG-Urteils*, der private Rundfunk könne trotz großer Gefährdung durch entsprechende rechtliche Organisation so gestaltet werden, dass er selbst (!) eine der Metaebene genügende Meinungsvielfalt aufweist,[248] nicht mehr zu halten ist. Die Anforderung, der Rundfunk dürfe nicht in die Hand einzelner gesellschaftlicher Kräfte fallen[249], ließ die wohl stärkste gesellschaftliche Kraft außer Acht: den Markt.[250]

Gesamtprogramms ausgegangen sein, vgl. *Dörr*, Programmvielfalt im öffentlich-rechtlichen Rundfunk, S. 24 f. m.w.N.

245 Siehe BVerfGE 35, 202 (222) – *Lebach* m.w.N.

246 So im Ergebnis auch *Dörr*, der den Begriff der Grundversorgung als logische Folge der stringenten Rechtsprechung seit dem 1. Rundfunkurteil sieht, *Dörr*, Die Aufgaben der Deutschen Welle, S. 52. Aus neuerer Zeit auch gerichtsinterpretierend *Hans Hugo Klein* in FAZ vom 19. Juli 2007, S. 7.

247 Hesse bezeichnet dieses Abhängigkeitsverhältnis treffend als „Junktim", siehe *Hesse*, Rundfunkrecht, S. 31.

248 Die Aussagen bezogen sich allerdings hauptsächlich auf das im Saarland umgesetzt binnenplurale Modell für den Privatrundfunk. Das Gericht sprach allerdings auch den Außenpluralismus als denkbares Modell an – BVerfGE 52, 295 (325) – ohne darin eine für die Anforderungen an Meinungsvielfalt veränderte Lage zu sehen. Dagegen *Kull*, der Meinungsvielfalt dann am besten verwirklicht sieht, wenn möglichst wenig Regulierung in einem außenpluralen Modell stattfindet *Kull*, AfP 1987, 365 (366).

249 So und anders formuliert st. Rspr. seit BVerfGE 31, 314 (356) – *2. Rundfunkentscheidung*.

250 *Selmer* sieht darin den Beginn eines Auslegungsprozesses, der auf die dynamischen Umweltbedingungen des Rundfunks Bezug nimmt, vgl. *Selmer*, Bestands- und Entwicklungsgarantien, S. 26. Die Gefahr hat sich denn auch prompt realisiert, wie die erste große Studie „Rundfunkaufsicht" zum Kabelpilotprojekt Dortmund zeigte. Zu den Ergebnissen siehe

Um dennoch privaten Rundfunk zu ermöglichen, stufte das Gericht die Anforderungen auf ein „möglichst hohes Maß gleichgewichtiger Vielfalt“[251] herab, wobei es sogleich feststellte, dass dieser Terminus schwer justiziabel ist und daher nur als Leitlinie für den ausgestaltenden Gesetzgeber in Frage kommt. Soweit allerdings Gerichte oder die zur Sicherung der Meinungsvielfalt berufenen Organe belastende hoheitliche Akte, etwa Hinweise, Programmrügen bis zu lizenzbezogenen Verwaltungsakten[252] erlassen, musste schon aus rechtsstaatlichen Gründen ein noch niedrigerer und vor allem stärker konturierter Maßstab gewählt werden. Diesen sah das Gericht in einem „Grundstandard gleichgewichtiger Vielfalt“.[253] Nach Ansicht des Gerichts sollte er die wesentlichen strukturellen Voraussetzungen der Meinungsvielfalt - Zugangschance für Minderheiten, Ausschluss von einseitigem Einfluss durch Programme oder Veranstalter, keine Meinungsmacht - beinhalten. Inhaltlich konkretisierte das Gericht diesen Standard jedoch nur soweit, dass „einzelne Ungleichgewichtigkeiten von geringer Bedeutung“ gegen diesen Standard hinzunehmen seien, da es nicht um die „Herstellung einer arithmetischen Gleichheit von Meinungen“[254] geht. Das Gericht äußerte Verständnis, dass eine laufende Kontrolle, die dennoch notwendiger Bestandteil der organisatorischen Vielfaltssicherung sein soll,[255] damit nur schwer möglich ist, hält aber ein Zusammenwirken von der sich bei groben Verstößen beschwerenden Öffentlichkeit und den vorhandenen Sicherungsgremien für ausreichend.

Eine inhaltliche Qualifizierung des Beurteilungsmaßstabs der Meinungsvielfalt lehnte das Gericht aber ab,[256] so dass auch selbst bei einer größeren Zahl von Anbietern das Risiko der Programmplanung nur durch inoffizielle Abstimmung (!) vermindert werden kann.[257] Das Gericht sah jedoch die rechtsstaatlichen

---

Lange, MediaPerspektiven 1989, 286 ff. Der Markt als potentielle Bedrohung der Vielfalt wird auch in anderen Ländern so gesehen, vgl. *Holznagel*, Rundfunkrecht in Europa, S. 257.

[251] BVerfGE 73, 118 (159) – *Niedersachen.*

[252] Dazu ausführlich unten C.II.2.b)aa).

[253] BVerfGE 73, 118 (159 f.) – *Niedersachsen.* Von *Selmer* wird dieser Begriff bildlich als passive Geburtshilfe bezeichnet, die die „notwendige Atemluft nicht a priori“ abschneidet, *Selmer*, Bestands- und Entwicklungsgarantien, S. 28. Für *Schuster* bedeutet dieser Begriff die resignierende Anerkennung der „normativen Kraft des Faktischen“ im Sinne *Jellineks*, die zu einer spürbaren Rücknahme der Anforderungen geführt hat, *Schuster*, Meinungsvielfalt, S. 100, 102.

[254] BVerfGE 73, 118 (159) – *Niedersachsen.*

[255] St. Rspr. vgl. BVerfGE 12, 205 (263) – *1. Rundfunkurteil,* BVerfGE 57, 295 (311) – *FRAG.*

[256] Das Gericht hielt an der Meinungsvielfalt als „Richt- und Annäherungswert“ fest, BVerfGE 73, 118 (168) – *Niedersachsen.*

[257] Das Gericht hebt solche Kooperationsformen als „wichtigste Möglichkeit“ der Landesmedienanstalten hervor, vgl. BVerfGE 73, 118 (169) - *Niedersachsen.* Sicherlich ist die Ge-

Erfordernisse der Rechtsklarheit und Rechtssicherheit durch eine solche Regelung als erfüllt an, da in jedem Fall die Möglichkeit einer verbindlichen Feststellung durch die Landesmedienanstalt bestand. Diese Feststellung durfte sich aber nur auf das Gesamtprogramm beziehen, eine Bewertung eines einzelnen Programms war schon wegen der grundsätzlich fehlenden Einzelverpflichtung zur Ausgewogenheit nicht möglich.[258]

Diese Entscheidung bestätigte wieder die Tendenz des Gerichts, die Grundrechtssicherung weniger durch Konturierung der materiellen Meinungsvielfalt als durch Verfahrens- und Organisationsregelungen zu stärken. Auf der anderen Seite versuchte das Gericht, den unterschiedlichen Ausgangspositionen von öffentlich-rechtlichem und privatem Rundfunk durch Modifikation der materiellen Anforderung des Niveaus an Meinungsvielfalt gerecht zu werden. Die Ausführungen bleiben aber unterhalb eines praktisch anwendbaren MaßstAbs.

Während in früheren Entscheidungen das Gericht lediglich in mahnenden Worten darauf hinwies, dass der Rundfunk nicht an gesellschaftliche Gruppen oder Kräfte ausgeliefert werden dürfe, stand hier erstmals eine Regelung zur Konzentrationskontrolle im Privatrundfunk auf dem Prüfstand. Das Gericht hob heraus, dass der Gesetzgeber zur Sicherung der Meinungsvielfalt durch Konzentrationsregelungen verpflichtet sei. Die Bestimmungen des Landesgesetzes waren zum größeren Teil verfassungsgemäß. Das Gericht beanstandete aber Beschränkung der Veranstaltung von Programmen, da nur eine Limitierung der Vollprogramme, nicht aber der Spartenprogramme und aus anderen Ländern herangeführter Programme geregelt war. Hinsichtlich der gesellschaftsrechtlichen Beteiligungs- und Einflussgrenzen sah das Verfassungsgericht zum einen eine zusätzliche Gefährdung, die durch verbundene Unternehmen entstehen könnte. Auf der anderen Seite sah das Gericht aber auch die Möglichkeit durch gesellschaftsrechtliche Gestaltungen den Einfluss eines einzelnen Gesellschafters auf das Programm zu begrenzen.[259] Erstmalig sprach das Gericht auch eine Verflechtung von Presse und Rundfunk (sog. Cross-Ownership Beteiligungen) an.

---

sprächsbereitschaft auf beiden von größter Wichtigkeit, dies ändert jedoch nichts an einer etwas heiklen Rechtslage bezüglich der Rechtsstaatlichkeit der Regelungen in materieller Hinsicht. Siehe dazu *Hesse*, Rundfunkrecht, S. 243 f., der die Defizite an materiellen Vorgaben mit dem Gericht durch organisatorische Rahmenbedingungen beseitigt sieht. Sehr zutreffend, wenn auch spöttisch, nennt *Hoffmann-Riem* diese Form der Regulierung die informelle „Politik hochgezogener Augenbrauen“, *Hoffmann-Riem*, Sicherung der Meinungsbildungsfreiheit, S. 100.

[258] BVerfGE 73, 118 (167) – *Niedersachsen.*

[259] BVerfGE 73, 118 (175) – *Niedersachsen.*

Für die Konturierung des Strukturprinzips des Pluralismus auf Seiten der materiellen Anforderung wie der „positiven Ordnung" ist diese Entscheidung wegweisend. Es wird allerdings auch zunehmend deutlich, dass die im *FRAG-Urteil* eingeleitete Betonung des Organisationspluralismus als primäre Ausgestaltungswahl des Gesetzgebers die Auffassung des Bundesverfassungsgerichts prägt. Die wohl grundlegendste Neuerung des *Niedersachsen-Urteils* ist die Anerkennung von unterschiedlichen Voraussetzungen und Möglichkeiten von privatem und öffentlich-rechtlichem Rundfunk in der Verwirklichung der Rundfunkfreiheit auf der Metaebene.

Für den öffentlich-rechtlichen Rundfunk blieb es bei dem bisherigen Standard, den privaten Rundfunk traf demgegenüber ein Minus an materiellen Vielfatsanforderungen. Das Gericht sprach auch offen aus, dass das binnenplurale Modell des öffentlich-rechtlichen Rundfunks mit größerer Wahrscheinlichkeit ein höheres Niveau von Meinungsvielfalt gewährleiste, als dies im außenpluralen Modell möglich sei. Der neu eingeführte „Grundstandard gleichgewichtiger Vielfalt" bekam damit die zusätzliche Komponente eines privatautonomen Bereiches, der zumindest nicht durch Regulierung von innen ausgehöhlt werden durfte.

Wegweisend ist auch die gerichtliche Unterscheidung in ein für den Ausgestaltungsspielraum des Gesetzgebers geltendes „möglichst hohes Maß gleichgewichtiger Vielfalt" auf der einen und den „Grundstandard gleichgewichtiger Vielfalt" für die Kontrollorgane des Privatrundfunks auf der anderen Seite.[260] Nach Vorstellung des Gerichts sind beide Begriffe zwar nur schlecht operabel. Das enthebt die Kontrollinstanz aber nicht ihrer Aufgabe bei Verstößen einzugreifen, die nicht nur vereinzelt vorkommen und lediglich geringfügig im Ausmaß sind. Diese Aussage impliziert, dass wiederholte oder einzelne, aber intensive Verstöße zu Aufsichtsmaßnahmen führen müssten. Allerdings hat das Gericht auch ausdrücklich darauf hingewiesen, dass ein einzelnes Programm grundsätzlich nicht zur Bewertung der Meinungsvielfalt herangezogen werden dürfe, da diese Anforderung der Ausgewogenheit im außenpluralen Modell ja gerade entfallen soll. Das Gericht argumentiert also auch in der Frage der Regulierungsanforderung folgerichtig aus den Eingangs festgestellten geringeren Anforderungen.

In der Entwicklung der bisherigen Rechtsprechung lässt sich dieses Urteil als sehr liberal einordnen. Die Einführung eines materiell niedrigeren Standards für den Privatrundfunk bricht deutlich mit den bisherigen Aussagen zu einem kohärenten Anforderungsprofil aus der Meinungsvielfalt insgesamt. Allerdings

---

[260] BVerfGE 73, 118 (159) – *Niedersachsen.*

blieb das Gericht hinter seinen eigenen Ambitionen zurück, da es letztlich das duale System nur faktisch absegnete, dessen Anforderungen aber weitgehend unbestimmt lies und so den „schwarzen Peter" der inhaltlichen Bestimmung vor allem des „Grundstandards" dem Gesetzgeber zuwies.[261] In der Entwicklung zum Organisationspluralismus ist dieses Urteil daher ein weiterer Schritt, in inhaltlicher Präzision und Verbindlichkeit eher nicht.

e) Baden-Württemberg-Beschluss

In dieser Entscheidung hatte sich das Gericht erstmals mit einer Regelung zu befassen, die den Privatrundfunk gegenüber dem öffentlich-rechtlichen Rundfunk zu privilegieren suchte.[262] Das angegriffene Mediengesetz des Landes Baden-Württemberg regelte zum einen ein Verbot der Betätigung der Landesrundfunkanstalten im regionalen und lokalen Rundfunk. Zum anderen verbot es die Veranstaltung von Spartenprogrammen im lokalen und regionalen Rundfunk durch die Landesrundfunkanstalt. Ausweislich der Begründung zum Mediengesetz sollte mit diesen Maßnahmen dem privaten Rundfunk ein Betätigungsfeld ohne öffentlich-rechtliche Konkurrenz eröffnet werden.[263] Die Entscheidung gab dem Gericht Gelegenheit, den Begriff der „Grundversorgung" und die Reichweite der objektiv-rechtlichen Rundfunkfreiheit zu präzisieren.

Das Verfassungsgericht verwarf die Idee des Konkurrenzschutzes und begründete dies mit den aus Art. 5 Abs. 1 S. 2 GG folgenden Anforderungen auf der Metaebene zur Verwirklichung der Rundfunkfreiheit. Die angegriffenen Regelungen seien zwar Ausgestaltungsgesetze und bedürften als solche keiner verfassungsrechtlichen Rechtfertigung. Die Grenze des gesetzgeberischen Ausgestaltungsspielraumes sei aber dort erreicht, wo die Regelungen die Verwirklichung des Ziels der Rundfunkfreiheit gefährde.[264] Dies war hier nach Ansicht des Gerichts der Fall, da der generelle Ausschluss des öffentlich-rechtlichen Rundfunks als Veranstalter zu einem Weniger an möglicher Meinungsvielfalt, verstanden wohl im Sinne der Anbietervielfalt, führt.

Das Gericht sah für den öffentlich-rechtlichen Rundfunk aber dann keine Notwendigkeit zur eigenen „Grundversorgung" auf regionaler und lokaler Ebene, wenn diese „nicht bereits durch die gesetzliche Ordnung des privaten Rundfunks gleich wirksam sichergestellt wäre."[265] Auch wenn eine Grundversorgung aus Sicht des Gerichts im regionalen und lokalen Rundfunk nicht eindeutig geboten

---

[261] Dies ist auch die wesentliche Kritik von *Stock*, NJW 1987, 217 (221).
[262] BVerfGE 74, 295 – *BW-Beschluss.*
[263] BW-LTDrucks. 9 /955, S. 66.
[264] BVerfGE 74, 295 (332) – *BW-Beschluss.*
[265] BVerfGE 74, 295 (326) – *BW-Beschluss.*

war, waren ihre grundsätzlichen Anforderungen aber zumindest durch besondere Zulassungsvoraussetzungen gewährleistet, die dem privaten Rundfunk eine dem öffentlich-rechtlichen Rundfunk vergleichbare binnenpluralistische Struktur abverlangte, die die Einflussnahme und Sicherung eines ausgewogenen Programms durch die vor Ort gesellschaftlich relevanten Gruppen gewährleistet würde. Insoweit nahm das Gericht tatsächlich an, dass auch der private Rundfunk vollständig und allein zur Erfüllung der durch die Metaebene „Gesamtrundfunk“ geforderten Spiegelung aller Meinungen im Sinne eines „ausgewogenen Meinungsbilds“ fähig sei.[266] Aus der dienenden Funktion des Rundfunks für die Meinungsvielfalt folgte aber, dass eine „Grundversorgung durch Private“ nicht den Ausschluss des öffentlich-rechtlichen Rundfunks rechtfertige, sondern der Gesetzgeber ihm die freie Veranstaltung von Rundfunkprogrammen zu gleichen Bedingungen ermöglichen müsse.[267] Die gleiche Argumentation verfolgte das Gericht hinsichtlich der Spartenprogramme: Diese würden zwar (noch) nicht zur „Grundversorgung“ zählen, da sie nur einen begrenzten Teilnehmerkreis ansprächen, thematisch eingeengt wären und so nicht zu umfassender Information beitragen. Dennoch würden durch diese Form gerade auch solche Beiträge, wie Kultur- und Bildungsangebote, gefördert, die von dem privaten Rundfunk nicht zu erwarten seien.[268] Ein Verbot hätte also in diesem Bereich zu einer Einschränkung optimaler Meinungsvielfalt geführt.

Der Beschluss knüpft konsequent an das *Niedersachsenurteil* an.[269] Die inhaltliche Komponente der Grundversorgung versteht das Gericht als vollständige, nicht nur teilweise Erfüllung des von der Rundfunkfreiheit auf Metaebene geforderten Niveaus an Meinungsvielfalt. Der so beschriebene Grundversorgungsauftrag hat nur eine definitorische Untergrenze, nach oben umfasst er dagegen jede Darstellung jeder Meinung.[270] Das Gericht erteilte jeder einschränkenden Auslegung der „Grundversorgung“ als „Mindestversorgung“ eine

---

[266] Hier – BVerfGE 74, 295 (331) - werden wohl nicht ohne Grund Begriffe des 2. Rundfunkurteils verwendet, da die organisatorischen Anforderungen exakt dem des öffentlich-rechtlichen Rundfunks entsprach und damit auf das Verständnis einer gruppenvermittelten Meinungsbildung und ihrer Darstellung im Rundfunk zurückgegriffen werden konnte, siehe BVerfGE 31, 314 (339) – *2. Rundfunkentscheidung*.

[267] BVerfGE 74, 295 (332) – *BW-Beschluss*. Dass mit der zeitgleichen Zulassung auch gleiche Bedingungen herrschen, kann man allerdings auch anzweifeln. Vor allem zu den damaligen Marktanteilen und Wettbewerbschancen, *Schmitt Glaeser*, DÖV 1987, 837 (841 f.).

[268] BVerfGE 74, 295 (346) – *BW-Beschluss*.

[269] *Schmitt Glaeser* nennt den Beschluss „reaktiv unausgewogen“, vgl. *Schmitt Glaeser*, DÖV 1987, 837 (837).

[270] *Lerche* bezeichnet diesen Kunstgriff des Verfassungsgerichts als „Schutzglocke“, vgl. *Lerche*, Bemerkungen zur rundfunkmäßigen Grundversorgung, S. 362.

klare Absage.[271] Das Gericht schränkte den Grundversorgungsauftrag des öffentlich-rechtlichen Rundfunks aber funktional ein. Wenn auch der öffentlich-rechtliche Rundfunk nicht die Defizite des Privatrundfunks auffangen kann und soll, gilt dies jedoch nicht anders herum. Bei entsprechender gesetzlicher Ausgestaltung kann der Privatrundfunk durchaus den öffentlich-rechtlichen Rundfunk in seiner Aufgabe verdrängen, zumindest im Bereich des Regional und Lokalfunks. Dieses Ergebnis steht in diametralem Gegensatz zu den Erkenntnissen des *Niedersachsenurteils*.[272] Dort hatte das Gericht noch festgestellt, dass von einem Privatrundfunk weder tatsächlich noch rechtlich das für eine freiheitlich-demokratische Grundordnung entscheidende Niveau an Meinungsvielfalt zu erwarten sei.

Für das Strukturprinzip des Pluralismus lassen sich hier zwei wesentliche Punkte festhalten. Zum einen bekennt sich das Gericht klar zu einem Veranstalterpluralismus als organisatorisches Element der Vielfaltssicherung.[273] Zum anderen geht das Gericht über die bisherige Erkenntnis, ein binnenplurales System im Privatrundfunk sei verfassungsrechtlich zulässig, deutlich hinaus, und hält es sogar für die „Grundversorgung" – also die Maximalanforderung aus Art. 5 Abs. 2 S. 1 GG - geeignet. Im Ergebnis präzisiert das Gericht den Grundversorgungsauftrag inhaltlich, nahm ihm aber gleichzeitig die Exklusivität als Eigenart[274] des öffentlich-rechtlichen Rundfunks.[275] Damit ergibt sich ein Bruch mit der *Niedersachsenentscheidung*, die die tatsächlichen Marktumstände des Privatrundfunks als Disqualifikation für die Grundversorgung gewertet hatte.

f) WDR-Gesetz

Das 6. Rundfunkurteil[276] stellt einerseits eine Rückkehr zur wesentlichen Aussagen des *Niedersachsenurteils* zum Privatrundfunk dar, andererseits enthält es neue Bewertungen zum Verhältnis von Grundversorgungsauftrag und Funktion der Rundfunkfreiheit, zur Meinungsvielfalt als Bewertungskriterium in der Frequenzzuteilung, sowie grundlegende Aussagen zu den organisationspluralen Aufsichtsstrukturen.

---

[271] Für einen Grundversorgungsauftrag als Mindestversorgung dagegen u.a. *Starck*, NJW 1992, 3257 (3262).
[272] Dazu *Schmitt Glaeser*, DÖV 1987, 837 (839).
[273] *Seemann*, DÖV 1987, 844 (848) nennt es das Strukturprinzip des „publizistischen Wettbewerbs".
[274] So ausdrücklich noch in BVerfGE 73, 118 (158) – *Niedersachsen*.
[275] Ebenso *Seemann*, DÖV 1987, 844 (847).
[276] BVerfGE 83, 238 – *WDR-Gesetz*.

Zunächst entwickelte das Gericht die bereits im *BW-Beschluss*[277] erwähnte Bestands- und Entwicklungsgarantie aus der Gewährleistungsfunktion des öffentlich-rechtlichen Rundfunks für die Grundversorgung weiter. Begründet wurde sie mit der begrenzten technischen Reichweite und den geringeren Möglichkeiten und Anforderungen des Privatrundfunks an ein vielfältiges Programm.[278] Seine Existenz ist daher mit der des Grundversorgungsauftrages einerseits, mit der dynamischen Entwicklung des Rundfunks andererseits verknüpft, und stellt die nur logische Sicherung der materiellen Voraussetzungen zur Auftragserfüllung dar.[279] Daraus ergibt sich aus Sicht des Gerichts aber auch gleichzeitig Ober- und Untergrenze der Sicherungswirkung. Die Fixierung nur auf einen bestimmten Stand der Technik würde möglicherweise den öffentlich-rechtlichen Rundfunk in seiner Grundversorgung hindern, wenn die Rezipienten sich anderen Übertragungsformen zuwenden.[280] Jede Weiterentwicklung wird auf der anderen Seite durch die Verpflichtung des öffentlich-rechtlichen Rundfunks auf seine Grundversorgungsfunktion begrenzt.[281] Betont wurde wieder das Primat der Funktion des Rundfunks auf der Metaebene. Soweit bislang damit strukturelle Organisationsanforderungen, inhaltlich-qualitative Anforderungen und Veranstalterpluralität gefordert wurden, bezieht das Gericht sie nunmehr auf den dynamischen „Lebenssachverhalt" Rundfunk, der einer ständigen – vor allem technischen – Weiterentwicklung unterliegt.[282] Daraus folgerte das Gericht zweierlei: Weil die neuen Übertragungstechniken noch keine Bedeutung für die Meinungsbildung besaßen, lagen sie nicht innerhalb des von der Bestands- und Entwicklungsgarantie erfassten Grundversorgungsauftrags, eine Tätigkeit in diesem Bereich bedurfte also einer ausdrücklichen Ermächtigung. Auf der anderen Seite ist der öffentlich-rechtliche Rundfunk aber gehalten sich auch an solchen Entwicklungen zu beteiligen, um bei einer Änderung der gesellschaftlichen Rahmenbedingungen der Meinungsbildung nicht den An-

---

[277] Siehe BVerfGE 74, 295 (350) – *BW-Beschluss*. Vgl. dazu vor allem kritisch *Schmitt Glaeser*, DÖV 1987, 837 (840).
[278] BVerfGE 83, 238 (298) – *WDR-Gesetz*.
[279] Ausführlich und m.w.N. zum Stand der Diskussion vor dem Urteil siehe *Selmer*, Bestands- und Entwicklungsgarantien, S. 54 ff. Nach dem Urteil ist dies allgemeine Ansicht, vgl. z.B. *Dörr*, Grundversorgung vs. Lückenfüllung, S. 188: „gehört zwingend dazu", m.w.N.
[280] Deshalb sind gesetzliche Regelungen (vgl. z.B. § 19 Abs. 5 – 8 RStV, § 6 Abs. 1 NDR-StV, 3 Abs. 1, 3 MDR-StV), die die Programmanzahl für den öffentlich-rechtlichen Rundfunk insgesamt begrenzen kritisch zu prüfen.
[281] Im Urteil etwas kompliziert mit einem Schlenker über den Programmauftrag begründet: „Die Bestands- und Entwicklungsgarantie des § 3 Abs. 3 WDR-G wird auf diese Weise an die Grundversorgungsaufgabe gebunden und von ihr legitimiert und begrenzt" - BVerfGE 83, 238 (301) – *WDR-Gesetz*.
[282] Vgl. BVerfGE 83, 238 (302) – *WDR-Gesetz*.

schluss zu verlieren.[283] Das Gericht begreift hier den Grundversorgungsauftrag erneut nicht als mögliche Begrenzung des Aufgabenbereichs für den öffentlich-rechtlichen Rundfunk. Seinen inhaltlichen Bezug sieht das Gericht allein in der besonderen Eigenheit des öffentlich-rechtlichen Rundfunks als Garant der Zielvorstellung des Art. 5 GG.[284] Betätigungen außerhalb des Grundversorgungsauftrages mit Bezug zur meinungsbildenden Funktion der Rundfunkfreiheit, können aus Sicht des Gerichts zumindest zur Sicherung der zukünftigen Funktionsfähigkeit notwendig sein und den Gesetzgeber wegen seiner Ausgestaltungspflicht zu einer über den Grundversorgungsauftrag hinausgehenden Ermächtigungsgrundlage verpflichten.[285]

Die Aufgabe des Rundfunks, auf der Metaebene ein Gesamtprogramm mit angemessener Darstellung der Vielfalt von Meinungen und Gegenständen zu veranstalten,[286] hob das Gericht zu Beginn seiner Ausführungen zum gesetzlichen Programmauftrag des Privatrundfunks hervor. Von Seiten der Antragsteller wurde gerügt, dass dieser Programmauftrag zu streng gefasst sei und dem Privatrundfunk seine Betätigung nur unter nicht zumutbaren Anforderungen erlaube. Das Gericht betonte den gesetzgeberischen Spielraum hinsichtlich der Anforderungen an den Privatrundfunk und bestätigte das gerügte Szenario wie im *Niedersachsenurteil* als verfassungsrechtliche Grenze inhaltlicher Vorgaben, das aber hier nicht überschritten war.[287] In Erweiterung zum *Niedersachsenurteil* führte es aus, dass diese Untergrenze umgekehrt aber nicht zur Senkung der Vielfaltsanforderungen an den Privatrundfunk führen müsse.[288] Der im *Niedersachsenurteil* eingeführte „Grundstandard gleichgewichtiger Vielfalt" sei nicht als Programmauftrag des Privatrundfunks akzeptabel, sondern nur als Maßstab für die Kontrollorgane verbindlich. Für die Zulassungs- und Auswahlregeln des Privatrundfunks wie auch seinen Beitrag im „Gesamtprogramm" gilt grundsätzlich der Maßstab des möglichst hohen Maß an Meinungsvielfalt.[289] Tatsächliche

---

[283] So im Ergebnis BVerfGE 83, 238 (303) – *WDR-Gesetz.*
[284] Zur Garantenstellung auch *Thum*, AfP 2006, 522 (523).
[285] Diese inhaltlich von der öffentlich-rechtlichen Entwicklungsgarantie umfassten Betätigungen bedürfen schon aus Gründen der Wesentlichkeit einer Ermächtigungsgrundlage, vgl. dazu *Selmer*, Bestands- und Entwicklungsgarantien, S. 64; ebenso *Hesse*, Rundfunkrecht, S. 67. Differenzierend *Eberle*, Die Rundfunkgebühr, S. 29. Der Rechtsgedanke findet sich schließlich als Funktionsauftrag wieder in BVerfGE 87, 181 – *HR3-Beschluss.*
[286] BVerfGE 83, 238 (315) – *WDR-Gesetz.*
[287] BVerfGE 83, 238 (317) – *WDR-Gesetz.*
[288] BVerfGE 83, 238 (316) – *WDR-Gesetz.* Im Niedersachsenurteil lag der Schwerpunkt mehr auf der „Rechtfertigung" eines niedrigeren Maßstabs für den Privatrundfunk. In der Tat ergab sich daraus aber wohl keine verfassungsrechtliche Pflicht, den mehr tatsächlich unterschiedlichen Möglichkeiten auch in den materiellen Anforderungen Rechnung zu tragen, vgl. BVerfGE 73, 118 (159) – *Niedersachsen.*
[289] Vgl. oben BVerfGE 73, 118 (159) – *Niedersachsen.*

Abweichungen dürften nur hingenommen werden, soweit sie vereinzelt und geringfügig auftreten.[290] Hier etablierte das Verfassungsgericht ein Schisma zwischen Auftrag, rechtlichen Anforderungen und tatsächlicher Prüfmöglichkeit, das wohl bis heute ungelöst ist.[291]

Die organisationsplurale Absicherung der Meinungsvielfalt war schließlich der leitende Gedanke der Entscheidung über das begünstigende Zulassungskriterium der Redakteursbeteiligung. Das Gericht führte aus, dass der zu erwartende Beitrag zur Meinungsvielfalt ein sachgerechtes Auswahlkriterium sei. In einem binnenpluralen Privatrundfunk würde die Redakteursbeteiligung dem Normziel der Meinungsvielfalt entsprechen, zumindest soweit die beteiligten Redakteure ihre Position nicht im Eigeninteresse ausüben, bzw. ausüben könnten.[292] Zunächst entspricht diese Aussage nur der Logik des Binnenpluralismus, da die Beteiligung einer – nicht dominanten - Gruppe immer geeignet ist, eine zusätzliche Ansicht in die Aufsichtstrukturen einzubringen.[293] Problematischer ist allerdings die Prämisse, die Redakteure würden dort nicht als Sachwalter des eigenen, sondern nur des Allgemeininteresses tätig sein. Dies entspricht zwar dem Idealbild des Aufsichtsgremiums des Gerichts,[294] dürfte aber weder der Wirklichkeit nahe kommen noch erscheint es darüber hinaus logisch, Vertreter des Kontrollierten (Rundfunk) in das Kontrollorgan einzubeziehen.[295]

Auch hinsichtlich der Ausgestaltung der Redakteursbeteiligung schaffte das Gericht wenig Klarheit. Das Gesetz regelte die Redakteursbeteiligung nur als „Pluspunkt", schwieg sich aber aus, welcher Grad von Beteiligung noch hinnehmbar sei. Das Verfassungsgericht hielt dies nicht für problematisch, da sie

---

[290] Damit muss der Privatrundfunk spätestens bei der Frequenzzuteilung ein der Rundfunkfreiheit dienliches Programmschema vorlegen (hoher Standard) und während seines Sendebetriebes zumindest theoretisch diesen Standard bis auf kleinere Abweichungen (Grundstandard gleichgewichtiger Vielfalt) halten. Er kann sich aber tatsächlich auf eine hohe Toleranz in der laufenden Überwachung verlassen, da die Konkretisierung der Anforderungen die Überwachung vor hohe Anforderungen stellt (tatsächlicher Standard), BVerfGE 83, 238 (317) – *WDR-Gesetz*. So nimmt es auch nicht wunder, dass bislang keine Maßnahme einer LMA - soweit bekannt - gegenüber einem privaten Anbieter wegen einseitiger Beeinträchtigung der Meinungsvielfalt gem. § 25 Abs. 2 RStV oder aber im Rahmen der laufenden Programmaufsicht ergangen ist. Zu den einfachrechtlichen Defiziten ausführlich unten C.II.2.b)aa).

[291] Das Auseinanderfallen zwischen auftragsgemäßer Leistung und Kontrollmaßstab betont auch *Ossenbühl*, DÖV 1977, 381 (387).

[292] BVerfGE 83, 238 (322) – *WDR-Gesetz*.

[293] Gänzlich gegen eine Redakteursbeteiligung *Degenhart*, DVBl. 1991, 510 (518).

[294] Siehe bereits BVerfGE 60, 53 (66) – *Rundfunkrat*. Später aber ein „zumindest teilweise interessenbestimmtes Verhalten" vermutend BVerfG NVwZ 1996, 781 (782). Ganz kritisch *Degenhart*, DVBl. 1991, 510 (520).

[295] *Starck* hält diese Regelung deshalb für „inkonsequent und verfassungswidrig", *Starck*, in: v. Mangoldt/Klein/Starck, GG I, Art 5 Rn. 131.

„sich aus der Konkurrenzsituation ergibt, in der sich [der Bewerber] befindet“[296] und gleichzeitig das Vielfaltsgebot eine Obergrenze darstellt. Bringt man das Vielfaltsgebot auf seinen Kern – die Optimierung des gesellschaftlichen Meinungsbildungsprozesses – zurück, so scheidet zumindest eine Beteiligung aus, in der die Redakteure die Aufsicht dominierten. Ob dies jedoch schon als relativ größte Gruppe oder erst bei absoluter Mehrheit der Fall wäre, wurde nicht entschieden.[297] Die im *Niedersachsenurteil* geäußerte Abneigung des Gerichts gegenüber Ermessensentscheidungen und weit gefassten unbestimmten Rechtsbegriffen[298] scheint hier zumindest stark gelockert und damit dieses organisationsplurale Element in das Ermessen der Landesmedienanstalten gestellt. Während das Auswahlkriterium der Meinungsvielfalt zumindest durch die verschiedenen Kategorien des Programmauftrages konkretisiert wurde, war eine der Rechtssicherheit genügende Bestimmtheit des Maßes an Redakteursbeteiligung hier nicht erkennbar.

Im letzten Teil des Urteils befasste sich das Gericht mit dem neuen Integrationsmodell (sog. „Zwei-Säulen-Modell“), das in einer Aufgabenteilung zwischen einer Betriebsgesellschaft und einer Veranstaltergemeinschaft den „dreifachen Zweck [verfolgte], die Zulassung privaten Rundfunks im lokalen Bereich mit ähnlichen Vielfalts- und Programmanforderungen zu verbinden wie beim öffentlichrechtlichen Rundfunk, die im lokalen Bereich erhöhte Gefahr vorherrschender Meinungsmacht der örtlichen Zeitungsverlage zu verhindern und die wirtschaftliche Grundlage der Lokalpresse durch die Zulassung von werbefinanziertem Lokalrundfunk nicht zu gefährden.“[299] Während das Modell des Binnenpluralismus eine einseitige Beeinflussung des Programms durch ein pluralistisch zusammengesetztes Aufsichtsgremium zu verwirklichen suchte, wurde hier für eine bestimmte Gruppe (lokale Zeitungsverleger) jeder inhaltliche Einfluss als Eigentümer abgeschnitten, eine Teilhabe am wirtschaftlichen Erfolg jedoch ermöglicht. Der Einfluss der Eigentümer-Betriebsgesellschaft konnte sich nur als eine von mehreren Stimmen in der binnenplural zusammengesetzten Veranstaltergemeinschaft äußern. Das Gericht bezeichnete dieses Modell als geeignet,

---

[296] BVerfGE 83, 238 (322) – *WDR-Gesetz*.
[297] Zu einem ähnlichen Problem hinsichtlich der quantitativ unbestimmten, aber dennoch nach BVerfGE 73, 188 (165) – *Niedersachsen* zulässigen Staatsbeteiligung in Rundfunkaufsichtsgremien vgl. *Gersdorf*, Staatsfreiheit des Rundfunks, S. 35.
[298] BVerfGE 73, 118 (183) – *Niedersachsen*. Dabei ist festzuhalten, dass richtiger Weise ein Ermessen im Rundfunkrecht vom Gericht nicht etwa verboten wurde. Die Aussage des Gerichts bezog sich auf ein Ermessen der Verwaltung, das aus Gründen der Staatsfreiheit nicht akzeptabel wäre. Diese Argumentation kann hinsichtlich der staatsfern organisierten Landesmedienanstalten aber nicht einfach übertragen werden. Siehe ausführlich dazu *Fehling*, Die Konkurrentenklage, S. 228 ff. insb. 231.
[299] BVerfGE 83, 238 (325) – *WDR-Gesetz*.

um multimediale Meinungsmacht der oftmals in Monopolstellung befindlichen Lokalpresse zu verhindern.[300] Einer Dogmatik zur Konsistenz der Organisationsmodelle erteilte das Gericht eine Absage mit dem griffigen Ausdruck „das Grundgesetz gibt keine Modelle für die Rundfunkordnung vor, sondern nur ein Ziel: die Freiheitlichkeit des Rundfunkwesens."[301]

Hinsichtlich der ausschließlichen Finanzierung aus Werbung einerseits und der Anforderung der Meinungsvielfalt andererseits schaffte das Gericht einen wundersamen Spagat. So argumentierte das Gericht mit Verweis auf den *BW-Beschluss*, dass zwar keine Grundversorgung im Lokalrundfunk notwendig sei, die Abwesenheit eines öffentlich-rechtlichen Lokalfunks aber dazu führe, dass der Privatrundfunk zumindest die lokal vorhandene Meinungsvielfalt „in möglichster Breite und Vielfalt" darzustellen hat.[302] Das Erreichen des verfassungsrechtlich geforderten Niveaus auf der Metaebene wurde damit – obwohl eine Grundversorgung nicht gefordert war – dem Privatrundfunk überantwortet.[303] Aus Sicht des Privatrundfunks war er also durch die Abwesenheit eines öffentlich-rechtlichen Lokalfunks belastet. Die nahe liegende Frage nach einer finanziellen Kompensation verneinte das Gericht aber. Begründet wurde dies mit dem gleichen Argument, aus dem sich auch die erhöhten Anforderungen ergeben. Zwar treffe den Privatrundfunk mangels einer durch öffentlich-rechtlichen Rundfunk übernommenen Grundversorgung eine erhöhte Anforderung zur Meinungsvielfalt, da diese Anforderung aber keine Grundversorgung darstelle, sei eine staatliche Finanzierung andererseits nicht geboten.[304] Das sich diese Argumentation im Kreise dreht, ist offensichtlich. Letztlich wurde das Modell mit dem Ausgestaltungsspielraum des Gesetzgebers gerechtfertigt und zeigt damit deutlich die Schwächen der gerichtlichen Argumentation auf, die sich aus einer fehlenden Abgrenzbarkeit der Begriffe und ihrer inhaltlichen Anforderungen im Bereich der Meinungsvielfalt als materielles Kriterium ergeben.

Die Entscheidung brachte vor allem im Hinblick auf die Entwicklungsmöglichkeiten Klärung, die noch heute vor dem Hintergrund von IP-TV, Livestreaming,

---

[300] BVerfGE 83, 238 (327) – *WDR-Gesetz*.
[301] BVerfGE 83, 238 (316) – WDR-Gesetz. Dazu *Herrmann*, Rundfunkrecht, § 4 Rn. 120 f., der darin einen der wichtigsten Sätze des Urteils sieht.
[302] BVerfGE 83, 238 (327) – *WDR-Gesetz*.
[303] Dieses Modell war bereits in BVerfGE 74, 295 (331) – *BW-Beschluss* als verfassungsgemäß durchgegangen.
[304] Das Gericht nimmt an, dass eine Grundversorgung eine „staatliche Finanzierungspflicht auslösen könnte", dies gelte für „qualifizierten Programmanforderungen" aber nicht, vgl. BVerfGE 83, 238 (329) – *WDR-Gesetz*. Anders ist die Situation, wenn der Privatrundfunk Aufgaben der Grundversorgung freiwillig übernimmt. In diesem Fall kann nicht von einer ausreichenden Sicherung der Grundversorgung ausgegangen werden, sodass eine finanzielle Entschädigung nicht in Frage kommt, vgl. *Dörr*, Die Aufgaben der Deutschen Welle, S. 53.

Konvergenz und Finanzierungsverantwortung von großer Bedeutung ist. Im Hinblick auf die Vielfaltsanforderungen als Zielwert auf der Metaebene der Rundfunkfreiheit betonte das Gericht die Garantenstellung des öffentlich-rechtlichen Rundfunks und sicherte diese Position in wohl einmaliger Weise mit der Bestands- und Entwicklungsgarantie, die inhaltlich über den Grundversorgungsauftrag an dieses Ziel gebunden wurde. Entscheidend, und für die Rolle des öffentlich-rechtlichen Rundfunks richtungweisend war die Koppelung von Grundversorgungsauftrag und der Funktion des Rundfunks im Hinblick auf das Ziel einer freien Meinungsbildung gem. Art. 5 GG. Auf der anderen Seite wurde eine Außengrenze des Grundversorgungsauftrages erstmalig deutlich erkannt. Die damals neuen Übertragungswege lagen nicht innerhalb der Grundversorgungsauftrages, was mit den bereits im *BW-Beschluss*[305] entwickelten Argumenten einer geringen Nutzung, inhaltlichen Begrenztheit gegenüber dem eigentlichen Programm und daraus resultierender geringer Relevanz für die Meinungsbildung als dem verfassungsrechtlichen Ziel begründet wurde.

Einem möglichen Durchschlagen der unterschiedlichen Verantwortlichkeit für das von Art. 5 GG geforderte Niveau an Meinungsvielfalt auf die Art und Weise der Finanzierung erteilte das Gericht aber eine Absage, die den schalen Beigeschmack hinterließ, Gebühren gäbe es nur für öffentlich-rechtliche Mehrverantwortung. Unverständlich erscheint auch die Großzügigkeit, mit der das Gericht die unklare Redakteurbeteiligung billigte. Angesichts des wachsenden Schwerpunkts auf der organisationspluralistischen Sicherung der Meinungsvielfalt wäre hier ein klärendes Wort zu erwarten gewesen.

Richtungweisend war die Absegnung des „Zwei-Säulen-Modells". Die Trennung von Programmgestaltung und wirtschaftlichem Ergebnis eröffnet eine Gestaltungsmöglichkeit, von der der Gesetzgeber bislang kaum gebrauch gemacht hat.[306] Dies ist sicherlich vor dem Hintergrund des Art. 14 GG nachvollziehbar, der eine nachträgliche Trennung vom Eigentum des Veranstalters und seiner inhaltlichen Gestaltung kaum zulässt. Dennoch wäre dieses Modell auch im heutigen Medienkonzentrationsrecht – z.B. bei internem Wachstum über einen bestimmten Schwellenwert – überlegenswert. Nicht problematisiert wurde aber die Fragestellung, inwiefern denn die zuständige LMA die tatsächliche

---

[305] BVerfGE 74, 297 (352) – *BW-Beschluss.*

[306] Unproblematisch sind solche Trennungen von Programm und Beteiligung aber nicht. Ein ähnlicher Vorschlag fand sich in der 7. GWB-Novelle zur Neuordnung des Pressekartellrechts. Der Vorschlag richtete sich auf eine Ausnahmegenehmigung einer Fusion, soweit die Unabhängigkeit der Redaktionen vom Erwerber sichergestellt sei. Dieser Vorschlag wurde im Rahmen der Gesetzesberatung aber gestrichen. Tragend waren dabei wohl Bedenken hinsichtlich der Pressefreiheit, insb. der Realisierung einer staatsfreien Überwachung der redaktionellen Unabhängigkeit. Vgl. dazu eingehend, *Immenga*, WuW 2004, 717 ff.

Trennung von Veranstaltergemeinschaft und Betriebsgesellschaft überwacht. Grundsätzlich müsste eine solche Überwachung auch die Inhalte überprüfen, was wohl zu großen dogmatischen Schwierigkeiten mit der Rundfunkfreiheit als Programmfreiheit, vor allem aber der Staatsfreiheit führen müsste.

g) HR-3-Beschluss

Die im vorangegangenen Urteil entwickelte definierende Bezugnahme des Grundversorgungsauftrages zur Funktion der Rundfunkfreiheit auf der verfassungsrechtlichen Metaebene wurde im HR-3-Beschluss weiter ausgebaut. Dabei entwickelte sich die Rechtsprechung von der Idee der „Grundversorgung" hin zu einer Funktionsgewährleistungspflicht des öffentlich-rechtlichen Rundfunks, die in der Sache zwar ähnlich, aber dennoch eine perspektivische Verschiebung mit sich brachte. Während die Grundversorgung auf den Rezipienten zentriert ist und aus ihrer Entstehungssituation der Abgrenzung zum Privatrundfunk teilweise zu dienen bestimmt war, wurde der nun ausdifferenzierte Funktionsauftrag hauptsächlich aus der Verpflichtung auf das Verfassungsziel des Art. 5 GG – der hier so genannten Metaebene – bestimmt.[307]

In Streit stand die Art und Weise, sowie der Umfang einer Finanzierung aus Gebühren und/oder Werbung im öffentlich-rechtlichen Rundfunk. Der Hessische Rundfunk wollte ein zusätzliches Hörfunkprogramm durch Werbung in seinem Dritten Fernsehprogramm finanzieren, was ihm durch ein Werbeverbot in Dritten Programmen unmöglich wurde. Das Gericht sah ein Recht zur funktionsgemäßen Finanzausstattung als korrespondierendes Recht zum verfassungsrechtlichen Auftrag des öffentlich-rechtlichen Rundfunks als gegeben an, nicht jedoch ein Recht auf eine bestimmte Form der Finanzierung.[308] Diesen Auftrag bezog das Gericht erneut auf den klassischen Rundfunkauftrag. Als problematisch erkannte das Gericht allerdings den potentiellen Einfluss der Finanzierung auf das Programm, die inhaltliche Konkretisierung des verfassungsrechtlichen Auftrages durfte also nicht mit der Finanzierung gekoppelt sein, da die Rundfunkfreiheit sich „in erster Linie auf Inhalt und Form der Rundfunksendungen" erstreckt, so dass es allein „Sache der Rundfunkanstalten [sei], aufgrund ihrer professionellen Maßstäbe zu bestimmen, was der Rundfunkauftrag in publizistischer Hinsicht verlangt."[309] Auf der anderen Seite folge aus dieser Rechtstellung der Rundfunkanstalten „keine Pflicht des Gesetzgebers, jede Programmentscheidung finanziell zu honorieren", da der Gesetzgeber den Rundfunkteilnehmer nur insoweit eine Geldleistungspflicht aufbürden könne, wie dies zur

---

[307] BVerfGE 87, 181 (199) – *HR3-Beschluss.*
[308] BVerfGE 87, 181 (198) – *HR3-Beschluss.*
[309] BVerfGE 87, 181 (201) – *HR3-Beschluss.*

Funktionserfüllung geboten erscheine.[310] Damit verbannte das Gericht unter dem Aspekt der Staatsfreiheit den Gesetzgeber aus einer finanziell gesteuerten Einflussposition, nahm auf der anderen Seite aber auch dem Rundfunk die alleinige Deutungshoheit über den Funktionsauftrag.[311] Als materielles Kriterium zur Bestimmung des Finanzbedarfs unter Einbezug der widerstreitenden Positionen wurde vom Gericht die „Erforderlichkeit zur Auftragserfüllung" gewählt.

In diesem Beschluss wird nicht nur der kritische Zusammenhang von Finanzierung und Programmhoheit deutlich. Obwohl das Gericht die eigentlich gestellte Frage, ob der Gesetzgeber bei Streichung der Werbeeinnahmen die Kosten für das zusätzliche Hörfunkprogramm HR4 übernehmen müsste, nicht beantwortete, stellte es doch einige wichtige Leitlinien zur Verfügung. Der Funktionsauftrag des Rundfunks geht nach Vorstellung des Gerichts über die Grundversorgung hinaus.[312] Das Gericht verwendet den Begriff etwas irritierend mehrfach. Zum einen spricht es von der Funktion des Rundfunks insgesamt, zum anderen von der Funktion des öffentlich-rechtlichen Rundfunks.[313] Das „Funktionieren" des öffentlich-rechtlichen Rundfunks wird allerdings immer auf die Gewährleistung der Grundversorgung bezogen. Aus dieser logischen Verknüpfung resultiert gleichzeitig eine Stufenfolge zwischen Funktionsauftrag und Grundversorgungsauftrag: Wenn der Funktionsauftrag die Ausrichtung auf das Ziel des Art. 5 GG und die besondere Verpflichtung zur Erfüllung durch den öffentlich-rechtlichen Rundfunks meint, erscheint die Grundversorgung als Verpflichtung zur Optimierung dieser Verantwortung innerhalb eines engeren Kernbereichs. Allerdings ist das Verständnis der Grundversorgung des Gerichts hier ein anderes als noch im *Niedersachsen-Urteil.* Bedeutete dort die Grundversorgung die notwendige, unbedingte Verpflichtung des öffentlich-rechtlichen Rundfunks auf das Ziel des Art. 5 GG, da der Privatrundfunk mit strukturellen Defiziten zu kämpfen hatte, so traf diese Bedeutung hier eher den Funktionsauftrag, während die Grundversorgung durch die Bezugnahme auf die vorangegangen Definitionsversuche inhaltlich den einfachgesetzlichen Programmaufträgen angenähert wird.[314] Durch diese Aufspaltung von Funktionsauftrag als (sozialer) Sollwert des Rundfunks einerseits und Grundversorgung als qualitativ-materielle Tätigkeit andererseits wird die Grundversorgung als handhabbarer Maßstab attraktiv.

---

310 BVerfGE 87, 181 aaO.

311 Begründet wurde dies unter anderem auch mit den dem Rundfunk als Institution innewohnenden „Selbstbehauptungs- und Ausweitungsinteressen", vgl. BVerfGE 87, 181 (202) – *HR3-Beschluss.*

312 BVerfGE 87, 181 (198) – *HR3-Beschluss.*

313 BVerfGE 87, 181 (199) – *HR3-Beschluss.*

314 BVerfGE 87, 181 (199, 203) – *HR3-Beschluss.*

h) Rundfunkgebühren-Urteil

Ging es im *HR3-Beschluss* noch um die Reichweite einer gesetzgeberischen Pflicht zur Finanzierung des öffentlich-rechtlichen Rundfunks, äußerte sich das Gericht im *Rundfunkgebühren-Urteil*[315] zur konkreten Ausgestaltung des Verfahrens zur Ermittlung der Gebührenhöhe. Das Gericht nahm ausführlich Stellung zur Staatsfreiheit, zum inneren Kern der Rundfunkfreiheit als Programmfreiheit und fand sogar grundsätzliche Worte zum Grundkonflikt von positiver Ordnung und Regulierung auf der einen und Funktion und Freiheit der Rundfunks auf der anderen Seite, die grundlegend für das verfassungsrechtliche Verständnis des Rundfunks sind.

Einführend konkretisierte das Gericht nochmals seine Auffassung der Rolle und des besonderen Charakters des Rundfunks, den eine „Breitenwirkung, Aktualität und Suggestivkraft"[316] gegenüber anderen Medien auszeichne. Die Aufgabe des Rundfunks in Bezug auf das Normziel der freien Meinungsäußerung des Art. 5 GG unter den Bedingungen der Massenkommunikation beschrieb das Gericht mit dem klassischen Rundfunkauftrag, nahm in diesem Zusammenhang aber keine Differenzierung nach privatem und öffentlich-rechtlichem Rundfunk vor.[317] Anstatt der bisherigen Charakterisierung als „Medium und Faktor" führte das Gericht das neue Schlagwort von der „Vermittlungsfunktion" ein.[318]

Zweierlei deutete sich damit an: Zum einen wird der Rundfunk als besonderes Medium herausgehoben und seine Wirkung seit dem *Lebach-Urteil* erstmals wieder in den Vordergrund gerückt. Zum anderen macht die Wahl des Terminus „Vermittlungsfunktion" das gerichtliche Verständnis des Rundfunks als funktionales, weniger als teilnehmendes Element des öffentlichen Meinungsbildungsprozesses deutlich und betont damit die objektiv-rechtliche Komponente der Rundfunkfreiheit.[319]

Die Charaktereigenschaften der Breitenwirkung und Aktualität des Rundfunks sind sicherlich eine zutreffende Einschätzung, die sich an den Nutzungsgewohnheiten der Teilnehmer und der Eigenart des Rundfunks, Ereignisse schneller darzustellen als andere Medien orientierte. Problematisch ist allerdings die „Suggestivkraft" des Rundfunks, die das Gericht nicht weiter erläutert. Damit ist im engeren Sinne die Wirkung des Rundfunks angesprochen. Obwohl die

---

315 BVerfGE 90, 60 – *Gebührenurteil.*

316 BVerfGE 90, 60 (87) – *Gebührenurteil.*

317 Dahinter bereits hier Absicht vermutend *Reese,* Der Funktionsauftrag, S. 80 f.

318 BVerfGE 90, 60 (87) – *Gebührenurteil.*

319 Kurz zuvor wird noch bestätigt, dass der Rundfunk auch „selbst Meinungen äußert", die Vermittlungsfunktion beinhaltet diese Seite aber wohl nicht und wird hier besonders herausgehoben, BVerfGE 90, 60 (88) – *Rundfunkgebühr.*

Medienwirkungsforschung, wie oben gezeigt, durchaus zu dem Ergebnis einer potentiell großen Medienwirkung kommt, erscheint ein solch undifferenziertes Etikett wie „Suggestivkraft“ unpassend. Der Terminus ist darüber hinaus unglücklich gewählt. Die Suggestion bezeichnet das Hervorrufen von Empfindungen, Gefühlen oder Verhaltensweisen durch gezielte seelische Beeinflussung.[320] Damit verbunden ist die negative Konnotation einer unerkannten, wohl auch ungewollten Beeinflussung der Rezipienten, in jedem Fall aber ein Eindringen in die innerste Privatsphäre der Gedankenwelt. Diese Wirkung hat der Rundfunk jedoch nicht. Massenmediale Kommunikation ist in den sozialen Prozess der öffentlichen Meinungsbildung eingebettet, der sich einer linearen Wirkung – auch einer Suggestivwirkung – entzieht. Bestimmte Eigenarten der medialen Rundfunkkommunikation bestehen allerdings gegenüber der Individualkommunikation. So hat sie den Vorteil einer Repetitionswirkung (sog. Verstärkereffekte), sowie einer vom Individuum ausgehenden Wahrheits- und Realitätsvermutung zugunsten des Inhalts.[321] Diese Voraussetzungen der Medienwirkung, um nur ein paar wesentliche Elemente zu nennen, finden sich in dem Schlagwort der „Suggestivkraft“ nicht wieder. Ein differenziertes Verständnis wäre angesichts der inzwischen fünfzig Jahre alten Medienwirkungsforschung wohl wünschenswert gewesen.

Innerhalb der umrissenen „Funktion“ des Rundfunks für die Zielvorgabe des Art. 5 GG wies das Gericht auf den inzwischen gefestigten Kanon des „klassischen Rundfunkauftrags“ hin. Mit dem hier verwendeten Begriff ist diese Beschreibung also eine Anforderung der Metaebene. Dementsprechend ist es auch konsequent, dass das Gericht diesen klassischen Rundfunkauftrag nie dem öffentlich-rechtlichen Rundfunk allein als Aufgabe zuweist. Vielmehr trifft den öffentlich-rechtlichen Rundfunk eine Gewährleistungspflicht, dass der klassische Rundfunkauftrag erfüllt wird.[322] Originäre Aufgabe ist die Grundversorgung, die ihm die technische Vollversorgung sowie ein „den verfassungsrechtlichen gegenständlicher und meinungsmäßiger Vielfalt“ entsprechendes Programm abverlangt.[323] Aus dieser Verknüpfung lässt sich logisch der klassische Rundfunkauftrag als Kernbestandteil der materiell-inhaltlichen Grundversorgung ableiten. In eine Rangfolge gebracht, ist also der klassische Rundfunkauftrag vom größeren Grundversorgungsauftrag umfasst, der wiederum im Funktionsauftrag des Rundfunks insgesamt aufgeht.

---

[320] *Brockhaus*, Bd. XVIII, S. 333.

[321] So vor allem das Verständnis des Gerichts in BVerfGE 92, 228 (256) – *Kurzberichterstattung*. Zur relativ höheren Überzeugungskraft visueller Kommunikation im Sinne der Kultivierungsthese siehe oben B.III.1.c).

[322] BVerfGE 90, 60 (90) – *Gebührenurteil.*

[323] BVerfGE 90, (60 (90) – *Gebührenurteil.*

Inhaltlich zu beurteilen war das Gebührenermittlungsverfahren, das als Ausgestaltungsregelung die von Art. 5 GG geforderte positive Ordnung materieller, organisatorischer und prozeduraler Regelungen[324], die frei von sachfremden Erwägungen allein der Sicherung der Meinungsvielfalt zu dienen haben. Das Verfassungsgericht bekannte zunächst sein Misstrauen gegenüber den am Verfahren notwendig Beteiligten Staat, Regierung und sogar Parteien und Parlament[325] auf der einen und den Rundfunkanstalten auf der anderen Seite. Der staatlichen oder staatsnahen Seite dürfe ein möglicher Einfluss schon aus Gründen der Staatsfreiheit nicht eröffnet werden.[326] Im Anschluss an den *HR3-Beschluss* kam aber eine Überantwortung an den Rundfunk schon aufgrund dessen institutioneller Selbstbehauptungstendenz nicht in Frage.[327] Daraus ergibt sich ein „strukturelles Dilemma", da die Nichteignung der Beteiligten zur endgültigen Bestimmung des Finanzbedarfs die Entscheidung einerseits zu einer externen Stelle abdrängt, auf der anderen Seite aber die Erfüllung des einfachrechtlichen Auftrages – und damit die Hoheit über den notwendigen Programmumfang – im Kernbereich der Rundfunkfreiheit liegt und damit den Rundfunkanstalten nicht genommen werden kann.[328]

Dieses „Dilemma" ist das Grundproblem jeder rundfunkrechtlichen Organisation. Anhand des Beispiels der Finanzierung lässt sich sehr gut aufzeigen, dass die materiellen Regelungen ihre Grenze finden, wo die Rundfunkfreiheit beginnt, die sich ihrerseits einer materiell-inhaltlichen Definition entzieht, sodass ihre Verletzung auch wiederum schwer feststellbar ist. Salopp formuliert, darf die dienende Freiheit nicht zum freiheitlichen Dienen werden.[329] Das Gericht sieht

---

[324] St. Rspr., vgl. BVerfGE 57, 295 (329) - *FRAG*, BVerfGE 83, 238 (296) – *WDR-Gesetz*, BVerfGE 90, 60 (88) – *Rundfunkgebühr.*

[325] Die Ausführungen – BVerfGE 90, 60 (89) – lesen sich enger als noch die Entscheidungen BVerfGE 73, 119 (183) – *Niedersachsen* und BVerfGE 83, 238 (330) – *WDR-Gesetz*, vgl. dazu *Gersdorf*, Staatsfreiheit des Rundfunks, S. 41. Die früheren Entscheidungen ließen eine begrenzte Teilnahme von Staatsvertretern und Parteivertretern bis zur Grenze der Dominanz zu, während hier das Gericht eine grundsätzliche „Neigung zur Instrumentalisierung" annahm, die einen Einfluss auf Inhalt und Form der Programme über die „funktionssichernden gesetzlichen Programmvorgaben" hinaus ausschließt. Allerdings ist die Rechtsprechung in diesem Punkte auch nie ganz einheitlich gewesen, dazu die Kritik bei *Gersdorf*, Staatsfreiheit des Rundfunks, S. 33.

[326] *Ricker* sieht darin einen Paradigmenwechsel, da bislang sich das BVerfG nur zur Staatsfreiheit gegenüber der Exekutive geäußert hatte, nunmehr aber auch dem gesetzgeberischen Wirken Grenzen setzt, vgl. *Ricker*, NJW 1994, 2199 (2199).

[327] BVerfGE 87, 181 (202) – *HR3-Beschluss.*

[328] BVerfGE 90, 60 (95) – *Rundfunkgebühr.* Dazu ausführlich *Dörr*, Die Gebührenfrage, S. 1154 und *Dörr*, Programmvielfalt im öffentlich-rechtlichen Rundfunk, S. 30 ff.

[329] Das Gericht sieht die Grenze zumindest bei exakten Maßstäben erreicht, die dazu führen, dass die Funktionserfüllung nicht mehr Freiheitsgebrauch, sondern „Vollzug eines vorgegebenen Programms" wäre, BVerfGE 90, 60 (95). Vgl. dazu *Dörr*, NJW 1995, 2263 (2265).

denn auch die Lösung in einer „dem Gegenstand angemessenen Verfahrensregelung“ und verlagert damit den Grundrechtsschutz von der Ergebniskontrolle in das Verfahren erneut vor. Die bisherige Tendenz zum Organisationspluralismus wird hier nicht nur zur Leitlinie der „positiven Ordnung“, sondern letztlich im Grenzbereich den Grundrechten zum Mittel der Wahl erklärt, wie der Gesetzgeber gefahrlos seinem Ausgestaltungsauftrag nachkommen kann.

Aus diesen Erwägungen ergab sich aber kein allgemeines Verbot programmleitender Entscheidungen, nur dürften diese Erwägungen weder im Gebührenfestsetzungsverfahren ausdrücklich, noch in dessen Durchführung eine Rolle spielen.[330] Das Gericht schrieb dem Gesetzgeber also in organisatorischen Entscheidungen in erster Linie Ehrlichkeit ins Stammbuch. Da das Dilemma für jede Form rundfunkrechtlicher Regulierung gilt,[331] kann die Einteilung des Gerichts als Dualismus für Ausgestaltungsregelungen begriffen werden. Demnach wären solche Ausgestaltungsregelungen des Gesetzgebers, die durch die Aufgabe und Struktur der Organisation einen Einfluss ermöglichen (Aufsichtsgremien, Anstaltsgründungen und Zusammenschlüsse) immer programmneutral zu gestalten. Inhaltliche Ausgestaltungsregelungen wie z.B. Regelungen zum Programmauftrag und seiner Sicherung könnten dagegen durchaus materielle Anforderungen enthalten, stehen aber in der Gefahr in den geschützten Bereich der Rundfunkfreiheit überzugreifen. In Bezug auf das Gebührenfestsetzungsverfahren machte das Gericht aber deutlich, dass die materiellen Entscheidungskriterien der Bedarfsanmeldung letztlich nur der aus dem Sozialstaatsprinzip folgende Schutz der Rundfunkteilnehmer vor Überbelastung und die Freiheit des Informationszuganges seien.[332] Das Gericht verlangte also vom Gesetzgeber einen Kampf mit offenem Visier und konkretisierte damit gleichzeitig den bislang immer als besonders weit beschriebenen Ausgestaltungsspielraum.

i) DSF-Beschluss

In der Beschlusssache *DSF*[333] hatte das Verfassungsgericht über Streitigkeiten im Rahmen des DSF-Zulassungsverfahrens zwischen der MABB und der BLM zu entscheiden. Obwohl die Verfassungsbeschwerden unzulässig waren, skiz-

---

[330] BVerfGE 90, 60 (94) – *Rundfunkgebühr.* Große Teile des Urteils beschäftigen sich insbesondere mit den denkbaren Varianten einer mittelbaren Beeinflussung im Festsetzungsverfahren.

[331] Insoweit vielleicht zu stark auf die Rundfunkfinanzierung einschränkend, BVerfGE 90, 60 (94) – *Rundfunkgebühr.*

[332] BVerfGE 90, 60 (102, 104) – *Rundfunkgebühr.* Dazu *Ricker*, NJW 1994, 2199 (2200). Umso verwunderlicher war die Begründung der Ablehung des KEF-Vorschlages der Ministerpräsidenten mit dem Hinweis auf „die allgemeine wirtschaftliche Lage“ in 2005, dazu ausführlich unten B.V.2.n).

[333] BVerfGE 95, 163 – *DSF.*

zierte das Gericht sein Verständnis der von der LMA betonten Aufgabe, die Meinungsvielfalt insbesondere auch vor Tendenzen der Meinungsvermachtung zu schützen, deren Folgen sich kaum rückgängig machen ließen. In Betonung der ständigen Rechtsprechung[334] gab das Gericht der Auffassung der Landesmedienanstalt MABB Recht. Dabei wertete es das Kriterium präventiver Vielfaltssicherung insofern auf, als es mit Bezug zu neuen technischen Entwicklungen und insbesondere den im privaten Rundfunksektor entstandenen horizontalen und vertikalen Verflechtungen eher an Bedeutung zunehme.[335]

Das Gericht präzisierte in dieser Entscheidung sein Verständnis der Gefahrenlage für die Meinungsvielfalt. Das bislang eher undefinierte Kriterium der zu verhindernden Fehlentwicklungen konkretisierte das Gericht dahin, dass es eine Verflechtung als Möglichkeit einer politischen Einflussnahme bezeichnete. Die bislang immer gleichberechtigt nebeneinander stehenden Gefährdungslagen der Auslieferung an der Staat oder an eine Gruppe („Gruppen“- bzw. „Staatsferne“) wird hier neu betrachtet in der Weise, dass ein Einfluss im privaten Rundfunk nicht mehr direkt durch den Staat, sondern auch als mittelbare Gefährdung der Meinungsbildungsfreiheit durch eine politische Nutzung von meinungsmächtigen Strukturen gesehen wird.[336]

j) Kurzberichterstattung

In der *Kurzberichterstattungsentscheidung*[337] beschäftigte sich das Gericht mit der Rundfunkfreiheit als rechtfertigendem „gewichtigem Grund des Allgemeinwohls“, der die Berufsfreiheit von Veranstaltern einschränkte. Das Spannungsverhältnis bestand also von Beginn an zwischen einer kommerziellen Nutzung von Informationen durch den Veranstalter und deren Freiheit, bzw. Freizugänglichkeit für eine rundfunkmäßige Aufbereitung für die Allgemeinheit. Anders als in den vorhergehenden Entscheidungen ging es also nicht um die Binnenorganisation des „Gesamtsystems Rundfunk“, sondern um seine Positionierung innerhalb der Gesellschaft. Damit ergab sich zum ersten Mal eine Auswirkung der Rechtstellung des Rundfunks auf Nicht-Rundfunkunternehmer.

---

[334] Vor allem siehe BVerfGE 57, 295 (323) – *FRAG*, BVerfGE 73, 118 (160) – *Niedersachsen*.

[335] BVerfGE 95, 163 (173) – *DSF*. Die wichtigste Erkenntnis des Gerichts lag darin, dass durch die technische Entwicklung sich die Sonderregulierung des Rundfunkmarktes nicht etwa erledigt habe, sondern nur in anderem Rahmen stattfinde, eher sogar noch dringlicher werde. Man kann diese Aussage in eine Reihe stellen mit dem „Wegfall der Sondersituation“, BVerfGE 57, 295 (322) – *FRAG*.

[336] Hier spiegelt sich sowohl die bekannte Einordnung der „rechten“ Springerpresse als „konservativer“ Presse, als auch das an den Anfang gestellte Gerhard Schröder zugeschriebene Bonmot, er bräuchte zum Regieren nur „Bild, BamS und Glotze“.

[337] BVerfGE 97, 228 – *Kurzberichterstattung*.

Anknüpfungspunkt war das im WDR-Gesetz und im Landesrundfunkgesetz enthaltene Kurzberichterstattungsrecht. Das Gericht führte aus, dass auch ohne den ursprünglichen Zweck, die Defizite eines nicht flächendeckenden privaten Rundfunks diese Regelung ihre Berechtigung als Sicherungsmaßnahme der Meinungsvielfalt habe. Diese bestehe darin, dass dieses allen Rundfunkveranstaltern gleichermaßen zustehende Recht für einen Quellenpluralismus sorgt. Im Einklang mit den wohl grundlegendsten Erkenntnissen der Medienwirkungsforschung sah das Gericht die Zielvorgabe des Art. 5 GG, die „auf plurale Informationsvermittlung gerichtet [sei], weil medial vermittelte Information nicht lediglich Abbild der Wirklichkeit, sondern stets Ergebnis eines Auswahl-, Deutungs- und Aufbereitungsprozesses ist, das nur durch konkurrierende Auswahl-, Deutungs- und Aufbereitungsmuster relativiert werden kann“[338], gefährdet durch eine – beabsichtigte oder unbeabsichtigte – Gleichschaltung der Medien durch Informationsmonopole.[339] Die Regelung des Kurzberichterstattungsrechts wirke dem effektiv entgegen. Weiter sollte die Maßnahme einer „Privatisierung“ der Informationen entgegenwirken, die sich möglicherweise durch exklusive Übertragungsrechte im sich zu dieser Zeit entwickelnden Pay-TV-Markt ergeben könnte.[340]

Neben der Anforderung an die positive Ordnung, einen gegen Meinungsmacht gerichteten Veranstalterpluralismus zu ermöglichen, setzte das Gericht hier die zusätzliche Anforderung, einen Quellenpluralismus zu garantieren. Zwar liegt dieser Teil der positiven Ordnung ebenfalls im weiten Ausgestaltungsspielraum des Gesetzgebers. Das Gericht machte aber deutlich, dass nach seinem Verständnis der Quellenpluralismus nicht formalisiert betrachtet werden dürfe, sondern es auf Effektivität ankommt. So war es nicht genügend, den Rundfunk auf eine urheberrechtliche Möglichkeit zur Nutzung von Material des Exklusivverwerters zu verweisen, da es eben gerade keine eigenständige, mediumtypische Informationsquelle darstellen würde, wie dies von Art. 5 GG verlangt wird.[341] Aus dem Charakter des Mediums Rundfunk ergab sich auch, dass eine Verweisung auf Standbilder nicht ausreichend sei, da der Rundfunk durch seine zeitgleiche Bild-Ton-Übertragung den „Anschein der Authentizität und des

---

338 BVerfGE 97, 228 (258) – *Kurzberichterstattung.*

339 Übereinstimmend damit vor allem *Noelle-Neumann* und *Gerbner.* Aus juristischer Sich, vgl. *Hansmeyer*, Der Wandel des öffentlich-rechtlichen Rundfunks, S. 36 f.

340 Das diese Angst nicht unberechtigt war, zeigt die große Machtposition der DFL bei der Vergabe der Exklusivrechte der Bundesligaübertragung und ihre Auswirkung auf das Sendeschema des öffentlich-rechtlichen Rundfunks, vgl. Fußball-TV: Zerstückelt, in: DIE ZEIT Nr. 45 vom 3.11.2005.

341 BVerfGE 97, 228 (259) – *Kurzberichterstattung.*

Miterlebens"[342] vermittele, der durch eine mediumuntypische kommentierte Standbildübertragung nicht erreichbar sei.

Dieser Gedanke ist neu, denn das Gericht bezog sein Verständnis des Pluralismus damit nicht nur auf die gegenständliche Vielfalt – dann hätte jedwede Präsentationsform gereicht – sondern nimmt zusätzlich Wirkweise und Charakter des Mediums in den Blick. Stünde eine rundfunktypische Aufbereitung der Inhalte nur einem Sender zu, könnte auch dann eine einseitige Beeinflussung der Meinungsbildung entstehen, wenn alle anderen zwar ebenfalls über das Ereignis berichten, jedoch in anderer Form. Die Idee der gegenständlichen Vielfalt erhielt in dieser Entscheidung eine inhaltliche Komponente, die für die inhaltliche Gestaltung eine größtmögliche Freiheit der Rundfunksender verlangt, zumindest aber keine Bevorzugung einzelner erlaubt. Folgerichtig wurde daher auch der Ausschluss des Kurzberichterstattungsrechts als verfassungsgemäß angesehen, wenn auch sonst keine Fernsehübertragung zu der Veranstaltung zugelassen war.

Die Idee des Veranstalterpluralismus erhielt damit ein Gegenstück in einem Quellenpluralismus, der hier als notwendige Voraussetzung für die Pluralität der Informationsvermittlung angesehen wurde, aber auch um vorherrschende Meinungsmacht zu verhindern.[343] Dieser Ansatz führt weit über den bisherigen Regulierungsrahmen hinaus. Logischerweise, wenn auch bis zu diesem Punkt wenig beachtet, ist die Quelle der Nachricht für die Medienwirkung eben so entscheidend, wie das System der Medien selbst. Die größte Zahl an Veranstaltern nützt überhaupt nichts, wenn alle ihren Inhalt aus der gleichen Quelle schöpfen.[344] Auch eine Verweisung auf vertragliche Nutzungsrechte wollte das Gericht nicht als gleichwertig anerkennen, da sie letztlich vom Willen des Rechteinhabers abhängig seien und damit den Informationsauftrag als Teil des klassischen Rundfunkauftrags in das Belieben eines Dritten gestellt wäre.

Die Entscheidung zeigte die zunehmende Tendenz des Rundfunkmarktes, Informationen oder Inhalte zu monopolisieren. Dem soll das Kurzberichterstat-

---

[342] BVerfGE 97, 228 (256) – *Kurzberichterstattung.*

[343] BVerfGE 97, 228 (258, 267) – *Kurzberichterstattung.*

[344] Kritisch in diesem Zusammenhang zu sehen sind insbesondere die Wiedergabe von Fremdmedien, bzw. Fremdinhalten. Klassische Beispiele sind gehäufte Fehlmeldungen, die auf eine falsche Agenturmeldung zurückgehen, oder die massive Verbreitung von immer gleichen Bildern (bspw. die CNN-Bilder der Tsunamikatastrophe oder des World Trade Centers). Die Werthaltigkeit und Sicherungsfunktion des großen eigenen Korrespondentennetzes des öffentlich-rechtlichen Rundfunks für einen Quellenpluralismus wird hier sehr deutlich. Den Nachrichtenagenturen kommt im Sicherungssystem der Meinungsvielfalt eine Art bottle-neck-funktion zu, die soweit ersichtlich noch keinerlei Beachtung erfahren hat. Ähnlich *Hartstein/Ring/Kreile/Dörr/Stettner*, Rundfunkstaatsvertrag, B 5, § 26 Rn.23.

tungsrecht entgegenwirken. Das Gericht bewertete das erforderliche Vielfaltsniveau in dieser Entscheidung erstmals unter Einschluss der Medienwirkung auf die Zuschauer. Während die früheren Entscheidungen meist die Rahmenbedingungen optimierten, nahm das Gericht hier ausdrücklich Stellung zur Eigenart der Vermittlung durch Rundfunk und akzeptierte nur eben diese Form als gleichwertigen Beitrag zur Meinungsbildung im Rahmen des notwendigen Quellenpluralismus.

k) Extra-Radio

Die Entscheidung *Extra-Radio*[345] des Verfassungsgerichts beschäftigte sich vor dem Hintergrund der alleinigen Veranstaltung und Verantwortung des Rundfunks der BLM in Bayern mit der subjektiv-rechtlichen Berechtigung der privaten Rundfunkveranstalter. Diese Entscheidung gilt einigen Stimmen der Literatur als Abkehr des Gerichts von der objektiv-rechtlichen „dienenden" Rundfunkfreiheit hin zu einer mehr subjektiv-rechtlichen Deutung.[346] Mit Bezug auf die Verpflichtung des Gesetzgebers, die objektiv-rechtlichen Ausgestaltungen der Lizenzvergabe- und Auswahlentscheidungen streng an die Zielvorstellung des Art. 5 GG zu binden,[347] etablierte er eine korrespondierende subjektiv-rechtliche Rechtstellung des Bewerbers aus der Rundfunkfreiheit.

Tatsächlich zeichnet sich diese Entscheidung durch eine Aufwertung der subjektiv-rechtlichen Komponente der Rundfunkfreiheit aus. Allerdings darf nicht übersehen werden, dass sie dennoch aus der „dienenden" Funktion nicht entlassen wird. Die Rechtsstellung wurde dem Bewerber nicht zur Begrenzung und Abwehr unrechtmäßiger staatlicher Entscheidungen in seine grundrechtsspezifische Handlungsfreiheit als Rundfunkunternehmer zugestanden. Vielmehr diente die Zuweisung eines subjektiven Rechts der Rundfunkfreiheit dazu, den Bewerber in die Lage zu versetzen solche Maßnahmen oder Entscheidungen überprüfen zu lassen, die den objektiv-rechtlichen Rahmen der Medienordnung nach seiner Auffassung überschreiten.[348] Das Gericht machte damit zwar deutlich, dass der einzelne Veranstalter nicht nur Spielball im Rahmen der objektiven Rundfunkordnung sein darf. Seine Rechtsstellung bleibt aber deutlich innerhalb

---

[345] BVerfGE 97, 298 – *Extra-Radio.*

[346] Vgl. dazu mit Hinweisen auf nachfolgende landesrechtliche Entscheidungen, *Müller*, MMR 2005, VI. Dazu auch die Ausführungen zur nachfolgenden Entscheidung BVerfGE NVwZ-RR 1999, 36 – *Radio-Bremen.*

[347] BVerfGE 57, 295 (327) – *FRAG*, BVerfGE 73, 118 (182) – *Niedersachsen*, BVerfGE 83, 238 (322) – *WDR-Gesetz.*

[348] Daher umfasst (und begrenzt) die objektiv-rechtliche Verpflichtung des Gesetzgebers auch die Schaffung eines effektiven Grundrechtsschutzes, BVerfGE 97, 298 (313) – *Extra-Radio.*

der Grenzen des normgeprägten Grundrechts.[349] Dadurch kommt dem Veranstalter bei der Geltendmachung seiner Rechte automatisch die Funktion zu, die Einhaltung der objektiv-rechtlichen Ordnung (soweit sie seine Rechtstellung betrifft und prägt) mit zu gewährleisten. Es ging in dieser Entscheidung also weniger um eine Akzentverschiebung zu einer subjektiv-rechtlich geprägten Rundfunkfreiheit, als um die Etablierung einer neuen Sicherungsinstanz für das objektiv-rechtlich geforderte Ziel des Art. 5 GG: Den einzelnen Veranstalter.

l) Radio-Bremen

In der unzulässigen Verfassungsbeschwerde *Radio-Bremen*[350] äußerte das Gericht einige klarstellende Worte zum Verhältnis des Ausgestaltungsspielraums des Gesetzgebers zur Staatsfreiheit hinsichtlich der organisatorischen Ausgestaltung des öffentlich-rechtlichen Rundfunks. Während der Spielraum des Gesetzgebers immer hinsichtlich der Modellwahl zwischen binnen- und außenpluralem Modell, einschließlich etwaiger Mischformen betont wurde, nahm das Gericht in dieser Entscheidung erstmals Stellung zur Reichweite der Ausgestaltungsfreiheit. Um eine existenzbedrohende Krise der Rundfunkanstalt Radio-Bremen abzuwenden, hatte der Senat des Landes Bremen eine Neuorganisation der inneren Ordnung vorgenommen, die insbesondere auch zur Verkürzung der Vertragslaufzeit des amtierenden Intendanten führte. Das Gericht führte aus, dass zwar auch die Binnenorganisation vom weiten Gestaltungsfreiraum erfasst sei, soweit damit aber eine vorzeitige Beendigung von Amtsperioden einhergingen, sei zumindest der Verdacht einer verdeckten Personalpolitik nahe liegend.

In logischer Folge des Rundfunkgebührenurteils[351] verlangte das Gericht erneut die Ehrlichkeit vom Gesetzgeber, nicht mit Hilfe erlaubter Mittel (Organisationsspielraum) das falsche Ziel (personalpolitische Einflussnahme) zu verfolgen. Dazu wurde der ansonsten weite Spielraum eingeengt: Zwar sei eine organisatorische Regelung, die personelle Konsequenzen habe, generell möglich, soweit aber damit programmbeeinflussende Personen, insbesondere die des Intendanten, betroffen seien, müsste dem Gesetzgeber ein gewichtiger sachlicher Grund von großer Dringlichkeit zur Seite stehen. Der immer betonte weite Spielraum des Gesetzgebers wurde hier konkretisiert und eine interessante Wendung eingebracht. Je dichter die organisatorische Ausgestaltung der inhaltlichen Programmgestaltung als Kern der Rundfunkfreiheit in ihrer abwehrrechtlichen

---

[349] BVerfGE 97, 298 (314) – *Extra-Radio.*
[350] BVerfGE NVwZ-RR 1999, 36 – *Radio-Bremen.*
[351] Mit der gleichen Argumentation rügte das Gericht das damalige Gebührenfestsetzungsverfahren, vgl. BVerfGE 90, 60 (94) – *Gebührenurteil* und oben B.V.2.h).

Komponente kommt, desto größer werden die Anforderungen, bedürfen dann insbesondere mehr als nur dem allgemeinen Gestaltungsinteresse des Gesetzgebers. Eine Neuordnung der organisatorischen Voraussetzungen - obwohl Staatsaufgabe[352] - dürfte sicherlich den engsten Grad einer solchen Regelung mit sich bringen. Von den in der Entscheidung *Kurzberichterstattung* erwähnten Kriterien, ein Ausgestaltungsgesetz genüge dann verfassungsrechtlichen Anforderungen, wenn es dem Ausgestaltungsauftrag diene und die durch Art. 5 Abs. 2 S. 1 GG geschützten Interessen angemessen berücksichtige,[353] dürfte diese Entscheidung das Merkmal der Angemessenheit betreffen. Für die Möglichkeiten des Gesetzgebers im Rahmen der positiven Ordnung Sicherungsregelungen zur Meinungsvielfalt an den Rundfunk zu etablieren, zeigt diese Entscheidung den Wertungszusammenhang von objektiv-rechtlicher und subjektiv-rechtlicher Dimension der Rundfunkfreiheit auf, wie er zuvor in der Entscheidung *Extra-Radio* präzisiert wurde[354]. Insbesondere in der Ausgestaltung der Kontrollinstanzen darf der Verweis auf den objektiv-rechtlichen Ausgestaltungsauftrag also nicht zu einer Aushöhlung der subjektiv-rechtlicher Position der aus Art. 5 Abs. 2 S. 1 GG Berechtigten führen.

m) Bayerisches Teilnehmerentgelt

In der Entscheidung *Bayerisches Teilnehmerentgelt* befasste sich das Verfassungsgericht mit einer Regelung des bayerischen Mediengesetzes, nach dem von Kabelnetzendkunden ein sog. Teilnehmerentgelt erhoben wurde. Mit diesem Entgelt sollten Übertragungen privater Veranstalter auf lokaler Ebene finanziert werden, die mit ihrem Angebot einen Beitrag zur Angebots- und Meinungsvielfalt beitragen sollten, der sonst nicht aus privatwirtschaftlichen Mittel finanzierbar gewesen wäre. Die Besonderheit lag darin, dass diese Programme nicht dem öffentlich-rechtlichen Rundfunk auferlegt wurden, sondern dem privaten Rundfunk als Anreiz eine Förderung für bestimmte Programminhalte, die das geforderte Vielfaltsniveau erwarten ließen, in Aussicht gestellt wurde.

Das Gericht bestätigte zunächst die Notwendigkeit einer besonderen Finanzierung des lokalen Rundfunks. Dieses wurde mit dem üblichen Marktversagen bei fehlender Attraktivität für den Werbemarkt, sowie fehlendem Veranstalterpluralismus, vor allem durch die Abwesenheit des öffentlich-rechtlichen Rundfunks, auf lokaler Ebene begründet,[355] und als Teil des Gestaltungsauftrages aus Art. 5 Abs. 1 S. 2 GG aufgefasst. Aufgrund des besonders kleinen Marktes galten

---

352 Vgl. nur *Starck*, in: v. Mangoldt/Klein/Starck, GG I, Art 5 Rn. 130.
353 Vgl. BVerfGE 97, 228 (267) – *Kurzberichterstattung.*
354 S.o., BVerfGE 97, 298 (313) – *Extra-Radio.*
355 BVerfGE 114, 371 (392) – *Teilnehmerentgelt.*

dabei die bislang hauptsächlich zum gesamten, bundes- oder landesweiten Rundfunkmarkt entwickelten Rahmenbedingungen und Grundsätze zusätzlich in verschärfter Form.[356] Auch die Digitalisierung und die damit etwaig vergrößerte Programmproduktion oder Veranstalterzahl führte nicht etwa zu einer Entspannung der Situation, da sie nicht konkurrierend in Erscheinung traten, so dass dies in diesem Bereich zur publizistischen Vielfalt führte.[357] Als Maßstab, der allein durch das geförderte Programm zu erfüllen ist, setzte das Gericht fest, „dass die Vielfalt der bestehenden Meinungen in den Programmangeboten in gleichgewichtiger Weise zum Ausdruck kommt.“ Damit ist der aus Art. 5 Abs. 2 S. 1 GG abzuleitende Vielfaltsstandard für das „Gesamtsystem Rundfunk“ angesprochen,[358] der sonst durch den öffentlich-rechtlichen Rundfunk gewährleistet wird.

Die Übertragung dieser Programmanforderungen gegen Entgelt auf Private rügte es zwar nicht generell, äußerte aber Bedenken hinsichtlich der Art und Weise der Übertragung. In der Verpflichtung zur Entgeltzahlung sah es einen Eingriff in die allgemeine Handlungsfreiheit der Rundfunkteilnehmer. Dieser müsse eigenständig gerechtfertigt werden durch die Befriedigung des „Kommunikationsinteresses“ der zahlenden Teilnehmer, quasi als „Gegenleistung“.[359] Dieses Kommunikationsinteresse definierte das Gericht dann nicht etwa individuell, wie die Termini „Gegenleistung“ und „Interesse“ vermuten lassen,[360] sondern als Interesse der Rundfunkteilnehmer daran, dass die Vielfalt der bestehenden Meinungen in den geförderten Programmen in gleichmäßiger Weise zum Ausdruck kommt.[361] Obwohl vom Gericht in Anführungszeichen gesetzt, war der Begriff der „Gegenleistung“ unglücklich gewählt und wohl der Verfahrensnatur geschuldet.[362] Die Kritik richtete sich dann auf die Sicherung dieser „Gegenleis-

---

[356] Zur Sondersituation im Lokalfunk bereits BVerfGE 74, 295 (331) – *BW-Beschluss* und oben B.V.2.e).
[357] BVerfGE – *Teilnehmerentgelt*, aaO.
[358] Vgl. BVerfGE 73, 118 (157) – *Niedersachsen*
[359] BVerfGE 114, 371 (393) – *Teilnehmerentgelt.*
[360] *Cornils* sieht in dem „Gegenleistungsinteresse“ eine auf das individuelle Interesse bezogene abgabenrechtliche Rechfertigung des Teilnehmerentgelts. In dieser Sicht zutreffend weist er auf darauf hin, dass für die „große“ Rundfunkgebühr in der Begründung immer auf Individualinteressen verzichtet wurde, vgl. *Cornils*, DVBl. 2006, 789 (797).
[361] In dieser Passage wird besonders deutlich, dass ein privater Betreiber sich nicht auf den „Grundstandard gleichgewichtiger Vielfalt“ zurückziehen darf. Das Gericht geht strikt von dem aus Art. 5 Abs. 1 S. 2 GG abzuleitendem Prinzip der Spiegelung der in der Gesellschaft vorhandenen Meinungen aus.
[362] Es handelte sich dabei um eine Verfassungsbeschwerde eines Endteilnehmers. *Cornils* ist daher in seinen Bedenken gegen die gerichtliche Argumentation wohl zuzustimmen. Das Gericht hätte die Rechtfertigung des Entgelts nicht mit einem individuellen Interesse, sondern mit dem nicht anders zu sichernden öffentlichen Interesse an einem vielfältigen Rundfunkangebot begründen müssen Denkbar ist, dass das Gericht hier einer Entscheidung über die

tung", die nach Ansicht des Gerichts nicht in ausreichendem Maße durch die gesetzlichen Vorgaben gewährleistet war und dem Entstehen einer Meinungsmacht nicht hinreichend vorbeugte.[363]

Die Regelungen waren aber nur als Anreizsystem gedacht und unterwarfen die geförderten Sender keinerlei Vielfaltsanforderungen, sondern nur den allgemeinen Anforderungen, wie sie für jeden anderen Privatsender auch anwendbar waren. Als denkbare, aber fehlende Sicherungsmechanismen zählte das Gericht materielle Pluralismusvorschriften zur Meinungsvielfalt, eine binnenpluralistische Struktur und den Programmbeirat auf.[364] Diese Regelungen entstammen zum einen erwartungsgemäß dem Instrumentarium zur Vielfaltssicherung der §§ 26 ff. RStV, zum anderen – eher unerwartet – einem Rückgriff auf ältere Grundsätze zur binnenpluralen Gestaltung des Privatrundfunks. In den Entscheidungen *BW-Beschluss* und *WDR-Gesetz*[365] führte das Gericht noch aus, dass in Abwesenheit der öffentlich-rechtlichen Auftragserfüllung oder einer entsprechenden außenpluralen Gestaltung des Privatrundfunks eine binnenplurale Struktur unumgänglich sei. Hier bemängelte das Gericht, dass die binnenplurale Struktur als eine unter mehreren Möglichkeiten effektiver Vielfaltssicherung fehle.[366]

Die Entscheidung zeigt das aktuelle Dilemma der Rundfunkregulierung. Die sogar vom BVerfG nicht etwa abgelehnte Möglichkeit der vollständigen Übertragung der Verantwortung für das verfassungsrechtlich geforderte Niveau auf einen privaten Rundfunkanbieter scheiterte an einer ausreichenden gesetzlichen Konkretisierung des Auftrags. Sie hätte im Ergebnis vom Gesetzgeber eine konkrete und abgrenzbare Beschreibung des Rundfunkauftrages erfordert, zumindest aber eine materielle Definition dessen, was eigentlich durch das Teilnehmerentgelt gefördert bzw. abgegolten wird. Zwar hatte der Gesetzgeber, bzw. die zum Satzungserlass ermächtigte Landesmedienanstalt die Förderungswürdigkeit an materielle Kriterien wie bestimmte Formate und Lokal- bzw. Regionalbezug geknüpft. Die materiellen Anforderungen an die darzustellende

Rundfunkgebühr und ihren „Ausgleichscharakter" nicht vorgreifen wollte. Vgl. dazu bereits *Hesse*, Rundfunkrecht, S. 327 ff.

363 BVerfGE 114, 371 (391) – *Teilnehmerentgelt.*

364 BVerfGE 114, 371 (393) – *Teilnehmerentgelt.*

365 Vgl. BVerfGE 74, 297 (327) – *BW-Beschluss,* und BVerfGE 83, 238 (327) – *WDR-Gesetz.*

366 Anderer Ansicht *Cornils*, der nicht nur die binnenplurale Gestaltungsvariante der älteren Rechtsprechung heranzieht, sondern sie als zwingende Lösung bei fehlender Außenpluralität sieht, vgl. *Cornils*, DVBl. 2006, 789 (796). Hier hatte das Gericht eine binnenplurale Struktur dagegen ausdrücklich als *eine* von *mehreren* Gestaltungsmöglichkeiten erwähnt, um den verfassungsrechtlichen Anforderungen der Vielfaltssicherung aus Art. 5 Abs. 2 S. 1 GG gerecht zu werden.

Vielfalt wurden aber nicht vom „Grundstandard gleichgewichtiger Vielfalt", wie er jeden privaten Rundfunkbetreiber trifft, heraufgesetzt. Damit ergab sich eine Lücke, die nur durch eine deutliche gesetzgeberische Aussage hinsichtlich des einzuhaltenden Niveaus an Meinungsvielfalt oder entsprechend zu kompensierende Verfahrens- und Organisationsregeln hätte ausgeglichen werden können. Der Fehler des Gesetzgebers lag darin, dass die Definition und Sicherung der materiellen Anforderungen nicht in das sonst übliche Konzept der Vielfaltssicherung durch Verfahren eingebettet wurde. Das Gericht verwies denn auch mit wenig Verständnis auf die hergebrachten Möglichkeiten der Vielfaltssicherung und verwarf die wenigen materiellen, auf Formate bezogene Förderungskriterien als nicht hinreichend bestimmt genug.

n) Gebührenurteil II

Nachdem die europäische Kommission im März 2005 offiziell die Unvereinbarkeit des Rundfunkgebührensystems in Deutschland mit dem europäischen Beihilfenrecht der Artt. 86 ff. EG festgestellt hatte und dieses Verfahren nur unter deutlichsten Vorgaben am 24. April 2007 wieder einstellte,[367] wurde die Entscheidung *Gebührenurteil II*[368] des Verfassungsgerichts mit Spannung erwartet, da es möglicherweise Hinweise zur verfassungsrechtlichen Grenze der Auftragskonkretisierung enthalten konnte.[369] In Streit stand die Festlegung der Rundfunkgebührenerhöhung durch die Landesparlamente. Diese hatten den Beschlussvorschlag der Rundfunkkommission der Länder umgesetzt, die gem. § 7 Abs. 2 RFinStV in ihrer Beschlussvorlage von dem Vorschlag der KEF abgewichen war. Zur Begründung wurde die „allgemeine wirtschaftliche Gesamtsituation" herangezogen, und auf möglicherweise vorhandene Einsparpotentiale (u.a. Sportlizenzen, Sublizenzvergabe, Personalabbau) sowie die Selbstverpflichtungserklärungen der öffentlich-rechtlichen Anstalten hingewiesen. Der ursprüngliche Vorschlag der KEF wurde daher von € 1,07 auf € 0,88 abgesenkt und der Beginn der Gebührenerhöhung von Januar auf April verschoben. Im Kern ging es also nach dem *Gebührenurteil* von 1993 erneut um die Staatsfreiheit des Rundfunks und ihre Bedeutung im Rahmen des Gebührenfestsetzungssystems.

Das Verfassungsgericht wiederholte zunächst seine Auffassung der Bedeutung des öffentlich-rechtlichen Rundfunks für die demokratische Meinungsbildungs-

---

[367] Vgl. dazu die Einstellungsentscheidung vom 24. April 2007 an *Frank-Walter Steinmeier*, K(2007)1761, entg.
[368] BVerfGE – *Gebührenurteil II*, 1 BvR 2270/05 vom 11. September 2007.
[369] Zu diesen Erwartungen *Lilienthal*, epd-medien 2007, Nr. 73, S. 3; entsprechend enttäuscht war *Fassbender*, NVwZ 2007, 1265 (1268).

struktur. Ausdrücklich wies es dabei auf die sich immer schneller verändernden technischen und inhaltlichen Rahmenbedingungen von Produktion und Sendung hin. Gerade durch die zunehmende vertikale und horizontale Integration von Rundfunksendern in diversifizierte Medienkonzerne komme es vor dem Hintergrund der Konvergenz zu einer Mehrfachverwertung der Inhalte auf verschiedenen Übertragungswegen.[370] Die Ausnutzung von Größen- und Verbundvorteilen nimmt damit zu und ist ökonomisch sinnvoll, der Vielfalt aber abträglich.[371] Erneut wurde auf das strukturelle Defizit des werbefinanzierten Privatrundfunks verwiesen und dieser an das verfassungsrechtliche Junktim zum öffentlich-rechtlichen Funktionsauftrag als seine Existenzberechtigung erinnert.[372] Aus dieser Verknüpfung ergebe sich eine besondere normative Erwartung an die Programmleistung des öffentlich-rechtlichen Rundfunks.[373] Diese „normative" Erwartungshaltung, wurde allerdings gleich in bekannte Fahrwasser umgeleitet, indem sie, und mit ihr der Funktionsauftrag durch das Verfassungsgericht mit dem „klassischen Funktionsauftrag" gleichgesetzt wurde, wie er bereits seit dem *Niedersachsenurteil*[374] verwendet wird. Die Begriffe des Grundversorgungsauftrags und des Integrationsauftrags, zumindest als Teil des klassischen Rundfunkauftrags,[375] wurde hingegen nicht mehr verwendet.[376] In Fortführung der Rechtsprechung aus dem ersten *Gebührenurteil*[377] erinnerte das Gericht aber daran, dass dieser Funktionsauftrag auch gleichzeitig die Außengrenze des durch die Rundfunkgebühr zu finanzierenden Aufgabenspektrums darstellt. Die „positive Ordnung" könne daher durchaus auch die Grenze des „Funktionsnotwendigen" bestimmen.[378]

---

[370] Zustimmend *Faßbender*, NVwZ 2007, 1265 (1267). Deshalb für eine Ausrichtung der Medienregulierung auf Inhalte mit einem speziellen Filmförderungsmodell *Ladeur*, RuF 1998, 5 (21).

[371] Dazu ausführlicher *Wiedemann*, ZUM 2007, 800 (802).

[372] Vgl. BVerfGE 90, 60 (91) – *Gebührenurteil.*

[373] Ebenfalls erstaunt über den neuen Begriff *Ory*, AfP 2007, 401 ff.

[374] BVerfGE 73, 118 (153) – *Niedersachsen.*

[375] Als Anforderung für den Rundfunk auf der Metaebene bereits BVerfGE 31, 314 (329) – *2. Rundfunkurteil.* Diese unvermittelte Verkürzung bemängelt *Lilienthal*, epd-medien 2007, Nr. 73, S. 3. *Ory* bemerkt amüsiert „Die Grundversorgung ist abhanden gekommen, jedenfalls als Begriff", *Ory*, AfP 2007, 401 (403).

[376] BVerfGE – *Gebührenurteil II*, 1 BvR 2270/05 vom 11. September 2007, Rn. 122.

[377] So hatte das Gericht bereits im ersten Gebührenurteil festgestellt, dass der öffentlich-rechtliche Rundfunk auf die Verwirklichung von Programmen außerhalb seines Auftrages keinen (finanziellen) Anspruch hat, BVerfGE 90, 60 (92) – *Gebührenurteil.*

[378] BVerfGE – *Gebührenurteil II*, 1 BvR 2270/05 vom 11. September 2007, Rn. 125. Pessimistisch dazu *Wiedemann*, ZUM 2007, 800 (805). Zustimmend mit Hinweis auf die Programmneutralität bereits *Degenhardt*, AfP 2005, 295 (296).

Hinsichtlich des Streitgegenstands blieb das Gericht auf der Linie der bestehenden positiven Ordnung. Das System der staatsfernen Rundfunkfinanzierung wurde allgemein für verfassungsgemäß erklärt, einschließlich der Möglichkeit zur Abweichung von der Empfehlung der KEF. Interessant, da wohl auf die Überprüfung des Auftrags übertragbar, ist die Ansicht, dass die Aufgabe der KEF keine politische, sondern fachliche sei und sie daher zutreffend mit Fachleuten besetzt sei.[379] Da die Bedarfsprüfung durch die KEF auch umfasst, den Finanzbedarf auf Konsistenz mit dem öffentlichen-rechtlichen Auftrag zu prüfen,[380] muss unterstellt werden, dass das Gericht auch Fachleute durchaus für geeignet hält, den Auftrag zu erkennen. Diese Aufgabe würde damit in Einklang mit der Verfassungsrechtsprechung aus dem Kanon der pluralistisch besetzten Gremium zu lösen sein. Wenig überraschend, aber der Rechtssicherheit wohl dienlich,[381] wurde schließlich die Abweichung deshalb für verfassungswidrig erklärt, weil sie letztlich zu unbestimmt begründet war. Wohlgemerkt, nicht die gesetzgeberische Möglichkeit zur Abweichung, nicht die Abweichung selbst, sondern lediglich die Begründung, die eine fundierte Auseinandersetzung und mit entsprechenden Rechenbeispielen belegtes Einsparpotential vermissen ließ.[382]

So richtig diese Kritik vor dem Trennungsgrundsatz, der Programmneutralität und Programmakzessorietät der Rundfunkfinanzierung ist, liegt darin doch hauptsächlich eine Kritik an der Untätigkeit des Gesetzgebers. Ähnlich schon wie in den vorangegangenen Urteilen hat das Gericht in Einklang mit der Gewaltenteilung keine dem Gesetzgeber obliegenden Aussagen zum Ob und Wie der Eintrittstiefe der „positiven Ordnung" als Ausgestaltung der Rundfunkfreiheit gemacht.[383] Die Kommentare zum Urteil fielen deshalb auch in der Mehrzahl enttäuscht aus, verdichtete sich doch der Eindruck, das Gericht verschließe sich der Einsicht, dass der Funktionsauftrag in dem derzeitigen Umfeld dringend einer Neupositionierung bedürfte.[384]

---

[379] BVerfGE – *Gebührenurteil II*, 1 BvR 2270/05 vom 11. September 2007, Rn. 139 mit Verweis auf BVerfGE 90, 60 (102 f.) – *Gebührenurteil.*

[380] Vgl. § 3 Abs. 1 S. 2 RFinStV „Dies bezieht sich darauf, ob sich die Programmentscheidungen im Rahmen des rechtlich umgrenzten Rundfunkauftrages halten und ob der aus ihnen abgeleitete Finanzbedarf zutreffend [...] ermittelt worden ist."

[381] Die Rechtssicherheit war das Argument, warum ARD, ZDF und Deutschlandradio die Verfassungsbeschwerde angestrebt hatten, vgl. FAZ vom 12. September 2007, S. 54.

[382] *Wolfgang Schulz* weist denn auch darauf hin, dass hier mit der „Lernfähigkeit der Länder" zu rechnen sei, *Schulz,* epd-medien 2007, Nr. 77, S. 7.

[383] Zu dieser konsequenten Position vgl. nur *Dörr/Schiedermair*, Kohärentes Konzentrationsrecht, S. 15 f.

[384] Siehe unter anderem FAZ vom 12. September 2007, S. 54; Der Spiegel, Nr. 38, 11. September 2007, S. 38. Diese Kritiken verkennen aber, dass es eben die Aufgabe des Gesetz-

Auch wenn die erhoffte Klarstellung zum Auftrag ausblieb, hat das Gericht in anderen Punkten seine Auffassung bestätigt oder aktualisiert. Über den konkreten Streitgegenstand hinaus hat das Gericht sein bisheriges Schlagwort von der Breitenwirkung, Suggestivkraft und Aktualität[385] des Rundfunks vorsichtig erläutert. Hinsichtlich der Breitenwirkung nannte das Gericht die Reichweite und die Möglichkeit zur Beeinflussung großer Bevölkerungsteile. Dieser Wirkungsebene wies das Gericht besondere Bedeutung zu, wie der Verweis auf den zunehmenden Medienkonsum der Bevölkerung zeigt. Allerdings ist der steigende Medienkonsum seit langem bekannt und für sich genommen eine relative Größe zur jeweiligen Zeit. Eine darüber hinausgehende Bedeutung des Medienkonsums ließ das Gericht, in Tradition der Missachtung der Medienwirkuungsforschung, nicht erkennen.[386] Nach seiner Auffassung ergebe sich eine gesellschaftliche Dimension schon daraus, dass die Rundfunknutzung bei den meisten Bürgern große Zeiträume des Tages in Anspruch nehme.[387] Die Aktualität sah es vor allem in der Möglichkeit „Inhalte schnell, sogar zeitgleich, an die Rezipienten übertragen" zu können. Die Suggestivkraft des Rundfunks wurde allerdings wieder etwas undifferenziert darin gesehen, dass durch die besondere Kombination aus Bild, Text und Ton eine „Anschein hoher Authentizität" entsteht.[388] Diese Wirkungstrias stellte es zusätzlich in den Kontext neuer Übertragungsmöglichkeiten und der Mehrfachverwertung der Inhalte und erkannte darin potentiell eher eine gewachsene Beeinflussungsmöglichkeit.[389]

Ausdrücklich hat das Gericht betont, dass diese Wirkweise die eigentliche Legitimation der, vor allem gegenüber anderen Medien wesentlich stärkeren, Rundfunkrechtsregulierung ist.[390] Mit der, wenn auch sehr vorsichtigen, Ausformulierung der Grundlagen dieser Wirkung hat das Gericht hier die längst überfällige Kurskorrektur zu einer inhaltlich-materiellen Regulierung, dessen Auftragsanforderungen sich an der Wirkweise des Rundfunks orientieren,

---

gebers ist, durch prozedurale, materielle und organisatorische Regelungen den Auftrag im Rahmen der positiven Ordnung zu formen. *Wolfgang Schulz* sieht sogar einen schärfer werdenden Ton in den privaten Medien insgesamt, *Schulz*, epd-medien 2007 Nr. 77, S. 6; *Werner Hahn* sieht die Kritik im wesentlichen als unberechtigt an, *Hahn*, MMR 2007, 613 (614). Differenzierend *Fassbender*, NVwZ 2007, 1265 (1268). Nicht enttäuscht dagegen *Ory*, AfP 2007, 401 ff.

385 Vgl. BVerfGE 90, 60 (87) – *Rundfunkgebühr.*

386 Ähnlich kritisch auch *Ory*, AfP 2007, 401 (402).

387 BVerfGE – *Gebührenurteil II*, 1 BvR 2270/05 vom 11. September 2007, Rn. 116.

388 So schon, und entsprechend ohne zwischenzeitliche Erkenntnis BVerfGE 97, 228 (256) - *Kurzberichterstattung*

389 So auch schon *Dörr*, ZUM 1996, 617 (626). Mit Verweis auf die „economies of scale" *Wiedemann*, ZUM 2007, 800 (802)

390 BVerfGE – *Gebührenurteil II*, 1 BvR 2270/05 vom 11. September 2007, Rn. 116.

eingeläutet. Dass es sich aber dennoch zurückgehalten hat, ist wiederum folgerichtig: Die Bewertung und daraus folgende Regulierungsdichte obliegt grundsätzlich der gesetzgeberischen Entscheidung innerhalb der „positiven Ordnung“. Zweierlei hat das Gericht im Hinblick auf den Pluralismus als Strukturprinzip der Medienordnung jedoch klargestellt. Der fortschreitende Trend zur Ökonomisierung des Angebots im Privatrundfunk stellt eine wesentliche Gefahr für die inhaltliche Vielfalt dar. Interessanterweise begründete das Gericht dies nicht lediglich mit der Gefahr der einseitigen Einflussnahme,[391] sondern verweist auch ausdrücklich auf eine Verflachung der Inhalte ins Publikumswirksame und Sensationelle und verlässt damit den Kernbereich der Vielfaltssicherung zugunsten inhaltlich-qualitativer Argumente.[392] Weiter sei vor dem Hintergrund der Mehrfachverwertung von Inhalten in integrierten Medienkonzernen als materiell-inhaltliche Gefährdung der Vielfalt und dem Markteintritt von Infrastruktur- und Schnittstellenbetreibern als formell-strukturelle Gefahren für die Vielfalt eine zusätzliche Gefährdung zu befürchten.[393] Damit ist das strukturelle Defizit des privaten Rundfunksektors[394] angesprochen, deren Hinnahme eben nur unter der Voraussetzung eines funktionierenden öffentlich-rechtlichen Rundfunks zulässig ist.[395] An dieser Stelle nur mit einer „kleinen Lösung“ eines eng definierten öffentlich-rechtlichen Rundfunkauftrags aufzuwarten, ohne die privaten Anbieter einzubeziehen, erscheint zu kurz gegriffen. Will man die Defizite des Privatrundfunks weiterhin in gleichem und strukturell wachsendem Umfang tolerieren, muss der öffentlich-rechtliche Rundfunk parallel zum Mediennutzungsverhalten der Bevölkerung eher aus- als abgebaut werden.

Die enttäuschten Erwartungen an dieses Urteil dürfte das Verfassungsgericht gut nachvollziehen können: Seit geraumer Zeit sieht es sich durch einen Gesetzgeber, der vor einer entschlossenen Ausgestaltung zurückschreckt, wohl selbst enttäuscht.

---

[391] Vgl. BVerfGE 57, 295 (323) – *FRAG*, BVerfGE 73, 118 (160f) – *Niedersachsen*; zuletzt BVerfGE 95, 163 (172) – *DSF*.
[392] BVerfGE – *Gebührenurteil II*, 1 BvR 2270/05 vom 11. September 2007, Rn. 117. Ähnlich *Wiedemann*, ZUM 2007, 800 (803).
[393] BVerfGE – *Gebührenurteil II*, 1 BvR 2270/05 vom 11. September 2007, Rn. 118. Ausführlich *Wiedemann*, ZUM 2007, 800 (802 f.).
[394] Gerade durch den Eintritt von Strukturanbietern wie Kabelnetzbetreibern oder auch Telefonanbietern in den Rundfunkmarkt kann – auch mit dem Verfassungsgericht – nicht mehr von nur privaten Rundfunkanbietern gesprochen werden, da ihr Rundfunkangebot oft nur ein Angebot innerhalb einer Palette von Dienstleistungen und Produkten ist, vgl. auch BVerfGE – *Gebührenurteil II*, 1 BvR 2270/05 vom 11. September 2007, Rn. 118.
[395] Auch das wurde wieder betont, vgl. BVerfGE – *Gebührenurteil II*, 1 BvR 2270/05 vom 11. September 2007, Rn. 122.

o) Entscheidung dd_vg.

Im vorerst letzten Rundfunk-Urteil hatte das Bundesverfassungsgericht wieder einmal über die Staatsfreiheit des Rundfunks zu entscheiden.[396] In der Sache ging es um eine Regelung im Hessischen Landesmediengesetz, die politischen Parteien jede Form von Beteiligung an einem privaten Rundfunksender untersagte.[397] Die SPD hielt über ihre Medienholding dd_vg. 2,34% an dem Privatsender Radio FFH. Die SPD-Bundestagsfraktion stellte im Jahr 2003 einen Normenkontrollantrag zur Überprüfung der Verfassungmäßigkeit des Verbots.

Nach längeren Ausführungen über die Gesetzgebungszuständigkeit, erklärte das Verfassungsgericht die Vorschrift tatsächlich für verfassungswidrig. Entgegen einiger Stimmen des Schrifttums,[398] folgerte das Gericht aus dem Gebot der Staatsfreiheit kein Verbot der Beteiligung von politischen Parteien. Es gehe bei der Staatsfreiheit nicht um eine vollständige Freiheit des Rundfunks von jedem Berührungspunkt mit dem Staat. Entscheidend sei der Ausschluss eines maßgeblichen Einflusses auf den Rundfunk. Dabei sah das Gericht maßgeblichen Einfluss nicht lediglich in der Möglichkeit zur Beherrschung, wie sie etwa Rechtsgedanke der Beteiligungsgrenze von § 17 AktG ist.[399] Vielmehr gehe es darum, auch subtileren, aber dennoch gegebenen Einfluss auf programmlich-inhaltliche Arbeit zu verhindern.[400] Ein völliges Verbot jeglicher Beteiligungen erfülle zwar diese Maßgabe, sei aber seinem Umfang nach nicht erforderlich und berücksichtige nicht im hinreichenden Maße die besondere Rechtstellung der Parteien im und für den demokratischen Meinungsbildungsprozess, wie sie in Art. 21 GG zugesichert seien.[401] Damit anerkannte das Verfassungsgericht den in der *Extra-Radio-Entscheidung* angesprochenen „Grundrechtsbeachtungsanspruch“[402] auch nur geringfügig und kapitalmäßig beteiligter privater Rundfunkveranstalter, die in der Sache ein Ausbau der subjektiv-rechtlichen Komponente der Rundfunkfreiheit darstellt. Wie sich diese subjektiv-rechtliche Rundfunkfreiheit zur Ausgestaltungsgesetzgebung in Zukunft verhalten wird, kann hier nicht dargestellt werden, wird aber sicherlich eine der wichtigen Fragen künftiger Medienregulierung sein.[403]

---

[396] BVerfGE – *dd_vg.*, 2 BvF 4/03 vom 12.3.2008 = NVwZ 2008, 658 ff.
[397] Es ging um § 6 II Nr. 4 HessPRG.
[398] Vgl. *Gersdorf*, Staatsfreiheit des Rundfunks, S. 80 ff. m.w.N.
[399] BVerfG – *dd_vg*, NVwZ 2008, 658 (663)..
[400] Dies betont auch *Holznagel*, MMR 2008, 591 (596).
[401] BVerfG – *dd_vg.*, NVwZ 2008, 658 (663). Dazu *Reffken*, NVwZ 2008, 857 (860). Ausführlich zur Parteienfunktion im demokratischen Meinungsbildungprozess *Gersdorf*, Staatsfreiheit des Rundfunks, S. 108.
[402] BVerfGE 97, 298 (314) – *extra-Radio.*
[403] Siehe dazu in Ansätzen *Reffken*, NVwZ 2008, 857 (859 f.).

Das Gericht wies aber auch ausdrücklich darauf hin, dass die Privatsender maßgeblichen Anteil am Gelingen der freien und öffentlichen Meinungsbildung haben. Diese zu sichern ist Aufgabe des Gesetzgebers. Mit Verweis auf das *Niedersachsen-Urteil* wiederholte es, dass Art. 5 Abs. 1 Satz 2 GG keine binnenpluralistische Organisation des Privatrundfunks verlange. Ohne den ausdrücklichen Hinweis auf die grundsätzliche Zulässigkeit wie noch im *Niedersachsen-Urteil* erklärte es diese Struktur für annähernd unvereinbar mit der Privatautonomie des Rundfunkbetreibers.[404] Das – ohnehin mehr theoretische – Drohpotential einer binnenpluralen Gestaltung des Privatrundfunks dürfte dadurch erheblich gemindert sein.

Wichtiger und mehr auf die Zukunft gerichtet war der Hinweis, der Ausgestaltungsauftrag bestehe fort und müsse sich den neuen ökonomischen wie technischen Entwicklungen und Herausforderungen stellen.[405] Zweierlei ist dabei bemerkenswert. Zum einen tritt der nur selten mit Rundfunkrecht befasste Zweite Senat des Verfassungsgerichts nach dem *Gebührenurteil II* uneingeschränkt für den rundfunkspezifischen Ausgestaltungsvorbehalt ein.[406] Zum anderen sieht das Gericht diesen auch und gerade angesichts der Konvergenz- und Digitalisierungsentwicklung nicht etwa als verzichtbar an.[407] Die Ungewissheit der neuen Medienwirkungen und ihrer cross-medialen Aufmerksamkeitspotentiale erfordert eher flexible prozedurale Strukturen und materielle Mindestvorgaben.[408] Hierzu passt auch der Hinweis des Gerichts, das Prinzip der Staatsfreiheit dürfe sich nicht in einer starren Beteiligungsgrenze als Beherrschungsverbot erschöpfen, sondern müsse als Teil des Auslieferungsverbots an einzelne gesellschaftliche Gruppen verstanden werden. Angesprochen ist damit eine praktische Effektivität in der Verhinderung einseitigen Einflusses, wie sie etwa auch Gegenstand des Konzentrationskontrollrechts ist.[409]

Diese Sichtweise eröffnet nicht nur die Möglichkeit, mit Blick auf den Rundfunk eine Struktur zu wählen, die einseitigen Einfluss verhindert. Die in der Aussage des Verfassungsgerichts liegende Mahnung an das Auslieferungsverbot bedeutet auch, dass in der Ausgestaltung der Rundfunkordnung durch den Gesetzgeber das tatsächliche Gewicht des jeweiligen Einflusses mit zu werten

---

404 BVerfGE – *dd_vg.*, NVwZ 2008, 685 (660).

405 BVerfGE – *dd_vg.*, NVwZ 2008, 685 (660) mit Verweis auf BVerfGE – *Gebührenurteil II*, 1 BvR 2270/05 vom 11. September 2007, Rn. 116.

406 In gewissem Gegensatz dazu die subjektiv-rechtliche Auslegungstendenz in BVerfGE 97, 298 – *Extra-Radio.*

407 *Reffken*, NVwZ 2008, 857 (858).

408 Dazu bereits *Dörr*, ZUM 1996, 617 (626).

409 Dazu ausführlich unten C.II.2.b)bb).

ist, um „alle mittelbaren und subtilen Einflussnahmen des Staates," die sich eben nicht allein in Stimmanteilsrechten ausdrücken lassen, ebenfalls zu erfassen.[410]

Neue Erkenntnisse für die Bewertung pluraler Maßstäbe in der Rundfunkordnung hat die Entscheidung kaum gebracht. Eine Weichenstellung dürfte aber in der Konkretisierung der Staatsfreiheit hinsichtlich der Parteien zu sehen sein. Anders als von einigen Stimmen der Literatur gefordert, hat das Gericht die Parteien nicht etwa der Sphäre von Gruppen der gesellschaftlichen Meinungsbildung zugerechnet, sondern der Staatsfreiheit unterworfen. Allerding hat es als Maßstab zulässiger Beteiligung am Rundfunk wiederum das für gesellschaftliche Gruppen geltende Verbot einseitiger Beeinflussung und Beherrschung gewählt. Diese Zwitterlösung ist der Zwitterstellung der Parteien gem. Art. 21 GG geschuldet und kann wohl als gelungene Lösung angesehen werden.

Für das Strukturprinzip des Pluralismus als Verfassungsgrenze der Ausgestaltungsgesetzgebung ergibt sich aus der Entscheidung, dass in der Zubilligung eines Grundrechtsbeachtungsanspruchs für die Parteien gleichzeitig die absolut zutreffende Annahme eines Beitrags zur gesellschaftlichen Diskussion und Meinungsbildung liegt, der nicht vom Meinungsbildungsprozess ausgeschlossen werden darf. Die Verfassungswidrigkeit des § 6 Abs. 2 Nr. 4 HessPRG ist damit geradezu ein Paradebeispiel dafür, dass bei konsequenter Anwendung des Pluralismusprinzips als Grenze der Ausgestaltungsgesetzgebung solche Gesetze, die einen effektiven Pluralismus abträglich sind und Akteure des Meinungsbildungsprozesses behindern zu deregulieren sind.[411]

3. Zusammenfassung

Die Rechtsprechung des Bundesverfassungsgerichts zum Rundfunkrecht lässt sich nicht als einheitliche Linie beschreiben. Dies ist vor dem Hintergrund der immer schnelleren Entwicklung gerade im technischen Bereich des Rundfunks auch verständlich. Auch das Gericht versteht das Grundrecht der Rundfunkfreiheit inzwischen als dynamisch auf den Lebenssachverhalt Rundfunk bezogen.[412] Allerdings lassen sich einige Parameter in fast jeder Entscheidung wieder finden, die zwar verschieden akzentuiert werden, aber nie gänzlich verschwinden.

a) Rundfunkauftrag und Medienwirkung

Das wohl am stringentesten durchgehaltene Leitmotiv ist die Aufgabe des Rundfunks, als „dienende Freiheit" der Zielvorstellung des Art. 5 Abs. 2 S. 1

---

410 BVerfG – *dd_vg*, NVwZ 2008, 658 (661). Dazu kritisch *Reffken*, NVwZ 2008, 857 (860).
411 Dazu bereits oben B.V.2.b) zu BVerfGE 97, 298 – *Extra-Radio*.
412 BVerfGE 83, 238 (302) – *WDR-Gesetz*.

GG gerecht zu werden. Das Gericht versteht den Art. 5 GG als einen gesellschaftlichen Grundpfeiler mit Bezügen zu vor-demokratischen Bedingungen des Zusammenlebens und Bezügen zu staatsrechtlichen Systemfunktionen. Im Kontext dieser tragenden Funktion des Art. 5 GG sind sowohl die Aussagen zur „dienenden" Freiheit, als auch zum „Funktionsauftrag" zu verstehen. Im Gefüge des Art. 5 GG werden diese gesellschaftlichen Bedingungen primär durch Anerkennung von individuellen subjektiven Rechtspositionen, insbesondere der Meinungs-, Informations-, Kunst- und Filmfreiheit, gesichert, da von einer Vielzahl von Rechtsträgern die Durchsetzung ihrer Interessen erwartet werden kann und dadurch dem Rechtsträger gleichzeitig die Funktion der Sicherung der gesellschaftlich-sozialen Funktion des Art. 5 GG zukommt. Dass es sich dabei primär um Abwehrrechte handelt, nimmt ihnen nicht ihren Stellenwert im eher objektiv zu sehenden gesellschaftlich-sozialen Bedeutungszusammenhang. Im Gegenteil bewertet das Gericht das Rechtsinstitut der Meinungsfreiheit als konstitutiv für die freiheitlich-demokratische Grundordnung.[413] Der Rundfunkfreiheit weist das Gericht in diesem Kontext eine stützende, „dienende" Rolle zu. Diese, einschließlich der Notwendigkeit einer „positiven Ordnung", ist nicht zuletzt der Tatsache geschuldet, dass es (noch) nicht genügend potentielle Grundrechtsträger der Rundfunkfreiheit gibt, sie damit schnell Partikularinteressen ausgeliefert wäre und aufgrund der geringen Anzahl von Grundrechtsträgern eine sich selbst verstärkende und stabilisierende abwehrrechtliche Konzeption noch eine geringe Rolle spielt.[414]

Es wurde also eine Art Sonderrecht der institutionellen Meinungsfreiheit im Rundfunkbereich geschaffen. Dies lag zum einen an dem historischen Umstand, dass aufgrund der hohen Kosten zunächst der öffentlich-rechtlicher Rundfunk möglich war, zum anderen an der Wirkung des Rundfunks, die das Gericht mit den Worten „Aktualität, Suggestivkraft, Breitenwirkung"[415] beschrieben hat. Da das Gericht bereits früh den Wegfall der ursprünglichen „Sondersituation" anerkannte,[416] auf der andere Seite die Notwendigkeit der Regulierung auch für die Zukunft betonte, kommt dem Aspekt der Medienwirkung eine bedeutende Rolle zu. Hier müsste dann auch die Kritik ansetzen, dass trotz der offensichtlich grundlegenden Bedeutung der Medienwirkung für die gesamte dogmatische

---

413 St. Rspr. seit BVerfGE 7, 198 (208) – *Lüth.*

414 Vgl. aber dazu die obige Entscheidung BVerfGE 97, 298 (313) – *Extra-Radio.* Insbesondere durch die Rechtsprechung von EuGH und EGMR zu Art. 10 EMRK kommt allerdings von europäischer Seite eine stark subjektiv-rechtlich geprägte Rechtsauffassung zur Rundfunkfreiheit, die in Zukunft sicherlich nicht ohne Spuren in der Rechtsprechung des deutschen Verfassungsgerichts bleiben wird.

415 BVerfGE 90, 60 (87) – *Niedersachsen.*

416 BVerfGE 57, 295 (322) – *FRAG.*

Konstruktion der Rundfunkregulierung sich doch verhältnismäßig wenig Auseinandersetzung mit der tatsächlichen Wirkung des Rundfunks in der Gesellschaft findet. Die im Jahr 1961 angelegte Bewertung des Rundfunks als Medium und Faktor der öffentlichen Meinungsbildung wurde im Laufe der Jahre kaum überdacht, und, angesichts der inzwischen weitereichenden Erkenntnisse im Bereich der Medienwirkungsforschung, kaum erweitert oder angepasst wurde. Dies mag seine Berechtigung finden, wenn man die Einschätzung des Gerichts, dass „Fehlentwicklungen – wenn überhaupt – nur bedingt und unter erheblichen Schwierigkeiten rückgängig gemacht werden können",[417] heranzieht. Darin spiegelt sich der aus dem Polizeirecht bekannte Gedanke, wonach für die Annahme einer Gefahr die Wahrscheinlichkeit eines Schadens nicht besonders hoch sein muss, wenn der Schaden einem wertvollen Rechtsgut droht und der Schaden besonders groß ausfallen würde.[418] Der Gedanke sollte dann aber auch so formuliert werden, da er offen legt, dass eine bestimm- und messbare Medienwirkung der Rechtsprechung gerade nicht zugrunde liegt.[419]

Für die Zukunft ist diese Argumentation aber vielleicht nicht mehr zu halten. In Zeiten der Konvergenz nimmt die Mediennutzung zwar insgesamt zu, der klassische Rundfunk mit seiner Breitenwirkung und Suggestivkraft im Sinne des Verfassungsgerichts dürfte aber an Attraktivität verlieren. Das muss nicht bedeuten, dass der Rundfunk aus seiner Aufgabe zu entlassen wäre. Zumindest für den öffentlich-rechtlichen Rundfunk wäre dies nach derzeitiger Rechtslage auch gar nicht möglich.[420] Mit einem grundlegenden Wandel im Rezipientenverhalten wird sich in der Konsequenz aber auch die Ausrichtung des Rundfunkangebots ändern. Die bisherige gerichtliche Auffassung der Medienwirkung als einem „suggestiv" wirkenden Stimulus-response-Modell, müsste dann zugunsten eines rezipientenzentrierten Medienwirkungsmodells aufgegeben werden. Ansatzpunkte für eine andere Betrachtung der Medienwirkung sind vorhanden, wie die oben dargestellten Theorien und Erkenntnisse der Medienwirkungsforschung zeigen. Allerdings ist dies ein unbequemer Weg, da er letztlich nicht nur den Zuschauer stärker in den Blick rückt, sondern von Seiten

---

[417] Siehe BVerfGE 57, 295 (323) – *FRAG*.

[418] Allg. Ansicht z.B. BVerwGE 62, 36 (39). Die Parallele führt jedoch nicht allzu weit: Wenn der Schaden nach Art und Umfang nicht eindeutig zu benennen ist, kann man darauf kaum präventive Maßnahmen erlassen. Im Bereich des Rundfunkrechts vgl. *Kurschildgen*, Demokratisch verfasste Öffentlichkeit, S. 128

[419] Anders *Hasebrink*, der diese Entscheidung nicht kritisiert, sondern die gesetzgeberische Entscheidung für das Zuschaueranteilsmodell einschließlich seiner Unterstellungen heraushebt, vgl. *Hasebrink*, Gutachten für die KEK 2003, S. 4.

[420] Eine vollständige Auflösung oder Änderung der Rundfunkaufgabe wäre wohl mit der Bestands- und Entwicklungsgarantie nicht zu vereinbaren, vgl. BVerfGE 74, 295 (350) – *BW-Beschluss*. A.A. *Lindner*, AfP 2005, 429 (433).

der Regulierung mit der Wirkung auch den konkreten Inhalt stärker berücksichtigen müsste.[421] Der Gesetzgeber wird also gezwungen werden, dichter als bisher an die Grenze der Rundfunkfreiheit als Programmfreiheit heranzugehen, natürlich ohne sie in Frage zu stellen. Dies wurde bislang vermieden.

b) Meinungsbildung und Pluralismuskonzept

Neben der seit 1961 gleich bleibenden Annahme einer vornehmlich linearen und relativ starken Medienwirkung des Rundfunks ist als zweite Grundannahme die Art und Weise der Entstehung öffentlicher Meinungsbildung zu sehen. Das Gericht geht davon aus, dass sich Meinungen im Wesentlichen über Gruppen bilden.[422] Die einzelne Meinung findet sich im Diskurs mit anderen Meinungsträgern zu einer Art homogenen Meinungsmehrheit. Diese Meinungsmehrheit müsste dann wiederum eine irgendwie erkennbare Identität nach Außen finden, um als „Gruppe" wahrgenommen zu werden. Schließlich kann diese Gruppe in Rivalität mit anderen Gruppen zu einer „gesellschaftlich relevanten Gruppe" werden und findet dann als solche Berücksichtigung in der verfassungsrechtlichen Rechtsprechung zum Rundfunkrecht. Dieses Verständnis der Entstehung von Meinungen deckt sich kaum mit kommunikationswissenschaftlichen Methoden.[423] Es gleicht in seiner Struktur derjenigen des Parteienwesens, die als Gruppen den Auftrag gem. Art. 21 Abs. 1 GG haben, den politischen Willen des Volkes als „Transmissionsriemen" in die Staatsorgane hineinzutragen.[424] Entsprechend wird auch auf die Verwandtschaft dieser Rechtsprechung mit dem staatstheoretischen Pluralismusbegriff hingewiesen. Letzterer ging von einer Gruppenbildung im Rahmen des demokratischen Systems der Willensbildung durch das Volk aus.[425] Allerdings sollte klar sein, dass die Verwandtschaft nicht besonders eng ist und nur der Orientierung dienen kann. Ein auf gesellschaftliche Willensbildung ausgerichtetes System muss effizient sein, kann daher die

---

[421] Das Verfassungsgericht scheint aber inzwischen mehr Wert auf die spezifische Wirkung des Mediums Rundfunk zu legen, vgl. BVerfGE – *Gebührenurteil II*, 1 BvR 2270/05 vom 11. September 2007, Rn. 116.

[422] Während zuvor noch von „relevanten gesellschaftlichen Kräften" gesprochen wurde, waren es ab BVerfGE 31, 314 (339) – *2. Rundfunkentscheidung* „gesellschaftlich relevante Gruppen".

[423] Vgl. die Aussagen von *Noelle-Neumann* zur Schweigespirale, die sich gerade gegenüber bestehenden Gruppen unabhängig verhält.

[424] Vgl. dazu und der spezifisch rundfunkrechtlichen Problematik des Parteienauftrags, *Gersdorf*, Staatsfreiheit des Rundfunks, S. 106 f.

[425] Vgl. *Fraenkel*, Pluralismus als Strukturelement, S. B 16 ff. mit vor allem historischen Hinweisen.

Dominanz von Splittermeinungen kaum zulassen,[426] während es im öffentlich-rechtlichen Rundfunk gerade auch um die Darstellung von Meinungen geht, die unter wirtschaftlichen Bedingungen nicht dazustellen wären. Schwerer wiegt aber noch die umgekehrte Prozessrichtung: Während eine Wahl darauf angelegt ist, einen nachvollziehbaren Willensausdruck zu ermöglichen, fehlt es dem massenmedialen Kommunikationsprozess nach den Anforderungen der Metaebene an einem messbaren Erfolg. Anders als der Wahlakt, ist der Rundfunk in ein dauerndes, selbstreflexives, soziales Netzwerk eingebunden, das er zwar beherrscht, das ihn aber umgekehrt auch beeinflusst.[427] Ob die Kategorie der „Gruppe" im staatstheoretischen Sinne noch eine taugliche Einheit darstellen kann, mag zumindest bezweifelt werden. Denkbar – und so in der Werbewirtschaft auch üblich – wäre eine Zielgruppendefinition, die eher sich überschneidenden Kreisen ähnelt und wesentlich ausdifferenzierter ist.

Auch wenn sich wohl kaum ein Beleg anführen lässt, dass Meinungsträger sich automatisch zu Gruppen zusammenfinden,[428] lässt diese Betrachtung jedoch Meinungen handhabbar werden und stellt zugleich die derzeitige Keimzelle des spezifisch rundfunkrechtlichen Pluralismus dar. Im obigen Sinne bedarf es aber wohl eines modifizierten Verständnisses des Gruppenbegriffs. Die Berücksichtigung und Darstellung von Meinungen muss sich an einem Mehrheitskriterium festmachen lassen, um sowohl Willkür als auch Ungleichbehandlung auszuschließen. In gewisser Weise zeigt die Vorausbedingung der Meinungsbildung nach Gruppen auch die ursprüngliche Verknüpfung der Grundrechte aus Art. 5 GG mit dem Demokratieprinzip, dass gerade seinem Wesen nach den „Kampf der Meinungen" i.S.v. Mehrheitsbildung voraussetzt.[429] Obwohl diese Anbindung der Meinungsbildung an die politische Dimension der demokratischen Willenbildung problematisch verkürzend wirken kann,[430] hat sie auch Vorteile. Zunächst führt die Bindung der Meinungsrelevanz im rundfunkrechtlichen Sinne an eine Gruppe zu einer Stabilisierung. Die Meinung einzelner sind wesentlich

---

[426] Ein gutes Beispiel ist die vorrangig historisch begründete 5%-Klausel für Wahlen, § 6 Abs. 6 BWG. Ein solches Quorum wäre im Rahmen der Vielfaltsdebatte im Rundfunk wohl unstreitig kontraproduktiv.

[427] *Schellenberg* weist zureffend darauf hin, dass inzwischen weniger dem Staatsoberhaupt, als den Massenmedien die „integrative Funktion" für das Staatsganze zukommt, *Schellenberg*, Rundfunk-Konzentrationsbekämpfung, S. 191. Mit einer gelungenen graphischen Darstellung auch *Bakke*, Culture at stake, S. 132.

[428] Siehe dazu die Kritik bei *Steffani*, Vom Pluralismus zum Neopluralismus, S. 74; Ebenso *Bumke*, Landesmedienanstalten, S. 138.

[429] Siehe bereits BVerfGE 7, 198 (208) – *Lüth.*

[430] Eine solche Verbindung lässt sich mit den ausdrücklich gleichermaßen meinungsbildenden Inhalten von Unterhaltungssendungen schlecht erklären, vgl. BVerfGE 35, 202 (223) – *Lebach.*

volatiler, während die Organisation von Meinungen in Gruppen dagegen durch den organisatorischen und institutionellen Prozess schwerfälliger, aber verlässlicher ist.

Die Verknüpfung der Entstehung und rundfunkrechtlichen Berücksichtigung von Gruppenmeinungen mit dem Gebot, diese Meinungen in gleichgewichtiger Vielfalt darzustellen, beinhaltet die wesentlichen Grundparameter des rundfunkrechtlichen Pluralismus. Die Gruppe stellt die kleinste Einheit der Rundfunkregulierung dar, die Grundlage des Organisationspluralismus ist. Mit dem Gebot der gleichgewichtigen Berücksichtigung der vorhandenen Meinungen ist der inhaltliche Pluralismus in Form des materiellen Kriteriums der Meinungsvielfalt angesprochen, dem die Rundfunkveranstalter zu entsprechen haben.

Die Aussagen des Verfassungsgerichts zum Organisationspluralismus betonen meist den gesetzgeberischen Spielraum im Rahmen der „positiven Ordnung" und machen daher wenig belastbare Aussagen zu den Grenzen der Regulierung. Eine Ausnahme dazu findet sich im *Baden-Württemberg-Beschluss*, nach dem eine Regelung dem Ziel des Art. 5 GG, der Optimierung des materiellen Kriteriums der Meinungsfreiheit, jedenfalls nicht abträglich sein darf. Ebenso schloss das Gericht im *Rundfunkrats-Beschluss* von der Aufgabe der Sicherung und Prüfung des Niveaus an Meinungsfreiheit durch den Rundfunkrat auf eine notwendig organisationspluralistische Zusammensetzung. Letztlich müssen wohl auch die Aussagen zur Staatsfreiheit des Rundfunks, vom *ersten Fernsehurteil* bis zur *Entscheidung dd_vg.* so betrachtet werden, da es sich streng genommen um den Ausschluss von Partikularinteressen zugunsten der der Meinungsvielfalt handelte.[431] Diese Beispiele zeigen, dass der Organisationspluralismus für sich selbst also keinen Wert darstellt, sondern bezogen ist auf die Gewährleistung der Meinungsfreiheit. Dennoch orientieren sich die Mehrzahl der Aussagen des Verfassungsgerichts an Fragen von Organisation und Verfahren. Der zentrale Begriff der Meinungsvielfalt dagegen bleibt unscharf.

c) Meinungsvielfalt als Zielwert und materielles Kriterium

Das Verfassungsgericht setzt Meinungsvielfalt mit der Spiegelung aller in der Gesellschaft vorhandenen Meinungen im Rundfunk gleich. Mit dieser Ausgangsposition kann die Meinungsvielfalt daher nur als Ziel, niemals aber als zu erreichender Maßstab angesehen werden. Dieses Ziel ist identisch mit dem Ziel

[431] Anders *Gersdorf*, der diese Idee mit dem qualitativen Unterschied zwischen Gruppenferne und Staatsferne begründet, *Gersdorf*, Staatsfreiheit des Rundfunks, S. 80 f. Der absolute Ausschluss staatlicher Beteiligung am Rundfunk ändert aber nichts an dem gleichermaßen geltenden Grundsatz des Verbots partikulärer Interessen im Rahmen des Organisationspluralismus.

des Art. 5 GG, das für das „Gesamtsystem Rundfunk“ gilt. Davon zu unterscheiden ist zunächst die Berücksichtigung der gesellschaftlich relevanten Gruppen im Rundfunk, die das gesellschaftliche Meinungsspektrum definierbar, aber auch überprüfbar macht. Auch dieser Maßstab gilt primär für das „Gesamtsystem Rundfunk“.

Im Rahmen des dualen Rundfunksystems hat das Gericht drei verschiedene Maßstäbe eingeführt, die jeweils ein bestimmtes Niveau des absoluten Ziels der Meinungsvielfalt erfordern. Alle Begriffe sind bislang nur schwer justiziabel. Für den öffentlich-rechtlichen Rundfunk besteht dieser Maßstab darin, „die Vielfalt der bestehenden Meinungen [...] in *möglichster Breite und Vollständigkeit* zum Ausdruck“ zu bringen.[432] Den Privatrundfunk trifft demgegenüber die Pflicht, „die Vielfalt der Meinungen“ in ihren jeweiligen Programmkategorien wiederzugeben.[433] Der dritte Maßstab trifft die mit der Sicherung und Überwachung der Meinungsvielfalt im Privatrundfunk betrauten Exekutivorgane. Da ihr Handeln in einem rechtsstaatlichen Rahmen erfolgen muss, ist die Eingriffsschwelle auf einen „Grundstandard gleichgewichtiger Vielfalt“ abgesenkt.[434]

Für den öffentlich-rechtlichen Rundfunk hat das Gericht den zusätzlichen Maßstab der „Grundversorgung“ im Niedersachsen-Urteil eingeführt.[435] Eilig wurde betont, dass es sich dabei nicht etwa um eine Mindestversorgung handelte.[436] Er steht auch nicht in einem Konkurrenz- oder Wahlverhältnis zu dem ihn treffenden Vielfaltsniveau. In inhaltlicher Hinsicht verlangte das Gericht die vollständige Erfüllung des verfassungsrechtlich notwendigen Niveaus an Meinungsvielfalt, die in Ermangelung einer besonderen Beschreibung nicht anders verstanden werden kann, als die Verpflichtung auf seinen bisherigen Beitrag zur Meinungsvielfalt. Da der Begriff der Grundversorgung in Abgrenzung zu den technischen, inhaltlichen und Unabhängigkeitsdefiziten des Privatrundfunks entstand, bezeichnet er nichts anderes als die Betonung der Notwendigkeit, die Erfüllung der von Art. 5 GG geforderten Meinungsvielfalt zumindest durch den öffentlich-rechtlichen Rundfunk allein sicherzustellen, auch wenn ihm damit nicht eine Auffang- oder Komplementärfunktion zum privaten Rundfunk zugewiesen ist.[437] Dadurch wird der Begriff der Grundversorgung aber wie die

---

[432] BVerfGE 83, 238 (318) – *WDR-Gesetz.* Teilweise wird auch schärfer formuliert und verlangt, dass die in der Gesellschaft bestehenden Meinungen unverkürzt zum Ausdruck gelangen, vgl. BVerfGE 73, 118 (158) – *Niedersachsen.*

[433] BVerfGE, aaO.

[434] BVerfGE 73, 118 (159) – *Niedersachsen.*

[435] BVerfGE 73, 118 (157) – *Niedersachsen.*

[436] BVerfGE 74, 298 (326) – *BW-Beschluss.*

[437] So auch zuletzt deutlich BVerfGE – *Gebührenurteil II*, 1 BvR 2270/05 vom 11. September 2007, Rn. 118.

Vielfaltsstandards vom Begriff der Meinungsvielfalt her definiert und bleibt damit zumindest in materiell-inhaltlicher Hinsichtlich ebenso wenig subsumptionsfähig.

Diese Gegenüberstellung zeigt, dass das Verfassungsgericht letztlich nur verschiedene Verantwortlichkeiten für das Erreichen des Ziels aus Art. 5 GG festgelegt hat. Einer Festlegung auf einen belastbaren Maßstab hat es sich ausdrücklich verweigert.[438] Auch wenn Möglichkeiten bereits bestanden, ausdrücklich zu einer gesetzgeberischen Lösung Stellung zu nehmen, hat das Gericht keine Hilfestellung gegebene und stattdessen prozedurale und organisatorische Gestaltungen hervorgehoben.[439] Die Ausfüllung dieser Lücke obliegt damit dem Gesetzgeber und den Aufsichtsorganen. Im Folgenden soll daher anhand einiger Beispiele die Konkretisierung auf einfachgesetzlicher Ebene untersucht werden, zuvor aber die Ansichten der Literatur zu den Möglichkeiten einer Vielfaltskonzeption untersucht werden.

VI. Literaturauffassungen zu Pluralismus und Grundversorgung

Der Ursprung der Idee des Pluralismus lässt sich bis in die Zeit der Aufklärung zurückverfolgen.[440] Mit der Entstehung der Zivilgesellschaft sind seine Wurzeln entsprechend auf das Verhältnis von Individuum und Staat im Rahmen der Staatsgestaltung in einer Gesellschaftsordnung, die divergierende Interessen zu berücksichtigen hat, bezogen.

Konsequenterweise wurde das Pluralismuskonzept von der Staatstheorie und dem Staatsrecht übernommen. Durch die sog. Genossenschaftslehre *Otto von Gierkes* fand der Pluralismus Einzug in die Rechtswissenschaft. Diese Lehre behandelte im Kern die Frage des rechtlichen Status von sozialen Gruppenverbänden, in dem bereits die Gruppenkonstruktion des deutschen Verfassungsgerichts anklingt. Nach Auffassung *von Gierkes* ist die Gruppe überindividuell in dem Sinne, dass sie mehr ist, als die Summe ihrer Mitglieder bzw. deren Auffassungen.[441] Dies machte ihre rechtliche Anerkennung, aber auch eine entsprechende äußere wie innere Ordnungsvorgabe durch den souveränen (wilhelminischen) Staat notwendig.[442] Den ordnenden Staat überflüssig machte dann *Harold J. Laski*, der ihn nur als eine weitere Gruppierung ansah, ihm aber keine Vor-

---

[438] „Gleichgewichtige Meinungsvielfalt lässt sich nicht als exakt zu bestimmende Größe verstehen", BVerfGE 73, 118 (159) – *Niedersachsen.*

[439] Siehe die oben dargestellte Entscheidung BVerfGE 114, 371 ff. – *Teilnehmerentgelt.*

[440] Als „Väter" der Pluralismustheorie werden i.d.R. *Immanuel Kant* („Zum ewigen Frieden", 1796), *James Madison* („Federalist No. 10", 1787) und *John Stuart Mill* („Über die Freiheit", 1859) angeführt. Siehe dazu ausführlich *Kremendahl*, Pluralismustheorie, S. 75 ff.

[441] *v. Gierke*, Das Wesen der menschlichen Verbände, S. 24 f.

[442] *v. Gierke*, Das Wesen der menschlichen Verbände, S. 33.

rechte und besondere Loyalität von Seiten der Individuen zusprach[443], wofür er wiederum von *Carl Schmitt*, dem nationalsozialistischen Totalitätsanspruch des Staates folgend, scharf kritisiert wurde.[444]

Nach der Phase des Totalitarismus, der jede Pluralismustheorie als gegen die Einheit von Staat und Gesellschaft gerichtet ablehnte, kam mit *Ernst Fraenkel* der Neopluralismus auf.[445] Nach seiner Auffassung, wohl auch gewonnen aus historischer Erfahrung und Beobachtung der Gegenwart, stellt der Pluralismus als Antagonismus zum Totalitarismus gleichzeitig das Fundament und Wesensmerkmal der freiheitlichen Demokratie dar.[446]

Damit ergaben sich für die Pluralismustheorie zwei entscheidenden Weichenstellungen. Zum einen lag ein Schwerpunkt auf der Frage der (macht-) politischen „Repräsentation" unter pluralen Gesellschaftsbedingungen. Zum anderen war das Individuum als grundsätzlich kleinste Einheit jeder pluralen Ordnung in den Hintergrund der Diskussion gerückt und Pluralismus grundsätzlich nur unter der Bedingung einer gruppenverfassten Gesellschaft gedacht.[447]

1. Willensbildungspluralismus und Meinungsbildungspluralismus

Die Pluralismustheorie fokussierte sich also auf die Organisationsvoraussetzungen einer pluralen, gesellschaftlichen Willensbildung und entsprechender Repräsentation.[448] Von dieser Fragestellung abzugrenzen ist aber diejenige nach den Voraussetzungen einer pluralen Meinungsbildung. Der erste Befund ist also, dass der Begriff des Pluralismus, zumal unter Rechtswissenschaftlern, ein primär verbands- und organisationstheoretisch geprägtes Modell ist, dass auf Repräsentation und Partizipation von Gruppen an Herrschaftsmacht gerichtet ist.

Wie oben gezeigt, hat das deutsche Verfassungsgericht gleich im *ersten Fernsehurteil* Elemente der Pluralismustheorie zur Beschreibung der Binnenverfassung des öffentlich-rechtlichen Rundfunks verwendet[449] und dann in stetiger

---

443 Siehe *Laski*, Die Souveränität des Staates, S. 65 ff.

444 Zur Pluralismuskritik bei *Carl Schmitt* siehe *Steffani*, Vom Pluralismus zum Neopluralismus, S. 60.

445 *Fraenkel*, Pluralismus als Strukturelement, 45. DJT 1964.

446 Zu *Fraenkel* ausführlich *Steffani*, Vom Pluralismus zum Neopluralismus, S. 61 f. Er sagt allerdings auch in milder Kritik, die Konzeption von *Fraenkel* sei „nicht visionär konstruiert", was wohl für einen Großteil der Neopluralisten zutrifft, vgl. S. 65.

447 *Steffani* nennt dies die These von der „Organisierbarkeit aller Interessen", vgl. *Steffani*, Vom Pluralismus zum Neopluralismus, S. 74.

448 Vgl. zu neueren Ansätzen u.a. von *Roman Herzog* vgl. *Schellenberg*, Rundfunkkonzentrations-Bekämpfung, S. 27 f. Aus neuerer Zeit ebenfalls *Schuster*, Meinungsvielfalt, S. 124 ff., der den staatsrechtlichen Pluralismusbegriff zwar untersucht, seine kaum modifizierte Verwendung im Medienrecht aber nicht kritisiert.

449 Vgl. BVerfGE 12, 205 (261f.) – *1. Fernsehurteil* dazu oben B.V.1.a).

Entwicklung den Pluralismus zu einem zentralen Element der Rundfunkordnung gemacht, dass sogar als „verfassungsrechtlich geforderte Minimum an Meinungsvielfalt"[450] die Grenze zu einer verfassungswidrigen Ausgestaltung der Rundfunkordnung, einschließlich seiner Regulierung, kennzeichnet. Es hat jedoch keine kritische Auseinandersetzung oder Abgrenzung seiner eigenen Begrifflichkeit gegenüber der staatsrechtlich geprägten Pluralismustheorie vorgenommen. Das verwundert, sind die Voraussetzungen der Willensbildung und der Meinungsbildung, wie die Ergebnisse der Medienwirkungsforschung zeigen, keineswegs identisch. An dieser Stelle besteht ein Defizit: Die Zielausrichtung und Mindesteinrichtungen der „positiven Ordnung", die von Seiten des Gesetzgebers in Form von verfahrens- organisatorischen und materiellen Regelungen" zu verwirklichen sind, werden missverstanden.

Es bedarf also einer deutlichen Unterscheidung zwischen einem auf politische Teilhabe gerichteten Pluralismuskonzept und einem Strukturprinzip des Pluralismus für die Teilhabe und Teilnahme an einer öffentlichen Meinungsbildung,[451] besser noch müsste ein eigenständiger, *rundfunkspezifischer* Pluralismusbegriff geprägt werden.[452] Wesentlicher Unterschied beider Theorien wäre zunächst, dass die grundsätzliche Organisationsfähigkeit einer Meinung nicht zur Voraussetzung gemacht werden darf, da es gerade der Zielrichtung der verfassungsrechtlichen Konzeption optimaler Meinungsvielfalt entspricht, dass alle in der Gesellschaft vorhandenen Meinungen sich wieder finden können, auch solche, die nicht durch Gruppen artikuliert werden. Insofern sind an einem außenpluralen Modell durchaus Zweifel angebracht, die eine systemische „Vielfaltsreserve"[453] notwendig machen kann. Aus dem gleichen Argument kann es nicht auf eine Repräsentation von Interessen ankommen, soweit also an einen „Legaleinsatz"[454] der gesellschaftlichen Gruppen im Rahmen organisationspluralistischer Formen der Medienordnung gedacht wird, haben diese ein

---

[450] BVerfGE 52, 295 (323) – *FRAG*.

[451] So auch *Schmidt*, Rundfunkvielfalt, S. 64.

[452] Die erste Unterscheidung zwischen dem allgemeinen Gruppenpluralismus und dem Gruppenpluralismus des Rundfunkrechts hat *Wolfgang Schmidt* geliefert. Seine Analyse ist jedoch begrenzt auf den funktionalen Unterschied des Gruppeneinsatzes in beiden Pluralismussystemen. So treffend seine Feststellungen hinsichtlich der Gruppenfunktion sind, sind sie nicht geeignet, um Aussagen über die eigentliche Zielrichtung des rundfunkrechtlichen Pluralismus, nämlich ein plurales Programm zu gewährleisten, zu treffen, da sie sich in der Frage der Repräsentation von Gruppeninteressen erschöpfen. Siehe die ausführliche Darstellung in *Schmidt*, Rundfunkvielfalt, S. 100 f.

[453] Zu dieser Kritik und dem Begriff „Vielfaltsreserve" siehe *Schmidt*, Rundfunkvielfalt, S. 85 f. und 92 ff.

[454] Dieses etwas gefährliche Wort nutzt *Ipsen* und differenziert entsprechend wenig zwischen rundfunkspezifischer und allgemeiner Pluralismustheorie, vgl. *Ipsen*, Mitbestimmung im Rundfunk, S. 68.

ihre eigenen Interessen „überschießendes Mandat“[455] zur Gewährleistung eines Optimums an Meinungsvielfalt.[456] An dieser Stelle ist der Begriff der „gesellschaftlich relevanten Gruppe“ zu ergänzen. In der derzeitigen Rundfunkordnung stellt er die kleinste beteiligte Einheit, die Keimzelle der Regulierung dar. Systematisch bleibt aber eine solche Beteiligung hinter dem Ziel der Metaebene, die vorhandenen Meinungen in der Gesellschaft zu spiegeln, zurück. Ein weiterer Aspekt wäre, dass die Vertretung einer Gruppe notwendig nicht alle Interessen ihrer Gruppe kennt und als solche vertreten kann.

Man muss aber die Frage stellen, ob mit dem perfekten Organisationsrahmen auch tatsächlich das verfassungsrechtlich gewünschte Ziel der Meinungsvielfalt zu erreichen ist. Die Frage so stellen heißt, sie verneinen. Notwendig sind über die gut und ausführlich diskutierten Elemente des Organisationspluralismus hinaus auch klare und subsumptionsfähige Kriterien des materiellen Pluralismus.

2. Formeller Pluralismus

Die wohl am ausführlichsten diskutierten und im System der deutschen Medienordnung verwirklichten Elemente eines Pluralismus sind solche des Organisationspluralismus. Diese Regelungen stellen sich im Rahmen der „positiven Ordnung“ als organisatorische und Verfahrensregelungen dar. Dabei lassen sich systemische Vorgaben, Anreizfunktionen und Negativregelungen unterscheiden.[457] Die wichtigste systemische Vorgabe ist die durch Verfassungsgericht und Gesetzgeber entwickelte Unterteilung in einen Außenpluralismus im privaten Rundfunk und ein binnenplurales System für den öffentlich-rechtlichen Rundfunk, wobei das Gericht beide Systeme nicht als monolithische Blöcke ansieht, sondern mehr als verfassungskonforme Gestaltungsvariante des Gesetzgebers.[458]

---

[455] Der Begriff stammt von *Schmidt*, Rundfunkvielfalt, S. 64. Kritisch dazu *Gersdorf*, Staatsfreiheit des Rundfunks, S. 158.

[456] Dies hat trotz aller Anleihen am staatsrechtlichen Pluralismus auch das Verfassungsgericht erkannt, und aus diesem Grund jeden individuellen Repräsentationsanspruch in der Rundfunkordnung abgelehnt, vgl. BVerfGE 60, 53 (66) – *Rundfunkrat*. Ebenso *Schuster*, Meinungsvielfalt, S. 109.

[457] Zur Umsetzung von organisationspluralistischen Regelungen, die Anreizfunktionen und Negativregelungen in der deutschen Medienordnung betreffen siehe unten C. Mit ausführlichen Nachweisen zu den beiden Grundsystemen vgl. nur *Hoffmann-Riem*, Sicherung der Meinungsbildungsfreiheit, S. 93.

[458] So herrscht ausdrücklich kein Zwang zur „Modellkonsistenz“, vgl. BVerfGE 83, 238 (315 f.) – *WDR-Gesetz*.

a) Angebotsvielfalt – der Binnenpluralismus

Die ursprüngliche Organisationsform der Vielfalt als Binnenpluralismus im Rundfunk hat sich in der Struktur der öffentlich-rechtlichen Rundfunkanstalten entwickelt und entstand aus der historischen Situation, schlicht weniger Programmveranstalter als Meinungen zu haben. Der massenmediale Meinungsbildungsprozess musste also organisiert werden.

Grundsätzlich besagt das Prinzip der Binnenpluralität, dass die Meinungsvielfalt in Form aller in Betracht kommender Kräfte durch den Rundfunkveranstalter selbst, also ohne eine An- oder Hinzurechnung von Meinungsdarstellungen anderer Veranstalter, dargestellt werden muss.[459] Die Verpflichtung bezieht sich also auf eine Leistungsanforderung, die der verfassungsrechtlichen Vorgabe des Funktionsauftrages auf der Metaebene entspricht.[460] Durch die individualisierte Verpflichtung lässt sich die Anforderung auch grundsätzlich konkretisieren und wird damit überprüfbar – zumindest soweit die Anforderungen der Metaebene ausreichend formuliert sind.[461] Derzeit sind nach dem Prinzip des Binnenpluralismus in Deutschland nur die öffentlich-rechtlichen Anstalten organisiert.[462] Der Binnenpluralismus – wohl auch gerade wegen seiner strukturell leichteren Überprüfbarkeit – genießt gegenüber dem Außenpluralismus das größere Vertrauen des Gesetzgebers im Hinblick auf seine Eignung, das Ziel der Metaebene zu verwirklichen. Dies lässt sich u.a. mit dem Junktim des Verfassungsgerichts begründen, dass einen defizitären außenpluralen Privatrundfunk nur unter der Vorraussetzung akzeptiert, dass das Gesamtsystem Rundfunk der Anforderung der Metaebene nachkommt.[463] Auch die Systematik der vielfaltssichernden Maßnahmen (§§ 30 ff. RStV) zeigen, dass die rechtliche Verordnung von Binnenpluralität (z.B. durch den plural besetzten Programmbeirat gem. § 32 RStV) aus Sicht des Gesetzgebers einzig mit hinreichender Sicherheit in der Lage ist, Gefahren und Defiziten zu vermeiden.[464]

---

[459] So die Aussage von BVerfGE 12, 205 (262) – *1. Fernsehurteil.* Siehe auch *Hartstein/Ring/Kreile/Dörr/Stettner*, Rundfunkstaatsvertrag, § 20 Rn. 6.

[460] Vgl. nur die ausführlichen Anforderungen aus BVerfGE 73, 118 (161) – *Niedersachsen* und BVerfGE 87, 181 (187) – *HR3-Beschluss.*

[461] Hierin, und nicht in der organisatorischen Sicherstellung liegt denn auch das grundlegende Defizit der Medienregulierung, dazu unten C.II.

[462] Diese Modellwahl für den öffentlich-rechtlichen Rundfunk liegt im Rahmen der Gestaltungsfreiheit des Gesetzgebers. Insofern ist die etwas apodiktische Aussage des BayVerfGH, der „öffentlich-rechtliche Rundfunk [dürfe] nur binnenplural ausgestaltet sein", nur innerhalb der gewählten positiven Ordnung und selbst dort nur als negative Abgrenzung zur einseitigen Programmgestaltung zutreffend, vgl. BayVerfGH vom 21. November 1986, NJW 1987, 251.

[463] Siehe dazu *Hesse*, Rundfunkrecht, S. 31 und *Stock*, NJW 1987, 217 (220).

[464] Vgl. dazu auch die Aussagen aus BVerfGE 74, 295 (328 f.) – *WDR-Gesetz.* Mit starken Argumenten und bereits auf die bis heute bestehenden Schwächen der binnenpluralen

b) Anbietervielfalt – der Außenpluralismus

Die Idee des Außenpluralismus ist dagegen aus der Not geboren. Das Verfassungsgericht stellte in den Urteilen *FRAG* und *Niedersachsen* fest, dass aufgrund der Werbefinanzierung und der resultierenden Hinwendung zu publikumswirksamen Angeboten der private Rundfunk strukturell nicht in der Lage ist, die auf der Metaebene bestehenden Anforderungen der Meinungsvielfalt zu erfüllen. Die Lösung bestand in der Annahme, dass sich bei ausreichender Anzahl von Anbietern und einem entsprechenden Wettbewerbsdruck das verfassungsrechtlich notwendige Niveau an Meinungsvielfalt einstellen würde, ohne dass der öffentlich-rechtliche Rundfunk mit seinen Veranstaltungen in diese Betrachtung einbezogen wird.[465] Auch der Außenpluralismus ist also ein Ziel, dem die Medienordnung mit Fiktionen entgegenstrebt.[466] Dabei sollte der private Rundfunk aber nicht aus seiner Bindung an den Funktionsauftrag des Rundfunks auf der Metaebene entlassen werden. Auch wenn die strengen Vorgaben des *FRAG-Urteils* durch die *Niedersachsen-Entscheidung* sehr viel liberaleren Anforderungen gewichen sind, ist bis heute das „Junktim“ zur verfassungsrechtlich geforderten Meinungsvielfalt auf der Metaebene die Existenzgrundlage des privaten Rundfunks.[467] Als verfassungsrechtliche Maßgabe trifft den Gesetzgeber allerdings nur die Pflicht, eine außenplurale Ordnung so einzurichten, dass eine Meinungsvielfalt mit hinreichender Wahrscheinlichkeit erwartet werden kann.[468]

Problematisch an diesem Ansatz ist zum einen, dass er aus sich heraus keinerlei Möglichkeit zur Einzelfallregulierung bietet, da sich der Begriff des „Grundstandards gleichgewichtiger Vielfalt“[469] gerade auf den privaten Rundfunk als Ganzes bezieht und nicht einzelnen Veranstaltern oder gar Sendungen gegen-

---

Organisation hinweisend *Pestalozza*, NJW 1981, 2158 (2164). Aus dem gleichen Grunde wurde nie ein rein außenplurales System installiert. Spätestens auf der Kontrollebene wird von Seiten des Gesetzgebers ein (binnen)plural besetztes Gremium vorgegeben, vgl. *Hartstein/Ring/Kreile/Dörr/Stettner*, Rundfunkstaatsvertrag, § 20 Rn. 7. Von den öffentlich-rechtlichen Rundfunkanstalten als „Idealtypus“ des Binnenpluralismus spricht *Schuster*, Meinungsvielfalt, S. 142.

465 Vgl. *Hartstein/Ring/Kreile/Dörr/Stettner*, Rundfunkstaatsvertrag, § 20 Rn. 7. In der ersten Phase der Zulassung des Privatrundfunks existierten allerdings auch Mischsysteme (z.B. in Hamburg und Nordrhein-Westfalen), in denen die privaten Rundfunkveranstalter zum Binnenpluralismus verpflichtet waren, vgl. zu den verschiedenen Modellen *Schuster*, Meinungsvielfalt, S. 169 ff.

466 Vgl. *Hesse*, Rundfunkrecht, S. 253.

467 Siehe dazu *Stock*, NJW 1987, 217 (220).

468 Siehe bereits BVerfGE 57, 295 (323) – *FRAG*. In diesem Gestaltungsrahmen ist auch die Drei-Sender-Regel des RStV 1987 zur Vermutung bestehender Meinungsvielfalt zu sehen.

469 BVerfGE 73, 118 (159 f.) – *Niedersachsen*.

über angewandt werden kann.[470] Hinzu kommt, dass die auf den Privatrundfunk und seinen Beitrag zur Meinungsvielfalt gemünzte Aussage, „der Wurm muss dem Fisch schmecken und nicht dem Angler“ (*Helmut Thoma*)[471] zwar die ökonomisch geprägte Sicht der privaten Rundfunkveranstalter gut zusammenfasst, als Richtschnur für Meinungsvielfalt aber nur bedingt geeignet ist.

Die Bedingungen der marktwirtschaftlichen Produktion und Verbreitung von Rundfunkinhalten haben zwar zuvorderst die Einschaltquote zu berücksichtigen, die wiederum den Preis der Werbeminute bestimmt.[472] Zwei Faktoren allerdings bleiben bei dieser Betrachtung unberücksichtigt. Zum einen ist die tatsächlich ökonomisch grundlegende Frage diejenige nach den Kosten der Produktion bzw. des Einkaufspreises für fremdproduzierten Inhalt. Bleiben diese unter den Werbeeinnahmen, spielt die Einschaltquote bereits eine nachrangige Rolle. Kurzfristig kann im Extremfall daher sogar am Publikum vorbei gesendet werden. Auf jeden Fall aber gewinnt diese Gleichung in Randbereichen des Sendespektrums zunehmend an Bedeutung und auch gerade hinsichtlich solcher Sendungen, die evtl. im Rahmen von rechtlichen Inhaltsverpflichtungen liegen.[473] Zum anderen muss mit den Ergebnissen der Medienwirkungsforschung auch der Kultivierungs- und Sozialisationseffekt von gleichförmigen Inhalten berücksichtigt werden. Er sorgt über einen längeren Zeitraum für eine bestimmte Erwartungshaltung und bestimmt damit letztlich mit, „welchen Wurm der Fisch bevorzugt“.

Letztlich, will das Konzept der Meinungsvielfalt nicht gleichermaßen zur willkürlichen Regulierung wie zur ökonomisch getriebenen Gleichförmigkeit der Inhalte unter Berufung auf und Formung des Massengeschmacks geeignet sein, darf die Einschaltquote nicht alleiniger Maßstab für den Beitrag eines

---

[470] So sehr deutlich *McQuail*, Media Performance, S. 146. *Hoffmann-Riem* schreibt den Vielfaltsanforderungen für den Privaten Rundfunk lediglich „Appellcharakter“ zu, *Hoffmann-Riem*, Sicherung der Meinungsbildungsfreiheit, S. 100. Siehe auch *Hesse*, Rundfunkrecht, S. 252; *Herrmann*, Rundfunkrecht, § 20 Rn. 9 f und unten C.II.2.b)aa).

[471] *Helmut Thoma*, damals alleiniger Geschäftsführer RTL Deutschland, Interview in: Der Spiegel vom 15. Oktober 1990. Die Relation von Produktionskosten, Quoten und Werbeeinnahmen hatte auch schon im Blick BVerfGE 73, 118 (155) – *Niedersachsen.*

[472] *Herrmann* bezeichnet die Werbeinnahmen zutreffend als „Lebensnerv“ des privaten Rundfunks, vgl. *Herrmann*, Rundfunkrecht, § 19 Rn. 3, allerdings muss immer diese Aussage um die Komponente der Kosten erweitert werden.

[473] Der ehemalige Geschäftsführer Sat1, *Roger Schawinski*, bezeichnet dieses Phänomen als „Controller-Fernsehen“ und charakterisiert es als „öde,öde,öde“. Hinsichtlich der Verpflichtung zur Drittsendezeit ärgern ihn vor allem die hohen Kosten, die durch quasi-Abnahmeverpflichtungen von Seiten der dctp um *Alexander Kluge* und Spiegel-TV von *Stefan Aust* durchgedrückt werden, siehe FAZ vom 18. August 2007.

Veranstalters zur Meinungsvielfalt sein.[474] An dieser Stelle zeigt sich der durch den Gesetzgeber über den organisationspluralen Rahmen hinaus kaum eingeschränkten Freiheitsraum der Rundfunkveranstalter in Bezug auf Anforderungen an ihren Beitrag zur Meinungsvielfalt. Das verfassungsrechtlich zulässige Modell des Außenpluralismus bietet ohne ergänzende Anforderungen daher wohl nicht die Gewähr zur Erfüllung des „Grundstandards gleichgewichtiger Vielfalt“ und kann daher nur als notwendige, nicht aber hinreichende Bedingung betrachtet werden.[475]

3. Materieller Pluralismus

Zu den formellen Rahmenbedingungen, sei es im binnenpluralen oder außenpluralen Modell, müssen also materielle Kriterien hinzutreten, um das verfassungsrechtlich geforderte Niveau der Meinungsvielfalt sichern. Was aber genau darunter zu verstehen ist, war und ist in der Literatur umstritten.[476] Gemeinsam ist allen Auffassungen, dass es verschiedene Dimensionen von Vielfalt gibt, sie also nicht ein abstrakt festzulegender Wert ist, auch wenn dies durch die Formulierungen des Verfassungsgerichts von dem „verfassungsrechtlich geforderten Niveau“ bisweilen so anmutet.

a) Die Auffassung von Schellenberg

Durch einen Rechtsvergleich mit den Medienordnungen von Frankreich, Großbritannien und Italien hat *Schellenberg* sechs Komponenten des Rundfunkpluralismus identifiziert.[477] Neben den formellen Kriterien von Staatsfreiheit und Vermeidung einseitiger Beeinflussung durch Private, identifizierte er vier materiell-inhaltliche Komponenten des Pluralismus. Dazu rechnet er die „Wiedergabe der Meinungsvielfalt“ als Spiegelungsprozess der öffentlichen Meinungen und ihrer Funktion im öffentlichen Meinungsbildungsprozess. Die „Wiedergabe inhaltlicher Vielfalt“ soll als Berücksichtigung möglichst vieler Sparten verlangt werden. Schließlich gehört zum materiellen Pluralismusbegriff nach seiner Auffassung die Aufgabe der Medien als Politikkontrolle, wohl in der

---

[474] So im Ergebnis auch *Woldt*, Probleme der Messung von Vielfalt, S. 203, mit Verweis auf den amerikanischen Kommunikationswissenschaftler *Steiner*, der Vielfalt dann als gegeben ansah, wenn „möglichst viele Nutzer möglichst lange das Programm eingeschaltet lassen“.
[475] So auch bereits *Lerche*, NJW 1982, 1676 (1677).
[476] Streitig ist der Begriff nicht nur unter Juristen. Auch unter Kommunikationswissenschaftlern ist bereits die Wahl der korrekten Methode zur Ermittlung und Bestimmung von Vielfalt umstritten und hat das eigene Gebiet der „Vielfaltsforschung“ hervorgebracht, vgl. exemplarisch *Woldt*, Probleme der Messung von Vielfalt, S. 192 ff.
[477] Siehe *Schellenberg*, Rundfunk-Konzentrationsbekämpfung, S. 191 ff.

klassischen Funktion des public watchdog,[478] in der sie eigene Meinungen und Bewertungen entwickeln und nicht lediglich Vorhandenes spiegeln soll. Teil der Aufgabe der Medien ist überdies ihr Beitrag zur kulturellen Zusammengehörigkeit des Landes, indem die Medien ein Auseinanderfallen der Gesellschaft durch Berichterstattung und Aufgreifen von gemeinsamen Werten und Themen vermeiden, gemeinhin als Integrationsfunktion[479] bezeichnet.

Diese Auffassung entspricht etwa der herrschenden Auffassung über die materiellen Anforderungen, die sich aus dem Prinzip des Pluralismus für den Rundfunk ergeben.[480] Nach diesem Befund wird oftmals auf die unterschiedlichen Anforderungen an privaten und öffentlich-rechtlichen Rundfunk hingewiesen und daraufhin die Auseinandersetzung schwerpunktmäßig mit dem spezifischen Funktions- oder Grundversorgungsauftrag des öffentlich-rechtlichen Rundfunks fortgesetzt.[481] Was jedoch fehlt, war die grundsätzliche Auseinandersetzung mit der Funktion und der Leistungsfähigkeit des Gesamtsystems Rundfunk, unabhängig von der Verantwortlichkeit seiner Subsysteme des privaten und öffentlich-rechtlichen Rundfunks. Das Verfassungsgericht hat sich stets geweigert, hierzu als Ersatzgesetzgeber Stellung zu nehmen.[482]

Zuzugeben ist, dass eine solche Diskussion sehr heikel ist, bewegt sie sich doch notgedrungen auf der Grenze zum Eingriff in die Rundfunkfreiheit oder gar zur Aushöhlung der Rundfunkfreiheit durch Ausgestaltungsgesetze. Nicht unwahrscheinlich würde ihr Ergebnis l´art pour l´art enden. Entsprechend hat sich die rechtswissenschaftliche Diskussion immer um die Optimierung von Organisation und Verfahren zur „Definitionsherrschaft über den Inhalt der Normierung“[483]

---

[478] So die vor allem vom EGMR oft verwandte Formulierung, dazu *Dörr*, Europäisches Medienrecht, S. 119; *Dörr/Schiedermair*, Kohärentes Konzentrationsrecht, S. 42, mit Hinweisen auf die umfangreiche Rechtsprechung des EGMR.

[479] Ursprünglich wurde die Integrationsfunktion für den Rundfunk bereits 1971 formuliert, vgl. BVerfGE 31, 314 (329) – *2. Rundfunkentscheidung*. Zur Integration besonders ausführlich *Holznagel*, Der spezifische Funktionsauftrag des ZDF, S. 39. Auch bereits *Hoffmann-Riem*, RuF 1978, 111 (118), sowie *Kübler*, Verbürgung der Vielfalt, S. 26.

[480] Aus der unüberschaubaren Literatur *Kübler*, Verbürgung der Vielfalt, S. 26; *Branahl*, publizistische Vielfalt, S. 85, 94 f.; *Hesse*, Rundfunkrecht, S. 120 ff.; *Pethig*, Verbürgung der Vielfalt, S. 31 f. jeweils m.w.N. Ähnlich auch bereits *Lerche*, der zwar die Möglichkeit des Gesetzgebers zur Setzung bestimmter Qualitäts- (!) Standards betont, dann aber wieder auf den gesetzgeberischen Spielraum verweist, siehe *Lerche*, Referat zum 56. DJT, O 42.

[481] Vgl. nur *Hesse*, Rundfunkrecht, S. 120; *Herrmann*, Rundfunkrecht, § 7 Rn. 127 ff.; ebenso die Aufzählung bei *Pethig*, Verbürgung der Vielfalt, S. 31; *Schuster*, Meinungsvielfalt, S. 175 f. zur „Normierung der Meinungsvielfalt“ in § 6 HmbMG a.F., dessen bloße Referenz auf Zitate aus der Verfassungsrechtsprechung er im Hinblick auf den „prozessualen Charakter“ der Meinungsvielfalt gut heißt.

[482] Vgl. *Hoffmann-Riem*, Rundfunkrecht neben Wirtschaftsrecht, S. 18.

[483] So bereits *Hoffmann-Riem*, RuF 1978, 111 (119).

gedreht. Doch gerade vor dem Hintergrund der europa- und vergaberechtlich notwendig gewordenen Neufassung des Auftrags des öffentlich-rechtlichen Rundfunks wird dieses theoretische Defizit sichtbar.[484] Nur wenige Autoren haben sich an einer Konkretisierung materieller Pluralismusanforderungen herangewagt.[485]

b) Die Auffassung Hoffmann-Riems

Der wohl prominenteste Vertreter aus der Rechtswissenschaft ist der Verfassungsrichter *Wolfgang Hoffmann-Riem*. Auch nach seiner Auffassung lassen sich aus der Rechtsprechung des Verfassungsgerichts mehrere Dimensionen von Vielfalt ableiten. Insgesamt macht er fünf[486] bzw. sechs[487] dieser Dimensionen aus. Dazu gehört die inhaltlich-meinungsbezogene Vielfalt, in der möglichst die ganze Breite der in der Gesellschaft vorhandenen Meinungen darzustellen ist. Weiter die personen-, gruppen-, und institutionenbezogene Vielfalt, die das Wort des Verfassungsgerichts von den gesellschaftlich relevanten Gruppen und Kräften aufnimmt. In der gegenständlichen Programmvielfalt sollen die „verschiedenen Lebensbereiche und ihre Ereignisse und Informationen" widergespiegelt werden. Die räumliche Programmvielfalt erstreckt sich nach seiner Auffassung geographisch von der lokalen bis zur internationalen Ebene. Die Spartenvielfalt bietet dagegen die bekannten Elemente des klassischen Rundfunkauftrags mit den Sparten Information, Unterhaltung, Bildung und Beratung.[488] Als letzte Kategorie schlägt *Hoffmann-Riem* die Rezeptionsvielfalt vor, worunter er die Möglichkeit des Rezipienten versteht, aus einem Angebot verschiedener Kommunikationswege wählen zu können.[489]

Statt einer noch weitergehenden Präzisierung weist er allerdings auf den verfassungsgerichtlich eingeräumten großen Spielraum hin, so dass die Konkretisie-

---

[484] Das Beihilfeverfahren wurde am 24. April 2007 zwar eingestellt, allerdings um den Preis äußerst präziser Vorgaben, vgl. Pressemitteilung IP/07/543 und K (2007) 1761 (entg.), beide Dokumente vom 24. April 2007.

[485] Dieses Defizit wird gelegentlich, allerdings auch schon seit geraumer Zeit immer wieder festgestellt. Vgl. *Schmidt*, Meinungsvielfalt, S. 44; *Schuster*, Meinungsvielfalt, S. 115; *Hain*, Rundfunkfreiheit und Rundfunkordnung, S. 53, mit Verweis auf *Jarass*, Freiheit der Massenmedien, S. 46 ff.

[486] *Hoffmann-Riem*, Rundfunkrecht neben Wirtschaftsrecht, S. 18; sowie *Hoffmann-Riem*, Sicherung der Meinungsbildungsfreiheit, S. 95.

[487] *Hoffmann-Riem*, in: AK-GG, Art. 5 Rn. 176; und *Hoffmann-Riem*, Regulierung der dualen Rundfunkordnung, S. 99 f.

[488] Vgl. BVerfGE 73, 118 (158) – *Niedersachsen*.

[489] Die Rezeptionsvielfalt geht, soweit erkennbar, nicht auf eine entsprechende Aussage des Verfassungsgerichts zurück, siehe *Hoffmann-Riem*, in: AK-GG, Art. 5 Rn. 176; sowie *Hoffmann-Riem*, Regulierung der dualen Rundfunkordnung, S. 100.

rung oberhalb des verfassungsrechtlich geforderten „Mindestmaß an Vielfalt“[490] allein dem Gesetzgeber obliegt. Für den Bereich des außenpluralistisch organisierten privaten Rundfunks hält er dies allerdings für misslich, da die ohnehin nur begrenzten rechtlichen Vorgaben durch die Aufsichtsinstanzen kaum genutzt werden, um sich nicht den Vorwurf des Missbrauchs einzuhandeln. Zwar unterhalb des Missbrauchs, aber letztlich auf die mangelnde Transparenz der Pluralismusanforderungen zurückzuführen, erwähnt er, dass höchstens gegen solche Veranstalter eingeschritten würde, die „nicht zum ökonomischen und kulturell-politischen Establishment gehören“ und ein Programm außerhalb der Durchschnittserwartung anbieten.[491]

c) Vielfaltskriterien nach Schulz/Schatz

Die Autoren *Winfried Schulz* und *Heribert Schatz* haben im Rahmen eines Vorschlags zur Kontrolle von Programmqualität eine Matrix zur Erfassung von Vielfaltsdimensionen vorgeschlagen.[492] Die Besonderheit ihres Ansatzes liegt zunächst in der Rückkopplung an die rechtlichen Vorgaben der Rundfunkordnung. Ihr Ausgangspunkt ist also wie bei *Hoffmann-Riem* und *Schellenberg* die Judikatur des Verfassungsgerichts, obwohl das Verfassungsgericht diesen Bereich grundsätzlich dem gesetzgeberischen Spielraum zuweist und er damit auch ökonomisch oder kommunikationswissenschaftlich definiert werden könnte.

Zunächst unterteilen die Autoren die Programmvielfalt, in ihrer Arbeit eines von sechs Merkmalen der Programmqualität, in strukturelle und inhaltliche Vielfaltsvorgaben.[493] Unter strukturellen Vorgaben verstehen die Autoren die auch in der rechtswissenschaftlichen Literatur diskutierte Einteilung nach Sparten und Programmformen, wie sie sich sogar im bestehenden Regulierungsrahmen wieder findet.[494] In Bezug auf die programmlich-inhaltliche Vielfalt schlagen die Autoren ein zweigliedriges System vor. Im ersten Schritt wird die Informationsvielfalt erfasst, die sich in vier Ebenen aufteilt. Zu diesen gehören die verschiedenen Lebensbereiche („gegenständliche Vielfalt“ in der Terminologie des BVerfG[495]), die geographische Vielfalt („regionale Vielfalt“[496]), kulturelle, religiöse und ethnische Vielfalt und die gesellschaftliche und politische Vielfalt.

---

[490] *Hoffmann-Riem*, in: AK-GG, Art. 5 Rn. 176, in Anlehnung an BVerfGE 57, 295 (323) – *FRAG*
[491] *Hoffmann-Riem*, Sicherung der Meinungsbildungsfreiheit, S. 100.
[492] *Schatz/Schulz*, Media-Perspektiven 1992, 690 ff.
[493] *Schatz/Schulz*, Media-Perspektiven 1992, 690 (691).
[494] Vgl. die Einteilung in Voll- und Spartenkanäle in § 2 Abs. 2 RStV.
[495] Vgl. BVerfGE 90, 60 (90) – *Gebührenurteil* mit Verweis auf frühere Urteile.
[496] BVerfGE 74, 297 (327) – *BW-Beschluss*.

In dieser Einteilung folgen die Autoren im Wesentlichen den Vorgaben des Verfassungsgerichts.

Hinzukommend schlagen sie inhaltliche Kategorien zur genaueren Untersuchung vor.[497] Diese können zunächst bei der Darstellung ansetzen, indem die Akteure nach ihrer Subjekt- oder Objektqualität in der Berichterstattung, ihrer Zugehörigkeit zu sozialen Einheiten und der konkreten Darstellungswahl unterteilt werden. Hinzukommend sollen auch die Produktionsbedingungen, Eigen- oder Fremdproduktion, einbezogen werden.

Schließlich, und das ist die besondere Aussage, lassen sich nach Ansicht der Autoren mit diesen Merkmalen eine Aussage sowohl über die Vielfalt eines Programms als auch über die Vielfalt des Gesamtsystem Rundfunk machen. Hierzu verweisen sie auf bekannte Verfahren zur Ermittlung und Gewichtung der vorgeschlagenen Vielfaltsdimensionen.[498]

d) Diversity nach McQuail

Eine der bekanntesten Arbeiten wurde von dem Briten *Denis McQuail* verfasst.[499] Er anerkennt zunächst die kulturell-soziologische Einbettung von Pluralismuskonzepten, die nach seiner Auffassung gleichermaßen das Ergebnis von Planung wie von Zufall sind.[500] Dann aber nennt er vier Charakteristika, die nach seiner Auffassung allen Pluralismuskonzeptionen gemein sind und, in unterschiedlicher Weise gewichtet, die je eigene „Pluralismus-Mischung“ ausmachen. Dazu gehören Vielfalt als Spiegelung der gesellschaftlich vorhandenen Meinungen und Positionen, Vielfalt als Zugangsvielfalt und Vielfalt der medialen Darstellungsmöglichkeiten und Vielfalt als Vielfalt der Rezipientenwahlmöglichkeiten.[501]

In einem zweiten Schritt eröffnet er die Sicht auf Subsysteme der Pluralismuskonzeption, die er in strukturelle und inhaltliche Anforderungen unterteilt. Hinsichtlich der strukturellen Vorgaben bezieht er sich im Wesentlichen nur auf die geläufige Unterteilung in binnen- und außenplurale Rundfunkstrukturen. Um die strukturellen Elemente zu prüfen, schlägt er vor, die tatsächlichen und rechtlichen Zugangsmöglichkeiten der Rundfunkveranstalter für Meinungen und

---

[497] *Schatz/Schulz*, Media-Perspektiven 1992, 690 (693).

[498] Genannt werden das Entropie-Maß sowie ein von *Donsbach* verwandtes Verrechnungsverfahren, die hier nicht dargestellt werden können. Entscheidend aber ist, dass die hier verwandte Darstellung deutlich zeigt, dass es auch einen Konsens hinsichtlich der Einzelelemente des Pluralismus gibt und dass diese auch und gerade für kleinere Einheiten des „Gesamtsystem Rundfunk“ überprüfbar sind.

[499] *McQuail*, Media Performance, S. 141 ff.

[500] *McQuail*, Media Performance, S. 150.

[501] *McQuail*, Media Performance, S. 144 f.

Positionen zu prüfen. Als weiteren Maßstab schlägt er das bekannte Merkmal der Anbietervielfalt vor, allerdings mit einem Schwerpunkt auf der Untersuchung ihrer tatsächlichen und rechtlichen Unabhängigkeit, wie sie in die Konzentrationskontrolle Eingang gefunden hat. In inhaltlicher Hinsicht sieht er zunächst die Notwendigkeit zur Wahl eines Maßstabs, der aus geographischen, inhaltlich-politischen und soziokulturellen Kategorien bestehen soll. Dieser Maßstab wird dann einer quantitativen Kontrolle bezüglich seiner Präsenz im Medium zeitlich pro Sender und zahlenmäßig pro (Sub-)System bewertet. Daran schließt sich eine inhaltliche Bewertung der Darstellungsobjekte, des Rahmens, usw. an, nach Kriterien, die denen von *Schulz/Schatz* ähneln.[502]

Zusätzlich zu dieser inhaltlichen Analyse (bezeichnet als „content as sent"), schlägt er eine Bewertung auch der Rezeptionsvielfalt, wohl im Sinne einer effektiven Vielfalt, („content as received") vor.[503] *McQuail* misst letzterer aber dennoch einen wichtigen Aussagewert zu, da sie die eigentliche Aussage über den Beitrag des Rundfunks zur einer tatsächlich bestehenden Meinungsvielfalt treffen kann.[504]

e) Vielfaltsbestimmung nach Woldt

Nach Auffassung von *Runar Woldt* ist die Vielfaltsforschung sehr stark durch die früher in den USA einsetzende Debatte geprägt,[505] mit dem Ergebnis, dass ganz wesentlich um die Parameter von Struktur, Inhaltsanalyse und ihre Effektivität gestritten wird, nicht jedoch, ob diese Form der Analyse sich auch mit dem Medienerlebnis des Rezipienten deckt. Im Wesentlichen wird nur ein Vergleich der Leistungen und Angebote der Medien vorgenommen.[506] Die am häufigsten diskutierten Elemente sind demnach auch solche, die sich auf ökonomisch fassbare Kategorien beziehen lassen. Dazu gehören die Frage der Einflussnahme und Machtausübung durch und über Medien mit Bezug zu den Programmbereichen der (politischen) Information, Politik und Lokales.[507] Das subjektive Verständnis des Rezipienten sieht er als möglicherweise Grundverschieden zur wissenschaftlichen Debatte, zumindest aber als zu wenig berücksichtigt.

---

[502] *McQuail*, Media Performance, S. 150, 155.
[503] *McQuail*, Media Performance, S. 156 f.
[504] *McQuail*, Media Performance, S. 157.
[505] Den Fokus auf die meist strukturell definierte, von Marktgesetzen determinierte Anbietervielfalt rügt auch *McQuail*, media Performance, S. 178.
[506] *Woldt*, Probleme der Messung von Vielfalt, S. 211.
[507] *Woldt*, Probleme der Messung von Vielfalt, S. 209.

Hinsichtlich der vorgeschlagenen Modelle kommt er zu dem Schluss, dass die Vielfaltsforschung zwar mit Grobstrukturen[508] arbeitet, diese aber zumindest geeignet sind, um eine Aussage über die in einem Medium vorhandene Vielfalt zu machen.[509] Er rügt allerdings, dass die bisherigen Modelle alle von Vielfaltsparametern ausgehen, die nicht oder nur wenig über die Textanalyse hinausgehen, sodass gerade die dem Fernsehen eigentümliche Bildwirkung und audiovisuelle Eigentümlichkeit sich in den Bewertungen der Vielfalt kaum wieder finden.[510]

VII. Bewertung

Die vorstehenden Darstellungen haben gezeigt, dass es trotz der verschiedenen Ansätze und Bewertungen durchaus Schnittmengen zwischen Medienwirkungsforschung, Verfassungsrechtsprechung und Pluralismustheorien gibt. Deutlich ist, dass die Rechtswissenschaft sich einer inhaltlichen-materiellen Konkretisierung des Pluralismuskonzepts aus wohl hauptsächlich verfassungsrechtlichen Gründen nur ungern nähert. Dazu beigetragen hat sicherlich auch das Verfassungsgericht durch die ostentative Aussage, dieser Bereich gehöre zur „positiven Ordnung", deren Gestaltung dem Gesetzgeber obliege. Damit war aber nicht gemeint, dass die Ausgestaltung dieser Ordnung, insbesondere ihrer vielfaltsbezogenen Anforderungen, im völligen Belieben des Gesetzgebers stehe und damit aus rechtswissenschaftlicher Sicht terra incognita sei. Zutreffender wäre es wohl, um im geographischen Vergleich zu bleiben, diesen Bereich als „hic sunt leones" zu bezeichnen.

1. Zum formellen Pluralismus

Die Kommunikationswissenschaften, weil vielleicht zunächst durch das drohende Verdikt der Verfassungswidrigkeit nicht belastet, haben sich im Rahmen langjähriger Programm-, Qualitäts- und nicht zuletzt Vielfaltsforschung weiter an die Grenze der durch Art. 5 Abs. 1 S. 2 GG geschützten Programmfreiheit herantasten können. Ihre Erkenntnisse gilt es, für die Gestaltung der Medienordnung fruchtbar zu machen. Hier muss ein weitgehendes Unterlassen auf Seiten der Rechtswissenschaft festgestellt werden, auch der Gesetzgeber hat sich zurückgehalten.

Die beiden Strukturkonzepte des Außen- und Binnenpluralismus sind in ihren Schwächen und Stärken hinreichend diskutiert worden. Auffällig ist aber, dass

---

[508] Damit sind die Programmkategorien, Themenbereichen, Akteure, Orte, Produktion, und Argumentationen gemeint, vgl. *Woldt*, Probleme der Messung von Vielfalt, S. 193.
[509] *Woldt*, Probleme der Messung von Vielfalt, S. 209 f.
[510] *Woldt*, Probleme der Messung von Vielfalt, S. 210.

bislang kaum über diese Konzepte hinaus Strukturvorschläge zu finden sind. Dies liegt sicherlich an dem vom Verfassungsgericht niedriger angesetzten Beitrag des Privatrundfunks für die Meinungsvielfalt bei gleichzeitigem Verbot von Inhaltsverpflichtungen, die ihm in seinen ökonomischen Rahmenbedingungen zu viel abverlangen würden. Entsprechend wird kaum noch über Inhaltsverpflichtungen der privaten Rundfunkveranstalter diskutiert,[511] da Inhalte, die nicht durch den Werbemarkt refinanzierbar sind, meist gleich als Teil der Grundversorgung der Zuständigkeit der öffentlich-rechtlichen Rundfunkanstalten zugewiesen werden. Dabei könnte der private Rundfunk von einer Strukturdebatte durchaus profitieren. So ketzerisch der Gedanke zunächst klingen mag: Wäre es mit präzisen Vorgaben möglich festzustellen, was genau der Pluralismusverpflichtung auf der Metaebene für das Gesamtsystem Rundfunk – und damit nach der auch oben[512] verwandten Auslegung der Grundversorgung – entspricht, so gäbe es keinen vernünftigen Grund, dass nicht auch der private Rundfunk am Gebührenaufkommen beteiligt wird, wenn er diese Vorgaben erfüllt.[513] Damit könnte neben der außen- und binnenpluralen Struktur ein System der Finanzierung von Verantwortungsübernahme etabliert werden.

2. Zum materiellen Pluralismus

Aber auch innerhalb der bestehenden Struktur lassen sich durchaus mehr und genauere Aussagen über die materiell-inhaltlichen Anforderungen aus dem Pluralismus machen. Fasst man die oben dargestellten Ansätze zusammen, so ergibt sich eine dreigliedrige Struktur der Pluralismusanforderungen.

Zunächst und zwingend sind die strukturellen Sicherungen des formalen Pluralismus zu beachten, dort insbesondere die Anforderungen, die durch die Verfassungsrechtsprechung konkretisiert wurden.[514] Auf einer zweiten Stufe sind die materiell-inhaltlichen Anforderungen zu bestimmen. Hier zeigt sich eine Übereinstimmung von Verfassungsgericht, Rechtswissenschaft und Kommunikati-

---

[511] Sieht man einmal von den Möglichkeiten der vielfaltssichernden Maßnahmen gem. §§ 30 ff RStV, dort insb. die Sendezeit für Dritte gem. § 31 RStV ab, die allerdings weniger inhaltlich-materiellen sondern eher eine strukturelle Vielfaltssicherung darstellt.

[512] B.V.2.d).

[513] Dieses Bild versteht sich vor dem Hintergrund der §§ 9 ff. RFinStV selbstverständlich de lege ferenda. Siehe aber die Wortmeldung von *Grietje Bettin*, die eine qualitative Programmanalyse vorschlägt und „qualitativ herausragende Formate“ mit (zusätzlichen) Gebühren belohnen will, *Bettin*, epd-medien 2007, Nr. 49, 7 (9). Dazu auch unten der Vorschlag eines Anreizsystems bei C.II.1.h).

[514] Hierzu zählen vor allem die Staatsfreiheit, die Anforderung der Beteiligung der gesellschaftlich relevanten Gruppen und die Verhinderung der Meinungsvermachtung durch ein geeignetes Konzentrationsrecht.

onswissenschaft, die den u.a. von *Hoffmann-Riem* benannten sechs Kriterien entspricht.

Zunächst ist die Spiegelungsfunktion festzulegen, die der Darstellung von in der Gesellschaft vorhandenen Meinungen dient. Dieser Maßstab lässt sich sinnvoll mit der Verpflichtung zur Spartenvielfalt im Sinne des klassischen Rundfunkauftrags, der Bildung, Kultur, Information und Unterhaltung umfasst, kombinieren. Diese Sparten wiederum lassen sich noch weiter herunter brechen, allerdings darf die Grenze zur Programmfreiheit letztlich nicht überschritten werden.

Weniger im Vorhinein, denn als möglicher Maßstab der Regulierung ex post, kann die Verpflichtung zur Darstellung von Personen, Gruppen und Institutionen bestimmt werden. Nur schwerlich konkretisieren lässt sich wohl die Verpflichtung zur gegenständlichen Vielfalt. Sie dürfte sich aber in Folge der anderen Vielfaltsverpflichtungen automatisch ergeben und damit nur noch für extreme Verstöße zu einer eigenständigen Bedeutung kommen. Anders ist dies hinsichtlich der räumlich-geographischen Vielfalt. Sie lässt sich nicht nur relativ gut (z.B. mittels Quoten) vorgeben, sondern auch entsprechend leicht nachprüfen.

Mit *Woldt* und im Sinne der obigen Feststellungen zur Medienwirkungsforschung bedürfen diese Anforderungen noch einer sinnvollen Ergänzung, die eine dritte Ebene der Pluralismusanforderungen bildet. Unter dem Stichwort „Rezeptionsvielfalt“ hatte *Hoffmann-Riem* zwar eine Vielfalt in der Auswahl von Übertragungswegen gefordert, dies ist allerdings vor dem Hintergrund der Konvergenz und insbesondere der nahezu unbegrenzten Informationsmöglichkeiten des Internets keine mehr aufrecht zu erhaltende Forderung. Auch wenn sie derzeit nicht mehr aktuell ist, darf man aber ihren Wert nicht vergessen. Wie oben erwähnt, war eine wesentliche Bedingung der NS-Propaganda und ihrer Gleichschaltung der öffentlichen Kommunikation, dass es eben keine Rezeptionsvielfalt gab.[515] Die Rezeptionsvielfalt soll hier aber über die Prägung durch *Hoffmann-Riem* hinaus anders verwandt werden, und zwar im Sinne einer effektiven Vielfalt.

3. Effektive Vielfalt und der Rezipient

Will man die Rundfunkfreiheit und ihre Regulierung weiterhin als „dynamisch auf den Lebenssachverhalt Rundfunk“[516] bezogen verstehen, so muss auch das Konzept des Pluralismus sich der technisch-inhaltlichen Umwälzung, die seit

---

[515] Eine wesentliche Rolle spielte der Volksempfänger, der ohne Mittelwellenempfänger technisch nicht in der Lage war, den sog. „Feindfunk“ der Alliierten zu empfangen, vgl. oben B.III.2.a).

[516] Vgl. bereits BVerfGE 83, 238 (302) – *WDR-Gesetz*.

einiger Zeit unter den Stichworten „Konvergenz", „Plattformbetrieb", „IP-TV", „On-demand content" u.a. in vollem Gange ist, anpassen. Wenn es überhaupt in Zukunft noch möglich sein wird, so kann zumindest derzeit noch nicht von einem in technischer Hinsicht bestehenden Standard oder einer stabilen Entwicklung gesprochen werden. Diese Tatsache führt bei einer hauptsächlich an technischen oder organisatorischen Rahmenbedingungen orientierten Regulierung zwangsläufig dazu, dass sich die tatsächliche Entwicklung einem inhaltlich-materiellen Regulierungsziel wie der Meinungsvielfalt entzieht.[517] Allein schon aus diesen Gründen ist es zwingend erforderlich, auch subsumptionsfähige Kriterien inhaltlich-materieller Natur zu formulieren. Die technische Entwicklung hin zu einer interaktiven Mediennutzung scheint es – unabhängig von den oben genannten, bereits bestehenden Defiziten – darüber hinaus erforderlich werden zu lassen, dass insbesondere auch die Rezipientenseite stärker berücksichtigt wird. Denn das Ziel der Meinungsvielfalt ist nicht lediglich für die Anbieterseite formuliert, sondern hat eine konkrete Funktion in der und für die freiheitlich-demokratische Gesellschaftsverfassung.[518] Daher muss auch die Rezipientenseite in die Bewertungskriterien der Regulierung einbezogene werden. Im Ergebnis ist also mit dem Ziel der Metaebene des Gesamtsystems Rundfunk ein erfolgsbezoger Pluralismus zu fordern, um die Meinungsvielfalt auch unter den Bedingungen der sog. digitalen Revolution effektiv aufrechterhalten zu können.

Wie ein solcher erfolgsbezogener Pluralismus aussehen könnte, wird, soweit erkennbar, innerhalb der Rechtswissenschaft nicht diskutiert.[519] Zunächst ist klarzustellen, dass es hierzu mit der sog. Wesentlichkeitstheorie einer ausdrücklichen Ermächtigungsgrundlage bedarf, da es sich um Regulierung im grundrechtsrelevanten Bereich handelt.[520] Inhaltlich müssten die Anforderungen so

---

[517] Diese Kritik muss wohl auch trotz der diskutierten Umstellung auf eine plattformorientierte Regulierung gem. §§ 50 ff. 10. RStV-Entwurf bestehen bleiben, da nicht erkennbar ist, dass der Schwerpunkt der Regulierung sich auf die Regulierung und Erhaltung von inhaltlich-materieller Meinungsvielfalt bezieht. Diese Kritik auch schon in Bezug auf die seinerzeit geltende Fassung der EG-Fernsehrichtlinie äußernd, *Dörr*, epd-medien 2001 Nr. 89, S. 5.

[518] An dieser Stelle zeigt sich ein charakteristischer Unterschied zwischen dem Wettbewerbs- und dem Medienrecht: Anders als das Wettbewerbsrecht, dessen Ziel die Aufrechterhaltung eines freien Wettbewerbs ist, geht die Regulierung der Medien, vor allem durch das Konzentrationsrecht, darüber hinaus und verlangt ein Ergebnis des (Meinungs-)wettbewerbs. Dazu unten C.II.2.b)bb).

[519] Allerdings ist dies ein Thema der Qualitätsforschung in der Kommunikationswissenschaft. Immerhin an der Grenze zur Rechtswissenschaft, vgl. den Beitrag des Züricher Kommunikationswissenschaftlers *Otfried Jarren* zur Gremienstrukturdebatte in epd-medien 2007, Nr. 60, S. 9 ff

[520] Ähnlich *Thum*, AfP 2006, 522 (526). In Grenzen zustimmend *Gounalakis*, AfP 2006, 395 (402).

gestaltet werden, dass trotz der Programmfreiheit letztlich durch das Gesamtprogramm (im Falle des außenpluralen privaten Rundfunks) bzw. durch den Funktionsauftrag (im Falle des öffentlich-rechtlichen Rundfunks) das verfassungsrechtlich geforderte Mindestniveau nicht nur irgendwann und irgendwie gesendet wird, sondern auch tatsächlich beim Rezipienten ankommt und damit in die öffentliche Meinungsbildung Eingang findet.[521] Ein gelungener Ansatz im Bereich des öffentlich-rechtlichen Rundfunks, der für diesen Regulierungsparameter fruchtbar gemacht werden könnte, ist die schon etwas betagte Figur der Integrationsfunktion des Rundfunks. Eigentlich im Bereich des öffentlich-rechtlichen Auftrags diskutiert, trifft ihre Aussage zumindest einen Aspekt erfolgsbezogener Pluralismusvorgaben, denn die Integrationsfunktion des Rundfunks zielt gerade ihrem Wesen nach auf die Vermittlung eines Inhalts an Nicht-Wissende, um diese mit dem Inhalt zu konfrontieren und in den gesellschaftlichen Meinungsbildungsprozess einzubinden. Begriffsnotwendig setzt die Integrationsfunktion also einen Erfolg im Sinne eines Vermittlungserfolgs voraus. Dass die Integrationsfunktion noch nicht unter erfolgspluralen Aspekten untersucht wurde, mag wohl daran liegen, dass die Rundfunkregulierung weitgehend durch das Stimulus-response-Modell geprägt ist und daher von einer gleichmäßigen Penetration der Gesamtbevölkerung mit den Medieninhalten ausgeht. Dass dies schon faktisch in Zeiten zunehmender Kanalvielfalt und Vervielfältigung von Übertragungswegen und auch Inhalten nicht der Realität entspricht, dürfte einleuchtend sein, hat jedoch noch keinen Widerhall in der Regulierungssystematik gefunden.

Inhaltlich müsste diese Verpflichtung, neben einer genaueren Aufschlüsselung der Inhalte nach den oben als zweite Ebene beschriebenen Vielfaltskategorien, um zwei Elemente erweitert werden. Zum einen bedarf das Programm einer Inhaltsanalyse, die insbesondere die oben dargestellten Ergebnisse der Kultivierungshypothese sowie der Bildanalyse berücksichtigt. Da diese eine nicht unerhebliche Wirkung haben, sondern äußerst bedeutsame Faktoren der Meinungsbildung darstellen, muss eine sinnvolle Regulierung der Meinungsvielfalt im Rundfunk diese Faktoren berücksichtigen. Zusätzlich ist über diese immer noch auf der Anbieterseite stehende Regulierung hinaus durch eine qualifizierte Rezipientenforschung zu ermitteln, wie und welche Inhalte tatsächlich zur Meinungsbildung, und sei es nur auf der Grundebene der Agenda-Settung-Funktion, beitragen. Die Rezipientenforschung besteht als Disziplin bereits

---

[521] Die Gefahr der Verdrängung von Auftragselementen in die programmlichen Randbereiche zugunsten publikumswirksamer Programme ist ein schon lange bekanntes Phänomen. Vgl. dazu bereits *Lerche*, NJW 1982, 1767 ff.; auch *Hoffmann-Riem*, RuF 1978, 111 (118); aus neuerer Zeit *Ricker/Schiwy*, Rundfunkverfassungsrecht, S. 323.

lange und wird seit dem *Lebach-Urteil* u.a. von den öffentlich-rechtlichen Anstalten regelmäßig betrieben.[522] Diese Erkenntnisse sollten über die Aspekte der Programmplanung und der Werbeeffektivität hinaus für die verfassungsrechtliche Aufgabe, gerade des öffentlich-rechtlichen Rundfunks, fruchtbar gemacht werden.

4. Grenzen eines erfolgsbezogenen Pluralismus

Während die Präzisierung der Vielfaltskategorien wie auch die rezipienten- und meinungsbildungsoriente Vielfaltsforschung als Aufgaben normiert werden könnten, wäre die verfassungsrechtliche Grenze bei einer ins einzelne gehenden Inhaltskontrolle ex post wie auch ex ante überschritten. Denkbar wäre, dass diese letzte Ebene durch die Selbstverpflichtungen des öffentlich-rechtlichen Rundfunks gem. § 11 Abs. 4 RStV ausgefüllt werden. Hinsichtlich ihrer Gestaltung kann auf das Modell der BBC, oder aber auch auf die Diskussion zur Einführung einer „Lizenz" mit materiell-inhaltlichen Vorgaben für den öffentlich-rechtlichen Rundfunks in Polen verwiesen werden.[523] Der Respekt vor der Rundfunkfreiheit als Programmfreiheit verbietet jeden tiefer gehenden Eingriff bzw. Ausgestaltung. Die große Chance von materiell-inhaltlichen Präzisierungen des Pluralismuskonzepts liegt denn auch weniger in einer „Durchregulierung" der Programmvielfalt. Vielmehr kann sie den inneranstaltlichen wie auch den öffentlichen Diskurs lenken und zu mehr Unabhängigkeit von Zuschauerquote und privater Konkurrenz ermutigen, gerade weil eine Entscheidung für mehr Programmvielfalt als meritorisches Gut in der Regel gegen ökonomische Faktoren gefällt werden muss und daher Mut von Seiten der Programmplanung erfordert. Eine Präzisierung des inhaltlich-materiellen Pluralismusprinzips verlangt also ein Eintreten von Politik und Gesetzgeber für den Rundfunk, besonders für den öffentlich-rechtlichen Rundfunk. Sein Auftrag richtet sich in obiger Auslegung auf das Erreichen der Anforderungen auf der Metaebene, damit also eher ein Mehr als ein weniger an öffentlich-rechtlichem Rundfunk, jedoch unter einer präzisierten Aufgabenstellung, die auch den tatsächlichen Erfolg definiert und in den Blick nimmt.

---

[522] Siehe *Hoffmann-Riem*, Medienwirkung und Medienverantwortung, S. 36. Die Wirkungsforschung der öffentlich-rechtlichen Anstalten ist derzeit bei der ARD-Sales & Service GmbH angesiedelt, die sich als Schnittstelle u.a. zur Werbewirtschaft versteht. Die hier geforderte, an der Meinungsvielfalt orientierte Rezipientenforschung müsste allerdings unabhängig von ökonomischen Interessen organisiert werden.

[523] Dazu ausführlich unten D.III.1.c)

C. Sicherung von Pluralismus und Funktionsauftrag in Deutschland

Im Folgenden soll untersucht werden, inwieweit die Vorgaben und Wertungen des Verfassungsgerichts auf der einfachrechtlichen Ebene des Rundfunkstaatsvertrages umgesetzt wurden.[524] Ein einheitliches Bild ergibt sich nicht, da zwar die wesentlichen Aussagen des Verfassungsgerichts für den Gesetzgeber bindend sind (vgl. § 31 Abs. 1 BVerfGG), das Gericht allerdings auch immer den gesetzgeberischen Gestaltungsspielraum zur „positiven Ordnung" betont.

Der obigen Interpretation des Pluralismus als zwingendes medienrechtliches Prinzip folgend, sollen die strukturellen und materiellen Vorgaben getrennt untersucht und erst in einer abschließenden Stellungnahme ihr Zusammenspiel bewertet werden. Dabei wird zunächst die einfachrechtliche Rechtslage dargestellt und in ihrer Umsetzung des Pluralismusprinzips bewertet werden. Am Ende des Kapitels sollen die neueren Reformüberlegungen und die aufgrund der europäischen Vergabevorschriften in der Interpretation der Kommission notwendig gewordene Präzisierung des öffentlich-rechtlichen Rundfunkauftrags untersucht werden.

I. Organisationspluralismus des RStV

Der Organisationspluralismus des RStV findet im Privatrundfunk seine Ausprägung als Außenpluralismus, beim öffentlich-rechtlichen Rundfunk in der Form des Binnenpluralismus.[525] Im Sinne des Grundrechtsschutzes (besser vielleicht: Grundrechtsvoraussetzungsschutzes) durch Verfahren[526] haben diese Modelle und ihre konkrete Ausgestaltung die Funktion, die jeweiligen materiellen Verpflichtungen[527] zu sichern und damit den notwendigen Beitrag zu dem auf der Metaebene geforderten Niveau an Meinungsvielfalt zu leisten. Die Herausforderung organisationspluraler Gestaltung der Sicherungsmechanismen besteht in der Berücksichtigung und Balancierung mehrerer, zum Teil gegenläufiger Interessen. Zunächst, vor allem für das außenplurale Modell des Privatrundfunks, bedarf es der Beteiligung des Staates als „Stifter der positiven Ordnung" einerseits, gleichzeitig aber andererseits der Definition und Begrenzung dieser Rolle. Auch wenn der Grundsatz der Staatsfreiheit mit an höchster Stelle der

---

[524] Untersucht werden soll hier nur die Regulierung des bundesweiten Fernsehens, auf landesrechtliche Regelungen wird nur erläuternd Bezug genommen.

[525] Zu den beiden Organisationsmodellen grundsätzlich *Hoffmann-Riem*, Erosionen des Rundfunkrechts, S. 18 ff.

[526] Vgl. BVerfGE 53, 30 – *Mühlheim-Kärlich*; dazu kritisch *Dolde*, NVwZ 1982, 64 (68). Für den Rundfunk vgl. *Hoffmann-Riem*, Erosionen des Rundfunkrechts, S. 29 ff.

[527] Für den privaten Rundfunk ist dies der „Grundstandard gleichgewichtiger Vielfalt", für den öffentlich-rechtlichen Rundfunk in obiger Auslegung die inhaltlich-materielle Verpflichtung auf das Ziel der Metaebene, vgl. dazu oben B.V.3.c).

Rundfunkregulierung steht, wäre es angesichts seiner Verantwortung für die „positive Ordnung“ eher theoretisch, eine vollständige Staatsfreiheit zu fordern. Es kann also nicht um einen Ausschluss gehen, sondern um Form, Intensität und Transparenz staatlicher Beteiligung im Organisationspluralismus. Zweitens bedarf es der Formulierung einer Beteiligung der Öffentlichkeit. Mit Hilfe des Verfassungsgericht hat sich ein System der Repräsentation der Öffentlichkeit durch Vertreter gesellschaftlich relevanter Gruppen etabliert. Der Sache nach geht es um eine Rückbindung und Regulierung des Rundfunks auch und gerade durch diejenigen, deren Meinungen sich bei Erfüllung des Auftrags auf der Metabene widerspiegeln sollten. Schließlich bedarf es der Integration von fachlicher Expertise im Medienbereich. Dies ist für technische und ökonomische Sachverhalte längst anerkannt, die obigen Darstellungen zur Medienwirkungsforschung haben aber gezeigt, dass es auch außerhalb der technischen Regulierung Parameter gibt, die für die Erfüllung des Auftrages durch das Gesamtsystem Rundfunk entscheidend sind. Diese Parameter können nicht durch die Akteure Staat und Gesellschaft bzw. gesellschaftliche Gruppen allein zuverlässig eingeschätzt werden. Dies gilt umso mehr, je weniger eindeutig die Erkenntnisse sind, da jeder Interpretationsspielraum anfällig für eine interessengeleitete Ausfüllung ist. Es bedarf daher der strukturellen Beteiligung auch von Fachleuten.

1. Privatrundfunk – das außenplurale Modell und seine Grenzen

Das außenplurale Modell bedeutet zunächst einmal geringere Anforderungen an den Beitrag des einzelnen Privatsenders zur Meinungsvielfalt.[528] Dies wirkt sich auch organisatorisch aus, indem die Privatsender grundsätzlich keine Anforderungen hinsichtlich ihrer internen Organisation treffen.[529] Das Grundmodell des Außenpluralismus ist die Steuerung durch Marktkräfte, die einen Wettbewerb der Anbieter erzeugen und, unter der Voraussetzung einer Vielzahl von Marktteilnehmern, dadurch eine Vielfalt der Anbieter wie Inhalte ermöglicht.[530] Da die Marktkräfte aber nur eine nach marktwirtschaftlichen Kriterien bestehende Angebotsvielfalt leisten können, die weder identisch mit den Anforderungen der Metaebene noch des für den Privatrundfunk spezifischen „Grundstandards gleichgewichtiger Vielfalt“ ist, bedarf es zusätzlich einer Regulierung dieses

---

[528] BVerfGE 73, 118 (159) – *Niedersachsen*. Dazu oben B.V.2.d).

[529] Zu den Ausnahmen, die sich im Wesentlichen in den vielfaltssichernden Maßnahmen der §§ 30 ff. RStV erschöpfen, siehe unten C.II.2.b)cc).

[530] Siehe dazu *Hartstein/Ring/Kreile/Dörr/Stettner*, Rundfunkrecht, S. 20 Rn. 7; mit Verweis auf das inzwischen nicht mehr praktizierte Gruppenmodell (Holland), *Hoffmann-Riem*, Erosionen des Rundfunkrechts, S. 19.

Marktes unter – marktfremden, meritorischen – Kriterien, die an der Meinungsvielfalt orientiert sind.[531]

2. Privatrundfunk – Organe der LMA und ihre Besetzung

Die Landesmedienanstalten (im Folgenden: LMA) sind die zuständige Aufsichtsbehörden diejenigen Privatrundfunkanbieter, die in diesem Land ihren Sitz haben. Auch wenn durch den 10. RÄndStV die Aufsicht über den bundesweiten Privatrundfunk in den Gremien ZAK, GVK und KEK faktisch weitgehend zentralisiert wurde, bleibt der Grundsatz der föderalen Länderzuständigkeit erhalten, da diese Gremien als „Wanderorgane" für die jeweils zuständige LMA tätig werden, vgl. § 35 Abs. 2 S. 2 RStV.

Unter der Prämisse des freien Marktzutritts, der in der Anfangsphase des Privatrundfunks und auch heute noch im Bereich des bundesweiten Fernsehens eine Fiktion ist, kommt der Struktur und Besetzung der LMA sowie ihrer Regulierung entscheidende Bedeutung zu. Vor dem Hintergrund des strukturellen Defizits des privaten Rundfunks, muss die Kontrollinstanz nicht nur über die Zulassung und Auswahl entscheiden, sondern zusätzlich eine ständige Kontrolle gewährleisten, um Verstöße gegen medienrechtliche Schutzbestimmungen wie Jugendschutz, und Werberestriktionen, aber auch den Beitrag des Privatrundfunks zur Meinungsvielfalt und etwaiges Versagen zeitnah feststellen zu können, da Fehlentwicklungen auch hier nur schwerlich zu korrigieren sind.[532] Auf der anderen Seite kann diese Aufgabe aus Gründen der Staatsfreiheit aber auch nicht dem Staat überantwortet werden. Etabliert hat sich deshalb ein Mischsystem mit zwei Organen. So wird die gesellschaftliche Kontrolle durch einen pluralistischen „Medienrat"[533], und die fachliche Kontrolle und Exekutive, durch einen Direktor un seine Mitarbeiter gewährleistet. Die organisatorische Grundstruktur der Landesmedienanstalten ist im Wesentlichen gleich.[534]

---

531 So bereits BVerfGE 73, 118 (333) – *Niedersachsen.*

532 Vgl. *Ricker/Schiwy*, Rundfunkverfassungsrecht, S. 313.

533 Die Terminologie ist uneinheitlich, in der Sache handelt es sich jedoch immer um ein mit gesellschaftlich relevanten Gruppen besetztes Organ. Im Folgenden soll einheitlich von „Medienrat" die Rede sein.

534 Siehe § 38 Abs. 4 MStV HSH, § 51 Abs. 2 LRfG M-V, § 45 Abs. 3 LMGBrem, § 36 Abs. 2 NMedG, § 7 Abs. 2 RStV-MABB, § 90 LMG-NRW, § 40 Abs. 4 MedieG-LSA, dort „Vorstand" und „Versammlung", § 27 Abs. 3 SächsPRG, § 44 Abs. 2 ThürLMG, § 48 Abs. 3 HPRG, § 39 S. 1 LMG-RhPfl, § 55 Abs. 4 SaarLMG, § 29 Abs. 2 LMG-BW, § 44 ThürLMG, § 27 SächsLMG, § 10 Abs. 2 BayMG, siehe in Bayern jedoch noch das Nebenorgan des „Verwaltungsrats" gem. § 14 BayMG, dem die wirtschaftliche Betriebsführung der LMA obliegt und der vor der Wahl des Exekutivorgans „Präsident" angehört werden muss.

a) Direktor

Jeder Landesmedienanstalt steht ein Exekutivorgan, meist „Direktor“[535] genannt, vor, dass die Entscheidungen des pluralistisch besetzten Hauptorgans umsetzt. Neben der Durchsetzung der Beschlüsse des Hauptorgans vertritt er die Anstalt nach innen und außen.[536] Ihm obliegt daneben die ständige Beratung und informelle Absprache mit den Rundfunkveranstaltern. Vor dem 10. RÄndStV lag auch die länderübergreifende Zusammenarbeit in der KDLM in seinen Händen,[537] nunmehr ist seine Stellung, soweit das Landesrecht keinen anderen gesetzliche Vertreter vorsieht, als geborenes Mitglied in der ZAK und KEK noch gestärkt worden.[538] Damit kommt ihm gegenüber dem Hauptorgan eine relativ starke Stellung zu, auch wenn diese mehr faktischer, als rechtlicher Natur ist und im Wesentlichen auf Informationsvorsprüngen basiert.[539] Der Direktor ist trotz seiner übergeordneten Leitungsfunktion der Beteiligung von Fachleuten in der Rundfunkregulierung zuzurechnen. Dies ergibt sich nicht zuletzt aus der in vielen Mediengesetzen zu findenden Anforderung, dass er Erfahrungen im Medienbereich[540] haben und/oder die Befähigung zum Richteramt haben müsse.[541]

Eine gewisse Rückbindung entsteht jedoch durch die Wahl und durch die dienstvertragliche Anbindung des Exekutivorgans an das Hauptorgan.[542] Eine Ausnahme findet sich in den Mediengesetzen von Baden-Württemberg und dem Saarland. Dort wird der Direktor der Landesmedienanstalt gem. § 58 Abs. 2

---

[535] Auch für das Exekutivorgan ist die Terminologie nicht einheitlich. Siehe bereits *Bumke*, Die öffentliche Aufgabe der Landesmedienanstalten, S. 302. Im Folgenden soll durchgängig von „Direktor“ die Rede sein.

[536] *Hesse*, Rundfunkrecht, S. 219 f. Mit treffendem Vergleich zum Kommunalverfassungsrecht *Bumke*, Die öffentliche Aufgabe der Landesmedienanstalten, S. 307.

[537] Zur länderübergreifenden Zusammenarbeit, die hier nur im Rahmen der Reformvorschläge behandelt werden soll, ausführlich *Schuler-Harms*, Rundfunkaufsicht, S. 45 ff.

[538] Zu KEK und ZAK ausführlich unten C.II.3.d).

[539] Zur Stellung des Exekutivorgans in den Landesmedienanstalten ausführlich *Bumke*, Die öffentliche Aufgabe der Landesmedienanstalten, S. 308 ff.

[540] Zum Beispiel § 13 Abs. 2 S. 2 RStV-MABB.

[541] Vgl. unter anderem § 34 Abs. 2 LMG-BW. Die Befähigung zum Richteramt als Qualifikationsanforderung wird jedoch auch kritisch gesehen, da die Regulierung damit zu „rechtslastig“ würde, vgl. *Bumke*, Die öffentliche Aufgabe der Landesmedienanstalten, S. 303.

[542] In der Regel wird der Direktor nach einer Ausschreibung, bzw. in Sachsen-Anhalt gem. § 45 LMG-SA aus der Mitte des Hauptorgans, mit einfacher Mehrheit gewählt, auch seine Abwahl ist mangels anderweitiger Vorschriften mit einfacher Mehrheit möglich. Anders allerdings die 2/3-Mehrheit in § 53 Abs. 4 HessPRG , § 57 Abs. 1 S. 5 LMG-MV, § 49 Abs. 4 ThürLMG und 5/7-Mehrheit gem. § 13 Abs. 3 S. 2 LMG-MABB. Nur in Baden-Württemberg ist der Vorsitzende des Vorstands (dort mehrere Personen) Beamter auf Zeit gem. § 34 Abs. 1 S. 2 BW-LMG. Zum ganzen *Bumke*, Die öffentliche Aufgabe der Landesmedienanstalten, S. 306.

SaarMG bzw. § 36 Abs. 1 S. 1 LMG-BW mit einer 2/3-Mehrheit des Landtages gewählt, bei zweimaligem Scheitern mit einfacher Mehrheit.[543] Auch wenn natürlich die demokratische Legitimation des Landtages außer Frage steht, erscheint diese Regelung im Lichte des Grundsatzes der Staatsfreiheit zumindest bedenklich, da dem plural besetzten Hauptorgan nicht einmal ein Vorschlagsrecht für die Kandidaten eingeräumt wird. Etwas gemildert dagegen ist die Möglichkeit zur Abberufung des Direktors im Saarland, der gem. § 58 Abs. 4 SaarMG auf Antrag des Medienrates und mit einer 2/3-Mehrheit von Medienrat und Landtag abgewählt wird. Ob auch eine Abwahl auf Initiative des Landtages möglich ist, ergibt sich aus dem Wortlaut nicht, muss aber verfassungskonform im Lichte der Staatsfreiheit des Rundfunks verneint werden. Bedenklich ist allerdings die Regelung zur Abberufung in Baden-Württemberg gem. § 36 Abs. 4 LMG-BW, wonach ohne Beteiligung des Hauptorgans die Mitglieder des „Vorstands" bei nicht ordnungsgemäßer Mandatsausübung oder Pflichtverletzung mit einer 2/3-Mehrheit durch den Landtag abberufen werden können. Das politisierte Verständnis der Wahl zeigt sich auch an der politischen Proporzregelung, wonach derjenigen Fraktion, dessen Kandidat vorzeitig sein Amt aufgibt, das Vorschlagsrecht für den Nachfolger gem. § 36 Abs. 3 LMG-BW zukommt.

b) Struktur und Wahl des Hauptorgans

Das Hauptorgan der LMA ist in der Regel allzuständig, d.h. dem Exekutivorgan kommt eine eigene Zuständigkeit nur bei ausdrücklicher Zuweisung durch Gesetz oder Satzung zu.[544] Es ist damit besonders wichtig, dass dieses Organ einerseits handlungsfähig, anderseits nicht durch einseitige Interessen geleitet

---

[543] Noch einen besonderen Umweg nimmt die Besetzung des Präsidenten der LMA in Sachsen. Dort wird ein Medienrat aus Sachverständigen durch den Landtag Sachsen mit einer 2/3-Mehrheit gem. § 31 Abs. 2 S. 1 SächsLMG gewählt. Anders als in Baden-Württemberg und im Saarland ist jedoch ein Vorschlagsrecht für bis zu 3 der 5 Kandidaten durch das plural besetzte Hauptorgan gem. § 31 Abs. 3 SächsLMG vorgesehen. Der Präsident genannte Vertreter der LMA wird aus der Mitte dieses Medienrates gewählt. Gegen jede Beteiligung der Landesparlamente an der Besetzung *Gersdorf*, Rundfunkfreiheit, S. 197 f.

[544] Vgl. z.B. § 12 Abs. 1 RStV-MABB; § 12 Abs. 1 BayMG, § 51 Abs. 1 BremLMG, § 39 Abs. 2 LMG-HSH, § 94 Abs. 1 LMG-NRW, § 53 Abs. 1 LMG-MV, § 43 Abs. 1 Nr. 1 LMG-SA, dort mit einer ausdrücklichen Zuständigkeit der Versammlung im Konzentrationsrecht gem. § 43 Abs. 1 Nr. 5 LMS-SA. Ausnahmen bilden die Landesmediengesetze von Hessen, § 55 Abs. 1 HessPRG, Rheinland-Pfalz § 42 LMG-RP, § 51 Abs. 1 SächsLMG, Baden-Württemberg § 35 Abs. 1 LMG-BW, dort aber mit einer Zuständigkeit der Versammlung bei Fragen der Meinungsvielfalt § 42 Abs. 1. Weiterhin keine Allgemeinzuständigkeit kennen die Mediengesetze von Niedersachsen § 48 Abs. 2 NMedienG, sowie das Saarland § 58 Abs. 6 SaarLMG sowie Sachsen, das die Allzuständigkeit einem professionellen Medienrat gem. § 32 Abs. 7 SächsLMG zuweist. Vgl. dazu auch *Hesse,* Rundfunkrecht, S. 220, *Herrmann*, Rundfunkrecht, § 17 Rn. 88.

ist, was entscheidend vom Wahlmodus abhängt.[545] Durch den 10. RÄndStV wurden jedoch für den Bereich des bundesweiten Fernsehens viele Kompetenzen den neuen Gremien ZAK, GVK und der neuen KEK zugeordnet. Der damit einhergehende Bedeutungsverlust für die Hauptorgane der Landesmedienanstalten ist nur schwer abzuschätzen, dürfte aber enorm ausfallen.[546]

Es finden sich ein Rats- und ein Gruppenmodell. Das Gruppenmodell setzt nach dem Vorbild der öffentlich-rechtlichen Rundfunkräte auf eine Repräsentation der Allgemeinheit durch „gesellschaftlich relevante Gruppen".[547] Die Problematik der Definition einer gesellschaftlich relevanten Gruppe, sowie der politischen Einfärbung des Begriffs wird damit in der Regulierung des Privatrundfunks wiederholt, ohne dass es zu einem anderen Lösungsansatz gekommen wäre.[548] Eine Definition des Begriffs existiert nicht, sodass letztlich der gesetzgeberische Spielraum im Rahmen der „positiven Ordnung" zum Tragen kommt, der sich aufgrund des Wesentlichkeitsgrundsatzes in einer legislativen Liste des jeweiligen Landesmediengesetzes konkretisiert.[549]

Die in dieser Liste aufgeführten Gruppen entsenden ihren Vertreter direkt in das Hauptorgan, eine Inkompatibilitätsregelung verhindert, dass die Vertreter gleichzeitig einer Regierung oder der Verwaltung angehören oder sonstige öffentliche Ämter ausführen.[550] Eine Variation dieser Regelung findet sich in § 49 Abs. 3 BremLMG. Neben einer Liste entsendeberechtigter Gruppen, können andere Gruppen (u.a. Berufskammern, Jugend- und Kunstverbände, „sonstige gesellschaftlich relevante Gruppen") nur Wahlvorschläge einreichen, aus denen der Landtag 13 Mitglieder gem. § 49 Abs. 4 BremLMG auswählt. Warum hier bestimmte Gruppen entsenden dürfen, andere jedoch nicht, erscheint nicht erklärbar.[551]

---

[545] Vgl. dazu *Stender-Vorwachs*, Staatsferne und Gruppenferne, S. 152.

[546] Zu den deutlichen Zentralisierungstendenzen durch den 10. RÄndStV ausführlich unten C.II.3.

[547] Deutlich das Gruppenmodell favorisierend *Stender-Vorwachs*, Staatsferne und Gruppenferne, S. 153 f. Ähnlich, aber mit größerem Spielraum für den Gesetzgeber *Lerche*, NJW 1982, 1676 (1679 f.).

[548] Die frommen Hoffnungen noch von *Schmidt*, dass die externen Kontrollgremien des privaten Rundfunks die Mängel der Rundfunkräte nicht wiederholen haben sich, so kann man wohl sagen, nicht erfüllt, siehe dazu *Schmidt*, Rundfunkvielfalt, S. 90.

[549] Ähnlich *Hesse,* Rundfunkrecht, S. 219.

[550] Vgl. zum Beispiel § 41 Abs. 1 LMG-RP.

[551] Sinnvoll kann eine Schlechterstellung noch für die Berufskammern begründet werden, da ihre Beteiligung als Teil der zwar selbständigen, aber dennoch mittelbaren Staatsverwaltung dem Prinzip der Staatsfreiheit entgegensteht. Vgl. dazu ausführlich *Gersdorf,* Staatsfreiheit des Rundfunks, S. 186.

Noch weiter vom Entsendemodell entfernt und an der Grenze zum Ratsmodell ist die Regelung für Hamburg und Schleswig-Holstein.[552] Gem. § 42 Abs. 2 LMG-HSH ist in beiden Ländern „jede gesellschaftlich relevante Gruppe" berechtigt einen Kandidaten zu benennen, ohne dass es eine Einschränkung gäbe. Aus diesen Landeslisten werden in der Hamburgischen Bürgerschaft Wahlkandidaten durch die Fraktionen bestimmt und mit einfacher Mehrheit aus den Kandidaten sieben Mandate bestimmt. Im Landtag SH werden mit einer 2/3-Mehrheit ebenfalls sieben Kandidaten bestimmt. Die Kandidaten müssen gem. § 41 LMG-HSH Sachverständige auf medienrelevanten Gebieten sein. Eine gewisse Unabhängigkeit der Kandidaten von politischer Einflussnahme durch die Mandatierung ergibt sich aus der notwendigen Qualifikation, sowie aus dem vor allem in Schleswig-Holstein relativ hohem Quorum einer 2/3-Mehrheit.[553] Problematisch ist allerdings das Vorschlagsrecht aller „gesellschaftlich relevanter Gruppen" ohne Eingrenzung. Zum einen kann dies zur Folge haben, dass eine Vielzahl von Vorschlägen eingeht, sodass die Fraktionen der Landtage letztlich ihnen genehme Kandidaten auswählen können, womit der Grundsatz der Staatsfreiheit zumindest in der Praxis leiden würde.[554] Zum anderen gehört die Definition der „gesellschaftlich relevanten Gruppen" zum Kernbereich der pluralistisch verfassten „positiven Ordnung", die im Sinne des Wesentlichkeitsgrundsatzes durch den Gesetzgeber definiert werden muss.[555] Den stark umstrittenen Begriff der relevanten Gruppe nicht zu definieren, lässt einen enormen Spielraum für die dem Wahlverfahren vorgelagerte Entscheidung für einen Wahlkandidaten durch die Landesparlamente, die vor dem Grundsatz der Staatsferne kaum verträglich erscheint.[556] Hier bedarf es der gesetzgeberischen Präzisierung.

Das reine Ratsmodell besteht derzeit nur an der Medienanstalt Berlin-Brandenburg. Dort wird bei allen sieben Ratsmitgliedern gem. § 9 Abs. 1 RStV-MABB eine medienrechtliche Expertise vorausgesetzt. Jeweils drei Mitglieder werden von den Landtagen von Brandenburg und Berlin gem. § 10 Abs. 1

---

552 Über die hier geprüfte organisationsplurale Vereinbarkeit mit verfassungsrechtlichen Anforderungen hinaus stand das LMG-HSH vor allem auch in der Kritik, u.a. durch verdi, den GRÜNEN, der DLM sowie der HAM selbst, da es den Privatrundfunk fast gänzlich aus materiellen Vielfaltsvorgaben entlassen sollte, vgl. FK 2003, Nr. 21, S. 7 und FK 2003, Nr. 22-23, S. 13 f.

553 Zu weiteren Unabhängigkeitsvorkehrungen wie der Verpflichtung auf das „Allgemeinwohl" und den in vielen Landesmediengesetzen enthaltenen Unvereinbarkeitsvorschriften vgl. *Gersdorf*, Staatsfreiheit des Rundfunks, S. 171 ff.

554 Im Ergebnis ebenso *Stender-Vorwachs*, Staatsferne und Gruppenferne, S. 171.

555 Ähnlich *Thum*, AfP 2006, 522 (526).

556 Siehe auch die noch grundsätzlichere Kritik wegen zu großer Staatsnähe des Wahlverfahrens in FK 2003, Nr. 21, S. 7.

RStV-MABB mit einer 2/3-Mehrheit gewählt.[557] Der Vorsitzende wird als siebtes Mitglied von beiden Landtagen mit einer 2/3-Mehrheit der Landtagsmitglieder gewählt. Die Unabhängigkeit dieser Kandidaten wird zum einen über deren medienspezifische Qualifikation, zum anderen über die hohen Quoren gesichert. Problematisch ist, dass es in diesem Modell gar keine Beteiligung gesellschaftlicher Gruppen mehr gibt.[558] Denkbar wäre ein Vorschlagsrecht nach dem Modell der LMA HSH gewesen, das ein Mindestmaß an Beteiligung gesichert hätte.[559] Möglicherweise kann in dem fehlenden Vorschlagsrecht ein Verstoß gegen die Staatsfreiheit zu sehen sein. Geht man davon aus, dass die im LMG-HSH fehlende Konkretisierung der gesellschaftlich relevanten Gruppen zu einem Verstoß gegen die Staatsfreiheit im Besetzungsverfahren führen kann, da ein Überangebot an Kandidaten möglich ist, aus denen dann von Seiten des Landtags „genehme" Kandidaten ausgewählt werden könnten, so muss dies erst recht gelten, wenn von außerhalb gar keine Vorschläge zulässig sind.[560] Eine Mindestbeteiligung, entweder durch Vorschlagsrecht oder einer organisatorischen Einbindung ist also zu fordern, um ein Mindestmaß an plural gesteuerter Kontrolle zu ermöglichen.[561]

c) Bewertung

Die Idee der Beteiligung von gesellschaftlichen Gruppen geht auf das 1. Rundfunkurteil zurück. Grundansatz ist also die Staatsfreiheit der Aufsicht, nach der (bestimmender) Einfluss des Staates nicht zulässig ist, die Regulierung also autonom sein muss.[562] *Eine* hierzu geeignete Organisationsform ist die Beteili-

---

557 Für Verfassungswidrigkeit dieser Gestaltung wegen Verstoßes gegen die Staatsfreiheit *Gersdorf*, Staatsfreiheit des Rundfunks, S. 197.

558 Für Verfassungswidrigkeit bei gänzlich fehlender Beteiligung *Schneider* RuF 1982, 452 (443f.); *Stender-Vorwachs*, Staatsfreiheit und Gruppenferne, S. 168. Ähnlich nun auch BVerfGE – *Gebührenurteil II*, 1 BvR 2270/05 vom 11. September 2007, Rn. 139, wonach Expertenbesetzung dann zulässig ist, wenn es sich nicht um eine politische Aufgabe handelt, auch wenn diese mit der Subsumption unter den Funktionsauftrag befasst ist. Vgl. dazu oben B.V.2.n)B.V.2.n).

559 Gegen ein vorrangig mit Experten besetztes Gremium *Stender-Vorwachs,* Staatsferne und Gruppenferne, S. 154 f.

560 *Gersdorf* spricht von einem vor der Staatsfreiheit notwendigen Ausschluss eines „maßgeblichen" Einflusses, *Gersdorf*, Staatsfreiheit des Rundfunks, S. 162, vor allem S. 190 ff.

561 Im Ergebnis ebenso *Gersdorf*, Staatsfreiheit des Rundfunks, S. 175. Dagegen für Verfassungswidrigkeit des reinen Ratsmodells *Stettner*, ZfP 1994, 405 (422). Zumindest hinsichtlich der Staatsfreiheit trifft dies aber in dieser Schärfe wohl nicht zu. Ähnlich *Hepach*, Der Grundrechtsstatus der LMA, S. 100 ff. Für ein wesentliches Element der Sicherung eines „Grundstands gleichgewichtiger Vielfalt" hält die plural besetzten Gremien auch *Schuster*, Meinungsvielfalt, S. 274.

562 Dieser Grundsatz hat sich inzwischen, trotz abgemilderter entgültiger Fassung als europäischer Regulierungsgrundsatz durchgesetzt, vgl. die neue Richtlinie über audiovisuelle

gung gesellschaftlich relevanter Gruppen, deren Mandat entsprechend im Interesse der Allgemeinheit auszuführen ist.[563] Die Beteiligung gesellschaftlicher Gruppen bietet daher den Vorteil, dass einerseits ein bestimmender staatlicher Einfluss ausgeschlossen werden kann, andererseits auch einseitiger Einfluss einer Gruppe vermieden wird.[564] Wie im Bereich der Binnenaufsicht des öffentlich-rechtlichen Rundfunks kommt neben diesen zwei Gefahrenquellen für die autonome Regulierung zusätzlich die Gruppe der Regulierten hinzu. Es ist also ebenso unzulässig, wenn Vertreter der Regulierungssubjekte anders denn als Beteiligte im Verfahren an der Regulierung partizipieren.[565]

d) Exkurs: Der „medienrechtliche Souverän" – verfassungsrechtliche Notwendigkeit der Beteiligung gesellschaftlicher Vertreter

Ob aber eine Beteiligung der gesellschaftlichen Kräfte verfassungsrechtlich notwendig ist, ist nach wie vor umstritten.[566] Zunächst ist zu trennen zwischen Aufgaben, die rein ordnungsrechtlicher Natur sind (z.B. Zulassungsverfahren, Frequenzplanung, Ordnungswidrigkeiten), ihrem Wesen nach also juristische Subsumption[567] erfordern, und solchen Aufgaben, die Beurteilungsspielräume beinhalten und eine Auswirkung auf die Struktur der Meinungsvielfalt im Privatrundfunk haben. Eine saubere Trennung ist sicherlich nicht immer möglich. Nur im letzteren Bereich kann es, wenn überhaupt, um die Beteiligung gesellschaftlicher Gruppen gehen. Es lassen sich zumindest eine Anzahl von Aufgaben benennen, die besonders sensibel sind und insbesondere einen Beur-

---

Mediendienste, 2007/65/EG, Art. 23b n.F. Zum Diskussionsentwurf *Kleist/Scheuer*, MMR 2006, 206 (210). Zur entgültigen Fassung ausführlich *Schulz*, EuZW 2008, 107 ff.

[563] Damit geht nicht notwendig einher, dass die Staatsfreiheit ein Unterfall des Beherrschungsverbots durch jedwede Gruppe ist. Das Verfassungsgericht betont denn auch immer Staats- und Gruppenferne gleichermaßen, vgl. bereits BVerfGE 12, 205 (262) – *1. Fernsehurteil.* Diese Befürchtung hat aber *Gersdorf*, Staatsfreiheit des Rundfunks, S. 74 f.

[564] *Wagner*, Die Landesmedienanstalten, S. 129 f.; dazu auch *Bumke*, Die öffentliche Aufgabe der Landesmedienanstalten, S. 127, die dies den Wechselbezug von Autonomie und Pluralitätsgebot nennt.

[565] Ebenso *Starck*, in: v. Mangoldt/Klein/Starck, GG I, Art 5 Rn. 131. Anders zur Redakteursbeteiligung dagegen, BVerfGE 83, 238 (322) – *WDR-Gesetz.*

[566] Für eine verfassungsrechtliche Notwendigkeit von plural besetzten Gremien *Bethge*, FuR 1984, 75 (81); aus neuerer Zeit, allerdings mit Schwerpunkt auf der Staatsfreiheit *Gersdorf*, Staatsfreiheit des Rundfunks, S. 194; auch *Kurschildgen*, Demokratisch verfasste Öffentlichkeit, S. 24 ff.; *Stender-Vorwachs*, Staatsferne und Gruppenferne, S. 153. Gegen eine verfassungsrechtliche Begründung u.a. *Bullinger*, AöR 108 (1983), 161 (200 f.); *Hoffmann-Riem*, AöR 109 (1984), 304 (366 f), der allerdings nur die Übertragung der Rundfunkratsstruktur schon für nicht geeignet hält und deshalb vor „Kontrollattrappen" warnt; sowie *Wagner*, Die Landesmedienanstalten, S. 124 f. m.w.N.

[567] Darauf, und die entsprechende juristische Professionalisierung in diesem Bereich, weist schon *Wagner* hin, vgl. *Wagner*, Die Landesmedienanstalten, S. 126.

teilungsspielraum eröffnen, der eine Bewertung im Lichte der Meinungsvielfalt, ihrem derzeitigen Zustand und den möglichen Auswirkungen notwendig macht. Zu den letzteren gehören vor allem Vorrang- und Auswahlentscheidungen sowie die laufende Programmaufsicht, soweit sie zu Ordnungswidrigkeiten und Lizenzrücknahmen aufgrund der Verletzung von materiellen Vielfaltsanforderungen führen können.[568] Insbesondere in diesem Bereich darf es nicht zu einer staatlichen oder durch eine Gruppe vermittelten Kontrolle kommen. Dieser Gefahr wird durch die Landesmediengesetze Rechnung getragen, indem zumindest für diesen sensiblen Bereich das plural besetzte Hauptorgan zuständig ist.

Mit der Beteiligung von Gruppen sinkt allerdings die Professionalität, handelt es sich um besonders große Gremien[569], sinkt zusätzlich die Effektivität.[570] Dem stellt sich das Ratsmodell entgegen, dass allerdings in reiner Form (derzeit bei der MABB) keinerlei gesellschaftliche Rückbindung mehr enthält. Für die noch genauer zu untersuchenden Aufgaben der Landesmedienanstalt im Bereich der Planung und Steuerung der Meinungsvielfalt im Privatrundfunk bedarf es allerdings der gesellschaftlichen Rückbindung wie auch notwendigen Professionalität und Effektivität. Anerkannt hat dies der Gesetzgeber im Bereich der Konzentrationskontrolle, die als Spezialmaterie ein hohes Maß an Fachkenntnis erfordert und deren Tatbestände sich insbesondere über die Landesgrenzen hinweg erstrecken.[571] Professionalisierung ist notwendig.[572] Insbesondere, wenn man die obigen Erkenntnisse der Medienwirkungsforschung, die nach wie vor die eigentliche Grundlage der Regulierung bildet, hinzuzieht, erscheint es nicht sachgerecht, allein den Repräsentanten von gesellschaftlichen Gruppen diese Entscheidungen zu überantworten. Dies gilt auch dann, wenn von den Kandidaten medienspezifische Erfahrung verlangt wird.[573] Die Ansicht, nach der nur und ausschließlich gesellschaftliche Gruppen ihre Vertreter in solche Gremien entsenden können, würde zwar der Staatsfreiheit zu ihrem Recht verhelfen, lässt aber den immer weiter steigenden technischen, wirtschaftlichen und publizisti-

[568] Zu den verschiedenen Aufgaben der Landesmedienanstalten ausführlich *Herrmann*, Rundfunkrecht, § 17 Rn. 45 ff. Speziell zu den materiellen Vielfaltsanforderungen siehe auch unten C.II.2.

[569] Der ZDF-Fernsehrat hat derzeit 77 (!) Mitglieder, vgl. § 21 Abs. 1 ZDF-StV.

[570] Anders *Gersdorf*, der mit zunehmender Größe eine steigende „Richtigkeit" der Entscheidungen annimmt, *Gersdorf*, Staatsfreiheit des Rundfunks, S. 195. Wie hier *Wagner*, Die Landesmedienanstalten, S. 131 f; ähnlich auch *Wojahn*, Landesmedienanstalten und Staatsfreiheit, S. 149.

[571] Vgl. § 26 Abs. 1 RStV, dazu unten ausführlich C.I.3.

[572] Professionalisierung wird derzeit vor allem für die binnenpluralen Gremien des öffentlichrechtlichen Rundfunks gefordert, vgl. unten C.I.4.g)cc).

[573] Z.B. § 41 Abs. 1 LMG-HSH. Kritisch gegenüber solchen Anforderungen vor allem aus Gründen der Staatsfreiheit *Gersdorf*, Staatsfreiheit des Rundfunks, S. 194.

schen Hintergrund der Rundfunkveranstaltung und Regulierung außer acht.[574] Schließlich muss auch auf die unterschiedliche Regulierungsintensität von Binnen- und Außenkontrolle hingewiesen werden. Während die Rundfunkräte des öffentlich-rechtlichen Rundfunks grundsätzlich über ihre Einbindung in die Anstalt einen zumindest mittelbaren Einfluss auch auf Gestaltung und Planung des Programms, also den Kernbereich der Rundfunkfreiheit haben,[575] sind die Landesmedienanstalten im Bereich der Vielfaltskontrolle auf die Wahrung des „Grundstandards gleichgewichtiger Vielfalt"[576] im außenpluralen Modell des Privatrundfunks beschränkt.[577] Das Verfassungsgericht hat die Notwendigkeit einer pluralen Struktur eines Gremiums eng mit dessen Aufgabe verknüpft, sodass allein der unterschiedliche Prüfungsmaßstab die Beteiligung gesellschaftlicher Kräfte nicht überflüssig macht.[578]

Die Wechselwirkung zwischen Auftrag und Zusammensetzung erfordert also eine Begründung aus dem Auftrag des Privatrundfunks. Er hat, im außenpluralen Modell, seinen Anteil an der Funktion des Rundfunks auf der Metaebene zu leisten. Dass dieser Anteil den relativierenden Titel „möglichst hohes Maß an gleichgewichtiger Vielfalt" trägt, hat zunächst einmal etwas mit den ökonomischen Rahmenbedingungen, sicherlich auch mit der Grundrechtsstellung des Privatrundfunkanbieters zu tun.[579] Dieser Bezug macht es erforderlich, dass das Gremium in der Lage ist, die Anforderung der Metaebene, den Anteil des Privatrundfunks daran und schließlich die Leistung auch des öffentlich-rechtlichen Rundfunks einschätzen zu können, da seine Funktionsfähigkeit

---

[574] So etwa *Gersdorf*, der letztlich nur das Entsendemodell für verfassungsgemäß hält. Den Sachverstand und die Funktionsfähigkeit will er über Ausschüsse sicherstellen, vgl. *Gersdorf*, Staatsfreiheit des Rundfunks, S. 196.

[575] Dazu ausführlich unten C.II.6.

[576] Das Verfassungsgericht wies im *Niedersachsenurteil* insbesondere auf den noch mal abgesenkten Prüfungsmaßstab der externen Kontrolle im Privatrundfunk hin, vgl. BVerfGE 73, 118 (159) – *Niedersachsen.*

[577] Zu diesem Unterschied ausführlicher *Bullinger*, AöR 108 (1983), 163 (201) m.w.N.; anders *Wagner*, Die Landesmedienanstalten, S. 127, der den Maßstab der Kontrolle für die Landesmedienanstalten daher als „Evidenz- und Missbrauchskontrolle" bezeichnet.

[578] Siehe BVerfGE 60, 53 (65) – *Rundfunkrat.* Das zusätzliche Problem der demokratischen Legitimation der Vertreter im Rundfunkrat soll hier nicht besprochen werden, siehe aber ausführlich *Wojahn*, Landesmedienanstalten und Staatsfreiheit, S. 179 ff. Hier werden die Mitglieder der Hauptorgane in erster Linie als Vertreter der „sehenden" Allgemeinheit betrachtet, dazu sogleich.

[579] St. Rspr. seit BVerfGE 73, 118 (159) – *Niedersachsen.* Oftmals wird dieser Maßstab gleichgesetzt mit dem „Grundstandard gleichgewichtiger Vielfalt", der allerdings nur für die externe Kontrolle gelten soll, vgl. BVerfGE 73, 118 (155) – *Niedersachen.* Dazu bereits *Ossenbühl*, DÖV 1977, 381 (386).

wiederum einer der Existenzgrundlagen des Privatrundfunks darstellt.[580] Hinzu kommt, dass das Hauptorgan diese[581] Fragestellung im außenpluralen Modell bewältigen muss, es also nicht nur faktisch mit einer Vielzahl von Angeboten konfrontiert ist, sondern vor allem das Gesamtangebot im Hinblick seine Meinungsvielfalt zu bewerten hat, was die Subsumption erheblich erschwert.

Letztlich geht es also um die Bewertung der Leistungsfähigkeit des Privatrundfunks für die Meinungsvielfalt. Diese kann und muss auch unter Einbeziehung von Experten stattfinden, insbesondere wenn man Wechselwirkung und Verstärkerfunktionen zwischen verschiedenen Medien, wie die obigen Erkenntnisse der Medienwirkungsforschung nahe legen, in Zukunft stärker berücksichtigen will.[582] Theoretisch wäre sogar möglich, mit Hilfe von statistischen und empirischen Methoden durch Experten zu ermitteln, ob und welcher Zustand der Meinungsvielfalt erreicht ist. Da absolute Meinungsvielfalt im Sinne der Widerspiegelung aller in der Gesellschaft vorhandenen Meinungen jedoch ein Ideal darstellt, man also immer mit einem Weniger wird leben müssen, kommt es zu erheblichen Beurteilungs- und Auswahlspielräumen. Genau auf diesen Kernbereich der Programmentscheidung und Programmbewertung bezieht sich jedoch das Gebot der Staats- und Gruppenferne, weshalb Expertenansichten (die selbst Gruppenvertreter sind) zwar zur Entscheidung beitragen, sie aber nicht selbst treffen können. Dies kann nur der „medienrechtliche Souverän“ selbst – mithin die Teilnehmer des öffentlichen Meinungsbildungsprozesses, die Gesellschaft selbst, vermittelt durch ihre gesellschaftlich relevanten Gruppen. Ein Ausschluss der gesellschaftlichen Vertreter liefe auf eine verfassungswidrige „Expertenmediokratie“ hinaus.[583] Bereits aus diesen Gründen ergibt sich, dass grundsätzlich nur ein plural besetztes Gremium in der Lage ist, den Beitrag des Rundfunks in und für die Gesellschaft adäquat zu bewerten. Auch wenn Zweifel am Konzept der gruppendynamischen Meinungsbildung in der Gesellschaft angebracht

---

580 Deshalb ist es auch nur halb zutreffend, wenn *Wagner* schreibt, die Landesmedienanstalt sollten nicht für ein „zu Wort“ kommen bestimmter Meinungen sogen, vgl. *Wagner*, Die Landesmedienanstalten, S. 125. Zu dem Junktim zuletzt BVerfGE – *Gebührenurteil II*, 1 BvR 2270/05 vom 11. September 2007, Rn. 122; zuvor vor allem BVerfGE 90, 60 (91) – *Gebührenurteil.*

581 Siehe dazu bereits oben B.VI.2.b).

582 Oben B.III.

583 Die Aufwertung von Expertenbeteiligungen in der Programmbewertung in BVerfGE – *Gebührenurteil II*, 1 BvR 2270/05 vom 11. September 2007, Rn. 139, ist daher vorsichtig zu interpretieren: Die Entscheidungshoheit des „medienrechtlichen Souverän“ darf nicht in Frage gestellt werden.

sind,[584] ist die grundsätzliche Beteiligung gesellschaftlicher Kontrolle der Disposition des Gesetzgebers damit entzogen.[585]

Ein weiteres Argument ergibt sich, wenn man die Fragestellung von Organisation, Verfahren und Besetzung der Programmkontrolle mit dem Verfassungsgericht aus der Funktion des Gesamtsystems Rundfunk betrachtet. In der Logik der Verfassungsrechtsprechung ergibt sich eine möglichst weite Lösung dieser Kontrollinstanz von jeglichen staatlich oder gesellschaftlich vorgegebenen Strukturen, wenn sie quasi in einer „Weitwinkelfunktion" so viele Strukturen wie möglich von außen unabhängig betrachten können soll.[586] Diese kann nur durch Partizipation von Vertretern des vor-demokratischen – denn es geht um gesellschaftliche Meinungsbildung und nicht politische Willensbildung[587] – Prozesses der öffentlichen Meinungsbildung gelingen. Es geht also nicht lediglich um eine „Neutralisierung" der Bewertung der Meinungsvielfalt, indem weder einzelnen Gruppen noch dem Staat der Zugriff erlaubt würde.[588] Auch erschöpft sich die Funktion gesellschaftlicher Kontrolle nicht, wie *Wolfgang Schmidt* es beschreibt, darin, eine „Vielfaltsreserve" zu bilden.[589]

Es geht letztlich um die Effektivität und Eignung der Kontrollinstanz.[590] Da aber die öffentliche Meinungsbildung dem demokratischen Prozess selbst noch vorgelagert ist, können Vertreter des demokratischen Prozesses – hierzu zählen alle staatlichen Stellen aber auch alle bereits als „Faktor" der öffentlichen Meinungsbildung Tätigen wie Rundfunk- und Pressebeschäftigte – weder selbst die Aufgabe erfüllen, noch sind sie (allein) geeignet, die Besetzung der Kontrollinstanz zu bestimmen.[591] In diesem Sinne ist der große Gestaltungsspielraum des Gesetzgebers eingeschränkt: Eine Regulierungsstruktur ohne Beteili-

---

[584] Siehe dazu oben ausführlich B.VI.1.

[585] Im Ergebnis ebenso *Ossenbühl*, Programmnormen im Rundfunkrecht, S. 18.

[586] Ähnlich *Stender-Vorwachs*, Staatsferne und Gruppenferne, S. 164 f; *Wojahn*, Landesmedienanstalten und Staatsferne, S. 144. Aus Sicht der Kommunikationsforschung *Eifert*, Selbstregulierung und Funktionsauftrag, S. 42.

[587] Die Meinungsbildung gilt eben als Grundlage wiederum von Grundbedingungen der Demokratie, vgl. dazu oben B.I.; siehe auch *Kurschildgen*, Demokratisch verfasste Öffentlichkeit, S. 172 f.

[588] So aber *Zeidler*, AöR 86 (1961), 361 (403).

[589] Vgl. zum Begriff „Vielfaltsreserve" *Schmidt*, Rundfunkvielfalt, S. 92 ff.

[590] Anders dagegen *Rupp*, der die Beteiligung der gesellschaftlich relevanten Gruppen nur als Repräsentanten der Grundrechtsträgerschaft innerhalb der sonst objektiv-rechtlichen Anstalt ansieht, siehe *Rupp*, AöR 101 (1976), 161 (200). Zum einen können die Rundfunkveranstalter aber durchaus selbst Grundrechte geltend machen, zum anderen ist die Funktion der plural besetzten Gremien genau umgekehrt keine Individuelle, sondern die des „Sachwalters der Allgemeinheit", vgl. BVerfGE 60, 53 (66) – *Rundfunkrat.*

[591] Dagegen *Zeidler*, der die Mitglieder des Rundfunkrats durch das Parlament wählen lassen will, *Zeidler*, AöR 86 (1961), 361 (403) und auch BVerfGE 83, 238 (322) – *WDR-Gesetz.*

gung von gesellschaftlichen Elementen in der Bewertung der Funktion des Rundfunks würde dem Ziel der Rundfunkfreiheit schaden und damit als Ausgestaltungsgesetz verfassungswidrig sein.[592] Die Bewertung der Meinungsvielfalt durch gesellschaftliche Vertreter ist also nicht lediglich eine Sicherungsfunktion in der Rundfunkorganisation, sondern stellt sich im Lichte des durch Art. 5 Abs. 2 S. 1 GG als die einzig mögliche Gestaltung dar. Daraus folgt, dass das reine Ratsmodell wie derzeit in den §§ 9 ff. RStV-MABB umgesetzt, verfassungswidrig ist. Zumindest sehr kritisch ist die nunmehr durch den 10. RÄndStV zentralisierte Regulierung und Aufsicht des bundesweiten Fernsehens durch GVK und ZAK. Insbesondere die weit reichenden Aufsichtsbefugnis der ZAK sind durch die Zusammensetzung mit den gesetzlichen Vertretern der Landesmedienanstalten, was in der regelmäßig der von der Landesregierung ernannte und im günstigsten Fall fachlich besonders qualifizierter Direktor sein dürfte, nur sehr dürftig bis gar nicht an den „medienrechtlichen Souverän“ rückgebunden.[593]

3. Privatrundfunk – Aufbau und Besetzung der externen Organe

Neben dem plural besetzten Haupt- und dem Exekutivorgan ist den Landesmedienanstalten durch § 35 Abs. 2 RStV zusätzlich die Kommission zur Ermittlung der Konzentration im Medienbereich (KEK) als Organ zugewiesen, das die Aufgaben im Rahmen der Sicherung der Meinungsvielfalt gem. §§ 26 ff. RStV ausführt.[594] Die KEK ist seit ihrer Gründung 1997[595] eine unabhängige Expertenkommission, die Fragen der medienrechtlichen Konzentrationskontrolle, bis zum 10. RÄndStV in Zusammenarbeit mit der Konferenz der Direktoren der Landesmedienanstalten (KDLM) gem. § 36 Abs. 1 RStV a.F., abschließend behandelt. Auch wenn die KEK rechtlich nicht selbständig ist und als Organe für die jeweils zuständige Landesmedienanstalt tätig wird,[596] besteht insbesondere keinerlei Weisungs- oder Unterordnungsverhältnis gegenüber dem jeweiligen Hauptorgan.[597] Ihre Entstehung verdankte die KEK einer Reform der Medien-

---

[592] Auch wenn das Verfassungsgericht regelmäßig den Gestaltungsspielraum des Gesetzgebers betont hat, war bislang die Gremienzusammensetzung unter den Gesichtspunkten der Geeignetheit zur Überprüfung der Meinungsvielfalt sowie der Staatsferne bislang nicht Gegenstand der gerichtlichen Auseinandersetzung und damit nicht entscheidungsrelevant. Dies betont zu Recht *Wojahn*, Landesmedienanstalten und Staatsfreiheit, S. 143. Vgl. ausführlich zu den verfassungsrechtlichen Grenzen der Ausgestaltungsgesetzgebung *Ruck*, AöR 117 (1992), 543 (547 ff.).

[593] Ausführlich zu den neuen Gremien ZAK, GVK und der neuen KEK vgl. unten C.II.3.d).

[594] Z.B. § 38 Abs. 4 S. 2 LMG-HSH; dazu ausführlich *Knothe*, Die neuen Institutionen des RStV, S. 70 ff.

[595] Die KEK wurde mit dem 3. RÄndStV vom 15. Mai 1997 ins Leben gerufen.

[596] Vgl. dazu *Dörr*, in: Medienrecht – Lexikon, S. 274 f.

[597] Diese Letztentscheidungskompetenz findet sich für KEK und KDLM in § 36 Abs. 1 RStV, dazu ausführlich *Hartstein/Ring/Kreile/Dörr/Stettner*, Rundfunkstaatsvertrag, § 36 Rn. 3. Die

konzentrationskontrolle. Seit dem Niedersachsenurteil bestand es im Wesentlichen aus Zwangsgemeinschaften für Anbieter, die zusammen mit einer Begrenzung der Programmanzahl auf zwei Programme, die ein Veranstalter anbieten konnte, die wesentlichen Regelungen darstellten.[598]

a) Struktur und Wahl der KEK

Die Besetzung der KEK orientiert sich am Ratsmodell, eine Berücksichtigung gesellschaftlich relevanter Gruppen findet nicht statt.[599] Die Besetzung der KEK wurde durch den 10. RÄndStV wesentlich geändert. An dieser Stelle soll eine grundsätzliche Bestandsaufnahme und Bewertung der KEK als Fachgremium im Ratsmodell im System des Organisationspluralismus erfolgen. Die besonders kritikwürdige Umgestaltung der KEK wird unten im Zusammenhang mit den weiteren Neuerungen des 10. RÄndStV untersucht.[600]

Ursprünglich bestand die KEK gem. § 35 Abs. 3 RStV a.F. aus sechs Sachverständigen, sowie zwei Ersatzmitgliedern aus den Bereichen des Rundfunk- und Wirtschaftsrechts, von denen zumindest drei die Befähigung zum Richteramt haben mussten. Für die Mitglieder galten und gelten weiterhin Inkompatibilitätsvorschriften, die in etwa vergleichbar sind mit denen für die Besetzung des Direktoriums der LMA.[601] Die Mitglieder der KEK werden auf fünf Jahre von den Ministerpräsidenten der Länder einvernehmlich berufen, eine Wiederberufung ist zulässig.

Gegen die Zusammensetzung als Expertengremium spricht grundsätzlich, dass die KEK sich mit Kernfragen der Meinungsvielfalt, vor allem dem Bestehen „vorherrschender Meinungsmacht“ gem. § 26 Abs. 1 RStV, auseinandersetzt. Wie gerade erläutert, gibt es eine verfassungsrechtliche Notwendigkeit, den Kernbereich der Funktionsfähigkeit des Rundfunksystems auf der Metaebene nicht allein durch Experten, sondern auch direkt durch ein plural besetztes Gremium bewerten zu lassen. An dieser Stelle ist die Struktur der KEK zumindest bedenklich einseitig.[602] Nimmt man mit dem Verfassungsgericht allerdings

---

zuständige Landesmedienanstalt konnte von dem Votum der KEK aber abweichen, indem sie gem. § 37 Abs. 2 RStV die KDLM anrief.

598 § 21 RStV 1991. Zur Reform und der Umstellung auf das Zuschaueranteilsmodell siehe *Schellenberg*, Rundfunk-Konzentrationsbekämpfung, S. 40 m.w.N. zur Diskussion. Vgl. auch die amtliche Begründung zu § 35 in *Hartstein/Ring/Kreile/Dörr/Stettner*, Rundfunkstaatsvertrag, Vor § 35, amtliche Begründung zu § 35; sowie *Dörr/Schiedermair*, Kohärentes Konzentrationsrecht, S. 50; *Holznagel/Krone* MMR 2005, 666 (670); auch *Mestmäcker/Veelken,* in: Immenga/Mestmäcker, GWB Vor § 35 Rn. 99 ff.

599 Zur Besetzung *Dörr*, in: Medienrecht – Lexikon, S. 275.

600 Siehe unten C.II.3.

601 Siehe oben C.I.2.b), ein Beispiel findet sich in § 41 Abs. 1 LMG-RP.

602 Ähnlich auch *Dörr/Schiedermair*, Kohärentes Konzentrationsrecht, S. 51.

als Ausgangspunkt wieder die Aufgabe des Gremiums, so wird relativ schnell klar, dass die Aufgabe durch ein plurales, nicht in gleicher Weise sachverständiges Gremium allein nicht zu bewältigen wäre. In ganz wesentlicher Hinsicht geht es um die Bewertung und Subsumption von Rechtsbegriffen, die auf der Schwelle von Aktien-, Gesellschafts- und Medienrecht sicherlich keine Materie darstellt, in die sich der juristische Laie ohne weiteres einlesen könnte.[603]

Die rechtlich zutreffende Bewertung durch Sachverstände des Wirtschafts- und Medienrechts gem. § 35 Abs. 5 S. 1 RStV ist nur eine Seite der Medaille: Gerade die Gesamtbewertung und Übertragung von (Meinungs-)Marktanteilen von den sog. medienrelevanten verwandten Märkten auf das Zuschaueranteilsmodell gem. § 26 Abs. 2 S. 2 RStV hat in der Entscheidung Axel Springer AG ./. Pro7 Sat1 Media AG die Grenzen des rechtlichen Sachverstandes doch deutlich aufgezeigt. Dieser Praxistest für den Einbezug von Sachverstand hat die bereits oben aufgeworfene Forderung, auch die Erkenntnisse der Medienwirkungsforschung in der Regulierung zu berücksichtigen, sogar auf Ebene der Besetzung eindrucksvoll bestätigt.

Dennoch: Letztlich sprechen diese Argumente für eine sinnvolle Vor- und Aufbereitung sowie Umsetzung durch Experten, nicht jedoch lässt sich damit der Ausschluss des „medienrechtlichen Souverän" von wesentlichen Leitentscheidungen über die Struktur der Meinungsvielfalt begründen. Möglicherweise lässt sich eine Repräsentation der Gesellschaft aber über die Zusammensetzung des Gremiums selbst begründen, da ja zumindest alle Ministerpräsidenten einvernehmlich die Mitglieder berufen müssen, und diese daher eher der politischen und gesellschaftlichen Mitte entspringen dürften.[604] Allerdings ist gerade „mainstream" das Gegenstück zur Vielfalt.[605] Auch wenn damit gesichert sein dürfte, dass die KEK keine Extrempositionen einnimmt, und insbesondere Standortinteressen auf diese Weise ausgeschlossen werden,[606] so fehlt vielleicht gerade der Blick für eher randständige Meinungsgruppen. Es zeigt sich hier wieder einerseits das grundsätzliche und wachsende Strukturproblem von gesellschaftlicher Rückbindung einerseits und zunehmend notwendigem Sachverstand in der Regulierung andererseits. Auch wenn die KEK zum weit überwiegenden Teil mit Fragestellungen konfrontiert ist, die ein besonders hohes

---

[603] Zusätzlich hat das kleine Gremium den Vorteil einer kurzen Bearbeitungszeit und überdies die Gewähr der Vertraulichkeit im Verfahren, worauf auch *Dörr/Schiedermair*, Kohärentes Konzentrationsrecht, S. 51 f. hinweisen.

[604] So der vorsichtig geäußerte Vorschlag bei *Dörr/Schiedermair,* Kohärentes Konzentrationsrecht, S. 51. Dazu auch *Hartstein/Ring/Kreile/Dörr/Stettner*, Rundfunkstaatsvertrag, B 5, § 35 Nr. 6.

[605] So auch *Hartstein/Ring/Kreile/Dörr/Stettner*, Rundfunkstaatsvertrag, § 35 Rn. 7.

[606] Siehe dazu *Dörr*, Wie erhalten wir die Meinungsvielfalt?, S. 2.

Maß an (rechtlichem) Sachverstand erfordern, so kann doch im obigen Sinne nicht auf eine Rückbindung an die plurale Gesellschaft verzichtet werden.

Vor der Reform der KEK durch den 10. RÄndStV bestand zumindest eine vermittelte Rückbindung an das pluralen Hauptorgan. So bestand ein grundsätzliches Primat der Landesmedienanstalt gegenüber der KEK durch die Regelung des § 37 Abs. 2 RStV a.F. Danach war die Entscheidung der KEK zwar grundsätzlich bindend, das für die Zulassung zuständige Organ der Landesmedienanstalt konnte aber eine Abweichung von diesem Beschluss einleiten und die KDLM anrufen, die sich erneut mit der Sache befasst und den Beschluss der KEK mit einer 3/4-Mehrheit ersetzen konnte.[607] Soweit das Hauptorgan mit der Zulassung des Senders beschäftigt oder eine Zuständigkeit ausdrücklich begründet war,[608] ließ sich also argumentieren, dass letztlich das plural besetzte Hauptorgan noch die Möglichkeit hat, eine Revision zumindest einzuleiten. In der Sache, vor allem für die KEK, war dieser Zustand zwar unbefriedigend, da die „bindende“ Entscheidung eben nicht entgültig bindend war und darüber hinaus mit der KDLM durch ein nicht in gleicher Weise mit Sachverständigen besetztes Gremium aufgehoben werden konnte.[609] Trotz der berechtigten Zweifel war in diesem Modell eine Mindestbeteiligung gewährleistet, die der verfassungsrechtlichen Notwendigkeit einer Beteiligung des „medienrechtlichen Souverän“ in Fragen der Meinungsvielfalt entsprach.

b) Bewertung

Die Besetzung der KEK wird, anders als bei den Exekutivorganen und den Hauptorganen der Landesmedienanstalten, kaum kritisiert.[610] Dies liegt nicht zuletzt an ihrer Aufgabe, die ein hohes Maß an Sachverstand voraussetzt, sodass auf den ersten Blick eine Beteiligung gesellschaftlicher Gruppen kaum sinnvoll erscheint. Dies ist allerdings nur auf den ersten Blick richtig. Die Frage der

---

[607] Zum Verfahren und den möglichen Reformvorschlägen siehe unten C.II.3.d)cc).

[608] Die Hauptorgane sind meist in das Zulassungsverfahren integriert. In Baden-Württemberg lässt sich eine Zuständigkeit aus § 42 Abs. 1 LMG-BW begründen, wonach die „Versammlung“ in Fragen der Meinungsvielfalt alleinzuständig ist. Ebenso ist § 43 Abs. 1 Nr. 5 LMG-SA für Sachsen-Anhalt die ausdrückliche Zuständigkeit der Versammlung in Sachsen-Anhalt bestimmt für Zuständigkeiten im Zusammenhang mit der Medienkonzentration nach dem RStV.

[609] Zur Bindungswirkung ausführlich *Holznagel/Dörr/Hildebrand*, Elektronische Medien, S. 210.

[610] Abgesehen von einigen kritischen Stimmen bei der Einführung, z.B. von *Stock*, epd-medien 1996, Nr. 84, S. 9, hielt sich die Kritik in Grenzen. Dies mag daran liegen, dass vor ihrer Einführung die Regelung des § 21 RStV 1991 als wesentlich uneffektiver und unprofessioneller empfunden wurde, vgl. dazu *Schellenberg*, Medien-Konzentrationsrecht, S. 41 ff. Siehe aber aus neuerer Zeit *Dörr/Schiedermair*, Kohärentes Konzentrationsrecht, S. 51.

verfahrens- und organisationsrechtlich optimierten Gestaltung der Konzentrationskontrolle sollte nicht über die Anforderungen aus dem hier strukturell wirkenden Pluralismusgebot in der „positiven Ordnung" hinwegtäuschen. Ein gänzlicher Ausschluss ist weder verfassungsrechtlich zulässig, noch sollte er wünschenswert sein, da die Beteiligung gesellschaftlich relevanter Gruppen zu einer korrigierenden „Richtigkeitsgewähr" gegenüber dem zeitlich und inhaltlich aktuellen Sachverstand führt.[611]

Es kommt im Ergebnis auf die Abstimmung der organisationspluralen Vorgaben, der notwendigen Beteiligung von Sachverständigen aus Rechts- und Medienwissenschaften und der materiellen Pluralismusvorgaben an. Das Ergebnis dieses Zusammenspiels muss dem Auftrag des Rundfunks auf der Metaebene nicht nur dienen, sondern muss mit hinreichender Wahrscheinlichkeit zu seiner Sicherung geeignet sein und wird daher von ihm determiniert.[612] Ohne die noch genauer zu untersuchenden materiellen Pluralismusvorgaben einzubeziehen, lässt sich für den Bereich des privaten Rundfunks bereits die Feststellung treffen, dass die geringeren Anforderungen, die an ihn gestellt werden, sich auch auf Ebene des Organisationspluralismus auswirken.[613] Soweit er eben nur zu einem „möglichst hohen Maß gleichgewichtiger Vielfalt" verpflichtet ist, seine Kontrolle gar nur einen „Grundstand gleichgewichtiger Vielfalt" zum Maßstab hat, ist es auch nicht angezeigt, die Beteiligung gesellschaftlicher Gruppen in einer Weise zu organisieren, die über das erforderliche Maß hinausgeht. Ein Verzicht auf jede Beteiligung ist aber verfassungsrechtlich nicht möglich. Allerdings: Die geringeren Anforderungen an die Meinungsvielfalt können sich nicht in der Weise niederschlagen, dass nur wenige Gruppen beteiligt würden. Um überhaupt feststellen zu können, welcher (niedrigere) Maßstab im Verhältnis zum Maximalziel vollständiger Meinungsvielfalt auf der Metaebene erforderlich ist, muss potentiell jede gesellschaftlich relevante Gruppe vertreten sein um ihre Berücksichtigung oder Nichtberücksichtigung im „Grundstandard gleichgewichtiger Vielfalt" zu bewerten. Es kann daher nur um eine weniger intensive Beteiligung dieses nach Optimalvorgaben zusammengesetzten Gremi-

---

[611] Dazu bereits oben B.III.2.c). Oftmals wird für die Zulässigkeit einer Kontrolle des Privatrundfunks ohne Beteiligung pluraler Gremien die *Niedersachsen*-Entscheidung angeführt, nach der das Verfassungsgericht ausdrücklich einen außenpluralen Rundfunk für verfassungsgemäß, wenn auch weniger geeignet i.S.d. Anforderungen auf der Metaebene, erklärt; siehe z.B. *Hartstein/Ring/Kreile/Dörr/Stettner*, Rundfunkstaatsvertrag, § 20 Rn. 6. Damit ist allerdings nur etwas über die interne Struktur der privaten *Rundfunkveranstalter* gesagt, nicht der *externen Aufsicht*. Nach hier vertretener Ansicht, wäre der Ausschluss gesellschaftlicher Gruppen aus der externen Kontrolle aus den oben genannten Gründen nicht verfassungsgemäß.

[612] Vgl. BVerfGE 57, 295 (323) – *FRAG*; dazu auch *Ruck*, AöR 117 (1992), 543 (549).

[613] *Ricker/Schiwy*, Rundfunkverfassungsrecht, S. 105.

ums in den meinungsrelevanten Entscheidungen der Landesmedienanstalten gehen.

Das Übergewicht der Kontrolle durch Sachverständige in Exekutivorgan und KEK sowie den neu geschaffenen Gremien ZAK und GVK reflektiert die ökonomischen und wettbewerblichen Bedingungen in denen der Privatrundfunk steht. Die Grenze ist allerdings dort erreicht, wo es um Beurteilungsspielräume in Fragen der Meinungsvielfalt geht, wie beispielsweise in den Vorrangregelungen, der allgemeinen Programmbeobachtung oder der Prognose des Beitrags eines Veranstalters und die Bewertung seiner Meinungsmacht durch internes Wachstum, Erwerb oder Fusion im Hinblick auf die Meinungsvielfalt. Geht es um die „Gretchenfrage" der qualitativen Bewertung einer Situation oder eines Angebots an Meinungsvielfalt, kann und sollte der Sachverstand die Bewertungsgrundlage absichern und aufbereiten, eine Entscheidung ohne Beteiligung des „Sachwalters der Allgemeinheit" als vor-demokratischem „medienrechtlichen Souverän" würde aber das verfassungsrechtlich geforderte Niveau an Meinungsvielfalt auf der Metaebene des Rundfunks in Frage stellen und wäre damit unzulässig.[614]

Zumindest die Abschaffung der KDLM durch den 10. RÄndStV ist nur zu begrüßen.[615] Die KDLM war bereits fachlich kaum als Revisionsinstanz für Fragen der Konzentrationskontrolle ausreichend gerüstet, da sie aus den Direktoren der Landesmedienanstalten bestand, die keine Sachverständige des Wirtschafts- und Medienrechts zu sein hatten. Ihre prominente Stellung als Quasi-Revisionsinstanz im System der Konzentrationskontrolle war weder in der Rückbindung der Letztentscheidung an den medienrechtlichen Souverän, noch in einer besonderen oder auch nur der KEK vergleichbaren sachlichen und fachlichen Komptenz begründet. Diese kompetenzielle Leerstelle wurde entsprechend durch politische Motive, allen voran die Annahme einer verfassungsrechtlich unzulässigen und einfachrechtlich rechtswidrigen „Quasi-Minister-

[614] Und da irrt sich *Kreile* eben wenn er schreibt, der KEK käme nur „fachlich-begutachtende Funktion" zu, *Kreile* NJW 1997, 1329 (1330). Allgemein wird angenommen, die Entscheidung der KEK enthalte „in hohem Maße Wertungen", vgl. VG München, MMR 2008, 427 (430) m.w.N. Siehe auch „erheblich programmbezogen" bei siehe *Hartstein/Ring/Kreile/Dörr/Stettner*, Rundfunkstaatsvertrag, § 35 Rn. 7. Zur Begründung der notwendige Beteiligung des „medienrechtlichen Souverän" ausführlich oben C.I.2.d).

[615] Siehe dazu ausführlich unten C.II.3. Für eine Abschaffung der KLM als Revisionsinstanz auch *Dörr*, in: FS Mailänder, S. 481 (496).

erlaubnis“ im Verfahren Axel Springer AG ./. ProSiebenSat1 Media AG, gefüllt.[616]

4. Öffentlich-rechtlicher Rundfunk – Organisation des Binnenpluralismus

Der öffentlich-rechtliche Rundfunk stellt quasi das originäre Bild des Organisationspluralismus dar. Kurz nach der Gründung der heutigen öffentlich-rechtlichen Rundfunkanstalten wurde eine „ständische Rundfunkorganisation“ durch die Allierten Besatzungsmächte eingeführt, die bereits die Idee der Gruppenrepräsentation enthielt und wenig später in der „Vergesellschaftung des Rundfunk“[617] mit der heutigen binnenpluralen Struktur mündete.[618] Die plurale Binnenstruktur ist allerdings nicht durchgängig. Während der Rundfunkrat, als das zentrale Organ der Programmaufsicht, der Idee des Organisationspluralismus am nächsten kommt, ist die Besetzung und Wahl von Intendant und Verwaltungsrat stärker von Interessenvertretern beeinflusst. Da aber der Rundfunkrat in der Besetzung und Wahl von Intendant und Verwaltungsrat beteiligt ist, kommt seiner Besetzung wiederum entscheidendes Gewicht zu.[619]

a) Der Intendant – Aufgaben und Wahl

Der Intendant ist das Exekutivorgan der Rundfunkanstalten.[620] Er vertritt die Anstalt nach innen und außen in der Stellung eines organschaftlichen Vertreters nach § 26 Abs. 2 BGB analog[621] und verantwortet insbesondere die Programmgestaltung, trägt mithin die „Gesamtverantwortung“[622] im Rahmen der sog. Intendantenverfassung. Anders als den Direktor der LMA trifft den Intendanten

---

616 Dazu ausführlich *Dörr*, AfP-Sonderheft 2007, 33 (38); *Dörr*, in: FS Mailänder, S. 481 (482 f.). Zum konkreten Streit zwischen KEK und KDLM bei der „neuen“ KEK unten C.II.3.d)cc).

617 *Ricker/Schiwy*, Rundfunkverfassungsrecht, S. 175.

618 Zur ursprünglichen ständischen Organisation und ihrer Modifikation siehe *Starck*, ZRP 1970, 217 (218). Zur Geschichte der Rundfunkorganisation in der Nachkriegszeit ausführlicher *Herrmann*, Rundfunk, § 4 Rn. 27 ff. und § 11 Rn. 15 ff.

619 Dazu unten C.I.4.c) sowie *Herrmann*, Rundfunkrecht, § 11 Rn. 11 f.

620 Siehe aber die Sonderregelung des Direktoriums in Bremen, bei der der Intendant trotz Gesamtverantwortung praktisch eher als „primus-inter-pares“ agiert, § 16 Abs. 2 Radio-Bremen-G.

621 Widersprüchlich *Herrmann*, Rundfunkrecht, § 11 Rn. 71, der nur die Vertretungsregeln der §§ 164 ff. BGB auf den Intendanten anwenden will, dann aber darauf hinweist, dass es sich nicht um eine Einzelvertretung handelt.

622 So der Begriff für das Aufgabenfeld des Intendanten bei *Herrmann*, Rundfunkrecht, § 11 Rn. 68. Siehe dazu auch *Frank*, in: Medienrecht – Lexikon, S. 428. Die Gesamtverantwortung des Intendanten führt aber nicht zu den gleichen Beschränkungen der Delegationsmöglichkeit, wie dies für einen Vorstand der Aktiengesellschaft gem. § 76 Abs. 1 AktG der Fall ist. Zur Programmverantwortung und ihrer Delegation ausführlich *Hartstein/Ring/Kreile/Dörr/Stettner*, Rundfunkstaatsvertrag, Vor § 11 Rn. 47.

also als Exekutivorgan zunächst die Alleinzuständigkeit, die allerdings durch gesetzlich festgelegte Zuständigkeiten von Rundfunkrat und/oder Verwaltungsrat durchbrochen wird.[623] An Beschlüsse außerhalb seiner Zuständigkeit ist er, trotz seiner Verantwortlichkeit nach außen, gebunden. Die weit weniger gesetzlich vordefinierte Aufgabe des Intendanten gegenüber dem Direktor der LMA erklärt sich aus der verschiedenen Aufgabe. Während der Direktor als Exekutivorgan einer Aufsichtsbehörde vorsteht und seine Tätigkeiten damit regelmäßig Eingriffscharakter haben, zumindest aber grundrechtsrelevant sind und daher schon der Vorbehalt des Gesetzes eine präzise Rechtsgrundlage erfordert, ist die exekutive Tätigkeit des Intendanten auf die Grundrechtsausübung der Rundfunkanstalt[624] gerichtet und gerade keine staatliche Tätigkeit.[625]

Diese herausgehobene Stellung des Intendanten rückt die Frage nach seiner Qualifikation und seiner Wahl in den Mittelpunkt. Hinsichtlich der Qualifikation machen die Rechtsgrundlagen kaum Vorgaben, einzig der ZDF-StV[626], sowie das WDR-Gesetz[627] fordern persönliche Merkmale wie einen deutschen Wohnsitz, unbeschränkte Geschäftsfähigkeit und strafrechtliche Verantwortlichkeit sowie öffentliche Wählbarkeit als Voraussetzungen für das Intendantenamt. Inhaltliche Qualifikationen werden hingegen nicht gesetzlich festgelegt.[628]

Umso entscheidender sind das Wahlverfahren und das Vorschlagsrechts. Nach Maßgabe der meisten Rechtsgrundlagen wird der Intendant vom Rundfunkrat mit einfacher Mehrheit gewählt.[629] Beim SWR wird der Intendant von Rundfunkrat und Verwaltungsrat gemeinsam mit einfacher Mehrheit gewählt, wobei

---

623 § 12 Abs. 2 BayRfG, § 16 Abs. 2, 3 HessRfG, § 29 Abs. 1 MDR-StV, § 29 Abs. 1 S. 1 und Abs. 3 NDR-StV, § 16 Abs. 1 Radio-Bremen-G, § 21 RBB-StV, § 25 Abs. 1 SWR-StV, § 25 Abs. 1 WDR-G, § 35 Abs. 1 SaarLMG, § 27 Abs. 1 ZDF-StV. Siehe auch *Hartstein/Ring/Kreile/Dörr/Stettner*, Rundfunkstaatsvertrag, Vor § 11 Rn. 46. Zur vielleicht weitreichendsten Bindung der Intendanz durch den Haushaltsplan *Herrmann*, Rundfunkrecht, § 11 Rn. 74.

624 Zur Grundrechtsfähigkeit der öffentlich-rechtlichen Rundfunkanstalten und ihren Grenzen ausführlich *Hesse*, Rundfunkrecht, S. 149 ff.

625 Zu der etwas missverständlichen Aussage des BVerfG, die Rundfunkveranstaltung sei eine „öffentliche Aufgabe" siehe oben B.V.1.b) und BVerfGE 31, 314 (329) – *2. Rundfunkurteil.* Dazu auch *Ricker/Schiwy, Rundfunkverfassungsrecht*, S. 95 f.

626 § 26 Abs. 2 ZDF-StV.

627 § 24 Abs. 3 WDR-G.

628 Zusätzlich enthalten einige Rechtsgrundlagen Inkompatibilitätsvorschriften, die jedoch regelmäßig nur ein Doppelmandat innerhalb der Rundfunkanstalt ausschließen, dazu ausführlicher *Herrmann*, Rundfunkrecht, § 11 Rn. 62.

629 § 16 Abs. 1 HessRFG, Art. 7 Abs. 3 Nr. 1 BayRFG, § 30 MDR-StV, § 28 NDR-StV, § 15 Abs. 1 Radio-Bremen-G, § 22 Abs. 1 RBB-StV, § 16 Abs. 2 Nr. 3 WDR-G. Anders beim ZDF, hier muss eine 3/5-Mehrheit erreicht werden, § 26 Abs. 1 ZDF-StV. Beim Saarländischen Rundfunk muss sogar eine 2/3-Mehrheit bei 2/3-Anwesenheit der Rundfunkratsmitglieder erreicht werden, § 34 Abs. 2 SaarLMG.

von den am SWR-StV beteiligten Ländern jeweils 50% der Stimmen erzielt werden müssen. Erst im dritten Wahldurchgang genügt die einfache Mehrheit, wobei auch diese mindestens 30% der Stimmen des jeweiligen Landes repräsentieren muss.[630] Wie bei der Qualifikation schweigen sich die meisten Rechtsgrundlagen über das Vorschlagsrecht aus. In § 30 Abs. 1 – 3 MDR-StV, wie auch in § 29 Abs. 1 – 3 NDR-StV besteht ein Vorschlagsrecht allein für den Verwaltungsrat, das dieser verliert, wenn er nicht innerhalb von drei Monaten vor Ende der laufenden Amtszeit seine Kandidaten benennt. Eine Ausnahme dazu bildet § 15 Radio-Bremen-Gesetz, nach dem eine Findungskommision aus Rundfunkrat und Verwaltungsrat gebildet wird, die dem Rundfunkrat Wahlvorschläge unterbreitet. Parallel dazu ist der Verwaltungsrat vorschlagsberechtigt, der Rundfunkrat muss sich mit diesen Vorschlägen jedoch gem. § 15 Abs. 2 Radio-Bremen-Gesetz nicht befassen.

Es ergibt sich ein buntes Bild der verschiedenen Wahlmodi. Erstaunlich ist die fehlende Festlegung der Rechtsgrundlagen im Hinblick auf eine fachliche Qualifikation des Intendanten, die in scharfem Kontrast zur Regelung hinsichtlich der Direktoren der LMA steht.[631] Dies lässt sich nur so erklären, dass sich aus der Aufgabenbeschreibung des Intendanten eine hinreichende Qualifikation von selbst ergibt. Deutlich erkennbar ist, dass es wesentlich auf die Zusammensetzung bzw. die Unabhängigkeit des Verwaltungsrates, soweit er vorschlagsberechtigt ist, sowie des Rundfunkrats als Wahlgremien ankommt.

Vorfälle der Vergangenheit haben gezeigt, dass das Amt des Intendanten zu der aus verschiedensten Gründen meist umkämpften Position der deutschen Medienlandschaft zählt.[632]

b) Der Verwaltungsrat

Als fachliches Binnenkontrollgremium sehen alle Rechtsgrundlagen einen Verwaltungsrat vor, der die Arbeit des Intendanten im Hinblick auf seine wirtschaftliche Geschäftsführung überwacht, nicht jedoch programmlich-inhaltliche Fragestellungen berühren soll.[633] Dass dies nicht immer leicht zu trennen ist, liegt auf der Hand. Dem Verwaltungsrat kommen in seiner Überwachungsfunktion ausdrücklich normierte Zustimmungsbefugnisse zu bestimmten Geschäften

---

[630] Vgl. die ausführliche Regelung in § 26 Abs. 1 – 3 SWR-StV.

[631] Vgl. dazu oben C.I.2.a).

[632] Die jüngste, offen parteipolitisch motivierte, Schlacht tobte um die Wahl des ZDF-Intendanten *Markus Schächter* bei seiner ersten Wahl 2002, vgl. dazu epd-medien 2005, Nr. 97, S. 6.

[633] Siehe *Hartstein/Ring/Kreile/Dörr/Stettner*, Rundfunkstaatsvertrag, Vor § 11 Rn. 65.

zu.[634] Er vertritt auch die Anstalt gegenüber dem Intendanten und schließt mit ihm den Dienstvertrag ab. Aus seiner Aufsichtsrolle ergeben sich auch bestimmte Buchprüfungs- und Stellungnahmeverpflichtungen.[635]

Da der Verwaltungsrat über seine Zustimmungsbefugnisse die Arbeit des Intendanten erheblich belasten kann, ist auch hier entscheidend, ob im Sinne des Verfassungsgerichts die Organisation hier so gestaltet ist, dass sie „an der Aufgabe der Rundfunkfreiheit orientiert und deshalb geeignet [ist] zu bewirken, was Art. 5 Abs. 1 GG gewährleisten will.“[636] Im Organisationspluralismus bezieht sich diese Fragestellung zunächst auf die Zusammensetzung, den Wahlmodus und das Vorschlagsrecht zum Verwaltungsrat. Aus der fachlichen Orientierung der Verwaltungsratstätigkeit folgt aber gleichzeitig, dass nicht der gleiche Maßstab an gesellschaftlicher Repräsentation angelegt werden kann.

Eine Vorschlagsberechtigung wird nicht geregelt und muss daher als Annex zur Wahl dem Wahlgremium bzw. den Wahlberechtigten zustehen.[637] Soweit ein Entsenderecht besteht, folgt daraus aber kein Recht zum Vorschlag weiterer Kandidaten.[638]

Die Anzahl der zu wählenden Ratsmitglieder schwankt zwischen fünf Mitgliedern beim MDR und neun Mitgliedern beim Hessischen Rundfunk und WDR.[639] Deutlich mehr Mitglieder haben nur das ZDF mit 14 und der SWR mit sogar 15 Ratsmitgliedern.

In allen Länderanstalten wird die Mehrzahl der Verwaltungsratsmitglieder durch den Rundfunkrat gewählt. Soweit es sich um Mehrländeranstalten handelt, ist in der Regel noch ein Proporz verankert. Werden nicht alle Mitglieder durch den Rundfunkrat ernannt, werden die verbleibenden Vertreter durch die Mitarbeiter

---

[634] § 16 Abs. 2 S. 2 HessRFG, Art. 10 Abs. 2 BayRFG, § 31 MDR-StV, § 30 NDR-StV, § 32 Abs. 2 Nr. 3 SaarLMG, nach § 13 Abs. 2 Nr. 6 Radio-Bremen-G sind nur der Beteiligungs- oder Gesellschaftsveränderungen zustimmungspflichtig, § 18 Abs. 3 Nr. 1 – 9 RBB-StV, § 27 Nr. 1 – 8 SWR-StV, § 21 Abs. 3 Nr. 1 – 11 WDR-G, § 28 Nr. 1 – 7 ZDF-StV.

[635] § 15 Abs. 1 Nr. 1 – 6 HessRFG, § 26 Abs. 2 Nr. 1 – 8 MDR-StV, § 25 Abs. 2 Nr. 1 – 9 NDR-StV, § 13 Radio-Bremen-G, § 18 Abs. 2 RBB-StV, § 21 Abs. 2 Nr. 2 – 9 SWR-StV, § 21 Abs. 2 Nr. 4 und 5 WDR-StV, § 32 Abs. 2 Nr. 4 SaarLMG, § 23 Abs. 4 ZDF-StV.

[636] BVerfGE 57, 295 (320) – *FRAG*, gemeint ist damit die positive Ordnung, hier in Form der Binnenverfassung.

[637] Eine Ausnahme besteht nur in Bremen. Dort ist ausdrücklich für die Mitarbeitervertretung und die im Betrieb bestehenden Gewerkschaften in § 12 Abs. 3 Radio-Bremen-G ein Vorschlagsrecht normiert. Die obigen Bedenken gegen die Wahl von Programmmitarbeitern in den Rundfunkrat greifen hier nicht.

[638] Das Entsenderecht besteht hauptsächlich zugunsten staatlicher Vertreter, siehe sogleich. Schon aus diesem Grunde wäre im Einzelfall ein Vorschlagsrecht im Lichte der Staatsfreiheit eng auszulegen und damit abzulehnen.

[639] § 25 Abs. 1 MDR-StV; 11 Abs. 1 HessRFG; 20 Abs. 1 WDR-G.

der Rundfunkanstalt beschickt, die in der Mehrzahl der Anstalten zumindest durch ein geborenes Mitglied vertreten sind.

Ausnahmen hierzu bilden der Bayerische Rundfunk, der SWR und vor allem das ZDF. Der Verwaltungsrat des BR wird neben vier Vertretern des Rundfunkrats mit zwei geborenen Mitgliedern, dem Landtagspräsidenten und dem Präsidenten des Verwaltungsgerichtshofs beschickt.[640] Im Verwaltungsrat des SWR werden neben den acht Mitgliedern des Rundfunkrats zusätzlich drei Landtags- und zwei Regierungsvertreter von Baden-Württemberg entsandt, sowie ein Landtags- und ein Regierungsvertreter aus Rheinland-Pfalz.[641] In beiden Rechtsgrundlagen ist, um einen mehrheitlichen Einfluss staatlicher Vertreter zu vermeiden,[642] für die vom Rundfunkrat gewählten Mitglieder jede Kompatibilität mit staatlichen Ämtern ausgeschlossen. Noch anders ist die Zusammensetzung für den Verwaltungsrat des ZDF geregelt. Neben acht Mitgliedern, die durch den Fernsehrat gewählt werden, entsenden die Ministerpräsidenten für die Länder im Einvernehmen vier Vertreter.[643] Je einen Vertreter entsenden Rheinland-Pfalz als Sitzland des ZDF, sowie die Bundesregierung.[644] Auch hier droht ein Übergewicht staatlicher Vertreter, sodass die vom Rundfunkrat gewählten Mitglieder jedenfalls nicht gleichzeitig mit Regierungsaufgaben betraut sein dürfen.[645]

Die Besetzung des Verwaltungsrates erfolgt nicht nach den Grundsätzen des Organisationspluralismus.[646] Dies findet seine zunächst einmal ausreichende Rechtfertigung in der Aufgabe, die dem Verwaltungsrat zukommt. Alle Rechtsgrundlagen schließen eine Befassung des Verwaltungsrates mit programmlich-inhaltlichen Fragen aus,[647] er hat sich allein der Überwachung und Lenkung der

---

640 § 8 Abs. 1 Nr. 1 und 2 BayRFG. Auf die Interessenkollision von Rechts- und Fachaufsicht in der Position der Landesregierung weist zutreffend hin *Herrmann*, Rundfunkrecht, § 11 Rn. 49. In dieselbe Richtung bereits *Starck*, ZRP 1970, 218 (220).

641 § 20 Abs. 1 SWR-StV. Dazu kritisch *Fechner*, NJW 1997, 3211 (3215).

642 Dies ist die bereits im zweiten Fernsehurteil durch das Verfassungsgericht gesetzte Grenze des „Überlassens“, vgl. BVerfGE 31, 314 (325) – *2. Fernsehurteil.* Deutlicher noch BVerfGE 90, 60 (88) – *Gebührenurteil.*

643 Siehe § 24 Abs. 1 a) und b) ZDF-StV.

644 § 24 Abs. 1 c) ZDF-StV.

645 Ebenfalls Bedenken äußernd *Fechner*, NJW 1997, 3211 (3217).

646 Zu dieser Feststellung auch *Hartstein/Ring/Kreile/Dörr/Stettner*, Rundfunkstaatsvertrag, Vor § 11 Rn. 65.

647 Soweit dies nicht ausdrücklich ausgeschlossen ist, ergibt es sich entweder aus einem abschließenden Aufgabenkatalog, oder dem Umkehrschluss aus der Gesamtverantwortung des Intendanten. Siehe Art. 10 BayRFG, § 15 HessRFG, § 26 Abs. 1 MDR-StV, § 25 Abs. 1 NDR-StV, § 18 Abs. 1 RBB-StV, § 21 Abs. 1 SWR-StV, § 21 Abs. 1 WDR-G, § 32 Abs. 1 SaarLMG; missverständlich allerdings § 13 Radio-Bremen-G, der von einer „Beratung in der

Geschäftsführung durch den Intendanten zu widmen. Damit ist es auch möglich, staatliche Vertreter in den Verwaltungsrat zu entsenden, wie dies in der Mehrzahl der Rechtsgrundlagen auch der Fall ist. Ob dies allerdings notwendig ist oder gar der Verantwortung des Staates für die Konkretisierung der „positiven Ordnung“ entspricht, darf bezweifelt werden.[648] Die staatliche Verantwortung betrifft das Offenhalten des Kommunikationsprozesses in den Massenmedien, insbesondere im Rundfunk.[649] Eine Entsendung staatlicher Vertreter unter diesem Aspekt wäre erst dann notwendig, wenn diese Gewährleistung nicht im Rahmen der Rechtsetzung, der „positiven Ordnung“, möglich wäre, und ein direkte „Steuerung“ unterhalb der Gesetzesebene durch staatliche Vertreter notwendig wäre, um die Meinungsvielfalt gewährleisten zu können. Dieser vor der Staatsfreiheit ohnehin nur theoretisch denkbare Fall, ist aber weder erkennbar, noch wird sein Bestehen behauptet. Dass überhaupt staatliche Vertreter in den Gremien vertreten sind, geht auf den Ausgestaltungsspielraum zurück, lässt sich aber in keiner Weise durch die Schutzpflicht des Staates gegenüber dem Rundfunk begründen und stellt lediglich ein hinzunehmendes Ärgernis dar.[650] Nicht hingegen lässt sich mit einer notwendigen demokratischen Legitimation der Aufsicht durch den Verwaltungsrat argumentieren.[651] Die Binnenkontrolle ist, anders als die Rechtsaufsicht, gerade keine staatliche, sondern ebenso wie die programmlich-inhaltliche Aufsicht eine gesellschaftlich vermittelte Aufgabe, die in und durch die Gesellschaft zu organisieren ist.[652] Als Teil des Ausgestaltungsspielraumes ist eine Beteiligung staatlicher Vertreter aber letztlich nicht zu beanstanden. Grundlinie der Rechtfertigung der vor allem beim SWR und im ZDF erstaunlich hohen Quote der staatlichen Vertreter ist, dass der Verwaltungsrat eben nur mit geschäftlichen, nicht aber programmlichen Maßnahmen befasst ist. Dies muss man angesichts fehlender Konkretisierung des gesetzgeberischen Spielraums, trotz der sicherlich großen Einflussmöglichkeiten, vor allem

gesamten Geschäftsführung“ sowie § 23 Abs. 2 ZDF-StV, der dem Verwaltungsrat pauschal die „Überwachung der Tätigkeit des Intendanten“ zuweist.

648 So aber *Hoffmann-Riem*, Rundfunkfreiheit durch Rundfunkorganisation, S. 90.

649 BVerfGE 73, 118 (153 f.) – *Niedersachsen.*

650 Zu den verschiedenen Begrenzungsvorschlägen ausführlich *Held/Sankol*, Staatsfreiheit der Aufsichtsgremien, S. 14 ff.

651 So aber *Fechner*, NJW 1997, 3211 (3215). Bedürfte die Binnenkontrolle tatsächlich einer demokratischen Kontrolle, ließe sich dies auch nicht mit einer staatlichen „irgendwie“-Beteiligung realisieren, sondern nur durch einen bestimmenden Einfluss, der aber gerade ausgeschlossen ist.

652 Vgl. die Argumente zur verfassungsrechtlichen Notwendigkeit der pluralen Kontrolle im Rundfunk C.I.2.c). So auch *Gersdorf* sogar für den Bereich der externen Kontrolle des Privatrundfunks durch die LMA, *Gersdorf*, Staatsfreiheit des Rundfunks, S. 189.

in der mittel- und langfristigen Programmplanung[653], akzeptieren. Die neuere Rechtsprechung des Verfassungsgerichts im *Gebührenurteil II* sollte allerdings hier warnend erwähnt werden: So wie der Gesetzgeber gehalten ist, rundfunkpolitische Maßnahmen transparent im Rahmen seiner Ausgestaltungsbefugnis umzusetzen und nicht etwa solche Wertungen in das Gebührenfestsetzungsverfahren „hineinzuschleusen",[654] darf er solche Überlegungen auch nicht durch seinen Einfluss im Verwaltungsrat durch Zustimmungsverweigerung seiner Vertreter durchsetzen. Betrachtet man die Zusammensetzung der Verwaltungsräte aber formal, lässt sich sowohl unter dem Aspekt der Staatsfreiheit wie auch des Organisationspluralismus grundsätzlich nichts einwenden. Allerdings ist es erstaunlich, dass hier „spitz auf Knopf" organisiert wird. Nimmt man den Präventionsgedanken der Rechtsprechung des Verfassungsgericht im Rundfunkrecht hinzu, wie er beispielsweise hinsichtlich der Konzentrationsentwicklung immer wieder betont wird, so erscheint fraglich, ob man noch von Staatsfreiheit sprechen kann, wenn den staatlichen Vertretern im Verwaltungsrat nur eine Stimme zur einfachen Mehrheit fehlt.[655]

c) Der Rundfunkrat

Der Rundfunkrat[656] als plural besetztes internes Aufsichtsgremiun wurde durch das BVerfG im ersten Rundfunkurteil 1961 zunächst unter dem Aspekt der „Sondersituation" des Rundfunks im Rahmen der bestehenden Organisationsstruktur als verfassungsrechtlich geeignet bezeichnet, die (Staats-)Freiheit des Rundfunks zu gewährleisten.[657] Das Gericht sah mit den plural besetzten Gremien die aus Art. 5 Abs. 2 S. 1 GG folgende Anforderung erfüllt, dass „alle in Betracht kommenden Kräfte" in diesen Organen Einfluss haben und im Gesamtprogramm zu Worte kommen können.[658] Die Idee des gruppenpluralen Gremiums ist also zunächst als Alternative zur einseitigen Beherrschung durch den

---

[653] Zu den geschäftsführenden Aufgaben des Intendanten und ihrer mitunter entscheidenden Wirkung auf die Programmplanung vgl. die ausführliche Darstellung des ehemaligen SFB-Intendanten *Günter Herrmann* in *Herrmann*, Rundfunkrecht, § 11 Rn. 77 ff.

[654] So die beiden Gebührenurteile BVerfGE 90, 60 (97) – *Gebührenurteil* und BVerfGE – *Gebührenurteil II*, 1 BvR 2270/05 vom 11. September 2007, Rn. 130.

[655] Dagegen *Fechner*, NJW 1997, 3211 (3215).

[656] Für größere Übersichtlichkeit werden im Folgenden die plural besetzten Gremien der öffentlich-rechtlichen Rundfunkanstalten als Rundfunkräte bezeichnet.

[657] BVerfGE 12, 205 (261) – *1. Rundfunkurteil.* Gleichzeitig betonte das Gericht, dass diese Struktur nur eine Möglichkeit sei. Diese Aussage bezog sich aber vordringlich auf die Organisation als öffentlich-rechliche Anstalt gegenüber einer Organisation in privatrechtlicher Form, BVerfGE 12, 205 (262) – *1. Rundfunkurteil.* Dies wird oftmals als Beleg für eine beliebige Ausgestaltung der Binnenorganisation herangezogen, was aber weder die Aussage war, noch zutreffend ist, vgl. z.B. *Starck*, ZRP 1970, 217 (218).

[658] BVerfGE 12, 205 (262) – *1. Rundfunkurteil.*

Staat oder einzelne Gruppen entstanden, steht aber gleichermaßen als Garant innerhalb der Rundfunkorganisation in der Pflicht, die Meinungsvielfalt als Zu-Wort-Kommen der gesellschaftlichen Kräfte, deren Teil sie selbst sind, zu sichern.[659] Daher sind sie nicht als Vertreter ihrer Gruppe berufen, sondern als Sachwalter des Allgemeininteresses an einem offenen und freien Rundfunk, der die Meinungsvielfalt abzubilden hat,[660] was auch ausdrücklich in allen Rechtsgrundlagen betont wird.[661]

Wie oben dargestellt, spielen die Rundfunkräte eine besonders wichtige Rolle bei der Besetzung der weiteren Exekutiv- und Kontrollgremien der Rundfunkanstalten.[662] In einer der demokratischen Legitimation der Verwaltung vergleichbaren Legitimationskette durchdringt die an der Leistungsaufgabe des Rundfunks auf der Metaebene orientierte Zusammensetzung des Rundfunkrates also auch die anderen Organe, teilweise sogar die zweite Führungsebene.[663] Die Besetzung der weiteren Organe mit geeignetem Personal ist also erste Pflicht der Rundfunkräte. Gemeinsam mit dem Intendanten üben die Rundfunkräte das Selbstverwaltungsrecht der Anstalten aus und erlassen in dieser Funktion konkretisierende und Binnenrecht setzende Satzungen und Richtlinien.[664] Eine weitere wichtige Funktion kommt Ihnen als Kontrollorgan in der Haushaltsführung und Budgetplanung zu, indem sie den Haushaltsplan des Intendanten

[659] Siehe zur „pluralistischen Rückbindung" auch *Hartstein/Ring/Kreile/Dörr/Stettner*, Rundfunkstaatsvertrag, Vor § 11 Rn. 56.
[660] *Hartstein/Ring/Kreile/Dörr/Stettner*, Rundfunkstaatsvertrag, Vor § 11 Rn. 57 nennen die Berufung über die gesellschaftlich relevanten Gruppen ein „Vehikel zur Gewinnung von Sachwaltern der Allgemeinheit".
[661] BVerfGE 60, 53 – *Rundfunkrat.* Siehe dazu auch *Herrmann*, Rundfunkrecht, § 11 Rn. 11. Anders noch *Starck*, ZRP 1970, 217 (218).
[662] Vgl. Art. 7 Abs. 3 Nr. 1 – 5 BayRFG, § 9 Abs. 1 HessRFG, § 20 Abs. 4 Nr. 4 und 5 MDR-StV, § 18 Abs. 3 Nr. 2 NDR-StV, § 10 Nr. 2 – 4 Radio-Bremen-G, § 13 Abs. 2 Nr. 1 – 3 RBB-StV. § 15 Abs. 3 Nr. 1, 5 und 6 SWR-StV, § 28 Abs. 2 Nr. 1 – 3 SaarLMG, § 24 Abs. 1 b) und § 26 ZDF-StV.
[663] Zur demokratischen Legitimation der Verwaltung siehe BVerfGE 49, 89 (125) – *Kalkar I*, sowie *Brohm*, NJW 1984, 8 (12), m.w.N. Zum Kontext der medienrechtlichen Kettenbesetzung *Herrmann*, Rundfunkrecht § 11 Rn. 34 ff.
[664] § 7 Abs. 2 HessRFG, § 20 Abs. 4 Nr. 2 MDR-StV, § 18 Abs. 3 Nr. 1 und 3 NDR-StV, n Bayern liegt die Selbstverwaltung beim Intendanten gem. Art. 12 Abs. 3 BayRFG, § 10 Nr. 1 Radio-Bremen-G, § 13 Abs. 2 Nr. 4 RBB-StV, § 15 Abs. 3 Nr. 3 SWR-StV, § 28 Abs. 2 Nr. 10 SaarLMG, § 20 Abs. 2 ZDF-StV. Siehe zum Selbstverwaltungsrecht in Abgrenzung zur mittelbaren Staatsverwaltung vor allem *Hain*, Rundfunkfreiheit und Rundfunkordnung, S. 145 f. Zum besonderen Fall der Programmrichtlinien gem. § 11 Abs. 4 RStV ausführlich unten C.II.5.c).

genehmigen, sowie den, zuvor durch den Verwaltungsrat geprüften, Jahresabschluss genehmigen und dadurch den Intendanten entlasten.[665]

Im Hinblick auf ihre Stellung als originäre Repräsentanten, als Vertreter der Allgemeinheit, ist die programmlich-inhaltliche Zuständigkeit der Rundfunkräte von besonderer Bedeutung. Als alleinzuständige Kontrollinstanz für programmlich-inhaltliche Fragestellungen, treffen sie die Zuständigkeit für die „Beratung"[666] des Intendanten und die laufende „Programmüberwachung"[667], vor allem im Hinblick auf Verletzungen der materiellen Vielfaltsvorgaben und Programmgrundsätze, wobei sie auch einzelne Sendungen beanstanden können. In diesem Bereich erlässt der Rundfunkrat auch Satzungen und vor allem die Programmrichtlinien gem. § 11 Abs. 4 RStV, die insbesondere die materiell-inhaltlichen Anforderungen des RStV und der Anstaltsverträge und Gesetze konkretisieren.[668]

Da sich die Aufgaben des Rundfunkrates auf das gesamte Programm ihrer Anstalt erstrecken, gilt dies auch für die von der Anstalt verantworteten Beiträge in der ARD. An dieser Stelle ist Skepsis angebracht, ob und inwiefern die Rundfunkräte ihrer Aufgabe der umfassenden Programmbeobachtung, ihrer Analyse und entsprechender Beratung unter dem Aspekt der Meinungsvielfalt für und in der ARD können.[669]

aa) Struktur und Wahl – das Ratsmodell

Die Zusammensetzung des Rundfunkrates ist wegen der Abhängigkeit der weiteren Organe und der direkten Einflussnahmemöglichkeiten auf das Programm von größter Bedeutung im Organisationsgefüge der Rundfunkanstalten. Alle Rechtsgrundlagen enthalten eine Liste „gesellschaftlich relevanter Gruppen", die einen Vertreter für den Rundfunkrat stellen. Es steht dabei im Ausgestaltungsspielraum des Gesetzgebers, welche Gruppen konkret als gesellschaftlich relevant einzustufen sind, soweit „durch die Zusammensetzung [...] die Rundfunkfreiheit gewahrt bleibt."[670] Generell werden aber von allen Rechts-

---

[665] Art. 13 Abs. 1 BayRFG, § 9 Abs. 3 und 4 HessRFG, § 20 Abs. 4 Nr. 6 und 7 MDR-StV, § 18 Abs. 3 Nr. 5 und 6 NDR-StV, § 10 Nr. 7 – 9 Radio-Bremen-G, § 13 Abs. 2 Nr. 5 und 6 RBB-StV, § 15 Abs. 3 Nr. 7 SWR-StV, § 28 Abs. 2 Nr. 8 SaarLMG, § 20 Abs. 3 ZDF-StV.

[666] Art. 7 Abs. 3 Nr. 7 BayRFG, § 9 Abs. 2 HessRFG, § 20 Abs. 2 MDR-StV, § 10 Nr. 5 Radio-Bremen-G, § 13 Abs. 1 RBB-StV, § 28 Abs. 3 S. 1 SaarLMG, § 20 Abs. 1 S. 2 ZDF-StV.

[667] § 18 Abs. 2 NDR-StV, § 10 Nr. 6 Radio-Bremen-G, § 13 Abs. 1 RBB-StV, § 15 Abs. 2 SWR-StV, § 28 Abs. 3 S. 1 SaarLMG.

[668] Vgl. z.B. § 20 Abs. 4 Nr. 2 MDR-StV, § 15 Abs. 2 SWR-StV, § 28 Abs. 3 S. 1 SaarLMG, § 20 Abs. 1 S. 1 ZDF-StV; dazu unten ausführlich unter C.II.5.c).

[669] Dazu sogleich unter C.I.4.e).

[670] BVerfGE 83, 238 (334 f) – *WDR-Gesetz*.

grundlagen Gruppen erfasst, die nach der Vorgabe des Verfassungsgerichts[671] sich politischen, weltanschaulichen und gesellschaftlichen Gruppen des Landes zuordnen lassen, auch wenn sie im Einzelnen sehr unterschiedlich sind.[672] Die Zahl der Vertreter schwankt zwischen 25 bei Radio-Bremen und 30 beim RBB sowie 77 beim ZDF und 73 beim SWR. Die hohen Mitgliederzahlen überraschen und scheinen Zweifel an der Arbeitsfähigkeit und damit der verfassungsrechtlich geforderten „effektiven Binnenkontrolle"[673] der Gremien zu bestätigen.[674] Das Prinzip des Organisationspluralismus, hier verstanden als die Berücksichtigung der Allgemeinheit in der Binnenorganisation, spricht aber eher für eine größere Mitgliederzahl, da dadurch der Anteil der verschiedenen Stimmen und Beiträge steigt und die Funktion der pluralen Binnenkontrolle als „Vielfaltsreserve" greifen kann. Der grundsätzlich zutreffenden Kritik, der Rundfunkrat würde durch die gesetzliche Aufgabenstellung an seine Kapazitätsgrenzen gebracht, kann aber nicht durch eine kleinere Mitgliederzahl begegnet werden. Soweit die Arbeitsbelastung zu hoch wird, ist dies eine Frage der internen Organisation, sowie der Hinzunahme externen Sachverstands. Die Verkürzung der Mitgliederzahl bedeutet dagegen eine Verkürzung der Repräsentationsgrundlage des Rundfunkrates,[675] vor der zumindest solange nur gewarnt werden kann, wie im Rahmen der „positiven Ordnung" nicht eine Präzisierung der materiell-inhaltlichen Anforderungen vorliegt, die ein dann kleineres Gremium zu bewerten hätte.[676] In diesem Zusammenhang zeigt sich die Interdependenz von Organisationspluralismus und materiellen Pluralismusanforderungen.

Weiter entscheidend ist das Verfahren der Wahl bzw. Besetzung des Rundfunkrates. Alle Rechtsgrundlagen sehen inzwischen ein Entsendungsverfahren ohne zusätzliche Be- oder Ernennung seitens einer staatlichen Stelle durch die Gruppen selbst vor.[677] Die frühere Problematik nur eines Vorschlagsrechtes der

---

[671] BVerfGE 12, 206 (261) – *1. Fernsehurteil.*

[672] Vgl. die Kataloge in Art. 6 Abs. 3 BayRFG, § 5 Abs. 2 HessRFG, § 19 Abs. 1 MDR-StV, § 17 Abs. 1 NDR-StV, § 8 Abs. 1 Radio-Bremen-G, § 14 Abs. 1 RBB-StV, § 14 Abs. 2 SWR-StV, § 15 Abs. 3 WDR-StV, § 27 Abs. 1 SaarLMG, § 21 Abs. 1 ZDF-StV.

[673] Vgl. BVerfGE 57, 295 (325) – *FRAG*; BVerfGE 83, 238 (334) – *WDR-Gesetz.*

[674] Solche Zweifel werden häufiger geäußert, vgl. exemplarisch *Hesse,* Rundfunkrecht, S. 170; *Ricker/Schiwy*, Rundfunkverfassungsrecht, S. 280 und S. 286 m.w.N. Siehe auch die Debatte zur Gremienreform in epd-medien, dort insbesondere *Hans J. Kleinsteuer*, epd-medien 2007, Nr. 67, 4 (8).

[675] So im Ergebnis auch in Bezug auf die LMA *Gersdorf*, Staatsfreiheit des Rundfunks, S. 195 f.

[676] Davor warnt auch *Otfried Jarren*, epd-medien 2007, Nr. 60, 6 (8).

[677] Art 6 Abs. 2 S. 3 BayRFG, § 5 Abs. 2 HessRFG, § 19 Abs. 4 MDR-StV, § 17 Abs. 1 NDR-StV, § 8 Abs. 3 Radio-Bremen-G, § 14 Abs. 1 RBB-StV, § 14 Abs. 2 und 3 SWR-StV, § 15 Abs. 3 WDR-G, § 17 Abs. 1 SaarLMG.

gesellschaftlich relevanten Gruppen ist damit zumindest im öffentlich-rechtlichen Rundfunk entfallen, während sie bei der Besetzung des pluralen Hauptorgans des Landesmedienanstalten weiterhin besteht.[678] Eine Ausnahme findet sich allerdings noch beim ZDF. Dort können die gesellschaftlichen Gruppen ihre Vertreter zwar noch selbst vorschlagen, sie müssen allerdings die dreifache Kandidatenzahl vorlegen. Mit dieser Auswahlmöglichkeit erwächst der ernennenden Ministerpräsidentenkonferenz ein äußerst bedenklicher Spielraum. Noch weiter gefasst ist die Vertreterregelung für die Bereiche der Kunst und Kultur gem. § 21 Abs. 1 r) ZDF-StV. Die 16 Vertreter werden aus „den Angehörigen der dort aufgeführten Bereiche" „möglichst einmütig" durch die Ministerpräsidentenkonferenz berufen. Damit ist noch nicht einmal ein formelles Vorschlagsrecht für diesen gesellschaftlichen Bereich normiert. Anders als bei der Berufung zur KEK führt auch die Ernennung durch die Ministerpräsidentenkonferenz nicht zu einer Sicherung der Unabhängigkeit der Mitglieder, da die gerade nicht einvernehmlich, sondern lediglich „möglichst einmütig" zu ernennen sind.[679] Diese Regelung eröffnet einen ungeschützten Einfluss staatlicher Vertreter auf die Zusammensetzung des Rundfunkrats, der dem Verbot der Auslieferung des Rundfunks an den Staat oder gesellschaftliche Kräfte nicht genügt.[680]

Zusätzlich wird die Beteiligung von Regierungsvertretern und vor allem Vertretern der Landtage in allen Rechtsgrundlagen vorgesehen.[681] Diese werden in der Regel durch Verhältniswahl bestimmt und dann durch den Landtag ebenfalls entsandt. Damit spiegeln sie die Zusammensetzung der Landesparlamente relativ genau wieder. Die Personenstärke dieser Vertreter schwankt allerdings erheblich zwischen nur einem Regierungsvertreter und regelrechten „Staatsbänken".[682]

---

[678] Vgl. oben C.I.2.b); zur Problematik des isolierten Vorschlagsrechts ausführlich *Starck*, ZRP 1970, 217 (219f.).

[679] Vgl. § 35 Abs. 3 S. 2 RStV, dazu auch oben C.I.3.a). Während „Einvernehmen" zumindest die gesicherte juristische Bedeutung der notwendigen Zustimmung aller Beteiligten hat (vgl. § 44 Abs. 3 Nr. 4 VwVfG), ist nicht erkennbar, was mit „möglichst einmütig" gemeint sein könnte. Bei der Berufung zum Rundfunkrat als Zentralstelle der Binnenorganisation erscheint eine solche Formulierung nicht einmal hinreichend bestimmt und lässt daher ernsthafte Zweifel an der Verfassungsmäßigkeit aufkommen.

[680] Entsprechend nennt *Hans J. Kleinsteuer* den ZDF-Fernsehrat einen „einzigartigen Tummelplatz für Politiker", epd-medien 2007, Nr. 67, S. 4 (5).

[681] Anders nur beim RBB, wo der Landtag zwar das Auswahlrecht hat, allerdings die zu wählenden Vertreter keine Landtagsabgeordnete sein dürfen, vgl. § 14 Abs. 1 Nr. 23 RBB-StV.

[682] Nur ein Regierungsvertreter wird im Saarland gem. § 27 Abs. 1 Nr. 1 SaarLMG entsandt, neben der auch so genannten „Staatsbank" in § 15 Abs. 3 WDR-G mit 13 Mitgliedern, finden

bb) Struktur und Wahl – das Bänkemodell

Eine etwas andere Struktur findet sich beim WDR mit dem sog. Bänkemodell, dass durch das Verfassungsgericht ausdrücklich für mit den Anforderungen der Rundfunkfreiheit vereinbar erklärt wurde.[683]. Dort setzt sich der Rundfunkrat aus einer „Verbändebank" (§ 15 Abs. 3 WDR-G), einer „Staatsbank" (§ 15 Abs. 2 WDR-G), einer „Bürgerbank" (§ 15 Abs. 5 WDR-G) und einer „Kulturbank" (§ 15 Abs. 4 WDR-G) zusammen. Zunächst handelt es sich dabei nur um eine Zusammenfassung von verschiedenen Gruppen unter einem gemeinsamen Dach, dass vielleicht die Mehrzahl ihrer Interessen bündelt und so inhaltliche Übereinstimmungen eher erkennbar und leichter organisierbar werden lässt.[684] Allerdings verbleibt das Entsenderecht wie im Ratsmodell weiterhin bei einzelnen Verbänden, bzw. beim Landtag. Ein wesentlicher Unterschied besteht jedoch im Hinblick auf die Bürgerbank, die gesellschaftlich nur schwach organisationsfähige Gruppen im Rundfunkrat integrieren soll. Diesem Grundproblem der gruppenplural vermittelten Meinungsbildung,[685] das für die Repräsentationsfähigkeit eine gewisse Organisationsfähigkeit voraussetzt, wurde hier versucht abzuhelfen. Allerdings wurde die Entsendung dann eben doch wieder den (wenigen und weniger) organisierten Gruppen dieses gesellschaftlichen Bereichs überantwortet.[686]

d) Aufgabe und Verfahren der KEF

Die Kommission zur Ermittlung des Finanzbedarfs der Rundfunkanstalten (KEF) ist eine unabhängige Kommission, die das verfassungsrechtliche Erfordernis einer funktionsgerechten Finanzierung des öffentlich-rechtlichen Rundfunks sicherstellt, indem sie den angemeldeten Finanzbedarf der öffentlich-rechtlichen Rundfunkanstalten fachlich ermittelt und nach wirtschaftlichen

---

sich vor allem in Bayern gem. Art. 6 Abs. 3 Nr. 1 und 2 BayRFG 13 Staatsvertreter und 15 Mitglieder beim SWR gemäß § 14 Abs. 2 Nr. 1 und 2 und § 14 Abs. 3 Nr. 1 und 3 SWR-StV.

683 BVerfGE 87, 181 – *WDR-Gesetz.*

684 *Ricker/Schiwy*, Rundfunkverfassungsrecht, S. 283 vermuten sogar Effektivitätssteigerungen bei einem gemischten Bänkemodell wie dem des WDR.

685 Siehe dazu oben die Analyse zum 1. Fernsehurteil B.V.1.a).

686 Vgl. § 15 Abs. 5 WDR-G. Die spannende Frage, wie man die nichtorganisierten Interessen hätte organisieren können, blieb damit vorerst weiter unbeantwortet. *Starck* sieht eine Mindestvertretung durch die staatlichen Vertreter als gegeben an, vgl. *Starck*, ZRP 1970, 217 (218). *Ricker/Schiwy*, Rundfunkverfassungsrecht, S. 284 schlagen eine allgemeine Wahl wie zur Sozialversicherungswahl vor. Offensichtlich in Anlehnung an die Figur des Bundespräsidenten und vielleicht angeregt durch seine Integrationsfunktion machen sie noch den Vorschlag eines sog. „Elder-Statesman-Prinzips", das der Sache nach aber dem Ratsmodell entspricht, vgl. *Ricker/Schiwy*, Rundfunkverfassungsrecht, S. 104 und 181.

Gesichtspunkten überprüft.[687] Sie steht damit eigentlich außerhalb der öffentlich-rechtlichen Rundfunkorganisation und ist das Ergebnis eines „strukturellen Dilemmas“.[688] Sie wurde bereits am 20. Februar 1975 als unabhängiges Expertengremium durch Beschluss der Ministerpräsidenten eingerichtet und hatte zunächst nur eine beratende Aufgabe.[689] Ihre organisatorische Stellung und Funktionsweise wurde nach dem ersten Gebührenurteil[690] aus dem Jahr 1994 mit der Reform des 3. Rundfunkstaatsvertrages,[691] an dessen Beratung sie sogar selbst erheblichen Anteil hatte,[692] auf eine gesetzliche Grundlage gestellt und nach den Vorgaben des Urteils stark verändert. Das Verfassungsgericht bemängelte, dass das bisherige Verfahren weder für den öffentlich-rechtlichen Rundfunk die funktionsgerechte Finanzierung sichere, noch gegen unzulässige Einflussnahme von Seiten des Staates hinreichend geschützt sei.[693] Gleichzeitig machte das Gericht allerdings deutlich, dass die Organisation der Finanzbedarfsfeststellung unter einem „strukturellen Dilemma“ leide: Weder darf der Staat festlegen, was als auftragsadäquat zu finanzieren sei, noch könne diese Entscheidung allein den Anstalten überlassen werden, auch wenn sie allein über die Art und Weise ihrer Auftragserfüllung in programmlicher Hinsicht bestimmen.[694] Das Dilemma realisiert sich also auf organisatorischer wie auch auf materiell-inhaltlicher Ebene.[695]

aa) Organisation und Besetzung der KEF

In organisationsrechtlicher Hinsicht wurde die KEF weitestgehend unabhängig und staatsfrei gestellt. Ihre Angliederung an die Staatskanzlei Rheinland-Pfalz in Mainz erklärt sich historisch, da die KEF in ihrer ursprünglichen Form als Beratungsgremium der Ministerpräsidenten dem Ministerpräsident von Rheinland-Pfalz als Vorsitzenden der Rundfunkkommission der Länder unterstellt wurde. Die derzeitige Geschäftsstelle ist daher beamtenrechtlich dem Land Rheinland-Pfalz unterstellt, Weisungs- und Direktionsrechte sind jedoch den Mitgliedern der KEF durch Beschluss der Ministerpräsidenten gem. § 6 Abs. 4

---

687 Zum Erfordernis der funktionsgerechten Finanzierung siehe bereits BVerfGE 73, 118 (158) – *Niedersachen*; BVerfGE 87, 181 (199) – *HR3-Beschluss*; BVerfGE 90, 60 (90) – *Gebührenurteil.* Dazu ausführlich *Scheel*, Festsetzung der Rundfunkgebühr, S. 64 ff.; *Dörr*, Die Gebührenfrage, S. 1153.

688 Dazu sogleich.

689 Siehe *Hesse*, Rundfunkrecht, S. 179 m.w.N. zur alten Rechtslage.

690 BVerfGE 90, 60 – *Gebührenurteil,* dazu oben ausführlich B.V.2.h).

691 3. Rundfunkänderungsstaatsvertrag vom 11. September 1996.

692 Siehe *Hartstein/Ring/Kreile/Dörr/Stettner*, Entstehungsgeschichte, B1 Rn. 109 ff und 114.

693 BVerfGE 90, 60 (97) – *Gebührenurteil.*

694 BVerfGE 90, 60 (97) – *Gebührenurteil.*

695 Dazu ausführlich *Dörr*, Die Gebührenfrage, S. 1154 f.

RFinStV vorbehalten, um die Staatsfreiheit der Geschäftsstelle zu wahren.[696] Zwar steht die Rundfunkgebühr insgesamt seit geraumer Zeit und aktuell insbesondere nach dem Beihilfeverfahren der Europäischen Kommission in Frage, womit die Existenzgrundlage der KEF womöglich entfiele.[697] Innerhalb des bestehenden Gebührenfestsetzungssystems ist die KEF aber die wohl einzige Institution im deutschen Rundfunkrecht, über deren Organisation, Zusammensetzung, und Arbeitsweise kaum gestritten wird.[698]

Mit den Vorgaben des Verfassungsgerichts für das Festsetzungsverfahren, war gleichzeitig festgestellt, dass die Aufgabe der KEF nicht politisch, sondern fachlich sei. Gemeint war damit, dass die Prüfungsparameter außerhalb von medienpolitischen Erwägungen und Ermessenspielräumen liegen müssen, und damit letztlich fachlich-betriebswirtschaftlich zu beurteilen sind, wegen des „Dilemmas" aber weder durch die Rundfunkanstalten, noch durch die Politik durchzuführen sind. Damit war die Zusammensetzung der KEF als externes Expertengremium quasi verfassungsrechtlich vorgegeben.[699] Diese Vorgabe hat der Gesetzgeber in § 4 RFinStV umgesetzt. Demnach besteht die KEF aus 16 Experten, die durch die Bundesländer gem. § 4 Abs. 4 RFinStV entsandt werden.[700] Um die fachliche Eignung und die Unabhängigkeit zu gewährleisten, sollen die Mitglieder eine der in § 4 Abs. 4 RFinStV aufgeführte Qualifikatio-

---

[696] Das Organisationsstatut der KEF-Geschäftsstelle gem. § 6 Abs. 4 RFinStV ist nicht veröffentlicht, vgl. aber *Knothe*, Die neuen Institutionen des RStV, S. 57 f.

[697] Es werden verschiedene Alternativmodelle zur derzeitigen Gebührenfinanzierung diskutiert, die hier nicht dargestellt werden können. Vgl. zur Indexierung der Rundfunkgebühr, die auch vom Verfassungsgericht ausdrücklich in BVerfGE 90, 60 (104) – *Gebührenurteil* und BVerfGE – *Gebührenurteil II*, 1 BvR 2270/05 vom 11. September 2007, Rn. 143 ausdrücklich favorisiert wird *Kops*, Indexierung der Rundfunkgebühr?, vor allem S. 3 ff. und 25 ff.; aus neuerer Zeit *Nickel*, ZUM 2006, 737 ff.; die Europäische Kommission hat ebenfalls mehrere Vorschläge, darunter die öffentliche Ausschreibung des Rundfunkauftrages, gemacht vgl. *Europäische Kommission*, epd-medien 1998, Nr. 77, S. 26ff. Vor allem im Zuge der durch den 8. Rundfunkänderungsstaatsvertrag vom 8. Oktober 2004 eingeführten Gebührenpflicht für internetfähige PCs wird als Alternative zum Gebührentatbestand des Bereithaltens eine Kopfpauschale, ein Steuermodell und eine Haushalts- und Betriebstättenabgabe diskutiert, vgl. Süddeutsche Zeitung vom 19 Oktober 2007, S. 38.

[698] Vgl. dazu die Wortbeiträge von Vertretern von Politik, Privatrundfunk und öffentlich-rechtlichem Rundfunk im 3. Mainzer Mediengespräch, in denen beinahe von einer „Selig- bzw. Heiligsprechung" der KEF die Rede war, *Dörr*, Rundfunk über Gebühr?, S. 50 ff. Siehe zur verschiedentlich vorgebrachten Kritik an Einrichtung und Verfahren der KEF *Scheel*, Festsetzung der Rundfunkgebühr, S. 95 ff.; beispielsweise gegen die Besetzung der KEF durch die Länder *Knothe*, Die neuen Institutionen des RStV, S. 127.

[699] So auch *Dörr*, Die Gebührenfrage, S. 1155; BVerfGE 90, 60 (97) – *Gebührenurteil.*

[700] An der Besetzung durch die Länder stört sich *Knothe*, Die neuen Institutionen des RStV, S. 127.

nen besitzen und dürfen nicht eine der umfangreichen Inkompatibilitäten gem. § 4 Abs. 3 RFinStV aufweisen.

bb) Bewertung

Die Stellung und Organisation der KEF als fachliches Aufsichtsgremium ist der des Verwaltungsrates vergleichbar. Es fehlt aber jede Rückkopplung an den „medienrechtlichen Souverän", wie dies noch beim Verwaltungsrat teilweise der Fall ist, wenn der Rundfunkrat an der Wahl beteiligt ist. Das Gebührenfestsetzungsverfahren und die Organisation der KEF richten sich daher nicht nach dem pluralistischen Strukturprinzip.

Dies ist auch richtig und folgerichtig: Der Pluralismus als Strukturprinzip findet seinen Grund und sein Grenze in der Verknüpfung von Demokratieprinzip und öffentlicher Meinungsbildung in den Massenmedien. Für den Gesetzgeber ergibt sich daraus das Erfordernis organisationspluraler und materiell-inhaltlicher Ausgestaltungsregelungen der „positiven Ordnung". Dies gilt aber nur soweit, wie die Regelungsmaterie einer direkten gesetzlichen Durchformung aus Gründen der Staatsfreiheit gem. Art. 5 Abs. 1 S. 2 GG entzogen ist. Das derzeitige Verfahren gem. § 14 RStV i.V.m. §§ 1 – 14 RFinStV ist – zumindest theoretisch – ohne direkten Programmbezug und eröffnet nur sehr begrenzte Abweichungen und Spielräume für die staatliche Festsetzung der Rundfunkgebühr durch Änderungsstaatsvertrag. Die immanente Grenze des pluralistischen Strukturprinzips für die Ausgestaltungsfreiheit ist daher nicht verletzt.

Dass aber die geringen Spielräume dennoch für politische Einflussnahme genutzt werden, haben die Gebührenrunden der Jahre 2000 und 2004 gezeigt. Während die Verweigerung der Zustimmung des Landes Sachsen-Anhalt zum 6. Rundfunkänderungsstaatsvertrag 2001 noch durch eine gesteigerte Informationspflicht der KEF gegenüber den Länderparlamenten verhindert werden konnte,[701] verweigerten die Länder Jahr 2004 die Übernahme des KEF-Vorschlags. Die Ministerpräsidenten vor allem Nordrhein-Westfalens und Bayerns[702] erklärten bereits vor der Vorlage des KEF-Berichts, dass sie gegen eine Gebührenerhöhung seien.[703] Der kurz darauf folgende Vorschlag der KEF im 14. Bericht wurde mit dem Hinweis u.a. auf die allgemein angespannte Wirtschaftslage, angeblich vorhandene Einsparpotentiale sowie Sparzwänge bei

[701] Der damals neu eingefügte § 5a RFinStV sieht eine zweijährliche Berichtspflicht der KEF gegenüber den Landesparlamenten vor. Dazu ausführlich *Hartstein/Ring/Kreile/Dörr/Stettner*, A 2.4, Begründung zu Art. 2, Nr. 2.

[702] Siehe epd-medien 2003, Nr. 44, 31 und epd-medien 2003, Nr. 85, 12.

[703] Zur politischen Entwicklung ausführlich Dörr, Die Gebührenfrage, S. 1151 f. und *Hartstein/Ring/Kreile/Dörr/Stettner*, § 13 B 5, Rn. 10a.

öffentlicher Verwaltung und privaten Haushalten abgelehnt. Die Ministerpräsidenten ersetzten die vorgeschlagene Erhöhung von € 1,09 durch eine geringere Erhöhung von € 0,88.[704]

Mit dem Gebührenurteil II erklärte das Verfassungsgericht diese Begründung für unvereinbar mit dem Grundsatz der Staatsferne im Gebührenfestsetzungsverfahren. Die bereits im ersten Gebührenurteil als weitestgehend abschließend genannten Verweigerungsgründe[705] des Informationszugangs und der Zumutbarkeit der Gebührenbelastung waren nach Ansicht des Gerichts nicht mit der gegebenen Begründung erfasst. Soweit die Ministerpräsidenten darüber hinaus Verweigerungsgründe nutzen wollten, seien sie auf die allgemeine Rundfunkgesetzgebung verwiesen und müssten diese zuvor normieren.[706]

Das Urteil hat gezeigt, dass die Staatsfreiheit des Rundfunks nach wie vor Bedrohungen seitens der Politik ausgesetzt ist und Spielräume genutzt werden, wo sie sich eröffnen. Allerdings ist dies im strengeren Sinne keine Frage der pluralistischen Ordnungsprinzips, sondern der Staatsfreiheit.[707]

e) Wirtschaftliche und gesellschaftliche Kontrolle im Föderalismus - Die ARD

Die öffentlich-rechtlichen Rundfunkanstalten veranstalten in der ARD ein gemeinsames bundesweites Vollprogramm.[708] Da die ARD als Arbeitsgemeinschaft aber bislang keine eigene Rechtspersönlichkeit besitzt,[709] handelt es sich

---

704 Siehe die Begründung der Ministerpräsidentenkonferenz vom 15. Oktober 2004 in *Hartstein/Ring/Kreile/Dörr/Stettner*, § 13 RStV, B5 Rn 10a.

705 BVerfGE 90, 60 (94) – *Gebührenurteil.*

706 Siehe die Analyse des Urteils oben B.V.2.n).

707 Siehe dazu ausführlich *Gersdorf*, Staatsfreiheit des Rundfunks, S. 80 ff., der einen deutlichen Unterschied zwischen Staatsfreiheit und pluralistischer Strukturverfassung des Rundfunks macht. Nach hiesiger Lesart ist die Staatsfreiheit innerhalb des pluralistischen Strukturprinzips eine Grundvoraussetzung für die Funktionsfähigkeit des Gesamtsystem Rundfunk. Dazu bereits oben ausführlich B.V.1.a).

708 Vgl. § 1 ARD-Satzung vom 9./10. Juni 1950 i.d.F. vom 26. Juni 2006.

709 Es ist verschiedentlich versucht worden, der ARD eine Rechtsform anzuinterpretieren, die Vorschläge reichten von der Gesellschaft bürgerlichen Rechts gem. § 705 BGB bis zu einer „besonderen öffentlich-rechtlichen Verbundformation", was sicherlich auch nicht zur Rechtssicherheit beigetragen hat. Vergleiche die Zusammenstellung von Beiträgen aus bald 60 Jahren ARD-Existenz bei *Herrmann*, Rundfunkrecht, § 16 Rn. 7 ff. Richtig ist natürlich, dass die ARD mit einer herkömmlichen Arbeitsgemeinschaft nichts mehr zu tun hat. Ohne diese Fragestellung hier abschließend erörtern zu können, sollte m.E. für die Diskussion klar sein, dass die ARD nur eine öffentlich-rechtlich Rechtsfigur darstellen kann, für die Erschaffung einer öffentlich-rechtlichen Rechtspersönlichkeit aber den Anstalten die Rechtsmacht fehlt. Zur notwendige Rechtsgrundlage für den öffentlich-rechtlichen Rundfunk BVerfGE 57, 295 (320) – *FRAG* und *Hartstein/Ring/Kreile/Dörr/Stettner*, Rundfunkstaatsvertrag, Vor § 11 Rn. 2; anders z.B. *Steinwärder*, Die ARD, S. 313, der eine BGB-Gesellschaft annimmt. Zur

aufsichtsrechtlich um einen „gemeinsam gewebten Flickenteppich“, bei dem jede Anstalt für ihren Programmanteil verantwortlich zeichnet.[710] Dass dies nicht der Wahrnehmung des Zuschauers entspricht, wird verschiedentlich vorgebracht.[711]

Zur Geschäftsführung wird für jeweils ein Jahr eine der Anstalten gem. § 2 ARD-Satzung[712] bestimmt, deren Leitung in Händen des dortigen Intendanten als ARD-Vorsitzenden liegt und der durch einen ARD-Generalsekretär unterstützt wird.[713]

Für die exekutive Programmplanung des ARD-Gemeinschaftsprogramms wird gem. § 5 ARD-StV[714] bzw. Nr. 3 ARD-Fernsehvertrag[715] ein Programmdirektor als zentrale Leitungsstelle mit einer 2/3-Mehrheit durch die Anstalten berufen. Dieser entwickelt das Programm, in dem er die einzelnen Beiträge in regelmäßigen Konferenzen mit den Intendanten, bzw. deren Beauftragten[716] zusammenträgt. Diese Zusammenkünfte werden regelmäßig im Rahmen der sog. Fernsehprogrammkonferenz gebildet, der gem. Nr. 2 a) ARD-Fernsehvertrag alle Intendanten sowie der Programmdirektor als Vorsitzender angehören.

„Zur Programmbeobachtung und Beratung“ wird diesem Planungsgremium ein Programmbeirat zur Seite gestellt, der sich aus je einem Vertreter der Rundfunkräte der Landesrundfunkanstalten zusammensetzt, gem. Nr. 2 b) ARD-Fernsehvertrag. Dieses Gremium hat, anders als die Rundfunkräte der Länderanstalten, keine Möglichkeit zur Festlegung von verbindlichen Leitlinien oder gar

---

Kündigung der ARD ausführlich Siehe *Ricker/Schiwy*, Rundfunkverfassungsrecht, S. 183 ff; auch *Steinwärder*, Die ARD, S. 145 ff.

710 Ob allerdings jede Anstalt nur „für den eigenen Flicken“ haftet, oder aber jede Anstalt für das gesamte Programm verantwortlich ist, ist umstritten und hängt vor allem mit den nur begrenzten Möglichkeiten eines (nicht federführenden) Intendanten und der Möglichkeit zur Ausblendung aus dem Gemeinschaftsprogramm gem. Nr. 5 Fernsehvertrag zusammen. Für volle Verantwortung jedes Intendanten *Steinwärder*, Die ARD, S. 120 f.; *Hesse,* Rundfunkrecht, S. 154; für eine „Begrenzung aus der Natur der Sache“ dagegen *Hartstein/Ring/Kreile/Dörr/Stettner*, Rundfunkstaatsvertrag, Vor § 11 Rn. 75. Eine ausführliche Stellungnahme kann hier leider nicht erfolgen.

711 Zuletzt etwa *Bettin*, epd-medien 2007, Nr. 49, S. 7 (9); siehe auch *Degenhart*, epd-medien 2007, Nr. 63, 6 (7), der zu Recht in der Zuschauersicht ein „einheitliches Programm der ARD“ feststellt. Ebenso *Herrmann*, Rundfunkrecht, S. 567.

712 Satzung der Arbeitsgemeinschaft der öffentlich-rechtlichen Rundfunkanstalten der Bundesrepublik Deutschland (ARD) vom 9./10. Juni 1950 in der Fassung vom 20. Juni 2006.

713 Die Wiederwahl für ein weiteres Jahr ist allerdings derzeit der Regelfall.

714 ARD-Staatsvertrag vom 31. August 1991, in der Fassung vom 10. Oktober 2006.

715 Verwaltungsvereinbarung der Landesrundfunkanstalten über die Zusammenarbeit im Fernsehgemeinschaftsprogramm "Das Erste" (im Folgenden: ARD-Fernsehvertrag) vom 26./27. November 1991 in der Fassung vom 12. September 2006.

716 Dies sind in der Regel die Fernsehdirektoren der Anstalten, vgl. Herrmann, Rundfunkrecht, § 16 Rn. 34.

weitergehenden Maßnahmen, sondern ist allein auf die Beratung und Beobachtung verwiesen. Bezugspunkt seiner Überwachungspflichten sind die gem. § 11 Abs. 4 RStV für das ARD-Gemeinschaftsprogramm erlassenen Programmrichtlinien.[717]

Neben dem Programmbeirat ist die Gremienvorsitzendenkonferenz (GVK) das zweite Kontrollgremium, allerdings mit einer anderen Aufgabenstellung.[718] Sie besteht aus den Vorsitzenden der Rundfunk- und Verwaltungsräte der in der ARD zusammengeschlossenen Landesanstalten. Seit dem 9. RÄndStV ist die Arbeit der GVK aufgewertet worden, und beinhaltet gem. § 5a ARD-Satzung nunmehr eine echte, eigene Koordinierungsaufgabe für die Kontrolle durch die in den verantwortlichen Landesanstalten zuständigen Gremien (Verwaltungs- und Rundfunkrat).[719] Ihre Koordinierungsaufgabe erstreckt sich auf alle Zuständigkeiten der beiden Kontrollgremien, also Programm- wie auch wirtschaftliche Fragestellungen. Sie erarbeitet auch eigene Stellungnahmen gem. § 5a Abs. 3 ARD-Satzung, die den zuständigen Kontrollgremien zugestellt werden, für diese allerdings keine Bindungswirkung entfalten. Die Trennung zwischen Programmkontrolle und Verwaltungskontrolle wird auch in der GVK gewahrt, indem in Programmfragen nur die Vorsitzenden der Rundfunkräte gem. § 5a Abs. 3 ARD-Satzung beraten. Innerhalb der Exekutive der ARD wird die GVK insoweit eingebunden, als ihre Meinungsbildung in der Hauptversammlung der Anstalten gem. § 5a Abs. 6 ARD-Satzung berücksichtigt wird. Echte eigene Kompetenzen hat die GVK bislang aber noch nicht.

f) Bewertung

Das Gemeinschaftsprogramm der ARD stellt selbst einen wesentlichen Teil im öffentlich-rechtlichen System der Vielfaltssicherung dar. Durch die Zusammensetzung aus Beiträgen der Landesanstalten hat das Gemeinschaftsprogramm die Chance, ein wesentlich heterogeneres Programm anzubieten, als dies einer einzelnen Anstalt möglich ist.[720] Zusätzlich hat das Gemeinschaftsprogramm einen großen Anteil an der Integrationsfunktion des Rundfunks, da die Herkunft der Programme aus den Regionen durchaus auch Werte, Ansichten und Meinungen und nicht zuletzt regionalspezifische Informationen dem bundesweiten Publikum präsentiert.[721] Der besondere Mehrwert des ARD-Gemeinschafts-

---

[717] Dazu ausführlich unten C.II.5.c).

[718] Die GVK wurde am 25. November 1992 durch Ergänzung der ARD-Satzung eingerichtet.

[719] Siehe dazu die Begründung zum 9. RÄndStV, S. 24. Zur GVK, die nach alter Rechtslage ebenfalls nur beratend tätig war, siehe *Steinwärder*, Die ARD, S. 72 f.

[720] Dies betont auch *Steinwärder*, Die ARD, S. 294 f.

[721] Dies gilt einmal für ausgewiesene Informationssendungen wie „Bericht aus Berlin", „Bilderbuch" und „Europamagazin", aber auch für Unterhaltungssendungen wie den äußerst

programms liegt also in einer spezifischen Abbildungsfunktion der föderalen Struktur des politischen Deutschlands und seiner ebenso föderal geprägten Meinungslandschaft.[722]

Die föderale Struktur des öffentlich-rechtlichen Rundfunks wiederum ist selbst ein Sicherungselement des Organisationspluralismus. Die Grundstruktur der Aufteilung der publizistischen Einflussmöglichkeiten in Länderanstalten stellt damit, ähnlich wie die Einteilung der Bundesrepublik in die föderalen Bundesstaaten gem. Art. 79 Abs. 3 GG, eine Absicherung gegen eine Zentralisierung dar.[723] Während die konkrete Form der föderalen Organisation des Bundesstaates, abgesehen von der Grenze des Art. 79 Abs. 3 GG, vielleicht noch hinterfragt werden könnte, ist dies bei der Rundfunkorganisation ehrlicherweise nicht möglich: Zum einen steht das NS-Reichpropagandaministerium Pate für eine zentralisierte Organisation der Meinungsbildung in Deutschland, zum anderen wird auch in Staaten, die wie Polen eine zentrale Organisation des öffentlich-rechtlichen Rundfunks haben, auch und ebenfalls wert auf regionale und integrative Berichterstattung durch entsprechende Regionalstudios gelegt.[724] Schließlich spricht auch die wohl sicherste Erkenntnis der Medienwirkungsforschung gegen eine Zentralisierung des öffentlich-rechtlichen Rundfunks. Wenn irgendein Ordnungsmodell tatsächlich für eine genau kalkulierbare Medienwirkung geeignet ist, so ist dies die zentrale Meinungsbildung bei Ausschaltung von alternativer Meinungsrezeption.[725] Bei einer Zentralisierung des öffentlich-rechtlichen Rundfunks wäre also die Grundvoraussetzung der Ausgestaltung, nämlich ihre hinreichende Eignung zur Sicherung der Meinungsvielfalt i.S.d. Art. 5 Abs. 1 S. 2 GG verletzt.[726] Die pluralismussichernde Föderalstruktur kann daher in ihrer konkreten Gestalt wohl verändert werden, eine Abschaffung der Länderanstalten oder aber Konzentration auf nur eine oder zwei Anstalten verbietet sich.[727] Die Föderalstruktur des öffentlich-rechtlichen Rundfunks lässt

---

beliebten „Tatort“, der in der Region der produzierenden Anstalt spielt und meist regionale Elemente bis hin zur Mundart mit aufnimmt.

[722] Ähnlich *Steinwärder*, Die ARD, S. 295. Ebenso *Rüter*, Föderalismus als Strukturprinzip, S. 5. Zu dem Verhältnis dieses Beitrages zu dem öffentlich-rechtlichen Auftrag der Landesanstalten und des Rundfunks insgesamt siehe unten C.I.4.g)dd)(2).

[723] So auch sehr deutlich *Dörr*, Programmvielfalt durch funktionsgerechte Finanzausstattung, S. 19 ff; sogar auf politischer Ebene findet sich dazu ausdrückliche Unterstützung vgl. *Beck*, Föderaler Rundfunk, S. 107.

[724] Auf die Föderalstruktur des Rundfunks als Reaktion auf die zentrale Propaganda der Nationalsozialisten weist auch hin *Rüter*, Föderalismus als Strukturprinzip, S. 4 f. Zur polnischen Rundfunkorganisation vgl. unten D.III.

[725] Oben B.III.2.a).

[726] Vgl. BVerfGE 90, 60 (97) – *Niedersachsen.*

[727] Zum Zusammenhang von Föderalismus und Pluralismus siehe vor allem *Dörr*, ZUM 1996, 617 (622 f.), der sich auch nachdrücklich gegen weitere Anstaltsfusionen ausspricht. Gegen

zusätzlich zwischen den Landesanstalten einen Wettbewerb in publizistischer wie auch organisatorischer Hinsicht entstehen, der bei aller berechtigter Kritik[728] zur Optimierung der Vielfalt wiederum beiträgt.[729] Als Komplementärfunktion, quasi als „Klammer" für den föderal strukturierten öffentlich-rechtlichen Meinungsbildungsprozess, kommt dem ARD-Gemeinschaftsprogramm die Aufgabe zur Integration und Kommunikation über föderale und Sendergrenzen hinweg zu und trägt dadurch in nicht zu unterschätzendem Maße zum bundesweiten Gesamtprozess der Meinungsbildung bei.[730]

Der Struktur der ARD als Arbeitsgemeinschaft ohne eigene Rechtspersönlichkeit entsprechend, findet sich bislang kein originäres ARD-Organ bzw. eine Stelle, die nur und ausschließlich für die ARD tätig ist, mit Ausnahme vielleicht des Programmdirektors. Letzterer wird allerdings von der turnusmäßigen geschäftsführenden Anstalt gem. § 3 Abs. 1 und 4 ARD-Satzung angestellt und untersteht damit arbeitsrechtlich dieser Anstalt, wenn auch das Direktionsrecht gem. § 611 i.V.m. § 315 BGB mit der Geschäftsführung wechseln dürfte.

Vergleicht man die ARD-Struktur mit derjenigen der Landesanstalten, so fällt vor allem die geringere Beteiligung von Vertretern gesellschaftlich relevanter Gruppen auf, die im Wesentlichen nur durch Rundfunkratsvertreter im Programmbeirat und in der GVK repräsentiert sein können. Erstaunlich ist auch, dass keinerlei Entsendemodus oder Inkompatibilität für diese Gremienmitglieder vorgegeben ist. Hinzu kommt, dass weder die GVK noch der Programmbeirat eine vergleichbare Stellung, noch vergleichbare Kompetenzen wie Rundfunkrat oder Verwaltungsrat in der Binnenstruktur der Landesanstalten hat. Dies führt insgesamt zu einer außergewöhnlich starken Stellung der Exekutivstellen, die mit der Rückkoppelung der Beiratsmitglieder in ihre Anstalten gerechtfertigt wird, wo Bedenken in der verantwortlichen Anstalt vorgebracht werden könn-

---

Fusionen, aber für eine teilweise Zentralisierung von Kapazitäten innerhalb der ARD *Springer*, Die Reform der ARD, S. 440.

728 Vgl. aktuell *Doetz*, epd-medien 2007, Nr. 59, 5 (7), der vor allem die Standortpolitik einiger Landesmedienanstalten wohl nicht ganz zu unrecht kritisiert.

729 Ähnlich *Dörr*, ZUM 1996, 617 (627). Ebenso *Neumann*, epd-medien, Nr. 60, 4 ff. Zurecht weist auch *Otfried Jarren*, epd-medien 2007, Nr. 60, 6 (9), darauf hin, dass Zentralisierung „nur dann Sinn [macht], wenn gleiche oder ähnlichen Bedingungen existieren oder erreicht werden sollen". Dies ist aber bei der auf Meinungsvielfalt auszurichtenden Rundfunkorganisation gerade nicht der Fall.

730 So auch *Dörr*, der von einer notwendigen föderalen Struktur des Rundfunks spricht, um die Vielfalt der Regionen abbilden zu können, *Dörr*, Programmvielfalt durch funktionsgerechte Finanzausstattung, S. 58. Zur Integrationsfunktion des Rundfunks bereits BVerfGE 31, 314 (329) – 2. *Rundfunkurteil.*

ten.[731] Die Idee pluralistischer Binnenkontrolle findet damit auf der Ebene der ARD keine direkte Anwendung, sondern soll sich vermittelt durch die pluralen Binnengremien der Landesanstalten als Mitglieder der ARD realisieren.

g) Ein ARD-Rat und andere Reformüberlegungen

Die Rundfunkräte sind in der öffentlichen Wahrnehmung nicht gerade beliebt. Gerade die Skandale der jüngeren Vergangenheit (vor allem der Schleichwerbungsskandal um die ARD-Vorabendserie „Marienhof", sowie Vertragsabschlüsse in Millionenhöhe mit Moderatoren an den Gremien vorbei) haben ihr Ansehen nicht gerade gefördert.[732] Hinzu kommen beliebte Bezeichnungen wie „zahnloser (Papier-)Tiger", die wohl ein Verdikt zwischen Unvermögen und Überforderung ausdrücken sollen.[733]

aa) Vorgaben der EG-Kommission für öffentlich-rechtliche Aufsichtsstrukturen

Aus zwei Gründen wird derzeit aber auch ernsthaft über eine Reform der Rundfunkratsstrukturen nachgedacht.[734] Zum einen hat die Einstellungsentscheidung der Europäischen Kommission im bis zum 24. April 2007 laufenden Verfahren, das die Rundfunkgebühr als – möglicherweise rechtswidrige – Beihilfe i.S.d. Artt. 86 ff. EG einstufte, deutliche Vorgaben für die Binnenkontrolle des öffentlich-rechtlichen Rundfunks gemacht.[735] Nach Auffassung der Kommission sind die derzeit geltenden Regelungen nicht geeignet, den spezifischen Funktionsauf-

---

[731] *Thomas Kleist* spricht sogar von einer „unkontrollierten Machtfülle, [die] europaweit wohl einmalig sein dürfte", *Kleist*, epd-medien 2007, Nr. 25, 9 (10); zustimmend der GVK-Vorsitzende *Giersch*, epd-medien 2007, Nr. 78, 7 (9); mit Bedenken auch *Degenhardt*, epd-medien 2007, Nr. 63, 5 (8).

[732] Zum Marienhof *Polenz*, epd-medien 2007, Nr. 72, 5 ff.; zum Vertrag von *Harald Schmidt* mit der ARD-Tochter degeto *Eumann*, epd-medien 2007, Nr. 12, 8 (8); zu den Vorwürfen im Rahmen der Qualitätsdebatte auch *Dörr*, Media-Perspektiven 7/2005, 333 (341).

[733] Vgl. *Doetz*, epd-medien 2007, Nr. 59, 5 (8); *Bettin*, epd-medien 2007, Nr. 49, 7 (8); besonders hübsch auch „Gremiengremlins" bei *Eumann*, epd-medien 2007, Nr. 12, 8 f.; dagegen aber *Polenz*, epd-medien 2007, Nr. 72, 5 (6).

[734] Vor nicht all zu langer Zeit beherrschte schon einmal eine Reformidee die öffentliche Diskussion. Prominenteste Teilnehmer waren die Ministerpräsidenten *Edmund Stoiber* und *Kurt Biedenkopf*, die ein gemeinsames Papier zur Strukturreform der ARD veröffentlichten, vgl. Media-Perspektiven 1995, 104 ff. Kernpunkt der Diskussion war der interne Finanzausgleich unter den Anstalten, der – vor allem von den zahlenden Anstalten – als ungerecht empfunden wurde. In der Folge kam es zu diversen Fusionsvorschlägen. Die Diskussion kann hier im Einzelnen nicht nachgezeichnet werden. Eine ausführliche Darstellung des Meinungsstreites findet sich bei *Springer*, Die Reform der ARD, S. 424 ff. und bei *Kops*, Die Vorschläge zur Strukturreform, S. 23 ff.; in Verteidigung des Rundfunkföderalismus vor allem *Dörr*, ZUM 1996, 613 ff.

[735] Vgl. die Einstellungsentscheidung der Kommission an *F.-W. Steinmeier* vom 24. April 2007, K(2007) 1761 endg.

trag des öffentlich-rechtlichen Rundfunks hinreichend zu definieren und seine zuverlässige Prüfung durch die Binnenkontrolle zu gewährleisten.[736] Die Hauptkritik richtete sich gegen die Unbestimmtheit der gesetzlichen Fassung des Funktionsauftrags gem. §§ 11 und 19 RStV im Hinblick auf neue Medienangebote.[737] Weiter bemängelte die Kommission aber, dass die binnenpluralen Gremien einem Interessenkonflikt unterlägen, wenn sie sowohl die Programmleitlinien vorgäben, als auch deren Einhaltung überwachen.[738] Schließlich wurde moniert, dass die Kontrolle der Funktionserfüllung nur durch die Binnengremien nicht ausreichend sei und eine externe Kontrolle auch der Auftragserfüllung notwendig sei.[739]

Die Bundesregierung hat daher mit Schreiben vom 28. Dezember 2006 zugesagt, dass der Funktionsauftrag gesetzlich präziser gefasst wird. Weiter soll die Erfüllung dieses Auftrags nicht mehr allein durch den plural besetzten Rundfunkrat überprüft werden. Dazu wird die bereits bestehende Überprüfung der Selbstverpflichtungserklärungen des § 11 Abs. 4 RStV gem. § 11 Abs. 5 RStV durch die Länder genutzt werden. Die Selbstverpflichtungserklärungen werden in Zukunft eine ex-post Kontrolle des Funktionsauftrages ermöglichen, in der der Landesgesetzgeber im Rahmen der Rechtsaufsicht extern eine Überprüfung der an der schärferen Auftragsdefinition orientierten Selbstverpflichtungserklärungen gem. § 11 Abs. 4 RStV vornimmt.[740] Durch die Externalisierung der Auftragsprüfung kommt nun der Interessenkollision kein großes Gewicht mehr zu.

[736] Diese Position wurde in Deutschland bereits seit langer Zeit durch den Privatrundfunk vertreten. Siehe die Stellungnahme des VPRT-Vorsitzenden *Jürgen Doetz* vom 28. August 2007 zum Auftrag des öffentlich-rechtlichen Rundfunks in der digitalen Welt und *Doetz*, MMR 2003, 429 f.

[737] Die Auftragsdefinition, einschließlich der Konkretisierungsverpflichtung gem. § 11 Abs. 4 RStV, für die bisherige Programmtätigkeit hat die Kommission jedoch akzeptiert vgl. Einstellungsentscheidung der Kommission vom 24. April 2007, K(2007) 1761 endg., S. 52 Rn. 224.

[738] Einstellungsentscheidung der Kommission vom 24. April 2007, K(2007) 1761 endg., S. 59 Rn. 256. Das sieht in Deutschland auch so *Stadelmaier*, epd-medien 2007, Nr. 41, 6 (7); dagegen z.B. *Raff*, epd-medien 2007, Nr. 62, 6 (9), der sich dafür aber auf die dezentrale, ungenügende Aufsicht in der ARD beruft.

[739] Einstellungsentscheidung der Kommission vom 24. April 2007, K(2007) 1761 endg., S. 59 Rn. 255.

[740] Einstellungsentscheidung der Kommission vom 24. April 2007, K(2007) 1761 endg., S. 83, Rn. 373. Dazu unten ausführlich unter C.II.7.

bb) Bewertung

Auch wenn das Ziel der Kommission durchaus nachvollziehbar ist, so hat sie, trotz gegenteiliger Beteuerungen,[741] wohl doch nicht die besondere Stellung der gesellschaftlichen Binnenkontrolle im deutschen Rundfunkrecht erkannt. Der Vorschlag der Kommission wird im Ergebnis zu einer Entmachtung der binnenpluralen Gremienkontrolle als Kontrollorgan führen. Die Externalisierung der Auftragsprüfung führt zu einem Paradigmenwechsel in der Regulierung des öffentlich-rechtlichen Rundfunks. War es bislang unbestritten, dass die inhaltliche Prüfung der Leistung des öffentlich-rechtlichen Rundfunks als programmakzessorischer Kernbereich der Rundfunkfreiheit nicht durch staatliche Stellen auch nur überprüft werden darf,[742] zielt die Prüfung der Selbstverpflichtungserklärungen nun auf das genaue Gegenteil. Ausdrücklich soll im „Rahmen der ex-post Kontrolle auch geprüft werden, inwieweit die öffentlichen Rundfunkanstalten ihre Selbstverpflichtungen und [...] Konzepte erfüllt haben."[743] Aber die Rundfunkräte sind nicht lediglich Kontrollgremium, sondern haben als Vertreter der Allgemeinheit auch eine planende, strukturierende und leitende Funktion innerhalb der Binnenorganisation.[744] Auch wenn mit diesem neuen Modell Gefahren von mittelbarer Staatssteuerung bis hin zur Selbstzensur verbunden sind, so bietet sich doch auch die Chance, dass die Rundfunkräte durch ihre Beteiligung in der Erstellung von Leitlinien, Satzungen und Selbstverpflichtungen mehr und lenkend zur Auftragserfüllung beitragen können.

Im Grundsatz muss die gesellschaftliche Rückbindung der Anstaltstätigkeit gewahrt bleiben, denn diese ist – inhaltlich durch materielle Pluralismusanforderungen des Funktionsauftrags und regulatorisch durch den anstaltsinternen Organisationspluralismus – sowohl Alleinstellungsmerkmal als auch Existenzrechtfertigung des öffentlich-rechtlichen Rundfunks. Der Verlust von Kontrollkompetenz muss daher ausgeglichen und durch möglichst präzise Kompetenzen aufgefangen werden. Richtig ist, dass die Rundfunkräte in der Vergangenheit ihre Möglichkeiten in der Leitlinienkompetenz nicht ausreichend wahrgenom-

---

741 Einstellungsentscheidung der Kommission vom 24. April 2007, K(2007) 1761 endg., S. 59, Rn. 255.

742 Zum Grundsatz der Staats- und Gruppenferne in unterschiedlichen Situationen vgl. BVerfGE 12, 205 (262) – *1. Rundfunkentscheidung*; BVerfGE 57, 295 (321 ff.) - *FRAG*; BVerfGE 83, 238 (315 ff.) – *WDR-Gesetz* und BVerfGE 90, 60 (94) – *Gebührenurteil*; siehe auch *Gersdorf*, Staatsfreiheit des Rundfunks, S. 52 f.

743 Einstellungsentscheidung der Kommission vom 24. April 2007, K(2007) 1761 endg., S. 83, Rn. 374.

744 Siehe z.B. § 20 Abs. 1 ZDF-StV.

men haben.[745] Diese wird nun in Zukunft an Gewicht gewinnen. Nicht nur in programmlicher Hinsicht selbst, sondern insbesondere auch in Bezug auf die Schaffung eines eigenständiges Profils, das sich gerade auch durch die Selbstverpflichtungserklärungen schärfen soll.[746] Die verfassungsrechtliche Grenze der Externalisierung der ex-post Kontrolle besteht darin, dass die Effektivität desjenigen Organs, das schon aufgrund seiner organisationspluralen Zusammensetzung – und das bleibt auch in Zukunft unstreitig der Rundfunkrat und nicht die externe Kontrolle – an der Aufgabe des öffentlich-rechtlichen Rundfunks orientiert ist, nicht beeinträchtigt werden darf.[747] Wenn der Einfluss durch den Rundfunkrat also weiterhin „effektiv" i.S.d. Verfassungsgerichts bleiben muss, bedarf es einer Aufgabenpräzisierung. Diese muss zwischen den beiden Polen der verfassungsrechtlichen Mindesteffektivität, die durch eine externe Kontrolle zumindest stark gefährdet ist, und der Gesamtverantwortung des Intendanten für Programmfragen liegen.[748]

Zusätzlich bedarf die Reform des § 11 Abs. 5 RStV einer Begrenzung: Es muss sichergestellt sein, dass die zukünftige Regelung der ex-post Kontrolle den Ländern keinen Beurteilungsspielraum eröffnet, der ihnen Einflussnahmemöglichkeiten verschafft und sachfremden Erwägungen Raum gibt, wie es die Staatsfreiheit verbietet. Es wird also wesentlich auf die Formulierung des neuen öffentlich-rechtlichen Auftrages ankommen, darauf wird noch unten einzugehen sein.[749]

cc) Reform der binnenpluralen Aufsichtsstrukturen und ARD-Rat

Neben den aktuellen Bedenken der EG-Kommission regt sich aber auch seit längeren in Deutschland Kritik an den Rundfunkräten. Ihnen wird im Ergebnis ein inhaltliches und strukturelles Versagen attestiert. So sei die Mitgliederzahl nicht geeignet, den komplexen und mitunter dringenden Sachverhalten angemessen zu begegnen.[750] Weiter sei aufgrund der Herkunft als Vertreter gesellschaftlich relevanter Gruppen oftmals nicht das notwendige medienspezifische Wissen vorhanden. Schließlich würde diese Qualifikationslücke in Zukunft wachsen, da mit zunehmender Digitalisierung und Konvergenz sowohl völlig

---

[745] *Huber,* epd-medien 2007, Nr. 56, 4 (5); *Hilker,* epd-medien 2007, 5 (6) in Bezug auf die Selbstverpflichtungen bei der Programmabstimmung von ZDF und ARD gem. § 2 Abs. 2 ZDV-StV und § 3 ARD-StV. Zum Konkurrenzverhältnis *Rüter*, Föderalismus als Organisationsprinzip, S. 3; *Meier*, Veränderungen in der Programmgestaltung des ZDF, S. 111.

[746] *Hartstein/Ring/Kreile/Dörr/Stettner*, Rundfunkstaatsvertrag, § 11 Zu Absatz 4 und 5.

[747] Siehe nochmals die deutlichen Worte in BVerfGE 57, 295 (325) – *FRAG*; BVerfGE 83, 238 (334) – *WDR-Gesetz.*

[748] So auch *Kunert,* epd-medien 2007, Nr. 65, 6 (8).

[749] Vgl. unten C.II.7.b).

[750] *Kleinsteuer*, epd-medien 2007, Nr. 67, 4 (8).

neue technische als auch inhaltliche – und man kann ergänzen: medienwirkungsspezifische – Sachverhalte entstehen, die sowohl von ihrer Komplexität als auch ihrer Quantität nicht mehr ohne weiteres von „Laien“ zu beurteilen seien.[751]

Als Auswege werden vorgeschlagen, die Gremienmitglieder zu schulen, durch ein eigenes Budget externen Sachverstand einkaufen zu lassen,[752] einen wissenschaftlichen Dienst nach dem Vorbild des Bundestages zur Unterstützung der Binnenkontrolle aufzubauen,[753] die Gremien selbst durch sachverständige Mitglieder von innen zu professionalisieren[754] oder gar den Rundfunkrat ganz durch ein Sachverständigengremium zu ersetzen.[755] In struktureller Hinsicht wird vor allem vorgeschlagen, den Rundfunkräten mehr Initiativrechte, Budgethoheit sowie Informationsansprüche und Befragungsrechte zuzugestehen.[756]

Nachdem lange Zeit die gesellschaftliche Binnenkontrolle in der ARD nicht kommentiert wurde, ist dieses Thema im Rahmen der aktuellen Gremiendiskussion auf die Tagesordnung gerückt. Dabei wurden die fehlenden Aufsichtskompetenzen gerügt und die Struktur der Aufsicht in der ARD kritisiert. Vor allem von *Marc Jan Eumann* wurde als Lösung ein ARD-Rat vorgeschlagen, allerdings nicht nach dem Ratsmodell der Länderanstalten, sondern in Orientierung an der 2007 reformierten Aufsichtsstruktur der BBC, des so genannten BBC-

---

[751] Vgl. dazu die Beiträge der Gremiendebatte in epd-medien vor allem von *Hilker*, epd-medien 2007, Nr. 64, S. 5 (6); *Otto*, epd-medien 2007, Rn. 61, 5 (7); *Jarren*, epd-medien 2007, Nr. 60, 6 (9); *Huber*, epd-medien 2007, Nr. 56, 4 (6) und *Degenhardt*, epd-medien 2007, Nr. 63, 6 (9).

[752] Für externen Sachverstand etwa *Stadelmaier*, epd-medien 2007, Nr. 41, 6 (8). *Bettin*, epd-medien 2007, Nr. 49, 6 (9); *Hilker*, epd-medien 2007, Nr. 64, 5 (7); wohl auch *Jarren*, epd-medien 2007, Nr. 60, 6 (9).

[753] In diese Richtung etwa *Elitz/Stammler*, Selbstverpflichtungen und Medienqualität, S. 11; *Huber*, epd-medien 2007, Nr. 56, 4 (6); *Langenbucher*, Der Rundfunk der Gesellschaft, S. 172.

[754] *Kleinsteuber*, epd-medien 2007, Nr. 67, 4 (8); *Degenhardt*, epd-medien 2007, Nr. 63, 6 (9); dagegen aber *Otfried Jarren*, der zu Recht betont, es soll sich gerade um gesellschaftliche Vertreter handeln, *Jarren*, epd-medien 2007, Nr. 60, 6 (9).

[755] Mit wohl eher einsamer Position *Otto*, epd-medien 2007, Nr. 61, 5 (7). Vgl. aber auch die Analyse des Sachverständigenmodells bei *Ricker/Schiwy*, Rundfunkverfassungsrecht, S. 284. M.E. überinterpretieren sie allerdings die Zulässigkeit des Einsatzes von Personen die „keine oder gerade durchsetzungsschwache Interessen vertreten“ (BVerfGE 83, 238 (335) – *WDR-Gesetz.*). Das Verfassungsgericht hat diese Möglichkeit nur ausdrücklich als Möglichkeit zur Milderung der vielfaltsverengenden Tendenz gruppenbezogener Gesellschaftsrepräsentation genannt, nicht aber als Alternative zur Gruppenrepräsentanz überhaupt. Dies würde im Ergebnis zu einer noch stärkeren Verengung auf Ebene des Organisationspluralismus führen, die verfassungsrechtlich nicht zulässig wäre. Dazu bereits obenC.I.2.c).

[756] Vgl. *Kepplinger/Hartmann*, Stachel oder Feigenblatt, S. 90 ff., die jedoch ermittelt haben, dass das Interesse der Rundfunkräte an einem Budget für eigene Medienforschung nicht besonders hoch ist.

Trusts.[757] Dabei handelt es sich um ein neu geschaffenes Aufsichtsgremium, das den Rundfunkrat der BBC „Board of Governors“ mit Wirkung vom 1. Januar 2007 ersetzte und nur noch aus 12 Mitgliedern besteht. Wesentlicher Unterschied zur deutschen öffentlich-rechtlichen Binnenaufsicht ist zum einen die Breite der Aufsicht. Der BBC-Trust hat die Aufsicht über alle Geschäftsbereiche einschließlich der Programmaufsicht. Zusätzlich steht ihm in bestimmten Programmfragen die abschließende Kompetenz zu.[758] Kern der Forderung ist also ein kleines und vor allem unabhängiges Gremium, das zumindest zum Teil mit Medienfachleuten besetzt ist. Diese Forderung hat einige Zustimmung erfahren, die sich vor allem auf die oben beschriebene Schwäche der derzeit mehr oder weniger dezentral organisierten Aufsicht stützt.[759]

dd) Bewertung

Die Kritik an den Rundfunkräten, ihrer Zusammensetzung und Kompetenzen ist fast so alt wie die Rundfunkräte selbst.[760] Richtig an der neueren Kritik hingegen ist der Hinweis auf die fehlende medienspezifische Kompetenz und die Schwierigkeiten der Rundfunkräte, ihre Aufgabe angesichts der immer weiter steigenden Angebotsmenge zu erfüllen.

(1) Zur Reform der Rundfunkräte

Die Rundfunkräte vertreten zunächst die Allgemeinheit, sind also in ihrer Funktion gerade keine Experten.[761] Dies kann und darf aber nicht den Rückgriff auf spezifischen Sachverstand ausschließen. Die im Sinne des Verfassungsgerichts erforderliche effektive Binnenkontrolle gebietet im Gegenteil das Hinzuziehen von Sachverständigen, wenn die Sicherung der Meinungsvielfalt anders nicht gewährleistet werden kann. Dies ist derzeit vor allem aus zwei Gründen anzunehmen: Zum einen hat sich das Medienangebot des öffentlich-rechtlichen Rundfunks stark diversifiziert. Nicht in gleicher Weise gewachsen sind jedoch die Erkenntnisse über die publizistische Relevanz, die Auswirkungen auf die Meinungsvielfalt und nicht zuletzt der technische Sachverstand in den Gremien. Zum zweiten fehlt eine medienwirkungsspezifische Bewertungsinstanz, auf die die Rundfunkräte zurückgreifen könnten – sowohl für das „alte“ Medium

---

[757] *Eumann*, epd-medien 2007, Nr. 12, 8 ff.

[758] Nr. 9 Abs. 2 der Royal Charter vom 19 Juli 2006, dazu *Scheuer,* MMR 2007, XXIII (XXIV).

[759] Siehe *Stadelmaier,* epd-medien 2007, Nr. 41, 6 (7); *Degenhardt,* epd-medien 2007, Nr. 63, 6 (8).

[760] Aus der reichhaltigen Literatur vgl. *Schmidt*, Staatseinfluss und Gremienmacht, S. 60 ff.; *Kötterheinrich*, Mehr Rundfunkdemokratie, S. 443 ff.; *Ossenbühl*, DÖV 1977, 381 (385 f.), jeweils m.w.N.

[761] Darauf weißt auch zu Recht hin *Degenhardt,* epd-medien 2007, Nr. 63, 6 (8).

Fernsehen, als auch für die neuen Übertragungswege. Die oben geschilderten Erkenntnisse der Medienwirkungsforschung haben gezeigt, dass eine wirkungsspezifische Analyse der Programminhalte bei steigendem und diversifiziertem Medienkonsum in der Gesellschaft dringend geboten ist.[762] So ist eine kritische Bewertung von Mehrfachverwertungen der Inhalte, und dem damit verbundenen höheren Wirkungspotential, innerhalb der anstaltseigenen Übertragungswege nicht erkennbar. Im Gegenteil wurde sogar über eine Kooperation mit Zeitungsverlegern nachgedacht, die sowohl das Bild-, Text- und Filmarchiv betreffen als auch eine Mehrfachverwertung und Verlinkung von aktuellen Nachrichteninhalten ermöglichen sollte.[763] Der für eine möglichst freie öffentliche Meinungsbildung notwendige Quellenpluralismus[764] wird damit aus ökonomischen und wohl auch politischen Gründen konterkariert. Die Forderung nach einer Professionalisierung der Programmaufsicht insgesamt kann also nur unterstrichen werden.

Bei aller Professionalisierung sollten die Rundfunkräte aber nicht selbst diese Analyse vornehmen, da sonst ihre Existenzberechtigung als gesellschaftliche Vertreter gefährdet wäre.[765] Sinnvoll wäre die Einrichtung eines mit eigenem Budget ausgestatteten Büro des Rundfunkrates, dass sich auch – entgegen der derzeitigen Praxis[766] – der Programmbeschwerden annimmt. Aus diesem Budget wäre auch die medienwirkungsspezifische Programmanalyse von externen Experten zu finanzieren. Die Ergebnisse der Analysen sollten dann durch den Rundfunkrat beraten werden. Da die Europäische Kommission sich bereits negativ über die Effektivität der Binnenkontrolle geäußert hat, sollte zum einen der Prüfungsumfang genauer spezifiziert werden und zum anderen der Turnus und die Gegenstände der externen Analysen gesetzlich fixiert werden.

Auf diese Weise ließe sich verhindern, dass die Rundfunkräte selbst zu „Experten“ werden, auch wenn gleichzeitig die Erkenntnisse der Medienwirkungsforschung, endlich, in der Aufsicht eine institutionalisierte Berücksichtigung finden. So wie der spezifische Auftrag des öffentlich-rechtlichen Rundfunks seine Existenz rechtfertigt, ist die „Aktualität, Breitenwirkung und Suggestivkraft“ des Rundfunks die Rechtfertigung für seine Regulierung. Die pluralistische Binnenkontrolle steht nun vor der Aufgabe beides zu verwirklichen: Sicherung des Funktionsauftrages bei gleichzeitiger Berücksichtigung der Wirkung des

---

[762] Siehe oben B.III.2.a).
[763] Siehe FAZ vom 31. Oktober 2007, S. 37.
[764] Siehe oben ausführlich B.III.2.a).
[765] Durch Ihre Aufgabe und Zusammensetzung sind sie die „Basis und Spiegelbild der funktionalen Integration“, vgl. *Hahn*, Der Rundfunkrat, S. 165.
[766] Eine Ausnahme ist das ZDF, bei dem gem. § 15 Abs. 2 ZDF-StV i.V.m. § 21 ZDF-Satzung die Programmbeschwerde zunächst vom Intendanten, nach Widerspruch aber durch den Fernsehrat behandelt wird. Dazu auch *Wirth*, Der Fernsehrat des ZDF, S. 183.

Rundfunks, denn ohne Kenntnis der Wirkung kann der Auftrag bereits logisch nicht erfüllt werden.

(2) Zum ARD-Rat

Auch der Vorschlag, einen ARD-Rat einzurichten, verdient Zustimmung. Der Vorschlag wird mit der zwischen GVK, Programmbeirat und Landesanstaltsgremien eher fragmentierten Aufsicht über Gemeinschaftsaktivitäten und Gemeinschaftsprogramm und fehlender Professionalisierung begründet. Es gibt aber noch einen weiteren, in hiesiger Lesart vielleicht sogar wichtigeren, Grund für einen ARD-Rat. Die Struktur der ARD, einschließlich der Ausgestaltung der Aufsicht ergibt sich aus der Struktur der ARD als Arbeitsgemeinschaft. Die nur beratende Tätigkeit des Programmbeirats gem. Nr. 2 b) ARD-Fernsehvertrag, sowie die Koordinierungsfunktion der GVK gem. § 5 a) ARD-Satzung sind damit logische Konsequenz: Die ARD gehört zu und ist ein integraler Teil der Landesanstalten, wie auch § 5 a) Abs. 7 ARD-Satzung deutlich macht. Im Ergebnis liegt die Verantwortung für die eigenen Beiträge bei der jeweiligen Landesanstalt. Dies ist auch vor dem Hintergrund folgerichtig, dass das ARD-Gemeinschaftsprogramm einen Teil der jeder Anstalt selbständig obliegenden Auftragserfüllung darstellt.[767] Allerdings trifft diese Überwachungsaufgabe in den Landesanstalten auf einen Rundfunkrat, der daneben zusätzlich das eigene Vollprogramm, sowie die oben erwähnten zusätzlichen Aufgaben im Rahmen von Haushaltskontrolle und Personalpolitik zu schultern hat.[768] Eine über den eigenen und verantworteten Programmanteil hinausgehende regelmäßige Aufsicht und Kontrolle des ARD-Gemeinschaftsprogramms ist von ihm daher nicht zu erwarten.

Diametral dazu steht das derzeitige Aufsichtsmodell in scharfem Kontrast zum Zuschauerinteresse, sowie zur besonderen „Breitenwirkung" des ARD-Gemeinschaftsprogramms. Unter allen öffentlich-rechtlichen Einschaltquoten liegt das ARD-Gemeinschaftsprogramm knapp an der Spitze mit durchschnittlich 13% Marktanteil und liegt damit auch noch vor allen Privatsendern.[769] Dieser schöne Erfolg zeigt aber vor allem auch die Spitzenstellung des Programms in der potentiellen Medienwirkung und lässt damit die Frage nach der Struktur und Effizienz der Kontrollmechanismen laut werden. Bei der derzeit fragmentierten Kontrolle, die sich von der Geschäftsführung, dem Beteiligungs-

---

767 Siehe oben C.I.4.g)cc).

768 Oben C.I.4.c).

769 Die gemittelte Marktanteilsquote des ARD-Gemeinschaftsprogramms lag im Monat Oktober 2007 bei 13,4%, vgl. http://www.daserste.de/programm/quoten.asp (Stand: November 2007). Siehe auch *Zubayr/Gerhard*, MediaPespektiven 2007, Nr. 4, S. 187 ff.

controlling bis zur Programmüberwachung erstreckt, gibt es keine einheitliche Stelle, die dem publizistischen Gewicht des Programmangebots die nach dem Verfassungsgericht notwendige effektive Sicherung der Meinungsvielfalt durch eine Bewertung der spezifischen Wirkung des ARD-Gemeinschaftsprogramms gegenüberstellt. Trotz der doch überragenden Stellung des ARD-Gemeinschaftsprogramms ist eine kontinuierliche Aufsicht, die das gesamte Programm auch unter medienwirkungsspezifischen Aspekten überwacht, also nicht erkennbar.

Zum anderen verstößt die Zusammensetzung der bestehenden Aufsicht gegen das Prinzip des Organisationspluralismus. Auch wenn die Landesanstalten, einschließlich ihrer Rundfunkräte, gemeinsam das Programm verantworten, so fehlt doch eine durch den „medienrechtlichen Souverän" legitimierte Instanz, die das Gesamtprogramm überwacht. Das ARD-Gemeinschaftsprogramm ergänzt die Vollprogramme der Landesanstalten um wesentliche, vor allem bundesweite, Aspekte des Funktionsauftrags. Das heißt aber umgekehrt nicht, dass das ARD-Gemeinschaftsprogramm nicht selbst zur Meinungsvielfalt auf dem verfassungsrechtlich geforderten Niveau verpflichtet wäre. Im Gegenteil ergibt sich aus dem enormen Marktanteil und der gegenüber jeder Landesanstalt weitaus größeren Reichweite eine besondere Verpflichtung auf das verfassungsrechtlich geforderte Niveau an Meinungsvielfalt im öffentlich-rechtlichen Rundfunk. Dies findet sich auch entsprechend in der Richtlinie „Grundsätze der Zusammenarbeit" wieder, nach der das ARD-Gemeinschaftsprogramm den verfassungsrechtlichen Vorgaben in besonderer Weise verpflichtet ist.[770] Wenn das Gemeinschaftsprogramm aber selbst in absoluter Verpflichtung auf den Standard der Metaebene steht, heißt dies nichts anderes, als dass sein Angebot mehr sein muss, als nur die Summe der Einzelbeiträge der Landesanstalten – es muss selbst die Meinungsvielfalt möglichst vollständig abbilden.

Dies führt zu der Frage, wer diese Erfüllung sicherstellt. Diese Aufgabe fällt derzeit dem Programmbeirat und im begrenztem Umfang der Leitlinienberatung gem. § 5a Abs. 2 b) ARD-Satzung der GVK zu. Während aber der Programmbeirat nicht die notwendigen Aufsichts- und Durchsetzungsbefugnisse wie der Rundfunkrat einer Landesanstalt hat, fehlen diese auch teilweise der GVK, mit deren Vorschlägen sich die Programmkonferenz gem. § 5a Abs. 3 lediglich „befassen" muss und deren Meinungsbildung in der Hauptversammlung gem. § 5a Abs. 6 ARD-Satzung nur „einbezogen" wird. Effektive Kontrolle der Meinungsvielfalt sieht wohl anders aus.[771]

---

[770] Vgl. die Präambel zur Richtlinie gem. § 11 RStV „Grundsätze für die Zusammenarbeit im ARD-Gemeinschaftsprogramm" vom 3. März 2004.

[771] An die ebenfalls nur vermittelte Kontrolle über die diversen Gesellschaften der ARD (Degeto, ARD-Sales&Services, u.a.) richtet sich meist die Kritik. Im Hinblick auf die

Aber auch die personelle Zusammensetzung der Struktur ist zu kritisieren. In der Logik der Arbeitsgemeinschaft sind die Mitglieder von GVK und Programmbeirat Entsandte der Gremien aus den Landesanstalten. Dies könnte als vermittelte Legitimation durch den „medienrechtlichen Souverän" über die binnenpluralen Rundfunkräte der Landesanstalten gedeutet werden. Diese Konstruktion ist logisch, da sie auf die Aufgabe des entsendenden Rundfunkrates, also die Prüfung und Überwachung des eigenen Programmbeitrags der jeweils entsendenden Landesanstalt und seine Einpassung in das Gesamtprogramm bezogen ist. Im Hinblick auf die Überwachung des Gesamtprogramms aber, vor allem in seiner die Summe der Einzelbeiträge überschießenden Meinungsvielfalt, fehlt dieser Konstruktion jedoch die Legitimation durch einen „medienrechtlichen Souverän", die Rezipienten und ihre gesellschaftlich relevanten Gruppen im bundesweiten Verbreitungsgebiet. Auch wenn Zahlen in diesem Zusammenhang wenig aussagekräftig sind, ist es doch auffällig, dass große Landesanstalten etwa 30 Mitglieder haben, das wie das ARD-Gemeinschaftsprogramm bundesweit sendende ZDF sogar 77 Mitglieder, während der Programmbeirat der ARD aber mit nur je einen Vertreter pro Landesanstalt, derzeit also mit 9 Mitgliedern, auskommen muss. Für eine echte Binnenkontrolle durch gesellschaftliche Vertreter, die in ihrer Zusammensetzung die Aufgabenerfüllung bereits strukturell sichern könnten, erscheint dies schon personell sehr wenig.

Schwerer wiegt aber, dass die Mitglieder Vertreter ihrer Landesanstalten sind, also weder unterschiedlichen gesellschaftlichen Gruppen angehören müssen, noch explizit wie die Mitglieder der Rundfunkräte auf die Repräsentation der Allgemeinheit verpflichtet sind.[772] Die Rückbindung von Personalien an den Rundfunkrat wird in der Regel bei der Besetzung der Exekutivstellen der Rundfunkanstalten eingesetzt.[773] So werden der Intendant und die Mitglieder der Verwaltungsräte durch den Rundfunkrat bestimmt, wodurch die gesellschaftliche Legitimation des Rundfunkrates sich in der Exekutive vermittelt wieder findet.[774] Dieses Modell ist aber nicht ohne weiteres auf die gesellschaftliche Binnenkontrolle übertragbar. Kernfragen der Meinungsvielfalt, und insbesondere die laufende Programmbewertung und Überwachung des Niveaus an Mei-

---

verschiedenen Entstehungs- und Verwertungsstufen von Medieninhalten sind auch diese, zumindest im notwendigen Umfang in die binnenplurale Programmanalyse und -kontrolle einzubeziehen. Auf die Geschäftsführung kann hier jedoch nicht mehr eingegangen werden, vgl. dazu ausführlich mit Reformvorschläge *Springer*, Die Reform der ARD, S. 407 ff. Für den Bereich der Programmaufsicht siehe *Kepplinger/Hartmann*, Stachel oder Feigenblatt?, S. 28 f.

772 Siehe z.B. § 21 Abs. 9 S. 1 ZDF-StV, § 16 Abs. 1 WDR-Gesetz, Art. 6 Abs. 1 BayRFG.

773 Oben C.I.4.

774 Vgl. dazu oben C.I.4.a) und C.I.4.b).

nungsvielfalt gehören in diesen Bereich und müssen durch ein (gruppen-)plural besetztes Gremium in Vertretung der Allgemeinheit bewertet werden. Diese Aufgabe ist delegationsfeindlich, könnte also z.B. nicht vom Rundfunkrat auf den Intendanten oder den Verwaltungsrat übertragen werden, da sonst die Wahrung der Funktionsfähigkeit der Binnenkontrolle gefährdet wäre. Als „medienrechtlicher Souverän" muss das binnenplurale Organ also selbst entscheiden – Parallelen zum Vorrang des Gesetzes und auch zur Gesamtverantwortung des Vorstands gem. § 76 Abs. 1 AktG drängen sich auf.

Das derzeitige Modell hat also zwei Schwächen. Die Koordinierungsgremien sind in ihrer Zusammensetzung nicht geeignet, die Allgemeinheit zu repräsentieren und verfügen nicht über die notwendigen Kompetenzen für eine effektive Aufsicht über das Gesamtprogramm. Dieser Zustand ist durch den Gesetzgeber dringend zu ändern. Seine Ausgestaltungspflicht der „positiven Ordnung" umfasst insbesondere die Schaffung effektiver Kontrollmechanismen, was für die ARD bislang nicht erfolgt ist. Ein ARD-Rat kann, da er für die grundrechtswesentliche Prüfung der Meinungsvielfalt im ARD-Gemeinschaftsprogramm zuständig wäre, auch nicht durch die ARD selbst, sondern nur durch die Landesgesetzgeber im Wege einer Änderung des ARD-StV eingerichtet werden. Auch wenn nach hiesiger Auffassung die derzeitige Organisationsstruktur den verfassungsrechtlichen Anforderungen nicht genügt, ist mit einer Überprüfung der Verfassungsmäßigkeit des derzeit geltenden ARD-StV wohl nicht zu rechnen, da die Einrichtung eines ARD-Rates im Rahmen der „positiven Ordnung" der objektiv-rechtlichen Ausgestaltung der Rundfunkordnung liegt und dem Gesetzgeber hierin ein weiter Ausgestaltungsspielraum zugebilligt wird, der in der Regel dazu führt, dass Ausgestaltungsgesetze nur selten vor dem Verfassungsgericht angegriffen werden.

Allerdings könnte der Gesetzgeber aus einem anderen Grund gezwungen sein, die Einrichtung einer effektiven Binnenkontrolle des ARD-Gemeinschafts programms zu betreiben. Die europäische Kommission hat im Rahmen des inzwischen eingestellten Beihilfeverfahrens ausdrücklich die Binnenkontrolle der Auftragserfüllung als „nicht akzeptabel" bezeichnet.[775] Diese Feststellung bezog sich im Wesentlichen auf die Möglichkeiten der Subsumption unter die gesetzliche und in Selbstverpflichtungserklärungen ausgeführte Auftragsdefinition. Wenn aber bereits ein eigenes Binnenkontrollgremium insgesamt fehlt und auch die fragmentierte Kontrolle strukturell nicht in der Lage ist, die Auftragserfüllung zu gewährleisten, wird die derzeitige Kontrollstruktur über kurz oder lang wieder durch die Europäische Kommission als Verstoß gegen die Artt. 86

[775] Einstellungsentscheidung der Kommission vom 24. April 2007, K(2007) 1761 endg., S. 59 Rn. 251 und 256 f.

ff EG beanstandet werden. Neben den positiven Effekten, die *Jan Marc Eumann* aufgezeigt hat, ist also die Einrichtung eines ARD-Rates europarechtlich und von Verfassungs wegen geboten.

5. Fazit

Die vorstehende Darstellung und Bewertung des Organisationspluralismus im RStV hat gezeigt, dass er als Ordnungskonzept für die Rundfunkorganisation geeignet und in wesentlichen Teilen bereits umgesetzt ist. Richtig ist, dass er funktional nicht wie ein Tatbestandsmerkmal einfach zu subsumieren ist, sondern, von einigen Grundkonstanten abgesehen, in seiner Intensität mal mehr und mal weniger ausgeprägt ist.[776] Dies nimmt ihm jedoch nicht seine Legitimität als Ordnungsprinzip, sondern ist Ausdruck des „Lebenssachverhalts Rundfunk“[777], sowie der in der dualen Rundfunkordnung unterschiedlichen Verantwortlichkeit von privatem und öffentlich-rechtlichem Rundfunk für das Ziel des Art. 5 GG auf der Metaebene. Der Organisationspluralismus stellt auch keinen naturalistischen Fehlschluss[778] dar, da er sich dogmatisch direkt aus der objektivrechtlichen Dimension der Rundfunkfreiheit und speziell ihrer Leistungsanforderung in und für die Gesellschaft ergibt.

Der Organisationspluralismus muss allerdings in einem Feld mehrerer, zum Teil gegenläufiger, Interessen verwirklicht werden. Ausgangspunkt dabei ist die Feststellung, dass letztlich nur die Gesellschaft selbst, vertreten durch ihre gesellschaftlich relevanten Gruppen, als „medienrechtlicher Souverän“ in der Lage ist, das Vorhandensein des verfassungsrechtlichen Mindestniveau an Meinungsvielfalt, ihre konkrete Gestaltung, Zusammensetzung und Qualität zu bewerten. Weiter bedarf es der Integration fachlicher Expertise, wie beispielsweise in Fragen der Medienkonzentration und Medienwirkung. Gegenläufig verhält sich das Interesse der Journalisten an möglichst unregulierter Arbeit. Bei aller Regulierung muss auch genügend Freiraum für die journalistische Arbeit bleiben, da gerade darin der Kern der Rundfunkfreiheit als Programmfreiheit besteht und sich die notwendige Kreativität und Qualität letztlich nicht regulieren oder verordnen lässt.[779] Schließlich ebenfalls gegenläufig ist das wirtschaftlich-ökonomische und aufmerksamkeits-ökonomische Interesse der Rundfunkveranstalter, für den nicht nur jede Regulierung schon aufgrund von Dokumen-

---

[776] So auch die Kritik bei *Bethge*, FS Schmitt-Glaeser, S. 438 ff., der aber daraus den Schluss zieht, der Pluralismus sei insgesamt als Strukturprinzip der Medienordnung nicht für mehr als eine abstrakte Zielvorgabe geeignet.
[777] BVerfGE 83, 238 (302) – *WDR-Gesetz.*
[778] Genauer geht es nicht um den naturalistischen Fehlschluss nach *George Edward Moore*, sondern um die Sein-Sollens-Dichotomie nach *David Humes.*
[779] Siehe BVerfGE 57, 231 (259) – *Freie Mitarbeiter.*

tations- und Verwaltungsbelastungen, sondern auch im Hinblick auf die Marktfähigkeit der Programmangebote eine unangenehme Belastung darstellt.

Um die zentrale Stellung des „medienrechtlichen Souveräns“ im Organisationspluralismus zu sichern, bedarf die derzeitige Regulierungslandschaft mehrer Korrekturen. Zum einen muss gewährleistet sein, dass seine Letztentscheidungskompetenz in Fragen der Meinungsvielfalt nicht durch fachliche Gremien gänzlich ersetzt wird. Dies betrifft vor allem die Konzentrationskontrolle, dürfte aber auch beim Einbezug medienwirkungsspezifischer Expertise zu beachten sein. Besonders bedenklich aber ist die Situation in der ARD, für deren Gesamtprogramm keine gesellschaftlich vermittelte Kontrolle besteht. Dieser Zustand ist schlicht verfassungswidrig und bedarf deshalb dringend einer Korrektur.

II. Materielle Pluralismusverpflichtungen

Im Folgenden soll untersucht werden, welche materiellen Pluralismusanforderungen an die privaten und öffentlich-rechtlichen Rundfunkveranstalter gestellt werden. Entgegen der historischen Entwicklung sollen zunächst die Grundlagen des privaten Rundfunks geprüft und im Lichte der obigen Erkenntnisse bewertet werden. Dem schließt sich die Bewertung der Anforderungen für den öffentlich-rechtlichen Rundfunk an, um seine eigene Pluralismusverpflichtung in Relation zu derjenigen des Privatrundfunks setzten zu können, sowie seinen Beitrag innerhalb seines Funktionsauftrags zu den Anforderungen der Metaebene des Gesamtsystem Rundfunk in Beziehung zu setzen. Dabei soll sich das Augenmerk auf die Vielfaltsverpflichtungen richten. Diese sind, mit den Worten des Verfassungsgerichts nach dem Wegfall der knappheitsbedingten „Sondersituation“ in der „Breitenwirkung, Suggestivkraft und Aktualität“ zu suchen.[780] Die Medienwirkung selbst stellt also die Grundlage der gesamten Rundfunkregulierung, des privaten wie öffentlich-rechtlichen Rundfunks dar. Im Zusammenhang der hiesigen Auffassung ist es also die erste und vornehmste Pflicht des Gesetzgebers, im Rahmen der „positiven Ordnung“ diese rundfunkspezifische Wirkung hin zu dem verfassungsrechtlich notwendigen Ziel der Meinungsvielfalt auf der Metaebene des Gesamtsystem Rundfunk zu kanalisieren. Die über die Verpflichtung zur Meinungsvielfalt hinausgehenden Anforderungen – zu nennen hier ist insbesondere der Funktionsauftrag, besondere öffentlich-rechtliche Auftrag, Grundversorgungsauftrag, usw. des öffentlich-rechtlichen Rundfunks – werden nur insoweit mit berücksichtigt, wie ihr Inhalt selbst einen Bezug zur Vielfaltsverpflichtung aufweist.

---

[780] BVerfGE 90, 60 (87) – *Gebührenurteil.*

An diese Untersuchung schließt sich eine Darstellung und Bewertung der materiellen Sicherungsinstrumente und ihrer Durchsetzung an, sowie ein Ausblick auf die aktuellen Entwicklungen auf europäischer und deutscher Ebene.

1. Materielle Pluralismusverpflichtungen des Privatrundfunks

Die materiellen Pluralismusverpflichtungen des Privatrundfunks stehen im Spannungsfeld zwischen dem „möglichst hohem Maß gleichgewichtiger Vielfalt" für den Gesetzgeber bzw. dem für die Kontrollinstanz geltenden „Grundstandard gleichgewichtiger Meinungsvielfalt"[781] auf der einen Seite und der grundsätzlichen Programmfreiheit sowie dem Verbot ökonomisch erdrückender Programmanforderungen andererseits.[782] Eine besondere Konnotation kommt diesem Spannungsverhältnis noch durch das „Junktim" zu, nach dem die generelle Gestaltung des Privatrundfunks im außenpluralen Modell, also ohne veranstalterbezogene volle Pluralitätspflicht, nur solange zulässig ist, wie der öffentlich-rechtliche Rundfunk selbst seinem Auftrag und insbesondere seiner stärkeren Pluralismusverpflichtung im binnenpluralen Modell nachkommt.[783] Die generelle Gestaltung der materiellen Maßstäbe wird daher ein geringeres Niveau aufweisen, was auch verfassungsrechtlich zulässig und hinzunehmen ist.[784] Dennoch dürfen die Maßstäbe das Mindestmaß an Meinungsvielfalt nicht unterschreiten, müssen dieses schon aus Gründen der Rechtsstaatlichkeit möglichst genau präzisieren und überdies auch geeignet sein, eventuellen Fehlentwicklungen Einhalt zu gebieten, wenn man nicht bei einem festgestellten Versagen des außenpluralen Modells als einzige Lösung auf den Binnenpluralismus zurückgreifen will. Leitlinie für die Ausgestaltung der materiellen Pluralismusvorgaben ist daher, dass sie sowohl für den Privatrundfunk selbst als der Rechtssicherheit dienende Richtlinie für die redaktionelle Tätigkeit, wie auch als rechtsstaatlich belastbarer und anwendbarer Maßstab für die Aufsicht geeignet sind. In einer frühen Studie zum Kabelprojekt Dortmund 1989 haben die Autoren *Hellstern, Hoffmann-Riem, Reese* und *Ziethen* die Praxis der Lizenzvergabe der Landesmedienanstalten überprüft.[785] Die Autoren kamen damals zu dem Ergebnis, dass so gut wie keine operationalisierbaren Vorgaben zur Interpretation des Merkmals „Meinungsvielfalt" existierten und den Landesmedienanstalten

---

[781] Zu dieser – oft vergessenen – Abgrenzung BVerfGE 73, 118 (159) – *Niedersachsen* mit Verweis auf BVerfGE 57, 295 (320 f.) – *FRAG*.
[782] Sehr deutlich BVerfGE 73, 118 (157, 159) – *Niedersachen.*
[783] BVerfGE – *Gebührenurteil II*, 1 BvR 2270/05 vom 11. September 2007, Rn. 122; davor BVerfGE 90, 60 (91) – *Gebührenurteil.*
[784] Vgl. BVerfGE 73, 118 (159) – *Niedersachen.*
[785] Vgl. *Hellstern/Hoffmann-Riem/Reese,* Rundfunkaufsicht, Bd. 1 – 3. Zu dieser Studie ausführlich *Lange*, Media-Perspektiven 1989, Nr. 5, 268 (271), der deshalb sogar von einer Verfassungswidrigkeit der Aufsichtsarbeit ausgeht (aaO., S. 275).

dadurch ein fast unbegrenzter Interpretationsspielraum zukomme. Als Folge davon wurde die Vergabepraxis nicht an kommunikationsbezogenen, sondern messbaren wirtschaftlichen Größen wie Anbieterzusammensetzung und Eigentumsverhältnissen aber auch sachfremden Erwägungen wie Standortinteressen orientiert.[786]

Im Folgenden soll überprüft werden, ob und inwieweit die Situation der Rundfunkregulierung seit der Studie hinsichtlich des Merkmals „Meinungsvielfalt" gesetzgeberisch präzisiert und abgesichert worden ist.

a) Allgemeine Programmgrundsätze: § 3 und § 6 RStV

Wie ein allgemeiner Teil normiert § 3 seit dem 4. Rundfunkänderungsstaatsvertrag Programmgrundsätze, die für den privaten und öffentlich-rechtlichen Rundfunk gleichermaßen gelten. Diese Programmgrundsätze beziehen sich zunächst auf die verfassungsrechtliche Selbstverständlichkeit des Schutzes der Menschenwürde.[787] Hinsichtlich der weiteren, ebenfalls mit Verfassungsrang angestatteten Schutzgütern des Lebens, der körperlichen Unversehrtheit und Freiheit (Art. 2 GG), der freien Meinungsbildung (Art. 5 Abs. 1 GG), sowie der Glaubens- und Gewissensfreiheit (Art. 3 GG), trifft den Rundfunk als Ganzes die Pflicht, die Achtung dieser Schutzgüter in der Gesellschaft zu fördern. Ihn selbst trifft die Pflicht, die sittlichen und religiösen Überzeugungen der Bevölkerung zu achten.

Die Vorschriften spiegeln im Wesentlichen die staatlichen Schutzpflichten wider.[788] Eine konkrete Inhaltsvorgabe ist damit nicht bezweckt.[789] Es sollen diejenigen Grundrechte als Teil der objektiv-rechtlichen Werteordnung des Grundgesetzes, die durch das Massenmedium besonders gefährdet erscheinen, deklaratorisch herausgehoben werden. Vorschriften zur Durchsetzung dieser Vorgaben finden sich jedoch, ebenso wie die Verpflichtung auf die Meinungsvielfalt, hier hingegen nicht.[790]

---

[786] Insbesondere zur verhaltensbezogenen Steuerung der Vielfaltsaufsicht *Hoffmann-Riem* in: Hellstern/Hoffmann-Riem/Reese, Rundfunkaufsicht, Bd. 3, S. 248. Zum zunehmenden Wechsel zur wirtschaftsrechtlichen Regulierung auch *Hoffmann-Riem,* Erosionen des Rundfunkrechts, S. 58.

[787] Zur Einordnung des Menschenrechtsschutzes als Eingriffs- oder Ausgestaltungsregelung vgl. *Hartstein/Ring/Kreile/Dörr/Stettner*, Rundfunkstaatsvertrag, B 5, § 3 Rn. 3. Weil für die anderen Schutzgüter nur eine Förderungspflicht normiert wurde, scheidet eine Einordnung dieser Regelungen als Eingriffe gänzlich aus.

[788] *Hartstein/Ring/Kreile/Dörr/Stettner*, Rundfunkstaatsvertrag, B 5, § 3 Rn. 12.

[789] Vgl. auch *Hoffmann-Riem,* der es für nicht möglich hält, in Programmgrundsätzen genauere Vorgaben zu machen, ohne verfassungsrechtliche Probleme auszulösen, *Hoffmann-Riem,* RuF 1978, 111 (115).

[790] Kritisch dazu Hahn/Vesting – *Hahn*, Rundfunkrecht, § 2a, Rn. 10 ff.

Eine konkrete Vorgabe für geographische Vielfaltsdimensionen ergibt sich aber aus § 6 RStV.[791] Dieser bestimmt, dass die Rundfunkveranstalter den Hauptteil ihrer für fiktionale Formate und Dokumentationen verwandten Sendezeit aus deutschen und europäischen Produktionen bestreiten sollen gem. § 6 Abs. 1 RStV, sowie die Vollprogramme wesentlich aus eigenen, deutschen und europäischen Gemeinschaftsproduktionen gestalten, § 6 Abs. 3 RStV.[792]

Diese Vorschrift geht auf Art. 4 der Fernsehrichtlinie zurück und wurde erst 2004 in den RStV eingefügt.[793] Ihre Bedeutung als materielle Normierung der Pluralismusverpflichtung ergibt sich hier aus zwei Gründen: Zum einen ist die Verpflichtung, den Hauptteil der Sendungen durch europäische Werke zu bestreiten, geeignet, die Darstellung der regionalen und nationalen Vielfalt zu fördern. Auch wenn der Rundfunk in Deutschland zunächst die freiheitlich-demokratische Grundordnung in Deutschland zu sichern und zu gestalten hat, ergibt sich aber auch eine Notwendigkeit zur Darstellung der Meinungsvielfalt auf europäischem Niveau und mit europäischem Bezug. Diese bezieht sich auf eine Erweiterung des funktional-demokratischen Spektrums an Meinungsvielfalt durch die europäische Integration Deutschlands und nicht zuletzt die Integrationsoffenheit des Grundgesetzes in Art. 24 Abs. 1 und 2 GG selbst. Diese Grund- und Entwicklungsnormen der deutschen Gesellschaft strahlen automatisch auf das verfassungsrechtlich geforderte Niveau an Meinungsvielfalt aus. So ist die Verpflichtung, im Rahmen fiktionaler Gestaltungen hauptsächlich deutsche und europäische Produktionen zu berücksichtigen, zumindest aus der deutschen objektiv-rechtlichen Verpflichtung des Rundfunks zu verstehen.[794] Allerdings handelt es sich um eine Förderungspflicht, eine Durchsetzung dieser Vorgaben ist nicht vorgesehen.

Weiter wurde von der Möglichkeit einer Regelung des allgemeinen Teils kaum Gebrauch gemacht. Es entspricht der Sichtweise des Verfassungsgerichts, dass

---

[791] *Hartstein/Ring/Kreile/Dörr/Stettner*, Rundfunkstaatsvertrag, B 5, § 6 Rn. 13. Für die Bewertung von Rundfunkquoten als zulässige, wenn auch belastend wirkenden Ausgestaltungen der Rundfunkfreiheit zumindest für den öffentlich-rechtlichen Rundfunk *Hoeren*, MMR 2004, Beilage 8, S. 1 (11). Zur regionalen Vielfalt als eines der notwendigen Kriterien der Meinungsvielfalt siehe oben B.VI.3.b).

[792] Eine ausführliche Auseinandersetzung mit dem gesetzlich nicht definierten Begriff der „europäischen Werke" gem. § 6 Abs. 1 und 3 RStV findet sich bei *Hartstein/Ring/Kreile/Dörr/Stettner*, Rundfunkstaatsvertrag, B 5, § 6 Rn. 9.

[793] Siehe Richtlinie vom 3. November 1990 89/552/EG – *Fernsehen ohne Grenzen*; sowie die Novelle vom 30. Juli 1997, 97/36/EG – *Fernsehen ohne Grenzen II.*

[794] Der Vorgabe ist mit § 6 Abs. 1 zusätzlich ein europäischer Kulturauftrag vorangestellt, nach dem die Rundfunkveranstalter das europäische audiovisuelle Erbe sichern sollen, dazu *Dörr*, in Medienrecht – Lexikon, S. 116 ff.; *Hartstein/Ring/Kreile/Dörr/Stettner*, Rundfunkstaatsvertrag, B 5, § 6 Rn. 6.

die Vielfaltsverpflichtung den Rundfunk zunächst als Gesamtsystem Rundfunk auf der Metaebene trifft.[795] Wie bereits untersucht, sind die Anforderungen an den privaten Rundfunk einerseits und den öffentlichen-rechtlichen Rundfunk mit seinem gem. § 11 RStV spezifischen Funktionsauftrag andererseits eher als Ausdruck einer unterschiedlichen Verantwortung für das Ziel des Rundfunks insgesamt zu verstehen.[796] Die grundlegende Funktion des Rundfunks – und an dieser Stelle vor allem seine Verpflichtung auf die Meinungsvielfalt – sollte daher in deutlichen Zügen den Kapiteln über den privaten und öffentlich-rechtlichen Rundfunk als allgemeiner Teil vorangestellt werden. Dies würde auch eine trennschärfere Abgrenzung zwischen der Funktion des Rundfunks insgesamt und der Aufgabe der Rundfunksubsysteme andererseits ermöglichen, wie es einmal angedacht war.[797]

b) Besondere Programmverpflichtungen: Meinungsvielfalt nach § 25 Abs. 1 RStV

Den deutlichsten Bezug zur verfassungsrechtlichen Anforderung der Meinungsvielfalt im Privatrundfunk weist § 25 RStV auf. Die Vorschrift stellt klar, dass der private Rundfunk zur inhaltlichen Darstellung der Meinungsvielfalt im Wesentlichen verpflichtet ist. Den Rahmen dessen, was unter dieser „wesentlichen" Meinungsvielfalt zu verstehen ist, wird durch § 25 Abs. 1. S. 2 1. HS und 2. HS RStV konkretisiert. Dazu zählen zuerst die „bedeutsamen, politischen, weltanschaulichen und gesellschaftlichen Kräfte und Gruppen". Der Modus der Darstellungsverpflichtung für diese Gruppen und Kräften ist auf ein „angemessenes Zu-Wort kommen" begrenzt. Als untere Grenze werden Minderheitenauffassungen genannt, wobei diese (wohl folgerichtig, da theoretisch unendlich aufgesplittert) nicht thematisch begrenzt sind. Ihre Auffassungen sind als Darstellungsmodus im Privatrundfunk lediglich „zu berücksichtigen". Problematisch ist hier sicherlich, dass durch die Nennung der „politischen, weltanschaulichen und gesellschaftlichen" Gruppen eine quasi-Bevorzugung entsteht, gegenüber solchen Gruppen, die darunter nicht fallen.[798] Auf der anderen Seite ist diese Aufzählung nicht abschließend und die Verpflichtung zur Darstellung erstreckt sich gerade auch auf Minderheitenauffassungen. Insbesondere in seiner Funktion als „Medium" der Gesellschaft muss der Rundfunk auch die tatsäch-

---

[795] Vgl. BVerfGE 72, 118 (153) – *Niedersachsen.*

[796] Siehe oben B.V.3.c).

[797] Diese Idee lag dem Gutachtenauftrag der ARD gegenüber *Wolfgang Hoffmann-Riem* zugrunde, der den Auftrag jedoch nach seiner Wahl zum Verfassungsrichter zurückgab. Dazu und zum Begriff des Funktionsauftrages ausführlich *Schwarzkopf*, FK 2003, Nr. 32, 3 (4).

[798] Deshalb grundsätzlich kritisch gegenüber der Nennung irgendwelcher Gruppen, *Hoffmann-Riem*, RuF 1978, 111 (113).

lich bestehenden Meinungsverhältnisse, einschließlich der Mehrheitsauffassungen, darstellen, ohne dabei den Minderheitsauffassungen ihre Chance im Kampf der Meinungen zu nehmen oder zu beeinträchtigen.

c) Ausschluss der Spartenprogramme

Diese Verpflichtungen sollen jedoch nicht auf Sparten- sondern nur auf Vollprogramme angewandt werden, wie § 26 Abs. 1 S. 3 RStV klarstellt. Das gleiche gilt für die zweite Anforderungsnorm zur Meinungsvielfalt gem. § 41 Abs. 2, 2. HS.[799] Da dieser Ausschluss systematisch im Zusammenhang mit der Grundverpflichtung („im Wesentlichen") auf die Meinungsvielfalt gem. § 26 Abs. 1 S. 1 RStV steht, bezieht sich der Ausschluss der Spartenprogramme nicht lediglich auf die Präzisierung des Satzes 2, sondern auf die Bewertung der Meinungsvielfalt insgesamt. Eine Einbeziehung von Spartenprogrammen, positiv wie negativ, ist damit für die Bestimmung der Meinungsvielfalt des Gesamtprogramms des Privatrundfunks in der laufenden Programmkontrolle ausgeschlossen.[800] Dies führt zu dem seltsamen Ergebnis, dass die Last der Meinungsvielfaltsverpflichtung nur bei den privaten Veranstaltern von Vollprogrammen liegt, da auch die Programmleistung des öffentlich-rechtlichen Rundfunks nicht in die Bewertung einfließt. Dies ist vor allem deshalb bedenklich, weil die Wahrung des Grundstandards gleichgewichtiger Vielfalt durch den Privatrundfunk insgesamt notwendig ist, da seine Existenzgrundlage nicht nur an einem voll funktionsfähigen öffentlich-rechtlichen Rundfunk hängt, sondern vor allem auch daran, dass seine Defizite letztlich nicht zu „gravierend" sind.[801] Die Existenzgrundlage der Spartenkanalbetreiber wird damit quasi in einem „zweiten Junktim" durch die privaten Vollprogrammveranstalter gesichert.

d) Kein ungleichgewichtiger Einfluss durch ein Programm: § 25 Abs. 2 RStV

Eine im System des Außenpluralismus besondere Vorschrift findet sich in § 25 Abs. 2 RStV, wonach ein einzelnes Programm die öffentliche Meinung nicht im hohen Maße ungleichgewichtig beeinflussen darf. Diese Vorgabe ist, anders als die Pluralismusvorgaben der §§ 3, 6, 25 Abs. 1 und § 41 RStV, an jeden einzelnen Rundfunkbetreiber adressiert, da sie sich auf das einzelne, vom ihm veran-

---

[799] Dazu sogleich unter C.II.1.e).

[800] Dies ist fundamental anders bei der Frage der Meinungsmacht, vgl. dazu unten C.II.2.b)bb)(1)(a).

[801] So deutlich BVerfGE 73, 118 (159) – *Niedersachsen;* BVerfGE 83, 238 (316) – *WDR-Gesetz.*

staltete Programm bezieht. Damit ist sie grundsätzlich zur individuellen Verhaltenssteuerung geeignet.[802]

Diese Verpflichtung gilt ergänzend zu den Regeln des Medienkonzentrationsrechts der §§ 26 ff., greift also insbesondere bereits ein, wenn dem Unternehmen kein Zuschaueranteil von 25% bzw. 30% zukommt. Besondere Bedeutung hat die Vorschrift für nicht-deutschsprachige Programme, die gem. § 27 Abs. 1 RStV in die Zuchaueranteilsermittlung der Konzentrationskontrolle nicht einbezogen werden.[803]

Fraglich ist natürlich, welcher Begriff von Meinungsvielfalt angelegt wird und was unter dem „im hohem Maße ungleichgewichtigen" Einfluss zu verstehen ist. Die Vorschrift gilt für jedes Programm, die Begrenzung der Anforderungen des Abs. 1 auf Vollprogramme, gem. § 25 Abs. 1 S. 3 RStV greift nicht, sodass grundsätzlich auch ein Spartenprogramm den Tatbestand erfüllen kann. Sie dient unter anderem auch dem Schutz der Vollprogrammveranstalter, die sonst die Defizite ausgleichen müssten.[804]

Wann ein im hohen Maße ungleichgewichtiger Einfluss vorliegt, ist nicht geklärt, kann aber mit Hilfe des Begriffs des „Grundstandards gleichgewichtiger Meinungsvielfalt" ermittelt werden. Wichtig ist, dass es an dieser Stelle nicht um Verletzungen der Programmgrundsätze oder ohnehin zwingenden Rechts, wie Persönlichkeitsrechten, der Menschenwürde und Ehrverletzungen geht, sondern allein um eine nicht mehr hinnehmbare Beeinträchtigung der Meinungsvielfalt durch das Programm.[805] Es handelt sich also um im Einzelfall zulässiges Programm, das keiner Schranke gem. Art. 5 Abs. 2 GG unterliegt, aber in seiner Summe die Gefährdungsschwelle des § 25 Abs. 2 RStV überschreitet.

Zu unterscheiden sind Voll- und Spartenprogramme. Ein Vollprogramm erfüllt bereits dann das „hohe Maß" als Gegenbegriff zum „Grundstandard", wenn ohne genauere Prüfung ein erkennbares Abweichen von der nach Abs. 1 erforderlichen inhaltlichen Darstellung verschiedener Auffassungen, Themen und Meinungen festgestellt werden kann.[806] Erfüllt ist die Norm, wenn entweder verschiedene Themen aus nur einer Sicht dargestellt werden (fehlende Ansich-

---

[802] So auch Hahn/Vesting – *Rossen-Stadtfeld*, Rundfunkrecht, § 25 Rn. 58.

[803] Vgl. dazu die Pressemitteilung 10/99 der KEK vom 16. November 1999 zur Zulassung des türkischsprachigen Senders „Kanal D".

[804] Dazu *Hartstein/Ring/Kreile/Dörr/Stettner*, Rundfunkstaatsvertrag, B 5, § 25 Rn. 13; Hahn/Vesting – *Rossen-Stadtfeld*, Rundfunkrecht, § 25 Rn. 60 und sogleich unten.

[805] Mit Verweis auf ein Überangebot von Unterhaltungssendungen Hahn/Vesting – *Rossen-Stadtfeld*, Rundfunkrecht, § 25 Rn. 60.

[806] Ähnlich *Laschet*, Programmgrundsätze, S. 136.

tenvielfalt), oder nur ein Thema insgesamt behandelt wird (fehlende Gegenstandsvielfalt).[807] Zwischenformen und Grautöne erfüllen den Tatbestand aber im Lichte der Programmfreiheit nicht. Hier zeigt sich, dass der Begriff der Meinungsvielfalt de lege lata nicht hinreichend konturiert ist und die Vorschrift weitgehend leer laufen lässt.

Ein Spartenprogramm darf sich dagegen per definitionem mit nur einem Thema befassen. Hier kann der § 25 Abs. 2 RStV nur dann erfüllt werden, wenn das Thema des Programms einseitig aus einer Sicht dargestellt wird und gegenläufige Betrachtungen nicht zugelassen werden (Ansichtenvielfalt).

Zusätzlich bedarf es eines Einflusses auf die öffentliche Meinung. Auch hier muss zwischen Voll- und Spartenprogrammen differenziert werden. Man kann mit dem Verfassungsgericht davon ausgehen, dass der Rundfunk insgesamt, also auch jedes Angebot, das den verfassungsrechtlichen Rundfunkbegriff erfüllt, „Breitenwirkung, Aktualität und Suggestivkraft" aufweist und als solches immer einen Einfluss auf die öffentliche Meinungsbildung aufweist. Dies wäre allerdings mit dem Verhältnismäßigkeitsgrundsatz, der bei einer Maßnahme auf Grundlage des § 25 Abs. 2 RStV zu beachten wäre, nicht zu vereinbaren, noch in Anbetracht der sich immer weitere ausdifferenzierenden Zuschaueraufmerksamkeit auf immer mehr mediale Angebote sachgerecht. Es ist vielmehr anzunehmen, dass der Einfluss inzwischen positiv nachzuweisen ist.

Es bedarf also eines Grenzwertes. Dies macht auch vor dem Hintergrund der Medienwirkungsforschung als Rechtfertigungsgrundlage der Regulierung Sinn, da die Wirkung eines Mediums mit den Kontaktzahlen steigt, insbesondere wenn Wiederholungs- und Verstärkereffekte auftreten können, was nur bei Programmen möglich ist, die eine entsprechende Reichweite haben. Diese Erkenntnis findet auch bereits im geltenden Recht der Fensterprogramme wieder, das die beiden bundesweit reichweitenstärksten Programme trifft.[808]

Wo aber ein solcher Schwellenwert zu setzen ist, erscheint problematisch. Die Aufgreifschwelle der §§ 26 ff. des Medienkonzentrationsrechts bietet hierfür keine Orientierung, da sie an einer potentiellen Beeinträchtigung der Meinungsvielfalt durch vorherrschende Meinungsmacht im Zuschaueranteilsmodell ausgerichtet ist.[809] Der § 25 Abs. 2 RStV geht dagegen von einer tatsächlichen und nachzuweisenden Beeinträchtigung der Meinungsvielfalt durch nur ein Programm aus. Die einzige Orientierung bietet die Fensterprogrammverpflich-

---

[807] Dies würde gleichzeitig zu Problemen mit der Lizenzgrundlage als zugelassenes Vollprogramm führen.

[808] Dazu sogleich unter C.II.2.b)cc)(2).

[809] Ebenso Hahn/Vesting – *Rossen-Stadtfeld,* Rundfunkrecht, § 25 Rn. 61.

tungen gem. § 25 Abs. 4 und § 26 Abs. 5 RStV. Diese Verpflichtung stützt sich auf die Annahme besonderer Beeinflussung der öffentlichen Meinungsbildung unterhalb der Aufgreifschwelle der vorherrschenden Meinungsmacht gem. § 26 Abs. 1 RStV und bezieht sich insbesondere auch auf ein einzelnes Programm. Grundsätzlich fehlt dem § 25 Abs. 2 RStV eine ausreichende gesetzliche Vorgabe zum Begriff des „in hohem Maße ungleichgewichtigen Einflusses", sodass rechtsstaatlich belastbare Maßnahmen kaum darauf zu stützen sind. Will man dennoch eine Maßnahme darauf stützen, so kann dies nur mit dem Rechtsgedanken aus § 25 Abs. 4, § 26 Abs. 5 RStV die beiden bundesweit reichweitenstärksten Programme treffen, zumindest aber ab einer Zuschaueranteilsquote von 10% angenommen werden.[810]

Unklar ist auch, wer für eine solche Maßnahme zuständig wäre. Grundsätzlich handelt es sich bei Maßnahmen im Rahmen von § 25 Abs. 2 RStV um die Programmaufsicht, für die die Landesmedienanstalt am Sitz des Programmanbieters zuständig ist. Durch den 10. RÄndStV wurde allerdings die Aufsicht über das bundesweite Fernsehen einschließlich der Programmbeobachtung ausgelagert und allein der ZAK überantwortet. Für die Sicherung der Meinungsvielfalt gem. § 35 Abs. 1 und 2, § 36 Abs. 1 S. 1 RStV ist aber gleichzeitig eine abschließende Zuständigkeit der KEK normiert. Auch wenn die KEK die Gefährdung der Meinungsvielfalt hauptsächlich durch die Ermittlung von vorherrschender Meinungsmacht ermittelt, muß die für den Bereich des bundesweiten Fernsehens zuständige ZAK bei einer möglichen Verletzung von § 25 Abs. 2 RStV durch einen Anbieter die KEK nach dem Wortlaut des § 36 Abs. 4 RStV zur Entscheidung anrufen. Für die Programmbeobachtung und entsprechende Aufsichtsmaßnahmen gegenüber Regionalsendern bleibt dagegen die Landesmedienanstalt am Sitz des Programmanbieters zuständig. Ob darin ein Bedeutungsverlust der Landesmedienanstalten zu sehen ist, erscheint zwiespältig. Einerseits muss sich die LMA, anders als die ZAK, nicht mit der KEK abstimmen. Andererseits wurde ihr der für die Meinungsbildung besonders relevante Bereich des bundesweiten Fernsehens entzogen. Hier wird sich in Zukunft zeigen, inwieweit die Hauptorgane der LMA über ihren Direktor regionalspezifische Ansichten in die bundesweite Aufsicht noch einbringen können.

---

[810] *Gericke* kommt zu dem Ergebnis, dass der hier bestehende Interpretationsspielraum der Landesmedienanstalten die Programmfreiheit der Rundfunkveranstalter überlagert, vgl. *Gericke,* Beurteilung vorherrschender Meinungsmacht, S. 112. M.E. ist das ein nicht akzeptables Ergebnis, da nicht einmal ein ausreichender Grundrechtsschutz durch Verfahren den Spielraum begrenzt. Die 10%-Grenze des § 26 Abs. 5 RStV stellt eine Vermutung besonderer Wirkweise auf, die die von § 25 Abs. 2 geforderte tatsächliche Gefährdung zwar nicht ersetzen kann, zumindest aber als widerlegbare Vermutung einen Anhaltspunkt bieten mag.

Wichtiger aber erscheint folgender Aspekt: Die Trennung in bundesweiten und regionalen Rundfunk ist in der verfassungsrechtlichen Anforderung der Meinungsvielfalt auf der Metaebene nicht angelegt. Die Zentralisierung der Aufsicht über den besonders meinungsrelevanten bundesweiten Rundfunk ist zwar ökonomisch und organisatorisch zu begrüßen. Sie darf aber nicht dazu führen, dass eine Programmbeobachung des Meinungsspektrums im Gesamtsystem Rundfunk nicht mehr gewährleistet ist. Hierzu bedarf es einer entsprechenden organisatorischen Absicherung, die nach hiesiger Ansicht bislang nicht gewährleistet ist.

e) Besondere Programmverpflichtungen: § 41 RStV

Der § 41 RStV enthält spezifische Programmgrundsätze, die nach § 41 Abs. 3 RStV nur für den bundesweit verbreiteten Privatrundfunk gelten.[811] Die Vorschrift wiederholt im Wesentlichen die allgemeinen Programmgrundsätze gem. § 3 RStV und ergänzt diese um zusätzliche Vorgaben. Dazu gehört der Hinweis auf die Bindung an die verfassungsmäßige Ordnung[812], sowie eine Förderungsverpflichtung für das diskriminierungsfreie Miteinander und den – deklaratorischen – Hinweis auf die Geltung der gesetzlichen Ehrschutzbestimmungen.[813]

Nach § 41 Abs. 2 RStV sollen die bundesweit veranstalteten privaten Vollprogramme die Vielfalt im deutschen und europäischen Raum durch einen angemessenen Anteil an Information, Kultur und Bildung darstellen. Spartenprogramme sind von dieser Verpflichtung ausdrücklich ausgenommen.

---

[811] Ursprünglich galten die Programmgrundsätze des § 41 RStV auch für landesweit veranstalteten Privatrundfunk, dazu *Hartstein/Ring/Kreile/Dörr/Stettner*, Rundfunkstaatsvertrag, B 5, § 41 Rn. 2; *Hesse*, Rundfunkrecht, S. 246, sprach insoweit von einem lex-posterior-Vorrang. Das ist wohl unzutreffend, da sonst mit jeder Landesrechtsänderung die Regelungen des RStV auch für den bundesweiten Rundfunk verdrängt würden. Der Anwendungsbereich des RStV ist daher als speziellere Regelung immer vorrangig, soweit das Landesrecht nicht ausdrücklich den bundesweiten Rundfunk erfassen will, was kompetenzrechtlich selbstverständlich immer möglich ist.

[812] Auch die „verfassungsmäßigen Ordnung“ hat deklaratorischen Charakter. Sie ist mit dem Gesetzesvorbehalt des Art. 5 Abs. 2 GG inhaltlich gleichzusetzen, da kein Gesetz zur verfassungsmäßigen Ordnung gehören kann, das kein rechtmäßiges Schrankengesetz darstellt. Die Ausgestaltungsgesetze der „positiven Ordnung“ hingegen werden durch diesen Verweis zwar ebenfalls erfasst, stellen aber keine Kollision mit den Anforderungen des Art. 5 Abs. 2 GG dar. Zum ganzen bereits *Bosman*, ZUM 1989, 6 (14).

[813] Die verfassungsmäßige Ordnung wie auch die Ehrschutzbestimmungen beinhalten bereits den verfassungsrechtlichen Ausgleich zwischen Persönlichkeitsschutz gem. Art. 2 Abs. 1 GG und Art. 5 Abs. 2 S. 1 GG, einschließlich der Abwägung im Lichte der Rundfunkfreiheit (auch Wechselwirkungslehre genannt). Ausführlich zu den (selbstverständlich auch für den öffentlich-rechtlichen Rundfunk geltenden) Ehrschutzbestimmungen als Schrankengesetze gem. Art. 5 Abs. 2 GG, vgl. *Hartstein/Ring/Kreile/Dörr/Stettner*, Rundfunkstaatsvertrag, B 5, § 41 Rn. 12 – 33.

In dieser Vorschrift hat der Gesetzgeber die Zielvorgabe des Verfassungsgerichts, der Rundfunk habe ein „Mindestmaß an inhaltlicher Ausgewogenheit" und Vielfalt zu erreichen, mit Elementen des klassischen Rundfunkauftrags kombiniert. Da die Programmnormen auch und gerade geeignet sein müssen, als Rechtsgrundlage externer Regulierung zu dienen, kommt also nur der geringere Maßstab des „Mindestmaßes" zum tragen.[814] Die Vorgabe der Sicherstellung der Meinungsvielfalt „in möglichster Breite" auch im Privatrundfunk kann der Gesetzgeber daher allein mit materiellen Vorgaben nicht erreichen, sondern ist auf ein optimales Zusammenspiel organisationspluraler Strukturen und materiell-rechtlichen Vorgaben angewiesen.[815]

Während die an externem Rechtsgüterschutz orientierten Vorgaben des Abs. 1 kaum programmlich-inhaltliche Bezüge aufweisen, handelt es sich bei Abs. 2 um echte inhaltliche Auflagen, die eine Ausgestaltung der Rundfunkfreiheit des Privatrundfunks darstellen. Da sie wohl potentiell in Konflikt mit der Rundfunkfreiheit als Programmfreiheit geraten, wurden sie äußerst vorsichtig als Soll-Vorschrift formuliert und mit nur abstrakten Oberbegriffen ausgestattet. Dennoch ging der Gesetzgeber ausdrücklich davon aus, dass die Vorschrift präzise genug gefasst worden sei, um sie für eine Aufsicht im Einzelfall handhabbar zu machen.[816]

f) Verhältnis von § 25 zu § 41 RStV

Unklar ist, warum die Verpflichtung zur Meinungsvielfalt in den §§ 25 und 41 RStV zweimal, allerdings leicht modifiziert normiert worden ist. Die detailliertere Regelung des § 41 RStV bezieht sich auf die Programmgrundsätze, die materielle Grundlage vor allem der Programmbeobachtung ist. Der § 25 RStV ist dagegen dem Kapitel über die Sicherungsmechanismen der Meinungsvielfalt als materielle Grundnorm vorangestellt.[817]

Man könnte von zwei verschiedenen Maßstäben ausgehen, bei dem die Meinungsvielfalt als Programmgrundsatz in den Kategorien der Information, Kultur, Bildung und Unterhaltung genauer konturiert ist. Die Regelung des § 25 wird dagegen nicht weiter konkretisiert, weil sie nur programmatisch dem Kapitel als Positivregelung des ansonsten dominierenden Begriffs der zu verhindernden vorherrschenden Meinungsvielfalt vorangestellt ist. In dieser Lesart wäre die

---

[814] Siehe *Laschet*, Programmgrundsätze, S. 135 ff.

[815] Zu den zwei unterschiedlichen Maßstäben siehe BVerfGE 73, 118 (159) – *Niedersachsen.*

[816] Vgl. zur amtlichen Begründung des mit § 41 inhaltsgleichen Art. 9 RStV 1986, *Hartstein/Ring/Kreile/Dörr/Stettner*, Rundfunkstaatsvertrag, B 5, § 41 Rn. 34.

[817] Für den gleichen Inhalt *Hartstein/Ring/Kreile/Dörr/Stettner*, Rundfunkstaatsvertrag, B 5, § 3 Rn. 15.

Meinungsvielfalt i.S.d § 25 RStV in erster Linie als die Abwesenheit vorherrschender Meinungsmacht zu interpretieren. Die programmlich-inhaltliche Meinungsvielfalt des § 41 RStV stellt dagegen den Maßstab für qualitative Bewertungen dar.

Sinnvoller ist es jedoch, von einer einheitlichen Bedeutung des Begriffes der Meinungsvielfalt auszugehen, der zwar verschiedene Facetten aufweist, insgesamt jedoch eine geschlossene Einheit darstellt. Dies entspricht auch der Auslegung des Verfassungsgerichts, nach der die Meinungsvielfalt zuerst eine Verpflichtung des Gesamtsystem Rundfunk ist.[818] Die nach dem Prinzip abgestufter Verantwortlichkeit verschiedene Verantwortung bedeutet dagegen nur qualitativ unterschiedliche Anforderungen an das duale Rundfunksystem, nicht hingegen eine Abtrennung quantitativer Elemente und eine Aufspaltung des Begriffs der Meinungsvielfalt.[819] Im Gegenteil würde eine Zersplitterung des Begriffs die Gefahr mit sich bringen, dass die Summe der „Einzelteile" nicht mehr dem verfassungsrechtlich erforderlichen Niveau an Meinungsvielfalt entspricht. In diesem Sinne sind vor allem Ersatz- und Hilfsbegriffe nur vorsichtig einzusetzen.

g) Bewertung

Die materiellen Anforderungen an die Meinungsvielfalt im bundesweit verbreiteten privaten Rundfunk im Rundfunkstaatsvertrag sind äußerst vorsichtig formuliert, um nicht zu sagen praktisch unbrauchbar.[820] Ein Vergleich mit landesrechtlichen Parallelvorschriften zeigt, dass die gesetzgeberische Präzisierung durchaus möglich ist, für den Bereich des bundesweiten Fernsehens jedoch bislang nicht in Angriff genommen wurde.[821] Dies ist misslich, da doch gerade die bundesweite Reichweite unter dem Gesichtspunkt der Medienwirkung und

---

818 Vgl. BVerfGE 73, 118 (157) – *Niedersachsen.*

819 Dies ist in anderen Ländern Europas allerdings anders, vgl. *Holznagel*, Rundfunkrecht in Europa, S. 253.

820 Sehr deutlich schon *Hoffmann-Riem*: „erheblicher Novellierungsbedarf [..], wenn das Rundfunkrecht mehr sein soll als ein Dekor, das die normative Gemeinwohlbindung des Rundfunks nur vortäuscht", *Hoffmann-Riem*, Erosionen des Rundfunkrechts, S. 66. In der Praxis behilft man sich damit, dass ein Grundrechtsschutz durch Verfahren zumindest die Ergebnisse transparent machen soll, was m.E. nicht hilft, wenn es bereits an nachvollziehbaren Kriterien für den Bewertungsspielraum fehlt. Dazu *Gericke*, Beurteilung vorherrschender Meinungsmacht, S. 112. Zur Studie des Kabelpilotprojekts auch *Lange*, MediaPerspektiven 1989, 268 (271). Mit gleichem Ergebnis Hahn/Vesting – *Rossen-Stadtfeld*, Rundfunkrecht, § 25 Rn. 4 und 70 ff., die auf die historische Entwicklung vom Programmrecht zur Konzentrationskontrolle hinweist und dem § 25 RStV zu Recht „deutlichen Spuren eines nachlassenden Vertrauens in die Möglichkeit und Stärke materiell-programmrechtlicher Steuerung und Kontrolle" attestiert.

821 So zum Beispiel die wesentlich konkretere Regelung in § 31 Abs. 1 – 4 LMG-NRW.

damit dem Beitrag effektiver Meinungsvielfalt gegenüber der regionalen Ebene eher stärkeren Bindungen unterworfen sein müsste.[822]

Der bereits früh festgestellte, extrem weite Auslegungsspielraum der Landesmedienanstalten[823] in der Anwendung der materiellen Pluralismusvorschriften lässt sich eigentlich kaum mit dem Wesentlichkeitsgrundsatz in Einklang bringen. Grundsätzlich bedarf jede Form der Regulierung im Bereich der Rundfunkfreiheit zwingend einer Rechtsgrundlage, die rechtsstaatlichen Anforderungen im Hinblick auf Bestimmtheit, Transparenz und Vorhersehbarkeit genügt.[824] Dies erscheint im Hinblick auf § 25 und § 41 RStV zumindest zweifelhaft. In der Praxis hat sich daher eine äußerst zurückhaltende Anwendung dieser Regelungen ergeben. Die Ausfüllung des Begriffs der Meinungsvielfalt, z.B. im Rahmen einer Auswahlentscheidung orientiert sich dann an den – so im RStV nicht in Bezug genommenen – bereits vorhandenen Angeboten.[825] Vielfältig ist ein Angebot damit vor allem dann, wenn es nach der „Papierform", also dem eingereichten Programmschema, im Markt noch nicht existiert. Dieses Merkmal kann zwar grundsätzlich für die Dimension der Anbietervielfalt geeignet sein, hat aber nichts mit dem verfassungsrechtlichen Verständnis der Meinungsvielfalt zu tun, da dieses schon im Ausgangspunkt gesellschafts- und nicht marktbezogen gedacht ist.

Das Grundproblem der Sicherung der Meinungsvielfalt im Privatrundfunk liegt darüber hinaus im Grundkonzept des Außenpluralismus. Da in diesem Konzept die Meinungsvielfalt durch das Gesamtangebot des Privatrundfunks gewährleistet werden soll, fällt der einzelne Rundfunkveranstalter als Adressat schlicht aus.[826] Anders ist dies nur, wenn sich die Störung des privaten Vielfaltsbeitrags auf ein Programm gem. § 25 Abs. 2 RStV isolieren lässt. Für ein Vorgehen nach dieser Vorschrift fehlt es jedoch an einer ausreichenden materiellen Konkretisierung des Begriffs des „in hohem Maße ungleichgewichtigen Einflusses", wie auch eines grundrechtssichernden Verfahrens. Als einzige Reaktion auf gravierende Mängel des Vielfaltsbeitrags im Privatrundfunk bleibt, trotz der

---

[822] Der RStV geht als spezielleres Landesgesetz den Vorschriften den Landesmediengesetze regelmäßig vor. Eine andere Auslegung könnte sich u.U in Bayern aufgrund Art. 111a der Bayerischen Verfassung ergeben, laut Telefonauskunft *Andreas Gummer*, BLM vom 2.12.2007.

[823] Siehe die bereits erwähnte Studie von 1989 zum Kabelpilotprojekt in Dortmund bei *Hoffmann-Riem* in: Hellstern/Hoffmann-Riem/Reese, Rundfunkaufsicht, Bd. 3, S. 246 ff

[824] Ausdrücklich zum Zulassungsverfahren BVerfGE 57, 295 (326) – *FRAG*. Zum Maßstab allgemein in Bezug auf Ausgestaltungsgesetze BVerfGE 73, 118 (164) – *Niedersachsen*. Dazu auch *Gounalakis*, AfP 2006, 395 (401).

[825] Vgl. aber im Rahmen der Zulassungs- bzw. Auswahlentscheidung die Regelung in § 9 Abs. 2 Nr. 9 HessPRG.

[826] So wohl auch Hahn/Vesting – *Rossen-Stadtfeld*, Rundfunkrecht, § 25 Rn. 35.

fehlenden Normierung in § 25 RStV[827], nur die Verpflichtung aller Betreiber zur Binnenpluralität.[828] Dass diese Maßnahme allerdings regelmäßig unverhältnismäßig sein dürfte, liegt auf der Hand. Die derzeitigen Anforderungen der Meinungsvielfalt an den Privatrundfunk sind daher als Aufsichtsmaßstab nicht nur kaum geeignet, es ist auch schlicht nicht möglich sie umzusetzen. Der einzige Weg wäre, die Verpflichtung zur Binnenpluralität als gesetzliche Auffanglösung im Wege eines Ausgestaltungsgesetzes zu normieren. Doch auch für diesen Fall dürfte die kritische Grenze für den Unterschreitensfall aufgrund des Wesentlichkeitsgrundsatzes nicht durch die Landesmedienanstalten, sondern nur durch den Gesetzgesetzer festgelegt werden.

h) Mit, nicht gegen den Markt – Neuauflage des Teilnehmerentgelts und social Broadcasting

Die vorstehenden Ausführungen haben gezeigt, dass die materiellen Grundnormen nicht geeignet sind, ein ausreichendes Maß an Meinungsvielfalt im Privatrundfunk überprüfbar zu gewährleisten. Insbesondere die fehlende Möglichkeit, den einzelnen Rundfunkanbieter im außenpluralen Modell zu adressieren, stellt hier ein unüberwindbares Hindernis für konkrete Maßnahmen dar. Das heisst nicht, dass man auf sie verzichten könnte.[829] Das Gegenteil ist wohl richtig, da die derzeitige laufende Programmaufsicht wesentlich aus informellen Hinweisen der Landesmedienanstalten auf die Programmgrundsätze besteht.[830]

Allerdings stellen sich Vielfaltsverpflichtungen im grundsätzlich marktgesteuerten Außenpluralismus als – vor allem ökonomisch – systemwidrig dar. Um ein

---

[827] *Rossen-Stadtfeld* meint, dass durch die fehlende Normierung in § 25 RStV nunmehr keine Möglichkeit zur Verpflichtung auf Binnenpluralität bestünde. Dies ist zunächst einfachrechtlich zutreffend. Bei fehlender Pluralität im Privatrundfunk ergäbe sich aber die verfassungsrechtliche Verpflichtung für den Gesetzgeber, eine Rechtsgrundlage erneut zu schaffen, da das Verfassungsgericht ausdrücklich eine solche Möglichkeit in BVerfGE 73, 118 (168) – *Niedersachsen* für verfassungsgemäß erklärt. Die Streichung des alten § 20 Abs. 2 RStV 1991 geht auf die Vermutung des Bestehens einer hinreichenden Anbietervielfalt zurück und kann daher eher als Erkenntnis der rechtlichen Schwierigkeiten, insbesondere im Hinblick auf die Verhältnismäßigkeit, gedeutet werden. Vgl. dazu Hahn/Vesting – *Rossen-Stadtfeld*, Rundfunkrecht, § 25 Rn. 6. Anbietervielfalt allein bedeutet aber noch keine Meinungsvielfalt im verfassungsrechtlichen Sinne, dazu bereits oben B.VII und unten C.II.2.b)aa).

[828] Diese Regelung, damals in § 11 Abs. 2 LMG-SH a.F. enthalten, hat das Verfassungsgericht allerdings für zulässig erklärt, vgl. BVerfGE 73, 118 (168) – *Niedersachsen*.

[829] So wohl auch *Laschet*, Programmgrundsätze, S. 137.

[830] Telefonische Auskunft der Bayerischen Landesmedienanstalt vom 27. November 2007. So auch *Vesting*, in: FS Herrmann, S. 181 (189).

gewünschtes Ergebnis im Markt zu erzielen, sind Anreizfunktionen grundsätzlich das geeignetere Mittel zur regulatorischen Steuerung.[831]

Interessanterweise bietet das polnische Rundfunkrecht mit der Figur des „sozialen Rundfunkanbieters" gem. Art. 4 Abs. 1a RFG eine solche Anreizfunktion.[832] Dort werden bestimmte inhaltliche Anforderungen gesetzt, die über den für den sonstigen privaten Rundfunk geltenden allgemeinen Programmauftrag gem. Art. 1 RFG deutlich hinausgehen. Dem wird als „Gegenleistung" der Erlass der erstmaligen und jährlichen Lizenzgebühr gem. Art. 39b Abs. 2 RFG angeboten. Da aber die Anforderungen relativ hoch sind (insbesondere Begrenzung der Werbung auf 2% der Sendezeit), kann der Erlass der Lizenzkosten, die nicht besonders hoch sind, kaum seine Anreizfunktion entfalten. Entsprechend existiert mit *Radio Maryja* nur ein einziger sozialer Rundfunkveranstalter, der seine finanzielle Grundlage durch andere Quellen sichern kann. Derzeit wird über eine staatliche Förderung der sozialen Rundfunkveranstalter durch ein Fondsmodell nachgedacht, um diese Rechtsfigur attraktiver zu gestalten.[833]

Der deutsche Versuch, im Privatrundfunk marktferne Inhalte zu erzeugen, ist das bayerische Teilnehmerentgelt, das es bis zum Verfassungsgericht schaffte.[834] Das Gericht zeigte sich zwar verwundert, dass der bayerische Gesetzgeber nicht die in „der dualen Rundfunkordnung nahe liegende Variante" wählte, und dem bayerischen Rundfunk die Veranstaltung von lokalem Rundfunk aufbürdete.[835] Er verwarf aber nicht etwa den Grundgedanken, den Privatrundfunk durch finanzielle Anreize zur Übertragung von Inhalten zu bewegen, die sonst nicht refinanzierbar wären. Die teilweise Verfassungswidrigkeit rührte daher, dass zum einen die inhaltlichen Verpflichtungen nicht hinreichend über die allgemeinen Programmverpflichtungen hinausgingen und zum anderen die Zusatzverpflichtungen nicht ausreichend durch die üblichen Mittel der Vielfaltssicherung gewährleistet wurden.[836]

---

[831] Auch in der aktuellen Debatte wird eine Förderung der Privaten, zuletzt von dem Ministerpräsident Schleswig-Holsteins, *Peter-Harry Carstensen,* im Rahmen der Mediatage Nord 2007 vorgebracht, vgl. epd-medien 2007, Nr. 93, S. 9.

[832] Dazu unten D.II.2.a). Auch im französischen Recht zur Pluralismussicherung finden sich Anreizfunktionen, vgl. ausführlich *Bullinger,* JZ 2002, 264 (265 ff.).

[833] Vgl. dazu *KRRiT*, White Paper, S. 51. Die Analyse geht davon aus, dass die derzeitige Regelung in Art. 4 Abs. 1a RFG nur durch religiöse Sender zu erfüllen ist, was zumindest nach dem Wortlaut nicht unbedingt gilt.

[834] Dazu oben ausführlich B.V.2.m).

[835] BVerfGE 114, 371 (391) – *Teilnehmerentgelt.*

[836] Das Verfassungsgericht verwies dazu auf die Maßnahmen zur Sicherung der Vielfalt gem. §§ 26 ff. RStV, dazu oben B.V.2.m).

Mit Landtagsbeschluss vom 27. November 2007 wurde in Bayern eine neue Regelung vorgelegt, die die vom Verfassungsgericht angemahnten Sicherungsmöglichkeiten beinhaltet. Da in der Entscheidung *Teilnehmerentgelt* festgestellt wurde, dass die Belastung der Rundfunkteilnehmer gegen Art. 2 Abs. 1 GG verstieß, wird die neue Förderung aus dem bayerischen Staatshaushalt finanziert, Art 23 Abs. 7 S. 1 BayMG n.F.[837]

Nach Art. 23 Abs. 7 S. 5 BayMG n.F. kann ein Rundfunkveranstalter, dessen Gesellschafter jeweils keinen bestimmenden Einfluss ausüben können dürfen,[838] nun einen Antrag auf finanzielle Förderung stellen, über den die Landesmedienanstalt entscheidet. Grundlage der Entscheidung ist neben dem Antrag ein Programmschema, das einen starken Regionalbezug aufweist, der insbesondere das Brauchtum, die Werte und alle in der Region vertretenen Ansichten darstellt und diese auch angemessen zu Wort kommen lässt. Darüber hinaus sind die Veranstalter sogar zur Wiederholung bestimmter Sendungen verpflichtet, wenn die Sehgewohnheit oder das Informationsinteresse der Zuschauer es erfordert. Entspricht das Programmschema den Erfordernissen der Art. 23 Abs. 2 – 4 BayMG n.F, wird der Bewerber mit der Veranstaltung des Programms gem. Art. 23 Abs. 5 S. 1 BayMG n.F. befristet betraut. Dieses Modell hat den Vorteil, dass das ökonomische Risiko für Programme, die nicht refinanzierbar sind, dem Privatrundfunk zumindest teilweise abgenommen wird.

Fraglich ist allerdings, ob es sich auch auf Ebene des bundesweiten Privatrundfunks realisieren ließe. Zunächst könnte dem § 43 S. 2 RStV entgegenstehen. Dieser bezieht sich allerdings nur auf die Finanzierung aus der Rundfunkgebühr, andere Finanzierungsquellen wie das Teilnehmerentgelt in Bayern, sind davon nicht erfasst. Hinzu kommt, dass das Verfassungsgericht die Förderung des Privatrundfunks zum Zweck der Vielfaltssicherung in der Entscheidung *Teilnehmerentgelt* selbst nicht für verfassungswidrig erklärt hat.[839] Es ist also nicht etwa verfassungsrechtlich vorgegeben, dass sich der Privatrundfunk ausschließlich über Werbeinnahmen finanziert. Im Gegenteil spricht mehr dafür, die insgesamt generierten Einnahmen nicht ausschließlich dem öffentlich-rechtlichen Rundfunk zugute kommen zu lassen, sondern als Finanzierung der Aufgabe des Rundfunks auf der Metaebene zu begreifen.

Aus zwei mit der Sicherung der Meinungsvielfalt zusammenhängen Gründen ist dies gegenüber der derzeitigen Regelung vorteilhaft: Zum einen ist es nur

---

[837] Mit der neuen Fassung ist das Bayerische Mediengesetz in der Fassung des Landtagsbeschlusses vom 27. November 2007 gemeint.

[838] Art. 23 Abs. 2 S. 2 BayMG n.F., alternativ kann auch ein vom Bayerischen Medienrat gewählter Programmbeirat analog § 32 RStV eingesetzt werden.

[839] Die Regelung wurde aus anderen Gründen angegriffen, dazu wiederum oben B.V.2.m).

schwer vermittelbar, warum für das Vorhalten eines Empfangsgeräts gezahlt werden soll, wenn der Rezipient ausschließlich werbefinanzierten Privatrundfunk nutzt. Kommt das Aufkommen aber potentiell auch dem Privatrundfunk zugute, nimmt der Rezipient die Gebühr als Finanzierung eines speziellen Inhalts wahr, an dem auch der Privatrundfunk Interesse hat. „Sein Geld“ kommt also potentiell auch dem Rezipienten des Privatrundfunks zugute, zumindest aber nicht nur einer Säule des dualen Systems, die ihn aus seiner Sicht nicht interessiert. Zum anderen ist auch die derzeitige Regelung nicht ohne Brüche. So werden die Landesmedienanstalten gem. § 10 RFinStV aus dem Rundfunkgebührenaufkommen finanziert. Damit kommt das Aufkommen dem Privatrundfunk nicht selbst, wohl aber seiner Kontrollinstanz zugute. Von der Finanzierung der Aufsicht zur effektiven Sicherstellung eines vielfältigen Programms ist es allerdings nur ein verhältnismäßig kleiner Schritt zur (Teil-)Finanzierung eben jenes Programms durch attraktive Anreize. Die Anreizfunktion ist im ökonomischen System des Privatrundfunks auch letztlich die passendere Lösung um bestimmte Inhalte zu fördern.[840]

Möglicherweise spricht dagegen, dass anders als beim bayerischen Modell für den bundesweiten Privatrundfunk keine regionale Abgrenzung und entsprechende Anknüpfung bestünde. Dies macht die Vorgabe dessen, was als förderungswürdig erscheint, schwieriger, aber nicht unmöglich. Da es sich um ein Angebot im Rahmen der Ausgestaltung der Rundfunkordnung handelt, nicht etwa um einen hoheitlichen Eingriff in die Programmfreiheit, ließe sich mit diesem Modell durchaus auch experimentieren und z.B. zunächst nur geringe Förderbeträge bei eher strengen Vorgaben in Aussicht stellen.

Möglich wären auch Bedenken aus der Staatsfreiheit. Wenn durch dieses Modell nur ein politisch erwünschtes Programm gefördert würde, wäre dies mit dem Grundgedanken der Staatsfreiheit unvereinbar und entsprechend unzulässig. Dies ist allerdings zuvorderst eine Frage der Organisation, nicht der Idee. Hinsichtlich des bayerischen Modells gibt es keinen Grund, das plural besetzte Hauptorgan der Landesmedienanstalt nicht mit dieser Frage zu betrauen, da es als Vertreter des „medienrechtlichen Souverän“ die Entscheidungshoheit über Fragen der Meinungsvielfalt hat und in dieser Funktion ebenso auch innerhalb des Vielfaltsspektrums förderungswürdige Angebote identifizieren kann. Für den bundesweit verbreiteten Privatrundfunk wäre es allerdings problematisch, wenn nur eine Landesmedienanstalt für das gesamte Bundesgebiet die förderungswürdigen Angebote feststellen kann. An dieser Stelle greifen die gleichen

---

[840] Ähnlich *Vesting*, in: FS Herrmann, S. 1181 (193 f.).

Bedenken, wie beim fehlenden ARD-Rat.[841] Will man also ein solches Modell, bedarf es einer dazu notwendigen Organisation.

Aus noch einem anderen Grunde erscheint aber dieses Modell vorteilhaft: Wird der Privatrundfunk für einen bestimmten Anteil von Sendungen von der Refinanzierungslast befreit, ist damit zu rechnen, dass sich ein besonderes, anderes und kreativeres Programm einstellt. Dies gilt vor allem in der Abgrenzung zum öffentlich-rechtlichen Rundfunk, auf die der Privatrundfunk schon aus Gründen der Erkennbarkeit im Markt angewiesen ist. Der derzeit oftmals beklagte „Spirale nach unten“, Boulevardisierung des öffentlich-rechtlichen Rundfunk oder „more of the same“, könnte damit wirksam Einhalt geboten werden. Wenn Konkurrenz tatsächlich das Geschäft belebt, wird dies auch für den öffentlich-rechtlichen Rundfunk gelten, der sich vielleicht einiges von dem geförderten Programm des Privatrundfunks würde abschauen können – diesmal in einer „Spirale nach oben“.

Das wohl größte Problem stellt die Finanzierung einer solchen Förderung dar. Allerdings ist es nicht unwahrscheinlich, dass in der kommenden Reform der Rundfunkfinanzierung die GEZ insgesamt abgeschafft werden könnte und dadurch erhebliche Ressourcen frei werden. Bezieht man den hiesigen Vorschlag frühzeitig in die Diskussion mit ein, könnte er durchaus noch Berücksichtigung finden.

2. Sicherungsinstrumente der Landesmedienanstalten

Im Folgenden soll untersucht werden, inwiefern die Vorgaben zur Meinungsvielfalt in den §§ 3, 6, 25 und 41 RStV durch Aufsichtsinstrumente gesichert werden. Dabei muss die Frage gestellt werden, in welchem Verhältnis die Sicherungsinstrumente zu den obigen Vorschriften stehen und ob sie vielleicht sogar von einem eigenen Begriff der Meinungsvielfalt ausgehen. Die Bewertung der Meinungsvielfalt kommt in mehren Verfahren und Beurteilungen der Landesmedienanstalten vor. Zu unterscheiden sind dabei steuernde Zulassungs- bzw. Auswahlentscheidungen bevor ein Rundfunkveranstalter seinen Programmbetrieb aufnimmt, und solche Entscheidungen, die sich im laufenden wirtschaftlichen und programmlichen Betrieb der Rundfunkveranstaltung stellen.

a) Ex-Ante-Sicherung

Die Sicherung des Pluralismus ist eine der Hauptaufgaben der Landesmedienanstalten. Besonders noch vor dem Marktzutritt trifft sie daher die Pflicht, Gefähr-

---

[841] Siehe dazu oben ausführlich unter C.I.4.g)dd)(2).

dungen der Meinungsvielfalt bereits frühzeitig entgegenzutreten. Hierzu bedarf es allerdings einer belastbaren gesetzlichen Grundlage, dem Zulassungs- und Auswahlverfahren. Auch wenn die Bewerber nach derzeitiger Auffassung wohl keinen subjektiv-rechtlichen Anspruch auf Zulassung haben, kommt ihnen doch bereits im Bewerbungsverfahren die Rundfunkfreiheit zugute.[842] Dieser Umstand hat sich insbesondere in der Struktur des Zulassungsverfahrens als grundrechtssicherndes Verfahren niederzuschlagen. Nicht vereinbar mit einem solchen Verfahren wäre es, wenn den Landesmedienanstalten durch das Zulassungsverfahren ein nicht mehr überprüfbarer Interpretations- oder Ermessenspielraum zukäme.

aa) Zulassungskriterien

Wer ein bundesweites Rundfunkprogramm veranstalten will, benötigt eine Erlaubnis von der zuständigen Landesmedienanstalt, die gem. § 20a Abs. 1 RStV durch die ZAK erteilt wird.[843] Alle Landesmediengesetze, auch § 20a RStV für den bundesweiten Rundfunk, gehen von einem präventiven Verbot mit Erlaubnisvorbehalt aus, das allerdings wohl zur gebundenen Entscheidung führt, wenn die Zulassungsvoraussetzungen vorliegen.[844] Die Zulassung richtet sich grundsätzlich nach den landesrechtlichen Vorschriften gem. § 20 Abs. 1 RStV. Für den bundesweiten Rundfunk finden sich darüber hinaus Zulassungsgrundsätze in § 20a RStV, die besondere Anforderungen im Hinblick auf die Gesellschaftsform (Namensaktien) des Antragstellers sowie bestimmte Inkompatibilitäten hinsichtlich der Inhaber des antragstellendes Unternehmens verlangen.[845] Neben den üblichen persönlichen Voraussetzungen wie Sitz in der Bundesrepublik oder der europäischen Union, unbeschränkte Geschäftsfähigkeit, Zuverlässigkeit im gewerberechtlichen Sinne usw. verlangen die Landesmediengesetze als sachliche Voraussetzung ein Programmschema als Teil des Gesamtkonzepts vorzulegen und den Nachweis der Finanzierbarkeit des Programms zu erbringen.[846] Dieses Programmschema ist der einzige Bezug zum zukünftigen Programm im Zulassungsverfahren und wird nur insoweit durch die Landesmedien-

---

[842] Vgl. Hahn/Vesting – *Bumke/Schulz*, Rundfunkrecht, § 20 Rn. 13; *Ricker/Schiwy*, Rundfunkverfassungsrecht, S. 94; *Hesse*, Rundfunkrecht, S. 72.

[843] Dazu *Hartstein/Ring/Kreile/Dörr/Stettner*, Rundfunkstaatsvertrag, B 5, § 20 Rn. 8.

[844] Hahn/Vesting – *Bumke/Schulz*, Rundfunkrecht, § 20 Rn. 9. Zum fehlenden Ermessensspielraum im Zulassungsverfahren und den dafür größeren Interpretationsspielräumen bei den unbestimmten Rechtsbegriffen *Hesse*, Rundfunkrecht, S. 223 f.

[845] Zu den besonderen Anforderungen seit dem 10. RÄndStV ausführlich unten C.II.3.a).

[846] Art. 24, 25 Abs. 1 BayMG, § 4 Abs. 2 BremLMG, § 17 Abs. 2 HSH-LMG, § 6 Abs. 1 HessPRG, § 13 Abs. 2 LMG-BW, § 5 Abs. 2 LMG-NRW, § 24 Abs. 3, § 25 Abs. 1 LMG-RP, § 9 Abs. 1, 2 LMG-MV, § 14, § 15 LMG-SA, § 6 Abs. 1, § 9 Abs. 2 NMedG, § 27 Abs. 3 RStV-MABB, § 44 SaarLMG, § 6 Abs. 2 LMG-Sachs, § 6 Abs. 1 LMG-Thür.

anstalt bewertet, als dass die vorgelegte Finanzierungsplanung auch den Vorstellungen des Programmschemas realistischer Weise Rechnung tragen kann.[847] Eine Bewertung des Programmschemas im Hinblick auf den Beitrag des Antragstellers zur Meinungsvielfalt ist hingegen nicht gesetzlich vorgesehen. Die Landesmedienanstalt hat jedoch absolute Verbote wie das der ungleichgewichtigen Beeinflussung des Gesamtsystem Rundfunk gem. § 25 Abs. 2 RStV zu beachten, vgl. Art. 1 Abs. 3 GG. Diese Hürde ist jedoch denkbar hoch und dürfte in der Praxis kaum Anwendung finden, da die Beeinflussung wesentlich von den tatsächlich erreichten Zuschauern abhängt, was sich erst nach Aufnahme des Sendebetriebes erweisen kann.[848] Weder durch den RStV noch in den Landesmediengesetzen vorgegeben, aber gem. § 36 Abs. 1 2. Alt VwVfG zur Sicherung der gesetzlichen Voraussetzungen der Zulassungserteilung möglich, ist der Erlass einer Auflage mit vielfaltssicherndem Inhalt.[849] Diese dürfen allerdings nicht den Inhalt der Zulassungsvoraussetzungen selbst verschärfen, da diese eine gebundene Entscheidung ohne Ermessen darstellt.[850] Daher müssen sie als selbstständige und selbständig anfechtbare Auflage ergehen.[851] Sie müssen sich inhaltlich an der Sicherung der Meinungsvielfalt in Gestalt des allgemeinen Programmauftrags gem. § 25 Abs. 1 RStV orientieren. Durch die Normierung der Rechtsfolgen vorherrschender Meinungsmacht in den §§ 26 ff. RStV hat die Gestaltungsmöglichkeit der Landesmedienanstalten allerdings stark abgenommen.[852] Die Auflage kann allerdings, insbesondere im Rahmen der Programmbeobachtung nachträglich angeordnet, als Gestaltungs- und Regulierungsmöglichkeit zum Einsatz kommen.

bb) Auswahlkriterien

Eine Bewertung des eingereichten Programmschemas unter dem Aspekt der Meinungsvielfalt findet hingegen statt, wenn sich mehrere Antragsteller um eine Übertragungskapazität bewerben und daher eine Auswahl durch die Landesmedienanstalt vorgenommen werden muss. Für den bundesweiten Rundfunk besteht seit dem 10. RÄndStV eine Sonderzuständigkeit der GVK als Organ der

---

[847] Vgl. dazu *Hesse*, Rundfunkrecht, S. 222.

[848] Anders *Hartstein/Ring/Kreile/Dörr/Stettner*, Rundfunkstaatsvertrag, B 5, § 20 Rn. 6.

[849] Eine Ausnahme bildet allerdings § 28 Abs. 4 RStV-MABB.

[850] Wohl herrschende Ansicht siehe *Wagner*, Die Landesmedienanstalten, S. 184; *Baars*, Kooperation und Kommunikation, S. 249.

[851] Siehe ausführlich dazu *Baars*, Kooperation und Kommunikation, S. 132.

[852] Insbesondere die Vereinbarung eines Programmrates oder Sendezeit für Dritte geschah vor dem 4. Rundfunkänderungsstaatsvertrag vornehmlich in Form der Auflage im Zulassungsverfahren oder sogar im laufenden Sendebetrieb, vgl. *Hartstein/Ring/Kreile/Dörr/Stettner*, Rundfunkstaatsvertrag, B 5, § 20 Rn. 5; Zur alten Rechtslage *Wagner*, Die Landesmedienanstalten, S. 207; *Baars*, Kooperation und Kommunikation, S. 143 ff.

zuständigen Landesmedienanstalt, die eine Auswahlentscheidung anhand der Kriterien des § 51a Abs. 4 RStV trifft. Da diese Vorgaben, trotz der besonderen Bedeutung des bundesweiten Rundfunks, wesentlich hinter den landesrechtlichen Vorgaben zurückfallen, sollen hier zunächst die landesrechtlichen Regelungen untersucht werden, da diese weiterhin Bedeutung für den regionalen Rundfunk besitzen. Eine Kritik des Maßstabs der GVK findet sich im Zusammenhang mit den Neuerungen des 10. RÄndStV.[853]

Die Landesmediengesetze sehen Kataloge mit Auswahlkriterien vor, die das Merkmal der Meinungsvielfalt konkretisieren. Dabei handelt es sich in der Mehrheit um Kriterien, die das Merkmal der Meinungsvielfalt auf kleinteiligere Begriffe herunterbrechen (z.B. die Elemente des klassischen Rundfunkauftrags „Information, Kultur, Bildung und Unterhaltung", örtlichen Bezug zum Sendegebiet), im Ergebnis den Landesmedienanstalten aber immer noch einen erheblichen Interpretationsspielraum eröffnen. Dabei sind diese Kriterien dem Begriff der Meinungsvielfalt nachrangig.[854] Sie können bestenfalls als eine von mehren möglichen Konkretisierungen der Verwirklichung der Meinungsvielfalt im Gesamtsystem Rundfunk dienen.[855] Entsprechend sind Begriffe zu bevorzugen, die diese Konkretisierung auch ermöglichen. Neben der zu kritisierenden Übernahme von Formulierungen des Verfassungsgerichts[856] und anderen, sehr undeutlichen Oberbegriffen werden aber auch geeignete Kategorien genannt, teils tatsächlich quantifizierbare Unterkategorien der Meinungsvielfalt (z.B. Eigenproduktionsanteil[857], Schließung von Versorgungslücken[858]), teils sonstige erwünschte Schwerpunktsetzungen.[859] Ob ein konkretisierendes Merkmal quantifizierbar ist, hat insbesondere Auswirkungen auf die gerichtliche Kontrolldichte der Auswahlentscheidung.[860] In der Auswahlsituation, die wohl als Regelfall bezeichnet werden kann, ist der Anspruch des einzelnen Bewerbers ohnehin auf eine chancengleiche Verfahrensteilhabe verkürzt. Lässt sich die Auswahlentscheidung zusätzlich mit interpretationsoffenen Merkmalen begründen, schwindet die Rechtsschutzmöglichkeit gen Null. Die gerichtliche Kontrolldichte ist dann in Entsprechung zur Ermessenfehlerlehre auf die Überprüfung des Verfahrens, nicht aber des Ergebnisses beschränkt. Bei quantifizierba-

---

[853] Siehe die ausführliche Kritik unten C.II.3.d)bb).
[854] Dazu schon oben C.II.1.g).
[855] So deutlich *Dörr*, ZUM 1997, 337 (355).
[856] Die Übernahme von Urteilsbestandteilen ins Rundfunkrecht ist äußerst beliebt, da wohl mit größtmöglicher Wahrscheinlichkeit verfassungsgemäß, vgl. § 5 Abs. 1 LMG-NWR, aber auch die Programmauftragsnormen dazu oben C.II.1.b).
[857] Z.B. in § 30 Abs. 3 Nr. 3 BremLMG,
[858] § 33 Abs. 1 Nr. 2 HSH-LMG.
[859] Siehe mit Beispielen Hahn/Vesting – *Bumke*, Rundfunkrecht, § 20 Rn. 46.
[860] Dazu ausführlich *Fehling*, Konkurrentenklage, S. 291 ff.

ren Kriterien wie der Eigenproduktionsquote hingegen bleibt die volle richterlicher Kontrolle, auch des Ergebnisses, erhalten.[861]

Diese Situation ist nicht nur unerfreulich, sie begegnet auch durchgreifenden verfassungsrechtlichen Bedenken. Auch dem Bewerber im Lizenzvergabe- und Auswahlverfahren kommt grundsätzlich der Schutz der Rundfunkfreiheit in Form eines Grundrechtsbeachtungsanspruchs zu.[862] Die Zulassungs- und Auswahlgrundsätze sind daher nicht lediglich am Maßstab der Ausgestaltungsgesetze als Teil der „positiven Ordnung" zu messen, sondern sie müssen zumindest so gestaltet sein, dass sie die grundrechtliche Position des Bewerbers nicht ohne rechtsstaatliche Grundlage unterlaufen.[863] Die konkretisierenden Kataloge der Landesmediengesetze wie auch des § 20a RStV für den bundesweiten Rundfunk müssen daher, wo irgend möglich, überprüfbare Entscheidungskriterien bereithalten. Ein nicht konkretisierbarer Restbestand an Auswahlgrundsätzen, insbesondere im Bereich der Angebotsvielfalt, wird allerdings bestehen bleiben. Nicht aber ist es die Aufgabe der Landesmedienanstalten bzw. GVK, die Auswahlgrundsätze allesamt zu interpretieren und so grundsätzlicher Weise im Ermessenswege über die Zulassung und Auswahl eines Rundfunkbetreibers zu entscheiden. Nur in den eng zu fassenden Fällen, in denen entweder die GVK oder das plural besetze Hauptorgan der Landesmedienanstalten den Beitrag zur Meinungsvielfalt der verschiedenen Bewerber außerhalb quantifizierbarer Kriterien ermittelt, darf die „subjektiv-rechtliche Schutzlücke" bestehen. Dieser muss dann aber konsequent die organisationspluralen und materiellen, objektivrechtlichen Pluralismusstrukturen der Medienordnung gegenüber stehen. Hierin zeigt sich das Primat der objektiv-rechtlichen Seite des Rundfunks als „Sache der Allgemeinheit"[864], gleichzeitig aber ist ihr Anwendungsvorrang auf das Zulässige wie Notwendige zu begrenzen.

Die Mehrzahl der Landesmediengesetze knüpfen an Anbieter- und Angebotsvielfalt an. Auf Seiten der Anbietervielfalt, die als interne Pluralität des Antragstellenden verstanden wird, werden als vielfaltserhöhende Kriterien eine plurale Zusammensetzung des Rundfunkveranstalters[865], eine Anbietergemeinschaft[866],

---

[861] Zur Abgrenzung auch *Fehling*, Konkurrentenklage, S. 297 ff.

[862] Dazu BVerfGE 97, 298 (314) – *Extraradio.* Worin der genaue Unterschied zum „regulären" Anspruch des Rundfunkbetreibers liegen soll, blieb allerdings unklar und wurde, weil nicht entscheidungserheblich, vom Verfassungsgericht nicht weiter erläutert.

[863] Deshalb kritisch Hahn/Vesting – *Bumke,* Rundfunkrecht, § 20 Rn. 48.

[864] Auch wenn dieser Terminus zu einigen Missverständnissen geführt hat, drückt er doch deutlich den Grund für den Vorrang der objektiv-rechtlichen Komponente aus, vgl. BVerfGE 31, 314 (327) – *2. Rundfunkurteil.*

[865] § 16 Abs. 2 Nr. 6 LMG-MV, § 8 Abs. 2 Nr. 1 NMedG, § 22 Abs. 4 SaarLMG, § 9 Abs. 2 S. 1 HessPRG.

der Einfluss von Redakteuren[867], die Einrichtung eines Programmbeirates[868] und die nachweisbare Bereitschaft für Drittsendungen[869] genannt. Das sächsische Landesmediengesetz berücksichtigt positiv, wenn eine möglichst lange tägliche Sendezeit beantragt wird, was wohl noch unter dem Aspekt der Anbietervielfalt erfasst werden kann. Unabhängig vom Programmschema werden ein hoher Anteil von Eigenproduktionen und die Ausstrahlung unabhängiger Produktionen positiv bewertet.[870] Diese Kriterien sind alle quantitativ fassbar und damit einer gerichtlichen Überprüfung voll zugänglich.

Bei der Angebotsvielfalt gehen die Landesmediengesetze von einer Orientierung an den Elementen des klassischen Rundfunkauftrags[871], an landes- und regionaltypischer Sprache, Kultur und Zusicherung regionaler Berichterstattung[872] u.a. durch Fensterprogramme[873], der Berücksichtigung von Minderheitsinteressen,[874] der journalistischen Aufbereitung gesellschaftlicher, sozialer und wirtschaftlicher Interessen,[875] sowie dem publizistischen Beitrag zum bestehenden Programmangebot aus.[876] Positiv berücksichtigt werden auch die publizistische Erfahrung des Antragstellers und sein bisheriger Beitrag zur Meinungsvielfalt.[877] Weiter wird der zeitliche Umfang der Regionalberichterstattung nach dem

[866] § 25 Abs. 4 S. 4 BayMG.
[867] § 30 Abs. 4 Nr. 3 BremLMG, § 14 Abs. 3 Nr. 3 LMG-NRW, § 30 Abs. 5 Nr. 2 LMG-RP, § 8 Abs. 2 Nr. 4 NMedG, § 9 Abs. 2 Nr. 5 HessPRG, § 22 Abs. 4 SaarLMG.
[868] § 30 Abs. 4 Nr. 2 BremLMG, § 14 Abs. 3 Nr. 2 LMG-NRW, § 30 Abs. 5 Nr. 2 LMG-RP, § 22 Abs. 4 SaarLMG.
[869] Sehr ungewöhnlich insoweit § 9 Abs. 2 S. 1 LMG-Thür.
[870] § 14 Abs. 3 Nr. 4 LMG-NRW, § 8 Abs. 2 Nr. 5 NMedG, § 33 Abs. 2 Nr. 2 RStV-MABB, § 10 Abs. 2 Nr. 2 LMG-Sachs.
[871] § 30 Abs. 3 Nr. 1 BremLMG, § 9 Abs. 2 S. 2 HessPRG, § 14 Abs. 2 Nr. 1 LMG-NRW, § 30 Abs. 5 Nr. 1 LMG-RP, § 8 Abs. 2 Nr. 2 NmedG.
[872] § 25 Abs. 4 S. 3 BayMG, § 14 Abs. 2 Nr. 2 LMG-NRW, § 16 Abs. 2 Nr. 3 LMG-MV, § 16 Abs. 1 Nr. 1 LMG-SA, § 8 Abs. 2 Nr. 5 NMedG, § 22 Abs. 4 SaarLMG.
[873] § 26 Abs. 5 S. 2 HSH-LMG, § 8 Abs. 2 Nr. 3 NMedG. Gem. § 10 Abs. 2 Nr. 4 LMG-Sachs sollte ein Antragsteller für eine bundesweite Zulassung ein Regionalfenster oder sonstigen sächsischen Regionalbezug im Hauptprogramm zusichern.
[874] § 9 Abs. 2 S. 3 HessPRG, § 14 Abs. 2 Nr. 1 LMG-NRW, § 22 Abs. 4 SaarLMG.
[875] § 30 Abs. 3 Nr. 4 BremLMG, § 26 Abs. 5 S. 1 HSH-LMG, § 9 Abs. 2 S. 2 LMG-Thür; § 25 Abs. 3 S. 4 BayMG berücksichtigt sogar vorrangig Anbieter kirchlicher Interessen, steht damit jedoch bundesweit allein.
[876] § 30 Abs. 5 Nr. 2 LMG-RP, § 33 Abs. 2 Nr. 4 RStV-MABB (dort auch auf das Verhältnis zur Presse, dazu *Fehling,* Konkurrentenklage, S. 121).
[877] § 30 Abs. 4 Nr. 3 BremLMG, § 9 Abs. 2 Nr. 6 HessPRG, § 30 Abs. 5 Nr. 2 LMG-RP; in Sachsen wird ein „bereits bestehender Regionalbezug" geprüft, vgl. § 10 Abs. 2 Nr. 2 LMG-Sachs.

eingereichten Programmschema beurteilt.[878] In Sachsen wird zusätzlich das erwartete Zuschauerinteresse bewertet.[879]

Unter dem Deckmantel der Sicherung des Regionalbezuges fordern dabei mehrere Landesmediengesetze das eher sachfremde, standortpolitische Kriterium der Bereitschaft zur Investition in regionale Rundfunkproduktion bis hin zu einem „Standortbonus" für Sende- und Produktionseinrichtungen im Land der LMA,[880] sowie regionale Medienschulungsprogramme.[881] In diesem Zusammenhang auch kritisch zu sehen ist die Bevorzugung einer möglichst hohen Eigenproduktionsquote. Sie darf nicht dazu dienen, möglichst viele Produktionskapazitäten am Ort der Zulassung zu binden.[882] Allerdings kann das Merkmal der Eigenproduktionen durchaus auch vielfaltserhöhenden Charakter haben. Der Zukauf von Inhalten hat im deutschen Programm zu einer nicht zu übersehenden Dominanz US-amerikanischer Unterhaltungsformate geführt. Dies ist unter Berücksichtigung der Tatsache, dass auch Unterhaltungssendungen meinungsbildende Funktion haben, sowie der Tatsache, dass der wesentliche Anteil aus nur wenigen Studios kommt (vor allem den Auftragsstudios des US-amerikanischen Pay-TV-Senders HBO), äußerst misslich. Die obigen Erkenntnisse zur Medienwirkungsforschung haben gezeigt, dass ein fehlender Quellenpluralismus mit die höchste Gefährdung der Meinungsvielfalt, unabhängig von formal bestehender Anbieter- und Angebotsvielfalt, mit sich bringt. Die Eigenproduktionsquote sorgt für eine hinreichende eigene Positionierung des Rundfunkveranstalters und bietet die Chance, vor allem die Repräsentation spezifisch deutscher Themen im Programm inhaltlich zu sichern. Dies lässt sich auch wesentlich durch die Erkenntnisse der oben beschriebenen Kultivierungsthese abstützen.[883] In dieser Hinsicht wären die Kriterien der Landesmediengesetze allerdings zu präzisieren.

---

[878] § 9 Abs. 2 S. 3 HessPRG.

[879] § 16 Abs. 1 Nr. 3 LMG-SA.

[880] § 22 Abs. 4 S. 2 SaarLMG; § 16 Abs. 2 Nr. 4 LMG-MV § 10 Abs. 2 Nr. 3 LMG-Sachs fordern sogar die Sende- und Produktionseinrichtungen im Land selbst einzurichten, um damit ihren Regionalbezug zu sichern. Dies schafft zwar Arbeitsplätze für die wohl nicht ganz zufällig strukturschwachen Regionen, ist medienpolitisch aber kaum zu begründen.

[881] Z.B. § 30 Abs. 4 Nr. 5 BremLMG, sehr ungewöhnlich auch § 9 Abs. 3 LMG-Thür, das als Kriterium solche Anbieter bevorzugt, die die „Durchführung oder Förderung medienwirtschaftlicher oder medienpädagogischer Projekte in Thüringen oder für die Herstellung ihres Programms oder wesentlicher Programmteile innerhalb des Landes oder für die Zusammenarbeit mit dem Veranstalter eines Thüringer Landesfensters bieten."

[882] Aus diesem Grunde kritisch *Sporn*, Vielfalt im digitalen Rundfunk, S. 25.

[883] Siehe oben B.III.1.b)bb).

cc) Durchleitung § 51b RStV und Kabelbelegung gem. § 52 RStV a.F.

In einem zunächst technischen Zusammenhang zur Zulassung und Auswahl stehen die Durch- bzw. Weiterleitungsvorschriften des § 51 RStV. Ein nach Landesrecht zugelassenes und rechtmäßig veranstaltetes, bundesweites Programm ist nach § 51b Abs. 1 S. 1 RStV in den anderen Ländern durchzuleiten. Diese Vorschrift schließt damit ein eigenständiges Prüfungsrecht der Länder aus, was auch für aus dem europäischen Ausland herangeführte Programme nach dem Sendestaatsprinzip gilt.[884]

Einer je eigenen landesrechtlichen Regelung unterfielen dagegen die Vorschriften der Kanalbelegung und Vorrangregelung im Kabelnetz gem. § 52 Abs. 1 S. 3 und 4 RStV a.F. Die Kabelbelegungsvorschriften wurden durch den 10. RÄndStV durch die Plattformregulierung gem. § 52 RStV abgelöst. Um einen Vergleich beider Regulierungssysteme zu ermöglichen, soll hier der vorherige Regulierungsstand betrachtet werden. Die neue Plattformregulierung wird im Zusammenhang der Neuerungen des 10. RÄndStV dargestellt.[885]

Die Notwendigkeit gesetzlicher Regelungen für die Belegung im Kabelnetz ergab sich daraus, dass der Kabelnetzbetreiber nach der Privatisierung des ehemaligen Netzes der deutschen Telekom nach wirtschaftlichen Kriterien über die Aufnahme entschied. Es war also wieder die – und nur die – Sicherung der Meinungsvielfalt, die die Regulierung rechtfertigte. Allerdings war der Kabelnetzbetreiber als Adressat der Regelung kein Rundfunkbetreiber,[886] sondern Unternehmer, dessen Berufs- und Eigentumsfreiheit gem. Artt. 12 und 14 GG ganz erheblich begrenzt wird. Aufgrund der Konvergenzentwicklung haben jedoch einige Betreiber inzwischen auch eigene Inhalte vorgehalten und sind damit selbst Adressat der Rundfunkregulierung geworden. Auf diese Herausforderung hat die Plattformregulierung gem. § 52 RStV reagiert.

Die Rechtfertigung der Eingriffe (bzw. Ausgestaltung im Falle des Art. 14 GG) ergab sich aus der besonderen Sozialbindung des Eigentums an Kabelnetzen wegen seiner Gate-Keeper-Stellung im System der öffentlichen Meinungsbil-

---

[884] Die Weiterverbreitungsverpflichtung ohne eigene rechtliche Prüfung des Empfangsstaates ergibt sich aus der Dienstleitungsfreiheit, insbesondere den Art. 4 Fernsehübereinkommen des Europarats vom 5. Mai 1989 (FsÜ), sowie Art. 2 Abs. 2 EWG/552/89 – *Fernsehen ohne Grenzen.* Zur Dienstleistungsfreiheit im Zusammenhang der Kabelbelegungsvorschriften ausführlich *Dörr/Charissé*, AfP 1999, S. 18 ff.

[885] Unten bei C.II.3.c).

[886] Die Grenzen verwischen allerdings inzwischen, da der Rundfunkbegriff zwischen Internet, Rundfunk und (Online-)Presse nicht trennscharf abzugrenzen ist. So bietet die Deutsche Telekom AG, ursprünglich nur Netzbetreiber für Telefonie, mit „triple-play" Dienste sowohl als Telefonanbieter, Internetserviceprovider und Kabelnetzbetreiber aus einer Hand.

dung.[887] Aus gleichem Grund, der im System der Schranken des Art. 12 GG einen hinreichenden Grund des Allgemeinwohls darstellt, ist die Begrenzung der Berufsfreiheit des Kabelnetzbetreibers auf eine gesetzlich vorstrukturierte Belegung gerechtfertigt.[888]

Es klingt darin ein Grundthema heutiger Rundfunkregulierung an, dass sich mit der Einführung des dualen Systems wie ein Leitmotiv zunehmend in den Vordergrund drängt: Die Überlagerung originärer, kommunikationsbezogener Rundfunkregulierung als gesetzliche Steuerungsaufgabe in der „positiven Ordnung“ durch marktmechanische und wirtschaftsrechtliche Regulierung.[889] Zuzugeben ist, dass mit der Teilnahme „inhaltsferner“ Akteure in der Rundfunklandschaft die Regulierung zusätzliche private Rechtspositionen zu berücksichtigen hat und deshalb nicht einfacher geworden ist, zumal die Grenzen zunehmend verwischen. Aber auch für die Belegungsvorschriften gilt, dass ihre Rechtfertigung sich in der Sicherstellung der Meinungsvielfalt im Gesamtsystem Rundfunk findet und sie dazu geeignet sein müssen.[890] Wirtschaftsrechtliche Steuerungsmechanismen, und seien sie der grundrechtlichen Freiheit eines Akteurs geschuldet, sind den rundfunkrechtlichen Regulierungsmechanismen grundsätzlich nachzuordnen.

(1) Analoge Kabelbelegung

Schon vor der Einführung der Sonderregelungen zur Weiterverbreitung im digitalen Kabelnetz gem. § 52 Abs. 2 RStV[891] verwies der § 52 RStV hinsichtlich der Vorrang- und Belegungsregeln auf das jeweilige Landesrecht. Diese Regelungen spielten neben ihrer eigentlichen Rolle im analogen Kabelnetz

[887] Zur Sozialbindung und der Gate-Keeper-Funktion der Kabelnetze als sog. „essential facility“ aus wettbewerbsrechtlicher Sicht *Gersdorf*, Kabeleinspeisung, S. 75 ff.; Hahn/Vesting – *Wille/Schulz/Fach-Petersen*, Rundfunkrecht, § 52 Rn. 23. Aus kommunikationswissenschaftlicher Sicht vor allem *Hasebrink*, Das Zuschaueranteilsmodell und Pay-TV, S. 25. In europäischer Perspektive *Bruck/Dörr/Cole/et.al.*, Transnational Media Concentration in Europe, S. 31.

[888] Die verfassungsrechtliche Position des Kabelnetzbetreibers kann hier nicht weiter dargestellt werden. Dazu ausführlich *Dörr*, ZUM 1997, 337 (368 ff.) weiterführend auch *Gersdorf*, Kabeleinspeisung, S. 35 ff.; Hahn/Vesting – *Wille/Schulz/Fach-Petersen*, Rundfunkrecht, § 52 Rn. 20 jeweils m.w.N.

[889] Mit dem gleichen Befund zum Verhältnis der inhaltlichen Programm- zur wirtschaftlichen Konzentrationskontrolle Hahn/Vesting – *Rossen-Stadtfeld*, Rundfunkrecht, § 25 Rn. 18

[890] So schon *Dörr*, ZUM 1997, 337 (355).

[891] § 35 RStV 1991 (§ 52 n.F.), dazu *Hartstein/Ring/Kreile/Dörr/Stettner*, Rundfunkstaatsvertrag, B 5, § 52 Rn. 6.

zusätzlich eine Rolle als Auffangregelung für die bundesweit einheitlichen Regelungen zur Belegung im digitalen Kabelnetz.[892]

Die Belegungsvorschriften dienten allgemein der Sicherung der Meinungsvielfalt und waren daher zunächst als Ausgestaltungsregelungen mit entsprechend weitem Ausgestaltungsspielraum zu sehen.[893] Der landesrechtliche Gestaltungsspielraum hinsichtlich der Belegungsvorschriften wurde aber durch § 52 Abs. 1 S. 3 RStV insoweit eingeschränkt, als dass nur erforderliche Regelungen zugunsten klar umrissener Ziele von allgemeinem Interesse zulässig waren. Die Begrenzung auf erforderliche Ziele lief der deutschen Systematik zunächst zuwider, da die Erforderlichkeit nur im Rahmen der Verhältnismäßigkeitsprüfung eines Eingriffsgesetzes eine Rolle spielt. Gegenüber dem Kabelnetzbetreiber als direktem und belastetem Adressaten hingegen bedurfte es genau dieser Rechtfertigung, die sich auch auf Art. 31 Universaldienstrichtlinie stützen ließ.[894] Durch das subjektiv-rechtliche Umfeld der Vielfaltssicherung bei Belegungsregelungen mussten diese nun den, gegenüber der Ausgestaltungsgesetzgebung schärferen, Rechtmäßigkeitsanforderungen für Eingriffsgesetze genügen. Der Ausgleich zwischen wirtschaftlicher Betätigungsfreiheit des Netzbetreibers und dem Allgemeininteresse wurde also, europarechtlich überformt, im Rahmen der Schrankenrechtfertigung hergestellt. Als erforderliche Ziele normiert § 52 Abs. 1 S. 4 RStV insbesondere Regelungen zur Sicherung der Meinungsvielfalt. Diese Mindesteignung der Belegungsvorschriften hatte eher deklaratorischen Charakter, da sich diese Anforderung direkt aus Art. 5 Abs. 1 S. 2 GG in der Auslegung des Verfassungsgerichts ergab.[895]

Auch nach Wegfall des Kabelbelegungsregimes durch die neue Plattformregulierung gem. § 52 RStV besteht dieses spezifische Spannungsverhältnis fort. Die Plattformregulierung versucht, den neuen Mischformen zwischen technischer Übertragung und Einspeisung einerseits und Zusammenstellung und Verbeitung eigener Inhalte als Rundfunkanbieter einen einheitlichen Rechtsrahmen zu setzen. Dabei kann auch ein Plattformbetreiber eine dem Kabelnetzbetreiber vergleichbare wirtschaftliche Situation haben, insbesondere also nach wirtschaftlichen Kriterien ein Angebot aus fremden Inhalten zusammenstellen. In

---

[892] Vgl. *Hartstein/Ring/Kreile/Dörr/Stettner*, Rundfunkstaatsvertrag, B 5, § 52 Rn. 91. Dazu sogleich.

[893] BVerfGE 73, 118 (199, 201) – *Niedersachsen*. Dazu Hahn/Vesting – *Wille/Schulz/Fach-Petersen*, Rundfunkrecht, § 52 Rn. 16 und 52 f.

[894] 2002/22/EG – *Universaldienstrichtlinie*. Zu ihrer Umsetzung im RStV ausführlich *Hartstein/Ring/Kreile/Dörr/Stettner*, Rundfunkstaatsvertrag, B 5, § 52 Rn. 25 ff. und § 52 Anhang 3.

[895] So auch *Dörr*, ZUM 1997, 337 (355). Mit ausführlicher Verhältnismäßigkeitsanalyse *Hartstein/Ring/Kreile/Dörr/Stettner*, Rundfunkstaatsvertrag, B 5, § 52 Rn. 36 ff.

diesem Fall steht der neue Rechtsrahmen vor den gleichen Schwierigkeiten wie das bisherige Kabelbelegungsregime und muss, unter Wahrung der europäischen Anforderungen der Verhältnismäßigkeit aus Art. 31 UDRL, einen Ausgleich zwischen subjektiv-rechtlicher Position des Plattformbetreibers und den pluralismussichernden Übertragungsvorgaben mit den geringeren Anforderungen eines Ausgestaltungsgesetz finden.

(i) Primäre Pflichteinspeisung

Die Sicherung des Pluralismus im privaten Rundfunk erfolgte zum einen über in jedem Fall einzuspeisende Pflichtprogramme, zum anderen über die Grundsätze, nach denen sich die Belegung der gesetzlich nicht fixierten Übertragungskapazitäten richtet. Pflichtmäßig einzuspeisen waren in allen Ländern die öffentlich-rechtlichen Programme, soweit sie „auf gesetzlicher Grundlage veranstaltet" werden, der Grundversorgung dienten[896] bzw. „gesetzlich für das Land bestimmt" waren[897]. Diese Anknüpfung traf für die jeweilige öffentlich-rechtliche Landesanstalt am Sitz des Betreibers zu, sowie für das ARD-Gemeinschaftsprogramm und das ZDF.[898] Ob das Programm anderer Landesrundfunkanstalten eingespeist wurde, hing in der Regel von den Auswahlgrundsätzen ab.[899]

Neben diesen Pflichteinspeisungen verlangten die meisten Landesgesetze auch die vorrangige Einspeisung derjenigen Programme, die in dem jeweiligen Land zugelassen bzw. veranstaltet wurden. Damit knüpften die primären Einspeisungsregeln bereits an geographische Vielfaltsdimensionen (regionale und lokale Kultur- und Sprachräume) als Unterkategorien der Anbietervielfalt an.[900] Die gleiche Anknüpfung fand sich in der Pflicht zur vorrangigen Einspeisung solcher Veranstalter, die auch terrestrisch mit durchschnittlichem Antennenaufwand (sog. ortsüblicher Empfang, heute wohl DVB-T) zu empfangen sind.[901]

---

896 § 42 Abs. 1 Nr. 1 HessPRG.

897 So z.B. § 18 Abs. 1 LMG-NRW.

898 § 1 ARD-StV und § 1 ZDF-StV und dessen Präambel.

899 Am deutlichsten § 40 RStV-MABB, der die vorrangige Einspeisung aller ARD-Anstalten, des ZDF, der jeweiligen Spartenkanäle und sonstiger, auf Rechtsgrundlage der Ländern veranstalteten Programmen anordnet. Für eine Einspeisungspflicht aller dritten Programme *Thomaschki/Krakies*, ZUM 1995, 368 (374). Deutlich dagegen VG München, ZUM-RD 1997, 22 (28), das die landesfremden dritten Programmen als nicht „auf gesetzlicher Grundlage" für Bayern veranstaltet ansieht.

900 Zustimmend *Dörr/Charissé*, AfP 1999, S. 18 (21), ablehnend dagegen VG München ZUM 1997, 761 (762), das eine Bevorzugung eines Veranstalters aufgrund der Zulassung im Land nicht als ausreichendes Kriterium für die Vielfaltssicherung ansieht.

901 Siehe dazu Hahn/Vesting – *Wille/Schulz/Fach-Petersen*, Rundfunkrecht, § 52 Rn. 60 m.w.N. Zur Verbreitung von DVB-T und DVB-H-Netzes siehe *Holznagel/Dörr/Hildebrandt*, Elektronische Medien, S. 335.

(ii) Auswahlgrundsätze für sekundäre Einspeisung

Der Bereich außerhalb der Pflichtbelegung wurde entweder durch die Kabelnetzbetreiber selbst oder die Landesmedienanstalten anhand gesetzlich bestimmter Kriterien belegt. War diese Sekundärbelegung auf eine bestimmte Anzahl von Programmen begrenzt, konnte der Netzbetreiber die verbleibenden Kapazitäten im Rahmen der allgemeinen Gesetze, gleichbedeutend mit regulierungsfrei nach wirtschaftlich sinnvollen Erwägungen, frei belegen.[902]

Die Kriterien für die Sekundärbelegung mit sog. herangeführten Programmen waren in den Landesgesetzen sehr unterschiedlich ausgestaltet. Oberstes Kriterium war, dass die Belegung die Vielfalt der bestehenden Meinungen abzubilden hatte und der Rezipient auf ein möglichst ausgewogenes Programmangebot zugreifen können sollte.[903]

Einige Landesmediengesetze wiesen die Belegungsauswahl außerhalb der primären Einspeisungsverpflichtung den Landesmedienanstalten zu, andere überantworteten diese Entscheidung den Kabelnetzbetreibern unter Beachtung von gesetzlichen Vorgaben zur Vielfaltsicherung im Kabel. Außerhalb des must-carry-Bereich hatten die Betreiber dann neben den etwaig bestehenden frei zu belegenden Überragungskapazitäten[904] zusätzlich einen relativen Pflichtbereich zu belegen, in dem die Belegung sich nicht nach wirtschaftlichen, sondern solchen Kriterien zu orientieren hatte, die die Vielfalt sichern sollten. In diesem Fall überprüfte die LMA die Belegung durch den Kabelnetzbetreiber nach entsprechender Anzeige auf ihre Konsistenz mit den rechtlichen Vorgaben und konnte im Fall eines Verstoßes der Belegung gegen die rechtlichen Vorgaben die Belegung selbst übernehmen.[905]

(2) Die digitale Kabelbelegung gem. § 52 RStV a.F. und der europäische Einfluss

Einer der wesentlichen Faktoren der Digitalisierung und der sich noch weiter entwickelnden Übertragungs- und Angebotsmöglichkeiten ist das digitale Breitbandkabelnetz. Mit dem 4. Rundfunkänderungsstaatsvertrag wurde eine bundesweit einheitliche Regelung zu Belegungsentscheidung im digitalen

---

[902] Exemplarisch § 22 Abs. 2 LMG-BW. Der nur kleine unternehmerische Spielraum wird vor allem von Seiten der Europäischen Kommission zu Recht kritisch gesehen, dazu ausführlich *Dörr*, K&R 1998, 97 (101).

[903] Vgl. exemplarisch § 36 Abs. 1 S. 2 Nr. 1 BayMG und § 36 Abs. 3 Nr. 2 BremLMG.

[904] Der dem Kabelunternehmer frei verbleibende Bereich schwankt stark. Während in Bremen der Kabelnetzbetreiber immerhin 1/3 der Kapazität außerhalb des must-carry-Bereichs frei nutzen kann gem. § 36 Abs. 3 Nr. 1 BremLMG, besteht in Sachsen ein solcher freier Bereich überhaupt nicht mehr, vgl. § 38 Abs. 2 SächsLMG. Dazu sogleich.

[905] Vgl. exemplarisch § 32 Abs. 2 S. 3 LMG-SA, § 53 Abs. 3 SaarLMG.

Kabelnetz getroffen. Auch diese war an einem gestuften System von Übertragungsverpflichtungen mit einem must-carry, einem can-carry und einem nach wirtschaftlichem Ermessen zu belegenden Bereich orientiert.[906] Sie blieb in ihren materiellen Vorgaben für die Belegungsreihenfolge deutlich hinter den analogen Vorgaben des Landesrechts zurück. Auf eine Darstellung wird hier im Hinblick auf die neue und bundesweit einheitliche Plattformregulierung verzichtet.

Der europäische Einfluss auf die Kabelnetzbelegung ergibt sich aus Art. 31 der Universaldienstrichtlinie (UDRL) vom 7. März 2002.[907] Demnach dürfen die Mitgliedstaaten den Betreibern von „elektronischen Kommunikationsnetzen", hier also den Kabelnetzbetreibern, bestimmte Übertragungspflichten auferlegen, soweit diese einem klar umrissenen Ziel von allgemeinem Interesse dienen, sowie verhältnismäßig und transparent sind. Die Richtlinie geht also von einer Belastung aus, der entsprechende Rechtfertigungsgründe gegenüber stehen müssen. Wie bereits erwähnt, lassen sich die bestehenden Übertragungspflichten wohl vor den grundrechtlichen Positionen des Kabelnetzbetreibers, nach neuem Recht auch der Plattformbetreiber gem. § 52 RStV, aus Artt. 12 und 14 GG rechtfertigen, was wohl auch grundsätzlich für die europäischen Anforderungen gelten dürfte.[908]

Ohne die Fragestellung hier vertiefend untersuchen zu können, lässt sich aber doch eine grundsätzliche Aussage treffen.[909] Soweit den Betreibern außerhalb der primären und sekundären Übertragungspflichten keinerlei Raum mehr bleibt, um nach eigenem, wirtschaftlichen Ermessen „im Rahmen der allgemeinen Gesetze" Belegungsentscheidungen zu treffen, wird dies auch in Zukunft unverhältnismäßig und sowohl mit Art. 14 GG, und im Fall physischer Netze auch mit Art. 31 UDRL, nicht vereinbar sein.[910]

---

[906] Siehe zu den vornehmlich wirtschaftlichen Hintergründen der bundesweiten Regelung *Hartstein/Ring/Kreile/Dörr/Stettner*, Rundfunkstaatsvertrag, B 5, § 52 Rn. 66 m.w.N. Speziell aus Sicht des öffentlich-rechtlichen Rundfunks *Hesse*, ZUM 2000, 183 (186). Mit Verweis auf die Begründung zum Änderungsstaatsvertrag Hahn/Vesting – *Wille/Schulz/Fach-Petersen*, Rundfunkrecht, § 52 Rn. 62.

[907] Universaldienstrichtlinie 2002/22/EG vom 7. März 2002, ABl EG Nr. L 108 S. 51.

[908] Die Kommission hatte 1998 bereits einmal die deutsche Regelung zur Kabelbelegung beanstandet, vgl. dazu ausführlich *Dörr*, K&R 1998, 97 (101).

[909] Zu den Auswirkungen der UDRL ausführlich *Hartstein/Ring/Kreile/Dörr/Stettner*, Rundfunkstaatsvertrag, B 5, § 52 Rn. 28 ff; Hahn/Vesting – *Wille/Schulz/Fach-Petersen*, Rundfunkrecht, § 52 Rn. 31.

[910] Ebenso *Hartstein/Ring/Kreile/Dörr/Stettner*, Rundfunkstaatsvertrag, B 5, § 52 Rn. 35; zum SächsLMG aber anders in § 52 Rn. 59.

dd) Bewertung

Die vorstehende Analyse hat gezeigt, dass die Sicherung der Meinungsvielfalt im Wege einer Kontrolle ex ante sehr verschiedener Intensität ist. Am deutlichsten zeigt sich dies in der Gegenüberstellung der Vorschriften zur analogen Kabelbelegung und der Kriterien zur Auswahlentscheidung bei der Frequenzzuteilung.

Die Intensität der Vielfaltsvorgaben nimmt offensichtlich zu, je weiter die konkrete Entscheidung von einer programmlich-inhaltlichen Bewertung gegenüber dem Rundfunkveranstalter entfernt ist. Dies ist zwar insoweit verständlich, als dass direkte Bewertungen und Entscheidungen programminhaltlicher Natur immer an der Grenze zum verfassungswidrigen Programmeingriff stehen. Gerade im Bereich der ex-ante Sicherung gilt dieses Argument aber nur begrenzt: Die Einstufung vielfaltssichernder Vorgaben als Ausgestaltungsgesetze erlaubt es dem Gesetzgeber, seinen Spielraum auch zu einer deutlicheren Konkretisierung der Vorschriften zu nutzen. Verpflichtet dazu ist er, wenn sonst die Sicherung des verfassungsrechtlichen Niveaus an Meinungsvielfalt nicht anders zu gewährleisten ist.[911] Alle Vorgaben, sowohl in der Frequenzzuteilung als auch Regulierung inhaltsferner Infrastrukturbereitsteller wie den Kabelnetz- und Plattformbetreibern, müssen daher auf diese Vorgabe gerichtet sein und zu ihrer Erreichung auch grundsätzlich geeignet sein. Dies setzt eine Konkretisierung in der Weise voraus, dass der Adressat (hier Bewerber) sein Verhalten daran ausrichten kann und sie für die LMA und ihre Organe als Kontrollinstanz einen, vor allem auch gerichtlich, hinreichend nachvollziehbaren Prüfmaßstab bildet. Dem verfassungsrechtlichen Ziel größtmöglicher Meinungsvielfalt auch im Privatrundfunk ist daher nicht damit gedient, nur schwer fassbare Vorgaben zu machen, da sie im besten Fall zu einer hinter dem verfassungsrechtlich Notwendigen zurückbleibenden Kontrolle führen, im schlechtesten Fall zu einer an Willkür grenzenden Auslegung führen können, ohne das dies feststellbar oder zu sanktionieren wäre.[912]

Die Kriterien für die Auswahlentscheidungen sind in der Mehrzahl allerdings dehnbar formuliert und eröffnen erhebliche Auslegungsspielräume für die Landesmedienanstalten. Der so entstehende Beurteilungsspielraum ist denkbar weit und lässt die konkrete Auswahlentscheidung nur sehr begrenzt überprüfbar werden.[913] Verlangt man vom Gesetzgeber eine effektive Sicherung der Mei-

[911] BVerfGE 73, 118 (157) – *Niedersachsen.*
[912] Deshalb mit Zweifeln an der Steuerungswirkung der Zulassungs- und Auswahlentscheidung insgesamt Hahn/Vesting – *Rossen-Stadtfeld*, Rundfunkrecht, § 25 Rn. 22.
[913] Zum gerichtlichen Prüfmaßstab eingehend *Fehling*, Konkurrentenklage, S. 253.

nungsvielfalt im Rundfunk,[914] so kann die Mehrzahl der Vorschriften nur schwer als haltbar bezeichnet werden. Dabei sind es gerade die quantifizierbaren Kategorien wie der gesellschaftsrechtliche Veranstalterpluralismus und die redaktionelle Unabhängigkeit, die nicht nur nach der Zuteilung wirksam sind, sondern bereits im Vorwege für eine pluralistisch geprägte Vorstrukturierung der Bewerber sorgen.[915] An dieser Stelle empfiehlt sich eine Revision der doch erheblichen Beurteilungsspielräume. Wenn es überprüfbare Kriterien gibt, sind diese denjenigen, die einen Beurteilungsspielraum eröffnen, vorzuziehen, da sie zur Sicherung der Meinungsvielfalt geeigneter sind. Unstrittig muss es aber auch Bewertungsspielräume geben, da die Meinungsvielfalt in ihrer Gesamtheit ein Ziel ist und sich als solches einer Subsumption entzieht.[916] Für diesen rechtsstaatlich geringer abgesicherten Bereich bedarf es dann aber der geeigneten Ergänzung in Form von Organisation und Verfahren, wie sie der Organisationspluralismus vorsieht. Die derzeitigen materiellen Pluralismusvorgaben scheinen daher zwar optimierungsbedürftig, da aber über die Auswahl in der Frequenzzuteilung durch das plural besetze Hauptorgan der Landesmedienanstalten als „medienrechtlichen Souverän" entschieden wird, werden die verfassungsrechtlich bedenklichen Defizite durch das Zusammenspiel mit den organisationspluralen Sicherungen abgefedert.[917]

Gänzlich verfehlt und schlicht verfassungswidrig sind aber investitions- und infrastrukturbezogene Vorgaben unter dem Deckmantel materieller Vielfaltssicherung. Sie sind nicht nur ungeeignet, da jeder sachliche Bezug zur Vielfaltssicherung fehlt, sie stellen auch zusätzlich eine Verletzung des Grundrechtsbeachtungsanspruchs der Bewerber dar, da sie faktisch denjenigen Bewerber begünstigen, der die finanziellen Mittel zur Standortförderung aufbringen kann. Dies ist mit dem Gebot kommunikativer Chancengleichheit aus Art. 5 Abs. 2 S. 1 GG nicht vereinbar.[918]

Bislang keine ausdrückliche Berücksichtigung finden Kriterien zur effektiven Vielfalt wie sie oben vorgeschlagen wurden.[919] So wäre eine gesetzliche Festschreibung von attraktiven Sendeplätzen für spezielle Formate und Sendereihen

---

[914] Und dies tut das Verfassungsgericht, vgl. BVerfGE 57, 295 (325) – *FRAG*; BVerfGE 83, 238 (334) – *WDR-Gesetz*.

[915] Ein Beispiel für diese Vorstrukturierung ist der von Axel Springer für Pro7Sat1 Media AG selbst angebotene Programmrat im Verfahren vor der KEK Az.: 293-1, der die Bedenken gegen den Zusammenschluss allerdings nicht zerstreuen konnte.

[916] BVerfGE 73, 118 (156) – *Niedersachsen*.

[917] Zu den Bedenken, die sich nunmehr durch den 10. RÄndStV bei der Zulassung und Auswahl bundesweiter Rundfunkveranstalter ergeben unten C.II.3.d)bb).

[918] Ähnlich *Fehling*, Konkurrentenklage, S. 107.

[919] Siehe oben B.VII.3.

wünschenswert.[920] Auch könnte durchaus die Zusicherung einer externen Beobachtung der Inhalte und ihrer Aufbereitung durch die Bewerber als Auswahl- und Vorrangkriterien gesetzlich fixiert werden. Die deutliche Erhöhung der Medienwirkung durch Wiederholungen wird ebenfalls gesetzlich nicht adressiert und kann nur im Rahmen der Bewertung des eingereichten Programmschemas auf entsprechend dünner Rechtsgrundlage bewertet werden. Eine Rückbindung an das Zuschauerinteresse fand sich allerdings in Vorrangregelungen im Kabelnetz und in der zukünftigen Plattformregulierung gem. § 52b Abs. 1 Nr. 2 RStV. Dabei wird jedoch nur allgemein auf das Zuschauerinteresse abgestellt, ohne das dies genauer konkretisiert wird. Dies kann und wird von den Netzbetreibern als Einladung verstanden werden, vorrangig Sender mit massenattraktiven Programmschemata einzuspeisen.[921] Wenn auch vom Wortlaut abgedeckt, ist dies doch nicht mit der Idee der Meinungsvielfalt im Gesamtsystem Rundfunk vereinbar. Die Meinungsvielfalt ist hier als Ziel einer objektiv-rechtlichen Regulierungsvorgabe zu verstehen. Ohne allzu paternalistischen Regulierungsvorgaben das Wort zu reden, muss die Vorgabe im Sinne der Zielvorgabe des Art. 5 Abs. 1 S: 2 GG doch so verstanden werden, dass das Zuschauerinteresse hier vorrangig objektiv, d.h. nicht an den Interessen des einzelnen Rundfunkteilnehmers, sondern an denjenigen der Rundfunkteilnehmer insgesamt auszurichten ist. Dieses entspricht dann dem Interesse an einem vielfältigen Programm, und ist daher mit der verfassungsrechtlichen Anforderung der Meinungsvielfalt identisch. Eine Berücksichtigung der subjektiven Teilnehmerinteressen muss dagegen gesetzlich nicht angeordnet werden, da sie bereits wirtschaftlich im ureigenen Interesse des Kabelnetzbetreibers liegt.[922]

Die Kabelbelegungsvorgaben waren in der Mehrheit der Landesmediengesetze im Vergleich mit den Auswahlkriterien zur Frequenzvergabe wesentlich schärfer konturiert. Die bundesweite Regelung des § 52 Abs. 3 – 4 RStV für das digitale Kabelnetz fiel demgegenüber eher zurück. Erklärbar ist dies mit dem anders gelagerten Schutz des Kabelnetzbetreibers, der in bestimmten Konstellationen auch zukünftig für den Plattformbetreiber greift. Anders als dem Rundfunkveranstalter kann er sich nicht auf die Rundfunkfreiheit, sondern vorrangig die Wirtschaftsgrundrechte der Artt. 12 und 14 GG stützen. Innerhalb dieser Grundrechte stellt sich die Pluralismusanforderung richtiger Weise als gewichtiger Grund des Allgemeinwohls dar, der eine Beschränkung ohne weiteres rechtfertigt.

---

[920] Die gleiche Forderung erhebt Hahn/Vesting – *Rossen-Stadtfeld,* Rundfunkrecht, § 25 Rn. 45

[921] Siehe dazu *Hasebrink*, Gutachten für die KEK 2003, S. 35.

[922] Die Vorschrift sollte wohl auch zum wirtschaftlichen Erfolg der Netzbetreiber beitragen vgl. *Sporn*, Vielfalt im digitalen Rundfunk, S. 27.

Um die Belastungsgrenze nicht zu überschreiten, wurde mit dem 4. Rundfunkänderungsstaatsvertrag durch die gestuften must- und can-carry-Belegungsvorschriften für den Bereich der sekundären Belegungsregeln dem Netzbetreiber zumindest die Entscheidungshoheit innerhalb des gesetzlich fixierten „Rahmens“ überlassen.[923] Damit wurde die Sicherung der Meinungsvielfalt im Kabel – regelmäßig zu einem Drittel – faktisch privatisiert und dem Kabelnetzbetreiber überantwortet. Diese Regelung wird in der Plattformregulierung gem. § 52b Abs. 1 Nr. 1 und 2 RStV fortgeschrieben. Der Freiheitsgewinn dürfte dabei erheblich größer ausfallen, als die gesetzliche Regelung es vermuten lässt. Die bereits kritisierte, kaum ausreichende Konkretisierung der gesetzlichen Vorschriften soll nunmehr die Entscheidung des Kabelnetzbetreibers bzw. Plattformberteibers leiten. Durch diese Übertragung ist die Landesmedienanstalt in der Situation, den Kabelbelegungsplan auf seine Konsistenz mit den can-carry-Regelungen prüfen zu müssen (vgl. § 52 Abs. 5 RStV), was im Ergebnis wohl auf nicht mehr als eine Missbrauchskontrolle hinauslaufen dürfte, da der vormals ihr selbst zustehende Beurteilungsspielraum sich nunmehr auf Seiten des Netzbetreibers wieder findet.[924]

Aber noch aus zwei weiteren Gründen lässt sich diese „Privatisierung des Pluralismus“ nicht rechtfertigen: Das Verfassungsgericht hat sich von Beginn an gegen die Auslieferung des Rundfunks an einzelne gesellschaftliche Kräfte gestellt.[925] Nun ist der Kabelnetzbetreiber kein Rundfunkunternehmer, doch sind die Aussagen des Gerichts nicht auf Rundfunkveranstalter beschränkt, sondern gelten dem Gesamtsystem Rundfunk. Dies gilt auch, und wahrscheinlich sogar besonders, für Unternehmen, die mit dem Rundfunkinhalt als Dienstleistung nach rein wirtschaftlichen Kriterien arbeiten. Es ist also bereits mit der Rechtsprechung des Verfassungsgerichts nicht vereinbar, wenn der Rundfunk strukturell nur einer einzigen Kraft überlassen wird. Dies gilt aber nur solange, wie er tatsächlich auch Einfluss ausüben kann. Es kommt hier also auf den Umfang der Entscheidungsfreiheit des Netzbetreibers an. Diese steht in dem Spannungsfeld zwischen der verfassungsrechtlich notwendigen Gewährleistung der Meinungsfreiheit als meritorischem Gut und der Freiheit des Kabelunternehmers zur Entscheidung nach wirtschaftlichen Kriterien. Weder ist eine vollständige Kabelbelegung mit den Grundrechten aus Art. 12 und 14 GG des Netzbetreibers vereinbar, noch würde die vollständige Überantwortung der Kabelbelegung an den Betreiber ohne hinreichende Sicherungsmechanismen dem Auftrag der

---

[923] *Hartstein/Ring/Kreile/Dörr/Stettner*, Rundfunkstaatsvertrag, B 5, § 52 Rn. 85.

[924] So auch Hahn/Vesting – *Wille/Schulz/Fach-Petersen*, Rundfunkrecht, § 52 Rn. 95.

[925] BVerfGE 12, 205 (262) – *1. Rundfunkentscheidung*; BVerfGE 31, 314 (356) – *2. Rundfunkentscheidung*; BVerfGE 73, 118 (153) – *Niedersachsen.*

„positiven Ordnung“ aus Art. 5 Abs. 2 S. 1 GG entsprechen. Die derzeitige Regelung stellt in diesem Spannungsfeld einen Kompromiss dar, der zunächst einen Ausgleich im Wege praktischer Grundrechtskonkordanz zu schaffen scheint. Dem Netzbetreiber wurde aber nicht nur zwingende Übertragungspflichten im must-carry-Bereich auferlegt, sondern auch zu einem weiteren Drittel die Entscheidung über ebenfalls vielfaltssichernde Übertragungskapazitäten überantwortet. Er entscheidet damit an Stelle des „medienrechtlichen Souveräns“ darüber, was konkret Meinungsvielfalt ist.

Wenn man das Strukturprinzip des Pluralismus ernst nehmen will, lässt sich kaum rechtfertigen, warum hier die Entscheidungshoheit über Maß und Inhalt der Meinungsvielfalt im Kabelnetz einem einzigen (!) Betreiber, einschließlich der annähernden Garantie gerichtlicher Unüberprüfbarkeit der konkreten Entscheidung, überlassen wird. Die gesamte Struktur des Organisationspluralismus zeigt, dass immer dann, wenn eine Entscheidung über oder mit Bezug zur Meinungsvielfalt gefällt wird, diese durch ein plural besetztes Gremium als „medienrechtlichen Souverän“ in Vertretung der Allgemeinheit entschieden wird. Die Überantwortung von vielfaltssichernden Kabelbelegungen an den Betreiber ist nach hiesiger Auffassung deshalb prinzipiell nicht mit dem Gebot effektiver Sicherung der Meinungsvielfalt im Rundfunk vereinbar. Diese Bewertung bleibt auch trotz der Kontrolle des Kabelbelegungsplans mit Ersetzungsbefugnis der Landesmedienanstalten bestehen, da sich aus der Verschiebung des Beurteilungsspielraumes hin zum Netzbetreiber diese Kontrolle in eine Missbrauchsaufsicht wandelt und damit dem Gebot effektiver Sicherung der Meinungsvielfalt nicht genügen kann.

Der Grundrechtsausgleich zwischen den objektiv-rechtlichen Pluralismusanforderungen des Art. 5 GG und der subjektiv-rechtlichen Rechtsstellung des Kabelnetzbetreibers aus Artt. 12, 14 GG kann also nur so erfolgen, dass ein verfassungsrechtlich notwendiger must-carry-Bereich vorgegeben wird, im Übrigen die Belegung frei erfolgen kann.

b) Ex-Post-Sicherung

Nach der Zulassung und Zuteilung der Frequenz hat die Landesmedienanstalt noch zwei Instrumente, mit denen etwaige Beeinträchtigungen der Meinungsvielfalt im privaten Rundfunk bekämpft werden können. Dies betrifft zum einen die Programmbeobachtung, der sich bei einem Verstoß gegen Vielfaltsvorgaben ein Hinweis, eine Beanstandung oder gar der Lizenzentzug nach Landesrecht anschließen können. Als weitaus bedeutender hat sich, insbesondere seit der

Reform des 3. Rundfunkänderungsstaatsvertrags von 1997,[926] die Rundfunk-Konzentrationskontrolle erwiesen. In dem sich fortschreibenden Trend zur Rundfunkregulierung nach überwiegend wirtschaftsrechtlichen Kriterien stellt das Konzentrationskontrollrecht den vorläufigen Höhepunkt dar. Dennoch, dies wird zu zeigen sein, ist sie derzeit das effektivste Mittel zur Vielfaltssicherung im Privatrundfunk.

aa) Programmbeobachtung und Eingriffe

Denklogisch und systematisch müsste die laufende Programmkontrolle den zentralen Bestandteil der Pluralismuskontrolle durch die Landesmedienanstalten darstellen. Tatsächlich aber fehlt es bereits an einer eigenständigen materiellen Rechtsgrundlage, einem Prüfkatalog im Hinblick auf die Meinungsvielfalt und einem gesetzlich fixierten Verfahren für die Programmbeobachtung. Im Wesentlichen ergeben sich die Regelungen für die Programmbeobachtung aus den Landesmediengesetzen. Die Regelungen des RStV erschöpfen sich im Wesentlichen in Zuständigkeitsvorgaben. Für den bundesweiten Rundfunk ist gem. § 36 Abs. 2 Nr. 7 RStV die ZAK als Organ derjenigen Landesmedienanstalt zuständig, die dem Veranstalter die Sendeerlaubnis erteilt hat. Die ZAK kann gem. § 38 Abs. 1 RStV von jeder Landesmedienanstalt angerufen werden, die sich zwingend mit der Beanstandung auseinanderzusetzen hat. Ein spezifischer Maßstab für die Programmbeobachtung der ZAK ist im RStV nicht bestimmt. § 38 Abs. 2 S. 1 RStV verweist insoweit nur auf die „Bestimmungen dieses Staatsvertrags“, sodass als Maßstab nur die Programmgrundsätze der §§ 3, 6 und 25 Abs. 2 und 41 RStV in verfassungskonformer Auslegung in Frage kommen. Für Regionalsender gelten neben den allgemeinen Programmgrundsätzen der §§ 3 und 6 RStV ausschließlich das jeweilige Landesrecht.

In den Landesmediengesetzen findet sich meist eine allgemeine Aufgabenbeschreibung für die Landesmedienanstalt, das Programm zu beobachten,[927] sowie die Einhaltung von RStV, Landesmediengesetz und der Zulassungsbedingungen, einschließlich etwaiger Auflagen, sicher zu stellen.[928] Soweit sich keine ausdrückliche Ermächtigung zur Programmaufsicht findet, ergibt sich diese Aufgabe aus der verfassungsrechtlich notwendigen Rolle der Medienanstalten als „externe Aufsicht“[929] im Rahmen der positiven Ordnung.[930]

---

[926] Zur Entwicklung des Rundfunkkonzentrationsrechts bis zum geltenden Zuschaueranteilsmodell siehe Hahn/Vesting – *Trute,* Rundfunkrecht, § 25 Rn. 95.

[927] Vgl. § 11 Abs. 2 Nr. 12 BayMG, § 42 Nr. 5 LMG-RP.

[928] Z.B. § 30 Abs. 2 LMG-BW, § 88 Abs. 4 LMG-NRW,

[929] BVerfGE 73, 118 (164) – *Niedersachsen.*

[930] *Bumke* spricht von einer gesetzlich nicht einheitlich fixierten „Daueraufgabe“, *Bumke,* Landesmedienanstalten, S. 39.

Mangels konkreter Beschreibung des Kontrollumfangs hinsichtlich der Meinungsvielfalt bezieht sich der Aufsichtsumfang auf die gesetzlichen Vorschriften in verfassungskonformer Auslegung. Vorrangig also ist der in der Rechtsprechung des Verfassungsgerichts ausgeformte Begriff der Meinungsvielfalt. Insbesondere bestimmt der „Grundstandard gleichgewichtiger Vielfalt"[931] das Anforderungsprofil, nach dem die Landesmedienanstalten das Gesamtprogramm zu bewerten haben. An zweiter Stelle kommen die einfachrechtlichen Konkretisierungen, soweit sie als „Hilfsbegriffe"[932] die verfassungsrechtliche Anforderung konkretisieren.[933]

Die laufende Programmbeobachtung unterliegt also, kurz gesagt, keinerlei konkreteren Anforderungen, als es die Verfassungsrechtsprechung und die allgemeinen Programmgrundsätze vorgeben. Dies ist nicht so ganz schlüssig, denn das System des Außenpluralismus sieht gerade vor, dass die Vielfalt auf einem niedrigeren Niveau durch die Summe aller privaten Veranstalter erreicht wird. Damit stößt sie an praktische Grenzen. Zum einen fehlt es also an einer Konkretisierung des „Grundstandards", der denklogisch von den Anforderungen der obigen Programmgrundsätze, die jeden Veranstalter individuell treffen, verschieden ist. Zum anderen fällt bei tatsächlich festgestelltem Nichterreichen des Grundstandards der individuelle Adressat aus.[934] Den Landesmedienanstalten wurde also vom Gesetzgeber nicht nur ein subsumptionsfähiger Maßstab als taugliche Rechtsgrundlage verweigert. Selbst wenn es ihn gäbe, könnten sie ihn nicht zur formal-repressiven Aufsicht mangels Adressaten verwenden. Es nimmt daher nicht Wunder, dass die repressive Programmaufsicht nur mit größter Zurückhaltung ausgeübt wird bzw. sich wohl vollständig auf die konkreteren Jugend- und Ehrschutzregelungen, sowie deutliche Verstöße gegen die Menschenwürde verlagert hat.[935] Bei Bedenken hinsichtlich einseitiger Berichterstattung sowie generellen Tendenzen, die die Meinungsvielfalt im Privatrundfunk insgesamt beeinträchtigen könnten, hat sich in der Praxis, wenn überhaupt, der informelle Hinweis als „kleiner Dienstweg" durchgesetzt.[936] Es ist jedenfalls – soweit ersichtlich – bundesweit zu keiner einzigen Beanstandung wegen Verstoßes gegen programmliche Pluralismusanforderungen gekommen.[937] Dabei wäre

---

[931] BVerfGE 73, 118 (159) – *Niedersachsen*.
[932] Darauf weist *Dörr*, ZUM 1997, 337 (355), nachdrücklich hin.
[933] So auch *Bumke*, Landesmedienanstalten, S. 379.
[934] Siehe oben C.II.1.g).
[935] Hahn/Vesting – *Rossen-Stadtfeld*, Rundfunkrecht, § 25 Rn. 74 spricht sogar von „Selbstlähmung der Medienaufsicht".
[936] Dazu mit einer ausführlichen Analyse zum Spannungsverhältnis von Verwaltungsverfahren und Beratungsfunktion *Baars*, Kooperation und Kommunikation, S. 278 ff.
[937] Das unterstreicht auch Hahn/Vesting – *Rossen-Stadtfeld*, Rundfunkrecht, § 25 Rn. 72.

nach dem Sanktionensystem der Landesgesetze, sowie nach § 38 Abs. 2 S. 1 RStV als „geeignete Maßnahme“ in der Regel eine Beanstandung möglich, teilweise bei wiederholter Verletzung von Vielfaltsvorgaben sogar ein Lizenzentzug.

Die Landesgesetze sehen grundsätzlich die Beanstandung als mildere Maßnahme vorrangig vor, was im Sinne des Verhältnismäßigkeitsgrundsatzes auch für die Reihung der Maßnahmen der ZAK gem. § 38 Abs. 2 S. 2 RStV gilt. Ein Widerruf der Lizenz ist aber möglich, wenn es sich um einen schweren Rechtsverstoß handelt und der Anbieter den Rechtsverstoß auf die Beanstandung hin nicht einstellt. Liegt also in dem konkreten Inhalt des Anbieters ein Rechtsverstoß gegen die Vielfaltsvorgaben der Landesmediengesetze oder der konkreten vielfaltssichernden Zulassungsauflagen, so ist ein Lizenzentzug prinzipiell möglich.[938] In Sachsen wird sogar ausdrücklich die Möglichkeit des Lizenzentzuges bei Verstoß gegen die Ausgewogenheits- und Vielfaltsverpflichtungen gem. § 41 Abs. 2 Nr. 4 i.V.m. §§ 15, 16 SachsLMG vorgesehen. Dass es bislang auch nicht einmal zu einer Beanstandung kam, liegt also nicht an einer fehlenden Rechtsgrundlage, sondern an den vorgeschalteten ungeeigneten Vielfaltsanforderungen und der nur zu verständlichen Unsicherheit der Landesmedienanstalten in der Anwendung dieser Vorgaben auf den einzelnen Anbieter. Es ist also festzustellen, dass die Vielfaltssicherung in der Programmaufsicht in Form des vom Verfassungsgericht ausdrücklich geforderten „Grundstandards gleichgewichtiger Vielfalt“ systematisch nicht funktionsfähig ist und sich bestenfalls in der Sphäre außerverfahrensmäßiger und informeller Absprache abspielt.[939]

Unabhängig von der Programmbeobachtung, aber mit sicherlich großen Auswirkungen und Bezügen ist die von den Landesmedienanstalten in ihrer Arbeitsgemeinschaft (ALM) seit 1998 vorgenommene Zeitreihenstudie, die in den Jahresberichten der ALM veröffentlicht werden. Dabei handelt es sich um programmlich-inhaltliche Analysen von acht deutschsprachigen,[940] bundeswei-

---

[938] BayMG § 26 Abs. 1 Nr. 4, § 33 Abs. 2 Nr. 2 BremLMG, § 21 Abs. 2 Nr. iV.m. § 18 Abs. 2 Nr. 3 i.V.m. § 3 BremLMG § 11 Abs. 2, § 11 Abs. 4 Nr. 2 HessPRG, § 120 Abs. 1 NR. 4 LMG-NRW, § 27 Abs. 6 Nr. 1 LMG-RP, § 21 Abs. 2 NR. 3, §§ 20 Abs. 2, 22 LMG-MV, § 60 Abs. 2 Nr. 1 i.V.m § 16 Abs. 1; § 12 Abs. 2 i.V.m. §§ 15, 16 NMedG, § 48 Abs. 2 Nr. 5 i.V.m. 18, 19 SaarLMG, § 41 Abs. 2 Nr. 4 i.V.m. § 15 LMG-Sachs, § 10 Abs. 1, 3 Nr. 3 i.V.m. § 12, 13 ThürLMG.

[939] So auch *Vesting,* in: FS Herrmann, S. 181 (189). Und oben C.II.2.b)aa).

[940] Dies ist kritisch zu bewerten, da die Vielzahl fremdsprachiger, aber für Rezipienten in Deutschland konzipierter Programme für die Meinungsvielfalt relevant sind, vgl. auch dazu *KEK*, Konzentrationsbericht 2006, S. 30. Mit Blick auch hinsichtlich einer europäischen Medienkonzentration kritisch *Gounalakis/Zagouras*, AfP 2006, 716 (722).

ten Vollprogrammen, die durch halbjährliche Stichproben aktualisiert werden.[941] Die Studie wird im Auftrag der ALM durch das Göttinger Institut für Medienforschung (ImGÖ) erstellt, das auch kleinere Forschungsaufträge wie die Inhaltsanalyse der Regionalfenster von RTL und Sat1 durchführt.[942] Ausweislich des Jahresberichts der ALM hat diese Forschung starke Bezüge zur Aufsichtsarbeit der Landesmedienanstalten und soll diese unterstützen.[943] Diese Programmforschung analysiert die Programmgestaltung auf äußerst detaillierte Weise und bietet insbesondere durch die halbjährlichen Stichproben ein relativ genaues und aktuelles Bild der beobachteten Anbieter.

Auch wenn diese Erkenntnisse durchaus geeignet sind, Rückschlüsse auf den Zustand der Meinungsvielfalt im Privatrundfunk zu geben, reichen sie für die notwendige Sicherung der Meinungsvielfalt nicht aus. Zum einen handelt es sich primär um eine Programmanalyse, die sicherlich Elemente und Hilfsbegriffe der Meinungsvielfalt verwendet, vor allem aber sekundengenaue Vermessung der Programminhalte nach Basiskategorien[944] und eine Themen- und Beitragsanalyse[945] vornimmt. Zum anderen reicht das Spektrum der Analyse nicht aus. Die verfassungsrechtliche Anforderung des „Grundstandards gleichgewichtiger Vielfalt" bezieht sich ja nicht etwa nur auf die acht reichweitenstärksten Privatrundfunkangebote. Insofern ist die Integration der programmbegleitenden Forschung in eine Programmbeobachtung anhand konkretisierter Vielfaltskriterien durchaus lohnend, für sich genommen aber nicht ausreichend. Sie stellt sich vielmehr als eine von mehreren Stufen einer noch zu schaffenden effektiven Vielfaltssicherung in der Programmbeobachtung dar. Was in der kontinuierlichen Programmforschung der ImGÖ allerdings eher am Rande betrachtet wird,

---

[941] Untersucht werden ARD/Das Erste, ZDF, Sat1, ProSieben, Kabeleins, RTL, RTL II und Vox. Keine Berücksichtigung finden Programme, die „noch nicht etabliert" (DMAX, NBC Europe, letzteres ist gerade bei Jugendlichen sehr beliebt!) sind und die ebenfalls in Deutschland ausgestrahlten fremdsprachigen Vollprogramme (u.a. Fox Türk, MITV), siehe Frühjahrsbericht 2007, S. 3 in: ALM Jahresbericht 2007.

[942] Studie im Rahmen der kontinuierlichen Programmforschung für die Arbeitsgemeinschaft der Landesmedienanstalten, zuletzt Göttingen 2006.

[943] Vgl. exemplarisch *ALM*, Jahresbericht, S. 60. Dass die Unterstützung auch tatsächliche Auswirkungen hat lässt sich an den Ergebnissen der ersten Studie zu den Regionalfenstern von RTL und Sat1 von 2004 ablesen. Diese kam zu dem Ergebnis, dass der Informationsanteil stark gesunken war, und der Anteil originär regionaler Berichterstattung unter 50% lag. Nach einem informellen Hinweis und der Drohung, das Regionalfenster als Abzugspunkt in der Zuschaueranteilsquote zu verlieren, haben die Sender entsprechend reagiert. Dazu ausführlich *ALM*, Jahresbericht , S. 18 f.

[944] Fiktionale und non-fiktionale Unterhaltung, sowie Fernsehpublizistik, siehe *ALM*, Jahresbericht, S. 203.

[945] Es wird vor allem die publizistische Relevanz, Themengenerierung und publizistische Qualität der Beiträge untersucht, *ALM*, Jahresbericht, S. 203.

ist die tatsächliche Auswirkung der Rundfunkinhalte auf die öffentliche Meinungsbildung. Insofern wäre im Sinne der oben vorgeschlagenen effektiven Meinungsvielfalt eine Verknüpfung der Erkenntnisse mit Daten der GfK/AGF sinnvoll, die dann allerdings zusätzlich aufbereitet und ausgewertet werden müssten.[946]

Zusammenfassend lässt sich feststellen, dass die laufende Programmbeobachtung, trotz ihrer funktional zentralen Stellung, nur unzureichend durch den Gesetzgeber in der positiven Ordnung geregelt wurde. Dem vom Verfassungsgericht mit eindringlichen Worten geforderten „eindeutigeren, auf erhebliche und damit klar erkennbare und belegbare Mängel konzentrierten Maßstab"[947] ist hier nicht Rechnung getragen worden. Die Hilfsbegriffe und Hilfsmittel, derer sich die Landesmedienanstalten innerhalb des materiell wie verfahrensmäßig übergroßen Beurteilungsspielraumes bedienen, deuten die Notwendigkeit eine stringenteren Normierung an. Dass die Programmkontrolle aber nicht gänzlich wirkungslos ist, zeigt die Debatte im August 2007 um die Einstellung von Nachrichtenformaten, u.a. „Sat1 am Mittag." Nach ausführlicher Kritik von Politikern aller Lager,[948] äußerte die nicht zuständige Landesmedienanstalt des Saarlands die Auffassung, dass durch die Einstellung der Informationsanteil zu gering sei, und daher Sat1 im Status von einem Voll- auf ein Spartenprogramm durch die zuständige Landesmedienanstalt Rheinland-Pfalz zurückgestuft werden müsse. Dies hätte empfindliche Konsequenzen, vor allem einen niedrigeren Rang in der Kabelbelegungsreihenfolge, gehabt und hätte sich vor allem auf die Werbeeinnahmen von Sat1 dramatisch ausgewirkt. Auch die Landesmedienanstalt Rheinland-Pfalz wollte die Lizenzkriterien, nach denen ein Vollprogramm anzubieten sei, überprüfen.[949] Sie stellte allerdings fest, dass der Informationsanteil mit 23% rund 4% über dem Anteil des Zeitpunktes der Lizenzierung im Jahr 2000 lag.[950] Zu diesem Informationsanteil rechnete die LMK jedoch auch Infotainment und stark unterhaltungsgeprägte Formate wie „Automagazin" und „24 Stunden". Etwas hilflos verwies die LMK hierzu auf fehlende gesetzliche Vorgaben für den Begriff der Information.[951] Der Streit hierzu zeigt

---

[946] Dazu oben ausführlich unter B.VII.4.

[947] BVerfGE 73, 118 (159) – *Niedersachsen.* Darauf weist auch *Mailänder*, AfP 2007, 297 (298) hin.

[948] Vgl. epd-medien 2007, Nr. 56, S. 7; epd-medien 2007, Nr. 57, S. 21.

[949] Vgl. die Aussagen von *Manfred Helmes* (LMK) in epd-medien 2007, Nr. 56, S. 7.

[950] Siehe die Stellungnahme der LMK gem. § 38 Abs. 3. S. 2 RStV vom 30. Juli 2007.

[951] *Manfred Helmes* (LMK): „Wenn die Gesellschaft von den privaten Rundfunkveranstaltern mehr „harte" Nachrichten, z.B. aus den Bereichen Politik, Kultur und Wirtschaft verlangen will, muss sie dies im Rundfunkstaatsvertrag deutlich sagen", epd-medien 2007, Nr. 59, S. 10.

jedoch, dass die Möglichkeiten für eine effektive Kontrolle einschließlich notwendiger Druckmittel durchaus vorhanden sind.

Anders als in anderen Bereichen, in denen materiell weniger bestimmte Vielfaltsvorgaben geprüft werden, fehlt es im Bereich der Programmbeobachtung allerdings an grundrechtssichernder Organisation und Verfahren. Hier lässt sich im Ergebnis ein Unterlassen der gesetzgeberischen Ausgestaltungsverpflichtung feststellen, das nicht mehr durch den Ausgestaltungsspielraum gedeckt ist. Das derzeitige „pragmatische `muddling through`"[952] ist nicht akzeptabel und daher – dringend – mit den verfassungsmäßig erforderlichen materiellen, organisatorischen und Verfahrensregelungen durch den Gesetzgeber abzustützen.

bb) Maßnahmen bei vorherrschender Meinungsmacht

Die Vermeidung vorherrschender Meinungsmacht bzw. des einseitigen Einflusses einzelner gesellschaftlicher Gruppen oder Kräfte wurde bereits relativ früh als vordringliche Aufgabe des Gesetzgebers durch das Bundesverfassungsgericht festgelegt.[953] Das mit dem ersten Rundfunkstaatsvertrag 1991 eingeführte und seit dem 3. Rundfunkänderungsstaatsvertrag mit dem Zuschaueranteilsmodell arbeitende Medienkonzentrationsrecht hat sich seitdem als wichtigste Säule der Pluralismussicherung im Privatrundfunk etabliert. Dies liegt nicht zuletzt daran, dass es sich auf einen bestimmten Aspekt der Vielfaltssicherung, nämlich die Anbietervielfalt, konzentriert und den unbestimmten Rechtsbegriff der vorherrschenden Meinungsmacht in § 26 Abs. 1 RStV in einer Vielzahl von Entscheidungen daraufhin präzisiert hat.[954]

(1) Der Begriff der vorherrschenden Meinungsmacht des RStV und die verfassungsrechtliche Meinungsvielfalt

Der Begriff der vorherrschenden Meinungsmacht wurde durch das Verfassungsgericht in der Entscheidung *Niedersachsen* zuerst geprägt und mit dem 3. Rundfunkänderungsstaatsvertrag ins einfache Recht übernommen.[955] Er ist wie derjenige der Meinungsvielfalt ein unbestimmter Rechtsbegriff, der der Auslegung bedarf.[956] In der Auslegung des Verfassungsgerichts ist die vorherrschende Meinungsmacht ein besonderer Fall der einseitigen, in hohem Maße ungleichgewichtigen Einflussnahme einzelner Veranstalter oder Programme auf die

---

[952] So bildhaft Hahn/Vesting – *Rossen-Stadtfeld*, Rundfunkrecht, § 25 Rn. 35.

[953] BVerfGE 57, 295 (323) – *FRAG*; BVerfGE 73, 118 (160) – *Niedersachsen*; BVerfGE 95, 163 (172) – *DSF*.

[954] Siehe dazu die Entscheidungen der KEK, abrufbar unter www.kek-online.de.

[955] Vgl. BVerfGE 73, 118 (160) – *Niedersachsen*. Zur Entstehungsgeschichte Hahn/Vesting – *Trute*, Rundfunkrecht, § 26 Rn. 10 ff.; *Dörr*, in: FS Mailänder, S. 481 (486).

[956] *Dörr*, Wieviel Macht verträgt die Vielfalt?, S. 8.

öffentliche Meinungsbildung.[957] Es handelt sich also um eine tatsächliche Beeinträchtigung der Leistungsanforderung des Gesamtsystems Rundfunks. Anders als der Grundstandard gleichgewichtiger Vielfalt, der die positiv herzustellenden, inhaltlichen Pluralismusanforderungen an den Privatrundfunk herabsetzt, gilt das Verbot der einseitigen Beeinflussung der öffentlichen Meinungsbildung absolut und ohne Privilegierung des Privatrundfunks. Auch ein bisschen vorherrschende Meinungsmacht ist also schon zuviel.

Dies wird von Seiten des Verfassungsgerichts noch dadurch unterstrichen, dass die zu schaffende „positive Ordnung" nicht nur die tatsächliche Beeinträchtigung der Meinungsvielfalt durch vorherrschende Meinungsmacht zu verhindern hat, sondern bereits präventiv im Vorfeld Tendenzen zur Konzentration im Rundfunk entgegen treten muss, um ihren Missbrauch zur einseitigen Beeinflussung zu verhindern, da eingetretene Fehlentwicklungen nur schwer zu beseitigen sind, von den dann bereits eingetretenen Schäden für die freiheitlich-demokratische Grundordnung ganz zu schweigen.[958]

Diese verfassungsrechtlichen Vorgaben hat der Gesetzgeber in den §§ 26 ff. RStV umgesetzt. Auch dort wird der Begriff der vorherrschenden Meinungsmacht verwandt, allerdings setzt dieser keine (nachgewiesene) Beeinträchtigung der Meinungsvielfalt voraus. Der Begriff des § 26 Abs. 1 RStV geht also, anders als der verfassungsrechtliche Begriff, von einer konzentrationsrechtlichen Position im Meinungsmarkt aus, die eine einseitige Beeinflussung *möglich* oder *wahrscheinlich* macht und stützt sich also vordringlich auf den Präventionsgedanken. Dies bedeutet aber nicht, dass vorherrschende Meinungsmacht im verfassungsrechtlichen Sinne nicht auch ohne eine solche Marktposition möglich wäre.[959] Diese Erkenntnis ist entscheidend für die Auslegung des Merkmals der vorherrschenden Meinungsmacht, der Vermutungsregeln des § 26 Abs. 2 RStV und der medienverwandten relevanten Märkte, wie noch zu zeigen sein wird.

(a) Das Zuschaueranteilsmodell als Grundlage der Konzentrationsermittlung

Grundlage und Kenngröße zur Feststellung der Meinungsmacht ist die Zuschaueranteilsquote. Sie kann als „quantitative Chiffre für Medienwirkungen" bezeichnet werden.[960] Es ist aber eben nur eine „quantitative" Chiffre, und als

---

957 BVerfGE 73, 118 (160) – *Niedersachsen*. Dazu auch *Hain*, MMR 2000, 537 (540).

958 St. Rspr. seit Bestehen der dualen Rundfunkordnung, vgl. BVerfGE 57, 295 (323) – *FRAG*; BVerfGE 73, 118 (160) – *Niedersachsen*.

959 Ähnlich *Dörr*, AfP-Sonderheft 2007, 33 (37).

960 So etwa Hahn/Vesting – *Trute*, Rundfunkrecht, § 26 Rn. 40.

solche stellt sie ebenfalls nicht auf eine tatsächliche Beeinträchtigung ab, sondern soll als Gradmesser für die Wahrscheinlichkeit möglicher Beeinträchtigungen der Meinungsvielfalt dienen. Ihr liegt also die Logik zugrunde, dass die vorherrschende Meinungsmacht nur bei einem relativ hohen Niveau der quantitativen Kontakte zwischen Rezipienten und Inhalt möglich ist.[961] Das Penetrationsniveau als Kenngröße für Meinungsbeeinflussung ist natürlich nur eine von mehreren Faktoren. Die Wirkung der Medien insgesamt hängt, wie oben dargelegt, von vielerlei Momenten ab.[962] Wichtige Ebenen wie die inhaltlich-qualitativen Merkmale, aber auch der Quellenpluralismus, sowie die gesellschaftlichen Rückkopplungs- und Verstärkermomente durch Beeinflussung und Adressierung bestimmter Zuschauersegmente, ist in der allgemeinen Zuschaueranteilsquote nicht enthalten.[963] Diese Schwäche ist aber auch zugleich ihre Stärke. In der Tat bildet sie nicht die Nutzung der Medien im Hinblick auf ihre Wirkung ab, bewegt sich mit der relativen Kontaktzahl aber auf der wohl gesichertsten Grundlage der Medienwirkungsforschung.[964] Denn auch wenn man an der Zuschaueranteilsquote als absolute Größe zweifeln mag, ist sie eine notwendige Bedingung für tatsächliche negative Beeinflussung der Meinungsvielfalt. Die simple Gleichung lautet daher: Ohne Zuschauer keine Wirkung und ohne große Zuschaueranteilsquote keine Meinungsmacht.[965] Die oben untersuchten weiteren Faktoren, insbesondere zur Agenda-Setting-Funktion, aber auch der Kultivierungsfunktion, sind Elemente vorwiegend programmlich-inhaltlicher Natur, die im Rahmen der laufenden Programmkontrolle zu überwachen sind und daher systematisch nicht zur Konzentrationskontrolle gehören. Durch die Begrenzung auf die quantitative Messung der Anteile am Zuschauerinteressenmarkt steht die Konzentrationskontrolle auf der Schnittstelle zwischen der ökonomischen Marktregulierung des GWB und der inhaltlich ausgerichteten Pluralismussicherung des RStV.[966] Die besondere Effektivität des Medienkonzentrationsrechts für die Pluralismuskontrolle ergibt sich damit aus der Begrenzung auf einen kleinen Ausschnitt unter Ausklammerung möglicher Randerscheinungen. So kann sich die segmentierte Pluralismuskontrolle selbst struktu-

---

[961] Siehe dazu auch *Holznagel/Dörr/Hildebrand,* Elektronische Medien, S. 204.
[962] Vgl. oben ausführlich B.III.1.
[963] Darauf weist insbesondere hin *Mangold*, in: EMR, Einschaltquoten, S 29 ff.
[964] Vgl. auch Hahn/Vesting – *Trute*, Rundfunkrecht, § 26 Rn. 40.
[965] Ähnlich *Pfeifer*, Vielfaltssicherung, S. 28.
[966] Deshalb hebt auch *Hasebrink* hervor: „Man behauptet ja nicht etwas über vorhandene ökonomische Strukturen, sondern man behauptet etwas über kommunikative Prozesse", vgl. *Hasebrink*, in: DLM, Medienrelevante verwandte Märkte, S. 54. Zur Schnittstellenfunktion auch *Lange*, Media-Perspektiven 11/2005, 546 (551).

rieren und die ihnen an die Hand gegebenen Tatbestandmerkmale konkretisieren.[967]

Die Zuschaueranteilsquote ist diejenige Quote, die ein Programm in den letzten zwölf Monaten vor Einleitung eines Verfahrens gem. § 27 Abs. 1 S. 2 RStV vor der KEK erreicht hat. Die Kennzahl der Zuschaueranteilsquote wird durch die GfK/AGF ermittelt, da eine Beauftragung mit öffentlichen Ausschreibung gem. § 27 Abs. 2 RStV noch nicht erfolgt ist und insoweit die Übergangsregelung des § 34 RStV zum Tragen kommt.[968]

Inhalt und Grenzen dessen, was „Programm" ist und wer es im Sinne der Zuschaueranteilsquote sieht, hat wesentliche Auswirkung auf die Effektivität der Konzentrationskontrolle und damit auf die Sicherung der Meinungsvielfalt. Hier sind die gesetzgeberischen Vorgaben erstaunlich eng. Entgegen der sonst üblichen weiten Vorgaben für die Pluralismussicherung durch die Exekutive, man denke nur an den Programmauftrag, stellt § 27 Abs. 1 S. 1 deutlich klar: Ermittelt wird der Zuschaueranteil aller deutschsprachigen Programme des öffentlich-rechtlichen und des bundesweiten, privaten Rundfunks.

Dass dieser grobe Holzschnitt nicht im Mindesten die Erkenntnisse der Medienwirkungsforschung widerspiegelt, ist augenfällig. Selbst wenn man nicht mit der Erkenntnis der Medienwirkungsforschung arbeitet, sondern die ebenfalls holzschnittartige Erkenntnis des BVerfGE von der „Breitenwirkung, Aktualität und Suggestivkraft"[969] heranzieht, wird die fehlende Differenzierung deutlich.[970] Es zählt nur, wie lange und wie viel eingeschaltet wurde.[971] Dabei ist diese Beschränkung nicht selbstverständlich. So hat die unterschiedliche Behandlung von Voll- und Spartenprogrammen, Free- und Pay-TV in den Auswahlgrundsät-

---

[967] Oben C.II.2.b)bb). Deshalb hebt auch *Dörr* hervor, dass das Merkmal der „vorherrschenden Meinungsmacht" zwar wohl schwer zu konkretisieren sei, dieses aber durchaus mit den üblichen juristischen Auslegungsmethoden möglich ist, insbesondere unter systematischem Rückgriff auf die Wertungen des § 26 Abs. 2 RStV, vgl. *Dörr*, AfP-Sonderheft 2007, 33 (37).

[968] Siehe *Dörr*, AfP-Sonderheft 2007, 33 (35). Kritisch zur Übernahme der privatwirtschaftlichen Ermittlung zulassungsrelevanter Daten *Schellenberg*, Rundfunk-Konzentrationsrecht, S. 46.

[969] BVerfGE 90, 60 (89) – *Gebührenurteil*; BVerfGE – *Gebührenurteil II*, 1 BvR 2270/05 vom 11. September 2007, Rn. 116.

[970] Vgl. z.B. *Hasebrink*, Zuschaueranteilsmodell und Pay-TV, S. 46, der vor allem den Onlinemedien inzwischen eine erhebliche Suggestivkraft zuschreibt.

[971] Deutlich dazu Entscheidung der KEK vom 10.1.2006, Az.: 293-1, S. 79. Auch in diesen Kennzahlen gibt es wesentliche Teile der Fernsehnutzung, die gar nicht einbezogen werden, u.a. Außerhaus-Nutzung, in Krankenhäusern, öffentlichen Orten, Heimen, in anderen Privathaushalten etc. Der Anteil dieser Nutzung wird auf ca. 5% der Gesamtnutzung geschätzt. Vgl. zum ganzen ausführlich *Darkow*, Fernsehzuschauerforschung, S. 134.

zen der Landesmediengesetze eine schon längere Tradition.[972] Auch die Differenzierung nach Programmarten, Zielgruppen und Sprache des Programms spielen für die Auswahlgrundsätze, die Programmgrundsätze und die Kabelbelegungsvorschriften eine Rolle.[973] Die Rechtfertigung für diese Beschränkung des Maßstabes liegt in der begrenzten Aufgabe des Konzentrationsrechts im System der Sicherung der Meinungsvielfalt. Ihre Aufgabe ist es der „Konzentration im Rundfunk"[974] frühzeitig unter Verwendung von Gefahrannahmen entgegen zu steuern und damit die besonders großen Schäden für die Meinungsvielfalt bei einem Ausnutzen vorherrschender Meinungsmacht bereits im Vorfeld zu verhindern. Anders als die inhaltsbezogene Programmkontrolle und die ebenfalls mit Inhalten befassten Systeme der Auswahlregeln und Kanalbelegung ist die Konzentrationskontrolle quasi die Grobsteuerung der Sicherungsmechanismen der Meinungsvielfalt. Möglicherweise ist die Zuschaueranteilsquote in Zukunft als „Chiffre für die Medienwirkung" zu grob. Dies kann sich aus den gegenläufigen Trends der Segmentierung und Internationalisierung der Gesellschaft ergeben, sodass der Einbezug nur deutschsprachiger Programme nicht mehr die demokratiebezogene und daher gesamtgesellschaftlich verstandene Meinungsvielfalt hinreichend sichern kann.[975] Vor allem aber könnte die Veränderung der Medienlandschaft hin zu mehr Abrufdiensten, Pay-TV[976], Online-Nutzung und mobilen Rundfunkdiensten eine Veränderung und Anpassung der Zuschaueranteilsquote und ihrer Ermittlung als Kennzahl für vorherrschende Meinungsmacht notwendig machen.[977]

Allerdings darf man die Anforderungen nicht zu hoch schrauben: Nicht jede Änderung, die im Bereich der inhaltsbezogenen Pluralismussteuerung relevant ist, muss auch konzentrationsrechtlich erfasst werden.[978] Die besondere Gefährlichkeit von Konzentrationstendenzen im Rundfunk, die „nur schwer, wenn überhaupt rückgängig gemacht werden können", ist nur dann anzunehmen,

---

[972] Dazu oben ausführlich C.II.2.a)bb).

[973] Zu den fehlenden Differenzierungen siehe Hahn/Vesting – *Trute-Vinke*, Rundfunkrecht, § 27 Rn. 5 ff.

[974] BVerfGE 57, 295 (323) – *FRAG*; BVerfGE 73, 118 (160) – *Niedersachsen.*

[975] Schon jetzt für einen Einbezug auch ausländischer Programme Hahn/Vesting – *Trute-Vinke*, Rundfunkrecht, § 27 Rn. 11; in die gleiche Richtung KEK-Entscheidung zu Dogan Media Interantional GmbH 1999, Az.: KEK 069.

[976] Zur „Veredelungsfunktion" von Pay-TV gegenüber Free-TV in der Zuschauerwahrnehmung Hasebrink, Zuschaueranteilsmodell und Pay-TV, S. 19.

[977] Zu den bereits bestehenden neuen Messtechniken instruktiv *Steinmann*, Messinstrumente, S. 84 ff. Aus kommunikationswissenschaftlicher Sicht vor allem *Hasebrink*, Zuschaueranteilsmodell und Pay-TV, S. 11, 13.

[978] Insofern ist der Verweis auf individuelle Sehgewohnheiten zwar sachlich richtig, systematisch aber falsch in *Hartstein/Ring/Kreile/Dörr/Stettner*, Rundfunkstaatsvertrag, B 5, § 26 Rn. 26.

wenn es sich auch um Konzentrationen handelt. Die Vorgaben der Vermutungstatbestände des § 26 Abs. 2 RStV wirken hier im Sinne eines gesetzgeberischen „Leitbildes" durchaus auch auf die Bemessung der Zuschaueranteilsquote zurück.[979] So spricht der Ausgangspunkt des bundesweiten Fernsehens in § 26 Abs. 1 RStV gegen einen Einbezug von nur vereinzelt, eher in Großstädten genutzten mobilen Angeboten.[980] Die Vermutungstatbestände des § 26 Abs. 2 RStV, die von einer Zuschaueranteilsquote von 25% bzw. 30% im bundesweiten Fernsehen ausgehen, lassen wiederum den gesetzgeberischen Willen erkennen, dass die Konzentrationskontrolle weder zielgruppenorientierte noch bestimmte Programmarten gesondert erfassen soll.[981]

(b) Zuschaueranteilsquote und medienverwandte relevante Märkte gem. § 26 Abs. 2 S. 2 RStV

Mit Einführung des Zuschaueranteilsmodells im 3. Rundfunkänderungsstaatsvertrag wurde gleichzeitig das Problem sog. cross-medialer Effekte geregelt.[982] Dies betrifft die besonderen Gefährdungen der Meinungsvielfalt im privaten Rundfunk, wenn ein Unternehmen Inhalte durch mehrere Medien verbreitet und auf diese Weise eine höhere und qualitativ verschiedene Beeinflussungsmöglichkeit erhält. Das Verfassungsgericht sah diese besondere Gefährdungslage vor allem für das Zusammenfallen von Rundfunk und Presse gegeben,[983] mit fortschreitender Konvergenz rücken jedoch alle Medienmärkte ins Blickfeld, wie denn auch das Verfassungsgericht zuletzt feststellte.[984] Wie die Ergebnisse der Medienwirkungsforschung zeigen, stellt insbesondere die Mehrfachverwertung der Inhalte durch Wiederholungs- und Vertiefungseffekte eine besondere Wirkung dar. Insbesondere für Medienwirkungen wie das Agenda-Setting ist dies ein Problem.[985] Längerfristig kann dies auch für die Kultivierungsfunktion

---

[979] Zur Leitbildfunktion des § 26 RStV für die Konzentrationskontrolle ausführlich *Dörr*, AfP-Sonderheft 2007, 33 (37); *Mailänder*, AfP 2007, 297 (301). Gegen eine Anwendbarkeit aber *Ebsen*, Programmfenster, S. 112, der diese Regelung für zu unbestimmt hält.

[980] Dies betrifft z.B. den Fall des sog. Public Viewing bei der Fußballweltmeisterschaft. Sicherlich waren auch diese Angebote als „Außerhausnutzung" pluralismusrelevant, allerdings nicht im konzentrationsrechtlichen Sinne.

[981] Im Ergebnis ebenso *Dörr*, AfP Sonderheft 2007, 33 (37).

[982] Zur Entstehung *Hartstein/Ring/Kreile/Dörr/Stettner*, Rundfunkstaatsvertrag, B 5, § 26 Rn. 1

[983] Vgl. BVerfGE 73, 118 (175) – *Niedersachsen.*

[984] BVerfGE – *Gebührenurteil II*, 1 BvR 2270/05 vom 11. September 2007, Rn. 118, insbesondere mit Bezug zu cross-medialen Effekten, strukturierten Verwertungsketten und veränderten Eigentümerstrukturen.

[985] Dazu bereits oben B.III.2.

der Medien eine große Rolle spielen.[986] So kann durch die ökonomische Nutzung von Größenvorteilen ein cross-medial aufgestelltes Unternehmen die Nutzer durch Einfluss in vor- und nachgelagerten Märkten, weiterführende Information und zeitlich unabhängigen Abruf der nunmehr plattformunabhängig produzierten Inhalte stärker und nachhaltiger durch Inhalte beeinflussen und prägen, als dies bei einer reinen Fernsehnutzung der Fall wäre.[987] Die cross-mediale Verflechtung stellt im Strukturprinzip des Pluralismus daher vordringlich ein Problem des Quellenpluralismus dar.[988]

Diesen Gefahren soll das Konzentrationsrecht in § 26 Abs. RStV begegnen. Gemäß § 26 Abs. 2 S. 2 RStV wird bei Erreichen einer Zuschaueranteilsquote von 25% das Bestehen vorherrschender Meinungsmacht dann angenommen, wenn das Unternehmen auf medienverwandten relevanten Märkten eine marktbeherrschende Stellung hat, oder die Gesamtbetrachtung in allen relevanten Sektoren einem Zuschaueranteil von 30% entspricht. Die Ermittlung einer marktbeherrschenden Stellung wird dabei, mangels anderer gesetzlicher Vorgaben, in Anlehnung an § 19 GWB ermittelt.[989] Die zweite Vermutungsregel des S. 2 setzt dagegen eine Umrechnung der Unternehmensaktivitäten auf Märkten voraus, die andere Medien nutzen und damit im eigentlichen Sinne keine Zuschauer haben. Geht man wieder von der Zuschaueranteilsquote als „Chiffre für Medienwirkungen" aus, so stellt sich die Frage, welche Wirkungen den anderen Medien zukommen und in welchem Verhältnis diese zur Wirkung des Fernsehens stehen. Dieses Problem ist bereits frühzeitig von der KEK erkannt worden. Zur Ermittlung einer wissenschaftlichen Grundlage gab sie ein Gutachten beim Hans-Bredow-Institut, verfasst von *Uwe Hasebrink*, in Auftrag. Zusätzlich nahm sie eine öffentliche Befragung zu dieser Frage vor, der viele Interessenvertreter antworteten.[990] Für eine eigene Stellungnahme oder Festlegung der KEK gab es aber zunächst keinen Anlass.[991]

---

[986] Siehe auch *Pfeifer*, Vielfaltssicherung, S. 58, der dies wohl zutreffend für ein bei Juristen unbekanntes Problem hält.

[987] Hier zeigt sich, dass das Fernsehen ein flüchtiges Medium ist. Dieser Verflüchtigungseffekt wird durch cross-mediale Aufbereitung und entsprechende Angebote aufgehoben und kann die Wirkung eines Rundfunkangebots nachhaltig verstärken. Siehe dazu auch *Hasebrink*, Gutachten, in: DLM, Medienrelevante verwandte Märkte, S. 121 zu Online-Medien. Zusammenfassend auch *Pfeifer*, Vielfaltssicherung, S. 27.

[988] Darauf weist auch *Mailänder*, AfP 2007, 279 (303) hin und fordert deshalb die Entwicklung einer Medienkonzentrationskontrolle.

[989] Hahn/Vesting – *Trute*, Rundfunkrecht, § 26 Rn. 25.

[990] Vgl. *KEK*, Pressemitteilung vom 29. April 2005. Die Antworten sind zusammengefasst in *DLM*, Medienrelevante verwandte Märkte, S. 141 ff. Siehe auch die Fußnote (998) unten.

[991] Vgl. *KEK*, Konzentrationsbericht 2003, S. 375.

(c) Die Entscheidung Axel Springer AG ./. ProSiebenSat1 Media AG

Dieser Anlass kam schließlich doch mit der Entscheidung ProSiebenSat1 Media AG ./. Axel Springer AG vom 10. Januar 2006. In Anlehnung an das Gutachten von *Hasebrink* wählte die KEK einen Verrechungsansatz, der eng an der Logik des Zuschaueranteilmodells blieb.[992] Zunächst untersuchte die KEK die medienrelevanten verwandten Teilmärkte der Axel Springer AG. Dazu wurden die Tageszeitungen, die Programmzeitschriften, die Publikumszeitschriften und die Online-Medien gezählt.[993] Diese Auswahl berücksichtigt die amtliche Begründung zum 3. Rundfunkänderungsstaatsvertrag, die exemplarisch die Märkte Werbung, Hörfunk, Presse, Rechte und Produktion aufzählt.[994] Der Einbezug eines Marktes als medienrelevant verweist auf das kartellrechtliche Bedarfsmarktkonzept. Demnach kommt es auf die funktionale Austauschbarkeit der Produkte bzw. Dienstleistungen innerhalb eines Marktes an. Diese Konkretisierung ist hier allerdings im Lichte der Rundfunkfreiheit zu sehen. Das Bedarfsmarktkonzept ist also insofern zu ergänzen, als es auch die Möglichkeit der Nutzung von Medieninhalten ankommt, die von den Medien für die Vermittlung von Inhalten an Rezipienten konzipiert sind und damit für den Prozess öffentlicher Meinungsbildung von Bedeutung ist.[995] Diese eher weite Auslegung orientiert sich am Schutzzweck des § 26 Abs. 2 S. 2 RStV, der gerade in effektiv gebotener Weise und möglichst bereits im Vorhinein cross-mediale Vermachtungen verhindern soll.

Die Frage der „Verwandtschaft" eines Medienmarktes mit demjenigen des bundesweiten Rundfunks verweist auf die spezifische Wirkung des Rundfunks. Den von *Hasebrink* vorgeschlagenen Kategorien der Reichweite, Nutzungsdauer, Aktualität, Einbettung in Alltagskultur und Kundenbindung,[996] folgte die KEK hierzu nicht. Ihre Entscheidung orientierte sich an den verfassungsrechtlichen Vorgaben der „Suggestivkraft, Breitenwirkung und Aktualität" des Fernsehens als Rechtfertigungsgrundlage der Rundfunkregulierung.[997] Damit reagierte

---

992 Vgl. *Hasebrink,* Gutachten, in: *DLM*, Medienrelevante verwandte Märkte, S. 96.

993 Entscheidung KEK vom 10.1.2006 Az.: 293-1.

994 Abgedruckt bei *Hartstein/Ring/Kreile/Dörr/Stettner*, Rundfunkstaatsvertrag, A 2.1, zu § 26, S. 11.

995 Entscheidung KEK vom 10.1.2006 Az.: 293-1, S. 80.

996 *Hasebrink*, Gutachten, in: *DLM*, Medienrelevante verwandte Märkte, S. 131, der aber auch betont, dass es keine wissenschaftlich festzulegenden Schwellenwerte gäbe und eine Festlegung von Seiten der Politik notwendig sei, aaO. S. 96. Aus Sicht des Verfassungsrechts erklärend *Dörr*, in: FS Mailänder, S. 481 (492).

997 Entscheidung KEK vom 10.1.2006 Az.: 293-1, S. 81; siehe BVerfGE 90, 60 (89) – *Rundfunkgebührenurteil*; bestätigt und ausgeführt in BVerfGE – *Gebührenurteil II*, 1 BvR 2270/05 vom 11. September 2007, Rn. 116. Für eine besonders hohe Begründungslast anhand aller Kriterien der Medienwirkungsforschung dagegen *Hartstein/Ring/Kreile/Dörr/Stettner*,

die KEK vor allem auf die geforderte Umrechnung in eine Zuschaueranteilsquote. Eine absolute Ermittlung der Medienwirkung jedes einzelnen Mediums, einschließlich besonderer Rezipientenwechselwirkungen, war damit nicht zulässig.[998] Die Ermittlung der medienspezifischen Wirkung musste sich daher an der Vorgabe des Zuschaueranteilmodells orientieren, dessen Grundannahme der Medienwirkung des Rundfunks sich auf die Beurteilung des Verfassungsgerichts stützen konnte.[999] Entgegen mancher Kritik war damit die Ermittlung des umgerechneten Zuschaueranteils der verwandten Märkte äußerst vorsichtig und in strenger Anlehnung an die Vorgaben des Verfassungsgerichts.[1000]

Nach einem ausführlichen Vergleich der einzelnen Medien mit dem Rundfunk hinsichtlich der Merkmale Aktualität, Breitenwirkung und Suggestivkraft kam die KEK zu dem Ergebnis, dass die Tageszeitungen im Verhältnis zum Rundfunk 2/3 der Wirkung, die Programmzeitschriften 1/7, die Publikumszeitschriften zu 1/10, die Anzeigenblätter überhaupt nicht, der Hörfunk 1/2 und die Online-Medien immerhin ebenfalls 1/2 erzielen könnten.[1001] Dieser „Umrechnungsfaktor" wurde auf den jeweiligen Marktanteil innerhalb des Mediums angewandt. Für die Tageszeitungen ergab sich daher aus einem Marktanteil von 25%, eine umgerechnete Zuschaueranteilsquote von 17%, für die Programmzeitschriften bei 29% Marktanteil eine Zuschaueranteilsquote von 4%, für die Publikumszeitschriften bei 8,16% eine Zuschaueranteilsquote von 1%, für die Online-Medien bei 5,7% eine Zuschaueranteilsquote von 3%.

Rundfunkstaatsvertrag, B 5, § 26 Rn. 26; siehe auch *Holznagel/Dörr/Hildebrand*, Elektronische Medien, S. 204.

[998] Und damit auch die Mehrzahl der Vorschläge im Rahmen der öffentlichen Befragung nicht umsetzbar, die auf einen zu wertenden Einzelfall abstellten (*Albrecht Hesse* für ARD, in: *DLM*, Medienrelevante verwandte Märkte, S. 149), ebenso *Hain*, aaO. 355, ähnlich wohl *Kogel* für Constantin Film, aaO. 254, und *Holtz-Bacha*, aaO. S. 304; für eine wirtschaftlich orientierte Marktabgrenzung, *Böge* für BKartAmt, aaO. S. 229; faktisch gegen den Einbezug medienrelevanter verwandter Märkte APR aaO. S. 152; ähnlich BDZ, aaO. 238; erstaunlich ähnlich mit Abweichungen eher im Detail dagegen *Holznagel* für Axel Springer, aaO. S. 192 ff.; ebenso *Gersdorf*, aaO., S. 297; mit interessantem „Kreismodell", das aber auf den Inhalt der Medien abstellt, was gerade bei der Zuschaueranteilsquote nicht der Fall ist, EMR, aaO., S. 284.); bereits früh für eine Einzelfallbetrachtung, allerdings mit Sorgen vor dem Vergleich von „cineastischen Äpfeln mit televisionären Birnen" *Kreile/Stumpf*, MMR 1998, 192 (195).

[999] Zur Leitbildfunktion des § 26 Abs. 2 RStV und damit auch des Zuschaueranteilmodells ausführlich *Dörr*, AfP-Sonderheft 2007, 33 (37) und *Dörr/Schiedermair*, Kohärentes Konzentrationsrecht, S. 23 f.; weitergehende Hinweise bei *Holznagel/Dörr/Hildebrand*, Eletronische Medien, S. 204.

[1000] Vgl. die unsachliche Kritik bei *Bornemann*, MMR 2006, 275 (279). Auch unschön *Säcker*, K&R 2006, 49 (52). Besonders unschön *Engel*, ZUM 2005, 776 (778).

[1001] Entscheidung der KEK vom 10.1.2006, Az.: 293-1, S. 90 – 99.

Diese umgerechnete Zuschaueranteilsquote aller medienrelevanten verwandten Märkte der Axel Springer AG ergab damit 25%. Zusammen mit der Zuschaueranteilsquote der ProSiebenSat1 Media AG von 22% ergab sich ein Marktanteil von 47%, was weit über der absoluten Grenze der 30% gem. § 26 Abs. 2 S. 2 RStV lag. Auch nach Abzug der vielfaltsverstärkenden Regionalfenster und Drittsendezeiten ergab sich noch immer ein kumulierter Zuschauermarktanteil von 42%,[1002] sodass die Beteiligungsveränderung nicht als unbedenklich bescheinigt werden konnte, da gem. § 26 Abs. 1 RStV unter Berücksichtigung von § 26 Abs. 2 S. 2 2. Alt. RStV vorherrschende Meinungsmacht gegeben war.

(d) Verhältnis von § 26 Abs. 1 zu § 26 Abs. 2 RStV

Eine der wesentlichen Streitfragen im Zusammenhang mit der Entscheidung Axel Springer AG ./. ProSiebenSat1 Media AG betraf die Befugnis zur Kontrolle der KEK überhaupt. Bereits seit längerem vertrat die KEK einen qualitativen Ansatz, nach dem sie gem. § 26 Abs. 1 RStV zur Prüfung und Verhinderung vorherrschender Meinungsmacht berufen sei.[1003] Dem lag vor allem eine verfassungskonforme Auslegung zugrunde, die ihren Ausgangspunkt in der schlichten Erkenntnis hat, dass vorherrschende Meinungsmacht schon von Verfassungs wegen zu verhindern ist, selbst wenn im Einzelfall die Grenzwerte der Vermutungsregeln des § 26 Abs. 2 RStV nicht erreicht sind. Die Kritiker vertraten dagegen einen quantitativ orientierten Ansatz, der sich hauptsächlich auf die Schwellenwerte des § 26 Abs. 2 RStV stützte.

In der konkreten Entscheidung lag dem die Argumentation zugrunde, dass aufgrund des Zuschaueranteils der ProSiebenSat1 Media AG von 22% die Schwellenwerte des § 26 Abs. 2 von 25% in beiden Alternativen nicht erfüllt waren. Eine Prüfung der KEK würde aber das Erreichen dieses Schwellenwertes voraussetzen, damit überhaupt vorherrschende Meinungsmacht geprüft werden könne und medienrelevante verwandte Märkte berücksichtigt werden könnten.[1004] Dem gegenüber ging die KEK – unter Hinweise auf ihrer verfassungsrechtlich begründete Aufgabe – davon aus, dass sie auch unabhängig vom Vorliegen einer Zuschaueranteilsquote von 25% zur Prüfung berechtigt sei. Ihr Prüfungsauftrag ergebe sich aus § 26 Abs. 1 RStV, die Prüfung „nach Maßgabe der folgenden Bestimmungen" würde auf ein gesetzliches Leitbild verweisen, das mit Hilfe vor allem der Vermutungsregeln des § 26 Abs. 2 RStV die Prü-

---

[1002] Vgl. Entscheidung der KEK vom 10.1.2006, Az.: 293-1, S. 100 – 102.

[1003] Vgl. die Entscheidungen KEK 026 – *Premiere*; KEK 007-029 – *Pro7*; Dazu ausführlich *Dittmann*, in: FS Mailänder, S. 469 (474 f.).

[1004] So z.B. *Engel*, ZUM 2005, 776 (778); *Pfeifer*, Vielfaltssicherung, S. 78.

fung der KEK konkretisiere, jedoch nicht abschließend vorgebe.[1005] Im Gegenteil sei die KEK, um die besonders gefährliche Konzentrationstendenzen zu verhindern, bereits aus Art. 1 Abs. 3 i.V.m. Art. 5 Abs. 2 S. 2 GG verpflichtet auch solche Zusammenschlüsse zu verbieten, die zwar nicht die Vermutungstatbestände erfüllten, aber dennoch vorherrschende Meinungsmacht bewirken würden.

In der Tat kann man der KEK nur Recht geben. Die Feststellung des Zuschaueranteils unterliegt im Verfahren vor der KEK der Untersuchungsmaxime gem. § 24 Abs. 1 S. 1 VwVfG. Das heißt im Ergebnis nichts anderes, als das die KEK, unter Mitwirkung der Beteiligten gem. § 37 Abs. 1 S. 2 RStV, die Zuschaueranteilsquote zunächst unabhängig vom materiellen Tatbestand ermittelt. Eine subjektive Beweisführungslast gibt es hier streng genommen nicht. Gäbe es sie auch im Verwaltungsverfahren, so läge sie hier bei der KEK.[1006] Ist die Ermittlung der Zuschaueranteilsquote abgeschlossen, greift der Tatbestand ein und stellt die materielle Beweislastregel auf, dass eine Zuschaueranteilsquote unter 25% *vermutlich* die Annahme vorherrschende Meinungsmacht nicht begründet. Demnach *kann* auch unterhalb einer Zuschaueranteilsquote von 25% vorherrschende Meinungsmacht vorliegen, wenn und soweit Tatsachen diese Annahme stützen können.[1007] Diese, und das ist Folge der materiellen Beweislastregel, hat die KEK vorzubringen.[1008] Wie aber in dieser Vorschrift eine abschließende Regel mit zwingenden, abschließenden Aufgreiftatbeständen zu sehen sein sollte, erscheint gerade angesichts des Wortlauts „nach Maßgabe der nachfolgenden Bestimmungen“ in § 26 Abs. 1 RStV kaum erklärbar.[1009] Eine solche Auslegung würde auch, wie die KEK selbst zutreffend erläuterte, gegen ihre Funktion als Sicherungsinstanz zur Verhinderung vorherrschende Meinungsmacht verstoßen.[1010] Die Kritik speist sich wohl nicht unwesentlich aus der

---

[1005] Zur Leitbildfunktion siehe *Dörr*, AfP-Sonderheft 2007, 33 (37); *Dörr*, in: FS Mailänder, S. 481 (491); Entscheidung der KEK vom 10.1.2006, Az.: 293-1, S. 67; ebenso in *Dörr/Schiedermair*, Kohärentes Konzentrationsrecht, S. 20 ff. Kritisch dagegen *Hain,* K&R 2006, 150 (154 f.).

[1006] Zum Unterschied von materieller Beweislast und Beweisführungslast vor allem *Dörr*, AfP-Sonderheft 2007, 33 (37); *KEK*, Konzentrationsbericht 2003, S. 56; *Hartstein/Ring/Kreile/Dörr/Stettner*, Rundfunkstaatsvertrag, B 5, § 26 Rn.8;

[1007] Hahn/Vesting – *Trute*, Rundfunkrecht, § 26 Rn. 37.

[1008] Wohl ähnlich *Holznagel/Krone*, MMR 2005, 666 (673).

[1009] So aber die Auffassung der *KDLM* in einem sog. „rechtsförmigen Beschluss“ vom 7.11.1998, ZUM 1998, 1054 ff.; ebenso *Bornemann*, MMR 2006, 275 (278); *Engel*, ZUM 2005, 776 (778). *Mailänder* zweifelt die Kompetenz der KDLM als „Pseudo-Gesetzgeber“ an, vgl. *Mailänder* AfP 2007, 297 (299). Auch kritisch *Dörr*, in: FS Mailänder, S. 481 (489).

[1010] Entscheidung der KEK vom 10.1.2006, Az.: 293-1. Mit Bedenken vor allem aus grundrechtlicher Perspektive und der Wesentlichkeitstheorie *Dittmann*, in: FS Mailänder, S. 469 (476).

Rechtslage vor dem 6. Rundfunkänderungsstaatsvertrag. Zuvor war eine Grenze von 30% Zuschaueranteilsquote vorgesehen.[1011] Auch bei einem „geringfügigen Unterschreiten" konnte gem. § 26 Abs. 2 S. 2 RStV a.F. noch von vorherrschender Meinungsmacht ausgegangen werden.[1012] Dieses Merkmal wurde durch die beiden Vermutungsregeln des § 26 Abs. 2 S. 2 RStV ersetzt, allerdings wurde damit keine absolute Untergrenze eingeführt. Zusammenfassend muss also die KEK eine Untersagung, wie in der Entscheidung Axel Springer AG ./. ProSiebenSat1 Media AG geschehen,[1013] ausführlich begründen, wenn sie sich nicht auf eine Zuschaueranteilsquote von 25% stützen kann.[1014]

(2) Kritik und Bewertung

Die vorstehende Darstellung hat gezeigt, dass das Konzentrationskontrollrecht des RStV ein in sich geschlossenes und hoch effektives Segment der Pluralismussicherung ist. Anders als die beiden anderen Säulen der ex-ante Sicherung durch Auswahl- und Belegungsgrundsätze und der ex-post Sicherung durch die Programmkontrolle ist das Konzentrationskontrollrecht durch den Gesetzgeber wesentlich detaillierter ausgestaltet worden. Vor allem Organisation und Verfahren sind wesentlich stringenter. Die materielle Grundlage, allem voran die „vorherrschende Meinungsmacht" und die „Zuschaueranteilsquote" im Fernsehen und auf medienrelevanten verwandten Märkten, ist dabei aber nicht stärker gesetzlich vorkonkretisiert, als dies etwa der Programmauftrag und seine Elemente wäre.[1015] Gesetzgeberische Präzisierungen wären zwar auch hier wünschenswert und für die Zukunft wohl auch notwendig. Die Entscheidung der KEK in der Sache Axel Springer ./. ProSiebenSat1 Media AG hat aber gezeigt, dass gerade im Medienrecht die Exekutive sich nicht auf den reinen Vollzug eines Normprogramms beschränken kann, sondern sich in sorgfältiger Auslegung anhand der Vorgaben des Verfassungsgerichts ihrer Aufgabe der effektiven Sicherung des Meinungspluralismus stellen muss.[1016] Die Entscheidung der KEK kann hierfür gleichsam als Beispiel und mutigen Schritt in die richtige Richtung bezeichnet werden.

[1011] Mit historischer Normauslegung etwa *Dittmann*, in: FS Mailänder, S. 469 (475).

[1012] Siehe dazu *Hartstein/Ring/Kreile/Dörr/Stettner*, Rundfunkstaatsvertrag, B 5, § 26 Rn. 1.

[1013] Entscheidung der KEK vom 10.1.2006, Az.: 293-1

[1014] Und das sieht auch der Gesetzgeber so, vgl. die sehr klare amtliche Begründung zum 3. RÄndStV, abgedruckt bei *Hartstein/Ring/Kreile/Dörr/Stettner*, Rundfunkstaatsvertrag, A 2.1, zu § 26, S. 11.

[1015] So zum Beispiel die Vorgabe des „wesentlichen Informationsanteils", die die LMK im Streit um den Vollprogrammcharakter als nicht ausreichend präzisiert bezeichnete und damit sich faktisch für handlungsunfähig erklärte, vgl. dazu oben C.II.2.b)aa).

[1016] Deshalb gegen eine gesetzliche Konkretisierung *Dörr/Schiedermair*, Kohärentes Konzentrationsrecht, S. 26. Ebenso *Ebsen*, Programmfenster, S. 112.

Die KEK stand vor der äußerst schwierigen Aufgabe, nicht nur den unbestimmten Rechtsbegriff der vorherrschenden Meinungsmacht für die Entscheidung zu konkretisieren, sondern gleichzeitig durch Auslegung des § 26 Abs. 2 S. 2 2. Alt. RStV eine „Zuschaueranteilsquote" bzw. eine „Chiffre für Medienwirkung" auf den medienrelevanten verwandten Märkten der Axel Springer AG zu entwickeln. Diese, und das war gesetzliche Vorgabe des § 26 Abs. 2 S. 2 2. Alt. RStV, durfte nicht im spezifischen Medienwirkungszusammenhang des jeweiligen Marktes verbleiben, sondern mußte, um die Gesamtbetrachtung zu ermöglichen, in Relation zur Zuschaueranteilsquote des bundesweiten Fernsehen gesetzt werden. Wie schwierig dies ohne gesetzlichen Anhaltspunkt war, zeigt sich an der sehr ausführlichen Begründung der KEK und ihrer Orientierung an den Merkmalen des Verfassungsgerichts der „Breitenwirkung, Aktualität und Suggestivkraft". Mit den vorgeschlagenen Umrechungsfaktoren lehnte sich die KEK dabei weit aus dem Fenster.[1017] Aus ihrer Aufgabe, der präventiven Sicherung der Meinungsvielfalt durch frühzeitige Konzentrationskontrolle, folgt aber ein besonders weiter Beurteilungsspielraum. Selbstverständlich können die Umrechnungsfaktoren angegriffen werden, da schließlich auch von Seiten der Kommunikationswissenschaft konzediert wurde, dass eine wissenschaftliche Basis für die Ermittlung eines Vergleichsfaktors zur Wirkung der Medien bislang fehlt.[1018] Dies hat die KEK auch selbst gesehen und war deshalb über eine zunächst ausbleibende gerichtliche Prüfung ihrer Entscheidung aufgrund des Rückzugs der Axel Springer AG eher unglücklich.[1019] Inzwischen hat jedoch die Axel Springer AG eine Fortsetzungsfestellungsklage beim VG München eingereicht, das die Auffassung der KEK in erster Instanz vollumfänglich bestätigte.[1020]

Als Kritik, unabhängig von der auch hier nicht zu klärenden Frage der Medienwirkungen selbst, kann auf die Art und Weise der addierten Zuschaueranteilsquote hingewiesen werden. Denn die Addition der umgerechneten Zuschaueranteilsquote auf 47% geschah, ohne dass gleichzeitig von einem größeren Markt ausgegangen wurde.[1021] Addiert man die vier Märkte (Tageszeitungen, Pro-

---

[1017] Das KEK-Mitglied *K. Peter Mailänder* spricht von „vermintem Gelände", *Mailänder*, AfP 2007, 297 (304).

[1018] Vgl. *Hasebrink*, Gutachten, in: *DLM*, Medienrelevante verwandte Märkte, S. 96. Was denn auch *Bornemann* mit Verve tut, ohne eigene Vorschläge zu machen, vgl. *Bornemann*, MMR 2006, 275 (279). Ähnlich auch *Koch*, AfP 2007, 305 (312).

[1019] Das KEK-Mitglied *K. Peter Mailänder* bezeichnete eine gerichtliche Überprüfung als „wünschenswert", vgl. *Mailänder* AfP 2007, 297 (304). Zutreffend auf ein mögliches – allerdings aufgrund der restriktiven Anwendung wohl unwahrscheinliches – Einschreiten der Rechtsaufsicht weist hin *Dittmann*, in: FS Mailänder, S. 469 (477 f.).

[1020] VG München, MMR 2008, 427, dazu sogleich.

[1021] So auch *Bornemann*, MMR 2006, 275 (277). Ähnlich *Koch*, AfP 2007, 305 (312).

grammzeitschriften, Publikumszeitschriften und Online-Medien) der Axel Springer AG mit dem Fernsehmarkt der ProSiebenSat1 Media auf, so ergibt sich ein Gesamtmedienmarkt von 500%. Wendet man die Umrechungsfaktoren, die sich aus dem Wirkungspotential der Medienmärkte im Verhältnis zum Fernsehmarkt nach den Kriterien der Breitenwirkung, Aktualität und Suggestivkraft ermitteln, nicht nur auf die in Rede stehenden Beteiligungen, sondern auf die jeweiligen Märkte insgesamt an, so ergibt sich immerhin noch ein „Gesamtmedienmarkt" bzw. „virtueller Meinungsmarkt"[1022] von 240,94% im Verhältnis zum reinen Fernsehmarkt. Von diesem Gesamtmedienmarkt betragen die von der KEK ermittelten 47% der addierten umgerechneten Zuschaueranteilsquote gerade mal 19,51%, was erheblich unterhalb der in § 26 Abs. 2 S. 2 2. Alt RStV geforderten 30% Zuschaueranteilsquote liegt.

Gegen diese Berechnung, die auch die nicht beherrschten Anteile der medienrelevanten verwandten Märkte einbezieht, spricht vor allem der Wortlaut des § 26 Abs. 2 S. 2 2. Alt RStV, der ausdrücklich von einem Meinungseinfluss spricht der „dem eines Unternehmens mit einem Zuschaueranteil von 30 vom Hundert im Fernsehen entspricht." Stellt man also nur auf den Fernsehmarkt ab, und betrachtet man die Aktivitäten der Axel Springer AG auf medienrelevanten verwandten Märkten als „Fernsehen in anderer Form", können die nicht beherrschten Teile der Märkte außerhalb der Betrachtung bleiben. Die Frage ist also, ob bei der Hinzurechnung der medienrelevanten verwandten Märkte ein „Gesamtmedienmarkt" entsteht. Dies wäre bei konsequenter Anwendung des umgerechneten Zuschaueranteilsquote zwar der Fall, dann aber nicht mehr vom Regelungszweck der Konzentrationskontrolle gem. § 1 Abs. 1 i.V.m § 26 Abs. 1 RStV erfasst, und insofern ohne Rechtsgrundlage.[1023] Der Wortlaut legt diese Auslegung mit der „Gesamtbetrachtung" zwar einerseits nahe, andererseits durch den Verweis auf die Entsprechung zum Fernsehmarkt wiederum nicht. Für die Lösung der KEK spricht, dass die Konzentrationskontrolle wesentlich wirksamer ist und damit der verfassungsrechtlichen Anforderung einer präventiven Kontrolle gerecht wird.[1024] Auf der anderen Seite wird man in Zukunft nicht umhin kommen, gerade bei fortschreitender Konvergenz von einem Gesamtmedienmarkt auszugehen und auch die nicht kontrollierten Marktanteile in die Berechnung einzubeziehen. Es ist schließlich nicht erklärbar, warum bei einem nicht beherrschten Marktanteil im Fernsehen von mehr als 70% die Vermutung noch nicht eingreift, der nicht beherrschte Marktanteil in den medienrelevanten

---

[1022] Auf diese Bezeichnung, die erkennbar bemüht ist, keine Anklänge an eine Gesamtmedienkompetenz der KEK aufkommen zu lassen, kam das VG München, MMR 2008, 427 (430).

[1023] So auch *Hartstein/Ring/Kreile/Dörr/Stettner*, Rundfunkstaatsvertrag, B 5, § 26 Rn.21.

[1024] Dazu auch *Lange*, Media-Perspektiven 11/2005, 546 (546).

verwandten Märkten aber keine Rolle spielen soll. Die Entsprechensklausel des § 26 Abs. 2 S. 2 2. Alt RStV müsste, um diese logische Lücke zu schließen, ebenfalls auf den mit der umgerechneten Zuschaueranteilsquote ermittelten Gesamtmedienmarkt umgerechnet werden. Der Schwellerwert von 30%, bzw. 25% ist offensichtlich historisch bedingt nur auf den Markt des deutschen Privatrundfunks bezogen. Bei einer Ermittlung vorherrschender Meinungsmacht müssten andere Schwellenwerte gelten. Die oben ermittelten 19,51% liegen zwar deutlich unter den Grenzwerten für den Bereich der Rundfunkkonzentration, bedeuten allerdings eine erhebliche Konzentration von Meinungsmacht im Gesamtmedienmarkt. Hierfür fehlt aber ein Grenzwert. Aus der „Entsprechensklausel" lassen sich wohl keine vergleichbaren Schwellenwerte oder Vermutungstatbestände im Wege der Auslegung finden, dagegen spricht auch grundsätzlicher Weise der Anwendungsbereich des RStV gem. § 1 RStV.

Dieses Rechenbeispiel zeigt das aktuelle Dilemma von Konzentrationskontrolle und Kommunikationswissenschaft. Es fehlt letztlich an einer belastbaren Grundlage, sowohl in rechtlicher wie auch in kommunikationswissenschaftlicher Hinsicht. Die Konzentrationskontrolle ist ihrer Struktur nach zu sehr auf das bundesweite Fernsehen als Leitmedium fixiert.[1025] Der Medienmarkt der Zukunft wird aber vor allem von vertikal und horizontal integrierten Unternehmen, geleitet eher von Managern als Verlegerpersönlichkeiten, geprägt sein.[1026] Hierzu bietet die Konzentrationskontrolle nicht die notwendigen Werkzeuge. Ob man in Zukunft mit einer numerischen Beschränkung, wie beispielsweise in Frankreich weiterkommt,[1027] erscheint fraglich. Zu fordern ist daher, wieder einmal, die Integration und Förderung von kommunikationswissenschaftlichen Erkenntnissen durch den Gesetzgeber.

Trotz der soeben beschriebenen Unstimmigkeiten in der Berechung hat das VG München in der bereits erwähnten ersten gerichtlichen Prüfung dieser Entscheidung – und einer negativen Entscheidung der KEK überhaupt – das Votum der KEK vollumfänglich bestätigt.[1028] Das VG München gestand der KEK einen weiten Beurteilungsspielraum als Sachverständigengremium zu. Zum einen aufgrund der staatsfernen Besetzung der KEK, zum anderen wegen der „qualita-

---

[1025] Ähnlich *Gounalakis/Zagouras*, AfP 2006, 716 (719).
[1026] Auf diese strukturellen Veränderungen weist hin *Hoffmann-Riem*, ZRP 2006, 29 (30). Schon früh für eine Neuausrichtung der Medienregulierung *Ladeur*, RuF 1998, 5 (21). Zur Veränderung des Marktes auch *Hesse*, Rundfunkrecht, S. 119.
[1027] Zur numerisch geprägten cross-medialen Konzentrationskontrolle in Frankreich *Bullinger*, JZ 2002, 264 (267). Ausführlich *Schellenberg*, Rundfunk-Konzentrationskontrolle, S. 76 ff. Auf Gefahren insbesondere durch Plattformanbieter weisen hin *Dörr/Schiedermair*, Kohärentes Konzentrationsrecht, S. 28.
[1028] VG München, MMR 2008, 427 ff.

tiven Erwägungen", die „in hohem Maße Wertungen" enthielten, sei ein Beurteilungsspielraum gerechtfertigt, der nur eingeschränkter gerichtlicher Überprüfung unterliege.[1029] Hinsichtlich des von der KEK gewählten Berechnungsmodells sah das VG München weder die Denkgesetze der Logik verletzt, noch habe sie willkürliche Maßstäbe angelegt, da sie ihre Kriterien an der Verfassungsrechtsprechung orientiert habe und die 100% übersteigende Marktgröße ohnehin nur ein „virtueller Meinungsmarkt" sei.[1030]

Das überzeugt in dieser Pauschalität jedenfalls nicht. Ohne Frage kann und muss die KEK aufgrund der fehlenden gesetzlichen Konkretisierungen Wertungen in erheblichem Umfang vornehmen. Allerdings ist sie dabei nicht etwa völlig frei.[1031] Zumindest die Deduktion des Berechnungsmodells aus den verfassungsrechtlichen „Stichworten" der Aktualität, Breitenwirkung und Suggestivkraft hätte einer gerichtlichen Kommentierung bedurft, da diese Berechnung in den „medienrelevanten verwandten Märkten" gem. § 26 Abs. 2 S. 2 RStV nicht im Wortlaut angelegt war.[1032] Schließlich überzeugt der pauschale Hinweis auf den „virtuellen Meinungsmarkt" nicht.[1033] Wie beschrieben, ist die fehlende (Meinungs-)Marktabgrenzung der Unvereinbarbeit von 30%-Fernsehzuschaueranteil als reine Fernsehmarktgröße und der gesetzlichen Anordnung zur „Gesamtbetrachtung" auch anderer Märkte als dem Fernsehmarkt geschuldet. Gerade weil die KEK nur zur Bewertung der Meinungsmacht im Rundfunk, nicht aber im Gesamtmedienmarkt berufen ist, wäre hier eine kritische Auseinandersetzung notwendig gewesen.[1034]

Der KEK muss dennoch für ihre mutige Entscheidung gedankt werden, hat sie doch die Defizite der derzeitigen gesetzlichen Regelung offen gelegt. Allerdings ist die verfassungskonforme Auslegung des § 26 Abs. 1 RStV für die Zukunft nur noch begrenzt als Operationsbasis für die KEK brauchbar. Es bedarf eines auf die derzeitigen und kommenden Verhältnisse abgestimmten Medienkonzentrationsrechts. Mit dem Kommunikationswissenschaftler *Hasebrink* kann daher festgestellt werden, dass letztlich der Gesetzgeber für eine Lösung sorgen

---

1029 VG München, MMR 2008, 427 (430).

1030 VG München, MMR 2008, 427 (430).

1031 Ebenso *Hain*, K&R 2008, 160 (163); ausführlich *Holznagel/Dörr/Hildebrand*, Elektronische Medien, S. 205.

1032 *Hain*, K&R 2008, 160 (163) sieht auch die Umrechnungsfaktoren als Bewertung innerhalb des Bewertungsspielraums.

1033 Etwas polemisch „iudex non calculat" VG München, MMR 2008, 427 (432) m.A. *Podszun*. *Hain*, K&R 2008, 160 (163) sieht darin nur „virtuelle Fernsehzuschauer", übersieht aber die Problematik der fehlenden Rechtsgrundlage.

1034 Eine anderweitige Beurteilung kann sich aber noch ergeben, da die Axel Springer AG Berufung eingelegt hat.

müsste.[1035] Schließlich ist dem hinzuzufügen, dass dies auch aus Gründen der Gewaltenteilung und Rechtssicherheit zwingend geboten ist, wie sich aus der Rechtsprechung des Verfassungsgerichts ergibt, nach der insbesondere die Ausformung der Gewährleistung der Rundfunkfreiheit – hier der konzentrationsrechtlichen Vielfaltssicherung – nicht „der Exekutive [...] durch nicht hinreichend bestimmte Normierung[...]" überlassen werden darf.[1036]

cc) Beseitigung vorherrschender Meinungsmacht

Würde durch einen geplanten Zusammenschluss vorherrschende Meinungsmacht entstehen, kann dem Unternehmen keine (zusätzliche) Zulassung erteilt werden kann gem. § 26 Abs. 3 i.V.m. § 20 Abs. 1 RStV i.V.m den landesrechtlichen Zulassungsregeln.[1037] Hat ein Unternehmen dagegen durch inneres Wachstum vorherrschende Meinungsmacht erreicht, oder soll der medienrechtlich bedenkliche Zusammenschluss dennoch durchgeführt werden, müssen Maßnahmen zur Beseitigung vorherrschender Meinungsmacht gem. § 26 Abs. 4 RStV ergriffen werden, da vorherrschende Meinungsmacht verfassungsrechtlich zwingend auszuschließen ist.[1038] Hier zeigt sich der Unterschied der publizistischen Strukturkontrolle zur kartellrechtlichen Kontrolle. In Frage kommen die Aufgabe von Beteiligungen, die Aufnahme von Fensterprogrammen, Drittsendezeiten oder die Einrichtung eines Programmrates. Auch wenn das Gesetz diese Maßnahmen in dieser Reihenfolge aufzählt, ergibt sich daraus keine zwingende Reihenfolge. In der Regel wird es ein Primat der Beteiligungsaufgabe geben, zwingend ist dies jedoch nicht.[1039] Entscheidend ist die Beseitigung der vorherrschenden Meinungsmacht, die allerdings hier auch im Lichte der Grundrechte des Unternehmens interpretiert werden muss. Wenn eine Maßnahme die vorherrschende Meinungsmacht beseitigt, ist der Regelungszweck erreicht. Eine optimale Lösung, etwa durch Anwendung aller Maßnahmen, ist nicht erforderlich und damit unverhältnismäßig. Die möglichen Maßnahmen zur Beseitigung der vorherrschenden Meinungsmacht werden von der KEK im Kooperationsverfahren zunächst dem Unternehmen vorgeschlagen. Kommt es zu keiner Lösung, werden von der zuständigen Landesmedienanstalt so viele Zulassungen widerrufen, bis keine vorherrschende Meinungsmacht mehr be-

---

[1035] *Hasebrink*, Gutachten, in: *DLM*, Medienrelevante verwandte Märkte, S. 96. Zu weiteren Stellungnahmen der Kommunikationswissenschaft siehe *Mailänder*, AfP 2007, 297 (304) m.w.N.

[1036] Vgl. BVerfGE 57, 295 (327) – *FRAG*.

[1037] Hahn/Vesting – *Trute*, Rundfunkrecht, § 26 Rn. 52 f.

[1038] BVerfGE 73, 118 (159) – *Niedersachsen*.

[1039] So auch Hahn/Vesting – *Trute*, Rundfunkrecht, § 26 Rn. 63. A.A. *Hartstein/Ring/Kreile/Dörr/Stettner*, Rundfunkstaatsvertrag, B 5, § 26 Rn.26.

steht, ein Ausweichen auf vielfaltssichernde Maßnahmen ist hier nicht mehr möglich.[1040]

Neben dem auf Beteiligungsveränderungen bezogenen § 26 Abs. 4 RStV werden seit dem 6. Rundfunkänderungsstaatsvertrag[1041] eine der Maßnahmen zur Sicherung der Meinungsvielfalt, die Drittsendezeitverpflichtung gem. § 31 RStV gegenüber einem konkreten Programmveranstalter angewandt, wenn dieser mit einem Programm mit Informationsschwerpunkt mehr als 10% Zuschaueranteilsquote, bzw. ein Unternehmer insgesamt 20% Zuschaueranteilsquote erreicht. Da beide Werte deutlich unter der Vermutung vorherrschender Meinungsmacht des Leitbildes § 26 Abs. 2 RStV stehen, soll mit dieser Regelung bereits frühzeitig *programmlichen* Auswirkungen von hohen Zuschaueranteilsquoten entgegen gewirkt werden.[1042]

Dies stellt einerseits einen Bruch mit der strukturellen Konzentrationskontrolle dar, weil Maßnahmen gegenüber einem konkreten Programmveranstalter eigentlich Sache der laufenden Programmkontrolle durch die Landesmedienanstalten sind. Auf der anderen Seite ist die Zuschaueranteilsquote das Aufgreifkriterium, nicht etwa eine festgestellte Beeinträchtigung der Meinungsvielfalt wie in § 25 Abs. 2 RStV. Entscheidendes Merkmal ist also wieder die Zuschaueranteilsquote, die Grenzen stellen sich als typisierte abstrakte Gefährdungsschwellen dar.[1043] Die Konzentrationskontrolle wird dadurch qualitativ erheblich in den Bereich der inhaltsbezogenen Pluralismuskontrolle hinein erweitert.[1044] Die Zuständigkeit für Feststellung und Mitteilung liegt aber weiterhin bei den Landesmedienanstalten gem. § 26 Abs. 5 S. 2 RStV. Diese ausdrückliche Zuweisung stellt auch einen Bruch mit der grundsätzlich abschließenden Kompetenz der KEK gem. § 36 Abs. 1 RStV für alle Fragen der Sicherung der Meinungsvielfalt im bundesweiten Rundfunk dar. Diese Regelung, auf der Grenze der zwei Sicherungssysteme von Programmüberwachung und Konzentrationskontrolle, sollte systematisch in den Bereich der Programmüberwachung überführt werden.

(1) Entflechtung und Aufgabe unternehmerischer Beteiligung

Die nächstliegende Möglichkeit besteht in der Aufgabe von Beteiligungen. Dies wird zuweilen als Bestrafung unternehmerischen Erfolgs kritisiert, ist aber

---

[1040] Dazu *Hartstein/Ring/Kreile/Dörr/Stettner*, Rundfunkstaatsvertrag, B 5, § 26 Rn. 30.

[1041] Zum wirtschaftlichen Hintergrund siehe *Hartstein/Ring/Kreile/Dörr/Stettner*, Rundfunkstaatsvertrag, B 5, § 26 Rn. 36.

[1042] Darauf weist hin *Dörr*, in: *EMR*, Einschaltquote, S. 53.

[1043] Dagegen *Engel*, ZUM 2000, 345 (349), der subjektiv-rechtlich von einer unverhältnismäßigen Belastung ausgeht.

[1044] So wohl auch *Engel*, ZUM 2000, 345 (354).

zwingende Folge des verfassungsrechtlichen Verbots vorherrschender Meinungsmacht. Da Medienunternehmen nicht einfache Marktakteure, sondern zugleich Akteure in und für die lebendige freiheitlich-demokratische Grundordnung sind, wird ihre Tätigkeit insofern begrenzt, wie es die Existenzsicherung dieser Grundordnung verlangt. Medienunternehmen sind eben nicht nur Markt- sondern auch Meinungsakteure. Dies mag mitunter nicht im Selbstverständnis der Unternehmen liegen,[1045] ist aber zwingende Folge der Anforderungen an das Gesamtsystem Rundfunk aus Art. 5 Abs. 2 S. 1 GG.[1046]

(2) Fensterprogramme gem. § 31 RStV und das Verhältnis zu Regionalfenstern gem. § 25 Abs. 4 RStV

Als weitere Maßnahme kommt die Verpflichtung zur Aufnahme eines Fensterprogramms gem. § 31 RStV in Betracht, wenn ein Unternehmen vorherrschende Meinungsmacht gem. § 26 Abs. 4 Nr. 3 RStV erlangt hat, mit den ihm zurechenbaren Programmen eine Zuschaueranteilsquote von 20% erreicht, oder wenn ein Programmveranstalter mit einem einzigen Programm mehr als 10% Zuschaueranteilsquote erreicht. Nicht zu verwechseln ist diese Verpflichtung mit derjenigen des § 25 Abs. 4 RStV, wonach nach Maßgabe des Landesrechts[1047] die beiden reichweitenstärksten bundesweiten Programme verpflichtet werden, ein programmlich unabhängiges Regionalfensterprogramm anzubieten.[1048] Letzteres dient ausweislich des Wortlauts zur „aktuellen und authentischen Darstellung der Ereignisse des politischen, wirtschaftlichen, sozialen und kulturellen Lebens in dem jeweiligen Land“. Es dient damit der Rückbeziehung der Pluralismusanforderungen im Privatrundfunk auf die Darstellung vor allem regionaler, weniger im Verhältnis zum Hauptprogramm anderer, Ereignisse. Wie oben bereits dargestellt, weist das Pluralismusprinzip in Deutschland, aber auch in Europa, durch seinen Rückbezug auf die Gesellschaftsstruktur auch regional-geographische Aspekte auf. Meinungsvielfalt in diesem Sinne erfordert also gerade auch die Darstellung und Vermittlung von spezifisch regionalen

[1045] Zu den teilweise als gravierend bezeichneten ökonomischen Konsequenzen für die Unternehmen *Engel,* ZUM 2000, 345 (348); Hahn/Vesting – *Trute*, Rundfunkrecht, § 26 Rn. 80.

[1046] Ebenso Hahn/Vesting – *Trute*, Rundfunkrecht, § 26 Rn. 61.

[1047] Eingeführt haben eine solche Verpflichtung Art. 3 Abs. 3 BayMG, § 26 Abs. 5 LMG-HSH, § 12 Abs. 5 HessPRG, § 23 Abs. 3 LMG-BW, § 13 Abs. 2 LMG-NRW, § 22 Abs. 3 LMG-RP, § 19 Abs. 3 LMG-MV, § 8 Abs. 1 LMG-SA, § 15 Abs. 2 NMedG, § 47 Abs. 3 SaarLMG,

[1048] Zu dieser auch als „Lex RTL/Sat1“ bezeichneten Regelung im 7. Rundfunkänderungsstaatsvertrag ausführlich *Kümmel/Meyer-Burckhardt*, MMR 2005, 288 (289).

Inhalten, als Medium für andere und als Faktor für die Region selbst.[1049] Da die Refinanzierungsmodelle aufwändiger Produktionen des Privatrundfunks heute auch von einer internationalen Vermarktung ausgehen, tendieren die Produktionen zu einem „kleinsten gemeinsamen Nenner", jedenfalls nicht ohne weiteres zur Darstellung spezifisch regionaler und deshalb schlechter zu vermarktenderen Inhalten.[1050] Dem soll die Regionalfensterpflicht entgegenwirken. Hier ist vor allem die laufende Programmkontrolle gefragt, ob und in wiefern die Regionalfensterprogramme tatsächlich dieser Pflicht genügen. Dazu ist eine Auslegung der rechtlichen Vorgaben des § 25 Abs. 4 RStV erforderlich, insbesondere des Worte „zur Darstellung", aus der sich nach hiesiger Ansicht eine Pflicht der Programme zur Befassung mit den Pflichtinhalten des politischen, wirtschaftlichen, sozialen und kulturellen Lebens ableiten lässt. Ein Übergewicht an Boulevard im Fensterprogramm wäre damit z.B. nicht vereinbar.

Die Fensterprogrammverpflichtung gem. § 31 RStV dient dagegen nur der allgemeinen Sicherung und Förderung der Meinungsvielfalt in einem relativ reichweitenstarken Programm. Aufgrund der verschiedenen Zielrichtungen von § 25 Abs. 4 und § 31 RStV sind beide Verpflichtungen unabhängig von einander und können entsprechend auch gleichzeitig denselben Programmanbieter treffen.[1051] Unbillige Härten sind aber ausgeschlossen, da die Sendezeiten eines Regionalfensters in geringem Umfang auf die Drittsendeverpflichtung gem. § 31 RStV anrechenbar sind. Grundvoraussetzung ist die rechtliche Unabhängigkeit des Fensterprogrammveranstalters vom Hauptprogrammveranstalter nach Maßgabe des § 28 RStV.[1052] Insofern entfalten die komplizierten Regelungen über die tatsächliche und finanzielle Unabhängigkeit des Fensterprogrammanbieters durch moderierte Zwangsunterstützung gem. § 31 Abs. 5 RStV selbst bereits vielfaltssichernde Wirkung.

Ob aber die vielfaltssichernde Funktion des Fensterprogramms tatsächlich erfüllt wird, ist umstritten und wird vor allem von Seiten der Hauptprogrammveranstalter bestritten. Dagegen spräche der notwendig unterschiedliche Programmcha-

---

[1049] Siehe oben B.VII.2. Mit Zweifeln dagegen hinsichtlich der Effektivität für die Meinungsvielfalt, *Kümmel/Meyer-Burckhardt*, MMR 2005, 288 (290).

[1050] Hahn/Vesting – *Rossen-Stadtfeld*, Rundfunkrecht, § 25 Rn. 66. *Kümmel/Meyer-Burckhardt*, MMR 2005, 288 (290).

[1051] Ebenso *Ebsen*, Fensterprogramme, S. 108.

[1052] Die detaillierten Zurechnungsregelungen gem. § 28 RStV können hier nicht dargestellt werden. Siehe dazu ausführlich Hahn/Vesting – *Trute*, Rundfunkrecht, § 28. Es sei aber erwähnt, dass insbesondere die Zurechnungsregel des § 28 Abs. 2 RStV, die sich an der vertraglichen oder tatsächlichen Programmeinflussnahme durch Lieferung orientiert, besonders zur Erfassung der zukünftigen, crossmedialen und vertikalen Unternehmensaufstellung geeignet ist.

rakter, der zu abrupten Wechseln nach Art, Aufmachung und Inhalt führt und dadurch Zuschauerverluste bedeutet, die nach Ende des Fensterprogramms nicht mehr zurückschalten würden.[1053] Dies sei auch nicht zu ändern, da eine abstimmende Planung durch die rechtliche Unabhängigkeit nicht ohne Einvernehmen möglich und medienrechtlich auch nicht gewollt sei. Deshalb müsse sich das Hauptprogramm dem Fensterprogramm anpassen, sodass „der Schwanz mit dem Hund wedele".[1054]

Im System der Pluralismussicherung ist die Drittsendezeitverpflichtung als materiell wirkende Pluralismusverpflichtung einzustufen. Anders als die Programmbeiratsverpflichtung gem. § 32 RStV ist ihre Zielrichtung direkt auf die Programmpluralisierung gerichtet. Zwar kann man durchaus daran zweifeln, ob der Zugewinn an Meinungsvielfalt durch ein Fensterprogramm die relativ starke Beschränkung der Programmautonomie rechtfertigt.[1055] Sie ist aber auf jeden Fall nicht gänzlich ungeeignet. Gerade erfolgreiche Fensterprogrammformate wie Spiegel-TV von dctp haben selbst eine relativ hohe Zuschauerquote und zeigen damit auch die Attraktivität von Information und Bildung im Privatrundfunk.[1056] Dass es letztlich nicht zu dem befürchteten „Programmbruch" kommt, liegt an der Abstimmungspraxis gem. § 31 Abs. 5 RStV, die unter anderen auch durch die Richtlinie der Landesmedienanstalten gem. § 33 RStV vom 6. Juli 2005 gestützt wird.[1057] Hier bieten sich dem Hauptprogrammveranstalter die Möglichkeit zur Regelung der Einpassung des geplanten Programms, Sendeplatzzeiten zu flexibilisieren und die technische Übergabe zu regeln.[1058] Nach den oben untersuchten, medienwirkungstechnisch begründeten Kategorien des Pluralismus kann aber ein solches Fensterprogramm tatsächlich nicht viel zur Pluralismussicherung beitragen. Dies liegt zum einen an der recht flexiblen zeitlichen Vorgabe des § 31 Abs. 2 RStV. Demnach sind nur 75 min. des Fensterprogramms zwischen 19:00 und 23:30 Uhr einzupassen. Auch wenn die Gesamtzeit von 280 min. damit nicht gänzlich in die grauen, und vor allem zuschauerarmen, Morgenstunden verlegt werden kann, kommen angesichts des relativ geringen Gesamtzeitumfanges von 75 min. in dem genannten Zeitraum Zweifel an der Effektivität dieser Sicherungsmaßnahme. Auch hinsichtlich der

---

[1053] Zur Kritik ausführlich *Hartstein/Ring/Kreile/Dörr/Stettner*, Rundfunkstaatsvertrag, B 5, § 31 Rn. 1.

[1054] So besonders hübsch *Engel*, ZUM 2000, 345 (349).

[1055] Bedenken hat auch *Dörr*, in: *EMR*, Einschaltquote, S. 53.

[1056] Dies gibt auch *Engel*, ZUM 2000, 345 (352) zu.

[1057] Richtlinie über Fernsehfenster (FFR) vom 6.6.2005, abgedruckt bei *Hartstein/Ring/Kreile/Dörr/Stettner*, Rundfunkstaatsvertrag, B 5, § 33, Anhang, S. 3.

[1058] Vgl. dazu *Hartstein/Ring/Kreile/Dörr/Stettner*, Rundfunkstaatsvertrag, B 5, § 31 Rn. 14 f. Siehe auch Hahn/Vesting – *Flechsig*, Rundfunkrecht, § 33 Rn. 10 zur Wirkung der Drittsendezeitrichtlinie.

inhaltlichen Vorgaben, die sich „insbesondere die Bereich Information, Bildung und Kultur“ gem. § 31 Abs. 1 RStV bezieht, bestehen Zweifel. Diese Vorgabe schließt an die Vermutung an, dass für diese Programmkategorien der Privatrundfunk strukturell ungeeignet ist. Wichtiger für einen effektiven Pluralismusbeitrag des Fensterprogramms wäre aber die Vorgabe, dass es sich anderen Inhalten als das Hauptprogramm widmet. Entsprechend soll der Beitrag des Fensterprogrammveranstalters unter Berücksichtigung dieser Kategorien einen „zusätzlichen Beitrag“ zur Vielfalt bieten. Hier hätte die Konkretisierung von gesetzlicher Seite, vor allem unter Beachtung der Pflicht, nicht der Exekutive die Vielfaltssicherung allein durch zu allgemeine Vorgabe zu überlassen, durchaus deutlicher ausfallen dürfen. Wieder einmal obliegt es daher der allgemeinen Programmbeobachtung, die Kriterien der Vielfalt auch für das Fensterprogramm zu konkretisieren und zu beobachten. Hierbei, das ist allerdings nur eine Vermutung, dürfte auch ein psychologisch negativer Effekt für die Programmkontrolle des Hauptprogramms auftreten: Auch wenn der Fensterprogrammveranstalter rechtlich und tatsächlich ein unabhängiges Programm anbietet, wird sein Beitrag möglicherweise in der laufenden Programmbeobachtung nicht ausreichend vom Hauptprogramm getrennt gesehen. Die Leistungen des Fensterprogramms könnten dann „gefühlter Weise“ den Beitrag des Hauptprogramms zur Meinungsvielfalt aufwerten. Eine Zusammenrechnung von Fenster- und Hauptprogramm ist aber, abgesehen von der Beobachtung des Gesamtbeitrages des außenpluralen Privatrundfunks zum Gesamtsystem Rundfunk, nicht vorgesehen. Dem sollte, vor allem von Seiten des Gesetzgebers, vorgebeugt werden.

Hier zeigt sich auch die eigentliche Schwäche dieser Sicherungsmaßnahme. Es geht nicht so sehr um eine tatsächliche Ausgleichung publizistischer Vielfaltsdefizite. Ziel der Maßnahme ist eine Erhöhung der Anbietervielfalt und der Senkung der Zuschaueranteilsquote durch Beschneidung der Sendezeit des Hauptprogrammveranstalters. Für eine tatsächliche plurale Medienlandschaft ist damit aber nur eine notwendige, keine hinreichende Bedingung geschaffen. Diese kann nur mittels einer inhaltlichen Abgrenzungsklausel zum Hauptprogramm erreicht werden. Schließlich stellt sich auch die Frage, ob diese Sicherungsmaßnahme für die Zukunft noch ein geeignetes Mittel darstellt. Wenn, wie bereits in der Entscheidung Axel Springer AG ./. ProSiebSat1 Media AG sichtbar, die medienrelevanten verwandten Märkte in Zukunft eine wachsende Rolle spielen werden, kann ein Fensterprogramm mitunter nur bedingt helfen. In diesem Fall könnte sich die vorherrschende Meinungsmacht wesentlich aus den medienrelevanten verwandten Märkten ergeben. Für diesen Fall sieht das System des RStV, zugegebenermaßen konsequent im Rahmen seines Anwendungsbereichs gem. § 1 RStV, keine Sicherungsmaßnahme vor.

dd) Programmbeiratsverpflichtung gem. § 32 RStV

Als dritte Maßnahme zur Beseitigung von vorherrschender Meinungsmacht gem. § 26 Abs. 4 Nr. 3 RStV kann ein Programmbeirat gem. § 32 RStV eingerichtet werden. Anders als die Fensterprogrammverpflichtung gem. § 31 RStV, greift diese Maßnahme nicht direkt in das Programm und seinen Ablauf ein, sondern in die Organisation des Veranstalters. Ihre Zielrichtung geht also in Richtung einer Pluralisierung der Binnenorganisation in dem Sinne, dass die Auffassungen gesellschaftlich relevanter Gruppen berücksichtigt werden oder sich sogar im Programm niederschlagen und das Programm in ihrem Sinne kontrolliert wird. Deutlich zu sehen ist die Parallele zu den Ratsmodellen des Hauptorgans der Landesmedienanstalten und des Rundfunkrats der öffentlich-rechtlichen Rundfunkanstalten.

Schon durch den Grundsatz der Staats- und Gruppenferne muss Grundlage der Zusammensetzung sein, dass weder das Unternehmen noch der Staat konkreten Einfluss nehmen können. Bereits hier bestehen Bedenken.[1059] Die abstrakt-generelle Festlegung des Gesetzgebers sieht gem. § 32 Abs. 2 RStV nur allgemein eine Zugehörigkeit zu gesellschaftlichen Gruppen vor. Diese Vorgabe wurde gem. § 33 RStV durch die Arbeitsgemeinschaft der Landesmedienanstalten in der gemeinsamen Programmbeiratsrichtlinie (PBR) vom 16. Dezember 1997 konkretisiert.[1060] Demnach besteht der Programmbeirat aus minimal sieben, maximal dreizehn Personen gem. 2.1. PBR. Als gesellschaftliche Gruppen definiert die PBR Kirchen, Gewerkschaften, Arbeitgeber, Kunst und Kultur, Erziehungs- und Bildungswesen pflichtmäßig, fakultativ auch die Bereiche Kinderschutz, Jugendarbeit, Naturschutz, Sport, freie Wohlfahrtsverbände und Verbraucherschutz gem. 2.2 PBR. Welche konkreten Gruppen konkret entsendeberechtigt sind, bestimmt aber das Unternehmen. Hier ist also die Parallele zur den Vorbildern des öffentlich-rechtlichen Rundfunks und den Landesmedienanstalten bereits vorbei und der Bruch offensichtlich. Wer gesellschaftliche Gruppe ist, muss durch den Gesetzgeber entschieden werden. Dies liegt an der funktionalen Bedeutung dieser Frage als grundrechtswesentlich, insoweit bestehen bereits Bedenken gegen § 33 RStV. Über diese Festlegung wird die Zusammensetzung des „medienrechtlichen Souverän“ entschieden, der einzigen Instanz, die über Art, Inhalt und Umfang von Meinungsvielfalt Kompetenz und

---

[1059] Keine Bedenken haben dagegen Hahn/Vesting – *Flechsig*, Rundfunkrecht, Ahn. 2 § 33 und Hahn/Vesting – *Flechsig/Rossen-Stadtfeld*, Rundfunkrecht, § 32 Rn. 5.

[1060] Gemeinsame Richtlinie der Landesmedienanstalten über die Berufung, Zusammensetzung und Verfahrensweise von Programmbeiräten nach § 32 RStV (PBR) vom 16. Dezember 1997, abgedruckt bei Hahn/Vesting – *Flesig*, Anh. 2 zu § 33; dazu *Hartstein/Ring/Kreile/Dörr/Stettner*, Rundfunkstaatsvertrag, B 5, § 33 Anhang.

abschließend entscheiden kann.[1061] Da der Programmbeirat hier effektiv die Sicherung der Meinungsvielfalt im Privatrundfunk betreiben soll – und nur unter dieser Voraussetzung rechtfertigt sich die Anrechnung mit 3% auf die Zuschaueranteilsquote – nimmt er grundrechtssichernde Aufgaben wahr. Diese zu gewährleisten ist Aufgabe des Gesetzgebers im Rahmen der durch materielle, organisatorische und verfahrenrechtliche Regelungen zu schaffenden „positiven Ordnung."[1062] Dabei darf er auch nicht durch unzureichende bestimmte Begriffe der Exekutive faktisch die Sicherung der Meinungsvielfalt übertragen.[1063] Aus dem folgt, dass bereits die Festlegung der Obergruppen durch die Landesmedienanstalten nicht verfassungsgemäß ist. Dies gilt natürlich erst Recht für die Festlegung der konkreten entsendeberechtigten Gruppe durch das Unternehmen selbst. Die oben erwähnten Möglichkeiten zur Manipulation der Zusammensetzung aktualisieren sich hier.[1064]

Aus dem Gebot zur effektiven Sicherung der Meinungsvielfalt durch die Landesmedienanstalten folgt, dass der Programmbeirat selbst, als Maßnahme zur Sicherung der Meinungsvielfalt mit entsprechender Begünstigung des Unternehmens[1065], hinreichende Möglichkeiten zur Sicherung der Meinungsvielfalt hat. Mindestens muss er Einsichts- und Ermittlungsmöglichkeiten hinsichtlich des konkreten Programms haben und muss bei festgestellten Verstößen auch effektive Durchsetzungsbefugnisse besitzen.[1066] Dies ist jedoch nicht der Fall. Der Programmbeirat ist zunächst bei Programmänderungen hinsichtlich Inhalt, Struktur und Schema anzuhören. Er kann gem. § 32 Abs. 4 Auskünfte verlangen und eine Beanstandung gegenüber der Geschäftsführung aussprechen. Wird dieser Beanstandung nicht nachgekommen, kann der Programmbeirat gem. § 32 Abs. 4 S. 3 RStV einen Beschluss des Kontrollgremiums verlangen, der die Beanstandung nur mit einer Mehrheit von 75% zurückweisen kann. Dies bedeutet, dass die Letztentscheidungskompetenz über die Beanstandung im Unternehmen verbleibt. Dafür spricht sogar die Rundfunkfreiheit als Programmfreiheit. Auch könnte man argumentieren, dass durch die Beanstandung zumindest eine interne Befassung beim Veranstalter mit Fragestellungen aus Sicht der gesellschaftlich relevanten Gruppen gesichert ist. Doch so sieht effektive Vielfaltssicherung nicht aus. Auch einfachrechtlich ist bereits gem. § 32 Abs. 1 S. 2 RStV der wirksame Einfluss auf das Programm zu sichern. Grundsätzlich

[1061] Siehe dazu bereits oben C.I.2.d); C.I.2.b) und C.I.4.c).
[1062] BVerfGE 57, 295 (329) - *FRAG*, BVerfGE 83, 238 (296) – *WDR-Gesetz*, BVerfGE 90, 60 (88) – *Rundfunkgebühr*.
[1063] BVerfGE 57, 295 (321) – *FRAG*.
[1064] Siehe oben C.I.2.c).
[1065] Vgl. § 26 Abs. 4 Nr. 3 RStV.
[1066] Ebenso *Hartstein/Ring/Kreile/Dörr/Stettner*, Rundfunkstaatsvertrag, B 5, § 32 Rn. 5.

müsste also das Letztentscheidungsrecht beim Programmbeirat liegen. Aber selbst wenn man von einem „Patt“ zwischen Programmbeirat und Veranstalter ausgeht, müsste die Landesmedienanstalt als zuständige Behörde entscheiden, nicht aber der Veranstalter. Auch hier ist die gesetzgeberische Ausgestaltung der „positiven Ordnung“ derart zweifelhaft, dass an ihrer Verfassungsmäßigkeit ernsthaft zu zweifeln ist. Zumindest aber könnte sie als ungeeignet angesehen werden, weshalb die Einrichtung eines Programmbeirates in der Fassung von § 32 i.V.m. § 33 RStV i.V.m. PBR sich nicht begünstigend für das Unternehmen auswirken kann, sodass er als Möglichkeit, den Widerruf der Zulassung gem. § 26 Abs. 4 Nr. 3 RStV zu vermeiden, nicht in Betracht kommen kann.[1067]

Von ähnlichen Zweifeln ist wohl auch die KEK ausgegangen im Verfahren Axel Springer AG ./. ProSiebenSat1 Media AG. Den von Axel Springer AG vorgeschlagene übergreifende Programmbeirat für die Sender Sat1, Kabel eins, Pro7 und N24 auf Grundlage von § 32 RStV hat die KEK denn auch abgelehnt, da er zur Beseitigung der vorherrschenden Meinungsmacht nicht geeignet sei.[1068] Sie schlug dagegen, als mildere Maßnahme zur Beteiligungsaufgabe, in einem Eckpunktepapier vom 23. Dezember 2005 eine „Neutralisierung“ eines der beiden reichweitenstärksten Programme durch einen modifizierten Programmbeirat vor.[1069] Dieses sah ein binnenplurales Steuerungsmodell für den Sender vor, mit weitreichenden Befugnissen der Programmbeirates hinsichtlich Inhalt, Ausgestaltung und Programmplanung. Der Vorschlag wurde aber von der Axel Springer AG, wohl aus gesellschaftsrechtlichen Gründen, abgelehnt.[1070] Der von der KEK vorgeschlagene Programmbeirat war allerdings kein Programmbeirat im Sinne des § 32 RStV, sondern lediglich ein Gestaltungsvorschlag, der die Gesamtbewertung der Meinungsmacht i.S.d. § 26 Abs. 1 RStV hätte anders ausfallen lassen.[1071]

Auch in diesem Punkte zeigte die Entscheidung ein Defizit des derzeitigen Konzentrationskontrollrechts auf. Die Einrichtung eines Programmbeirates kann zur Beseitigung der vorherrschenden Meinungsmacht gem. § 26 Abs. 4 Nr. 3

[1067] Dagegen Hahn/Vesting – *Flechsig/Rossen-Stadtfeld*, Rundfunkrecht, § 32 Rn. 2.

[1068] Vgl. die Pressemitteilung KEK 1/06 vom 10.1.2006, dort Nr. 8.

[1069] Siehe die Pressemitteilung der KEK 19/05 vom 29.12.2005. Das Eckpunktepapier ist nicht offiziell veröffentlich worden. Vgl. aber dazu *Hain*, K&R 2006, 150 (151 f.).

[1070] Der Vorstandsvorsitzende *Matthias Döpfer* hatte sich zunächst zu dem Vorschlag bereit erklärt, nach Rücksprache mit den Gremien der Axel Springer AG allerdings abgelehnt, vgl. Präsidentenbericht der BLM vom 15.12.2005. Zu den möglichen Gründen *Säcker*, K&R 2006, 51 (51f.).

[1071] Mit Zweifeln an der Kompetenz der KEK der Präsident der BLM, *Wolf-Dieter Ring*, in seinem Jahresbericht vom 15.12.2005, der aber übersieht, dass der Vorschlag nicht auf eine hoheitliche Anordnung zielte, sondern eine freiwillige Gestaltung der Axel Springer AG voraussetzte.

RStV führen, muss es aber nicht. Da, anders als bei den Fensterprogrammen gem. § 26 Abs. 2 S. 3 RStV, eine prozentuale Anrechungsregeln auf die Zuschaueranteilsquote fehlt, ist dies insbesondere für die Praxis unschön, da die Einrichtung des Programmbeirates damit als Gegengewicht für internes Wachstums faktisch ausfällt. Hier wäre eine Reform des Programmbeirates angebracht. Dieser müsste, in Anlehnung an das Eckpunktepapier der KEK, mit weitreichenden Befugnissen ausgestattet werden.[1072] Hierzu würde vor allem auch eine hinreichende Finanzierung mit der Möglichkeit, Programmanalysen und Gutachten in Auftrag zu geben, gesichert werden.[1073] Im Gegenzug sollte dafür dann eine konkrete Anrechenbarkeit auf die Zuschaueranteilsquote gesetzlich festgelegt werden.

c) Europäische Entwicklungen: der Reding-Wallström-Plan

Auch die europäischen Organe, allen voran das europäische Parlament, beschäftigen sich seit geraumer Zeit mit der Rundfunk- und Medienkonzentration. Bereits im Jahr 1992 wurde eine Entschließung des europäischen Parlaments zum Anlass für eine öffentliche Konsultation, die schließlich zum Grünbuch „Pluralismus und Medienkonzentration im Binnenmarkt" vom 23. Dezember 1992 führte.[1074] Die europäische Kommission bekräftigte darin die Notwendigkeit von gesetzlichen Schutzmechanismen für einen Pluralismus, erkannte aber bereits zu dieser Zeit, dass die Rechtsetzungskompetenz, gerade bei der angestrebten materiellen Vereinheitlichung, ausschließlich bei den Mitgliedstaaten liegt.[1075] Das europäische Parlament verfolgte die Idee jedoch weiter und verabschiedete in den Jahren 1994 und 2002 erneut Entschließungen für eine europäische Befassung mit dem Medienkonzentrationsrecht. Auf die erstere Entschließung reagierte der damalige Binnenmarktkommissar *Mario Monti*, nicht jedoch die GD Information und Medien, mit einem internen Entwurf für eine Richtlinie zur Vereinheitlichung der Konzentrationsregeln für den Binnenmarkt.[1076] Nach heftigem Protest der Mitgliedstaaten und anderer Kommissare wurde der Entwurf jedoch zurückgezogen. Auf die Entschließung des Europäischen Parlaments vom 18. November 2002 folgte erneut ein Konsultationsprozess, der

---

[1072] Kritisch zu einer Übertragbarkeit des Eckpunktepapiers *Hain*, K&R 2006, 150 (153).

[1073] Dies sah auch das Eckpunktepapier der KEK in Nr. 4 vor.

[1074] Grünbuch der Europäischen Kommission „Pluralismus und Medienkonzentration im Binnenmarkt" vom 23.12.199, KOM (92) 480 end. Dazu *Tettenborn*, MMR 1998, 18 (20); *Zagouras*, AfP 2007, 1 (2).

[1075] Im Zusammenhang mit weiteren Feldern europäischer Rundfunkregulierung ausführlich *Dörr*, Supranationale Deregulierung des Rundfunks, S. 8 ff.

[1076] Dazu *Dörr*, NJW 1997, 1341 (1342), der den Richtlinievorschlag als „non-paper" bezeichnet. Siehe auch *Gounalakis/Zagouras*, AfP 2006, 716 (724).

zunächst 2005 in der Konferenz von Liverpool endete.[1077] Die Kommissarin der GD Informationsgesellschaft und Medien, *Viviane Reding* kündigte eine Befassung ihres Ressorts auch mit der Medienkonzentration und den Vorschriften zur Pluralismussicherung in den Mitgliedstaaten an.[1078]

Ergebnis dieser Befassung ist das mit der Vizepräsidentin der Kommission, *Margot Wallström,* ausgearbeitete Arbeitspapier „Medienpluralismus in den Mitgliedstaaten der Europäischen Union", der sog. Reding-Wallström-Plan.[1079] Dieser sieht nunmehr ein dreistufiges Vorgehen zur Analyse der Medienkonzentrationsregeln in den Mitgliedstaaten vor.[1080] Als erster Schritt wurde das Arbeitspapier den Kommissionsdienststellen übermittelt und von der Kommission zur Kenntnis genommen. Auf der zweiten Stufe folgte im Jahr 2007 eine umfassende Studie in den Mitgliedstaaten, die auch vergleichbare Messindikatoren für Medienpluralismus festlegen sollte. Für das Jahr 2008 ist nunmehr die Veröffentlichung dieser Studie geplant, damit auf deren Grundlage die Mitgliedstaaten mit der GD Informationsgesellschaft und Medien in einen Dialog treten können. Grundidee ist dabei, zunächst eine europaweit einheitlich Bewertung organisatorischer und materieller Pluralismusvorgaben zu erreichen. Mögliche Maßnahmen zur Rechtsangleichung nennt der Reding-Wallström-Plan aber nicht.

Dem Ablaufplan für das weitere Vorgehen ist eine grundsätzliche Bewertung des Pluralismus, seiner verschiedenen Facetten und Bedeutungen, insbesondere im Hinblick auf grenzüberschreitende Beteiligungen cross-medial aufgestellter Unternehmen vorangestellt, ohne dass die Kommissarinnen diese Einschätzung als verbindlich betrachten.[1081] In diesem Abschnitt lässt sich deutlich erkennen, dass es nicht nur um Medienkonzentrationsrecht geht. Auch wenn dies der „kompetenzrechtliche Anhänger" sein mag, geht der Reding-Wallström-Plan weit über die Grenzen einer Binnenmarktbereinigung hinaus. Als Elemente des zu sichernden Pluralismus nennt er auch organisationsplurale Strukturvorgaben, wie die Staatsfreiheit, binnenplurale Senderverfassungen, innere Rundfunkfreiheit, usw.

[1077] Entschließung RSP/2002/2600 vom 18. 11. 2002. Zur Entschließung siehe *Dörr/Zörn*, NJW 2003, 3020 (3021). Zu den Ergebnissen der audiovisuellen Konferenz in Liverpool von 2005 *Zagouras*, AfP 2007, 1 (2).

[1078] Vgl. dazu den „Conference Report" der audiovisuellen Konferenz, S. 38. abrufbar unter www.culture.gov.uk.

[1079] Arbeitsdokument „Medienpluralismus in den Mitgliedstaaten der Europäischen Union", SEC (2007) 32, vom 16.1.2007, IP/07/52, im Folgenden „Reding-Wallström-Plan".

[1080] Reding-Wallström-Plan, S. 18 f.

[1081] Reding-Wallström-Plan, S. 5 – 16. Dazu *Zagouras*, AfP 2007, 1 (1).

Die Kommission geht also von einem ganzheitlichen System der Pluralismussicherung aus.[1082] Damit, und das unterscheidet den europäischen Ansatz von der derzeitigen Pluralismussicherung in Deutschland, ist sie aber gezwungen einen materiellen Pluralismusbegriff zu wählen, dessen Verwirklichung im Rahmen des Ablaufplans nun in den Mitgliedstaaten untersucht werden soll. Dieser materielle Pluralismusbegriff bezieht sich, ausdrücklich vorläufig und entsprechend undeutlich,[1083] auf die Förderung von „Transparenz, Freiheit und Vielfalt" und steht damit in diametralem Gegensatz zum deutschen Konzentrationsrecht, dass mehr auf die Verhinderung vorherrschender Meinungsmacht ausgelegt ist, als der Förderung eines bestimmten Pluralismusbegriffs zu dienen.

Der Ansatz des Reding-Wallström-Plans ist durchaus interessant, „Europa wagt sich (erneut) an das heiße Eisen Pluralismus heran."[1084] Wie bereits oben erwähnt, bestand vor allem in materiell-inhaltlicher Hinsicht keine Einigkeit auf europäischer Ebene, was unter Pluralismus zu verstehen sei.[1085] Dies mag sich nun ändern. Die kompetenzrechtlichen Probleme sind allerdings augenfällig, auch die Kommission hat in ihrer Rundfunkmitteilung vom 15. Dezember 2001 die Kompetenz zur inhaltlichen Regulierung, insbesondere die Festlegung materieller Pluralismusanforderungen den Mitgliedstaaten zugewiesen.[1086] Schon der Ansatz, von europäischer Ebene aus inhaltliche Pluralismusvorgaben machen zu wollen, muss zwingend mit dem Kulturvorbehalt der Mitgliedstaaten gem. Art. 5 EG kollidieren.[1087] Etwas anderes könnte sich nur dann ergeben, wenn man mit der Rechtsprechung des EuGH zur Tabakrichtlinie II auch einen mitgeregelten Sachverhalt aus der Peripherie der Maßnahme für eine EG-Kompetenz ausreichen lassen würde.[1088] Anders als bei der zweiten Tabakrichtlinie, die politisch vor allem vom europäischen Parlament stark unterstützt wurde, spricht der bisherige Widerstand der Mitgliedstaaten gegen eine europäische Pluralismusrichtlinie jedoch nicht dafür.

Dennoch ist der Ansatz einer umfassenden Herangehensweise mit entsprechender Abstimmung und Erfassung aller Elemente der Pluralismussicherung, von

---

[1082] So auch *Zagouras*, AfP 2007, 1 (1).

[1083] Der Plan erkennt auch ausdrücklich an, dass es bislang keine anerkannten Messindikatoren für Medienpluralismus gibt, Reding-Wallström-Plan, S. 17.

[1084] So die Feststellung von *Zagouras*, AfP 2007, 1 (2).

[1085] Siehe oben B.II.

[1086] Siehe die Mitteilung der Europäischen Kommission über die Anwendung der Vorschriften über Staatliche Beihilfen auf den öffentlich-rechtlichen Rundfunk (Rundfunkmitteilung) vom 15. Dezember 2001, Abl. C 320, S. 5 ff. dort vor allem Rn. 33 f.

[1087] Auf kompetenzrechtliche Probleme weist auch *Zagouras*, AfP 2007, 1 (2, 5) hin. Ebenso *Gounalakis/Zagouras*, AfP 2006, 716 (717).

[1088] Urteil EuGH vom 12.12.2006, C-380/30 zur 2. Tabakrichtlinie 2003/33/EG, NVwZ 2007, 561 (564). Ähnliche Vermutungen äußern *Gounalakis/Zagouras*, AfP 2006, 716 (725).

der Staatsfreiheit über die Programminhaltsnormen bis zum Konzentrationsrecht der Sache nach richtig, er liegt auch dieser Arbeit zugrunde. Der Reding-Wallström-Plan kann also das Thema Pluralismussicherung, verstanden auch als Sicherung der mitgliedstaatlichen National- und Regionalidentitäten,[1089] durchaus in einem neuen Lichte erscheinen lassen.[1090] Er wird allerdings aller Wahrscheinlichkeit nach keine europaweit einheitliche Lösung bringen können.[1091] Schon aufgrund der Gefahr einer europäischen Nivellierung der auch auf europäischer Ebene zu berücksichtigenden regional-kulturellen Pluralismusaspekte, wären echte materiell-inhaltlich Pluralismusvorgaben abzulehnen. Idealerweise, dies lässt der Reding-Wallström-Plan bislang jedoch nur vermuten, könnte er aber zu einer europaweiten Diskussion über den Stellenwert pluraler Medien unter einer ganzheitlichen Perspektive anregen, deren Ergebnisse und Anregungen durch die Kommission gebündelt und als Servicestelle den Mitgliedstaaten zur Verfügung gestellt werden.

Anders stellt sich dies möglicherweise für die Konzentrationskontrolle dar. Aufgrund ihrer Eigenheit als Zwitterwesen zwischen Markt- und publizistischer Machtkontrolle lässt sich eine Kompetenz der Gemeinschaft zur Vereinheitlichung der Konzentrationsregeln eher begründen. Es muss wohl zugegeben werden, dass die europäischen Expansionen der Medienunternehmen, gerade auch deutscher Unternehmen wie etwa der Axel Springer AG im polnischen Markt,[1092] nicht mehr ausreichend durch die deutsche Konzentrationskontrolle erfasst und reguliert werden.[1093] Die Anknüpfung des Konzentrationsrechts an Rundfunkkonzentrationen und auf die Begrenzung auf deutschsprachige Sender bildet die tatsächlichen Markt- und damit auch Meinungssituationen nicht ausreichend ab. Der moderne und auch cross-mediale Ansatz des Reding-Wallström-Plans sollte auch zu Überlegungen genutzt werden, wie das deutsche Konzentrationsrecht reformiert werden könnte.

[1089] Reding-Wallström-Plan, S. 6.

[1090] Umfassend zum Spannungsverhältnis von gesellschaftlich-demokratiebezogener Medienfunktion und der wirtschaftsbezogenen Medienfunktion als Dienstleistung vor dem Hintergrund europäischer Konzentrationsprozesse *Bruck/Dörr/Cole/et.al.*, Transnational Media Concentration in Europe, S. 18 ff.

[1091] So auch *Bruck/Dörr/Cole/et.al.*, Transnational Media Concentration in Europe, S. 18 ff

[1092] Siehe dazu unten D.V.2.

[1093] Für den Bereich der Konzentrationskontrolle könnte daher wohl eine europäische Kompetenz angenommen werden, vgl. *Thomas Kleist* auf dem deutsch-französischen Mediendialog „Die Medienunternehmen europäisieren sich“, S. 8, abrufbar unter www.emr-sb.de. Ähnlich *Zagouras*, AfP 2007, 1 (5).

d) Fazit

Die materielle Pluralismussicherung im deutschen Privatrundfunk stellt sich als dreigliedriges System mit den Teilbereichen Zulassungs- und Auswahlregelungen, Programmbeobachtung und Konzentrationskontrolle dar. Der Struktur des Rundfunkföderalismus folgend, übernehmen überwiegend die einzelnen Landesmedienanstalten diese Aufgaben. In ihrer Hand liegen sowohl die Zulassungs- und Auswahlregeln als auch die Programmkontrolle. Auch die Konzentrationskontrolle ist letztlich nur durch die Konstruktion des „Wanderorgans" der KEK virtuell zentralisiert. Auch wenn nicht unerhebliche Bedenken gegen diese Aufsplitterung bestehen, die sich auf Fälle sachwidriger, standortorientierter Entscheidungen stützen können, und vor allem auch von Seiten der Rundfunkunternehmen zunehmend ein „One-Stop-Shopping" gefordert wird, ist sie nicht zuletzt eine Absicherung des föderalen Demokratiesystem, der föderalen Landes- und Kulturidentitäten und ihrer Pluralismusbezüge. Auch wenn Zentralisierungen in einigen Bereichen wünschenswert sind und sich bereits in Planung befinden, ist vorschnellen und vorwiegend wirtschaftlich motivierten Reformen mit Skepsis zu begegnen.[1094]

Deutlich zu erkennen ist ein strukturelles und materielles Ungleichgewicht zwischen den Säulen der Pluralismussicherung. Am schwächsten ausgeprägt ist die Programmkontrolle. Grundproblem ist hier die Diskrepanz zwischen der verfassungsrechtlichen Anforderung nach einer effektiven Kontrolle des „Grundstandards gleichgewichtiger Vielfalt" im außenpluralen Privatrundfunk insgesamt und der fehlenden einfachrechtlichen Konkretisierung dieses Grundstandards für die Programmüberwachung. Die Zusammenwirkung von § 25 Abs. 2 i.V.m. §§ 3, 25 Abs. 1 RStV ist offensichtlich als materielle Rechtsgrundlage für die Überwachung mit Sanktionsmöglichkeiten nicht ausreichend. Anders ist nicht zu erklären, warum es seit Bestehen des dualen Systems zu keiner einzigen Sanktion gekommen ist.

Dagegen kann das Rundfunkkonzentrationsrecht wohl als effektivste Säule im System der Pluralismussicherung gesehen werden. Dies liegt nicht allein an der gesetzlich wesentlich präziseren Ausgestaltung des Verfassungsauftrags zur Konzentrationsbekämpfung. Die tatsächliche Effektivität liegt in der zentralen Institutionalisierung der Konzentrationskontrolle. Durch das transparente Verfahren der KEK, die Konkretisierung der materiellen Aufgreifkriterien, insbesondere des Begriffs der vorherrschenden Meinungsmacht, durch die Spruchpraxis der KEK und nicht zuletzt die Unabhängigkeit von Standortinteressen hat sich die Konzentrationskontrolle als äußerst effektiv erwiesen. Demgegenüber

[1094] Dazu sogleich, unten C.II.3.

fehlt es bislang der Programmaufsicht nicht nur an einer konkretisierenden Spruchpraxis, es fehlt auch an einem – unter dem Aspekt des Grundrechtsschutzes notwendigen – transparenten Verfahren.

Doch auch das Konzentrationsrecht bedarf der Fortentwicklung. Zwei Aspekte hat die Entscheidung Axel Springer AG ./. ProSiebenSat1 Media AG deutlich werden lassen: Zum einen fehlt es, trotz des Ansatzes in § 26 Abs. 2 S. 2 2. Alt, RStV an einer konsequenten Erfassung cross-medialer Konzentration sowie vertikal und horizontal integrierter Medienunternehmen. Zum zweiten hat die Entscheidung die verbesserungswürdige Zusammenarbeit der Kommunikations- und Medienwissenschaften mit dem Gesetzgeber offenbar werden lassen. Es ist schon aus Gründen des rechtsstaatlichen Erfordernisses der Bestimmtheit wie auch des Vorbehalts des Gesetzes schlicht eine Zumutung für die Exekutive wie auch die beteiligten Unternehmen, wenn die grundrechtswesentliche Fragestellung der Meinungsmacht auf medienrelevanten verwandten Märkten im Wege der verfassungskonformen Auslegung „nicht hinreichend bestimmter Normierung“[1095] erfolgen muss.[1096] Die gesetzgeberische Entscheidung, auch die Konzentration auf medienrelevanten verwandten Märkten zu erfassen, ist aber der Sache nach unumgänglich. Unter der Grenze des Wortlauts von § 26 Abs. 2 S. 2 2. Alt führt die „Umrechnung“ in eine Zuschaueranteilsquote entweder zu einer „Medienanteilsquote“, für die die Schwelle von 30% wesentlich zu hoch ist, oder zu unzutreffend berechneten Marktanteilen. Der zukünftige Weg ist durch die Marktentwicklung klar vorgezeichnet. Es bedarf eines Gesamtkonzepts, das die Konzentration auf allen Medienmärkten, auch außerhalb des deutschsprachigen Raums, erfasst.[1097] Eine solche ist aber aus den §§ 26 ff. RStV nicht mehr im Wege verfassungskonformer Auslegung zu gewinnen. Die Entscheidung 293-1 der KEK hat die Grenze des bestehenden Systems ausgelotet, weiteres obliegt dem Gesetzgeber.

Auch wenn die europäische Befassung mit dem Thema Pluralismus in Deutschland nicht unbedingt auf viel Gegenliebe stoßen wird,[1098] sollten der Ansatz des Reding-Wallström-Plans und die Ergebnisse der noch laufenden Studie bei einer Reform der deutschen Pluralismussicherung im Medienrecht einbezogen werden. Die Konvergenz von Inhalten und Medien, aber auch die Veränderung und Diversifizierung der Eigentümerstrukturen im Mediensektor zwingen zu einem ganzheitlichen gesetzgeberischen Ansatz. Die vorliegende Arbeit kann hier nur

---

[1095] So schon BVerfGE 57, 295 (321) – *FRAG*.

[1096] Darauf weisen auch hin *Gounalakis/Zagouras*, AfP 2006, 716 (717).

[1097] Ebenso *Gounalakis/Zagouras*, AfP 2006, 716 (720 ff.).

[1098] Etwa *Rüter*, Föderalismus als Organisationsprinzip, S. 6. Eine Ausnahme sind *Gounalakis/Zagouras*, AfP 2006, 716 (724 f.).

den derzeitigen Stand und die Effektivität der drei Säulen darlegen, es zeichnet sich aber ab, dass das System in seiner Gesamtheit, zum Teil dem derzeitigen Stand, auf jeden Fall aber der kommenden Entwicklung nicht gewachsen ist.

3. Neuerungen durch den 10. RÄndStV

Es ist eine Binsenweisheit, dass sich das Medienrecht im beständigen Fluss befindet. Mit dem 10. Rundfunkänderungsstaatsvertrag hat dieser Fluß jedoch eine Stromschnelle passiert. Mit dem 12. Rundfunkänderungsstaatsvertrag wird sich die Fließgeschwindigkeit wohl nochmals erhöhen, der sich aller Wahrscheinlichkeit nach mit einer Reform der „normativen Anforderungen" an den öffentlich-rechtlichen Rundfunk auseinandersetzen wird.[1099]

Mit dem 10. RÄndStV wurden wesentliche Änderungen eingeführt: So wurde eine einheitliche Regelung zu Zulassung und Auswahl bundesweiter Rundfunkanbieter implementiert, neue Gremien geschaffen und bestehende reformiert. Der technischen Evolution folgend, wurden die bisherigen Kabelbelegungsregeln durch eine „Plattformregulierung" ersetzt, die nicht an einen bestimmten Übertragungsweg gebunden ist.

Von den umfangreichen Änderungen des 10. RÄndStV sollen im Folgenden nur diejenigen untersucht und bewertet werden, die einen unmittelbaren Bezug zur Meinungsvielfalt aufweisen und den „State of the Art" der gesetzgeberischen Vielfaltssicherung im Rahmen der positiven Ordnung darstellen.

a) Zulassung für bundesweites Fernsehen gem. § 20a RStV

Mit dem neu eingefügten § 20a RStV wurden die Zulassungsvoraussetzungen bundesweit einheitlich geregelt. Dabei wurde im Wesentlichen die vorherige Rechtslage bekräftigt. Neu ist allerdings, dass eine Zulassung gem. § 20a Abs. 2 S. 2 RStV einem Rundfunkveranstalter, der als Aktiengesellschaft organisiert ist, nur erteilt werden kann, wenn er ausschließlich Namensaktien und/oder stimmrechtslose Vorzugsaktien ausgibt. Nach der Entwurfsbegründung sollte damit die Transparenz der Beteiligungsverhältnisse sichergestellt werden.[1100] Die Regelung befasst sich erstmals mit dem Problem gesellschaftsrechtlicher Möglichkeiten zur Verschleierung der Eigentumsverhältnisse. Sie ist zwar gut gemeint, doch bieten sich ausreichend Möglichkeiten zur Umgehung. Da die Regelung nur auf die Ebene des Rundfunkveranstalters abstellt, würde es schon ausreichend sein, diesen als GmbH zu betreiben. Nicht geregelt, doch wahrscheinlich das gravierendere Problem, sind Beteiligungen auf den Ebene der

---

[1099] Dazu ausführlich *Stadelmaier*, Konsequenzen aus dem 9. Rundfunkurteil, S. 7 ff.
[1100] Begründung zum 10. Rundfunkänderungsstaatsvertrag, S. 8.

Konzernobergesellschaften und die Beteiligung von Fonds wie KKR und Permira aktuell bei ProSiebenSat1 Media AG.[1101] In diesen Fällen ist nur schwer nachvollziehbar, wer maßgebliche Fondsanteile besitzt und welche satzungsrechtlichen Einflussmöglichkeiten die Anteilseigner auf das Fondsmanagement haben. Zumindest für den Fall von ausländischen Staatsbeteiligungen über Fonds sieht § 20a Abs. 3 S. 3 RStV nunmehr eine Inkompatibilität vor, soweit die Beteiligung als verbundenes Unternehmen i.S.d. § 15 AktG anzusehen wäre.

b) Zuweisung und Zuordnung von drahtlosen Übertragungskapazitäten gem. § 51 ff. RStV

Erstmals einheitlich geregelt wurde das Verfahren zur Zuordnung und Zuweisung drahtloser bundesweiter Übertragungskapazitäten. In Anlehnung an die bisherige Rechtslage bei der Zuweisung von Satellitenübertragungskapazitäten wird die Zuordnung frei werdender Übertragungskapazitäten zunächst durch die Ministerpräsidenten gem. § 51 Abs. 2 RStV vorgenommen. Soweit es nicht zu einer Einigung kommt, soll die Zuordnung gem. § 51 Abs. 3 Nr. 4 RStV bereits von dem Kriterium der Sicherung größtmöglicher Vielfalt des Gesamtangebots geleitet werden. Dabei soll gem. § 51 Abs. 3 Nr. 4 a) RStV die Grundversorgung mit Rundfunk und die Teilhabe des öffentlich-rechtlichen Rundfunks an neuen Techniken und Programmformen gesichert werden und gem. § 51 Abs. 3 Nr. b) RStV die Belange des Privatrundfunks berücksichtigt werden. Dass es sich hierbei, auch nach Ansicht der Entwurfsbegründung, bereits um eine vielfaltsrelevante Entscheidung handelt, zeigt § 51 a RStV, der von einer bereits erfolgten ausreichenden Berücksichtigung des „Gebots der Meinungsvielfalt im Zuordnungs- und Zuweisungsverfahren nach § 51 bzw. § 52a“ spricht.[1102] Hier zeigt sich ein kleiner Bruch mit der bisherigen Systematik zur Sicherung der Meinungsvielfalt. Die obige Untersuchung hat ergeben, dass Entscheidungen über Inhalt, Art, Umfang und Qualität der Meinungsvielfalt weder durch einzelne Gruppen noch den Staat zu treffen sind und deshalb – unter Vorbehalt gleichwertiger Lösungen – zwingend einem plural aus Vertretern gesellschaftlich relevanter Gruppen besetzten Gremium zu überantworten sind.[1103] Hier entscheiden aber die Ministerpräsidenten, mehr Staat geht nicht. Selbst wenn man der Zuordnung von Übertragungskapazitäten noch einen direkten Bezug zum Pluralismusprinzip absprechen wollte, würde sich damit aber spätestens die Privilegierung von Plattformbetreibern in § 52a RStV nicht mehr vertragen.[1104]

[1101] Ausführliche Darstellung der Beteiligungsverhältnisse bei *Holznagel/Dörr/Hildebrandt*, Elektronische Medien, S. 34 ff.
[1102] Begründung zum 10. Rundfunkänderungsstaatsvertrag, S. 21.
[1103] Siehe bereits oben C.I.2.d).
[1104] Dazu unten C.II.3.c).

Ist die Übertragungskapazität dem Privatrundfunk zugeordnet, so greift das Zuweisungsverfahren bei der zuständigen Landesmedienanstalt gem. § 51a RStV. Auf Ebene der Zuweisung wird nun das neu geschaffene „Wanderorgan" ZAK tätig, das jeweils als Organ für die zuständige Landesmedienanstalt das Zuweisungsverfahren durchführt.[1105] Nach Ausschreibung und dem Versuch einer Verständigungslösung unter mehreren Bewerbern folgt dann eine Auswahlentscheidung. Diese wird durch das zweite neu geschaffene „Wanderorgan" GVK vorgenommen. Die Vorgaben für die Auswahlentscheidung gem. § 51 a Abs. 4 Nr. 1 - 3 RStV sollen sich an der Förderung der Meinungsvielfalt (Nr. 1), der möglichen Darstellung des öffentlichen Geschehens, einschließlich der politischen Ereignisse und des kulturellen Lebens (Nr. 2), sowie der Möglichkeit, dass die bedeutsamen politischen, weltanschaulichen und gesellschaftlichen Ansichten im Programm zu Wort kommen, orientieren. Weiter soll die wirtschaftliche Realisierbarkeit und das Zuschauerinteresse berücksichtigt werden.[1106] Diese Kriterien stellen keinen Fortschritt in der Präzisierung materieller Pluralismussicherung dar, sie fallen im Gegenteil zur bisherigen Rechtslage in den Landesmediengesetzen eher zurück.[1107] Geht man von einer besonderen Bedeutung bundesweit verbreiteten Rundfunks aus, wie sie sich sowohl aus den Ergebnissen der Medienwirkungsforschung als auch aus § 27 Abs. 1 S. 1 RStV im Rahmen der Konzentrationskontrolle ergibt, kann man nicht von einer hinreichenden gesetzlichen Konkretisierung der Auswahlgrundsätze ausgehen. Wichtige Dimensionen der Vielfalt wie die bei bundesweiten Programmen auch praktische Frage der Darstellungsanforderungen regionaler und gegenständlicher Vielfalt, aber auch rezipientenorientierte Vielfaltsvorgaben im Sinne einer effektiven Sicherung des Grundstandards gleichgewichtiger Vielfalt durch die Anbieter selbst, fehlen hier. Auch wenn dem Gesetzgeber immer ein Ausgestaltungsspielraum zugestanden werden muss, fällt doch auf, dass hier nicht einmal auf die Trias des „klassischen Rundfunkauftrags" aus Information, Bildung und Kultur zurückgegriffen wurde. Es steht dem Gesetzgeber selbstverständlich frei, die Zulassung und Auswahl bundesweiten Fernsehens zu zentralisieren. Allerdings geht mit dem Verzicht auf eine föderale Zulassung ein nicht unerheblicher Teil regional geprägter Vielfaltssicherung durch die verschiedenen Verfahren und beteiligten Personenkreise verloren.[1108] Diesen Verlust hat der Gesetzgeber jedenfalls nicht durch die materiellen Auswahlgrundsätze aufgewogen. Da es aber für die effektive Vielfaltssicherung auf das Zusammenwirkung der mate-

---

[1105] Zur KEK als Vorbild der Organisation als „Wanderorgan" siehe oben C.I.3.a).
[1106] Dazu die Begründung zum 10. Rundfunkänderungsstaatsvertrag, S. 24.
[1107] Vgl. dazu oben C.II.2.a)bb).
[1108] Zur Rolle des Föderalismus für die Pluralismussicherung im Rundfunk siehe *Dörr*, ZUM 1996, 617 (622 f.), und oben C.I.4.e).

riellen Vorgaben mit den organisationspluralen Sicherungen durch Besetzungs- und Verfahrensregelungen ankommt,[1109] könnte dieses Defizit durch die Organisation der neu geschaffenen ZAK und GVK aufgefangen worden sein.[1110]

c) Plattformregulierung gem. §§ 52 RStV

Die §§ 52 ff. RStV führen eine Plattformregulierung ein und ersetzen damit die bisherigen Regelungen zur Kabelnetzbelegung. Die Übertragungsmöglichkeiten haben sich inzwischen auch auf das Telefonnetz und sogar das Stromkabel ausgeweitet. Zusätzlich hat sich die Bandbreite terrestrischer Übertragung durch Einführung der Digitalstandards DVB-T und DVB-H erheblich vergrößert. Folgerichtig knüpft die Plattformregulierung auch nicht mehr an einem Übertragungsweg an. Maßgeblich ist nunmehr das Plattformangebot gem. § 2 Abs. 2 Nr. 10 RStV, das darin besteht, eine Mehrzahl von Rundfunk- und Telemedien zu einem Gesamtangebot zusammenzufassen und über digitale Verbreitungswege anzubieten.[1111]

Vielfaltsrelevanz ergibt sich also wie zuvor bei den Kabelnetzbetreibern durch die Auswahlmöglichkeit. Diese beinhaltet gleichzeitig den Ausschluss anderer Programme, die nur noch über andere Plattformen bzw. Übertragungswege wahrgenommen werden können, sowie eine relative Aufwertung der gewählten Zusammenstellung in der Zuschaueraufmerksamkeit. Um einen Missbrauch dieser Gate-Keeper-Stellung zu verhindern, unterliegen die Plattformbetreiber umfangreichen Diskriminierungsverboten gem. § 52c RStV, sowie einer Entgelt- und Tarifregulierung gem. § 52d RStV, die im Wesentlichen eine Ungleichbehandlung ohne sachlich gerechtfertigten Grund verbietet.[1112] Noch vor dieser eher auf Chancengerechtigkeit der Programminhaltsanbieter gerichteten Marktverhaltenskontrolle greift eine Plattformbelegungsregulierung mit konkreten Belegungsvorgaben zur Sicherung der Meinungsvielfalt. Diese an § 52 Abs. 3 und 4 RStV a.F. orientierte Regelung beinhaltet in § 52b Abs. 1 Nr. 1 a - c RStV wie ihr Vorgängermodell eine must-carry-Verpflichtung im Umfang von höchstens einem Drittel der Übertragungskapazität, die sich auf die öffentlich-rechtlichen Rundfunkprogramme und die für das Land veranstalteten Dritten

---

[1109] Vgl. BVerfGE 57, 295 (329) - *FRAG*, BVerfGE 83, 238 (296) – *WDR-Gesetz*, BVerfGE 90, 60 (88) – *Rundfunkgebühr*.

[1110] Aus der Begründung zum RÄndStV ergibt sich diese Intention allerdings nicht. Dazu sogleich unter C.II.3.d)bb).

[1111] Zur Abgrenzung des Plattformanbieters von Rundfunkanbietern einerseits und Telekommunikationsdienstleistern andererseits, vgl. Begründung zum 10. Rundfunkänderungsstaatsvertrag, S. 4.

[1112] Zur „Torwächterfunktion“ siehe die Begründung zum 10. Rundfunkänderungsstaatsvertrag, S. 32.

Programme (a), private Programme mit Regionalfenstern gem. § 25 Abs. 4 RStV (b), die im Land zugelassenen regional- und Lokalsender und die offenen Kanäle bezieht (c). Wie in § 53 Abs. 4 RStV a.F. ist eine can-carry-Verpflichtung in § 52b Abs. 1 Nr. 2 RStV normiert, die unter Berücksichtigung der Teilnehmerinteressen ebenfalls zur Meinungsvielfalt beitragen soll. Hier soll der Plattformbetreiber eine Vielzahl von Programmveranstaltern, mit Vollprogrammen, nicht entgeltfinanzierten Programmen, Spartenprogrammen und Fremdsprachenprogrammen einbeziehen. Darüber hinaus sind vergleichbare Telemedien angemessen zu berücksichtigen. Neben den Belegungsregeln für Rundfunk und Telemedien wurde erstmals auch eine Belegungsvorgabe für Hörfunk in § 52b Abs. 2 RStV gemacht.[1113] Wie in der Vorgängerregelung über die Kabelkanalbelegung wird also ein wesentlicher Teil der Angebotsvielfalt, insbesondere für den Bereich des Privatrundfunks, an den Plattformbetreiber delegiert. Die gesetzliche Typisierung der Auswahlkriterien fällt dabei nicht eben gerade konkreter aus, als dies beispielsweise bei Zuweisungsentscheidungen der Fall ist und händigt den damit einhergehenden Beurteilungsspielraum wieder an den Plattformbetreiber aus. Dies ist vor allem deshalb bedenklich, da ausweislich der Begründung das Zuschauerinteresse leitender Maßstab der Auswahlentscheidung sein soll.[1114] Sofern man dieses Interesse nicht objektiv im Sinne eines „wohlverstandenen" Interesses an der objektiv-rechtlich erforderlichen Meinungsvielfalt deutet, wird damit das naturgemäß vorhandene, weil ökonomisch begründete, Interesse des Plattformbetreibers an massenattraktiven Programmen auch noch gesetzgeberisch zum ermessenleitenden Maßstab erhoben.[1115] Die oben geäußerten Bedenken hinsichtlich einer teilweisen „Privatisierung der Meinungsvielfalt" gelten also auch bei der Plattformregulierung fort.[1116]

Neu und nur schwer nachvollziehbar ist die Regelung des § 52b Abs. 3 RStV. Demnach entfallen für einen Plattformbetreiber gem. § 52b Abs. 3 Nr. 1 RStV sämtliche Belegungsverpflichtungen, wenn er gegenüber der zuständigen Landesmedienanstalt nachweist, dass die in den Belegungsregeln geforderten Programmangebote auf demselben oder einem gleichwertigen Übertragungsweg und mit demselben Endgerät ohne zusätzlichen Aufwand zu empfangen sind. Wurde das Gebot der Meinungsvielfalt zuvor bereits im Rahmen der Zuord-

---

[1113] Dazu ausführlich die Begründung zum 10. Rundfunkänderungsstaatsvertrag, S. 31. Ein Unterschied zeigt sich vor allem bei den must-carry-Verpflichtungen, die sich ausschließlich auf öffentlich-rechtlichen Hörfunk beziehen.

[1114] Begründung zum 10. Rundfunkänderungsstaatsvertrag, S. 30.

[1115] Deshalb muss das Zuschauerinteresse objektiv verstanden werden, vgl. dazu oben C.II.2.a)dd).

[1116] Oben C.II.2.a)cc)(1)(ii).

nungs- oder Zuweisungsentscheidung gem. § 51 oder § 51a berücksichtigt, treffen den Plattformbetreiber gem. § 52b Abs. 3 Nr. 2 RStV keine Belegungsauflagen mehr.

Mit dieser Vorschrift sollen wohl die Härten der Sozialpflichtigkeit von Plattformeigentum abgemildert werden. Möglicherweise spielen auch die europäischen Vorgaben gem. Art. 3 UDRL eine Rolle, nach der Belegungsvorgaben einer Verhältnismäßigkeitsprüfung unterworfen werden müssen. Beide Teilregelungen vermeiden dann eine mögliche Unverhältnismäßigkeit der Belegungsregeln, wenn diese nicht erforderlich sind. Die Begründung selbst spricht davon, dass sich die Regelung an den Grundsätzen der Notwendigkeit, Transparenz und Verhältnismäßigkeit orientiert.[1117]

Bei beiden Teilregelungen erscheint jedoch fraglich, ob sie mit der verfassungsrechtlich geforderten effektiven Vielfaltssicherung in Einklang stehen. Ratio der Belegungsregeln ist, dass gerade solche Inhalte, die für die Meinungsvielfalt unverzichtbar sind, auch und zuerst vom Plattformbetreiber einzuspeisen sind. Da nach hiesiger Lesart der spezielle Funktionsauftrag des öffentlich-rechtlichen Rundfunks zuvorderst in einer vollständigen Verpflichtung auf das erforderliche Niveau an Meinungsvielfalt im Gesamtsystem Rundfunk auf der Metaebene besteht, ist die vorrangige Einspeisung des öffentlich-rechtlichen Programmangebots nur folgerichtig. Gemäß § 52b Abs. 3 Nr. 1 RStV kann ein Plattformbetreiber nun argumentieren, dass er zur Aufnahme dieses Angebots nicht mehr verpflichtet sei, wenn es auch auf anderem Wege den Rezipienten erreichen kann. Dass der öffentlich-rechtliche Rundfunk aber immer seinen Rezipienten erreichen muss, ist schon verfassungsrechtlich aus dem sog. Grundversorgungsauftrag begründet.[1118] Auch muss die Übertragungstechnik so gewählt sein, dass sie die Bevölkerung ohne großen zusätzlichen Aufwand erreicht. Derzeit ist dies die analoge terrestrische Übertragung und zunehmend DVB-T sowie DVB-H. Diese Verfassungspflicht des öffentlich-rechtlichen Rundfunks führt hier dann aber im Ergebnis zu einer Dauerentlastung der Plattformbetreiber. Das gleiche gilt für alle weiteren frei empfangbaren, terrestrisch übertragenen Angebote, insbesondere auch die als besonders wertvoll für die Meinungsvielfalt eingestuften Regionalfensterprogramme gem. § 25 Abs. 4 RStV.

Die Regelung berührt eine Grundfrage der Vielfaltsregulierung in zweifacher Hinsicht. Zum einen kann angenommen werden, dass mit geringeren Belegungsvorgaben die Angebotsvielfalt insgesamt steigen wird, da Mehrfachübertragungen der privilegierten Programme vermieden werden. Dafür spricht auch

---

[1117] Begründung zum 10. Rundfunkänderungsstaatsvertrag, S. 29.
[1118] Vgl. BVerfGE 74, 297 (326) – *WDR-Gesetz*. Dazu *Hesse*, Rundfunkrecht, S. 120.

die technische Entwicklung. Der Plattformbetreiber, anders als der Kabelnetzbetreiber, monopolisiert nicht zwingend einen Übertragungsweg, sondern kann seine Zusammenstellung auch neben anderen Plattformanbietern und einzelnen Programmveranstaltern auf dem gleichen Übertragungsweg anbieten. Die Nichtberücksichtigung eines Inhalts auf einer Plattform führt damit nicht in gleicher Weise zum Ausschluss gegenüber den Rezipienten, wie dies bei einem Kabelnetzbetreiber der Fall wäre, der eine Infrastruktur monopolisiert. Zum zweiten wirkt auch die Konvergenz der Endgeräte, die in naher Zukunft den Empfang von Inhalten über Stromkabel, Telefonkabel, Breitbandkabel und DVB-T gleichermaßen ermöglichen werden, gem. § 52b Abs. 3 Nr. 1 RStV zu Recht für den Plattformbetreiber entlastend.[1119] Sie sichert die grundsätzliche Empfangbarkeit der vielfaltssichernden Programme gem. § 52 Abs. 1 RStV. Diese Sichtweise ist jedoch zu eng, da sie sich wesentlich auf die Knappheit der Übertragungswege als Rechtfertigungsgrundlage stützt. Fällt diese weg, und dies ist vom Verfassungsgericht längst anerkannt,[1120] und ist im Zuge dessen das vielfaltssichernde Angebot „irgendwie und irgendwo" zu erreichen, soll sich nunmehr der Plattformbetreiber von der Regulierungslast auf Antrag befreien können. Das ist jedoch mit dem Grundgedanken der Meinungsvielfalt, die aufgrund ihrer Bezüge zum Demokratieprinzip auch eine „effektive Meinungsvielfalt" ist, nicht vereinbar. Die obigen Ausführungen haben gezeigt, dass Meinungsvielfalt vor allem auch eine programmlich-inhaltliche Komponente aufweist. Diese wird nicht durch eine bloße Anbietervielfalt hergestellt.[1121] Aufgabe der positiven Ordnung in der digitalen Welt muss es nunmehr sein, auch die Rezeption der Vielfalt zu sichern. Dies setzt voraus, dass die Angebote gem. § 52b Abs. 1 RStV nicht im „digitalen Dschungel" verschwinden, sondern – und das ist vor allem die Ratio der Belegungsrangfolge – sichtbar präsentiert werden. Man könnte darüber streiten, ob der Umfang der Belegungspflichten, die im Wesentlichen denen des Kabelnetzbetreibers entsprechen, für einen Plattformbetreiber gerechtfertigt ist. Der gänzliche Ausschluss von Belegungsvorgaben mit einem Verweis auf den „Digitaldschungel" entspricht jedoch nicht den verfassungsrechtlichen Vorgaben zur Sicherung der Meinungsvielfalt.

Aus ähnlichen Gründen bestehen auch hinsichtlich der Regelung des § 52b Abs. 3 Nr. 2 RStV Bedenken. Die Begründung zum 10. RÄndStV erklärte die Siche-

---

1119 Begründung zum 10. Rundfunkänderungsstaatsvertrag, S. 32 oben.

1120 So verliert die Medienregulierung auch in Zeiten von Konvergenz und Kanalvielfalt nicht an Bedeutung, vgl. BVerfGE – *Gebührenurteil II*, 1 BvR 2270/05 vom 11. September 2007, Rn. 115 mit Verweis auf BVerfGE 57, 295 (323) – *FRAG*. Dazu ausführlich *Ory*, AfP 2007, 401 (402).

1121 *Hoffmann-Riem*, Rundfunkrecht neben Wettbewerbsrecht, S. 18; sowie *Hoffmann-Riem*, Sicherung der Meinungsbildungsfreiheit, S. 95; instruktiv auch *Ladeur*, RuF 1998, 5 ff.

rung der Meinungsvielfalt im Rahmen der Zuordnungs- und Zuweisungsentscheidungen gem. § 51 und § 51a RStV für spezieller gegenüber den Belegungsregeln des § 51b RStV.[1122] Dies kann aber nur dann zutreffend sein, wenn die vorherige Entscheidung tatsächlich in gleicher Weise zur Sicherung der Meinungsvielfalt gedacht und geeignet war. Zumindest für die Zuordnungsentscheidung bundesweiter Übertragungskapazitäten an eine bestimmte Landesmedienanstalt ist dies nicht der Fall. Nach § 51 Abs. 3 RStV entscheiden die Ministerpräsidenten im Falle fehlender Einigung unter Berücksichtigung der Grundversorgung durch die öffentlich-rechtlichen Rundfunkanstalten (Nr. 1) und der Belange des Privatrundfunks (Nr. 2). Hier stellen sich mehrere Fragen. Zum einen ist aus § 52b Abs. 3 Nr. 2 RStV nicht ersichtlich, ob das Verfahren der Zuordnung für eine ausreichende Berücksichtigung der Meinungsvielfalt insgesamt schon ausreichend ist, oder ob dies nur für den Fall der Nichteinigung gilt. Zum anderen sind die Ministerpräsidenten als Entscheidungsträger für die Sicherung der Meinungsvielfalt denkbar ungeeignet. Bereits von Seiten des Verfassungsgerichts wurde jedes, auch mittelbare, programmbezogene Auswahlermessen in der Zuordnungsentscheidung der Landesregierungen für unzulässig erklärt.[1123] Nach hiesiger Auffassung können vielfaltsrelevante Fragen ohnehin nur unter Beteiligung des „medienrechtlichen Souveräns" entschieden werden. Diese Bedenken und Unsicherheiten sprechen dafür, in verfassungskonformer Auslegung des § 52b Abs. 3 Nr. 2 RStV das Zuordnungsverfahren nicht als einen Ersatz für die Sicherung der Meinungsvielfalt durch Belegungsvorgaben anzusehen und entsprechend unangewendet zu lassen.

Hinsichtlich des Vorrangs der Zuweisungsentscheidung gem. § 51a Abs. 4 RStV ergeben sich dagegen keine durchgreifenden Bedenken. Dies liegt an der neuen Behandlung des Plattformbetreibers als „Quasi-Rundfunkveranstalter" im Rahmen der Zuweisung.[1124] Für den Plattformbetrieb genügt nun grundsätzlich gem. § 52 Abs. 3 RStV eine Anzeige, der ein Belegungsplan in Übereinstimmung mit § 52b Abs. 1 und Abs. 2 RStV beizufügen ist. Soweit sich der Plattformbetreiber aber um eine drahtlose Übertragungskapazität bewirbt, muss das Angebot des Belegungsplans der Bewertung zugrunde gelegt werden, da er

[1122] Begründung zum 10. Rundfunkänderungsstaatsvertrag, S. 32 unten.

[1123] Vgl. BVerfGE 83, 297 (322 f.) – *WDR-Gesetz*. Dazu *Hesse*, Rundfunkrecht, S. 261 und oben B.V.2.f).

[1124] Der Plattformbetreiber muss daher auch den Zulassungsanforderungen der §§ 20a Abs. 1 und Abs. 2 RÄndStV entsprechen. Die Begründung rechtfertigt dies mit seiner Auswahlentscheidung, die ihm eine dem Rundfunkveranstalter vergleichbare Stellung vermittelt, vgl. Begründung zum 10. Rundfunkänderungsstaatsvertrag, S. 28. Ob die Zusammenstellung von publizistischem Angebot mit der Herstellung desselben tatsächlich vergleichbar ist, mag man allerdings bezweifeln.

selbst keinen Beitrag zur Meinungsvielfalt bietet.[1125] Zwar nehmen die Auswahlgrundsätze des § 51a Abs. 4 RStV nicht direkt Beug auf die Belegungsanforderungen. Die Belegungsentscheidungen können allerdings als gesetzgeberische Leitentscheidung zur Sicherung der Meinungsvielfalt im Plattformbetrieb gewertet werden. Sie sind damit grundsätzlich der Auslegung des Merkmals „Meinungsvielfalt fördert" gem. § 51a Abs. 4 Nr. 1 RStV zugrunde zu legen.[1126]

Unklar und der Praxis vorbehalten bleibt dagegen, wie das Angebot eines Plattformbetreibers gegen das eines einzelnen Rundfunkveranstalters im Rahmen der Auswahlentscheidung zu gewichten ist. Eigentlich müsste ein einzelner Rundfunkveranstalter fast immer unterliegen, da sein Angebot schon quantitativ notwendiger Weise weniger vielfältig ist. Hier stellt sich die Frage, ob der Gesetzgeber den Landesmedienanstalten nicht einen Vergleich von Äpfeln mit Birnen aufgezwungen hat. Auch wenn eine Bevorzugung der Plattformbetreiber unter Wahrung der Belegungsvorgaben mit der Meinungsvielfalt vereinbar wäre, ergeben sich dennoch zumindest Bedenken hinsichtlich des Grundsatzes kommunikativer Chancengerechtigkeit, der Artt. 5 Abs. 1 S. 2 und 12 GG sowie des allgemeinen Gleichbehandlungsgrundsatzes.

d) Neuordnung der Medienaufsicht

Mit dem 10. Rundfunkänderungsstaatsvertrag wurde gleichzeitig eine wesentliche Umstrukturierung der Aufsichtsgremien vorgenommen.[1127] Mit der bundesweit einheitlichen Regelung zur Zulassung von Rundfunkveranstaltern und Plattformbetreibern wurde auch die Notwendigkeit bundesweit zuständiger Gremien gesehen und mit der KEK, GVK und ZAK geschaffen bzw. reformiert. Dabei wurde die föderale Zuständigkeit der Landesmedienanstalten nicht zugunsten dieser Gremien aufgegeben. Nach dem bewährten Modell der KEK arbeiten auch die neue GVK und ZAK als „Wanderorgane", indem sie gem. § 35 Abs. 1 und 2 RÄndStV für die jeweils zuständige Landesmedienanstalt in ihrem speziellen Aufgabenbereich tätig werden.

aa) Die ZAK gem. § 35 Abs. 2 Nr. 1 RStV

Für die grundsätzliche Zulassung bundesweiter privater Rundfunkangebote und Plattformanbieter ist nunmehr die Kommission für Zulassung und Aufsicht (ZAK) zuständig. Sie besteht aus den gesetzlichen Vertretern der Landesme-

---

[1125] Abgesehen von dem Fall, dass er selbst auch Programminhalte anbietet, vgl. Begründung zum 10. Rundfunkänderungsstaatsvertrag, S. 4.

[1126] Zur Funktion von gesetzgeberischen Leitentscheidungen für die Auslegung unbestimmter Rechtsbegriffe im Medienrecht vgl. ausführlich *Dörr*, AfP-Sonderheft 2007, 33 (37) und oben C.II.2.b)bb)(1)(d).

[1127] Siehe AfP 2007, S. 202.

dienanstalten nach Landesrecht, die gem. § 36 Abs. 8 RStV in dieser Funktion nicht an Weisungen gebunden sind. Dies wird in der Regel der Direktor der jeweiligen Landesmedienanstalt sein, soweit das Landesrecht keine abweichende Regelung trifft.[1128] Die Aufgaben der ZAK bestehen im Wesentlichen in der Prüfung solcher gesetzlicher Voraussetzungen, die keinen Bezug zur Meinungsvielfalt haben. Die Aufgabenteilung zwischen ZAK und GVK gleicht damit derjenigen zwischen Direktorium und Hauptorgan in den Landesmedienanstalten und entspricht damit im Grundsatz der hiesigen Auffassung, dass nur der medienrechtliche Souverän vielfaltsrelevante Fragestellungen verfassungsgemäß beantworten kann.

Eine Durchbrechung dieser grundsätzlichen Aufteilung ergibt sich aber aus § 36 Abs. 2 S. 1 Nr. 7 i.V.m. § 36 Abs. 2 S. 2 RStV. Demnach ist die ZAK auch zuständig für Aufsichtsmaßnahmen gegenüber bundesweiten Veranstaltern, soweit nicht die KEK zuständig ist. Der gesamte Bereich der Aufsichtsmaßnahmen wird also ohne Beteiligung des „medienrechtlichen Souveräns" zentralisiert. Da dieses Aufgabenfeld denkbar weit ist, kann sich die ZAK gem. § 36 Abs. 2 S. 2 RStV für diese Aufgaben durch Einrichtung von speziellen Prüfausschüssen entlasten.[1129] Diese Ausschüsse können anstelle der ZAK einstimmig entscheiden.

Grundsätzlich ist eine zentrale Aufsicht über das bundesweite Fernsehen schon deshalb zu begrüßen, da nur auf diese Weise eine stimmige Beobachtung des verfassungsrechtlichen „Grundstandards gleichgewichtiger Vielfalt" im Privatrundfunk gewährleistet werden kann. Die bisherige Praxis setzte eine komplizierte informelle Abstimmung zwischen den Landesmedienanstalten oder in der DLM voraus, die von Reibungsverlusten und Standortinteressen gekennzeichnet war. Hier ist die Zentralisierung der Aufsicht ein Fortschritt. Dass aber die Aufsicht insgesamt, also einschließlich der laufenden Programmkontrolle auf Verstöße gegen die Programmgrundsätze und die Vielfaltsverpflichtungen aus §§ 25 Abs. 1, 41 Abs. 1 RStV, nunmehr durch die ZAK durchgeführt wird, begegnet Bedenken. Bisher war die Programmkontrolle den plural besetzten Hauptorganen der Landesmedienanstalten vorbehalten.[1130] Auch diese nahmen die Aufgaben nicht selbst wahr, sondern bedienten sich eigener Ausschüsse und Mitarbeiter. Wäre es aber doch einmal zu einer Aufsichtsmaßnahme wegen Verstoßes z.B. gegen § 25 Abs. 2 RStV gekommen, wäre dies durch das plurale Hauptorgan zu entscheiden gewesen. Die ZAK aber besteht ausschließlich aus

---

[1128] Begründung zum 10. Rundfunkänderungsstaatsvertrag, S. 10.
[1129] Begründung zum 10. Rundfunkänderungsstaatsvertrag, S. 10.
[1130] Siehe oben C.I.2.b). Dies gilt allerdings – bedenklicherweise – nicht für alle Landesmediengesetze.

den gesetzlichen Vertretern, ist damit also als Fachorgan einzuordnen.[1131] Einem Fachorgan aber darf die Vielfaltskontrolle aufgrund der Staats- und Gruppenferne nicht überantwortet werden, über sie kann nur durch den „medienrechtlichen Souverän“ entschieden werden. Hier muss die Zuständigkeit zugunsten der GVK als dem für vielfaltsrelevante Fragen zuständigen Gremium gesetzlich geändert werden. Als zweitbeste Lösung könnte in verfassungskonformer Lesart der § 36 Abs. 2 S. 1 Nr. 7 RStV auf eine Vorprüfung durch die ZAK reduziert werden. Die Aufsichtsmaßnahme selbst wäre dann aber durch das plural besetzte Hauptorgan der zuständigen Landesmedienanstalt zu treffen.

Ein ähnliches Problem ergibt sich bei der Abgrenzung von Anzeige, Aufsicht, Belegungsplanersetzung und Befreiungsentscheidung bei den Belegungsvorgaben für Plattformbetreiber gem. § 52 Abs. 1 – 3 RStV. Gemäß § 36 Abs. 2 Nr. 4 und 5 RStV ist die ZAK für die Anzeige des Plattformbetriebs und die Aufsicht über ihren Betrieb zuständig, soweit keine Zuständigkeit der GVK nach Abs. 3 begründet ist. Die GVK trifft aber gem. § 36 Abs. 3 RStV nur die den Belegungsplan des Betreibers ersetzende Belegung in den Fällen des § 52b Abs. 4 S. 4 und 6 RStV.[1132] Die Prüfung der Übereinstimmung des Belegungsplans, vor allem des can-carry-Bereichs, mit nach Vielfaltskriterien typisierten Entscheidungsvorgaben bei der Zulassung gem. § 20a Abs. 2 RStV übernimmt dagegen die ZAK. Auch erstreckt sich die Aufsichtszuständigkeit der ZAK auf das Vorliegen der Befreiungsvoraussetzungen des § 52b Abs. 3 RStV, mithin der ausreichenden Berücksichtigung der Meinungsvielfalt in vorgelagerten Auswahlverfahren und der grundsätzlichen Realisierung der Belegungsvorgaben durch den Gesamtmarkt.

Hier wird schon deutlich, dass es sich um das Kerngebiet der Vielfaltssicherung, in letzterem Fall sogar um eine Aussage zum „Grundstandard gleichgewichtiger Vielfalt“ im Privatrundfunk und zur Zielvorgabe des Gesamtsystem Rundfunk auf der Metaebene handelt.[1133] Solche Entscheidungen kann aber nur ein plural besetztes Gremium in Vertretung des medienrechtlichen Souveräns entscheiden, nach der neuen Systematik also die GVK und nicht die ZAK.[1134] Es erscheint fraglich, ob sich diese Zuständigkeiten im Wege verfassungskonformer Interpre-

---

[1131] Zur Einordnung des Direktors als gesetzlichem Vertreter der Landesmedienanstalten oben C.I.2.a).

[1132] Dazu sogleich.

[1133] Letzteres deswegen, weil die Belegungsverpflichtungen sich auf das gesamte duale System beziehen. In der Befreiungsvariante des § 52b Abs. 3 Nr. 1 RÄndStV wird geprüft ob die Vorgaben insgesamt, d.h. unter Einbeziehung des öffentlichen wie privaten Rundfunks aus Sicht des Rezipienten durch das existierende Gesamtangebot erfüllt wird.

[1134] Zu den Bedenken hinsichtlich der Besetzung der GVK sogleich.

tation aufrechterhalten lassen. Hier bedarf es wohl einer gesetzgeberischen Korrektur.

bb) Die GVK gem. § 35 Abs. 2 Nr. 2 RStV

Die Gremienvorsitzendenkonferenz (GVK) ist gem. § 36 Abs. 3 RStV nunmehr für die vielfaltsrelevanten Fragestellungen in der bundesweiten Rundfunkregulierung zuständig. Drei Kompentenzen sind abschließend aufgezählt. Dies ist zum einen die Auswahlentscheidung bei der Zuordnung bundesweiter Übertragungskapazitäten an Rundfunkveranstalter oder Plattformbetreiber gem. § 52a Abs. 4 RStV. Zusätzlich entscheidet sie über die Ersetzung eines Plattformbelegungsvorschlags gem. 52b Abs. 4 S. 4 RStV, wenn dieser nicht den Voraussetzungen gem. § 52b Abs. 1 bis 3 RStV entspricht, oder wenn den Voraussetzungen nach einer Belegungsänderung nicht mehr genügt wird, gem. § 52b Abs. 4 S. 6 RStV.

Ausweislich der Begründung ist die GVK ein „mittelbar plural zusammengesetztes Gremium."[1135] Das Modell für die Zusammensetzung der GVK dürfte die Gremienvorsitzendenkonferenz der ARD gewesen sein, wie schon die Namensgleichheit vermuten lässt.[1136] Anders als ihr Modell in der ARD ist die GVK allerdings mit konkreten und ausschließlichen Kompetenzen ausgestattet.

Aus zwei Gründen ergeben sich aber auch hier Bedenken. Zum einen erscheint fraglich, wie auch bei der ARD-GVK, ob eine nur vermittelte plurale Kontrolle ausreichend ist, um eine Entscheidung durch den medienrechtlichen Souverän in vielfaltsrelevanten Fragen zu gewährleisten. Der obigen Ansicht folgend, müsste die GVK die gesellschaftlich relevanten Gruppen des Verbreitungsgebiets, also des Bundesgebiets, repräsentieren.[1137] Durch die Entsendung des jeweiligen Vorsitzenden des pluralen Hauptorgans der Landesmedienanstalten gem. § 35 Abs. 4 RStV ist eine gewisse Rückbindung an die gesellschaftlich relevanten Gruppen des Bundesgebiets zwar formal gewährleistet. Dieser wird allerdings mit der Mehrheit der Stimmen des Hauptorgans aus dessen Mitte gewählt. Ähnlich wie bei der KEK dürfte die Zusammensetzung dann im Ergebnis dem gesellschaftlichen „mainstream" entsprechen, der zwar so etwas wie eine Repräsentation der Mehrheitsauffassung garantiert.[1138] Repräsentation gesellschaftlicher Gruppen meint aber gerade das Gegenteil, nämlich den institutionellen Einbezug auch und gerade von Gruppen abseits der gesellschaftlichen Mitte.[1139]

[1135] Begründung zum 10. Rundfunkänderungsstaatsvertrag, S. 13.
[1136] Vg. 5a ARD-Satzung und oben C.I.4.e).
[1137] Zur Zusammensetzung des medienrechtlichen Souverän ausführlich oben C.I.2.d).
[1138] Zur Zusammensetzung der KEK gem. § 35 Abs. 3 RStV vgl. oben C.I.3.a).
[1139] Vgl. BVerfGE 73, 118 (159) – *Niedersachsen.*

Diese Repräsentation des „mainstream" wird noch zusätzlich dadurch abgesichert, dass die Mitglieder der GVK gem. § 35 Abs. 8 S. 1 RStV weisungsunabhängig sind. Selbst wenn sich also eine kleinere gesellschaftliche Gruppe mit ihren Überlegungen soweit durchsetzte, dass es zu einem Mehrheitsbeschluss des landesrechtlichen Hauptorgans käme, wäre durch die Weisungsunabhängigkeit des GVK-Vertreters ihre Berücksichtigung in der GVK nicht gesichert.[1140]

Ob dadurch die Zusammensetzung der GVK aber schon verfassungsrechtlich nicht hinnehmbar ist, mag aufgrund des Gestaltungsspielraums des Gesetzgebers bezweifelt werden. Soweit eine gesellschaftliche Gruppe nicht effektiv ausgeschlossen wird, oder die gewählte Konstruktion zur Auslieferung des Rundfunks an eine oder wenige gesellschaftliche Gruppen führt, muss sie wohl akzeptiert werden. Hier kann nur darauf hingewiesen werden, dass die GVK zu einer „Auslieferung" an die gesellschaftliche Mitte führt und damit dem Grundgedanken gruppenpluraler Meinungsrepräsentation grundsätzlich widerspricht.

cc) Die (neue) KEK gem. § 35 Abs. 2 Nr. 3 RStV

Auch die KEK wurde vom Reformwind nicht ausgeschlossen. Weiterhin beurteilt sie abschließend alle Fragestellungen zur Sicherung der Meinungsvielfalt im bundesweiten Rundfunk, § 36 Abs. 4 RÄndStV. Eine Änderung gegenüber der früheren Rechtslage ergibt sich hieraus also nicht.[1141] Allerdings hat sich die Zusammensetzung geändert. Nach § 35 Abs. 5 Nr. 1 und 2 RÄndStV besteht sie weiterhin aus sechs Sachverständigen des Rundfunk- und Wirtschaftsrechts, zu denen nun aber sechs nach Landesrecht bestimmte gesetzliche Vertretern der Landesmedienanstalten hinzukommen. Der Stichentscheid liegt beim Vorsitzenden, der aus der Gruppe der Sachverständigen kommt, gem. § 35 Abs. 5 S. 6 i.V.m. Abs. 8 S. 1 RÄndStV. Der Sache nach handelt es sich also um eine Zusammenfassung von KEK und der früheren KDLM, was erhebliche rechtliche und tatsächliche Fragen aufwirft.

Zunächst ist unklar, was die Motivation dieser Umstrukturierung ist. Der Begründung des 10. RÄndStV lässt sich dazu nichts entnehmen, was den Verdacht nahe legt, hier solle die KEK nach den Erfahrungen im Verfahren Axel Springer AG ./. ProSiebenSat1 Media AG innerorganlich „diszipliniert" werden.[1142] In

---

[1140] Als Beispiel mag die Diskussion um den Tatort „Wem Ehre gebührt" vom 23.12.2007 dienen, in dem sich die alevitische Gemeinde Deutschlands diskreditiert sah. Da sie allerdings nicht im Rundfunkrat des NDR vertreten war, fand die Diskussion weitgehend in den Medien selbst statt. Vgl. epd-medien 2008, Nr. 1 vom 5.1.2008, S. 11.

[1141] Vgl. Begründung zum 10. Rundfunkänderungsstaatsvertrag, S. 14.

[1142] Das vermutet u.a. *Mailänder*, AfP 2007, 297 (304). Der Leiter der Staatskanzlei Rheinland-Pfalz, *Martin Stadelmaier*, hingegen nimmt eine „Stärkung der Position der KEK" an, vgl. AfP 2007, S. 202.

diesem Verfahren hatten sich verschiedene Direktoren der Landesmedienanstalten, die durch ihre Funktion auch Mitglieder der bisherigen „Revisionsinstanz" der KDLM waren, bereits vor Verkündung der Entscheidung der KEK ausdrücklich für den Zusammenschluss ausgesprochen.[1143] Dem folgte großer öffentlicher Druck, dem sich die KEK allerdings bekanntlich nicht beugte.

Nunmehr sitzen also sechs der ehemaligen Mitglieder der KDLM in der (neuen) KEK. Zieht man die vergangenen Differenzen in Betracht, so wird dies nicht gerade der Verfahrensbeschleunigung dienen. Man kann jedoch hoffen, dass es nicht wieder zu öffentlichen Auseinandersetzungen im Rahmen eines Konzentrationsverfahrens kommt. Durch den Wegfall der „Revision" durch die KDLM kommt es immerhin zu einheitlichen und endgültigen Entscheidungen.

Die Frage aber bleibt, warum nun ausgerechnet sechs der gesetzlichen Vertreter der Landesmedienanstalten den KEK angehören sollen. Der bisherigen Regelung war zu entnehmen, dass die Konzentrationskontrolle als die wohl sachlich schwierigste Teilmaterie der Medienregulierung durch ausgewiesene Fachleute erfolgen muss. Dies ergab sich insbesondere aus den strengen persönlichen Voraussetzungen, nach der alle Mitglieder Sachverständige des Rundfunk- und Wirtschaftsrechts sein und drei die Befähigung zum Richteramt haben müssen. Diese persönliche Voraussetzung gilt gem. § 35 Abs. 5 Nr. 1 RStV auch weiterhin – aber nur für die Sachverständigen, nicht für die Vertreter der Landesmedienanstalten. Auch wenn die Direktoren der Landesmedienanstalten grundsätzlich den Fachleuten zuzurechnen sind, hat der Gesetzgeber sie offensichtlich nicht als besondere Fachleute der Konzentrationskontrolle berufen wollen. Die Frage bleibt weiterhin offen, warum gerade eine Beteiligung der Landesmedienanstalten notwendig ist und die Abschaffung der KDLM nicht ausreichend war.

Wie oben festgestellt, ist die Rückbindung der Entscheidung der KEK an den medienrechtlichen Souverän nur gering. Die bisher bestehende Möglichkeit einer Anrufung der KDLM durch das Hauptorgan fällt nunmehr ersatzlos weg. Da die Konzentrationskontrolle den Kernbereich der Vielfaltssicherung berührt, bedarf es aber zumindest einer verfahrensmäßigen Beteiligung des medienrechtlichen Souveräns. Vorzuschlagen wäre also, dass die gesetzlichen Vertreter der Landesmedienanstalten gem. § 35 Abs. 5 Nr. 2 RStV gegen Vertreter der gesellschaftlichen Gruppen ausgetauscht werden. Dieses am Modell der Laienrichter zu orientierende Modell würde die notwendige Rückbindung der Entscheidungen der KEK an die gesellschaftlichen Gruppen garantieren und gleich-

[1143] Dass dem eine gänzlich falsche Selbsteinschätzung als politisches Gremium zugrunde liegt vermutet *Dörr*, in: FS Mailänder, S. 481 (483), der darin zu Recht eine Vorfestlegung mit Befangenheitsfolge sah.

zeitig die Gefahr der Verlagerung von sachwidrigen Erwägungen, etwa Standortinteressen, in die innerorganliche Sphäre der KEK vorbeugen.[1144]

4. Bewertung

Der 10. Rundfunkänderungsstaatsvertrag hat wesentliche Neuerungen gebracht, die größtenteils zu begrüßen sind. Auch da, wo es noch ein wenig im systematischen und verfassungsrechtlichen Zusammenhang „klappert", ist zumindest erkennbar, dass der Gesetzgeber den richtigen Weg beschreiten wollte. Dies gilt vor allem für die überfällige Zentralisierung der bundesweiten Zulassung und Aufsicht und die Einführung der Plattformregulierung. Mit der Zweigliederung der Aufsicht in ZAK und GVK hat der Gesetzgeber die Notwendigkeit gesellschaftlich vermittelter Kontrolle im vielfaltsrelevanten Bereich gesehen, leider aber nicht ganz stringent durchgehalten. Hier besteht Reformbedarf. Völlig unnötig und wohl nur politisch zu erklären ist hingegen die Neustrukturierung der KEK. Ein Regelungsbedarf besteht insoweit, als dass es einer Rückbindung der Konzentrationskontrollentscheidungen an den medienrechtlichen Souverän bedarf. Diese wird jedenfalls nicht durch die Direktoren der Landesmedienanstalten gewährleistet. Zu behaupten, die Sicherung der Meinungsvielfalt würde durch die neue Zusammensetzung der KEK ernsthaft gefährdet, würde wohl zu weit führen, da für eine Orientierung der Direktoren an sachwidrigen Interessen wie Standortfragen zumindest keine Hinweise klar ersichtlich sind. Die Neuordnung der KEK als Ausgestaltungsgesetz unterliegt eben nur den geringen verfassungsrechtlichen Rechtmäßigkeitsanforderungen der Bestimmtheit und grundsätzlichen Eignung.[1145] Zwar könnte man mit der hier vertretenen Auffassung, nach der der Grundsatz effektiver Pluralismussicherung zusätzlicher Maßstab der Ausgestaltungsgesetzgebung ist argumentieren, dass die neue Zusammensetzung der KEK nun weniger zur Erfüllung ihrer Aufgaben geeignet ist. Doch dem mag man entgegensetzen, dass eine Gefährdung jedenfalls aktuell nicht erkennbar ist. Sinnvoller, und mit dem Gebot der effektiven Sicherung der Meinungsvielfalt allemal besser zu vereinbaren, wäre jedoch die Beteiligung gesellschaftlicher Gruppen auch in der Konzentrationskontrolle.

5. Materielle Pluralismusverpflichtungen des öffentlich-rechtlichen Rundfunks

Die materiellen Pluralismusanforderungen für den öffentlich-rechtlichen Rundfunk stehen in einem größeren Kontext, der mit dem Begriff „Auftrag" be-

---

[1144] Ähnlich *Dörr*, AfP-Sonderheft 2007, S. 33 (40).

[1145] Vgl. BVerfGE 74, 295 (332) – *BW-Beschluss*. Zur Ausgestaltungsgesetzgebung auch *Reese*, Der Funktionsauftrag, S. 201 f.; *Schüller*, Die Auftragsdefinition, S. 69 ff.

schrieben wird. Der Auftrag, um den es hier nicht gehen soll, ist mehr oder weniger synonym mit dem „Grundversorgungsauftrag", dem „öffentliche-rechtlichen Funktionsauftrag", dem „klassischen Rundfunkauftrag"[1146], und vielleicht sogar mit den „essentiellen Funktionen"[1147]. Problematisch an dieser, oftmals als Begriffsjurisprudenz geschmähten Auseinandersetzung ist, dass sie mehrere einzelne Fragestellungen gleichzeitig zu beantworten versucht. So soll der – hier zusammenfassend Auftrag genannte – Begriff[1148] erklären können, worin in einer kompetenziellen Trennungslinie das Pflichtenprogramm des öffentlich-rechtlichen Rundfunks aufhört und er sich mit dem privaten Rundfunk auf gleicher Augenhöhe in Marktkonkurrenz bewegen soll. Damit zusammenhängend, aber nicht identisch, soll der Begriff auch erklären, welche Leistungen des öffentlich-rechtlichen Rundfunks durch die Rundfunkgebühr erfasst und bezahlt werden. Schließlich soll der Begriff auch noch dazu dienen, dem öffentlich-rechtlichen Rundfunk ein gegenüber dem Privatrundfunk klar erkennbares Programm abzufordern. Dieses Programm wiederum, auch das soll sich aus dem Auftrag ergeben, muss verfassungsrechtliche Anforderungen genauso erfüllen, wie einfachrechtlichen Programmaufträgen genügen, die in der Regel nicht gerade als Leitlinie redaktioneller Programmplanung geeignet sind.[1149] Das ist eine erstaunliche Last für einen kleinen Begriff. Abschichten lautet also das Gebot der Stunde, zu dem diese Arbeit einen Beitrag leisten soll.

Auf die Gefahr hin, sich ebenfalls dem Vorwurf der Begriffsjurisprudenz auszusetzen, sollen hier die Vielfaltsanforderungen als solche, d.h. für sich selbst untersucht werden. Selbstverständlich stehen sie in einem untrennbaren Zusammenhang mit dem Auftrag des öffentlich-rechtlichen Rundfunks, aber sie sind nicht etwa identisch. In Anlehnung an die Idee, den Begriff des Funktionsauftrags in „Funktion" einerseits und „Auftrag" anderseits aufzuspalten und getrennt zu untersuchen, soll hier die öffentlich-rechtliche Vielfaltsverpflichtung

---

[1146] BVerfGE 73, 118 (157) – *Niedersachsen.*

[1147] BVErfGE 73, 118 (157) – *Niedersachsen* mit Verweis auf BVerfGE 35, 202 (222, 225) – *Lebach.*

[1148] Da hier das Merkmal des Pluralismus in Form der Meinungsvielfalt untersucht wird, kann auf eine Abgrenzung der verschiedenen Begriffe verzichtet werden, die wahrscheinlich ohnehin in der Sache weitgehend deckungsgleich sein dürften. Vgl. dazu ausführlich *Degenhardt*, AfP 2005, 295 (297).

[1149] Die fehlende Konkretisierung zeigte sich beim ZDF bereits 1971 deutlich in einer Debatte um die Vorverlegung der „prime time", die in einer Grundsatzdebatte im Fernsehrat über das verfassungsrechtliche Zuschauerleitbild mündete. Dazu ausführlich *Meier*, Veränderungen der Programmplanung des ZDF, S. 37 f.

vom öffentlich-rechtlich Auftrag separat analysiert werden.[1150] Gelingt dies, wäre zwar nicht die Debatte um den Auftrag und seine Grenzen beendet. Es könnte sich aber ein verfassungrechtlich begründeter Kernbereich des Auftrags ergeben, der der Auftragsdebatte eine Basis und Struktur verleihen könnte. Was neben dieser einen Verfassungspflichtaufgabe noch an weiteren Verfassungspflichten besteht, was gesetzgeberisch konkretisierte Aufgabe und was schließlich nicht mehr zu leisten ist, bedarf einer separaten Untersuchung. Eine mögliche Konkretisierung ist für den 12. Rundfunkänderungsstaatsvertrag geplant, der den öffentlich-rechtlichen Auftrag nach den Vorgaben der Europäischen Kommission neu definieren soll.[1151] Für den Teilbereich der Vielfaltsanforderung kann diese Arbeit vielleicht eine Vorstrukturierung bieten.

Die materiellen Pluralismusanforderungen für den öffentlich-rechtlichen Rundfunk ergeben sich aus einer Kaskade von Auftrags- und Programmanforderungen, die sich bis in Selbstverpflichtungserklärungen des öffentlich-rechtlichen Rundfunks fortsetzen. Die gegenüber dem Privatrundfunk wesentlich höhere Verpflichtung ergibt sich zunächst aus der Verfassung selbst, in authentischer Interpretation des Verfassungsgerichts, wie oben im Rahmen der Analyse der Verfassungsrechtsprechung dargestellt.[1152] Dem öffentlich-rechtlichen Rundfunk hatte das Verfassungsgericht bei Einführung und in Abgrenzung zum Privatrundfunk eine Garantenfunktion für die Erfüllung der Zielvorgabe des Gesamtsystem Rundfunk auf der Metaebene zugesprochen.[1153] Der öffentlich-rechtliche Rundfunk steht damit nur zum Teil mit dem Privatrundfunk auf einer Ebene. Während letzterer als verfassungsrechtliche Anforderung nur einen „Grundstandard gleichgewichtiger Vielfalt" zu gewährleisten hat, trifft den öffentlich-rechtlichen Rundfunk nicht nur sein Auftrag und die darin zu untersuchende Vielfaltsverpflichtung, sondern – und deshalb handelt es sich verfassungsrechtlich gesehen um ein „hinkendes duales System" – gleichzeitig die Gewährsfunktion für das verfassungsrechtlich geforderte und für die freiheitlich-demokratische Grundordnung unabdingbare Niveau an Meinungsvielfalt im Gesamtsystem Rundfunk.[1154] Nur die Erfüllung dieser Verfassungspflichtaufgabe rechtfertigt den geringeren Grundstandard des Privatrundfunks, und auch dann nur solange und soweit es nicht zu gravierenden Mängeln kommt.[1155] Diese

[1150] Diese Idee sollte in einem Gutachten ausgeführt werden, das von der ARD an *Wolfgang Hoffmann-Riem* vergeben wurde. Dieser gab den Gutachtenauftrag aber nach seiner Ernennung zum Verfassungsrichter zurück, vgl. *Schwarzkopf*, FK 2003, Nr. 32, 3 (4).
[1151] Dazu *Stadelmeier*, Konsequenzen aus dem 9. Rundfunkurteil, S. 7.
[1152] Siehe bereits oben B.V und ausführlich unten C.II.7.
[1153] Siehe BVerfGE 73, 118 (155 ff.) – *Niedersachsen*. Dazu *Thum*, AfP 2006, 522 (523).
[1154] BVerfGE 57, 295 (323) – *FRAG*.
[1155] BVerfGE 3, 118 (159) – *Niedersachsen*.

Auslegung des Verfassungsgerichts gibt den Rahmen für eine Interpretation der öffentlich-rechtlichen Vielfaltsverpflichtung vor.

a) Meinungsvielfalt im öffentlich-rechtlichen Auftrag gem. § 11 RStV

Mit dem 7. Rundfunkänderungsstaatsvertrag wurde 2004 erstmals eine Auftragsdefinition in den Rundfunkstaatsvertrag eingeführt. Das ist relativ spät, bedenkt man, dass die oben genannte Begriffskontroverse bis zur *Niedersachsen-Entscheidung* von 1986 zurückreicht.[1156] Demgemäß hätte man sich eine materielle Entscheidung des Auftragsstreits erwarten können.[1157] Im Wesentlichen wiederholt der § 11 RStV aber nur Aussagen des Verfassungsgerichts und fasst diese einfachrechtlich zusammen.[1158] Allerdings ist durch das neu eingeführte System der Selbstverpflichtungen gem. § 11 Abs. 4 RStV einschließlich der Überprüfungsklausel gem. Abs. 5 auch klargestellt, dass die Vorgaben weder abschließend zu verstehen sind, noch einen Zustand fixieren wollen.

aa) § 11 Abs. 1 RStV

Gemäß § 11 Abs. 1 S.1 RStV hat der öffentlich-rechtliche Rundfunk durch Fernsehen und Rundfunk als Medium und Faktor der freien individuellen und öffentlichen Meinungsbildung zu wirken. Diese Pflichtaufgabe wiederholt nur die verfassungsgerichtliche Formel.[1159] Sie ist hauptsächlich eine Zustandsbeschreibung. Zwar kann man differenzieren zwischen der Mediumsaufgabe als Forumsfunktion zur Darstellung bestehender Ansichten der Gesellschaft und der Faktorfunktion als Eingriff des Rundfunks in den öffentlichen Meinungsbildungsprozess durch originäre und eigene Ansichten.[1160] Da aber bereits jeder Darstellung auch eine redaktionelle Auswahl- und Regieentscheidung vorangeht, lassen sich Medium- und Faktorfunktion nicht streng trennen, sondern sind eher als deklaratorische Feststellung des Rundfunks als gesellschafts- und demokratierelevantes Massenmedium ohne Inhaltsbezug durch den Gesetzgeber zu sehen.[1161] Wichtiger ist die Vorgabe, sein Wirken in den Dienst der „freien

---

[1156] Eingehende Streitdarstellungen finden sich bei *Libertus*, Grundversorgungsauftrag, S. 28 ff und S. 57 ff.; siehe auch *Niepalla*, Die Grundversorgung, S. 33 ff. jeweils m.w.N.

[1157] Davon geht allerdings die amtliche Begründung zu § 11 RStV aus, abgedruckt bei *Hartstein/Ring/Kreile/Dörr/Stettner*, Rundfunkstaatsvertrag, B 5, § 11.

[1158] Zur Entstehungsgeschichte *Hartstein/Ring/Kreile/Dörr/Stettner*, Rundfunkstaatsvertrag, B 5, § 11 Rn. 1. Ausführlich *Schüller*, Die Auftragsdefinition, S. 116 ff.; *Reese*, Der Funktionsauftrag, S. 209 f.

[1159] BVerfGE 12, 205.

[1160] BVerfGE 12, 205 (260) – *1. Rundfunkurteil*, dazu oben B.V.1.a); *Hartstein/Ring/Kreile/Dörr/Stettner*, Rundfunkstaatsvertrag, B 5, § 11 Rn. 6.

[1161] Zur Medium- und Faktorfunktion aus Sicht der Medienwirkungsforschung oben B.III.2.

individuellen und öffentlichen Meinungsbildung" zu stellen.[1162] Damit ist der Bezug zur Meinungsbildung als funktionalem Grundwert der freiheitlich-demokratischen Grundordnung hergestellt, die ihrerseits die oben genannten Bezüge zu Sozialstaats- und Demokratieprinzip aufweist.[1163] Auch wenn die Pflichtaufgabe des § 11 Abs. 1 S. 1 RStV also keine inhaltliche Konkretisierung der Pluralismusanforderung enthält, drückt diese Rückbeziehung das Leitbild für alle weiteren Anforderungen aus und übernimmt damit die objektiv-rechtliche Vielfaltsanforderung als Auslegungsmaxime ins einfache Recht.[1164]

bb) § 11 Abs. 3 RStV

Eine Konkretisierung ergibt sich aus den inhaltlichen Anforderungen der § 11 Abs. 2 und Abs. 3 RStV. So wird der öffentlich-rechtliche Rundfunk gem. § 11 Abs. 3 RStV bei der Erfüllung seines Auftrags zur Berücksichtigung der Grundsätze der Objektivität und Unparteilichkeit, der Meinungsvielfalt sowie der Ausgewogenheit der Angebote und Programme verpflichtet. Die Meinungsvielfalt wird hier als einer von mehreren inhaltlichen Leistungsanforderungen aufgezählt. Eine weitere Konkretisierung durch den Gesetzgeber erfolgte nicht.

cc) § 11 Abs. 2 S. 1 und 2 RStV

Da die Meinungsvielfalt, anders als die Objektivität und Unparteilichkeit gem. § 11 Abs. 3 RStV, nicht als inhaltlich-qualitativer Maßstab für ein einzelnes Format gesehen werden kann, könnte man unter Rückgriff auf § 11 Abs. 2 RStV die dort angegebenen Maßstäbe als Leitbild, konkretisierend aber nicht abschließend, für die Anforderung zur Berücksichtigung der Meinungsvielfalt betrachten, soweit ihnen Vielfaltsbezug zukommt.

Demnach wird in § 11 Abs. 2 S. 1 RStV der öffentlich-rechtliche Rundfunk verpflichtet, einen umfassenden Überblick über das internationale, europäische, nationale und regionale Geschehen in allen wesentlichen Lebensbereichen zu geben. Diese Verpflichtung soll der internationalen Verständigung und der europäischen Integration und dem gesellschaftlichen Zusammenhalt dienen. Mit diesen Pflichtinhalten wird die raumbezogene Programmvielfalt angespro-

---

1162 Ähnlich *Hartstein/Ring/Kreile/Dörr/Stettner*, Rundfunkstaatsvertrag, B 5, § 11 Rn. 7, die darauf hinweisen, dass auch der Privatrundfunk Medium und Faktor ist, damit also noch kein inhaltlicher Gewinn für den Auftrag einhergeht.

1163 Ähnlich *Hartstein/Ring/Kreile/Dörr/Stettner*, Rundfunkstaatsvertrag, B 5, § 11 Rn. 7, ausführlich oben B.I.

1164 Die Wirkung dürfte aber deklaratorisch sein, da sich diese Anforderung eben bereits aus Art. 5 Abs. 2 S. 1 GG in der Interpretation des Verfassungsgerichts (vgl. BVerfGE 12, 205 (260) – *1. Rundfunkurteil*) ergibt.

chen.[1165] Zwar beschränkt sich die Konkretisierung auf geographische Parameter, macht aber mit dem Wirkungszusammenhang und der inhaltlichen „Konkretisierung“ auf die wesentlichen Lebensbereiche klar, dass eine gesellschafts- und wirkungsbezogene Berichterstattung gemeint ist. Hier wäre auch schon der erste Ansatz für eine Lesart als effektive Pluralismusvorgabe:[1166] Durch den wirkungsspezifischen Funktionszusammenhang zwischen Darstellung und Zusammenhalt kann der öffentlich-rechtliche Rundfunk zwar nicht auf ein bestimmtes, messbares Ergebnis verpflichtet werden,[1167] wohl aber zu nachprüfbaren und nachvollziehbaren Anstrengungen.[1168] Nicht ausreichend wäre es also nicht nur, wenn er eine der genannten Dimensionen weglässt oder vernachlässigt, sondern auch, wenn er seine Bemühungen nicht transparent macht und ihre „Wirkungsgeschichte“ nicht dokumentieren kann.

dd) § 11 Abs. 2 S. 3 RStV

In § 11 Abs. 2 S. 3 RStV werden Elemente des sog. klassischen Rundfunkauftrags übernommen. So hat das Programm des öffentlich-rechtlichen Rundfunks der Information, Bildung, Beratung und Unterhaltung zu dienen und insbesondere kulturelle Beiträge anzubieten. Diese Formulierung geht im Wesentlichen auf die Beschreibung des Verfassungsgerichts zum klassischen Rundfunkauftrag zurück, die sich auch in vielen Landesgesetzen findet.[1169] Ihre Einführung im RStV ergab damit, schon aus Gründen der verfassungskonformen Auslegung der Auftragsvorschrift, keine Neuerung in der Sache. Aus Sicht der Pluralismussicherung werden damit aber immerhin materiell-inhaltliche Kategorien benannt, an denen sich die Programmleistung im Sinne einer Spartenvielfalt zu orientieren hat.[1170] Ein kleiner Unterschied ergibt sich aus der Formulierung „zu dienen“. Die derzeitige Praxis geht dahin, die Programme des öffentlich-rechtlichen Rundfunks nach diesen Kategorien zu bemessen, um feststellen, dass er dieser Vorgabe, in Prozenten an der Zuschaueranteilsquote ausgedrückt, durchaus genügt.[1171] Die Vorschrift ermöglicht nach ihrer Formulierung aber auch eine

---

1165 Dazu oben die Darstellungen der Pluralismuskategorien in der Literatur B.VI.3.

1166 Zum effektiven Pluralismus oben B.VII.3.

1167 So zutreffend *Schüller*, Die Auftragsdefinition, S. 150. Ein solcher Wirkungszusammenhang wird für den privaten Rundfunk dagegen einfachrechtlich nicht gefordert, wie *Hartstein/Ring/Kreile/Dörr/Stettner*, Rundfunkstaatsvertrag, B 5, § 11 Rn. 13 zutreffend festellen.

1168 Zur schon verfassungsrechtlich notwendigen Kontrolle *Gounalakis*, AfP 2003, 395 (397).

1169 Vgl. BVerfGE 57, 295 (320) – *FRAG*, dazu ausführlich unten C.II.5.b)aa)(2). Siehe auch *Degenhardt*, AfP 2005, 295 (297).

1170 Zur Spartenvielfalt oben B.VII.2.

1171 Vgl. die Selbstverpflichtungserklärungen und die Berichte für den Zeitraum 2004-2006 von ARD, ZDF und DeutschlandRadio, abgedruckt bei *Hartstein/Ring/Kreile/Dörr/Stettner*, Rundfunkstaatsvertrag, B 5, § 11 – Anhang, S. 29 ff. Diese Berichte sind sonst nur schwer zugänglich, was kaum erträglich und mit der Intention des § 11 Abs. 4 RStV, eine öffentliche

Sichtweise, die nicht nach der Zuschaueransteilquote fragt, sondern nach der effektiven Vielfalt. Dem „zu dienen“ wird dann z.B. nicht mehr genügt, wenn nur durch die Anstalt selbst bestimmt wird, ein Format gehöre zum Bereich der Bildung, obwohl es tatsächlich nicht zur Bildung „zu dienen“ geeignet ist. Dies wäre dann der Fall, wenn es in der Programmplanung auf einem absolut ungeeigneten Sendeplatz (z.B. spät in der Nacht),[1172] oder aber auch inhaltlich eher der Information des bereits Gebildeten, als der Bildung eines Nicht-Informierten entspricht. Aus § 11 Abs. 2 S. 3 RStV lässt sich kein subsumierbares Ergebnis als Pflichtleistung ableiten. Wohl aber kann verlangt werden, dass der öffentlich-rechtliche Rundfunk nicht lediglich festlegt, was inhaltlich Information, Bildung und Unterhaltung ist, sondern auch, warum die gesendeten Formate „zu Dienen“ geeignet sind und im Zweifel auch in den Berichten durch Medienanalysen diese Eignung im Sinne der bereits erwähnten „Wirkungsgeschichte“ prüfen.[1173] Es geht dabei nicht um einen Eingriff in die Programm- und Programmplanungshoheit der Redaktion, sondern um die Möglichkeit zum Nachvollzug von Entscheidungen. Daher kann auch ein Sendeplatz nach 0:00 Uhr immer noch der Bildung dienen. Allerdings sollte erkennbar sein, dass sich die Programmdirektion mit den Auswirkungen auf die Rezeptionschancen auseinandersetzt hat.

b) Meinungsvielfalt in den landesrechtlichen und staatsvertraglichen Vorgaben

Vor dem 7. Rundfunkänderungsstaatsvertrag fanden sich die Auftragsbestimmungen für den öffentlich-rechtlichen Rundfunk in der jeweiligen landesrechtlichen Rechtsgrundlage. Diese sind nach wie vor gültig, sind aber im Wege der Spezialität durch den Rundfunkstaatsvertrag verdrängt, soweit der RStV eine genauere oder abweichende Regelung trifft. Dies ist aber aufgrund der äußerst weich formulierten Bestimmungen in der Regel nicht feststellbar. Grundsätzlich sind die landesrechtlichen Normen stärker konkretisiert, ohne in ein sachlich-inhaltliches Konkurrenzverhältnis zum RStV zu treten. Insofern kann man jeweils beide Vorschriften wohl zusammenlesen und gemeinsam zur Konkretisierung des Auftrags heranziehen.

Befassung mit der Auftragserfüllung zu erreichen, nicht zu vereinbaren ist. Zu Programmleistungen im Bereich des klassischen Rundfunkauftrags auch *Reese*, Der Funktionsauftrag, S. 147 f.; sowie eingehend auch *Krüger*, Media Perspektiven 2004, 194 (198 f.).

1172 Zu Sendeplätzen, die in Einzelfällen mit den verfassungsrechtlichen Programmanforderungen, vor allem des Auftrags, nicht mehr übereinstimmen *Elitz/Stammler*, Selbstverpflichtungen und Medienqualität, S. 5; *Ricker/Schiwy*, Rundfunkverfassungsrecht, S. 323. Ähnlich *Rossen-Stadtfeld*, Probleme mit der Kultur, S. 19.

1173 Dazu dient insbesondere die Berichtspflichtigkeit im Anschluss an die Programmleitlinien, dazu unten C.II.5.c).

aa) Gesetzliche Vorgaben

Die Vorgaben der landesrechtlichen Rechtsgrundlagen beinhalten oftmals Formulierungen des § 11 RStV oder nehmen Bezug auf die Verfassungsrechtsprechung und wiederholen – oftmals sogar wortgleich – Auszüge und Ausdrücke aus den Rundfunkurteilen. So wird die Feststellung, der Rundfunk sei Medium und Faktor der öffentlichen Meinungsbildung wiederholt.[1174] Im Zusammenhang mit der „Medium und Faktor"-Feststellung findet sich die Vorgabe, der öffentlich-rechtliche Rundfunk habe der freien und öffentlichen Meinungsbildung zu dienen, die auf das erste Rundfunkurteil zurückgeht und sich wortgleich in § 11 Abs. 1 RStV findet. Diese Vorgabe stellt das tatsächliche Phänomen des Rundfunks in den verfassungsrechtlichen Kontext des Demokratie- und Sozialstaatsprinzips.[1175] So entscheidend dieser Zusammenhang ist, vor allem als objektiv-rechtliche Grundentscheidung zur Gesellschaftsverpflichtung des Rundfunks als „öffentliche Aufgabe"[1176], lässt sich daraus jedoch keine operable Vielfaltsvorgabe zur effektiven Sicherung der Meinungsvielfalt ablesen. Wohl aber ist diese Vorgabe zur verfassungskonformen Auslegung von Vorgaben im Sinne einer verfassungsrechtlichen und gesetzgeberischen Leitentscheidung heranzuziehen.[1177]

(1) Raumbezogene Vielfalt

Eine gesetzliche Konkretisierung der Viefaltsverpflichtung findet sich dagegen in raumbezogenen Darstellungsvorgaben. Ähnlich wie § 11 Abs. 2 S. 1 RStV wird in allen landesrechtlichen und staatsvertraglichen Vorgaben verlangt, dass der öffentlich-rechtliche Rundfunk einen objektiven und umfassenden Überblick über das internationale, europäische und nationale Geschehen bietet.[1178] Zusätzlich enthalten die meisten Rechtsgrundlagen eine Verpflichtung zur Darstellung spezifischer und typischer Inhalte des gesetzlichen Verbreitungsgebietes, vor allem für die Landesprogramme, soweit die Darstellung regionalspezifischer Inhalte nicht bereits in der allgemeinen raumbezogenen Darstellungsverpflich-

---

[1174] § 4 Abs. 1 WDR-G, § 23 Abs. 1 SaarLMG.

[1175] Ausführlich oben B.I. Das meinen wohl auch *Hartstein/Ring/Kreile/Dörr/Stettner*, Rundfunkstaatsvertrag, B 5, § 11 Rn. 7, wenn sie eine Begründung des öffentlich-rechtlichen Rundfunks aus den Grundwerten des Grundgesetzes verlangen.

[1176] BVerfGE 31, 314 (329) – *2. Rundfunkurteil*. Dazu *Ricker/Schiwy*, Rundfunkverfassungsrecht, S. 95 f.

[1177] Zur Bedeutung verfassungsrechtlicher Grundentscheidungen bei der Interpretation des einfachen Rundfunkrechts vgl. *Dörr*, AfP-Sonderheft 2007, S. 33 (37); *Dörr*, in: FS Mailänder, S. 481 (491).

[1178] § 5 Abs. 1 ZDF-StV, § 5 Abs. 1 BayMG, § 6 Abs. 1 MDR-StV, § 5 Abs. 1 NDR-StV, § 3 Radio-Bremen-G, § 4 Abs. 2 RBB-StV, § 3 Abs. 5 SWR-StV, § 4 Abs. 2 WDR-G, § 23 Abs. 2 SaarLMG.

tung genannt wird.[1179] Hiermit wird die Programmleistung im Hinblick auf die Meinungsvielfalt raumbezogen definiert und damit in Grenzen operabel gemacht. So wäre es zumindest ein Verstoß gegen diese Vorgabe, wenn eine der genannten raumbezogenen Vielfaltsverpflichtungen überhaupt nicht dargestellt wird.[1180]

(2) Spartenvielfalt

In den meisten Rechtsgrundlagen findet sich, in Entsprechung zur Garantenstellung nach dem Verfassungsgericht die auch in § 11 Abs. 2 S. 3 RStV Berücksichtigung findet,[1181] auch eine Verpflichtung auf Elemente des „klassischen Rundfunkauftrags“ mit den Sparten Information, Bildung, Beratung und Unterhaltung.[1182] Ebenfalls, aber abgesetzt und in besonderer Betonung, findet sich in allen Rechtsgrundlagen die Verpflichtung zur Darstellung von Kultur, kulturellen Ereignissen oder landesspezifischer Kultur.[1183]

Die herkommlichen Anforderungen spartenbezogener Meinungsvielfalt sind für sich genommen nicht sehr ausdifferenziert. Allein der Kulturbegriff ist denkbar weit und kaum in dieser Fassung sinnvoll zu füllen.[1184] Entsprechend lässt sich argumentieren, dass bestimmte kulturelle Richtungen eher zu viel (Volksmusik), andere aber zu wenig (Kultur von Immigranten) dargestellt werden.[1185] Hier bedürfte es dringend einer Konkretisierung durch den Gesetzgeber, da die

---

[1179] § 5 Abs. 1 BayMG, § 9, § 6 Abs. 2 MDR-StV, § 3 NDR-StV, § 4 Abs. 2 RBB-StV, § 4 Abs. 3 WDR-G, § 23 Abs. 6 SaarLMG.

[1180] So wohl *Schüller*, Die Auftragsdefinition, S. 150, zu der raumbezogenen Vielfaltsvorgabe des § 11 Abs. 2 S. 2 RStV.

[1181] BVerfGE 73, 118 (158) – *Niedersachsen.*

[1182] § 5 Abs. 1 S. 2 ZDF-StV, § 5 Abs. 1 BayMG, § 2 S. 1 HRG, § 6 Abs. 1 S. 2 MDR-StV, § 5 Abs. 1 S. 2 NDR-StV, § 4 Abs. 1 S. 3 RBB-StV, § 3 Abs. 5 S. 2 SWR-StV, § 4 Abs. 2 S. 2 WDR-G, § 23 Abs. 2 S. 3 SaarLMG.

[1183] § 5 Abs. 1 BayMG, § 6 Asb. 1 S. 2 MDR-StV, § 5 Abs. 1 S. 3 NDR-StV, § 4 Abs. 5 Radio-Bremen-G, § 4 Abs. 1 S. 3 RBB-StV, § 3 Abs. 5 S. 2 SWR-StV, § 4 Abs. 2 S. 3 WDR-G, § 23 Abs. 2 S. 4 und Abs. 6 S. 1 SaarLMG. Ebenfalls für eine redaktionell so beabsichtigte Betonung des Kulturauftrags *Schüller*, Die Auftragsdefinition, S. 152; *Elitz*, epd-medien 2004, Nr. 84, S. 24; *Degenhardt*, AfP 2005, 295 (298). Auch das Verfassungsgericht betont den Kulturauftrag – freilich ohne Konkretisierung – immer besonders, vgl. BVerfGE 31, 314 (347) – *2. Rundfunkurteil*; BVerfGE 73, 118 (158) – *Niedersachsen*; BVerfGE 74, 295 (346) – *BW-Beschluss*; BVerfGE 90, 60 (90) – *Niedersachsen*. Für einen Kulturauftrag unterhalb der Auftrags-Trias *Libertus*, Grundversorgungsauftrag, S. 92.

[1184] Ähnlich *Reese*, Der Funktionsauftrags, S. 232, die aber auch dem Kulturauftrag eine besondere Bedeutung zumisst, vgl. S. 151.

[1185] Ebenso *Rossen-Stadtfeld*, Probleme mit der Kultur, S. 6 ff, mit Hinweis auch auf die fehlende Konkretisierung im Hinblick auf die Wirkungsbezogenheit.

Sparten in dieser Fassung „nicht hinreichend bestimmt“[1186] und als Maßstab binnenpluraler Auftragsüberwachung überhaupt nicht geeignet sind.

Weiter fehlt es an einer Aussage über das Verhältnis der Sparten zueinander. Die Thesen der Literatur reichen von einer prozentualen und quantitativen Gleichberechtigung der Sparten[1187] über einer Abstufung nach Reihenfolge bis zu einer „angemessenen“ Berücksichtigung[1188] der Sparten. Dabei wird die Angemessenheit auch unter Berücksichtigung des Quotenwettbewerbs, in dem der öffentlich-rechtliche Rundfunk mit dem Privatrundfunk steht, definiert und im Ergebnis hingenommen, dass er sich innerhalb dieser Sparten massenattraktiven Formaten mehrheitlich widmen darf. Ergebnis der mangelnden gesetzlichen Konkretisierung ist die inzwischen vielgerügte „Verflachung“ des Programms.[1189] Vor allem auf attraktiven Sendeplätzen hat sich eine Dominanz der Unterhaltung als Sparte herauskristallisiert, die anders als durch den Quotenwettbewerb nicht zu erklären ist.[1190]

So ist der „klassische Rundfunkauftrag“ jedoch nicht gemeint. Erinnert werden muss an seinen Kontext, nach dem er Teil der „essentiellen Funktionen des Rundfunks für die demokratische Ordnung“[1191] ist. In diesem Licht sind die Anforderungen der Spartenvielfalt zu betrachten. Das Verfassungsgericht hat ausdrücklich auch unterhaltende Sendungen als Bestandteil des öffentlich-rechtlichen Auftrags angesehen und auch im Rahmen der Meinungsvielfalt haben Unterhaltungsformate ihren berechtigten Platz.[1192] Eine Orientierung des öffentlich-rechtlichen Rundfunks am Privatrundfunk und seinen massenattraktiven Unterhaltungsformaten ist aber dann damit nicht mehr vereinbar, wenn sie nicht auch gleichzeitig zur Sicherung der Anforderungen an das Gesamtsystem

---

[1186] Zu dieser Anforderung an die „positive Ordnung“ bereits BVerfGE 57, 295 (321) – *FRAG*.

[1187] Erstaunlich ähnlich *Reese*, Der Funktionsauftrag, S. 237.

[1188] Deshalb einen Verstoß nur bei krassem Missverhältnis annehmend *Schüller*, Die Auftragsdefinition, S. 151.

[1189] Siehe *Stock*, Duales System, S. 71 und *Stock*, Reformbedarf im dualen System, S. 14; *Rossen-Stadtfeld*, Probleme mit der Kultur, S. 18; ähnlich *Wiedemann*, ZUM 2007, 800 (803) m.w.N. inzwischen auch deutlich das Verfassungsgericht in BVerfGE – *Gebührenurteil II*, 1 BvR 2270/05 vom 11. September 2007 Rn. 127.

[1190] Sehr instruktiv dazu ist die Studie zur Sendeplatzverwaltung des ZDF bei *Meier*, Veränderungen in der Programmplanung des ZDF, S. 111, der nach eingehender Untersuchung der Programmplanung zu dem Ergebnis kommt, „dass [sich] die Programmplanung der Anstalt weniger an gesellschaftskritischen Reflexionen des Mediums Fernsehen als an einer vorteilhaften Positionierung des ZDF auf dem Zuschauer- und Werbemarkt orientiert.“

[1191] BVerfGE 73, 118 (157) – *Niedersachsen*.

[1192] St. Rspr. seit BVerfGE 59, 231 (257) – *Freie Mitarbeiter*; BVerfGE 73, 118 (152) – *Niedersachsen*.

Rundfunk auf der Metabene geeignet sind.[1193] Diese zunächst hohl klingende Phrase erlangt ihre Bedeutung über die Begründungslast. Im Rahmen der Berichtspflicht nach § 11 Abs. 4 RStV kommt dem öffentlich-rechtlichen Rundfunk dann bei einer Programmplanung mit massenattraktiven Programmen ein besonderes Begründungserfordernis zu. Richtigerweise sind solche Angebote dem öffentlich-rechtlichen Rundfunk nicht versagt, er ist nicht auf eine Mindestversorgung oder Hochkultur beschränkt.[1194] Ein einfacher Verweis auf die Wettbewerbssituation und die Notwendigkeit, auch für die Masse attraktiv zu sein, genügt jedoch diesen Anforderungen nicht. Dass er mit dieser Begründungslast für attraktive Formate quasi „bestraft" wird, muss hingenommen werden: Es ist notwendige Folge daraus, dass der öffentlich-rechtliche Rundfunk kein Marktakteur ist, sondern vor allem Demokratieakteur. Dieser Rolle sich ständig bewusst zu sein und sich regelmäßig zu erinnern, ist auch und gerade die Idee des Begründungserfordernisses aus § 11 Abs. 4 S. 3 RStV.

(3) Gegenständliche Vielfalt

Schon weniger oft berücksichtigt und nur in Ansätzen konkretisiert ist die Ebene der gegenständlichen Programmvielfalt, die sich auf Lebensbereiche wie Arbeitswelt, Soziales, Wissenschaft, Religion, Freizeit, Kinder usw. beziehen kann. So finden sich vereinzelt Vorgaben zur Darstellung von religiösen Sendungen und zur Erbauung, der wirtschaftlichen Entwicklung, des sozialen Lebens, des wissenschaftlichen Geschehens, der Belange Behinderter, Menschen mit Migrationshintergrund und von Kindern.[1195] Selbstverständlich muss man mit der Forderung nach programmlich-inhaltlichen Vorgaben äußerst vorsichtig sein. Die vorstehenden Beispiele zeigen jedoch, dass es durchaus möglich ist, konkrete Vorgaben zur gegenständlichen Programmvielfalt zu machen. Diese Vorgaben dürfen jedoch nicht in der derzeitigen Form nur vereinzelt und unsystematisch normiert sein. Nach einem Stufenmodell könnte auf Ebene des RStV ein im Lichte der freiheitlich-demokratischen Grundordnung bundesweit unverzichtbarer Bestand an gegenständlicher Vielfalt normiert werden, der auf Ebene der landesrechtlichen Rechtsgrundlagen durch regionalspezifische Anforderungen ergänzt werden könnte.

Wohlgemerkt geht es nicht um das wann, wie und was (genau) der Programmgestaltung. Diese muss innerhalb der Rundfunkfreiheit als Programmfreiheit

---

[1193] Ähnlich auch Niepalla, Die Grundversorgung, S. 124.

[1194] Damit jede Beschränkung aufhebend BVerfGE 83, 238 (297, 299) – *WDR-Gesetz*. Siehe auch *Niepalla*, Die Grundversorgung, S. 125; *Hartstein/Ring/Kreile/Dörr/Stettner*, Rundfunkstaatsvertrag, B 5, § 11 Rn. 14; *Thum*, AfP 2006, 522 (524).

[1195] § 3 Abs. 2 HRG, § 9 MDR-StV, § 5 Abs. 1 NDR-StV, § 3 S. 1 Radio-Bremen-G, § 4 Abs. 4 RBB-StV, § 4 Abs. 3 WDR-G verbleiben. Die Konkretisierungen dürfen nicht über das verfassungsrechtlich geforderte Niveau an gegenständlicher Meinungsvielfalt hinausgehen. Man wird also wohl mit vorsichtigen Vorgaben auskommen müssen. Auf der anderen Seite steht jedoch die ebenfalls verfassungsrechtlich erforderliche Überprüfbarkeit der Leistung des öffentlich-rechtlichen Rundfunks für das Ziel des Gesamtsystem Rundfunk auf der Metaebene, die nicht zuletzt durch das Junktim auch Existenzgrundlage des Privatrundfunks ist.[1196]

(4) Gruppen-, institutionsbezogene und inhaltlich-meinungsbezogene Vielfalt

Noch weniger gesetzlich vorstrukturiert sind die Vielfaltsebenen der gruppen- und institutionsbezogenen Vielfalt, sowie konkrete Aussagen über zu berücksichtigende Meinungen und Ansichten. Im Wesentlichen handelt es sich dabei um konkrete Berücksichtung ausdrücklich benannter, im Sendegebiet ansässiger ethnischer Minderheiten. So findet sich die Verpflichtung zur Berücksichtung von regionaler Sprache und Kultur gem. § 5 Abs. 2 NDR-StV, der spezifisch sorbischen (wendischen) Kultur gem. § 4 Abs. 2 S. 2 RBB-StV und der besonderen Belange der polnischen Nachbarn beim RBB. Ohne konkrete Nennung wird in mehreren Rechtsgrundlagen die Berücksichtigung von Minderheiten allgemein im Programm ausdrücklich angefordert.[1197] Anders als bei bestimmten Gruppen wird die Berücksichtigung einzelner Institutionen und ihrer Positionen nicht vorgeschrieben. Hier muss allerdings berücksichtigt werden, dass über die gruppenplurale Zusammensetzung der Rundfunkräte zumindest bei der langfristigen Programmplanung durch Satzungen und Richtlinien gem. § 11 Abs. 4 RStV, den hinter den im Rundfunkrat vertretenen Gruppen stehenden Institutionen eine hinreichende Berücksichtigung im Programm gesichert wird. Dagegen spricht zwar der Grundsatz, dass die Gruppenvertreter als Vertreter der Allgemeinheit ihr Mandat im Rundfunkrat wahrnehmen.[1198] Würden aber über die materiellen Pluralismusanforderungen zusätzlich bestimmte Institutionen und Gruppen privilegiert, würde dies zu einer starken und möglicherweise einseitigen Berücksichtigung dieser Gruppenauffassungen führen. Gäbe es diese Möglichkeit, so hätte eine stark vertretene Gruppe, die Mehrheiten im Rundfunkrat

---

[1196] BVerfGE 90, 60 (91) – *Gebührenurteil.* Dazu *Hesse*, Rundfunkrecht, S. 31; *Libertus*, Die Grundversorgung, S. 94 f; *Thum*, AfP 2006, 522 (526).

[1197] § 6 Abs. 3 MDR-StV, § 3 S. 1 Radio-Bremen-G; vergleiche aber die Berücksichtigung von Gruppen mit Migrationshintergrund in § 4 Abs. 3 WDR-G. Zu solchen oft unter dem Stichwort „Integrationsfunktion" in Anlehnung an BVerfGE 31, 314 – 2. *Rundfunkurteil* diskutierten Verpflichtungen auf Minderheitsinteressen *Schüller*, Die Auftragsdefinition, S. 149 f. m.w.N.

[1198] Vgl. nur *Herrmann*, Rundfunkrecht, S. 293; *Hartstein/Ring/Kreile/Dörr/Stettner*, Rundfunkstaatsvertrag, B 5, Vor § 11 Rn. 57 sowie ausführlich oben C.I.4.c).

organisieren kann (z.B. Gewerkschaften), die Möglichkeit ihre mediale Repräsentation durch Satzung und Richtlinie überproportional auszubauen. Da aber die Auslieferung des Rundfunks an einzelne Gruppen verfassungsrechtlich unzulässig ist, muss hier eine Begrenzung stattfinden.[1199] Nach hiesiger Auffassung dürfen daher nur solche Gruppen und Institutionen ausdrücklich in materiellen, gruppenbezogenen Vielfaltsvorgaben berücksichtigt werden, die gerade nicht oder nur schwer als Gruppe selbst zu organisieren sind (z.B. Arbeitslosenverbände) und – soweit sie überhaupt im Rundfunkrat vertreten sind – mit nur einer geringen Zahl von Vertretern repräsentiert sind.[1200]

(5) Bewertung

Die vorstehende Darstellung zeigt ein zersplittertes Bild von Vielfaltsanforderungen. Die auch vor Einführung der Auftragsdefinition in § 11 RStV bestehenden landesrechtlichen Bestimmungen haben sich dabei als wesentlich konkreter, schärfer und operabler gegenüber dem RStV gezeigt. Die Grundanforderung an den Gesetzgeber, eine „positive Ordnung" zu schaffen, die einerseits nicht die Rundfunkfreiheit zu einer Freiheit zum Vollzug einer gesetzlichen Programmanordnung macht, aber auch nicht der Exekutive die Entscheidung über die Rundfunkfreiheit mittels einer „allgemeinen, die Befugnis zu Auflagen umfassenden Ermächtigung [oder durch] nicht hinreichend bestimmte Normierung"[1201] überlässt, ist hier nicht hinreichend erfüllt. Zu viele Wertungen bleiben offen, zu viele Spielräume ergeben sich, die derzeit – glücklicherweise – durch vornehme Zurückhaltung gefüllt werden.

Die Leerstelle mit einer überproportionalen Freiheit zur Programmgestaltung bedeutet aber auch eine potentielle Gefährdung des Rundfunks, da diese Leerstelle ohne hinreichende politische und öffentliche Unterstützung auch schnell mit einer exekutiven Vorstellung von Meinungsvielfalt zu füllen wäre.[1202] Dieser Gefährdung ist durch eine gesetzliche Konkretisierung der bisherigen Oberkategorien der Vielfalt am besten entgegen zu treten.

Was fast gänzlich in den materiellen Vorgaben fehlt, ist eine Verpflichtung des öffentlich-rechtlichen Rundfunks auf eine effektive Vielfalt. Dies hat höchstwahrscheinlich mit dem Wort des Verfassungsgerichts zu tun, die gleichgewichtige Meinungsvielfalt lasse sich nicht als messbare und exakt zu bestimmende

---

[1199] Bereits BVerfGE 12, 205 (262) – *1. Rundfunkurteil.* Dazu ausführlich *Gersdorf*, Staatsfreiheit des Rundfunks, S. 80 f.

[1200] Ähnlich zum Bänkemodell des WDR BVerfGE 83, 238 (336) – *WDR-Gesetz.*

[1201] BVerfGE 57, 297 (321) – *FRAG.*

[1202] Darauf weist auch bereits *Ossenbühl*, DÖV 1977, 381 (386) hin, und fürchtet in Anlehnung an *Ernst Forsthoff* die Entwicklung des Rundfunks zu einer „Nisthöhle für Cliquen".

Größe verstehen.[1203] Zum einen aber hat das Verfassungsgericht diese Aussage in den Zusammenhang mit dem Einfluss ausländischer Programme gestellt und in diesem Bezug die Effektivität nationaler und vor allem landesrechtlicher Regelungen bezweifelt. Zum anderen war damit sicherlich nicht gemeint, dass die Meinungsvielfalt nicht zumindest konkretisierbar und dadurch vor der Grenze der Rundfunkfreiheit als Programmfreiheit auch normierbar sei. Die obigen Ergebnisse zur Medienwirkungsforschung haben gezeigt, dass gerade unter den Bedingungen der Digitalisierung es umsomehr auch auf die Überprüfbarkeit der Leistungen des Gesamtsystem Rundfunk auf der Metaebene ankommt. Dem öffentlich-rechtlichen Rundfunk als Garanten für die innersystemliche Stabilität kommt dabei eine besondere Darlegungs- und Begründungslast in dem Sinne zu, dass er die Erfüllung seines Auftrages belegen kann.[1204] Dies ist ihm aber ohne hinreichende gesetzliche Konkretisierung der ihn treffenden Anforderungen kaum möglich. So ist es am Ende die Verfassung selbst, die vom Gesetzgeber eine positive Ordnung verlangt, in der gerade der öffentlich-rechtliche Rundfunk das von ihm verlangte Vielfaltsniveau auch erfüllen kann. Nach dem derzeitigen Stand der materiellen Pluralismusanforderungen ist daran ernsthaft zu zweifeln.

c) Konkretisierung der Meinungsvielfalt durch regulierte Selbstregulierung gem. § 11 Abs. 4 und 5 RStV

Denkbar ist aber, dass das verfassungsrechtlich geforderte Niveau an Meinungsvielfalt durch Satzungen und Richtlinien der Rundfunkanstalten selbst konkretisiert wird. Dies ist zwar grundsätzlich kein besonders geeignetes Mittel, da weder der Staat, noch die Rundfunkanstalten selbst über den Umfang ihrer Tätigkeit entscheiden dürfen. Die Regelung des § 11 Abs. 4 RStV verlangt aber eine eigene Konkretisierung der in der ARD zusammengeschlossenen Landesrunkfunkanstalten, des ZDF und des Deutschlandradios ihres jeweiligen Auftrags. In obiger Lesart ist dies die gesetzliche Auftragsbestimmung gem. § 11 Abs. 1 bis 3 RStV, die mit der Auftragsvorgabe der jeweiligen landes- oder staatsvertraglichen Rechtsgrundlage zusammenzulesen ist.[1205] Insofern handelt es sich um ein arbeitsteiliges Zusammenwirken, das die vor allem im Hinblick

---

[1203] BVerfGE 73, 118 (159) – *Niedersachsen.*

[1204] Im Hinblick auf den Kulturauftrag ebenso *Rossen-Stadtfeld*, Probleme mit der Kultur, S. 19 f.

[1205] Oben C.II.5.b)aa). Anders *Schüller*, Die Auftragsdefinition, S. 155, die nur § 11 Abs. 1 – 3 RStV als Grundnorm der Selbstverpflichtungen ansieht.

auf die Gebührenfestsetzung geäußerten Bedenken gegen eine vollständige Auftragsbestimmung durch die Anstalten selbst wohl ausräumen kann.[1206]

Die nähere Bestimmung des Auftrags durch die Anstalten selbst bringt zusätzlich den Vorteil, dass der Gesetzgeber nicht die Schwelle zum Eingriff in die Rundfunkfreiheit überschreitet.[1207] Die genaue Trennlinie zwischen freier Ausübung der Rundfunkfreiheit als Programmfreiheit und rechtlicher Vorgabe der „positiven Ordnung" wird damit in den Bereich regulierter Selbstregulierung überantwortet. Mehrfach wurde zutreffend darauf hingewiesen, dass diese Regulierungsform auch besonders geeignet ist, dem Rundfunk die inhaltliche und publizistische Ausgestaltung des gesetzlich definierten Auftrags zu sichern, ohne in die Gefahr eines gesetzlichen Programmvollzugs zu geraten.[1208] Die Konkretisierung durch die Anstalten wird also nicht, etwa wie im Umwelt- oder Technikrecht, mit einer größeren Sachnähe der Anstalten begründet.[1209]

Bedingung dafür ist allerdings, dass die Satzungen und Richtlinien tatsächlich den Verfassungsauftrag des öffentlich-rechtlichen Rundfunks konkretisieren. Dabei muss darauf hingewiesen werden, dass die Programmrichtlinie als internes Instrument zur Festlegung und Prüfung der eigenen Tätigkeiten auch vor Einführung des § 11 Abs. 4 RStV im 7. Rundfunkänderungsstaatsvertrag bestanden.[1210] Während diese aber rein interne Regelungen im Rahmen der anstaltlichen Selbstverwaltung waren, sind die Richtlinien gem. § 11 Abs. 4 nunmehr Auftragskonkretisierungen im Rahmen der „positiven Ordnung", was ihren Charakter wesentlich ändert. Sie müssen „Rechtsqualität" in dem Sinne haben, dass sie abstrakt-generelle Regelungen aufstellen, die der allgemeinen rechtsstaatlichen Anforderung der Bestimmtheit genügen müssen, um die Erfüllung des Auftrags nachvollziehen zu können.[1211] Inhaltlich müssen die Satzungen und Richtlinien auch tatsächlich den verfassungsrechtlichen Grundanforderungen an den öffentlich-rechtlichen Auftrag genügen, sowie den ein-

---

1206 Die Situation wurde als „strukturelles Dilemma" bekannt, vgl. BVerfGE 87, 181 (202) – *HR3-Beschluss.* BVerfGE 90, 60 (95) – *Rundfunkgebühr.* Dazu ausführlich *Dörr*, Die Gebührenfrage, S. 1154 und *Dörr*, Programmvielfalt im öffentlich-rechtlichen Rundfunk, S. 30 ff.

1207 BVerfGE 90, 60 (91) – *Niedersachsen*; BVerfGE 87 181 (201) – *HR3-Beschluss.* Siehe *Niepalla*, Selbstregulierung als Instrument der Qualitätssicherung, S. 12.

1208 Vgl. die Begründung zum 7. Rundfunkänderungsstaatsvertrag, abgedruckt bei *Hartstein/Ring/Kreile/Dörr/Stettner*, Rundfunkstaatsvertrag, B 5, § 11 Begründung zum 7. RÄndStV, S. 4. Dazu auch *von Wallenberg*, MMR 2005, 88 (90); *Reese*, Der Funktionsauftrag, S. 239 ff.

1209 So zutreffend *Reese*, Der Funktionsauftrag, S. 241.

1210 Siehe *Niepalla*, Selbstverpflichtungserklärungen als Instrument der Qualitätssicherung, S. 10.

1211 Dazu *Reese*, Der Funktionsauftrag, S. 241.

fachrechtlichen Auftragsanforderungen entsprechen. Tun sie dies nicht, so kann diese Regelungstechnik nicht die Grundanforderung der Eignung, die neben der Bestimmtheit verfassungsrechtliche Anforderung für den § 11 Abs. 4 RStV als Ausgestaltungsgesetz im Rahmen der positiven Ordnung ist, erfüllen. Dass diese Gefahr gesehen wurde, zeigt schon die Überprüfungsklausel gem. § 11 Abs. 5 RStV wonach die Länder das System der Selbstverpflichtungen nach drei Jahren auf seine praktische Umsetzung, Schwierigkeiten und Wirksamkeit prüfen.[1212] Die Skepsis gegenüber dem neuen Ansatz zeigt sich auch in der Protokollerklärung aller Länder zum 7. Rundfunkänderungsstaatsvertrag, wonach sich die Länder ausdrücklich vorbehalten zu prüfen, ob die Erwartungen an die Präzisierung eingetroffen sind. Ein Ergebnis dieser Prüfung ist derzeit überfällig. Diese Prüfung dürfte interessant werden, da die Länder dann ihre bisher nicht offen gelegte Erwartungshaltung abprüfen werden.[1213]

Hier wird schon deutlich, dass der Gesetzgeber nicht nur die schwierige Frage der Abgrenzung von rechtlicher Auftragsvorgabe und programmlich-inhaltlicher Freiheitsbetätigung den Anstalten – aus guten Gründen – überantwortet hat.[1214] Die oben festgestellten Defizite der allgemeinen Auftragsnormen setzen sich hier zusätzlich fort. Aus Sicht der Verfassung ist es nur entscheidend, dass der Auftrag so festgesetzt wird, dass er einerseits die effektive Sicherung der Meinungsvielfalt gewährleistet und entsprechend bestimmt ist, andererseits nicht in die Programmfreiheit eingreift. Der Gesetzgeber hat – mit etwas Unterstützung aus Brüssel – selbst festgestellt, dass der öffentlich-rechtliche Auftrag, und damit auch die Anforderungen an die Meinungsvielfalt, nicht ausreichend konkretisiert war.[1215] Die im 7. Rundfunkänderungsstaatsvertrag eingeführte Auftragsnorm des § 11 RStV sollte hier Abhilfe schaffen. Mit der Möglichkeit zur eigenen Konkretisierung verbleibt dem öffentlich-rechtlichen Rundfunk scheinbar ein größerer Freiheitsraum, als dies bei einer Konkretisierung durch

---

[1212] Ebenso *Niepalla*, Selbstverpflichtungserklärungen als Instrument der Qualitätssicherung, S. 10.

[1213] Siehe die Protokollerklärung aller Ländern zu § 11 im 7. Rundfunkänderungsstaatsvertrag, abgedruckt bei *Hartstein/Ring/Kreile/Dörr/Stettner*, Rundfunkstaatsvertrag, B 5, § 11 S. 1. Dazu auch kritisch *Stock*, der die Erwartung mit den Diskussionpositionen, vor allem dem sog. SMS-Papier, vor dem 7. RÄndStV erklärt, vgl. *Stock*, Duales System, S. 67; auch *Stock*, Reformbedarf im dualen Rundfunksystem, S. 17.

[1214] Zum Programmfreiheit als Bereich „originärer Autonomie" in Abgrenzung zur rechtlichen Auftragsvorgabe und der anstaltlichen Selbstverwaltung *Gounalakis*, AfP 2003, 395 (397). Ohne Abgrenzung dagegen *Degenhart*, AfP 2005, 295 (298).

[1215] Vgl. die Mitteilung der Europäischen Kommission über Leistungen der Daseinsvorsorge in Europa vom 19.1.2001, 2001/17/04, Abl. C 17, S. 4 – 23. Dazu ausführlich *Reese*, Der Funktionsauftrag, S. 172 ff. Eine Rolle spielte auch die Beschwerde des VPRT, die zum gerade abgeschlossenen Verfahren mit den zusätzlichen Anforderungen führte. Dazu unten C.II.7.

den Gesetzgeber der Fall gewesen wäre.[1216] Tatsächlich aber ist dies nicht der Fall, da die Aufstellung der Richtlinien oder Satzungen nicht etwa Freiheitsbetätigung ist, sondern entscheidenden verfassungsrechtlichen Anforderungen genügen muss. Im Ergebnis hat der Gesetzgeber den „schwarzen Peter" der verfassungsgemäßen Auftragskonkretisierung damit an die Rundfunkanstalten weitergereicht.

aa) Rechtswirkung der Richtlinien oder Satzungen

Die Vorgabe für die ARD-Anstalten, ZDF und das Deutschlandradio, in Richtlinien oder Satzungen den Auftrag zu konkretisieren, muss zunächst einmal möglich und dann prinzipiell geeignet sein. Zunächst erscheint hinsichtlich der „in der ARD zusammengeschlossenen Rundfunkanstalten" unklar, ob neben den Anstalten auch zusätzlich für die ARD selbst Richtlinien oder Satzungen aufgestellt werden müssen. Hier setzt sich das alte Problem der fehlenden Rechtspersönlichkeit und des ambivalenten Charakters des ARD-Gemeinschaftsprogramms als bundesweit einheitliches Vollprogramm mit selbständig verantworteten Beiträgen der einzelnen Rundfunkanstalten fort.[1217] Zutreffend wurde darauf hingewiesen, dass die ARD mangels Rechtspersönlichkeit keine Satzung erlassen kann und insoweit nur eine Richtlinie in Frage kommt.[1218] Wie oben festgestellt, ist das ARD-Gemeinschaftsprogramm verfassungsrechtlich als Leistung der einzelnen Anstalten im Hinblick auf ihren Auftrag zu betrachten. Allerdings darf die tatsächliche Wahrnehmung als einheitliches Vollprogramm durch die Rezipienten nicht außer Acht gelassen werden. Vor allem im Hinblick auf seine Medienwirkung kommt dem ARD-Gemeinschaftsprogramm ein besonderes Gewicht zu. Diese im Rahmen des verfassungsrechtlichen Auftrags sinnvoll zu behandeln und zu nutzen, geht über die stückweise Betrachtung der Zulieferungen hinaus und erfordert ebenso eine Konkretisierung gem. § 11 Abs. 4 RStV wie für die Anstalten auch.[1219] Hier wäre aber eine gesetzgeberische Klärung wünschenswert.

[1216] So wird die Konkretisierung als Teil seiner „öffentlichen Aufgabe" bezeichnet, vgl. *Reese*, Der Funktionsauftrag, S. 242. Das ist aber unzutreffend. Die öffentliche Aufgabe ist die Programmleistung, die nur deswegen so genannt wird, um ihren Funktionszusammenhang mit der freiheitlich-demokratischen Grundordnung herauszustellen. Die Konkretisierung des Auftrags im Rahmen des § 11 Abs. 4 RStV hingegen ist streng genommen Teil des eigentlich dem Gesetzgeber obliegenden Ausgestaltungsauftrags der „positiven Ordnung", also gerade noch vor dem Raum der Freiheitsbetätigung.

[1217] Zu den organisationspluralen Aufsichtsdefiziten oben C.I.4.g).

[1218] Vgl. *Reese*, Der Funktionsauftrag, S. 239.

[1219] Hier greifen die gleichen Argumente, die für einen ARD-Rat sprechen, vgl. oben C.I.4.g)dd)(2). Im Ergebnis ebenso *Reese*, Der Funktionsauftrag, S. 239.

Außerhalb der ARD besteht für die Adressaten des § 11 Abs. 4 RStV ein Wahlrecht zwischen Richtlinie und Satzung.[1220] Auch wenn immer wieder betont wird, dass durch die Regelung des § 11 Abs. 4 RStV die bereits zuvor bestehenden anstaltsinternen Programmrichtinien präzisiert und einen rechtverbindlichen Charakter bekommen sollen,[1221] müssen die Satzungen und Richtlinien gem. § 11 Abs. 4 RStV differenziert betrachtet werden. Satzungen, anders als Richtlinien, entfalten grundsätzlich Außenwirkung. Gewollt war aber eine interne Bindung der Anstalten an ihren selbst definierten Auftrag, die für ein stärkeres Bewusstsein um den Auftrag und, zusammen mit der Berichtspflicht, auch eine faktisch-politische Bindung und Verpflichtung gegenüber der Öffentlichkeit sorgt.[1222] Daher sind die Satzungen und Richtlinien ausschließlich als internes Recht zu behandeln, einen Anspruch gegenüber den Anstalten auf Einhaltung des Binnenrechts gibt es nicht. Dies ergibt sich auch normlogisch aus dem systematischen Zusammenhang, in dem die Konkretisierungen stehen. Sie stellen sich als Verlängerung der landesrechtlichen Auftragsnormen und des § 11 Abs. 1 – 3 RStV dar. Sind sind deshalb als normkonkretisierende Richtlinien unterhalb der Ausgestaltungsgesetze, die ebenfalls keinerlei Drittwirkung z.B. Drittschutz für den Privatrundfunk entfalten, zu betrachten.[1223] Die Selbstregulierung soll wohl im Ergebnis die Anstalten an ihre eigene Auftragskonkretisierung auch politisch binden und ein öffentliches Bewusstsein über die Qualität der öffentlich-rechtlichen Rundfunkleistung schaffen.[1224] Die Anstalten haben alle die Rechtsform der Richtlinie gewählt, sodass sich die Frage in praktischer Hinsicht jedenfalls nicht stellt.

1220 *Reese*, Der Funktionsauftrag, S. 240.

1221 Begründung zum 7. Rundfunkänderungsstaatsvertrag, abgedruckt bei *Harstein/Ring/Kreile/Dörr/Stettner*, Rundfunkstaatsvertrag, B 5, § 11 Begründung zum 7. RÄndStV, S. 5., „rechtsverbindlich" auch bei *Stock*, Duales System, S. 66. Kritisch dagegen *Degenhardt*, K&R 2005, 295 (295).

1222 So benennt es die Begründung zum 7. Rundfunkänderungsstaatsvertrag, abgedruckt bei *Hartstein/Ring/Kreile/Dörr/Stettner*, Rundfunkstaatsvertrag, B 5, § 11 Begründung zum 7. RÄndStV, S. 6, als Ziel der Vorschrift, „die sendereigenen Qualitätsansprüche und deren Einhaltung zu dokumentieren." Dies wurde durchaus auch von den Anstalten so gesehen vgl. *Eberle*, MMR 2003, 623 (626).

1223 Ähnlich *Reese*, Der Funktionsauftrags, S. 243. Auf die Frage, ob die Richtlinien norminterpretierend oder normkonkretisierend wirken, kommt es aufgrund der klaren Anordnung in § 11 Abs. 4 RStV nicht an. Zum Streit ausführlich Hahn/Vesting – *Ladeur*, Rundfunkrecht, § 46 Rn. 6.

1224 *Reese*, Der Funktionsauftrag, S. 243. Von einem ähnlichen Ergebnis geht auch *Degenhardt*, AfP 2005, 295 (298) aus. Zum Aspekt der Sicherung von inhaltlicher Qualität *Niepalla*, Selbstverpflichtungserklärungen als Instrument der Qualitätssicherung, S. 12.

bb) Die Richtlinien und Berichte

Nach dem 7. Rundfunkänderungsstaatsvertrag wurden für die ARD, das ZDF und das Deutschlandradio Richtlinien für den Zeitraum 2005 – 2006 erlassen.[1225] Derzeit liegen die Berichte für diesen Zeitraum vor, die jeweils gleichzeitig mit den Richtlinien für 2007 – 2008 veröffentlicht worden sind. Berichte verfasst wurden für die ARD, das ZDF und Deutschlandradio, sowie die Landesrundfunkanstalten RBB, WDR, MDR, NDR und Saarländischer Rundfunk. Das macht, betrachtet man den Wortlaut des § 11 Abs. 4 RStV, wenig Sinn. Nach dem Wortlaut „die in der ARD zusammengeschlossen Landesrundfunkanstalten" ist es zwar nicht einfach, auch eine Begründung für eine eigenständige Verpflichtung zu Richtlinien und Berichten für das ARD-Gemeinschaftsprogramm zu begründen. Der Wortlaut gibt aber nicht her, dass die in der ARD zusammengeschlossenen Landesrundfunkanstalten unter Verweis auf die ARD-Richtlinien und Berichte keine eigene Selbstregulierung betreiben. Genau dies ist aber bei BR, SWR, HR und Radio Bremen der Fall. Erklärt wird dies mit entsprechenden Verweisen auf die Regionalleistungen innerhalb der ARD.[1226] Dabei werden allerdings zwei Dinge miteinander verbunden, die aus verfassungsrechtlicher Sicht nicht ohne weiteres zusammen gehören: Der verfassungsrechtliche Auftrag, und hier insbesondere die absolute Verpflichtung jeder öffentlich-rechtlichen Rundfunkanstalt auf das Niveau an Meinungsvielfalt im Gesamtsystem Rundfunk einerseits und die Zusammenarbeit der Anstalten in der ARD. Das ARD-Gemeinschaftsprogramm ist nicht etwa verfassungsrechtlich vorgegeben, sondern stellt – aus verfassungsrechtlicher Sicht – die gemeinschaftliche Wahrnehmung eines Teils des Auftrags dar, der jede Anstalt individuell trifft. Um die Konkretisierung dieses Auftrags geht es in § 11 Abs. 4 RStV.

Richtlinien der ARD sind daher zunächst die Richtlinien für das ARD-Gemeinschaftsprogramm in spezifischer Abgrenzung zu den Landesrundfunkprogrammen. Oder aber sie sind tatsächlich Leitlinien der ARD in dem Sinne, dass sie sowohl den spezifischen Auftrag des ARD-Gemeinschaftsprogramms, als auch jeden einzelnen und individuellen Auftrag der „in der ARD zusammengeschlossenen Anstalten" getrennt konkretisieren. Im ersten Fall hätten alle Landesrundfunkanstalten eigene Programmrichtlinien aufstellen müssen, in letzterem keine. Daher kommt es auf die konkrete Art der Ausgestaltung der ARD-Programmrichtlinien an. Nur im letzteren Fall, der zentralen Konkretisie-

---

[1225] Die Richtlinien finden sich abgedruckt bei *Hartstein/Ring/Kreile/Dörr/Stettner*, Rundfunkstaatsvertrag, B 5, Anhang zu § 11, S. 29 ff. Ausführliche Bewertungen finden sich bei *Schüller*, Die Auftragsdefinition, S. 157 ff.; *Reese*, Der Funktionsauftrag, S. 243 ff.

[1226] Anfrage bei SWR und BR vom 22.1.2008.

rung der einzelnen Aufträge unter Berücksichtigung und in Abgrenzung zum gemeinschaftlich erbrachten Auftragsbestandteil im ARD-Gemeinschaftsprogramm, würden die ARD-Programmrichtlinien ausreichend sein. Wenn neben diesen Programmrichtlinien einige Rundfunkanstalten selbst Richtlinien aufgestellt haben, ließe sich das nur durch eine entsprechende landesrechtliche Sonderverpflichtung begründen, die dann ergänzend zu den ARD-Programmrichtlinien tritt. Vorweg sei gesagt: Das trifft allerdings nur für den NDR, WDR und den Saarländischen Rundfunk zu.[1227] Die Anstalten RBB und MDR veröffentlichen ihre Berichte ohne landesrechtlichen Konkretisierungauftrag. Als Rechtsgrundlage kommt dann § 11 Abs. 4 RStV in Betracht oder aber es handelt sich um allgemeine Programmrichtlinien, die nur freiwillig veröffentlicht werden.[1228] Hier herrscht offensichtlich Klärungsbedarf, auch und gerade weil es nicht um eine freiwillige Leistung der Anstalten, sondern um eine verfassungsrechtlich erforderliche Konkretisierung des Auftrags geht.

(1) Richtlinien der ARD

Die Programmrichtlinien für 2007-2008 und gleichzeitig der Bericht über die Erfüllung der Richtlinien 2005-2006 wurden von der ARD-Hauptversammlung am 13. September 2006 in Schwerin verabschiedet.[1229] Er bietet damit zum ersten Mal die Möglichkeit nicht nur die Konkretisierungsleistung des öffentlich-rechtlichen Rundfunks, sondern auch seine eigene Bewertung und damit die Messbarkeit der selbst aufgestellten Kriterien zu bewerten. Zu prüfen ist dabei insbesondere, ob die ARD-Richtlinien inhaltlich überhaupt eine Konkretisierung des verfassungsrechtlichen Auftrags, insbesondere im Hinblick auf die Verpflichtung zur Meinungsvielfalt, darstellen. Zusätzlich muss geklärt werden, ob der Umfang der Richtlinien sich nur auf das ARD-Gemeinschaftsprogramm richtet oder auch eigenständige Auftragskonkretisierungen für die in der ARD zusammengeschlossenen Anstalten umfasst und damit die Anforderungen des § 11 Abs. 4 RStV für alle Anstalten erfüllt.

Bericht wie auch Richtlinien sind in die Sparten „Information, Kultur, Bildung – Wissen – Beratung, Unterhaltung, Kinder und Jugend, Regionale Kompetenz, Barrierefreies Angebot für Menschen mit Behinderung, Trennung von Werbung und Programm, Digitale Perspektiven, aufgeteilt. Abstrakte Festlegungen finden

---

[1227] § 5 Abs. 3 NDR-StV, § 4a Abs. 1 WDR-G, § 23 Abs. 4 SaarLMG, jeweils ohne Bezugnahme auf § 11 Abs. 4 RStV, was für die Annahme spricht, dass die Anstalten sich nicht durch den RStV gebunden sehen.

[1228] Allgemeine Richtlinien als Binnenrecht der Anstalten müssen nicht veröffentlicht werden, soweit keine gesetzgeberische Anordnung besteht, vgl. *Reese*, Der Funktionsauftrag, S. 244.

[1229] epd medien 2004, Nr. 25, Dokumentation, S. 27 ff. Zu den Richtlinien 2005-2006 vgl. ausführlich *Schüller*, Die Auftragsdefinition, S. 157 ff.

sich dagegen in der Präambel. Hier wird die besondere Bedeutung des öffentlich-rechtlichen Rundfunks insgesamt betont und dem ARD-Gemeinschaftsprogramm als föderal strukturierter Senderverbund mit einem Programm für alle Alters- und Bevölkerungsschichten zutreffend eine besondere Integrationsfunktion zugesprochen. Zusätzlich wird inhaltlich ein besonderer journalistischer Qualitätsanspruch herausgestellt und auf das eigene Korrespondentennetz als Grundlage auch international aufgestellter, eigener Inhaltsproduktion verwiesen. Diese Qualitätsansprüche und eine Bindung an Menschen- und Grundrechte sollen die Grundlage des Beitrags für die freie und öffentliche Meinungsbildung schaffen.

Jeweils für die einzelnen Sparten werden die besonderen Höhepunkte des Berichtszeitraums erwähnt. Diese Bilanz, das muss man wohl zugeben, liest sich sehr eindrucksvoll. Für eine Auftragskonkretisierung fehlt es allerdings an einer abstrakten Beschreibung der Sparten. Es findet sich, formaljuristisch ausgedrückt, kein Tatbestand unter den sich die ausführlichen Beschreibungen subsumieren ließen. So ist unklar, was und vor allem warum etwas von einer Sparte erfasst wird, von einer anderen aber nicht. Die oben erwähnten Unsicherheiten in der Zuordnung eines Inhalts – von der inhaltlich-qualitativen Bewertung einmal abgesehen – zu einer Sparte ist insofern bedenklich, da wenigstens für die Sparten des klassischen Rundfunkauftrags von Verfassungs wegen die Erfüllung gesichert sein muss.[1230] Hier wäre mit der Konkretisierungsleistung anzusetzen, die aber leider fehlt.

Auch nimmt der Bericht keine Stellung zu Inhalt und Umfang der Meinungsvielfalt und der geplanten Umsetzung im Programm. So findet sich der Begriff nur einmal in der Einleitung zu den Richtlinien 2007-2008, da allerdings in Anlehnung an den Wortlaut des § 11 Abs. 3 RStV.[1231] Konkretisierung, im Sinne der Festlegung eines nachvollziehbaren Maßstabes sieht wohl anders aus. Als Erfolg werden immer wieder die erreichte Zuschaueranteilsquote, der durchschnittliche Marktanteil eines Formats oder aber Glaubwürdigkeitsergebnisse in Zuschauerumfragen und Grimme-Preise herausgestellt.[1232] Darin zeigt sich, dass ein sinnvoller Maßstab für die Erfüllung des verfassungsrechtlichen

[1230] Vgl. bereits BVerfGE 73, 118 (158) – *Niedersachsen.*

[1231] *Programmdirektion Erstes Deutsches Fernsehen (Hrsg.)*, ARD Bericht 05/06 – Leitlinien 07/08, S. 48. Der Begriff „Vielfalt" findet sich neunzehn mal im Dokument, wird allerdings nicht im Sinne von Meinungsvielfalt, sondern von Mehrzahl, Vielzahl, Verschiedenheit usw. verwendet. Siehe z.B. die Seiten 17, 20, 49, 54.

[1232] Vgl. *Programmdirektion Erstes Deutsches Fernsehen (Hrsg.)*, ARD Bericht 05/06 – Leitlinien 07/08. Unter fast jeder Sparte wird immer auf die erreichte Quote bzw. den Marktanteil hingewiesen. Umfragen werden für Information (S. 12), Wahlberichterstattung (S. 14) und Bildung (S. 23) erwähnt. Grimme-Preise vor allem im Bereich Unterhaltung, vgl. S. 27 ff.

Auftrags unabhängig von der Quote, äußerst schwer zu finden ist und im Grunde durch die ARD-Richtlinien nicht geleistet wurde.

So erscheint der Bericht insgesamt als eine Leistungsschau mit beeindruckenden Ergebnissen. Nach einer Konketisierung des Auftrages, sieht man einmal von den zusätzlichen Sparten Kinder und Jugend, Regionale Kompetenz und Barrierefreies Angebot, ab, sucht man jedoch vergeblich.

Die oben aufgeworfene Frage, für wen die Richtlinien den Auftrag konkretisieren, ist nicht ganz eindeutig zu klären. Weit überwiegend wird die Programmleistung des ARD-Gemeinschaftsprogramms „Das Erste" in den Vordergrund gestellt. Unter der Kapitelüberschrift „Regionale Kompetenz" wird auf die regionale Verwurzelung der ARD verwiesen, die sich durch die Programmzulieferung auch im Gemeinschaftsprogramm wieder findet. Eine Auseinandersetzung mit den einzelnen, jede Landesrundfunkanstalt treffenden Aufträgen findet sich aber nicht.

Damit muss im Ergebnis festgehalten werden, dass die ARD-Richtlinien selbst zwar einen guten Überblick über die Programmleistung als solche bieten, sich in den Selbstverpflichtungen aber keine auch nur annähernde Konkretisierung des verfassungsrechtlichen Auftrags, insbesondere im Hinblick auf das zu gewährleistende Niveau an Meinungsvielfalt, findet. Da die ARD-Richtlinien keine Konkretisierung für die Landesanstalten enthalten, muss für die Landesanstalten ohne selbst festgelegte Richtlinien im Ergebnis ein Verweigern der Verpflichtung aus § 11 Abs. 4 RStV festgestellt werden.

(2) Richtlinen des ZDF

Die Programmrichtlinien 2007-2008 des ZDF wurden am 12. Oktober 2006 durch den Intendaten *Markus Schächter* gezeichnet. Der Bericht über die Programmrichtlinien 2004-2006 wurde dem Fernsehrat als internes Dokument am 30. Juli 2006 zur Verabschiedung vorlegt.[1233] Sie sind wesentlich weniger umfangreich als die Richtlinien der ARD, haben aber einen ähnlichen Konkretisierungsansatz. So finden sich auch die Sparten des klassischen Programmauftrags, ergänzt durch die zusätzlichen Sparten Kinderprogramm, Digitalangebot und Onlineangebot.[1234] Anders als die Richtlinien der ARD stellt das ZDF

[1233] Bilanz der „ZDF-Programm-Perspektiven 2004-2006" vom 15. Mai 2006, bislang unveröffentlicht. Nach der Anfrage des Autors soll nun jedoch eine Version online gestellt werden. Bislang hat das ZDF damit seinen Auftrag zur Veröffentlichung des Berichts gem. § 11 Abs. 4 RStV nicht erfüllt.

[1234] In den Programmperspektiven findet sich allerdings keine Erklärung, wie den räumlichen Vielfaltsanforderungen gem. § 11 Abs. 2 S. 1 RStV genügt werden soll. Die Position des ZDF

allerdings jeder konkreten Verpflichtung pro Sparte einen allgemeinen und abstrakt formulierten Teil voran, der die Bedeutung und Funktion des Angebots verdeutlichen soll. So wird für die Sparte der Kultur angegeben, sie solle Anstöße zur Selbstvergewisserung und und Orientierung der Zuschauer bieten.[1235] Unter der Sparte Information sollen Verständlichkeit und erklärende Einordnung die Leitbegriffe des ZDF-Informationsangebots sein.[1236]

Auch wenn damit nicht explizit auf den zu konkretisierenden Auftrag Bezug genommen wird, lassen sich daraus zumindest weitergehende Vorgaben ermitteln. Ob deren Erfüllung im Nachhinein allerdings geprüft werden kann, erscheint fraglich. Hinsichtlich der funktionalen Vorgaben werden weder genaue Ergebnisse verlangt, noch werden ein Maßstab geliefert, anhand dessen man den Grad messen könnte, in dem die Vorgabe erfüllt wurde. Die Bilanz der „ZDF Programm-Perspektiven 2004-2006" stellt schlicht Auszüge der Richtlinien neben die oftmals seit langem bestehenden Formate ohne dass eine Einordnung der Leistung unter Vielfaltsgesichtspunkten erkennbar wäre.[1237] Auch wenn die ZDF-Richtlinien und die Bilanz nicht in gleicher Weise Erfolg in Zuschaueranteilsquoten, Marktanteilen und Grimme-Preisen bemessen, bieten sie doch keine nachvollziehbare Konkretisierung des Auftrages, geschweige denn messbare Parameter im Sinne eine erfolgsorientierten Pluralismus. Auch die ZDF-Richtlinien nehmen zur kritischen Frage von Inhalt und Qualität des verfassungsrechtlich geforderten Niveaus an Meinungsvielfalt keine Stellung.[1238] Das ist nicht hinnehmbar, da die Meinungsviefalt ein Bestandteil, nach hiesiger Auffassung sogar der zentrale Bestandteil, des öffentlich-rechtlichen Rundfunkauftrags ist. Wenn das Verfassungsgericht dem öffentlich-rechtlichen Rundfunk die Garantenstellung für das verfassungsrechtliche Niveau an Meinungsvielfalt im Gesamsystem Rundfunk zuweist, müssen die Programmrichtlinien zumindest Stellung zur geplanten Umsetzung nehmen.[1239]

cc) Bewertung

Man darf von den öffentlich-rechtlichen Programrichtlinien nicht zu viel erwarten. Ihre Ausgangslage ist denkbar schlecht, hat denn der Gesetzgeber mit § 11

---

kann man *Schächter*, MMR, 2005, 294 ff. entnehmen, was das ZDF allerdings nicht seiner Konkretisierungspflicht enthebt.

[1235] ZDF-Programmperspektiven 2007-2008, S. 4.

[1236] ZDF-Programmperspektiven 2007-2008, S. 2.

[1237] Siehe z.B. „Bilanz der „ZDF Programm-Perspektiven 2004-2006", S. 13 zur Zuschauerbindung junger Rezipienten.

[1238] In den ZDF-Programmperspektiven 2007-2008 wird Meinungsvielfalt als Parameter noch nicht einmal erwähnt.

[1239] Zur Grantenstellung des öffentlich-rechtlichen Rundfunks BVerfGE 73, 118 (155 ff.) – *Niedersachsen* und *Thum*, AfP 2006, 522 (523).

Abs. 1 – 3 RStV nicht gerade eine besonders detaillierte Vorarbeit geleistet, auf der sich die Konkretisierung einfach aufbauen ließe.[1240] Diese Normen vor dem weit gefächterten Hintergund des Art. 5 Abs. 2 S. 1 GG in der Auslegung der umfangreichen Verfassungsrechtsprechung in einen stimmigen und nachprüfbaren Aufgabenkanon zu bringen, ist eine Herkulesaufgabe. Worüber sich bald zwei Juristengenerationen gestritten haben, sollte nun – in die Regel sogar die Programmdirektion[1241] – der öffentlich-rechtliche Rundfunk im Alleingang lösen.

Hinzu kommt, dass die Überantwortung im Wege der Selbstregulierung an den öffentlich-rechtlichen Rundfunk zwar einen gesetzgeberischen Eingriff in die Rundfunkfreiheit quasi dem Rundfunk selbst überlässt, dieser aber seine Selbstregulierung nicht neutral betreiben kann.[1242] So lesen sich die Richtlinien und Bericht stellenweise wie eine Werbebroschüre.[1243] Auffällig ist auch, dass die Berichte und Programmrichtlinien kaum Misserfolge erwähnen.[1244] Auch scheint es nur außergewöhnliche Produktionen und Erfolge zu geben, das inhaltliche Mittelmaß, das es durchaus auch gibt und geben muss, findet keine Erwähnung.[1245] Weiter nehmen die Dokumente kaum Stellung zum eigenen Programmbeitrag in Relation zum Beitrag des Privatrundfunks. Wenn dies geschieht, so betrifft es Qualitätsunterschiede in der Sparte Information, einem Bereich,[1246] den der Privatrundfunk offensichtlich dem öffentlich-rechtlichen

---

[1240] Die mangelhafte Konkretisierung in § 11 Abs. 1 – 3 RStV halten nicht ohne Grund für einen Verstoß gegen den Wesentlichkeitsgrundsatz *Goerlich/Meier*, ZUM 2007, 889 (894).

[1241] Dies liegt an dem auch für die normkonkretisierenden Richtlinien gem. § 11 Abs. 4 RStV fehlenden ausdrücklichen Initiativrecht der Rundfunkgremien. Daher fällt die Aufstellung der Richtlinien bedenklicherweise zunächst an den Intendanten, bzw. die ihm unterstellte Programmdirektion.

[1242] Zu dem Effekt der Selbstbeschneidung äußerst kritisch *Goerlich/Meier*, ZUM 2007, 889 (894).

[1243] Dies war auch schon bei den früheren Richtlinien von ARD und ZDF der Fall, dazu *Schüller*, Die Auftragsdefinition, S. 161; *Reese*, Der Funktionsauftrag, S. 287; siehe auch *Lilienthal*, epd-medien 2004, Nr. 73, S. 3.

[1244] Eine Ausnahme machen die ARD-Richtlinien, indem sie auf die geringe Einschaltquote des Eurovision Song Contest 2005 verweist, die selbstverständlich im darauf folgenden Jahr um fast das Doppelte übertroffen wurde, *Programmdirektion Erstes Deutsches Fernsehen (Hrsg.)*, ARD Bericht 05/06 – Leitlinien 07/08, S. 28. Dass diese Einschaltquote wesentlich durch die eigene Teilnahme oder Unterstützung von Kandidaten durch einen Moderator des Privatrundfunks abhängt (Stefan Raab, ProSieben), wird nicht erwähnt. Zu den Richtlinien 2004-2005, *Lilienthal*, epd-medien 2004, Nr. 73, S. 3. Die Bilanz der „ZDF Programm-Pespektiven 2004-2006“ erwähnt an zwei Stellen zumindest etwas zerknirscht, dass es nicht gelungen ist, die Akzeptanz bei den 14-49jährigen signifikant zu verbessern, vgl. S. 4 und 54.

[1245] Ähnlich bereits *Lilienthal*, epd-medien 2004, Nr. 73, S. 3.

[1246] So klingt es fast schon heroisch, wenn die ARD sich dem „Trend zur Boulevardisierung“ nicht unterworfen haben will. In relativ deutlichem Widerspruch dazu zählt es aber das

Rundfunk nicht streitig machen will. Interessant wäre die Frage, was den Unterschied der öffentlich-rechtlichen Unterhaltung zu derjenigen des Privatrundfunks ausmacht und wie sich ein „more-of-the-same" zur Primetime verhindern ließe. Die ZDF-Richtlinien erwähnen hier ihre Dokumentationsformate als Teil der Informationssparte, die zur besten Sendezeit laufen soll. Allerdings bezieht sich diese Aussage wiederum auf nur eine Dokumentationsreihe zu Hitlers Machtergreifung, die zwar prominent, allerdings nur bis zu ihrem Ablauf auf einem festen Wochentag lief.[1247] Über die sonstige Primetime findet sich kein Wort. So stehen die sehr gut klingenden Aussagen in den einzelnen Sparten wie monolithische Blöcke nebeneinander, ohne Bezug zum weniger aufregenden Tagesgeschäft der Programmdirektion und – in hiesigem Zusammenhang gravierender – ohne Bezug zum verfassungsrechtlich geforderten Niveau an Meinungsvielfalt und in faktischer Verweigerung der Konkretisierung i.S.d. § 11 Abs. 4 RStV. Die Richtlinien gem. § 11 Abs. 4 RStV versagen damit in ihrer hier verfassungsrechtlich geforderten Funktion als normkonkretisierende Richtlinie in Fortsetzung des Ausgestaltungsgesetzes § 11 Abs. 1 – 3 RStV. Dem kann auch gerade nicht entgegen gehalten werden, dass für diese Richtlinien weder die Wesentlichkeitstheorie noch rechtsstaatliche Grundanforderungen gelten sollen, da es sich um eine Konkretisierung auf der Schnittstelle zur staatsfrei zu gestaltenden Bereich der Programmfreiheit handelt.[1248] Das Gegenteil ist der Fall: Die Rundfunkanstalten sollen die Richtlinien in Vertretung des Gesetzgebers als Teil der positiven Ordnung aufstellen. Zuzugeben ist, dass es sich um einen grundrechtssensiblen Bereich handelt, weshalb der Gesetzgeber diese Aufgabe auch in die Selbstregulierung überantwortet hat. Daraus aber zu folgern, es gälten die allgemeinen rechtsstaatlichen Grundanforderungen nicht mehr hieße, den Teufel mit dem Beelzebub austreiben: Gerade weil es ein grundrechtsrelevanter Bereich ist, müssen die Richtlinien sich an ihrer Bestimmtheit messen lassen, da sie nicht die Programmfreiheit, sondern die positive Ordnung gestalten sollen.[1249] Und gerade deshalb kommen den Richtlinien

---

Boulevardmagazin „Brisant" zur Sparte „Bildung und Beratung", vgl. *Programmdirektion Erstes Deutsches Fernsehen (Hrsg.),* ARD Bericht 05/06 – Leitlinien 07/08, S. 62.

[1247] Hier wäre vor allem interessant gewesen, wie das ZDF das historische Material im Sinne eines verantwortungsvollen Umgangs mit der prägenden Kraft der Bilder eingesetzt hat und sich darüber bewusst gewesen ist. Hierzu ergibt sich aus den Richtlinien und Berichten jedoch nichts. Zur Problematik ausführlich oben B.III.2.b).

[1248] Dies schlägt jedenfalls *Ladeur* für den Bereich der Richtlinien gem. § 46 RStV vor, vgl. Hahn/Vesting – *Ladeur*, Rundfunkrecht, § 46 Rn. 7. Ebenfalls kritisch *Goerlich/Meier*, ZUM 2007, 889 (896).

[1249] *Goerlich/Meier*, ZUM 2007, 889 (896) halten dagegen die Ausgestaltungskompetenz im Ergebnis für eine Kompetenz zur Selbstbeschränkung, vermischen dabei aber die grundrechtlich geschützte Sphäre der Programmfreiheit mit der vor dieser Sphäre liegenden Grundrechtsausgestaltung. Das diese Trennung durch den öffentlich-rechtlichen Rundfunk selbst

und ihrer Anwendung nicht etwa ein aus Art. 5 Abs. 2 S. 1 GG abgeleiteter Beurteilungsspielraum zu.[1250] Es geht hier nicht um den Versuch, durch den Gesetzgeber dem öffentlich-rechtlichen Rundfunk eine Schere im Kopf zu verordnen,[1251] es geht um die verfassungsrechtlich notwendige Klarstellung der Vielfaltsanforderungen, damit die besonderen Vielfaltsanforderungen an den öffentlich-rechtlichen Rundfunk effektiv überprüfbar sind.

Damit ist das Ergebnis der noch ausstehenden Überprüfung der Anwendung der Selbstregulierung gem. § 11 Abs. 5 RStV vorgezeichnet. In dieser Form, die kaum anders zu erwarten war und deshalb nicht ganz zu unrecht eine „Kopfgeburt“ geschimpft wurde,[1252] genügen die Richtlinien und Berichte nicht den Anforderungen an einen effektiv nachvollziehbaren Auftrag, insbesondere nicht im Bereich der Kernleistung des öffentlich-rechtlichen Rundfunks, die in der Darstellung der Vielfalt der vorhandenen Meinungen besteht.[1253] Es ist allerdings wahrscheinlich, dass es gar nicht mehr zu einer Überprüfung gem. § 11 Abs. 5 RStV kommen wird, sondern das System der Selbstregulierung im 12. Rundfunkänderungsstaatsvertrag gleichzeitig mit den Anforderungen der Europäischen Kommission an eine Konkretisierung des öffentlich-rechtlichen Auftrags neu justiert wird.

Das wäre bedauerlich bis gefährlich. Zum einen beziehen sich die Anforderungen der EG-Kommission vornehmlich auf neue, digitale Angebote des öffentlich-rechtlichen Rundfunks, während das System der Konkretisierung durch Selbstverpflichtungserklärung nach § 11 Abs. 4 RStV auf die gesamte Anstaltstätigkeit, insbesondere die Programmleistung bezieht. Beides in einen Topf zu werfen, wird den speziellen Anforderungen an eine Konkretisierung des Auftrages, die unter dem Gesichtspunkt der Meinungsvielfalt vor allem auch den Beitrag des öffentlich-rechtlichen Rundfunks zur Meinungsvielfalt im Gesamtsystem Rundfunk im Blick haben muss, nicht gerecht. Zum anderen könnten die Schwachstellen des Systems der Selbstregulierung ohne ausführliche Evaluation entweder in das neue, europarechtskonforme System übernommen werden,[1254] ober aber bei einem gänzlich neuen Ansatz die Vorteile der Selbstregulierung über Bord geworfen werden.

---

vorgenommen werden soll, ist allerdings mit *Goerlich/Meier* als äußerst zweifelhaft zu bewerten.

1250 So aber Hahn/Vesting – *Ladeur*, Rundfunkrecht, § 16 Rn. 9.

1251 Im Ergebnis aber für die „Schere“ *Goerlich/Meier*, ZUM 2007, 889 (896 f.).

1252 *Lilienthal*, epd-medien 2004, Nr. 73, S. 3

1253 BVerfGE 73, 118 (156) – *Niedersachsen*. Dazu bereits ausführlich *Lerche* NJW 1982, 1676 (1677) und oben B.VII.2.

1254 Dies deutet sich zumindest hinsichtlich des geplanten „Public-Value-Tests“ an. Dazu *Goerlich/Meier*, ZUM 2007, 889 (897); *Krausnick*, ZUM 2007, 806 (808) und unten C.II.7.

Eine Eingrenzung der Gestaltungsmöglichkeiten ergibt sich nunmehr auch aus der neuen EG-Fernsehrichtlinie „Richtlinie über audiovisuelle Mediendienste.“ Diese anerkennt grundsätzlich Selbst- und Ko-Regulierung als Möglichkeiten der Umsetzungsverpflichtung nachzukommen. Allerdings, und das sehr deutlich, wird dieses Anerkenntnis in Art. 3 Abs. 7 RL unter den Vorbehalt gestellt, „dass eine wirksame Durchsetzung gewährleistet ist.“[1255]

Trotz der sicherlich großen Anstrengungen der nächsten Zeit bis zum 12. Rundfunkänderungsstaatsvertrag sollte daher dennoch eine ausführliche Evaluation des Systems der Konkretisierung durch Selbstverpflichtungserklärungen, wie in § 11 Abs. 5 RStV vorgesehen, stattfinden.

d) Fazit

Die materiellen Pluralismusanforderungen an den öffentlich-rechtlichen Rundfunk sind um einiges weniger konkret, als dies für den Privatrundfunk der Fall ist. Selbstverständlich liegt dies unter anderem daran, dass es kein mehrstufiges Sicherungsverfahren bei der Landesmedienanstalt gibt, das die Vielfaltsanforderungen immer wieder nachprüft. Die materiellen Anforderungen beziehen sich letztlich ausschließlich auf die Programmleistung selbst und sind damit den materiellen Pluralismusanforderungen des Privatrundfunks im Rahmen der Programminhaltskontrolle vergleichbar. Nicht ganz zufällig wurde oben festgestellt, dass dieser Bereich im System der Vielfaltssicherung des Privatrundfunks am schwächsten gesetzlich vorstrukturiert ist. Es handelt sich hier, mit *Peter Mailänder* gesprochen, um das „verminte Gelände“ im Rundfunkrecht.[1256]

Die Auftragsbestimmungen des §§ 11 Abs. 1 – 3 RStV nehmen allerdings wichtige Elemente des materiellen Pluralismus auf. So sind insbesondere die räumlichen Vielfaltsvorgaben, auch wenn sie immer noch weit formuliert sind, ein hinreichender Anhaltspunkt. In allen anderen oben vorgeschlagen Vielfaltskategorien, findet sich jedoch keinerlei Vorgabe oder konkretisierungsfähiger Ansatz. Die landesrechtlichen Rechtsgrundlagen und Staatsverträge bieten mehr Anhaltspunkte. Allerdings finden sich in der Regel nur in den Punkten konkretisierte Vorgaben, die sich fast automatisch aufdrängen. Dazu zählen die Minderheitenangelegenheiten, die ethnischen und regionalkulturelle Vorgaben. Warum die Auftragsnorm des § 11 RStV nach langer Vorlaufzeit und in Anbetracht der landesrechtlichen Vorbildnormen so indifferent geblieben ist, lässt sich nur mit dem möglicherweise „kleinsten gemeinsamen Nenner“ erklären, der

---

[1255] „Richtlinie über audiovisuelle Mediendienste“ 2007/65/RG vom 11. Dezember 2007, Abl. EG L 332/39 entg., Art. 3 Abs. 7.
[1256] *Mailänder*, AfP 2007, 297 (304).

Regelungen des Rundfunkstaatsvertrages aufgrund der notwendigen Einstimmigkeit aller Länder oftmals zugrunde liegt.

Auf Grundlage dieser selbst nur wenig konkreten Vorgabe sollten die in der ARD zusammengeschlossenen Landesanstalten, das ZDF und Deutschlandradio nun selbst konkretisieren. Dies ist nicht gelungen. Man darf die Schuld daran aber nicht den Anstalten alleine zuschieben. Eine berechtigte Frage wäre gewesen, was sie eigentlich mangels eines erkennbaren gesetzlichen Rahmens hätten konkretisieren sollen. Damit soll gleichzeitig deutlich gemacht sein, dass das System der Selbstverpflichtungserklärung im „verminten Grenzbereich“ zwischen rechtlicher Auftrags- und Vielfaltsvorgabe einerseits und dem Freiheitsraum der Programmfreiheit andererseits durchaus und grundsätzlich geeignet sein kann. Allerdings bedarf es genauerer Vorgaben durch den Gesetzgeber, zu denen er im Rahmen der positiven Ordnung schon durch den Wesentlichkeitsgrundsatz verpflichtet ist.[1257] Soweit sich materielle Unschärfen nicht beheben lassen, und dies wird sich bei einer Lösung durch gesetzgeberische Vorgaben aus Gründen der Rundfunkfreiheit als Programmfreiheit kaum vermeiden lassen, sind diese durch geeignete Organisation und Verfahren aufzufangen. Oben wurde bereits festgestellt, dass der binnenplural besetzte Rundfunkrat des öffentlich-rechtlichen Rundfunks, auch nach Feststellung des BVerfG, eine hervorragende strukturelle Gewähr für die Meinungsvielfalt bietet. Von den materiellen Anforderungen kann dies nicht in gleicher Weise behauptet werden. Zu prüfen bleibt nun noch, ob sich die materiellen Defizite möglicherweise durch ausdifferenzierte Sicherungsinstrumente ausgleichen lassen.

6. Sicherungsinstrumente der Binnenkontrolle

Die Sicherung der Meinungsvielfalt im öffentlich-rechtlichen Rundfunk obliegt dem Rundfunkrat. Seine Stellung und Kompetenzen richten sich nach der jeweiligen Rechtsgrundlage der Rundfunkanstalt. Dem Gesetzgeber steht in der Einrichtung, Zusammensetzung und dem Zuschnitt der Kompetenzen und Eingriffsmöglichkeiten grundsätzlich der weite Spielraum für die Gestaltung der „positiven Ordnung“ zu.[1258] Wie die gesamte Medienordnung auch, stehen seine Entscheidungen allerdings auch hier im Spannungverhältnis der Gewährleistung der Rundfunkfreiheit als Programmfreiheit einerseits und der Gewährleistung des verfassungsrechtlich geforderten Niveaus an Meinungsvielfalt im Gesamtsystem Rundfunk, einschließlich einer effektiven Kontrolle, andererseits. Dabei

---

[1257] Ähnlich *Goerlich/Meier*, ZUM 2007, 889 (890).

[1258] Zur Zusammensetzung ausdrücklich BVerfGE 83, 238 (355) – *WDR-Gesetz*. Dazu ausführlich *Held/Sankol*, Staatsfreiheit der Aufsichtsgremien, S. 14 und oben C.I.4.b).

ist bei der Ausgestaltung des öffentlich-rechtlichen Rundfunks dessen besondere Verpflichtung als Garant für das dieses Niveau zu berücksichtigen.[1259] Dies spiegelt sich einmal in der weitestgehenden Freistellung von Marktzwängen durch die marktferne Gebührenfinanzierung, zum anderen in der Einrichtung einer Kontrolle unmittelbar durch die Gesellschaft selbst, vermittelt durch ihre relevanten Gruppen in einem eigenen Organ innerhalb der Anstalt.[1260] Auf der anderen Seite obliegt es dem Gesetzgeber, eine Gestaltung zu wählen, die die Sicherung der Meinungsvielfalt auf dem besonderen Niveau des öffentlich-rechtlichen Rundfunks effektiv gewährleistet.[1261]

Wie bereits untersucht, werden gegen die Zusammensetzung des Rundfunkrates verschiedentlich Argumente vorgebracht, die sich auf fehlenden Sachverstand, zu große Politiknähe berufen, oder gegen die Gremiengröße und Arbeitsweise richten.[1262] Im Zusammenhang mit der Sicherung der Meinungsvielfalt sollen nun die Befugnisse und Sanktionsmöglichkeiten der Rundfunkräte untersucht werden. Die oben festgestellten Schwächen der materiellen Pluralismusvorgaben für den öffentlich-rechtlichen Rundfunk, könnten in einer effektiv gestalteten Kontrolle durch Organisation und Verfahren zumindest aufgewogen werden, sodass insgesamt von einer effektiven Sicherung der Meinungsvielfalt ausgegangen werden kann.

a) Ex-ante Sicherung

Die Rundfunkräte haben keine Befugnis zur Programmkontrolle ex-ante. In einigen landesrechtlichen Rechtsgrundlagen ist dies ausdrücklich normiert, es ergibt sich aber auch systematisch.[1263] Alle Rechtsgrundlagen gehen von der sog. Intendantenverfassung aus, womit die Programmverantwortung allein und nur beim Intendanten liegt.[1264] Die Kontrolle durch den Rundfunkrat in Pro-

---

[1259] BVerfGE 73, 118 (155 ff.) – *Niedersachsen*. Zur Garantenstellung *Thum*, AfP 2006, 522 (523) und oben B.V.2.d).

[1260] Die binnenplurale Kontrolle stuft das Verfassungsgericht – wohl noch immer – als die effektivste Sicherung des verfassungsrechtlichen geforderten Niveaus an Meinungsvielfalt ein, vgl. BVerfGE 57, 295 (325) – *FRAG*; BVerfGE 73, 118 (171) – *Niedersachsen*; BVerfGE 83, 238 (326) – *WDR-Gesetz*.

[1261] Deutlich bereits BVerfGE 57, 295 (325) – *FRAG*.

[1262] Vgl. die Gremiendiskussion des Jahres 2007/2008 in epd-medien, dazu oben ausführlich C.I.4.g)cc).

[1263] § 18 Abs. 2 S. 3 NDR-StV, § 13 Abs. 1 S. 2 RBB-StV, § 16 Abs. 4 S. 3 WDR-G. *Cromme*, NJW 1985, 351 (356) meint, der Wortlaut „Überwachung" würde einer Eingriffsbefugnis ex-ante nicht entgegenstehen. Das scheint jedoch zweifelhaft, da die Überwachung begrifflich keinen Eingriff beinhaltet, sondern diesem vorgelagert ist. Dagegen sehr deutlich *Schreier*, Das Selbstverwaltungsrecht, S. 120.

[1264] A.A. *Ossenbühl*, DÖV 1977, 381 (388), dazu ausführlich *Schreier*, Das Selbstverwaltungsrecht, S. 79 f. Zur Wahrnehmung der Programmverantwortung in der Intendantenverfasgrammangelegenheiten darf damit nicht in Konflikt geraten und schließt deshalb eine direkte Kontrolle einzelner Sendungen vor ihrer Ausstrahlung aus. Eine auch nur auch den „schweren Verstoß gegen die Programmgrundsätze“[1265] begrenzte, quasi-Evidenzkontrolle bringt mehr Schaden als Nutzen: Typischerweise wird „schwerwiegend“ unterschiedlich interpretiert, so dass es im Ergebnis in der Praxis auf eine Doppelzuständigkeit bei besonders heiklen Sendungen hinauslaufen würde. Damit würden Programme „auf der Grenzlinie“ eher verhindert, was nicht im Sinne der Meinungsvielfalt sein kann. Zusätzlich würde damit eine Zuständigkeit des Rundfunkrats in Programmfragen begründet, der keine Kontrollinstanz – außer der Rechtsaufsicht – gegenüberstehen würde. Jegliche Kontrolle ex-ante bei zukünftigen Einzelsendungen ist daher abzulehnen.[1266]

Diese grundsätzliche Trennung ist aber nicht streng durchgehalten. So wird in allen Rechtsgrundlagen dem Rundfunkrat eine allgemeine Beratungskompetenz gegenüber dem Intendaten in Programmfragen zugesprochen.[1267] Daraus ergibt sich eine informelle Abstimmung, in der der Rundfunkrat, bzw. regelmäßig der innerhalb des Rundfunkrats gebildete Programmausschuss,[1268] Bedenken im Sinne einer Mahnung hinsichtlich einzelner Sendungen auch äußert, deren Berücksichtigung freilich nicht durchsetzbar sind.[1269] Auch das Beratungsergebnis bleibt Beratung und ist als Ergebnis für den Intendaten nicht verbindlich.[1270]

Ein Einfluss auf das aktuelle oder zukünftige Programm ergibt sich auch aus der Kompetenz einiger Rundfunkräte, Programmrichtlinien aufzustellen und zu

---

sung als Problem sachgerechter Organisation ausführlich *Hartstein/Ring/Kreile/Dörr/Stettner*, Rundfunkstaatsvertrag, B 5, Vor § 11 Rn. 47.

1265 Im Ergebnis deshalb für die ex-ante Prüfung bei „begründetem Verdacht *Cromme,* NJW 1985, 351 (356), der allerdings einräumt, dass diese Möglichkeit gegen die Intendantenverfassung verstößt.

1266 Im Ergebnis ebenso *Hesse*, Rundfunkrecht, S. 164 f.; *Hillig*, in: FS Ule, S. 11 (15). A.A. *Ossenbühl*, DÖV 1977, 381 (387).

1267 § 20 Abs. 1 S. 1 ZDF-StV, Art. 7 Abs. 3 Nr. 7 BayMG, § 9 Nr. 2 HRG, § 20 Abs. 2 S. 1 MDR-G, § 18 Abs. 2 S. 1 NDR-StV, § 10 Nr. 5 Radio-Bremen-G, § 13 Abs. 1 S. 1 RBB-StV, § 15 Abs. 2 S. 1 SWR-StV, § 16 Abs. 3 WDR-G, § 28 Abs. 3 S. 1 SaarLMG.

1268 Vgl. *Jarren/Weber*, Selbstregulierung und Selbstorganisation, S. 215; *Hartstein/Ring/Kreile/Dörr/Stettner*, Rundfunkstaatsvertrag, B 5, § Vor 11 Rn. 57. Zur Vorfilterfunktion des Programmausschusses *Grätz*, Pflicht und Recht der Rundfunkratsmitglieder, S. 7.

1269 Die Mahnfunktion betont *Grätz*, Rundfunkgremein - Erfüllungsgehilfen oder Entscheidungsträger?, S. 4. Ähnlich, aber mit mehr Betonung auf einer präventiven Kontrolle *Ricker/Schiwy*, Rundfunkverfassungsrecht, S. 279.

1270 *Hesse*, Rundfunkrecht, S. 162.

erlassen oder zumindest vor der Verabschiedung zu beraten.[1271] Die internen Richtlinien, als Konkretisierung des Programms, werden regelmäßig durch den Intendanten und die Programmdirektion entworfen und vorbereitet. Für den Rundfunkrat kann sich aber über die Zustimmung und Beratung einen Einfluss auf die „große Linie" und den programmlichen Zuschnitt des Angebots ergeben. Allerdings hat der Rundfunkrat überwiegend kein Initiativrecht zum Erlass von Programmrichtlinien.[1272] Auch hier drückt sich das Kooperationsprinzip zwischen Rundfunkrat und Anstalt in Programmfragen aus, dass die konkrete Programmverantwortung und damit auch den Richtlinienerlass dem Intendanten zuweist. Damit können Richtlinien, die vom Rundfunkrat ohne ausdrückliche Ermächtigung initiiert werden, keine bindende Rechtskraft gegenüber dem Intendanten und seiner nachgeordneten Programmmitarbeiter entfalten und haben nur den Charakter einer unverbindlichen Empfehlung.[1273] Anders ist dies, soweit eine Kompetenz zur Aufstellung von Richtlinien normiert ist. In diesem Fall handelt es sich um rechtsverbindliches Binnenrecht, das sowohl den Intendanten, als auch seine nachgeordneten Programmmitarbeiter bindet.[1274] Allerdings darf auch dieses Recht nicht die Programmzuständigkeit des Intendanten beschneiden und umfasst daher nicht die Möglichkeit, Vorgaben für einzelne Sendungen und Formate zu geben.[1275]

In die gleiche Richtung weist auch die vereinzelt normierte Kompetenz, in allen wesentlichen Fragen der Rundfunkanstalt zu entscheiden.[1276] Zu diesen wesentlichen Fragen gehört in programmlicher Hinsicht auf jeden Fall das Programmschema, womit sich ein Zustimmungserfordernis des Rundfunkrats bei Änderungen des Programmschemas ergibt.[1277] Auch hier bleibt der Intendant aber letztverantwortlich für den Programminhalt, so dass sich das Zustimmungserfordernis zum Programmschema, gemäß der Trennlinie der Kompetenzen zwischen Rundfunkrat und Intendant, nicht auf einzelne Sendungen erstreckt.

[1271] Vgl. § 20 Abs. 1 S. 1 ZDF-StV, Art. 7 Abs. 3 Nr. 8 BayMG, § 20 Abs. 2 S. 1 MDR-StV, § 13 Abs. 2 Nr. 7 RBB-StV, § 15 Abs. 2 SWR-StV, § 16 Abs. 2 Nr. 7 WDR-G, § 28 Abs. 2 S. 1 SaarLMG.

[1272] *Hesse*, Rundfunkrecht, S. 165. Siehe aber *Grätz*, Die Willensbildung in der ARD, S. 5, der die Vorschriften dazu nicht für eindeutig hält.

[1273] Auf diesen sicherlich unbefriedigenden Umstand weist hin *Grätz*, Rundfunkgremein – Erfüllungsgehilfen oder Entscheidungsträger?, S. 2.

[1274] Dies ist der Fall beim ZDF und beim Bayerischen Rundfunk, vgl. § 20 Abs. 1 S. 1 ZDF-StV und in Art. 7 Abs. 3 Nr. 8 BayMG. Dazu *Herrmann*, Rundfunkrecht, S. 296.

[1275] Ebenso *Schreier*, Das Selbstverwaltungsrecht, S. 118. Für eine „punktuelle Programminitiative" dagegen *Ossenbühl*, DÖV 1977, 381 (387).

[1276] Siehe Art. 7 Abs. 3 Nr. 7 BayMG, § 16 Abs. 2 S. 1 WDR-G, § 28 Abs. 2 S. 1 SaarLMG.

[1277] Siehe *Jarren/Weber*, Selbstregulierung und Selbstorganisation, S. 216. A.A. *Meier*, Veränderungen in der Programmplanung des ZDF, S. 26, der die Zustimmung des Rundfunkrats zum Programmschema – ohne Erläuterung – auf Gewohnheitsrecht stützen will.

Über das Zustimmungserfordernis ist der Intendant aber auf eine Kooperation mit dem Rundfunkrat angewiesen und kann es sich – vor allem in Programmfragen – nicht erlauben, dauerhaft ein Programm zu veranstalten, dass dem zugestimmten Programmschema nicht entspricht oder Schemata vorschlagen, deren Zustimmung aussichtslos ist.[1278]

Maßstab der Beratung und der Zustimmung zu Programmrichtlinien durch den Rundfunkrat ist der spezifische Programmauftrag nach der landesrechtlichen Rechtsgrundlage. Soweit dies nicht ausdrücklich normiert ist, ergibt es sich aus der allgemeinen Aufgabenbestimmung zur Überwachung und Einhaltung der Programmgrundsätze und der daraufhin erlassenen Richtlinien. Innerhalb dieser Normen ist, wie oben dargestellt, auch immer die Meinungsvielfalt als verfassungsrechtliche Anforderung enthalten,[1279] sodass den Rundfunkrat im Ergebnis die Aufgabe trifft, die Sicherung der Meinungsvielfalt in jedem seiner Kompetenzbereiche zu gewährleisten und, soweit notwendig, auch durchzusetzen.

b) Ex-Post Sicherung

In einigen Rechtsgrundlagen wird dem Rundfunkrat die Kompetenz eingeräumt, allgemeine Rechtsverstöße und Verstöße gegen die Programmanforderungen festzustellen.[1280] An diese Feststellung knüpft sich eine Aufforderung an den Intendanten an, den Verstoß zu beseitigen oder für die Zukunft zu unterlassen. Doch auch wo die Möglichkeit zur Programmbeobachtung und Feststellung von Verstößen nicht ausdrücklich normiert wurde, muss diese Kompetenz hineingelesen werden. Dies ergibt sich bereits in verfassungskonformer Auslegung, wonach die Binnenkontrolle „effektiv" sein muss,[1281] was nicht der Fall wäre, wenn sie Programmnormverletzungen nicht feststellen könnte.

Schwieriger ist eine erweiternde Auslegung bei der Möglichkeit, den Intendanten zur Unterlassung für die Zukunft anzuweisen. Insofern würde der Rundfunkrat in zukünftiges Programm eingreifen, was aufgrund der grundsätzlichen Programmzuständigkeit des Intendanten einer extensiven Auslegung der Rundfunkratskompetenzen entgegenstehen würde. In dieser Sicht dürfte der Rundfunkrat nur Verfehlungen ex-post beurteilen, und könnte auf ein rechts- und verfassungskonformes Verhalten des Intendanten nicht hinwirken.[1282] Die

---

[1278] Die zwischenorganschaftliche Kooperation innerhalb der Anstalt hält *Hesse* für das effektivste Sicherungsmittel des öffentlich-rechtlichen Rundfunkrechts, vgl. *Hesse*, Rundfunkrecht, 166.

[1279] Siehe oben C.II.5.b)aa).

[1280] § 20 Abs. 2 S. 2 MDR-StV, § 18 Abs. 2 S. 2 NDR-StV, § 15 Abs. 2 S. 2 SWR-StV, § 16 Abs. 4 S. 2 WDR-G, § 28 Abs. 2 S. 3 SaarLMG.

[1281] BVerfGE 57, 295 (325) – *FRAG*.

[1282] So wohl *Hesse*, Rundfunkrecht, S. 162.

grundsätzliche Programmverantwortung des Intendanten spricht zwar dafür, allerdings obliegt dem Rundfunkrat die Kontrolle des rechts- und verfassungsmäßigen Verhaltens der Rundfunkanstalten. Vor dem Hintergrund der Notwendigkeit einer hinreichenden Effektivität der Kontrolle durch den Rundfunk, wäre es nicht hinnehmbar, wenn diese gegenüber dem Intendanten nicht auch durchzusetzen wäre. Es steht deshalb, auch in solchen Rechtsgrundlagen ohne ausdrückliche Ermächtigungsgrundlage, dem Rundfunkrat die Kompetenz zur Anweisung gegenüber dem Intendaten zu, Rechtsverstöße und Programmnormverletzungen für die Zukunft zu unterlassen.[1283]

Von den Kompetenzen ex-ante unterscheidet sich diese Möglichkeit zum einen dadurch, dass sie sich auf eine bestimmte Sendung richten kann, zum anderen, dass sie gegenüber dem Intendanten rechtswirksam ist und notfalls im Wege des Rundfunkverfassungsstreits auch auf dem Verwaltungsgerichtsweg durchgesetzt werden kann.[1284] In Betracht kommt insoweit die Feststellungs- oder die allgemeine Leistungsklage.[1285] Sie kann sich aber nur gegen den Intendaten richten, ein „Durchgriff" auf die dem Intendaten nachgeordneten Programmmitarbeiter ist nicht möglich.[1286] Da der Intendant jedoch auf die Mitwirkung des Rundfunkrates nicht nur in Programm-, sondern auch in Finanz- und Personalfragen angewiesen ist, erscheint eine regelmäßige Auseinandersetzung über programmliche Fragen im Wege des Rundfunkverfassungsstreits als unwahrscheinlich.[1287] Über die Feststellung und Anweisung hinaus hat der Rundfunkrat nur noch die Möglichkeit, den Intendanten vorzeitig abzulösen. Dieses Aufsichtsmittel hat jedoch Ultima-Ratio-Charakter und wurde bislang – soweit ersichtlich – nur einmal bei der Abwahl des ehemaligen Deutschlandrundfunks *Edmund Gruber* eingesetzt.[1288]

[1283] A.A. *Hesse*, Rundfunkrecht, S. 162. Im Ergebnis ebenso *Ricker/Schiwy*, Rundfunkverfassungsrecht, S. 278.

[1284] Vgl. *Herrmann*, Rundfunkrecht, S. 297.

[1285] Ausführlich zu prozessrechtlichen Aspekten des Organstreits *Puttfarcken*, in: FS Ule, S. 63 (67).

[1286] *Hartstein/Ring/Kreile/Dörr/Stettner*, Rundfunkstaatsvertrag, B 5, § Vor 11 Rn. 63. Das gleiche gilt jedoch auch umgekehrt: Ein Mitarbeiter, der mittelbar durch einen Rundfunkratsbeschluss betroffen wird, kann sich nicht gegen diesen gerichtlich wehren, vgl. *Herrmann*, Rundfunkrecht, S. 297 mit Verweis auf OVG Münster, AfP 1981, 386 (389). Dazu auch bereits *Hillig*, in: FS Ule, S. 11 (15), der auch eine gewillkürte Prozessstandschaft ausschließt (S. 18).

[1287] Zum Rundfunkverfassungsstreit zwischen Intendant und Rundfunkrat siehe *Puttfarcken*, in: FS Ule, S. 63 ff. Zu den Kompetenzen des Rundfunkrats oben C.I.4.c). Zu der „Steuerung durch Abhängigkeit" sogleich.

[1288] Vgl. Der Spiegel 1992, Nr. 40, S. 16; allgemein zur Intendantenabwahl *Schreier*, Das Selbstverwaltungsrecht, S. 121.

c) Mittelbare und institutionelle Sicherung ?

Neben diesen, vor allem im Vergleich mit dem Privatrundfunk, eher wenigen Aufsichtsmöglichkeiten wird die effektive Wirksamkeit der Binnenkontrolle vor allem auch strukturell erklärt. Hier soll zwar nur eine Darstellung und Bewertung der gesetzlich vorgesehenen Sicherungs- und Sanktionsmöglichkeiten des Rundfunkrats in Fragen der Meinungsvielfalt stehen, es muss aber wohl seine Effektivität auch unter Berücksichtigung seiner besonderen Stellung innerhalb der Rundfunkanstalt betrachtet werden, soweit sie einen Bezug zur Meinungsvielfalt aufweist.

Dieser Deutung bereitete das Bundesverfassungsgericht den Anfang, indem es zwar einerseits die gegenüber den Landesmedienanstalten weitergehenden Einflussmöglichkeiten hevorhob, andererseits aber einräumte, diese seien eher mittelbarer Natur.[1289] Der mittelbare Einfluss auf das Programm könne sich durchaus auch über die personellen (Mit-)Entscheidungskompetenzen, insbesondere die Intendantenwahl, den Erlass von Programmrichtlinien aber auch den Zustimmungsbefugnissen im Haushaltsbereich durchsetzen. Dieses Komptenzbündel sieht das Verfassungsgericht als ausreichend für eine hinreichend effektive, gestaltende und auch verhindernde Kontrolltätigkeit an. Aufgrund der nur mittelbaren Kompetenzen sei die Kontrolltätigkeit nicht immer wahrnehmbar.[1290]

Richtig ist wohl, dass die Verzahnung von Zustimmungsbefugnissen des Rundfunkrats mit Fragen der exekutiven Geschäftsführung, der Personalpolitk wie auch der mittel- und langfristigen Planung dazu führt, dass der Intendant die Anstalt nicht ohne den Rundfunkrat führen kann.[1291] Die Organe sind also auf ein Mindestmaß an Kooperation angewiesen, was auch gesetzlich so gewollt ist und dem Schutzauftrag der Organe für die Anstalt entspricht.[1292] Man wird aber umgekehrt fragen müssen, ob bei dieser gegenseitigen Abhängigkeit auch eine hinreichend wirksame Kontrolltätigkeit, die grundsätzlich auch einen gewissen Abstand zwischen Kontrolle und Kontrolliertem voraussetzt, gewährleistet ist.[1293] Zum anderen erscheint nicht klar, warum ein mittelbarer Einfluss auf das Programm besonders geeignet sein soll, das verfassungsrechtlich notwendige Maß an Meinungsvielfalt im Rundfunk zu sichern. Es stimmt zwar, dass Perso-

---

[1289] BVerfGE 73, 118 (170) – *Niedersachsen.*

[1290] Siehe BVerfGE 73, 118 (170) – *Niedersachsen.*

[1291] *Hartstein/Ring/Kreile/Dörr/Stettner*, Rundfunkstaatsvertrag, B 5, § Vor 11 Rn. 64.

[1292] *Grätz*, Rundfunkgremien – Erfüllungsgehilfen oder Entscheidungsträger?, S. 5.

[1293] Hier setzen denn auch die Bedenken der EG-Kommission ein, vgl. die Einstellungsentscheidung der Kommission an *F.-W. Steinmeier* vom 24. April 2007, K(2007) 1761 endg, S. 59 Rn. 255., dazu sogleich.

nalpolitik im Rundfunk auch immer Programmpolitik mit anderen Mitteln ist.[1294] Zweifelhaft erscheint allerdings, ob diese „mittelbaren Einflussmöglichkeiten" den vom Verfassungsgericht selbst aufgestellten Anforderungen an eine effektive Binnenkontrolle genügen können. Die Problematik besteht dabei nicht so sehr darin, den Rundfunkrat zur Durchsetzung der Interessen der Allgemeinheit teilweise auf seine personellen Zustimmungbefugnisse zu verweisen, sondern darin, dass – wie das Verfassungsgericht selbst feststellte – die Maßnahme in ihrer programmlichen Zielrichtung als solche nicht erkennbar ist und damit aus dem offenen und ehrlichen Diskurs im Rundfunkrat über Inhalt und Qualität der Meinungsvielfalt herausfällt. An anderer Stelle hat das Verfassungsgericht deutlich gemacht, dass es im Bereich des Rundfunkrechts für bestimmte Ziele jeweils verfassungsadäquate Mittel gäbe. So hat es den Gesetzgeber auf die allgemeine Gestaltung der positiven Ordnung verwiesen, soweit er ein rundfunkpolitisches Ziel verfolgt und ihm die Mittel der Rundfunkfinanzierung dazu verweigert.[1295] Dieser Grundsatz gilt innerhalb der Binnenkontrolle jedoch offensichtlich nicht, was zumindest bedenklich erscheint.

Teilweise wird sogar argumentiert, dass schon die Existenz des Rundfunkrats als Kontrollorgan der Anstalt ausreicht, um von einer ausreichenden Sicherung der Meinungsvielfalt ausgehen zu können.[1296] Nur seine Existenz allein bewirkt aber wohl noch nicht viel. Man wird zunächst zwischen seiner besonderen Eignung zur Sicherung der Meinungsvielfalt und seinen tatsächlichen Aufsichts- und Eingriffsmöglichkeiten differenzieren müssen. Die besondere Eignung ergibt sich schlicht daraus, dass er durch seine Zusammensetzung den „medienrechtlichen Souverän" repräsentiert. Die Wirksamkeit seiner tatsächlichen Kontrollmöglichkeiten können aber nicht ausschließlich mit seiner Zusammensetzung oder seiner Existenz, sondern müssen zunächst einmal mit seiner inneranstaltlichen Rechtstellung begründet werden. Tatsächlich bewirkt hier die „Gemengelage" aus Aufsicht, Beratung und Mitentscheidung eine mittelbare Kontrolle, die im Ergebnis ein Wohlverhalten und die Konsensbildung zwischen den Organen befördert.[1297] In diesen Zusammenhang gehören auch die Informations- und

---

[1294] Dieser schöne Satz stammt von *Hoffmann-Riem,* RuF 1978, 111 (111).

[1295] Vgl. BVerfGE – *Gebührenurteil II*, 1 BvR 2270/05 vom 11. September 2007, Rn. 130 mit Verweis auf BVerfGE 90, 60 (102) – *Gebührenurteil*; BVerfGE 74, 297 (342) – *BW-Beschluss.*

[1296] So *Hesse*, Rundfunkrecht, S. 163.

[1297] *Hartstein/Ring/Kreile/Dörr/Stettner*, Rundfunkstaatsvertrag, B 5, § Vor 11 Rn. 62 meinen, dass vor allem die Personalkompetenzen auf die „im Vordergrund stehende programmliche Aufgabe durchschlagen".

Auskunftsrechte des Rundfunkrats.[1298] Diese sind typischerweise weitergehend als die eigentlichen programmlichen Mitentscheidungsrechte über die grobe Programmstruktur, da sie sich auf die Beratungsrechte und die Funktion des Rundfunkrats als Organ der Anstalt beziehen. Diese Informationsrechte sind grundlegend für eine effektive Kontrolle durch den Rundfunkrat und korrespondieren nicht allein mit der programmlichen Aufsichtsaufgabe, sondern mit der Rechtstellung auch als Organ der Anstalt.[1299] Die Informationsrechte sind daher verfassungskonform weit auszulegen und insbesondere auch für diejenigen Rechtsgrundlagen anzunehmen, die ein Informationsrecht nicht ausdrücklich normiert haben.

d) Bewertung

Die Binnenkontrolle des öffentlich-rechtlichen Rundfunks ist erkennbar anders aufgebaut und strukturell wie materiell anders abgesichert, als dies für den Bereich der Pluralismuskontrolle im Privatrundfunk der Fall ist. Im Prinzip muss man genau umgekehrt herangehen. Ausgangpunkt ist die personelle wie strukturelle Pluralität des öffentlich-rechtlichen Rundfunks durch den Rundfunkrat, der als Hauptorgan eben nicht nur eine Kontrollfunktion, sondern auch übergeordnete Leitungs- und Strategiefunktionen erfüllt. Soweit behauptet wird, der Rundfunkrat garantiere schon aufgrund seiner Existenz eine effektive Pluralismuskontrolle, ist damit genau diese Mehrfachfunktion gemeint. Sie garantiert die Berücksichtigung der in der Gesellschaft vorhandenen Auffassungen nicht nur im Wege einer nachträglichen Kontrolle, sondern auch aktiv durch die programmbezogenen Vorgaben in den Richtlinien und durch die informelle Beratung des Intendanten.

Neben dieser institutionell bedingten Rückbindung an die gesellschaftlich vorhandenen Auffassungen, trifft den Rundfunkrat die Kontroll- und Sicherungsfunktion für das verfassungsrechtlich erforderliche Niveau an Meinungsvielfalt. Der Maßstab dieser Kontrolle ist in einer Kaskade von RStV über die landesrechtlichen Anforderungen bis in die vom Rundfunkrat selbst vorgenommenen Konkretisierungen des Auftrags durch die Richtlinien i.S.d. § 11 Abs. 4 RStV geregelt. Die obige Untersuchung hat dabei gezeigt, dass lediglich einige landesrechtliche Rechtsgrundlagen, vor allem die des WDR, eine hinreichende

[1298] § 20 Abs. 5 MDR-StV, § 18 Abs. 4 NDR-StV, § 13 Abs. 4 RBB-StV, § 15 Abs. 4 SWR-StV, § 16 Abs. 7 WDR-G. Auch für eine Betonung der Informationsrechte des Rundfunkrats *Cromme*, NJW 1985, 351 (356).

[1299] Entsprechend unschön – und gesetzgeberisch zu vermeiden – ist es, wenn der Intendant oder die Programmexekutive bei Programmreformen den Rundfunkrat nicht ausreichend informiert. Dazu *Grätz*, Die Willensbildung in der ARD, S. 9, der von „Gremienreife" von Entscheidungen spricht.

Konkretisierung bietet. Nur wenige Dimensionen der Vielfalt werden ausdrücklich geregelt, viele fehlen gänzlich, was insbesondere für effektive Vielfaltsvorgaben und eine inneranstaltliche Verzahnung von Wirkungs-, Programm- und Zuschauerforschung mit den Vielfaltsvorgaben zutrifft.

Sehr vage bleiben vor allem die Vorgaben des § 11 Abs. 1 – 3 RStV, was sicherlich dem notwendigen staatsvertraglichen Konsens, aber auch der Erwartung einer Konkretisierung durch die Anstalten im Wege der Selbstregulierung gem. § 11Abs. 4 RStV geschuldet ist. Die untersuchten Selbstverpflichtungserklärungen genügen aber nicht den Anforderungen, die an materielle Vorgaben im Rahmen der positiven Ordnung zu stellen sind. Dies beginnt mit der fehlenden Trennung von Rechtsverpflichtung und Selbstverständnis und endet mit der offensichtlichen Verwechselung dieser Rechtspflicht mit einer publikumswirksamen Darstellung der eigenen Leistungsfähigkeit. Die tatsächliche Sicherstellung des verfassungsrechtlich erforderlichen Niveaus an Meinungsvielfalt scheint deshalb nicht vordringlich durch nachvollziehbare und effektiv wirksame materielle Vorgaben gesichert, sondern stützt sich nahezu ausschließlich auf den institutionalisierten Einfluss des plural besetzen Rundfunkrats und seiner „Gemengelage" aus programmlichen Mitwirkungsrechten, der Beratung und personalpolitischen Entscheidungsgewalt.

Versucht man jedoch ein klares Bild über die tatsächlichen Sicherungsinstrumente zu gewinnen, stellt sich dieses „Zwitterbild" als hinderlich dar. Die aufsichtsrechtlichen Möglichkeiten des Rundfunkrats – Feststellung, Anweisung und Abberufung des Intendanten – sind für sich genommen kein ausreichend differenziertes Instumentarium. Hier wäre ein Instrumentarium zu fordern, dass nach der Aufsichtsperspektive differenziert. So macht es einen Unterschied, ob ein Programmbeitrag nicht objektiv recherchiert oder einseitig dargestellt wurde, oder ob die Gesamtleistung der Rundfunkanstalt nicht den verfassungsrechtlichen Anforderungen im Hinblick auf die Meinungsvielfalt im Programm entspricht. In letzterem Bereich, der keine punktuelle Perspektive hat, erscheint fraglich, wie eine „Anweisung" an den Intendanten auszusehen hätte. Hier sollte das Recht, Programmrichtlinien und Programmschemata zu beraten, ausgebaut und ein Initiativrecht verankert werden. Dieses Recht steht derzeit im Zusammenhang mit der Organfunktion des Rundfunkrats innerhalb der Anstalt. Es ist also nicht als Sicherungmöglichkeit konzipiert, sondern soll die Berücksichtigung gesellschaftlich vorhandener Auffassungen im Programm bereits in der Programmentstehung sichern. Nicht aber dient es der Korrektur der vom Intendaten primär gewählten und vom Rundfunkrat beratenen „großen Linie". Durch die Mitberatung kommt erschwerend hinzu, dass der Rundfunkrat weder an einer gesetzlichen Vorprägung der Vielfaltsanforderungen, noch an einer Vorfestlegung durch eigene spezifizierte Richtlinien Interesse haben kann, da diese seinen Spielraum im Bereich der informellen Abstimmung und Beratung eingrenzt.

Hier wäre von Vorteil, wenn die Vielfaltsanforderungen gesetzlich deutlicher vorgeprägt wären und damit die Grenzziehung zwischen den „inneren Programmaufgaben“ Beratung und Richtlinienerlass und den „äußeren Programmaufgaben“ der Kontroll- und Sicherungsfunktion für Programmgrundsätze und Meinungsvielfalt außerhalb des Rundfunkrats gezogen würde. Derzeit muss der Rundfunkrat jeweils entscheiden, welchen „Hut“ er sich aufsetzt und wäre notfalls gezwungen, eigene Richtlinienentscheidungen als vor der verfassungsrechtlichen Programmanforderung falsch zu bewerten. Dies ist zwar nicht unmöglich, eigene Institutionsinteressen und Positionserhaltungsinteressen sollten aber nicht unterschätzt werden. Eine Konketisierung des verfassungsrechtlich notwendigen Niveaus an Meinungsvielfalt im öffentlich-rechtlichen Rundfunk wäre daher auch geeignet, innerorganliche Spannungen abzubauen, da diese Anforderungen als äußere und damit die gesamte Anstalt treffend, wahrgenommen würden.

7. Anforderungen der Einstellungsentscheidung der EU-Kommission vom 24. April 2007

Es ergibt sich derzeit aber nicht nur aus den oben festgestellten Mängeln der systematischen Vielfaltssicherung eine verfassungsrechtliche Handlungspflicht für den Gesetzgeber, bei denen man sich vielleicht noch auf ein bequemes „Wo kein Kläger, da kein (Verfassungs-)Richter“ zurückziehen könnte.

Zusätzlich, und teilweise wohl mit diametralem Ansatz, ist der deutsche Gesetzgeber von Seiten der Europäischen Kommission zur Reform der gesetzlichen Auftragsbestimmung des öffentlich-rechtlichen Rundfunks aufgefordert worden. Auslöser waren mehrere informelle Beschwerden, seit 2003 auch offizielle Beschwerden von VPRT, PREMIERE und Kabel Baden-Württemberg, bei der Europäischen Kommission, vornehmlich gegen die neuen Mediendienste, Online-Aktivitäten und digitalen Zusatzangebote des öffentlich-rechtlichen Rundfunks.[1300] Die Beschwerdeführer behaupteten, diese Aktivitäten würden außerhalb des öffentlich-rechtlichen Auftrags liegen und ihre Finanzierung folgerichtig i.S.d. Art 87 Abs. 1 EG eine Beihilfe - und eine Wettbewerbsbeeinträchtigung für den Privatrundfunk – darstellen. Während des laufenden Verfah-

[1300] Vgl., AfP 2007, S. 30 f. Zum Verfahrensablauf ausführlich Einstellungsentscheidung der Kommission vom 24. April 2007, K(2007) 1761 endg., S. 19, Rn. 79.

rens entbrannte ein Streit in der Literatur, ob die Rundfunkgebühr überhaupt als Beihilfe zutreffend einzuordnen und ob diese Beihilfe nicht gerechtfertigt sei.[1301]

Die GD Wettbewerb unter der Leitung von Kommissarin *Neelie Kroes* brachte in einem Schreiben nach Art. 17 der Verfahrensordnung zur Beihilfenkontrolle vom 3. März 2005 die vorläufige Einschätzung zum Ausdruck, dass insbesondere in den strittigen Bereichen der neuen Medien und digitalen Zusätzkanälen sie die gesetzliche Beauftragung i.S.d. der Rechtfertigung durch das allgemeine Interesse gem. Art. 86 Abs. 2 EG nicht für ausreichend definiert halte und daher von einem Beihilfenverfahren nur dann Abstand nehme, wenn eine tragfähige gesetzliche Beauftragung zugesagt würde.[1302]

Die allgemeine Auftragsbestimmung für den öffentlich-rechtlichen Rundfunk gem. § 11 RStV wurde allerdings grundsätzlich akzeptiert. Dabei wurde darauf hingewiesen, dass es sich nach Ansicht der Kommission um eine „breite Definition" handele und insbesondere den konkretisierenden Richtlinien der Rundfunkanstalten nach § 11 Abs. 4 RStV besonderes Gewicht zukomme.[1303] Auch in Bezug auf die bereits veranstalteten digitalen Programme und Online-Angebote hat die Kommission, entgegen früherer Auffassung, keine Genehmigung gefordert. Diese sollen nun in ein von den Rundfunkanstalten zu entwerfendes „Gesamtkonzept neue Medien" eingebettet werden und formalrechtlich durch die Länder als Auftragsbestandteil ausdrücklich bestätigt werden.[1304]

Für zukünftige digitale Zusatzangebote sollte nach Ansicht der Kommission aber die eigene Definition nach Art, Umfang und Inhalt durch die Rundfunkanstalten in den Programmrichtlinien nicht ausreichend sein und insbesondere das Erfordernis einer Beauftragung durch den Gesetzgeber nicht ersetzen können.[1305] Die Vorgaben des § 19 Abs. 4 RStV, wonach die in der ARD zusammengeschlossenen Rundfunkanstalten und das ZDF zur Ausstrahlung von bis zu drei digitalen Zusatzkanälen mit den Schwerpunkten Kultur, Bildung und Information berechtigt sind, wurden nicht als ausreichende Rahmenvorgabe betrachtet.

[1301] Die Diskussion kann hier nicht dargestellt werden. Aus der reichhaltigen Literatur siehe ausführlich *Dörr*, MP 2005, 333 ff. m.w.N.
[1302] Einstellungsentscheidung der Kommission vom 24. April 2007, K(2007) 1761 endg., S. 34 Rn. 141 ff.
[1303] Einstellungsentscheidung der Kommission vom 24. April 2007, K(2007) 1761 endg., S. 52 Rn. 224 mit Verweis auf die Bewertung im „Schreiben nach Art. 17" vom 3. März 2005.
[1304] Siehe AfP 2007, S. 30 und Einstellungsentscheidung der Kommission vom 24. April 2007, K(2007) 1761 endg., S. 74 Rn. 333.
[1305] Einstellungsentscheidung der Kommission vom 24. April 2007, K(2007) 1761 endg., S. 57 Rn. 248.

Nach intensiven Verhandlungen wurde von den Ländern im Dezember 2006 eine Zusage gemacht, die eine Einstellung des Verfahrens seitens der Kommission „unter Auflage" möglich machte. In der Kommissionmitteilung zur Einstellung des Verfahrens vom 24. April 2007 hat die GD Wettbewerb für die Kommission die deutschen Zusagen festgehalten und eine Umsetzungsfrist bis zum 24. April 2009 bestimmt.[1306] Die innerstaatliche Transformation der Anforderungen sollte mit dem 12. Rundfunkstaatsvertrag zum 1. Januar 2009 erfolgen, allerdings erschien dieses Datum bereits damals eher optimistisch.[1307]

Da sich das Beihilfeverfahren gegen die Finanzierung des öffentlich-rechtlichen Rundfunks aus der Rundfunkgebühr richtete, beinhalteten die Forderungen der Kommission auch detaillierte Vorgaben zur Gestaltung der Finanzierung und Rechnungslegung. Im Folgende soll, um den Bezug zur Sicherung der Meinungsvielfalt zu wahren, aber nur auf die programmlich-inhaltlichen Vorgaben und die aufsichtsstrukturellen Vorgaben soweit eingegangen werden, wie sie einen Bezug oder einen Einfluss auf die Darstellungspflicht und Darstellungsmöglichkeit der Meinungsvielfalt des öffentlich-rechtlichen Rundfunks haben.

a) Forderungen der Kommission

Für die gesetzgeberischen Maßnahmen machte die Kommission äußerst genaue Vorgaben. In Bezug auf die Auftragsdefinition für die zusätzlichen digitalen Angebote forderte sie, dass die Vorgaben es auch dem Privatrundfunk ermöglichen müssen, sich auf neue konkurrierende Angebote vorausschauend einzustellen, beschränkte sich aber nicht auf die allgemeinen rechtstaatlichen Bestimmtheitsanforderungen. So wurde zusätzlich gefordert, dass die rechtlichen Vorgaben einen überprüfbaren Nachweis verlangen, inwieweit das geplante Angebot die demokratischen, sozialen und kulturellen Bedürfnisse der Gesellschaft decken soll. Diese Bedürfnisse dürfen insbesondere noch nicht durch das im Markt – also unter Einschluss auch des Angebots des Privatrundfunks – vorhandene Angebot zu decken sein.[1308] Die Kontrolle, ob neue Angebote dem Auftrag unterfallen, darf nach Ansicht der Kommission nicht in letzter Instanz innerhalb

---

[1306] Einstellungsentscheidung der Kommission vom 24. April 2007, K(2007) 1761 endg., S. 73 Rn. 324. Die Umsetzung der zusagten Maßnahmen soll durch die kommenden Staatsverträge innerhalb von zwei Jahren nach der Entscheidung, also bis zum 24. April 2009, geschehen, siehe AfP 2007, 201.

[1307] Vgl. die Pressemitteilung des Ministerpräsidenten von Mecklenburg-Vorpommern, *Harald Ringstorff*, vom 18. Oktober 2007 Nr. 304/2007.

[1308] Einstellungsentscheidung der Kommission vom 24. April 2007, K(2007) 1761 endg., S. 70 Rn. 310.

der Anstalt, also nach derzeitiger Regelung durch den Rundfunkrat, erfolgen, sondern muss durch die Länder selbst entschieden werden.[1309]

b) Zugesagte Maßnahmen

Die Länder, vertreten durch die Ministerpräsidenten *Kurt Beck* und *Edmund Stoiber*, haben frühzeitig mit der Europäischen Kommission Verhandlungen aufgenommen und zunächst in einer gemeinsamen Presseerklärung vom 7. Juli 2006 mit der Kommissarin *Neelie Kroes* einen ersten gemeinsamen Standpunkt erklärt. Dieser beinhaltete bereits die Bereitschaft der Länder, den öffentlich-rechtlichen Auftrag gesetzlich weiter zu präzisieren, die Gebührenfinanzierung auf die Erfüllung des Auftrags nachvollziehbar zu beschränken und für die Aufnahme neuer Aktivitäten ein Evaluierungsverfahren einzuführen.[1310]

Mit Schreiben vom 28. Dezember 2006 hat die Bundesregierung für die Länder schließlich ein konkretes Maßnahmenpaket zugesagt, das die Bedenken der Kommission beseitigen sollte und schließlich zur Einstellungsentscheidung des Verfahrens am 24. April 2007 führte.[1311]

aa) Geplante Konkretisierung des Auftrags im RStV

Erster Anknüpfungspunkt für digitale Zusatzkanäle wird eine gesetzliche Konkretisierung des inhaltlichen Schwerpunkts sein, der im Wesentlichen eine genre- und spartenbezogene Vielfaltsvorgabe macht. Die derzeitige Regelung des § 19 Abs. 4 S. 1 RStV, die für die möglichen digitalen Zusatzkanäle die Schwerpunkte „Kultur, Bildung und Information" vorsieht, wird durch den Gesetzgeber in kleinteiligeren Programmkategorien ausdifferenziert.[1312] Für die Online-Angebote übernimmt ein zukünftiger Kriterienkatalog diese Grundfestlegung des Auftrags im digitalen Umfeld. Er soll die Angebote auf die Ermöglichung zur Teilhabe in der Informationsgesellschaft, Zugangssicherung auch für Minderheiten, Medienkompetenzvermittlung und mediennutzungsspezifische

---

[1309] Einstellungsentscheidung der Kommission vom 24. April 2007, K(2007) 1761 endg., S. 70 Rn. 312.

[1310] Vgl. die gemeinsame Presseerklärung von *Neelie Kroes, Kurt Beck* und *Edmund Stoiber,* MEMO/06/273.

[1311] Siehe AfP 2007, S. 200 f. Das Schreiben ist bei der Europäischen Kommission registriert unter A/30032.

[1312] Beispielhaft werden für den Schwerpunkt „Information" die Programmkategorien Nachrichten, politische Information, Regionales und Sport aufgeführt. Für "Bildung" werden Wissenschaften, Technik, Kinder und Jugend, Erziehung, Geschichte, Religion, und Naturkunde genannt. Unter „Kultur" sollen die Programmkategorien Bühnenstücke, Musik, Architektur, Philosophie, Literatur, und Kino eingeführt werden, vgl. Einstellungsentscheidung der Kommission vom 24. April 2007, K(2007) 1761 endg., S. 75 Rn. 335.

Sendungsbegleitung verpflichten.[1313] Als vor allem für die Praxis hilfreiche Außenbegrenzung wird eine beispielhafte Positiv-/Negativ-Liste in den Rundfunkstaatsvertrag aufgenommen, deren Elemente ausdrücklich innerhalb bzw. außerhalb des gesetzlich fixierten Auftrags liegen.[1314]

bb) Selbstregulierung im anstaltsinternen Vortest

Auf zweiter Ebene greift bereits ein Mechanismus der regulierten Selbstregulierung. Als echten Verhandlungserfolg gegenüber der Kommission haben die Länder durchgesetzt, dass geprüft wird, ob das Angebot überhaupt „neu" bzw. „anders" ist.[1315] Diese Prüfung wird durch die Rundfunkanstalten anhand von selbst erlassenen Richtlinien und Satzungen der Rundfunkanstalten durchgeführt, die transparent und überprüfbar sein müssen und vor allem die finanzielle Relevanz der Änderung/Einführung, seine Auswirkungen auf den publizistischen Wettbewerb, seine Dauer und mögliche Austauschbarkeit gegen andere Angebote der Anstalten aus Sicht des Rezipienten darstellen.[1316]

Zweierlei wird hier schon deutlich: Zwar ist der Gesetzgeber gehalten, die Vorgaben zu konkretisieren, maßgeblichen Anteil an der Effektivität der Überprüfung kommt aber der Nachvollziehbarkeit der Richtlinien und der anstaltsinternen Entscheidung zu. Zwar wird für die Richtlinien und Satzungen – wohl auch vor dem Hintergrund der Erfahrungen mit den Richtlinien und Satzungen gem. § 11 Abs. 4 RStV[1317] – Transparenz und Überprüfbarkeit angemahnt. Nicht jedoch wurde eine öffentliche Bekanntmachung der Richtlinien und Dokumentation der Entscheidungen zugesagt. Die Anstalten besitzen hier eine Schlüsselstellung für den Erfolg der Konkretisierung in partieller Selbstregulierung. Im wohlverstandenen Eigeninteresse sollten sie für größtmögliche Transparenz, Effektivität und damit auch für die Publikation der maßgeblichen Vorprüfungsentscheide sorgen.[1318]

[1313] Einstellungsentscheidung der Kommission vom 24. April 2007, K(2007) 1761 endg., S. 75 Rn. 340; siehe dazu *Henle*, epd-medien 2007, Nr. 92, S. 3..

[1314] Die Einstellungsentscheidung erwähnt als Beispiel fehlender Auftragszugehörigkeit „e-commerce", vgl. Einstellungsentscheidung der Kommission vom 24. April 2007, K(2007) 1761 endg., S. 75 Rn. 339. Die Bewertung der Kommission dieser Zusage hebt ebenfalls die praktische Anwendbarkeit hervor, siehe S. 80 Rn. 364.

[1315] Vgl. Einstellungsentscheidung der Kommission vom 24. April 2007, K(2007) 1761 endg., S. 74 Rn. 329.

[1316] Einstellungsentscheidung der Kommission vom 24. April 2007, K(2007) 1761 endg., S. 74 Rn. 329.

[1317] Dazu ausführlich oben C.II.5.c).

[1318] Ähnlich *Henle*, epd-medien 2007, Nr. 92, S. 3. Erinnert sei hier an die völlig unterschiedliche Praxis der Öffentlichkeit der Rundfunkratssitzungen, sowie an Versäumnisse und Unklarheiten hinsichtlich der Publikation von Richtlinien und Berichten gem. § 11 Abs. 4 RStV, dazu oben C.II.5.c)cc) und C.II.5.c)bb)(2).

Kritisch erscheint vor allem das Kriterium der Austauschbarkeit gegen vorhandene Anstaltsangebote. Eigene Angebote der Anstalt wird es in der Regel tatsächlich nicht geben, sonst macht die Änderung keinen Sinn. Wenn aber die Angebote aller öffentlich-rechtlichen Anstalten einbezogene werden, ist die Wahrscheinlichkeit sehr hoch, dass – zumindest nach dem anklingenden kartellrechtlichen Bedarfsmarktkonzept[1319] – eine Austauschbarkeit nachgewiesen werden kann. Auch fraglich erscheint, auf welchen Rezipienten abzustellen ist. Während der Satellitenrezipient alle bundesweiten Angebote empfängt, stellt sich die Austauschbarkeit von einem Format zwischen Bayerischem und Norddeutschem Rundfunk für einen terrestrisch empfangenden Rezipienten schon anders dar. Für den Kabelbereich ergibt sich die Problematik, dass es für Dritte Programme keine Pflicht zur Einspeisung länderfremder Programme gibt, dieses aber auch nicht ausgeschlossen ist.[1320] Die tatsächliche Austauschbarkeit eines Angebots hängt dann mitunter von der zum Teil ökonomisch geprägten Belegungsentscheidung eines Kabel- bzw. zukünftig Plattformbetreibers mit ab.

cc) Selbstregulierung im Drei-Stufen-Test

Hat der anstaltseigene Vortest ergeben, dass es sich um ein neues bzw. relevant geändertes Angebot handelt, so greift der neue sog. „Drei-Stufen-Test" (in Anlehnung an das Vorbild der BBC auch „Public-Value-Test" genannt).[1321] Die Elemente des Tests sollen durch die Länder gesetzlich vorgegeben und genauer konkretisiert werden. Gegenüber der Kommission wurde zugesagt, dass auf der ersten Stufe die Rundfunkanstalt zu erläutern hat, dass das Angebot zum öffentlich-rechtlich Rundfunkauftrag gehört und den demokratischen, sozialen und kulturellen Bedürfnissen der Gesellschaft entspricht.[1322] Auf der zweiten Stufe ist darzulegen, dass das Angebot in qualitativer Hinsicht zum publizistischen Wettbewerb beiträgt. Der Begriff des publizistischen Wettbewerbs soll im Rundfunkstaatsvertrag genauer konketisiert werden. Dabei sollen ausweislich der Einstellungsentscheidung Umfang und Qualität der vorhandenen, frei zugänglichen Angebote berücksichtigt werden und die marktrelevanten Auswirkungen des Angebots und seine meinungsbildende Funktion in Bezug zu den bereits vorhandenen Angeboten gesetzt werden.[1323] Auf dritter Stufe sollen der

---

[1319] Das kartellrechtliche Bedarfsmarktkonzept wird bereits heute im Rahmen der Ermittlung medienrelevanter verwandter Märkte angewandt, vgl. dazu oben C.II.2.b)bb)(1)(b).

[1320] Dazu ausführlich oben C.II.2.a)cc).

[1321] In vergleichender Perspektive zur BBC *Henle*, epd-medien 2007, Nr. 92, S. 3 ff. Zum Public-Value-Test ausführlich *Holznagel/Dörr/Hildebrand*, Elektronische Medien, S. 162.

[1322] Einstellungsentscheidung der Kommission vom 24. April 2007, K(2007) 1761 endg., S. 73 Rn. 328.

[1323] Vgl. Einstellungsentscheidung der Kommission vom 24. April 2007, K(2007) 1761 endg., S. 74 Rn. 328.

finanzielle Aufwand und seine Einstellung im Haushalt nachvollziehbar dargestellt sein.[1324]

Die erste Stufe scheint keine größeren Schwierigkeiten zu bereiten: Auch die Erkenntnisse der Medienwirkungsforschung haben gezeigt, dass nahezu jede Darstellung einer Ansicht oder Meinung, insbesondere soweit sie im Rahmen eines regelmäßigen Formats in den gesellschaftlichen Meinungsdiskurs eingeht, den vor-demokratischen Meinungsbildungsprozess befördern.[1325] Geht man davon aus, dass es eine Grundvoraussetzung und damit gesellschaftliches Grundbedürfnis einer freiheitlich-demokratischen Gesellschaftsverfassung ist, dass der Meinungsbildungsprozess in größtmöglicher Pluralität zu gestalten ist, sind die Vorgaben der Einstellungsentscheidung damit in dieser sehr abstrakten Form kaum geeignet, eine Begrenzung herbeizuführen.

Kritischer ist dagegen die Bewertung der publizistischen Relevanz des geplanten Angebots zu sehen. Die obige Untersuchung der Entscheidung Axel Springer AG ./. ProSiebenSat1 Media AG hat bereits gezeigt, dass es kaum belastbares, differenziertes Material für die Bewertung der Medienwirkung von Online- oder Digitalmedien gibt.[1326] Dies wird der Forderung nach einer Bewertung der meinungsbildenden Funktion faktische Grenzen setzen. Da das geplante Angebot auch inhaltlich-materiell nach Umfang und Qualität mit vorhandenen Angeboten zu vergleichen ist, müssten durch den auch von der Kommission vertretenen Ansatz der Technologieneutralität grundsätzlich alle Medien untersucht werden.[1327] Fraglich erscheint auch, was mit den „bereits vorhandenen Angeboten" gemeint ist. Hier kann effektiv wohl nur erneut auf das kartellrechtliche Bedarfsmarktkonzept abgestellt werden. Da der Vergleichsmarkt nicht konkretisiert wurde, müssen wohl auch die Angebote des Privatrundfunks, im Bereich der Telemedien u.U. auch Internetangebote auf der Schwelle zu den Telemedien von Seiten der Presse, in den Vergleich aufgenommen werden.[1328] Auch wenn von einer Konkretisierung der „publizistischen Relevanz" gesprochen wird,

---

[1324] *Henle* sieht darin einen Widerspruch, da aus seiner Sicht es um die Prüfung eines „Value-for-Money" geht, übersieht dabei aber, dass dazu der geplante Finanzbedarf und seine haushaltsrechtliche Einstellung die Grundlage bildet, vgl. *Henle*, epd-medien 2007, Nr. 92, S. 3 (4).

[1325] Dazu oben B.III.2.c).

[1326] Siehe oben C.II.2.b)bb)(1)(c) und vor allem *Hasebrink*, Gutachten, in: *DLM*, Medienrelevante verwandte Märkte, S. 96.

[1327] Dazu AfP 2007, 30.

[1328] Dies ergibt sich nicht zuletzt aus der durch die Kommission gestärkten Position der „Dritten", die insbesondere die Privatrundfunkanbieter darstellen, dazu unten C.II.7.b)dd).

weisen die nachfolgenden Konkretisierungselemente noch in eine andere Richtung.[1329]

Neben dem Vergleich der meinungsbildenden Funktion sollen auch die marktrelevanten Auswirkungen, also nichts anderes als die kommerziell wirksame Konkurrenzsituation, untersucht werden. Man wird hier zwar im Lichte des Art. 5 Abs. 2 S. 1 GG nicht schon jede negative Auswirkung genügen lassen können, allerdings bedeutet diese Beschränkung einen Paradigmenwechsel für die Entwicklungsgarantie des Rundfunks.[1330] Neu formuliert hieße sie: Der öffentlich-rechtliche Rundfunk kommt seinem Auftrag zur öffentlichen Meinungsbildung auch in neuen Angeboten und auf neuen Verbreitungswegen nach, soweit er dadurch nicht konkurrierende Angebote unangemessen benachteiligt. Wohlgemerkt nicht: Soweit nicht die öffentliche Meinungsbildung durch konkurrierende Angebote ausreichend gesichert ist. Nach hiesiger Ansicht trifft den öffentlich-rechtlichen Rundfunk jedoch eine besondere Verpflichtung auf das verfassungsrechtliche Niveau an Meinungsvielfalt.[1331] Selbst wenn dieses inhaltlich teilweise durch den Privatrundfunk abgedeckt wäre, kann aufgrund des strukturellen Defizits der Marktfinanzierung des Privatrundfunks nicht von einer hinreichenden Sicherung dieses Vielfaltsniveaus ausgegangen werden, was nicht zuletzt auch an den defizitären Aufsichtsmöglichkeiten im außenpluralen Modell liegt.[1332]

Diese Vorgabe ist im Kontext des deutschen Verfassungsrechts nur schwer umzusetzen und kann als exemplarischer Fall der Kollision von marktwirtschaftlicher Rundfunkbetrachtung seitens der Kommission mit der vordringlich kulturspezifisch und gesellschaftlich-demokratisch orientierten Bewertung des Rundfunks durch den deutschen Gesetzgeber und das Verfassungsgericht gesehen werden.[1333]

dd) „Beteiligung“ Dritter und externe Aufsicht

Die anstaltsinterne Bewertung durch die zuständigen Gremien hat weiter so konkret auszufallen, dass sie sowohl für die externe Kontrolle, also die Rechtsaufsicht der Länder, als auch „Dritte“ nachvollziehbar sind. Hintergrund ist die von der Kommission eingeforderte Transparenz und Nachvollziehbarkeit, um den Wettbewerbern und der Aufsicht eine Bewertung des geplanten Ange-

---

[1329] Einstellungsentscheidung der Kommission vom 24. April 2007, K(2007) 1761 endg., S. 73 Rn. 328.
[1330] Dazu auch *Henle*, epd-medien 2007, Nr. 92, S. 3 (4).
[1331] Siehe oben B.V.2.e).
[1332] Dazu die Kritik oben C.II.2.d).
[1333] Ähnlich *Wiedemann*, ZUM 2007, 800 (805).

bots und seine Kohärenz mit den kommenden gesetzlichen Auftragsanforderungen zu ermöglichen. Nach einer internen vorläufigen Beschlussfassung wird Dritten daher zukünftig die Möglichkeit zur Stellungnahme eingeräumt. Mit diesen Stellungnahmen hat sich das zuständige Anstaltsgremium, nach hiesiger Auffassung zwingend der plural besetzten Rundfunkrat,[1334] vor einer abschließenden Entscheidung hinsichtlich der „marktlichen Auswirkungen" zu befassen haben.[1335]

Nach abschließender Entscheidung durch das interne Gremium wird das Angebot, einschließlich der darauf bezogenen Selbstverpflichtungen amtlich veröffentlicht. Die Übereinstimmung der veröffentlichten Selbstverpflichtungen mit dem gesetzlich fixierten öffentlich-rechtlichen Auftrag wird durch die Länder im Wege der Rechtsaufsicht überprüft und anschließend zum Bestandteil des Auftrages, wohl im Wege eines feststellenden Verwaltungsakts, erklärt.[1336] Über diese erstmalige Aufsicht hinaus wird die zuständige Behörde auch von Amts wegen oder aber aufgrund von Beschwerden aktiv.[1337] Nach Auffassung der Kommission gehört zur Aufsicht ex-post zusätzlich die Prüfung der Selbstverpflichtungserklärungen gem. § 11 Abs. 5 RStV.[1338]

c) Bewertung

Konsequent zur Einordnung der Kommision der Leistung des öffentlich-rechtlichen Rundfunks als wirtschaftliche Dienstleistung in Konkurrenz zum Angebot des Privatrundfunks wird letzterem die Gelegenheit zur Stellungnahme gegeben. Interessanterweise wird weder eine materielle Begrenzung der Marktauswirkungen auf eine bestimmte Belastungsgrenze noch eine bestimmte Rechtstellung für die Dritten im Verfahren festgelegt. Hier stellt sich die Frage, wie diese unbestimmten Merkmale im RStV umgesetzt werden. Negative Auswirkungen auf das Angebot Dritter müssen jedenfalls unterhalb der Marktverstopfung bereits angenommen werden können, sonst würde sich eine detaillierte

---

[1334] Dies gilt zumindest für die abschließende Entscheidung, da die Aufnahme oder Ersetzung eines Angebots regelmäßig Vielfaltsrelevanz entfaltet und damit durch den „medienrechtlichen Souverän" entschieden werden muss. Denkbar ist jedoch, dass eine sachverständige Vorprüfung der Stellungnahmen Dritter und der „marktlichen Auswirkungen" vorgenommen wird. Dazu oben bereits ausführlich C.I.2.d) und C.I.4.g)dd).

[1335] Einstellungsentscheidung der Kommission vom 24. April 2007, K(2007) 1761 endg., S. 74 Rn. 330.

[1336] Darin sieht die Kommission die eigentliche Übertragung des Auftrags, vgl. Einstellungsentscheidung der Kommission vom 24. April 2007, K(2007) 1761 endg., S. 81 Rn. 370.

[1337] Einstellungsentscheidung der Kommission vom 24. April 2007, K(2007) 1761 endg., S. 74 Rn. 334.

[1338] Einstellungsentscheidung der Kommission vom 24. April 2007, K(2007) 1761 endg., S. 82 Rn. 374.

Marktanalyse erübrigen. Denkbar wäre eine Heranziehung der Grundsätze des Verfassungsgerichts in der *Niedersachsen-Entscheidung*, wonach dem Privatrundfunk keine Auflagen gemacht werden dürfen, die ihm seine Tätigkeit im Modell des werbefinanzierten Rundfunks unmöglich machen.[1339] Diese Vorgabe ist – soweit ersichtlich – die derzeit einzige verfassungsrechtliche „Schranke"[1340] ökonomisch wirksamer Ausgestaltungesetzgebung, die die wirtschaftliche Bewegungsfreiheit des Privatrundfunks begrenzt. Das Verbot erdrückender Pluralismusvorgaben ist als Belastungsgrenze wohl ökonomisch mit der Marktverstopfung gleichzusetzen. Die Präzisierung im RStV bedarf daher eines Maßstabs, er bereits unterhalb dieser Grenze eine Unzumutbarkeit festlegt, bzw. rechtfertigende Kriterien bei einer bestimmten Belastungsgrenze verlangt.

aa) Berücksichtigung von Dritten

In diesem Zusammenhang kommt dem Anhörungsrecht der Dritten entscheidende Bedeutung zu. Erste Stellungnahmen lassen erahnen, dass gerade von Seiten des öffentlich-rechtlichen Rundfunk keine starke Stellung der Dritten im Verfahren gewünscht ist, sondern die Befassung des internen Gremiums auf eine allgemeine Berücksichtigung begrenzt sein soll.[1341] Allerdings war es auch bislang Dritten nicht verwehrt, ihre Auffassung laut und deutlich kund zu tun, gemeint ist also etwas anderes. Um eine effektive Befassung zu sichern, bedarf es also einer verfahrensrechtlichen Absicherung der Stellungnahmen Dritter.

Hier kann ein Blick auf die Stellung von Interessen Dritter oder der Öffentlichkeit im Verwaltungsrecht, insbesondere im Baurecht, helfen. Die Situation erscheint mit der Beteiligung der Öffentlichkeit gem. § 3 Abs. 1 und 2 BauGB vergleichbar, da die Betroffenheit der Anzuhörenden zunächst mittelbar und eher tatsächlicher Natur ist und es im Rahmen der frühzeitigen Beteiligung der Bürger nicht primär um den Schutz bekannter subjektiver Rechte geht.[1342] Ratio ist vielmehr, dass Transparenz der Planung erreicht wird, Anregungen aufgenommen werden und eventuell vorhandene subjektiv-rechtlich Positionen identifiziert und in das Planungsverfahren aufgenommen werden.[1343]

[1339] Vgl. BVerfGE 73, 118 (157) – *Niedersachsen.*

[1340] Der Begriff der „Schranke" wird in Anführungszeichen gesetzt, da er verfassungsrechtlich in die Systematik der Eingriffsgesetze gehört und daher hier formal nicht korrekt ist. Inhaltlich-materielle Vielfaltsvorgaben werden nach h.M. als Ausgestaltungsgesetze angesehen vgl. *Hesse,* Rundfunkrecht, S. 236 m.w.N.

[1341] Vgl. die Geschäftsführerin der ARD, *Verena Wiedemann*, die die Anhörung von Dritten für eine „einseitige Privilegierung von wirtschaftlich motivierten Wettbewerbern" hält, *Wiedemann*, ZUM 2007, 800 (805).

[1342] Zur Einordnung des § 3 BauGB in die Dogmatik des Grundrechtsschutzes durch Verfahren siehe *Koch/Hendler*, Baurecht, S. 207.

[1343] Vgl. Battis/Krauztberger/Löhr – *Battis*, BauGB, § 3 Rn. 3 f.

Die Besonderheit besteht hier in der prozeduralen Absicherung der Befassung, da die Nichtanhörung zu einem Verfahrensfehler führt, der zu einem beachtlichen Fehler der behördliche Planungsentscheidung gem. § 214 Abs. 1 Nr. 2 BauGB führen kann.[1344] Das Anhörungsrecht gem. § 3 BauGB ist damit, zumindest teilweise, zum Bereich des Grundrechtsschutzes durch Verfahren zu rechnen.[1345] Gerade im Bereich der Bauleitplanung ist die Zahl potentiell betroffener in der Regel besonders hoch, so dass das Verfahren zur Beteiligung der Öffentlichkeit die Verwirklichung von Grundrechten bereits im Wege der standardisierten Information (Planauslegung) als Verfahrenbestandteil schützt.[1346] Hier drängt sich denn auch die Parallele zur Situation der Dritter im geplanten Public-Value-Test auf. Auch von der Einführung eines neuen Angebots sind potentiell eine Vielzahl von Personen und Interessen betroffen. Da die Auftragsnormen des Rundfunkrechts als Ausgestaltungsgesetzgebung jedoch keinen Drittschutz entfalten, werden subjektive Recht regelmäßig nicht dadurch eingeschränkt.[1347] Mit der Zielrichtung des Grundrechtsschutzes durch Verfahren, wäre eine Übertragung z.B. des baurechtlichen Anhörungsverfahrens auf den Public-Value-Test schon deswegen sinnvoll, da über das Verfahren sowohl Informationen auch zur Erfüllung des „Grundstandards gleichgewichtiger Vielfalt" gesammelt werden können, als auch die allgemeine Akzeptanz erhöht würde, die bei einer schlichten „Befassung" nicht in gleicher Weise gewährt ist. Warum überhaupt keine strukturelle, organisatorische und prozedurale Einbettung der Drittanhörung geplant ist, erscheint nicht verständlich. Wie die Anhörung Dritter ausgestaltet wird, obliegt dem Gesetzgeber im Rahmen seiner „positiven Ordnung". Allerdings erfordert die Einstellungsentscheidung der Kommission eine gewisse Sicherung der tatsächlichen Befassung im zuständigen internen Gremium.

bb) Externe Kontrolle

Damit zusammenhängend erscheint die Aufwertung der externen Kontrolle konsequent, stellt jedoch die deutsche Rundfunkrechtsdogmatik vor schwerwiegende Probleme. Auf den ersten Blick erscheint es nur folgerichtig, dass die Einhaltung der selbst abgegebenen Selbstverpflichtungserklärungen am Maßstab des präzisierten Auftrags als Subsumptionsarbeit der zuständigen Behörde

---

[1344] Die Anhörung kann allerdings regelmäßig nachgeholt werden, dazu ausführlich Battis/Krautzberger/Löhr – *Battis*, BauGB, § 214 Rn. 5 ff.

[1345] Vgl. BVerfGE 53, 30 (65 f.) – *Mühlheim-Kärlich*.

[1346] *Koch/Hendler*, Baurecht, S. 207 ff.

[1347] *Reese*, Der Funktionsauftrags, S. 243.

zugewiesen wird.[1348] Allerdings sind auch die zukünftigen kleinteiligeren Auftragskategorien der Auslegung zugänglich und bringen einen erheblichen Beurteilungsspielraum mit sich.[1349] So muss die Rechtsaufsicht nach den Vorgaben der Einstellungsentscheidung letztlich entscheiden, ob ein digitales Zusatzangebot tatsächlich den demokratischen Bedürfnissen der Gesellschaft entspricht, ob seine meinungsbildende Funktion zutreffend eingeschätz wurde und sogar ob es sich bei einem Inhalt tatsächlich beispielweise um „Bildung“ in Form von Wissenschaft handelt. Solche Entscheidungen sind nach derzeitiger Struktur der „positiven Ordnung“ zuvorderst dem Programmverantwortlichen Intendanten bzw. beim Privatrundfunk dem Rundfunkbetreiber, in zweiter Linie dem Rundfunkrat bzw. dem plural besetzten Hauptorgan der Landesmedienanstalten zugewiesen, da sie den Kern der Rundfunkfreiheit als Programmfreiheit insbesondere in seinem Kontext als gesellschaftlich rückgebundene Grundlage der Meinungsvielfalt betreffen.[1350] Nach hiesiger Ansicht würde eine Zuweisung an die externe, staatliche Aufsicht in eklatanter Weise gegen die Staatsfreiheit und den Organisationspluralismus verstoßen und die bisherige einschränkend ausgelegte Rechtsaufsicht in eine partielle Fachaufsicht umschlagen lassen.[1351] Auch wenn bisweilen behauptet wird, die neue Kontroll- und Genehmigungsfunktion sei eher formell zu verstehen und etwa mit der Prüfungskompetenz des Bundespräsidenten vergleichbar, überzeugt das nicht.[1352] Zum einen ist selbst das Prüfungsrecht des Bundespräsidenten in seiner Reichweite und Tiefe umstritten.[1353] So haben in letzter Zeit die Auseinandersetzungen um das Luftsicherheitsgesetz[1354] und das Verbraucherinformationsgesetz[1355] gezeigt, dass es sich gerade in grundrechtssensiblen Bereichen eben nicht mehr um eine reine Formalkontrolle handelt. Der Vergleich hinkt aber auch aus einem anderen Grunde: Bundespräsident wie Parlament sind beide gem. Art. 1 Abs. 3 GG an

---

[1348] Eine allgemeine Rechtskontrolle, soweit kein Ermessen oder Auslegungsspielräume vorhanden sind befürworten auch *Jarass*, Die Freiheit der Massenmedien, S. 204 und *Gersdorf*, Staatsfreiheit des Rundfunks, S. 102.

[1349] Dies gilt vor allem für die Ergebnisse der Selbstverpflichtungen bezüglich der „publizistischen Relevanz“, dazu bereits oben C.II.7.b)cc).

[1350] Zum Zusammenhang siehe ausführlich oben B.I.

[1351] Die Rechtsaufsicht greift bislang nur nachrangig ein und ist auf Rechtsverstöße ohne Ermessensspielraum begrenzt, vgl. dazu ausführlich *Gersdorf*, Staatsfreiheit des Rundfunks, S. 83 ff; *Hesse*, Rundfunkrecht, S. 172 jeweils m.w.N.

[1352] So der Leiter der Staatskanzlei Rheinland-Pfalz, *Martin Stadelmaier*, epd-medien 2006, Nr. 100, S. 10. Siehe auch AfP 2007, 30.

[1353] Vgl. ausführlich *Nettesheim*, in: HdBdStR, § 62 Rn. 37, der das Prüfungsrecht „eine der umstrittensten Fragen des Staatsrechts“ nennt, sowie Maunz/Dürig – *Herzog*, Art. 54 Rn. 74 ff. jeweils m.w.N.

[1354] Vgl. dazu *Mitsch*, ZRP 2005, 234 f.

[1355] Siehe *Schiedermaier*, DÖV 2007, 726 f.

die verfassungmäßige Ordnung gebunden, die über Art. 20 Abs. 3 GG als Grundlage seines Prüfungsrechts gilt.[1356] Daraus resultiert die Auffassung, dass der Bundespräsident kein Gesetz unterzeichnen darf, das möglicherweise einen Grundrechtsverstoß beinhaltet.[1357]

Im Bereich der materiell-inhaltlichen Programmentscheidung, und Entscheidungen über das vor-demokratische gesellschaftliche Bedürfnis nach bestimmten Inhalten gehören dazu, geht es jedoch nicht um die grundrechtlich gebundene Ausübung hoheitlicher Gewalt, sondern um die Ausübung des Grundrechts aus Art. 5 Abs. 2 S. 1 GG durch die Rundfunkanstalten. Entscheidungen der Rundfunkanstalten, die selbst nicht an Art. 1 Abs. 3 bzw. Art. 20 Abs. 3 GG gebunden sind und daher nicht auf Grundrechte Dritter Rücksicht zu nehmen haben, am Maßstab staatlichen Handeln gem. Art. 1 Abs. 3 GG zu prüfen ist ein Widerspruch in sich.

Im derzeitigen System der „positiven Ordnung“ ist die effektive Kontrolle der Programminhalte durch die Rechtsaufsicht also nicht verfassungskonform umzusetzen. Hier zeigt sich letztlich die organisatorische Auswirkung des diametral unterschiedlichen Verständnisses von Kommission und deutschem Gesetzgeber, ob der Rundfunk eher Wirtschafts- oder Kulturgut ist.[1358]

cc) Gefährdungen der Vielfalt

Auch wenn zusätzliche Gremien eine regulatorische Belastung darstellen, müsste über ein neues, plural besetztes Gremium nachgedacht werden. Nach den Vorgaben der Einstellungsentscheidung müsste es extern organisiert werden – beispielsweise beim Bundespräsidenten.[1359] Da die Prüfung der Selbstverpflichtungen zu leicht in eine materielle Fachaufsicht umschlagen könnte, kann nach hiesiger Auffassung ausschließlich der rundfunkrechtliche Souverän darüber entscheiden.[1360] Letztlich sollte man sich an Aufgabenteilung und Aufbau der Landesmedienanstalten orientieren, die ebenfalls in sich sowohl Rechtsaufsicht als auch Fachaufsicht im Sinne einer externen, aber plural und daher gesellschaftlich abgesicherten Kontrolle vereinen. Pluralität als Qualifikation allein wäre aber nicht ausreichend, ein solches Gremium müsste über erhebliche fachliche Kenntnisse verfügen. Da es sich zum Teil auch um Subsumptionsarbeit handelt, bedürfte es nicht nur medienspezifischen Sachverstands und Kennt-

---

1356 Siehe Maunz/Dürig – *Herzog*, Art. 54 Rn. 75.
1357 Wohl h.M. vgl. *Nettesheim*, in: HdBdStR, § 62 Rn. 39.
1358 So auch *Wiedemann*, ZUM 2007, 800 (804 f.).
1359 Zu diesem Organisationsvorschlag hinsichtlich eines ARD-Rats bereits oben C.I.4.g).
1360 Dazu bereits oben C.I.2.d).

nisse der Marktbewertung, sondern auch juristischer Kenntnisse.[1361] Ohne einen großen organisatorischen Unterbau und ein entsprechendes Budget wäre die gestellte Aufgabe kaum zu bewerkstelligen.[1362]

Eine Neuorganisation unter Einbezug und mit Aufwertung der gesellschaftlichen Rückbindung wäre aber aus noch einem anderen Grund angeraten. Die Einstellungsentscheidung geht bis ins kleinste Detail auf mögliche Präzisierungen des öffentlich-rechtlichen Auftrags ein, mit keinem Wort aber wird der wichtigste Bestandteil des öffentlich-rechtlichen Auftrags erwähnt: Die Sicherstellung des verfassungsrechtlich geforderten Niveaus an Meinungsvielfalt im Gesamtsystem Rundfunk. Im Gegenteil lesen sich die Forderungen der Kommission und auch die Zusagen der Bundesregierung wie der Versuch einer Auftragskonkretisierung für einen von mehreren Wettbewerbern. Dies zeigt sich nicht zuletzt in der Vorgabe der Analyse von Marktauswirkungen. Nach deutschem Verfassungsrecht ist aber genau das Gegenteil der Fall. Der öffentlich-rechtliche Rundfunk steht in seiner Hintergrundgarantenpflicht für die Meinungsvielfalt im Gesamtsystem Rundfunk ohne Konkurrenz dar, da der Privatrundfunk schon strukturell in diesem Bereich nicht aktiv sein kann. Betrachtet man jedoch den öffentlich-rechtlichen Rundfunk allein in seiner Wechselbeziehung zum Privatrundfunk, so verkommt die Perspektve zu einem Konkurrenzverhältnis plus X, wobei das X den öffentlich-rechtlichen Auftrag darstellt. Dieser Sichtweise hat das Verfassungsgericht aber bereits im *Baden-Württemberg-Beschluss* eine Absage erteilt, im dem es den öffentlich-rechtlichen Auftrag nicht etwa auf den Ausgleich der Defizite des Privatrundfunks begrenzt sehen wollte.[1363] Vergegenwärtigt man sich, dass der Bereich der Meinungsvielfalt zwar, wie oben versucht, konkretisierungsfähig ist, sich aber letztlich im einem Wechselspiel mit organisationspluralen Elementen befinden muss, um das verfassungsrechtlich geforderte Niveau an Meinungsvielfalt zu gewährleisten, so ergeben sich bestimmte Schlussfolgerungen für die Umsetzung der Einstellungsentscheidung. Zunächst müssen zusätzlich zu den Konkretisierungsanforderungen der Einstellungsentscheidung Anforderungen der Meinungsvielfalt normiert werden. Da die auftragsbezogenen Anforderungen der Einstellungsentscheidung keine differenzierten Vorgaben zur Meinungsvielfalt enthalten, besteht die Gefahr, dass diese ins Hintertreffen gerät und der öffentlich-rechtliche Rundfunk im Lichte der europarechtlichen Anforderungen seine Selbstverpflichtungen mit einer „Schere im Kopf" auf die neuen Anforderungen hin konzipiert und seine Verpflichtung auf

---

[1361] Aus diesem Grund wurde die Marktbewertung in Großbritannien nicht dem BBC-Trust, sondern der Ofcom zugewiesen. Dazu ausführlich und kritisch zu den Grenzen der binnenpluralen Fachaufsicht *Henle*, epd-medien, Nr. 92, S. 3 (5).

[1362] Ähnlich *Henle*, epd-medien 2007, Nr. 92, S. 3 (5) im Vergleich zum BBC-Trust.

[1363] BVerfGE 74, 295 (326) – *BW-Beschluss*.

die Meinungsviefalt vernachlässigt. Zum anderen würde über eine Neuordnung der organisationspluralen Elemente der „positiven Ordnung“ der Wert der Meinungsvielfalt deutlich herausgehoben und gleichzeitig die Voraussetzungen für das Wechselspiel zwischen organisationspluralen und materiellen Pluralismusanforderungen im Rahmen der „positiven Ordnung“ auch unter den Vorzeichen der Einstellungsentscheidung gewahrt bleiben.

III. Ergebnisse und Bewertung des Zusammenspiels von strukturellen und materiellen Pluralismusregelungen

Die vorstehende Analyse hat ein differenziertes Bild über die strukturellen und materiellen Pluralismusvorgaben innerhalb der derzeit bestehenden „positiven Ordnung“ gegeben. Auch wenn die Meinungsvielfalt, selbst nach Ansicht des Verfassungsgerichts, mehr ein Ziel als ein subsumptionsfähiges Kriterium ist,[1364] lässt sich doch zeigen, dass der Pluralismus als Strukturprinzip in seinen „materiellen, organisatorischen und prozeduralen Regelungen“[1365] das geeignete Regulierungskonzept ist, um sich dem Verfassungsziel zu nähern, bereits heute das Grundgerüst der Medienordnung bildet und größtenteils verfassungsrechtlich rückgebunden ist. Problematischer ist seine Anbindung in die andere Richtung, die medienwirkungsspezifische Praxis. Obwohl sie die eigentliche Rechtfertigungsgrundlage der Rundfunkregulierung überhaupt bildet, hat sich herausgestellt, dass die Medienordnung noch von Vorstellungen des Verfassungsgerichts aus den sechziger Jahren geprägt ist. Entsprechend finden sich nur wenig Erkenntnisse der sachlich für die Meinungsvielfalt relevanten verwandten Wissenschaften wie Medien- und Kommunikationswissenschaft in der heutigen Regulierungssystematik wieder.

1. Privatrundfunk

Die Pluralismussicherung im Privatrundfunk ruht auf den drei Säulen der Auswahl- und Belegungsregeln, der Programmbeobachtung und der Konzentrationskontrolle. Die obige Analyse hat gezeigt, dass die Intensität der Regulierungsvorgaben in den Säulen sehr unterschiedlich ausgestaltet ist. Je weiter entfernt die Materie zu einer direkten Bewertung eines Programminhaltes liegt, desto stärker wurden die Vorgaben konkretisiert. Dies ist grundsätzlich vor der Rundfunkfreiheit als Programmfreiheit zu begrüßen, allerdings darf dadurch

---

[1364] BVerfGE 57, 295 (326) – *FRAG;* BVerfGE 71, 118 (156) – *Niedersachsen.*
[1365] Siehe die verfassungsrechtliche Grundvorgaben in BVerfGE 57, 295 (329) – *FRAG*; BVerfGE 83, 238 (296) – *WDR-Gesetz*; BVerfGE 90, 60 (88) – *Rundfunkgebühr.*

nicht die effektive Sicherung des „Grundstandards gleichgewichtiger Vielfalt“ in Frage gestellt werden. Je geringer die materielle Regelungsdichte ist, desto stärker muss der verfassungsrechtlich geforderte „Grundstandard gleichgewichtiger Vielfalt“ daher durch Organisation und Verfahren abgesichert sein.[1366]

a) Materielle Pluralismusvorgaben

Zweifel an diesem austarierten Zusammenspiel ergeben sich vor allem für die laufende Programmaufsicht. Die „Aufsichtslücke“ zwischen der grundsätzlichen Anforderung des genannten Standards für das gesamte außenplurale Angebot des Privatrundfunks und einer individualisierbaren Aufsicht mit entsprechend differenziertem Maßstab für den einzelnen Anbieter ist bislang nicht gesetzlich konkretisiert worden. Hier sind die Landesmedienanstalten gehalten, eine eigene Konkretisierung anhand der allgemeinen Programmgrundsätze und sonstiger möglicher gesetzlicher Leitbilder zu entwickeln. Als solches könnte das Verbot der ungleichgewichtigen Beeinflussung der öffentlichen Meinung gem. § 25 Abs. 2 RStV dienen, da es die einzige vielfaltsrelevante Aufsichtsnorm mit einem individuellen Adressaten ist. Eine solche Konkretisierung ist jedoch noch nicht begonnen worden, da die Landesmedienanstalten, soweit ersichtlich, kein einziges Verfahren nach dieser Vorschrift durchgeführt haben.

Dass dies nicht so sein muss, zeigt das erfolgreiche Modell der Konzentrationskontrolle. Auch die KEK hat mit unbestimmten Rechtsbegriffen, allen voran der vorherrschenden Meinungsmacht, zu operieren. Gegenüber dem Verbot einseitiger Beeinflussung gem. § 25 Abs. 2 RStV, hat der Gesetzgeber hier zusätzlich nur die Vermutungstatbestände gem. § 26 Abs. 2 RStV aufgestellt. Dennoch hat sich durch die Spruchpraxis der KEK der Begriff der vorherrschenden Meinungsmacht inzwischen so konkretisiert, dass die beteiligten Rundfunkunternehmen mit hinreichender Rechtssicherheit ihr Verhalten einrichten können.[1367]

Der wohl entscheidende Unterschied zwischen den beiden Säulen liegt in der Prozedualisierung und Organisation des Konzentrationsverfahrens. Der Programmaufsicht fehlt, neben der mehr als mangelhaften materiellen Rechtsgrundlage, eine gesetzliche Vorgabe zum Verfahren der Sicherung des „Grundstandards gleichgewichtiger Vielfalt“. Auch im Rahmen des 10. RÄndStV hat sich diese Situation nicht geändert, sondern eher verschlimmert, da die Beobachtung des Vielfaltsstandards der ZAK zugeordnet wurde.[1368] Die Sicherung des „Grundstandards gleichgewichtiger Vielfalt“ im Privatrundfunk ist nach derzei-

---

[1366] Vgl. *Kühn*, Meinungsvielfalt im Rundfunk, S. 183.
[1367] Darauf weist vor allem hin *Dörr*, AfP-Sonderheft 2007, 33 (37).
[1368] Dazu siehe oben C.II.3.d)aa).

tiger Rechtslage zumindest für die laufende Programmbeobachtung als verfassungsrechtlich unzureichend zu betrachten.

Bei den materiellen Vorgaben ist vor allem die fehlende Berücksichtigung der Erkenntnisse der Medienwirkungsforschung auffällig. Wie oben dargestellt, bedarf es schon aus Verfassungsgründen auch der Rückbindung der Anforderungen an Maßstäbe, die eine Aussage über die Effektivität des errechten Vielfaltsniveaus erlauben.[1369] Hier bedarf es dringend der Ergänzung, auch wenn die obigen Ergebnisse gezeigt, haben, dass selbst in der Medienwirkungsforschung noch viele Felder, wie die crossmedialen Verstärkereffekte, umstritten sind.

Noch wenig ausgebildet ist die Regulierung und Vielfaltssicherung mittels Anreizfunktionen. Nach hiesiger Auffassung sind Modelle wie das bayerische Teilnehmerentgelt grundsätzlich das geeignetere Verfahren, da sie auf den ökonomischen Anreiz setzen, der eher systemkonform mit der Marktsteuerung des Privatrundfunks ist, als die eingrenzende Freiheitsausgestaltung durch Programmvorgaben.[1370] Selbst wenn die derzeit bestehenden, materiellen Pluralismusvorgaben für den Privatrundfunk optimiert werden, wird die Sicherung der Vielfalt als Ziel und Ergebnis niemals selbsttragend sein, da sie als meritorische Güter für den Privatrundfunk strukturell unattraktiv sind. Das kann sich nur durch ein geeignetes Anreizsystem ändern, das mit einer Reform der materiellen Pluralismusvorgaben gemeinsam eingeführt werden sollte.[1371]

b) Organisationspluralismus

Deutlich zu erkennen ist das Bemühen des Gesetzgebers, vielfaltsrelevante Fragen einem plural besetzten Gremium zuzuweisen, auch wenn dieses Prinzip, das nach hiesiger Auffassung in der derzeitigen „positiven Ordnung“ die einzig verfassungskonforme Lösung ist, teilweise durchbrochen wird. In einigen Fällen kann man u.U. von einem Versehen des Gesetzgebers ausgehen.[1372] In anderen Fällen ergibt sich aber auch eine zunehmende Überlagerung der Vielfaltssicherung durch marktmechanische Regulierungstechniken, die mit zunehmender Komplexität die Rückbindung an den „medienrechtlichen Souverän“ in den Hintergrund drängen. Dies ist bei der schon nach geltendem Recht nur dünnen, nach dem 10. RÄndStV gänzlich fehlenden verfahrensrechtlichen Einbindung eines pluralen Gremiums in die Konzentrationskontrolle der Fall. Augenfällig und durchaus problematisch, weil auch industriepolitisch motiviert, ist auch die

---

1369 Siehe oben B.VII.
1370 Vgl. oben B.V.2.m).
1371 Zu dem Modell einer Anreizfinanzierung siehe oben C.II.1.h).
1372 Dies ist z.B. für die genannte Zuweisung der Überwachung des „Grundstandards gleichgewichtiger Vielfalt“ an die ZAK anzunehmen.

„Privatisierung des Pluralismus“ in der kommenden Plattformregulierung. Zum einen wurde in den Can-carry-Regelungen das Auswahlermessen dem privaten Betreiber überantwortet. Zum anderen mit dem § 52b Abs. 3 RÄndStV die nur schwer nachvollziehbare Möglichkeit zur Befreiung von jeglichen Belegungspflichten aufgenommen. Auch an dieser Stelle fehlt jede Rückbindung an den medienrechtlichen Souverän, was im Ergebnis die Gefahr einer einseitigen Beeinflussung erhöht und damit zumindest an der Effektivität der Vielfaltskontrolle Zweifel aufkommen lässt.

2. Öffentlich-rechtlicher Rundfunk

Die Vielfaltsanforderungen des öffentlich-rechtlichen Rundfunks werden heute nurmehr als ein Teil von mehreren und unter Vermischung von Auftrag, Norm und Funktion des öffentlich-rechtlichen Rundfunkauftrags diskutiert. Dies wird ihrer herausragenden Bedeutung nicht gerecht und verstellt den Blick auf ihre besondere und eigene Funktion. Insbesondere die Aussagen des Verfassungsgerichts in der obigen Untersuchung haben gezeigt, dass der Darstellung des verfassungsrechtlich erforderlichen Niveaus an Meinungsvielfalt im öffentlich-rechtlichen Rundfunk die wohl höchste Priorität einzuräumen ist. Vor allem über das sog. Junktim kommt der Vielfaltsleistung des öffentlich-rechtlichen Rundfunks neben seiner gesellschaftlichen und vor-demokratischen Meinungsbildungsfunktion auch legitimierende Kraft für das duale System zu. Man kann daher wohl die Behauptung aufstellen, dass die Leistung des öffentlich-rechtlichen Rundfunks für die Meinungsvielfalt im Gesamtsystem Rundfunk die notwendige Bedingung für alle weiteren tatsächlichen und gewünschten Funktionen des Massenmediums Rundfunks ist.

a) Materielle Pluralismusvorgaben

Entsprechend erstaunlich sind die wenig konkretisierten materiellen Vorgaben des Gesetzgebers für den öffentlich-rechtlichen Rundfunk. Dabei steht die Dichte der Vielfaltsvorgaben in § 11 RStV in umgekehrt proportionalem Verhältnis zur Bedeutung und Wirkweise des bundesweit ausgestrahlten Rundfunks für die Meinungsbildung. In materieller Hinsicht kommt daher den landesrechtlichen und staatsvertraglichen Vielfaltsvorgaben, sowie den Selbstverpflichtungserklärungen gem. § 11 Abs. 4 RStV erhebliche Bedeutung zu. Sehr fraglich erscheint nach der obigen Untersuchung aber, ob die Steuerung mittels regulierter Selbstregulierung in anstaltsinterner Konkretisierung geeignet ist, den Auftrag und die in ihm enthaltenen Vielfaltsvorgaben als Teil der positiven Ordnung funktional adäquat zu konkretisieren. Betrachtete man die Fragestellung aus Sicht des Rundfunks und seiner Programmfreiheit, gewährleistet die weitestmögliche Eigendefinition ein Maximum an Freiheitsraum. Aus Perspektive des Privatrundfunks und der Europäischen Kommission hingegen besteht die Gefahr eines Interessenkonflikts, wenn die Anstalt sowohl ihren Auftrag selbst festlegt, als auch seine Erfüllung selbst kontrolliert.

Aus der verhältnismäßig neutralen Sicht des Grundgesetzes handelt es sich primär um einen Zielkonflikt zwischen Freiheitsbetätigung und positiver Ordnung an der Grenze der Ausgestaltungsgesetzgebung. Hier sollte, nimmt man die Wesentlichkeitstheorie ernst, eine klare und deutliche gesetzgeberische Entscheidung stehen, die in Achtung der Rundfunkfreiheit einen gebotenen „Sicherheitsabstand" zur Programmfreiheit hält. Hierzu wäre auch der geplante anstaltseigene Vortest zu zählen, ob ein zusätzliches digitales Angebot überhaupt als „neu" eunzustufen ist. Diese gesetzliche Forderung müsste allerdings so klar definiert sein, dass sich aus ihr dann – aber erst dann – im Wege der regulierten Selbstregulierung eine weitere Konkretisierung und Verpflichtung der Rundfunkanstalten gegenüber der Öffentlichkeit ableiten ließe. Diese Vorgaben sind durch die Grundnorm des § 11 RStV nicht erfüllt. Entsprechend vorhersehbar war auch das Scheitern der Selbstverpflichtungserklärungen gem. § 11 Abs. 4 RStV.

b) Organisationspluralismus

Die obige Analyse hat ein unerwartetes Bild der effektiven Sicherung des Pluralismus im öffentlich-rechtlichen Rundfunk ergeben. Auch wenn der Rundfunkrat geradezu das Urbild gesellschaftlicher Rückbindung der Kontrolle ist, scheint die tatsächliche Erfüllung des verfassungsrechtlich geforderten Niveaus an Meinungsvielfalt im öffentlich-rechtlichen Rundfunk aber nicht so sehr durch die gesetzlichen und satzungsrechtlichen Kontroll- und Eingriffsrechte geschützt zu sein, als durch das eng gewebte Netz von Abhängigkeiten zwischen Intendanz, Rundfunk- und Verwaltungsrat. Aus dem gleichen Grunde wurde von Seiten der Rundfunkräte eine Präzisierung der gesetzlich vordefinierten Vielfaltsmaßstäbe nicht angefordert: Jede Konkretisierung würde den Entscheidungen des Rundfunkrat gegenüber dem Intendanten zwar die verstärkende Autorität gesetzlicher Vorgaben bieten. Entsprechend weniger Durchsetzungsmöglichkeiten bleiben aber außerhalb der Grenzen dieser Präzisierung, bei denen sich die Intendanz wohl regelmäßig auf ihre Programmzuständigkeit berufen und jede Einmischung zurückweisen würde. Man muss sich daher bewusst sein, dass eine gesetzliche Konkretisierung der öffentlich-rechtlichen Leistungsvorgaben auch das spezielle Gleichgewicht innerhalb der Rundfunkanstalten beeinflussen wird.

Das bislang relativ gut funktionierende System wechselseitiger Abhängigkeiten erscheint aber nicht mehr für die zukünftigen Aufgaben gerüstet. Bedenken ergeben sich beispielweise für den europarechtlich vorgegebenen Drei-Stufen-Test. Anders als bei den auftragskonkretisierenden Programmrichtlinien gem. § 11 Abs. 4 RStV, die regelmäßig durch die Programmdirektionen entworfen und damit Ergebnis organschaftlicher Zusammenarbeit waren, obliegt dieser Test zukünftig allein dem Rundfunkrat. Er kann und wird sich also nicht auf die programm- und wirkungsspezifische Kompetenz auf der Intendantenseite stützen können und – dies hat die Kommission bereits angedeutet – dürfen. Damit muss die dem Rundfunkrat zur Verfügung stehende Expertise wesentlich erweitert und ein Verwaltungsunterbau geschaffen werden.

Aber auch die Bewertung im Lichte der Medienwirkungsforschung hat ergeben, dass der Rundfunkrat derzeit kaum in der Lage ist, das Gesamtprogramm hinreichend auch unter wirkungsspezifischen Aspekten zu bewerten und sich auf Stichproben beschränken muss. Gerade vor dem Hintergrund immer weiter steigender Inhaltsvolumen und der Vielzahl auch technischer Fragestellungen es dem Rundfunkrat zukünftig möglich sein, auf diesem Gebiet – auch anstaltsexterne – Expertise einzuholen.

Die größte Differenz zum Idealbild organisationspluraler Vielfaltssicherung hat sich bei der ARD gegeben. Ausgangspunkt ist dabei sicherlich die fehlende bzw. unklare Rechtspersönlichkeit der ARD. Aus dieser Situation resultiert auch, dass sich erst im Wege der verfassungskonformen Auslegung ergibt, welchen Stand und welche Anforderungen das ARD-Gemeinschaftsprogramm innerhalb des Gesamtsystem Rundfunk hat. Die obige Annahme einer eigenen Verpflichtung des ARD-Gemeinschaftsprogramms auf das verfassungsrechtlich erforderliche Niveau an Meinungsvielfalt zeigte aber deutlich, dass es an einem organisationsplural verfassten Kontrollgegenstück zur exekutiven Programmleitung fehlt. Tatsächlich ist das ARD-Gemeinschaftsprogramm ein gesellschaftlich-institutionell nicht kontrolliertes Ergebnis exekutiver Entscheidungshoheit. Ein Gedankenspiel zeigt, dass die derzeit nicht zu bestreitende Qualität des ARD-Gemeinschaftsprogramms nicht durch eine Kontrollinstanz abgesichert ist, sondern im Wesentlichen auf der freiwilligen Unterstützung der Länderanstalten beruht. Derzeit sind die Anstalten zur Veranstaltung des Gemeinschaftsprogramms gem. Nr. 1 ARD-Fernsehvertrag verpflichtet, das sie durch eigene Beiträge gestalten. Da der öffentlich-rechtliche Rundfunk insgesamt und vor allem auch die kleineren Länderanstalten unter öffentlichem Druck stehen, könnten sie versucht sein, der ARD systematisch ihre „Filetstücke" vorzuenthalten. Damit würden die Qualität und das Vielfaltsniveau im ARD-Gemeinschaftsprogramm sinken. Dies könnte derzeit nur durch die Gremienvorsitzendenkonferenz gem. § 5a ARD-Satzung – die in obiger Analyse selbst dazu nicht wirklich geeignet ist – festgestellt und über diese den Rundfunkräten des Länderanstalten mitgeteilt werden. Die jeweiligen Rundfunkräte haben aber eher ein

Interesse an einem qualitativ hochgewertigen Programm ihrer eigenen Anstalt. An dieser Stelle bedarf es dringend der gesetzlichen Ausgestaltung der positiven Ordnung, um ein Mindestmaß an Meinungsvielfalt auch für das ARD-Gemeinschaftsprogamm zu sichern.

3. Defizite in der Pluralismusregulierung und Gefahren für die Metaebene

Die oben aufgezeigten Leerstellen und Brüche in der Systematik der Pluralismussicherung rühren sicherlich aus der stückweisen Ergänzung der Rundfunkrechtsregulierung, die sich in der Vergangenheit weniger an einem Gesamtkonzept der Pluralismussicherung, wie hier vorgeschlagen, sondern an der Regulierung aktueller Defizite (etwa des Konzentrationsrechts, der Kabelbelegungsregelungen oder derzeit der Plattformregulierung) orientierte. Sie bedeuten aber nicht etwa einen Freiheitsgewinn für den privaten und öffentlich-rechtlichen Rundfunk. Im Gegenteil beinhalten sie eine nicht unerhebliche Gefährdung für das verfassungsrechtliche Ziel der Meinungsvielfalt auf der Metaebene. Diese undefinierten Stellen und Vorgaben sind anfällig für Partikularinteressen. Dies gilt vor allem in Bereichen, die auf den Einbezug von Sachverständigen angewiesen sind wie etwa die Konzentrationskontrolle, aber auch die Programmaufsicht aufgrund der Programminhaltsmenge und bei der Bewertung unter medienwirkungsspezifischen Gesichtspunken. In diesen Bereichen führen Leerstellen und Brüche dazu, dass letztlich eine kleine Gruppe von Experten bzw. Sachverständigen dazu berufen wird zu entscheiden, was Meinungsvielfalt ist bzw. wesentlich prägt. Diese Gefährungslage wird mit zunehmender Digitalisierung, Konvergenz und Inhaltsvervielfältigung tendenziell steigen. Ohne Schärfung der materiellen Pluralismusvorgaben und einem institutionell abgesicherten Organisationspluralismus bringt die schöne neue Medienwelt also eine schleichende, aber effektive Ablösung des Rundfunks von seiner gesellschaftlichen Rückbindung und damit der Rückbindung an die gesellschaftlich tatsächlich vorhandenen Meinungen. Die vorgeschlagene systemische Betrachtung bedarf deshalb vor dem Hintergrund dieser Entwicklung der ständigen Anpassung, soll sie nicht als starre Organisationsstruktur zu einem rundfunkrechtliche Anachronismus werden wie dies dem derzeitigen Zuschnitt des durchschnittlichen Rundfunkrats bzw. Hauptorgans der Landesmedienanstalten droht.

Welche Problematik in den Leerstellen steckt, zeigt auch die Auseinandersetzung mit der Europäischen Kommission. Auch wenn die Kommission den Rundfunk generell als Dienstleistung einstuft, hat sie schon immer auch seine kulturelle Seite anerkannt und sich in jüngster Zeit gerade auch für eine Befassung mit dem Pluralismus in Medien stark gemacht.[1373] In der Diskussion um die Rundfunkgebühr als europarechtswidrige Beihilfe ist es aber der deutschen Ländervertretung nicht gelungen, sich auf ein bestehendes austariertes System zum Pluralismusschutz zu berufen, da sowohl die materiellen Auftragsnormen (im konkreten Fall vor allem § 19 RStV) als auch die Kontrollfunktion des Rundfunkrates, jeweils für sich genommen und in ihrem Zusammenwirken, nicht ausreichend konkretisiert waren. Die obige Analyse hat gezeigt, dass das System grundsätzlich effektiv arbeitet, dieser Erfolg aber tatsächlich nicht als gesichert angesehen werden kann. Insofern ist die europäisch angestoßene Debatte um Sinn und Zweck, Auftrag und Kontrolle des öffentlich-rechtlichen Rundfunks als heilsamer Schock für die Rundfunkpolitik zu betrachten. Eine ganzheitliche Herangehensweise, die die verfassungsrechtlichen Pluralismusanforderungen in Bezug auf das Gesamtsystem Rundfunk als Ausgangspunkt nimmt und vor allem modern im Sinne des Einbezugs auch medienwirkungsspezifischer Erkenntnisse ist, ist nunmehr dringend geboten, will die Rundfunkpolitik und das Medienrecht nicht nur mit situations- und anlassgebundenen Maßnahmen auf die Herausforderungen der kommenden Entwicklungen reagieren.

D. Pluralismussicherung in Polen

Ein Rechtsvergleich der Pluralismussicherung von Deutschland und Polen ist lohnend und eröffnet neue Perspektiven. Dies liegt nicht nur daran, dass die Grundfragen – Rundfunkauftrag, Pluralismusbegriff, Staatsfreiheit und Regulierungsdichte – sich in beiden Ländern gleichermaßen stellen. Während die deutsche Rundfunkordnung im 21. Jahrhundert das Ergebnis eines bald fünfzig Jahre alten Prozesses ist, hat eine vergleichbare Entwicklung in Polen erst seit Beginn der 1990er Jahre im Zeitraffer stattgefunden. Etliche Fragestellungen, über die in Deutschland seit langem ein breiter Konsens besteht, werden neben aktuellen Problemen, für die auch in Deutschland noch keine Lösung gefunden ist, diskutiert. Ein Vergleich muss daher vor allem auch die Entwicklungsgeschichte der jeweiligen Medienordnung berücksichtigen.[1374] Im besten Fall bietet die unbefangene Sichtweise auch die Chance, wenig hinterfragte Strukturen in Deutschland auf den Prüfstand zu stellen und mit der polnischen Lösung zu vergleichen.

[1373] Vgl. zuletzt den Reding-Wallström-Plan, S. 5 ff. Dazu *Zagouras*, AfP 2007, 1 (1).

1374 Wie es einer der führenden Experten der osteuropäischen und polnischen Medientransformation, *Karol Jakubowicz* ausdrückte: „History matters – and matters a great deal – in the process of transformation." *Jakubowicz*, The Public, Vol. 8 (2001) 4, S. 59 (60).

I. Transformation des Rundfunks in Polen

Die Geschichte des Rundfunks in Polen ist auf das engste mit der politischen Geschichte verzahnt. Eine Darstellung der heutigen Pluralismusanforderungen und seiner Sicherungsmechanismen ist ohne ihre Entstehungsgeschichte nur unvollständig möglich. Um ein Verständnis für das System der Rundfunkregulierung zu gewinnen, aber auch, um unvergleichbare und besondere Strukturen erklären zu können, soll hier zunächst die Transformation des Rundfunks seit der politischen Wende des Jahres 1989 dargestellt werden.

Vor der Wende, und auch nach Zusammenbruch der Parteiherrschaft, wurde der Rundfunk ausschließlich als Staatsfunk (Polski Radio i Telewizja, PRT) vom sog. Radiokomitet[1375] getragen, beaufsichtigt und organisiert. Typisch für einen sozialistischen Staat lag damit Gestaltung und Aufsicht zusammen und unterstand direkt der politischen Führung. Der Betrieb der Fernsehsparte wurde nach einigen Testsendungen am 25. Oktober 1952 offiziell eröffnet. Der Nachfolger dieser Fernsehsparte ist das heutige landesweite Programm TVP1 des öffentlich-rechtlichen Rundfunks. Bis zum Beginn der siebziger Jahre wurde dem Rundfunk aufgrund nur geringer Reichweite und Verbreitung von Seiten der Politik kaum Beachtung geschenkt. Dies änderte sich aber nach dem VI. Parteitag der PZPR, auf dem ausdrücklich die Stellung des Fernsehens als Massenmedium in der Gesellschaft und seine Bedeutung für die Politik herausgehoben wurde.[1376] Dem Rundfunk wurde nach dieser Erkenntnis, ähnlich einem Rundfunkauftrag,[1377] die Aufgabe zugewiesen, marxistisch-leninistisches Gedankengut darzustellen und zu vermitteln, sowie eine (positive) Darstellung der politischen Vorgänge und Entwicklungen zu gewährleisten.[1378] Entsprechend wurde die Rundfunktätigkeit stärker überwacht und vor allem zu Lasten der damals bereits vorhandenen Regionalsender stärker zentriert.

Das Ansehen des Rundfunks in der Bevölkerung war sehr gering. Er wurde zutreffend als Sprachrohr der Regierung wahrgenommen und mit entsprechend kritischer Distanz betrachtet. Die erste oppositionelle Medienarbeit begann ursprünglich in der Illegalität mit kleineren Zeitschriften, die im Untergrund gedruckt und auf der Strasse verteilt wurden. Bekanntestes Beispiel war die „Robotnik" (Der Arbeiter), in der auch die „Charta der Arbeiterrechte" erstmals veröffentlicht wurde, die später zum Programm der Solidarność-Bewegung

---

[1375] Das Radiokomitet (Komitetu do Spraw Radia i Telewizji "Polskie Radio i Telewizja") stand dem Rundfunk und Fernsehen von 1951 bis zu seiner Auflösung im Rahmen der neuen Rundfunkgesetzes (RFG) 1993 vor.

[1376] Siehe dazu *Knobelsdorf*, Länderbericht Polen – Medien, S. 436.

[1377] Zum Rundfunkauftrag in Deutschland ausführlich oben C.II.5.a).

[1378] Zur sog. „Erfolgspropaganda" siehe *Knobelsdorf*, Länderbericht Polen – Medien, S. 437

gehörte. Auch Radiostationen konnten zeitweilig als sog. Piratensender ein oppositionelles Programm verbreiten, allerdings mit nur geringer Reichweite und vor allem von geringer Dauer. Damit beschränkten sich die Untergrundmedien im Wesentlichen auf den Printbereich.[1379] Aufgrund der geographischen Lage Polens, anders als vor allem in der Deutschen Demokratischen Republik, spielten westliche terrestrisch verbreitete Auslandssender als Informationsquelle keine Rolle. Allerdings waren Satellitenschüsseln ab Mitte der achtziger Jahre sehr beliebt und sorgten neben einem lebhaften Schwarzmarkt für westliche Videos für einen Einbruch westlicher Medien in Polen.[1380]

1. Solidarność und Untergrundmedien

Im Rahmen der großen Streikwelle der Solidarność zu Beginn der achtziger Jahre, wurde zwischen der Staatsführung und den Streikführern um *Lech Wałesa* unter anderem auch über die Hoheit über den Rundfunk sowie die Freiheit zur Veranstaltung von Rundfunk verhandelt. Im abschließenden „Danziger Abkommen“, das die Solidarność und ihre Gründung als freie Gewerkschaft anerkannte, findet sich auch die erste Zulassung einer oppositionellen Presse, die aber der Zensur noch unterworfen war.[1381] Bei dieser ersten eigenen Presse handelte es sich aber, mangels qualifizierter Journalisten, Infrastruktur und Vertrieb, um Flugblätter und kleinere Informationsbroschüren, einen Zugang zu den staatlichen Medien erhielt die Solidarność noch nicht.[1382]

Diese zeitweilige Entspannung der sozialistischen Medienregulierung brach abrupt ab, als General *Wojciech Jaruzelski* am 13. Dezember 1981 den Kriegszustand ausrief, der in seiner Bedeutung bis heute umstritten ist.[1383] Nach der Machtergreifung durch das Militär folgte eine sog. Kommunikationsblockade von drei Monaten, die erst schrittweise wieder abgebaut wurde.[1384] Durch das Verbot der Solidarność waren gleichzeitig alle Bestrebungen zur freie Mei-

---

[1379] Dies gilt so vor allem für die politisch oppositionelle Presse. Neben dieser hat sich ein großer Schwarzmarkt mit westlichen Videofilmen etabliert, der vor allem Unterhaltungsinteressen bediente. Vgl. dazu *Knobelsdorf*, Länderbericht Polen – Medien, S. 443 f.

[1380] Die Behörden reagierten mit „Installationsgenehmigungen“ für Satellitenschüsseln, anstatt ein Verbot auszusprechen. Dies ist sicherlich dem seit Beginn der achtziger Jahre einsetzenden politischen Tauwetter geschuldet. Dazu *Jacubowicz*, Den Westen überbieten, S. 56.

[1381] Damit wurde gleichzeitig die Zensur erstmals offiziell geregelt, vgl. *Knobelsdorf*, Länderbericht Polen - Medien, S. 445.

[1382] Siehe *Krzeminski*, Polen im 20. Jahrhundert, S. 166 f.

[1383] Zur den verschiedenen Bewertungen der Politik *Jaruzelskis* siehe *Krzeminski*, Polen im 20. Jahrhundert, S. 183.

[1384] Zur Kommunikationsblockade siehe *Knobelsdorf*, Länderbericht Polen, S. 440 f; sowie ausführlich *Krzeminski*, Polen im 20. Jahrhundert, S. 169 ff.

nungsäußerung und der freien Medienberichterstattung begraben, der Meinungsaustausch wanderte wiederum in den Untergrund. In Zusammenarbeit mit der Kirche, die einen Schutzraum für die verfolgten Mitglieder der Solidarność bot, konnte sich ein inoffizieller Meinungs- und Kulturaustausch entwickeln, der von Untergrundzeitschriften besprochen und schließlich von den offiziellen Medien aufgenommen wurde.[1385] Die vormals erstrittenen (Kommunikations-)Freiheiten ließen sich nicht mehr, anders als das sonstige politische Leben, durch die Partei unterdrücken. Die bestehenden freiheitlichen Gedanken und Bestrebungen entwickelten sich zusehends von der politischen Situation unabhängig und wurden nach und nach einem größeren Publikum zugänglich gemacht. Die Öffentlichkeit demonstrierte schließlich ihre Abneigung gegen den staatlichen Propagandafunk, indem viele Menschen zur Sendezeit der Hauptnachrichten demonstrativ spazieren gingen.[1386]

Dass gegen diese Entwicklung nicht von staatlicher Seite energisch vorgegangen wurde, lag wohl auch an der der äußerst restriktiven Politik *Jaruzelskis*, der zwar im Rahmen des Kriegszustands 1981 viele Oppositionelle verhaften lies, nach dieser Zeit aber kaum gegen die Solidarność vorging. Nach außen hin wurde die Zensur, die erst in den Verhandlungen zum Danziger Abkommen mit der Solidarność 1980 offiziell wurde und Rechtsform erhielt, zunächst bis 1984 verschärft. Gegen die Untergrundpresse als Phänomen und soziale Realität konnten die Machthaber jedoch nichts mehr ausrichten. Die informelle Entspannung ging nach 1984 so weit, dass 1987 mit der „Res Publica“ die erste private, allerdings auch der staatlichen Zensur unterliegende, Tageszeitung herauskam.

2. Der Rundfunk in Zeiten der Wende

Im März 1988 brach ein landesweiter Streik der Arbeiter zum 8. Jubiläum der Solidarność aus, der die unzureichenden Wirtschaftsreformen als Hintergrund hatte. Dieser konnte erst im August beendet werden, nachdem *Lech Wałesa* als offizieller Verhandlungspartner anerkannt wurde, ohne allerdings die Solidarność als Organisation insgesamt zu legalisieren. Unter dem politischen Druck der Solidarność und der unglücklichen Wirtschaftspolitik, die durch den langen Streik noch verschärft wurde, machte die PZRZ der (außerparlamentarischen) Opposition das Angebot, an einem „Runden Tisch“ die wesentlichen Streitpunkte zu beraten.[1387] Das wohl wichtigste Ergebnis des „Runden Tischs“ waren die

[1385] *Krzeminski*, Polen im 20. Jahrhundert, S. 172.
[1386] *Maliszewski*, Osteuropa 2006, 271 (271).
[1387] Dieses „Aushandeln“ anstatt eines Zusammenbruchs oder einer radikalen Revolution gilt als typische polnische Eigenart im Transformationsprozess, vgl. *Hadamik*, Transformation, S. 69.

sog. „halbfreien“ nächsten Wahlen im Juni 1989, in denen 35% der Sitze des Sejms und alle Sitze des neuen Senats frei gewählt werden sollten.

Innerhalb der Verhandlungen wurde die Untergruppe „Massenmedien“ gebildet, die erste Gespräche und Beratungen zur Transformation der Massenmedien führten. In dieser Gruppe wurde auch die Erlaubnis zur Herausgabe der Wahlzeitung „Gazeta Wyborcza“ als erster freier Zeitung der Opposition beschlossen, einer wesentlichen Voraussetzung für den kommenden Wahlerfolg.[1388]

Das Ergebnis der Wahl führte zu einem Erdrutschsieg der Solidarność: Alle freien Plätze wurde von ihr gewonnen. In der Folge wurde auf „polnischem Kompromisswege“ der Präsident mit *Jaruzelski* als Mann der Partei und der Ministerpräsident mit *Mazowiecki* als erster nicht-kommunistischer Staatsführer gewählt – beide mit Unterstützung des Blocks der Solidarność.[1389] In den folgenden 16 Monaten der Regierung *Tadeusz Mazowieckis* wurden die Bindungen an das alte Regime und die Strukturen der PZRZ nach und nach ausgetauscht und durch moderne Formen der Gesetzgebung und Verwaltung ersetzt.[1390] Als Kehrseite war damit aber auch eine gewisse personale Kontinuität verbunden, die gerade in jüngster Zeit kritisch betrachtet wird.[1391] Trotz der wirtschafts- und finanzpolitischen sog. „Schocktherapie“ wurden viele Elemente lange mitgeschleppt, der Prozess der Systemtransformation dauert in Teilen noch bis heute an.[1392] Grund dafür ist ein gewisser Mangel an politischer Erfahrung in den ersten Jahren, die außergewöhnliche Situation selbst, sowie auch die fehlende Bereitschaft zur vollen Aufarbeitung ohne Rücksicht auf politische Verluste.[1393]

[1388] Dabei konnte die Solidarność im Bereich der Presse erfolgreich verhandeln, einen Anspruch auf Rundfunkzugang konnte sie aber nicht durchsetzen, vgl. *Hadamik*, Transformation, S. 112 ff. und 191.

[1389] Dieser politischen Kompromisslösung ging ein berühmt gewordener Artikel von *Adam Michnik*, einer der schillerndsten Figuren der polnischen Medienszene, voraus. In der Gazeta Wyborca (Wahlzeitung), schrieb er den programmatischen Vorschlag „Euer Präsident – unser Ministerpräsident“, der den Weg für *Mazowiecki* frei machte, vgl. *Gazeta Wyborca* vom 4. Juni 1989.

[1390] Siehe dazu allgemein *Hadamik*, Transformation, S. 76 f.

[1391] Die Regierung *Kaczynski* hatte sich eine „moralisch einwandfreie 4. polnische Republik“ als Ziel gesetzt, die mit dem am 15.3.2007 verabschiedeten sog. Lustrationsgesetz diverse Berufsgruppen mit „öffentlicher Funktion“ zur Offenlegung einer möglichen Geheimdiensttätigkeit zwang, allerdings vor dem polnischen Verfassungsgericht scheiterte. Mit Stimmen der internationalen Kritik *Zuchowicz*, Rzeczpospolita vom 21. 3. 2007; ausführlich *Kind*, Herder-Korrespondenz 2006, 102 (104).

[1392] Vgl. dazu die verhaltene Stellungnahme der Europäischen Kommission aus dem Jahr 2002 zum Antrag Polens auf Beitritt zur Europäischen Union, S. 50, wonach Polen wohl „mittelfristig in der Lage [sei], den EU-Anforderungen im audiovisuellen Bereich zu entsprechen“.

[1393] So auch *Hadamik*, Transformation, S. 76.

Der große politische Systemwechsel schaffte die Voraussetzungen für grundsätzliche Änderungen im polnischen Mediensystem. Mit der Machtübernahme durch die Nicht-Kommunisten nach 1989 war auch das Schicksal der staatlichen Medien in ihrer bisherigen Form besiegelt. Die erste Aufgabe bestand darin, den staatlich geführten Pressekonzern „RSW Prasa-Książka-Ruch"[1394] und das Radiokomitet aufzulösen und in unabhängige Sparten Buch, Fernsehen, Radio und Print zu unterteilen. Dabei sollte es nicht zu einer reinen Zerschlagung kommen, sondern aus den Einzelteilen quasi als „übertragende Sanierung" ein multipolares und plurales Mediensystem entstehen.

Diese sehr schwierige Aufgabe kam der Regierung *Mazowiecki* zu. Hinsichtlich des Pressekonzerns „RSW Prasa-Książka-Ruch" wurde dieser Prozess mit dem Gesetz zur Auflösung der Arbeiterverlagsgenossenschaft eingeleitet.[1395] Das Gesetz bestimmte die Auflösung des Konzerns und die Überleitung von Unternehmenseinheiten auf private Träger unter Aufsicht einer Liquidierungskommission. Um auf dem Printmarkt eine möglichst große Diversifikation zu erreichen, konnten sich „gesellschaftlich relevante Gruppen" melden, denen eine wirtschaftliche Einheit (z.B. Druckerei) des ehemaligen Konzerns oder ein einzelner Zeitschriftentitel – kostenlos oder gegen Entgelt – überwiesen wurde und die auf eigene Rechnung weitergeführt werden musste.[1396] Zusätzlich wurde die Zensur offiziell abgeschafft, die allerdings bereits seit 1989 kaum mehr arbeitete.[1397] Durch die Privatisierung des RSW-Konzerns entstand eine plurale Printlandschaft in Polen, wie sie vorher nicht denkbar gewesen wäre. Der Preis war allerdings, dass der Markt sehr unübersichtlich und ökonomisch labil war.

[1394] Dieser Konzern ging aus der 1947 gegründeten Robotnicza Spółdzielnia Wydawnicza "Prasa" (Arbeiterverlagsgenossenschaft Presse) hervor. Ihm wurde nach und nach die Produktion von Zeitschriftentiteln überantwortet. Siehe dazu *Knobelsdorf*, Länderbericht Polen – Medien, S. 433.

[1395] Zur Auflösung des RSW Prasa-Książka-Ruch siehe *Klimkiewicz*, Countryreport Poland, S. 372.

[1396] Das Konzept der Beteiligung gesellschaftlich relevanter Gruppen erinnert stark an die Beteiligung der Gesellschaft im Rahmen der Rundfunkaufsicht der öffentlich-rechtlichen Rundfunkanstalten in Deutschland, siehe ausführlich oben C.I.2.d). Der Art. 5 des RSW-Liquidationsgesetzes brachte aber auch große Schwierigkeiten. So war nicht klar, wem das wertvolle Anlagevermögen zufallen sollte und ob dies noch mit der pluralistischen Intention begründet werden könnte. Auch die Zuschlagskriterien der Liquidationskommission waren eher nebulös, wenn auch deutlich auf eine staatliche Unabhängigkeit bedacht. Gewinner waren die von den ehemaligen Belegschaften gegründeten Genossenschaften. Verlierer waren wohl die sich bereits in dieser Phase bewerbenden ausländischen Investoren, von denen keiner einen Zuschlag erhielt. Siehe dazu ausführlich *Hadamik*, Transformation, S. 131 f. und S. 298.

[1397] Die Zeitungen stellten einfach die Zuleitung an das Zensuramt ein, woraufhin die Presse insgesamt einen anderen Charakter bekam, vgl. *Hadamik*, Transformation, S. 116, mit zeitgenössischen Kommentaren.

Viele Publikationen überlebten die Privatisierung nicht sehr lange: Etwas über einem Jahr nach der Privatisierung folgte eine große Konsolidierungswelle im Printmarkt.[1398]

Die Transformation des Rundfunks dauerte dagegen wesentlich länger und fand fast unter Ausschluss der Öffentlichkeit statt. Unter dem als Struktur, jedoch mit veränderter Spitzenbesetzung fortbestehenden Radiokomitet wurde 1989 eine Kommission zur Reform des Rundfunks und Fernsehen gegründet, die Vorschläge zur Reform und Transformation des Rundfunkwesens machte.[1399] Ähnlich wie in Deutschland bestand zunächst eine „Sondersituation“, die die Überantwortung des Fernsehens schon aus finanziellen Gründen kaum zuließ. Daneben wäre es auch zu einer Auslieferung des Rundfunks an einzelne Interessen oder Gruppen gekommen, was der Leitidee einer pluralistischen Medien- und Rundfunkkultur widersprach. Eine ähnliche Zerschlagung des staatlichen Fernsehens wie sie bei dem RSW-Konzern durchgeführt wurde, kam also nicht in Betracht. Auch vor dem Hintergrund scharfer Kritik an der übereilten Vorgehensweise bei der Privatisierung des RSW-Konzerns wurden die Strukturen des „Radiokomitet“ zunächst beibehalten und die wichtigsten Stellen, insbesondere die des Vorsitzenden, zunächst einmal mit Solidarność-Anhängern besetzt.[1400] Die dem Radiokomitet unterstellte Reformkommission erarbeitete einen Vorschlag zu einer dreiteiligen Rundfunkordnung mit einem legalisierten Privatrundfunk, dem staatlichen Rundfunk als neuem öffentlich-rechtlichem Rundfunk und „gesellschaftlichen Sendern“ als drittem Element.[1401]

1398 Siehe *Hadamik*, Transformation, S. 167 f.

1399 Zu den diversen Vor- und Nachteilen der Reformarbeit innerhalb der alten Strukturen, siehe *Hadamik*, Transformation, S. 193 f.

1400 Die Kritik richtete sich gegen die Privatisierung selbst, argumentiert wurde mit den Interessen der 90.000 Beschäftigten, aber auch der „Gewährleistung des Pluralismus“. Die Diskussion zeigt die Ambivalenz des Pluralismusbegriffs auch in Polen, wie auch die Unklarheit über seine notwendigen materiellen Voraussetzungen. Die Berufung von *Andrzej Drawicz* als engem Vertrauten von Ministerpräsident *Mazowiecki* gilt als Versuch, die Rundfunktransformation im Sinne der Herrschaftselite und unter möglichst wenig Protest ablaufen zu lassen. Es gab auch Bestrebungen der Solidarność, den Rundfunk in Staatshand zu belassen, da er ja nunmehr die „richtige Wahrheit“ der Solidarność als Machthaber verkünden würde, vgl. *Hadamik*, Transformation, S. 191. Ähnlich *Jakubowicz*, Media-Perspektiven 91/2, S. 71 (76).

1401 Die Figur des gesellschaftlichen Senders („social Broadcaster“) wurde allerdings erst am 21. Juli 2001 in das RFG aufgenommen, dort definiert in Art. 4 Nr. 1a) und Art. 39a RFG (*Dziennik Ustaw* z 2001 nr 42 pos 469). Sie ist vielleicht vergleichbar mit dem „offenen Kanal“ in Deutschland. Aufgrund der in Art. 4 Nr. 1a) RFG benannten inhaltlichen Bindungen gilt der „social Broadcaster“ vor allem als Instrument des Minderheitenschutzes, vgl. UNHCR-Report zur Rassendiskriminierung CERD/C/SR.1572 und UNHCR Compliance Report Poland, ACFC/SR(2002)002, S. 30. Derzeit einziger gesellschaftlicher Sender ist das

3. Das Rundfunkgesetz 1992

Umgesetzt werden sollte diese Konzeption in einem neuen Rundfunkgesetz (im Folgenden: RFG). Die Beratungen und Gesetzesentwürfe zogen sich aber noch bis 1993 hin. Das Spektrum der Gesetzesentwürfe reichte von rein kosmetischen Vorschlägen zur Reform des Staatsfernsehens bis zu einer vollkommenen Privatisierung und Marktsteuerung des Rundfunks insgesamt.[1402] Erst nach mehreren Regierungswechseln wurde das Gesetz unter der Regierung *Hannah Suchova* am 29. Dezember 1992 verabschiedet.[1403] In der Endfassung ist bis heute der Einfluss der Kirchen – z.B. in Art. 18 Nr. 2 RFG – sowie die fehlenden Bereitschaft der Politiker, den Rundfunk vollends von sich und dem Staat unabhängig zu gestalten, nachvollziehbar.

Während in Deutschland das erste Fernsehurteil des BVerfG als Magna Charta des Rundfunkrechts gilt, dürfte dies in Polen wohl für das Rundfunkgesetz von 1992 gelten. Das RFG regelte die Transformation des staatlichen Fernsehens, die Legalisierung und Lizenzierung des Privatrundfunks sowie die Einrichtung und Kompetenzen eines zentralen Aufsichtgremiums. Die Transformation des staatlichen Fernsehens sollte sich demnach vom gem. Art. 63 Abs. 1 RFG aufgelösten Radiokomitet zur neuen öffentlich-rechtlichen Aktiengesellschaft Telewizja Polska S.A. (TVP) gem. Art. 26 Abs. 1 RFG hin vollziehen. Dieser neue Rechtsträger sollte sich gegenüber dem PRT durch eine staatsferne Organisation auszeichnen, verblieb aber als Vermögensmasse in staatlicher Hand.[1404]

Im Hinblick auf den Privatrundfunk schaffte das RFG eine dringend notwendig gewordene Rechtsgrundlage für die Vergabe von Sendelizenzen. Bis zum Inkrafttreten des Gesetzes hatten bereits sehr viele Radio- und Fernsehsender eine Lizenz beantragt, darunter das in der Illegalität sehr erfolgreiche Rundfunknetzwerk Polonia 1.[1405] Durch die Legalisierung des privaten Rundfunks entstand quasi über Nacht aus dem ehemaligen Staatsmonopolrundfunk eine duale Rundfunkordnung.[1406] Der Preis für die Legalisierung des privaten Rund-

berüchtigte Radio Maria aus Torun, siehe ausführlich *Kind*, Herder-Korrespondenz 2006, 102 (104).

1402 Zu den verschiedenen Gesetzesentwürfen siehe *Jakubowicz*, MediaPerspektiven 2/91, S. 71 (74 f.).

1403 *Dziennik Ustaw* z 1993 nr 7 pos 33. Siehe auch GRUR-Int 1993, 510 f.; Zum Gesetzgebungsverfahren *Hadamik*, Transformation, S. 202 ff.

1404 Der öffentlich-rechtliche Rundfunk TVP steht zu 100% im Eigentum des Fiskus, eine vermögensrechtliche Ausgliederung auf dem Staatshaushalt als öffentlich-rechtliches Sondervermögen wie in Deutschland erfolgte nicht.

1405 Zur Piratensenderkultur vor dem RFG siehe *Hadamik*, Transformation, S. 199.

1406 Polsat ging am 5. Dezember 1992 um 16:30 auf Sendung, ausführlich *Maliszewski*, Osteuropa 2006, 271 (275).

funksektors war aber zunächst eine Einbuße an Anbietervielfalt. Da eine große Zahl von Frequenzen dem Militär vorbehalten war, konnte nur eine sehr begrenzte Anzahl an Lizenzen vergeben werden. In der ersten Vergaberunde wurde nur eine einzige Lizenz für landesweites Fernsehen an Polsat erteilt.[1407] Die Mehrzahl der Bewerber – im Juni 1993 waren es noch 55 Radio- und 19 Fernsehsender[1408] – ging daher leer aus und musste ihren Sendebetrieb einstellen, darunter auch das große und beliebte Sendernetzwerk Polonia 1.[1409]

Als neues Aufsichtsorgan an Stelle des Radiokomitet etablierte das Gesetz den Krajowa Rada Radiofonii i Telewizji (im Folgenden: KRRiT) als zentrales Aufsichtsorgan über Hörfunk und Fernsehen. Der KRRiT war von Beginn an für Aufsicht, Regulierung und Verwaltung zuständig und hat damit die zentrale Funktion im polnischen Rundfunksystem. Aufgrund dieser starken Stellung war und ist er in vielerlei Hinsicht Gegenstand von Kontroversen.[1410]

4. Erste Korrekturen der Medienordnung

Die Konzeption des KRRiT erwies sich seit den ersten Jahren als Einfallstor für politische Interessen. Zunächst von der Öffentlichkeit unbemerkt, wurde der Rat selbst, wie auch der durch ihn besetzte Aufsichtsrat der öffentlich-rechtlichen Fernsehens TVP mit regierungstreuen Personen besetzt. Deutlich zeigte sich aber die Einmischung von Seiten der Politik in die Arbeit des eigentlich staatsfern konzipierten Gremiums, als Präsident *Lech Wałesa* sein Recht zur Ernennung des Vorsitzenden missbrauchte.[1411] Nach einigem Widerstand durch Präsident *Wałesa*, einschließlich einer Verfassungsklage gegen die Gesetzesnovelle konnte der Sejm das RFG novellieren und den zu Tage getretenen Missständen anpassen.[1412] Geregelt wurde vor allem, dass der Vorsitzende des KRRiT nicht mehr von außen bzw. durch den Präsidenten, sondern durch die Ratsmitglieder selbst bestimmt wurde. Damit sollte der Einfluss vor allem des Präsidenten beschnitten, aber auch insgesamt gegen die Interessen staatlicher

---

[1407] Polsat erreichte damit einen kaum mehr einzuholenden Vorsprung an Bekanntheit und Verbreitung, gegen den die privaten Konkurrenzsender bis heute ankämpfen. Dazu *Jakubowicz*, MediaPerspektiven 1998, S. 39 (41).

[1408] Vgl. Annex zu *KRRiT*, Broadcasting Landscape 2006, Annex IV.

[1409] Polonia 1 sendete nicht nur ohne Lizenz, sondern verstieß als rein italienisches Unternehmen auch gegen die damalige Höchstbeteiligungsquoten für Ausländer, vgl. dpa-informationen Nr. 34 vom 1. September 1994, S.18. Nach dem Verbot wurde der Sender über Eutelsat als Satellitenkanal von Italien aus angeboten, verlor aber stark an Akzeptanz bei den Zuschauern. Dazu *Jakubowicz*, Media-Perspektiven 1/98, S. 39 (40).

[1410] Siehe dazu unten D.IV

[1411] Dazu der Beschluss des Verfassungsgericht vom 10. Main 1994, W 7/94 – *Fernsehen II*; und unten D.IV.3.

[1412] *Dziennik Ustaw* z 1995 nr 66 pos 355; ausführlich *Hadamik*, Transformation, S. 221.

Organe ein deutliches Zeichen gesetzt werden. Das Grundproblem der Unabhängigkeit von staatlichen Stellen aber auch den Interessen des Rundfunks wurde bislang nicht hinreichend gelöst. Das deutsche System der „gesellschaftlich relevanten Gruppen" ist zwar, wie oben erwähnt, selbst keine Ideallösung und nicht frei von Widersprüchen. Gegenüber der polnischen Lösung ergibt sich aber der deutliche Vorteil, gesellschaftlicher Rückbindung und Einbeziehung unter gleichzeitigem Ausschluss einseitigen (politischen) Einflusses.[1413]

Die Einmischung und Abhängigkeit des KRRiT von den politischen Mehrheiten blieb in den Folgejahren bestehen.[1414] Obwohl das RFG den Rundfunk staatsfrei konzipierte, wurden die wenigen Regelungslücken konsequent zur Einflussnahme genutzt.[1415] Die erste Novelle unterbrach zwar den direkten Einfluss des Präsidenten, verhinderte aber nicht die direkte Verbindung von Seijm über KRRiT bis in die Gremien des TVP.

Wurde also der öffentlich-rechtliche Rundfunk weitestgehend von der Politik instrumentalisiert, blieb der private Rundfunk von einer Einmischung dagegen verschont. Zum einen war der private Rundfunk von 1993 bis 1997[1416] mit nur Polsat als einzigem Sender für politische Einflussnahme nicht ausreichend attraktiv. Zum anderen fehlten die einfachen, wenig auffälligen und strukturell vorgegebenen Möglichkeiten zur Beeinflussung, wie der öffentlich-rechtliche Rundfunk sie bot. Damit war der private Rundfunk wesentlich freier von Partikularinteressen als der öffentlich-rechtliche Rundfunk.[1417] Eine gewisse Zusammenarbeit zwischen privatem Rundfunk und den Staatsorganen ließ sich in jüngster Zeit beim streng katholischen Sender Radio Maria beobachten. Nachdem der Sender im Vorfeld der Wahl 2005 deutlich Stellung zugunsten der PiS (Prawo i Sprawiedliwość, Recht und Gerechtigkeit) bezogen hatte, bedankte sich der damalige Ministerpräsident *Marcinkiewicz*, indem er, statt wie seine

---

[1413] Siehe dazu oben ausführlich B.VII.1 und C.I.2.d).

[1414] Zu den einzelnen Vorkommnissen siehe unten bei der jeweiligen Vorschrift bzw. der angesprochenen Regelungslücke.

[1415] Hier zeigt sich plastisch, wie schnell Freiräume und Leerstellen durch einseitige Interessen gefüllt werden. Die oben unter C.III.3 für den Pluralismus als Strukturprinzip im deutschen Rundfunkrecht erläuterte Gefährdung ist daher keineswegs theoretischer Natur.

[1416] In der zweiten Vergaberunde wurden mit TVN und Nasza Telewizja Anfang 1997 zwei landesweite Programme lizenziert, die aber so schwach kapitalisiert waren und nur wenig Zuschaueranteile auf sich ziehen konnten, dass sofort über mögliche Zusammenarbeit und Fusionierung verhandelt wurde, vgl. *Hadamik*, Transformation, S. 229.

[1417] So auch *Hadamik*, Transformation, S. 226.

Amtsvorgänger im TVP, seine Neujahrsansprache über den Sender verbreiten ließ.[1418]

5. Verfassung von 1997

In der Verfassung von 1997 wurde auch auf die Medien, die Meinungs- und Kommunikationsfreiheiten Bezug genommen. Anders als in Deutschland wurde die Rundfunkfreiheit nicht selbst als eigenständiges Grundrecht in die Verfassung aufgenommen. Die Rundfunkfreiheit wird als Teil der „Äußerungsfreiheit" gem. Art. 54 Nr. 1 PolVerf verstanden,[1419] und ist damit strikt als subjektivrechtliches Grundrecht zu sehen.[1420] Gemäß Art. 54 Nr. 2 PolVerf kann das Grundrecht der Äußerungsfreiheit durch einfaches Gesetz eingeschränkt bzw. geregelt werden. Die Rundfunkordnung in Polen ist daher nicht als umfassende „positive Ordnung" wie in Deutschland zu sehen, sondern als zu rechtfertigende Einschränkung der Äußerungsfreiheit im Wege einfach-rechtlicher Gesetzgebung.

Anders als die Freiheit selbst, wurde ihre Aufsicht, der durch das RFG (Art. 5 f.) geschaffene Rundfunkrat KRRiT, in den Artt. 213 ff. PolVerf ausdrücklich geregelt. Der Rundfunkrat soll demnach die Freiheit des Wortes, das Informationsrecht sowie das öffentliche Interesse an Rundfunk und Fernsehen schützen. Zu diesem Ziel ist er ermächtigt, Verordnungen und Beschlüsse zu erlassen.

Auch wenn der Rundfunkrat nunmehr ein unabhängiges Organ von Verfassungsrang war, nahm die Beeinflussung von Seiten der Politik nicht etwa ab. Trotz der staats- und regierungsfreien Konzeption des Rundfunks, zeigten einige Politiker ein Verständnis des – vor allem öffentlich-rechtlichen – Rundfunks, das jegliches Gespür für eine Staatsfreiheit der Medien vermissen ließ. Da die Mitglieder des KRRiT für sechs Jahre bestellt waren, und jeweils drei der neuen Mitglieder alle zwei Jahre ausschieden, war der KRRiT oftmals zunächst einer neuen Regierung politisch entgegengesetzt orientiert. Diese Situation veranlasste den ehemaligen Ministerpräsidenten *Jerzy Buzek* 1998 zu der Aussage, es sei „lächerlich, dass die größte parlamentarische Fraktion in diesem Gremium nicht ihre Repräsentation hätten."[1421] Bezeichnend ist auch der Ausspruch des ehemaligen Ministerpräsidenten *Jarosław Kaczyński*, „Wenn eine Regierung keine

[1418] *Kind* vermutete mit weiteren, eher marginalen Beispielen, dass die Regierung Kaczyński Radio Maria zum inoffiziellen Staatssender machen wollte, siehe *Kind*, Herder-Korrespondenz 2006, 102 (105).

[1419] Vgl. *Rittler/Banasinski*, Das Recht der Rundfunkunternehmen in Polen, S. 536 und D.II.1.

[1420] Alle individuellen Freiheiten der Verfassung sind ausdrücklich auf einen unveräußerlichen, naturrechtlich begründeten Menschenwürdekern rückgebunden, vgl. Art. 30 Nr. 1 PolVerf. Dazu *Wojtyczek*, § 1. Verfassungsrecht, S. 19 Rn. 25. Siehe aber auch unten D.II.1.

[1421] Zitiert nach *Hadamik*, Transformation, S. 225.

Macht über das Fernsehen hat, das seit jeher als superstrategische Institution gilt, so hat sie keine Chance. Und wenn der Ministerpräsident keine Gewalt über das Fernsehen hat und sich von ihm auf dem Kopf herumtrampeln lässt, ist sein politisches Ende nah."[1422]

6. EU-Beitritt Polens 2004

Ein Impuls zur Reform des Rundfunkrechts ergab sich im Rahmen der Beitrittsverhandlungen Polens zur EU. Die Änderungen beschränkten sich jedoch weitestgehend auf solche Maßnahmen, die der Beitritt unbedingt erforderlich machte.[1423] Da die Europäische Union im Bereich des Rundfunks grundsätzlich keine Regelungskompetenz hat,[1424] betreffen die Änderungen die Randbereiche, in denen sich die Rundfunkregulierung mit Fragen des gemeinsamen Binnenmarktes überschneidet bzw. die Übernahme des gemeinsamen Besitzstandes (*acquis communitaires*) betrifft. Ein wesentlicher Teil des gemeinschaftlichen Besitzstandes ergibt sich aus der Richtlinie „Fernsehen ohne Grenzen"[1425].

Die Stellungnahmen und Berichte der Kommission zur Umsetzung des gemeinschaftlichen Besitzstandes der Europäischen Union datierten von 1997 bis 2003.[1426] Sie weisen im Wesentlichen auf Defizite bei der Kapitalverkehrsfreiheit, der Rechtshoheit, den Rundfunkquoten für europäische Werke[1427] hin, die Stellungnahme aus 1997 stellte sogar zusätzlich und ausdrücklich einen zu starken Einfluss des Staates auf den öffentlich-rechtlichen Rundfunk fest.[1428]

Die Hindernisse für europäische Direktinvestitionen und damit für die Kapitalverkehrsfreiheit gem. Art. 54 EG, die hauptsächlich in einer Höchstbeteiligungsquote von 33%[1429] bzw. 49%[1430] bestanden, wurden erst mit dem Beitritt

---

1422 Der Ausspruch ist enthalten in der Anthologie *Kuchnia polityczna* 2001, zitiert nach *Maliszewski*, Osteuropa 2006, 271 (272).

1423 *Dziennik Ustaw* z 2004 nr. 91 pos 874. Siehe aber die sehr ausführliche Analyse des KRRiT zur Lage der Public Policy im Rundfunkgesetz in *KRRiT*, Strategic Guidance, S. 17 f.

1424 Jedenfalls gibt es nach dem Prinzip der begrenzten Einzelermächtigung keinen ausdrücklichen Kompetenztitel für das Gemeinschaftsrecht. Zur sonstigen europäischen Gesetzgebung, die sich über den Umweg der Binnenmarktharmonisierung bereits zu einem „europäischen Medienrechtsrahmen" entwickelt hat, siehe ausführlich *Dörr*, Europäische Medienordnung, S. 40 ff.; oben B.II. Siehe aber den neuesten Vorstoß im Reding-Wallström-Plan oben C.II.2.c).

1425 Richtlinie vom 3. November 1990 89/552/EG – *Fernsehen ohne Grenzen*; sowie die Novelle vom 30. Juli 1997, 97/36/EG – *Fernsehen ohne Grenzen II*.

1426 Stellungnahme der Kommission KOM(1997) 2002 endg.

1427 Zu den Quoten der Fernsehrichtlinie als Teil geographischer Vielfaltsdimensionen vgl. oben C.II.1.a).

1428 Stellungnahme der Kommission KOM(1997) 2002 endg., S. 145 f.

1429 So die ursprüngliche Höchstbeteiligungsquote für ausländische Gesellschafter des Art. 35 Abs. 2 RFG a.F., die noch in der zweiten Vergaberunde für Lizenzen gültig war. Dazu

2004 abgeschafft.[1431] Die Rundfunkquoten für europäische Werke und ihre Definition wurden 1997 durch Verordnung des KRRiT eingeführt.[1432]

7. Reform des Rundfunkrates 2005

Während die Regierungen seit der letzten größeren Reform des RFG 1995 die Rechtsgrundlagen des KRRiT im Wesentlichen unangetastet ließen, sicherte sich die Regierung *Kaczyński* nach gerade einmal acht Wochen Regierungszeit noch unter *Kazimierz Marcinkiewicz* als (Stroh-)Ministerpräsident in einem atemberaubendem Tempo am 29. Dezember 2005 die Kontrolle über den Rundfunkrat. Damit war ein neues Niveau der staatlichen Beeinflussung erreicht. Das Gesetz sah eine Neuordnung des KRRiT vor.[1433] Alle Amtszeiten endeten und der Rat wurde neu besetzt. Die Mitgliederzahl wurde von neun auf fünf verkleinert.[1434] Von diesen Mitgliedern wurden nunmehr zwei vom Seijm, zwei von Präsident *Lech Kaczyński* und ein Mitglied vom Senat bestimmt. Nach dem Gesetz stand dem Präsidenten zusätzlich das Recht zu, den Vorsitzenden zu ernennen.[1435] Das Gesetz wurde durch den Beauftragten für Bürgerrechte[1436] und zwei Oppositionsgruppen dem polnischen Verfassungsgericht zur Prüfung vorgelegt. Das Gericht erklärte unter anderem das Recht des Präsidenten, den Vorsitzenden zu ernennen, für verfassungswidrig, das Gesetz als ganzes blieb jedoch bestehen.[1437] Die vom Präsidenten bestimmte Kandidatin *Elżbieta Kruk* – die ehemalige Büroleiterin von *Lech Kaczyński*, als dieser noch Innenminister

---

Rittler/Banasinski, Das Recht der Rundfunkunternehmen, S. 608; *Diemer-Benedict*, Wirtschaftsfreiheit in Polen, S. 291 f.

1430 Seit 1995 galt für ausländische Gesellschafter von Radiosendern und Kabelnetzbetreibern eine Höchstbeteiligungsquote von 49%. Dazu kritisch *Hadamik*, Transformation, S. 300.

1431 Die Höchstbeteiligungsquoten greifen aber nach wie vor für EWR-Ausländer, siehe Art. 35 RFG mit der etwas verworrenen Ausnahme für Lizenznehmer aus dem EWR in Abs. 3. Für nachträgliche Direktinvestitionen in bestehende Unternehmen besteht eine Ausnahme von der Zustimmungspflicht des KRRiT gem. Art. 40a Abs. 5 RFG. Dazu *EUMAP*, Television across Europe, S. 1095 f.

1432 Verordnung des KRRiT vom 13. November 1997, *Dziennik Ustaw* z 1997 nr. 144 pos 970. Inzwischen wurde die Verordnung in das RFG überführt und ergänzt, siehe Art 15 Nr. 2, Art. 15b RFG. Siehe dazu auch *EUMAP*, Television across Europe, S. 1094.

1433 *Dziennik Ustaw* z 2005 nr 267 pos 2258.

1434 Siehe auch ausführlich zu den Änderungen *KRRiT*, Broadcasting Landscape 2006, S. 6 ff.

1435 *Maliszewski*, Osteuropa 2006, 271 (278 f.); *ders.* Polen-Analysen 2007, Ausgabe 6, S. 5 f.

1436 Der Beauftragte für Bürgerrechte vertritt die abstrakten Interessen der Bürger, wie sie sich aus der Verfassung und einfachem Recht ergeben. Dazu kann er auch ein Gesetz vor dem Verfassungsgericht anfechten. Vgl. Artt. 208 ff. PolVerf.

1437 Urteil des Verfassungsgerichts vom 23. März 2006 K 04/06 – *Rundfunkrat*. Dazu ausführlich untenD.II.2.c).

unter der Regierung *Leszek Miller* war - wurde daraufhin von den Mitgliedern des KRRiT, wie es der Rechtslage seit der Reform 1995 entsprach, gewählt.[1438]

8. Fazit

Die Geschichte des Rundfunks in Polen, insbesondere die des öffentlich-rechtlichen Rundfunks TVP, zeigt, wie groß die Einflussnahme der Politik auf den Rundfunk ist. Dabei ist zumindest aus deutscher Sicht erstaunlich, mit welcher Offenheit die Ansprüche auf „Repräsentation" erhoben werden. Allerdings ist Staatsfreiheit der Aufsichtsstrukturen in Reinform wohl kaum zu haben und auch aus deutscher Sicht empfiehlt sich eine gewisse Bescheidenheit in der Bewertung, da Rundfunkräte wie die des WDR und des ZDF aufgrund hoher Beteiligung von Partei- und Regierungsvertretern wohl nur formal als staatsfrei zu bezeichnen sind.[1439]

Auffällig ist aber die verschiedene Behandlung von Rundfunk und Presse im Transformationsprozess. Die Begründung mag sich zum Teil aus der Eigenschaft des Rundfunks als „superstrategische Institution" (*J. Kaczyński*) ergeben, die in etwas weniger politisierter Form in Deutschland als „Aktualität, Breitenwirkung und Suggestivkraft"[1440] bezeichnet wird. Während daraus in Deutschland aber ein bestimmter Gestaltungsauftrag für den Gesetzgeber resultiert, scheint diese Bewertung in Polen weder von Seiten der betroffenen Rundfunkanstalten und KRRiT, noch von der politischen Opposition gerügt zu werden. Es scheint ein parteiübergreifender Konsens zu bestehen, dass der Rundfunk aufgrund dieser Wirkung als politisch wirkungsvolles und daher wichtiges Medium dem staatlichen Zugriff nicht gänzlich entzogen werden sollte.[1441]

In dieser Situation könnte der rundfunkrechtliche Pluralismus als Leitprinzip für die weitere Entwicklung wichtige Impulse geben. Mag er auch in erster Linie ein Prinzip darstellen, dass erst einer inhaltlichen Ausdifferenzierung bedarf, so ist er aber zumindest prinzipiell unvereinbar mit einer staatlichen Dominanz des Rundfunks.[1442] Inwieweit der rundfunkrechtliche Pluralismus als strukturelles Ordnungsprinzip oder materielles Bewertungskriterium in der polnischen

---

[1438] Zum Wahlmodus des KRRiT, sowie der parteipolitischen Coleur der jeweiligen Mitglieder siehe unten D.IV.3.

[1439] Dazu bereits ausführlich oben C.I.4.f).

[1440] BVerfGE, 90, 60 (87) – *Gebührenurteil* und BVerfGE – *Gebührenurteil II*, 1 BvR 2270/05 vom 11. September 2007, Rn. 116.

[1441] So auch *Hadamik*, Transformation, S. 226.

[1442] Deshalb liegt dieser Arbeit die Vorstellung zugrunde, dass die Staatsfreiheit zwar strukturell ein Unterfall des Pluralismus im Rundfunk ist, auf der anderen Seite aber gleichzeitig dessen notwendige Bedingung darstellt. Siehe dazu oben B.IV. A.A. *Gersdorf*, Staatsfreiheit im Rundfunk, S. 98.

Rundfunkordnung verankert ist, soll im folgenden Teil bewertet werden. Dabei muss jedoch zwischen geschriebenem und gelebtem Recht unterschieden werden.

II. Rechtsgrundlagen der Pluralismusverpflichtung

Der Pluralismus als Ordnungsprinzip ist in der polnischen Medienordnung auf mehreren Ebenen verankert. Wie in Deutschland auch, dient er dem Regulierungsziel einer freien und vielfältigen Medienlandschaft, die sich im Ergebnis durch ein hohes Maß an Meinungsvielfalt im Gesamtsystem Rundfunk auszeichnen soll.[1443] Ebenso lassen sich Vorschriften des strukturellen Pluralismus und materiellen Pluralismusanforderungen unterscheiden. Anders als in Deutschland ist der Akzent aber nicht auf einem strukturellen Pluralismus gesetzt, der im Wege eines Grundrechtsvoraussetzungsschutzes durch Organisation und Verfahren das regulative Ziel der Meinungsvielfalt ermöglichen und sichern soll. Diesen Unterschied zu untersuchen kann aus deutscher Sicht wertvolle Hinweise geben, woran sich eine Präzisierung der Vielfaltsanforderungen, die in obiger Lesart Kernbestandteil des spezifischen öffentlich-rechtlichen Rundfunkauftrag sind,[1444] auf der Metaebene für das Gesamtsystem Rundfunk orientieren könnte.

Schließlich erlaubt der Vergleich eine bessere Einschätzung des Standpunktes von Vertretern des Nachbarlandes. Da der Bereich der Rundfunkregulierung aufgrund des Prinzips der begrenzten Einzelermächtigung bis auf wenige Ausnahmen nicht durch europäische Regulierung vordeterminiert ist, verbleibt ein Großteil der Regulierung in der Hand der Mitgliedstaaten. Dies macht ein Verständnis des jeweils nationalen Regulierungszusammenhangs erforderlich, wenn über mögliche Rechtsangleichungen oder Kooperationen nachgedacht werden soll.[1445]

[1443] Zur verfassungsrechtlichen Verankerung des Pluralismusprinzips in Deutschland und den resultierenden Vielfaltsanforderungen für das duale System siehe oben B.VII.

[1444] Zum Zusammenhang von öffentlich-rechtlichem Rundfunkauftrag und dem verfassungsrechtlich geforderten Niveau der Meinungsvielfalt im öffentlich-rechtlichen Rundfunk siehe oben C.II.7.

[1445] Vgl. dazu die Kritik von *Jakubowicz*, wonach die polnischen Verhandlungsführer, angesichts der gravierenden Probleme in der eigenen Medienordnung, in der Revisionsdebatte zur EG-Fernsehrichtlinie möglicherweise wenig Verständnis aufbrächten, die mitunter zu Konzentrationsproblemen führten, *Jakubowicz*, Voices not yet heard, S. 3.

1. Verfassung von 1997

In der polnischen Verfassung von 1997 wie auch in ihrem provisorischen Vorläufer, der sog. „kleinen Verfassung“[1446] von 1992, ist die Rundfunkfreiheit nicht ausdrücklich als eigenständiges Grundrecht geregelt. Sie ergibt sich aber aus der Gesamtschau mehrer Artikel und wird, anders als in Deutschland, mehr subjektiv-rechtlich als Sonderfall der Meinungsfreiheit angesehen.[1447] Sie gleicht damit eher der Konstruktion des EGMR für Art. 10 Abs. 1 EMRK als dem deutschen Modell der institutionell verstandenen „dienenden“ Rundfunkfreiheit.[1448]

In der „kleinen Verfassung“ Polens wurde die Rundfunkfreiheit als Teil der sog. Rede- bzw. Äußerungsfreiheit gem. Art. 83 angesehen. Dieser Äußerungsfreiheit wurde vom Verfassungsgericht ein besonders weiter Schutzbereich zugesprochen, der „alle Formen, in denen anderen Personen Meinungen, Informationen und Ansichten mitgeteilt werden“[1449] erfasst. Anders als in Deutschland beinhaltet diese sehr weite Definition auch Meinungen anderer, sowie Tatsachenmitteilungen.[1450]

In der Verfassung von 1997 findet sich zunächst im ersten Kapitel „Die Republik“ in Art. 14 die Aussage „Die Republik Polen gewährleistet die Freiheit der Presse und anderer Mittel der gesellschaftlichen Kommunikation“. Auf den Rundfunk ausdrücklich Bezug genommen wird erst im Kapitel über die „persönlichen Freiheiten und Rechte“. Dort wird gem. Art. 54 Abs. 1 die „Freiheit, die Anschauungen zu äußern sowie Informationen zu beschaffen oder zu verbreiten, [...] jedermann gewährleistet“. Gemäß Art. 54 Abs. 2 ist die Vorzensur verboten, der Rundfunkbetrieb kann erlaubnispflichtig gemacht werden.

Die Aussage des Art. 14 PolVerf ist aufgrund des systematischen Zusammenhangs mit den staatsorganisationsrechtlichen Regelungen und Staatszielbestimmungen des ersten Kapitels eher als Zielwert und Bekenntnis zu verstehen. Eine subjektive Rechtsposition lässt sich daraus daher wohl nicht ohne weiteres

---

1446 *Dziennik Ustaw* z 1992 nr 84 pos 426 mit Novellen.

1447 Vgl. Beschluss des Verfassungsgerichts vom 2. März 1994, W 3/93 – *Fernsehen I.* Ebenso auch *Rittler/Banasinski*, Das Recht der Rundfunkunternehmen, S. 537 f.

1448 Siehe zum dogmatischen Ansatz des EGMR *Dörr*, Europäische Medienordnung, S. 37 f. Zur deutschen Konstruktion des „dienenden Freiheitsrechts“ ausführlich *Niepalla*, Die Grundversorgung, S. 21 ff. m.w.N.

1449 Beschluss des Verfassungsgerichts vom 2. März 1994, W 3/93 – *Fernsehen I.* II Nr. 1 A. Dazu auch *Rittler/Banasinski*, Das Recht der Rundfunkunternehmen, S. 535; sowie *Wojtas*, Osteuropa 2007, S. 184.

1450 H.M. vgl. nur *Schmidt-Jortzig*, in: HdBStR VI, § 141 Rn. 18 ff. m.w.N.; dagegen Maunz/Dürig – *Herzog*, GG, Art. 5 Rn. 55, der unter Verweis auf ein allgemeines menschliches Mitteilungsbedürfnis den engen Meinungsbegriff ablehnt.

ableiten.[1451] Die systematische Einordnung des Art. 54 im Kapitel der persönlichen Freiheitsrechte scheint dagegen für ein subjektiv-rechtliches Verständnis zu sprechen. Die „Äußerungsfreiheit“ des Art. 54 Abs. 1 ist wohl als Nachfolgeregelung zur „Redefreiheit“ des Art. 83 PolVerf 1992 zu verstehen, sodass der weite Schutzbereich unter Einschluss der rundfunkvermittelten Meinungsfreiheit auch hier Anwendung findet.

Anders als die Verfassung von 1997 beinhaltete die „kleine Verfassung“ keinen Gesetzesvorbehalt. Dieser wurde vom Verfassungsgericht durch Auslegung ermittelt und als allgemeines Prinzip bezeichnet.[1452] Unter Berufung auf die Konstruktion des Art. 10 Abs. 2 und Art. 10 Abs. 1 S. 2 EMRK erkannte das Gericht die Regelung als Teil der polnischen Rechtsordnung, die durch den Gesetzgeber umzusetzen sei.[1453] Hinsichtlich der inhaltlichen Rechtfertigung des Gesetzvorbehalts stellte das Gericht dazu fest, dass die Meinungsäußerung über den Rundfunk als Sonderform einen differenzierten Gesetzesvorbehalt rechtfertige. Dieser sollte sich inhaltlich an der Bindung des Rundfunks an bestimmte objektiv-rechtliche Prinzipien orientieren, wie sie aus Art. 36b Abs. 1 PolVerf 1992 abgeleitet werden können. Diese Vorschrift verpflichtet den KRRiT die „Freiheit des Wortes, [...] das Informationsrecht und [...] das öffentliche Interesse an Rundfunk und Fernsehen“ zu überwachen. Weiter sei die Meinungsäußerung über den Rundfunk als Nutzung eines Massenmediums qualitativ von einer Meinungsäußerung ohne Nutzung eines Massenmediums verschieden. Aus der Sonderbindung des Rundfunks auf ein öffentliches Interesse und das Bürgerrecht auf Information, sowie der besonderen Reichweite des Rundfunks lässt sich eine Beschränkung der Meinungsfreiheit im Rundfunk rechtfertigen, die über eine durchschnittliche Regulierungsdichte hinausgeht und ein „besonderes (exakteres) System von Einschränkungen“[1454] erfordert.

Diese Passage kann durchaus als Äquivalent zur Aussage des deutschen Verfassungsgerichts im FRAG-Urteil gedeutet werden, wonach die Rundfunkfreiheit als normerzeugtes[1455] Grundrecht eine System „positiver Ordnung“ durch den

---

[1451] *Rittler/Banasinski* sehen darin eine „programmatische Formulierung“, *Rittler/Banasinski*, Das Recht der Rundfunkunternehmen, S. 537. Zu den Verfassungsgrundsätzen im ersten Kapitel der Verfassung von 1997 siehe ausführlich *Wojtyczek*, § 1 Verfassungsrecht, S. 12 Rn. 1.

[1452] Beschluss des Verfassungsgerichts vom 2. März 1994, W 3/93 – *Fernsehen I*, II.A. und Beschluss des Verfassungsgerichts vom 7. Juni 1994, K 17/93 – *Fernsehen III*, III. Inzwischen ist der Gesetzesvorbehalt einfachrechtlich verankert, vgl. Art. 14 Abs. 1 RFG.

[1453] Die EMRK ist in Polen seit dem 19. Januar 1993 in Kraft, *Dziennik Ustaw* z 1992 nr 85 pos 427.

[1454] Beschluss des Verfassungsgerichts vom 2. März 1994, W 3/93 – *Fernsehen I*, II.A.

[1455] Vgl. *Bethge*, in: FS Schmitt Glaeser, S. 465 (471).

Gesetzgeber bedarf.[1456] Allerdings muss der dogmatisch unterschiedliche Ansatz herausgehoben werden: Während die „Sondersituation“ bzw. nach ihrem Wegfall die „Breitenwirkung, Aktualität und Suggestivkraft“ des Rundfunks in Deutschland eine (Aus-)Gestaltung des Grundrechts durch den Gesetzgeber notwendig machte, wird in Polen mit den gleichen Argumenten die gesetzgeberische Regulierung gerechtfertigt, die – und hier diametral zum deutschen Konzept – einen Eingriff in den Schutzbereich darstellt.

Daraus ergibt sich für die Untersuchung zweierlei: Zum einen kann die Rundfunk- bzw. rundfunkvermittelte Meinungsfreiheit in Polen, anders als in Deutschland, als „urwüchsig“[1457] betrachtet werden. Die Beschränkungen der Meinungsfreiheit wurden in Polen gleichzeitig mit der staatlichen Regulierung der Massenmedien aufgehoben. Ebenfalls gleichzeitig entstand eine zunächst illegale Medienlandschaft privater Anbieter, die bis zur Einführung des Rundfunkgesetzes nicht mehr staatlich reguliert wurden. Es existierte also keine Zeitspanne, in der die freie Zivilgesellschaft der 3. Republik zum Betrieb von (Privat-)Rundfunk finanziell nicht in der Lage war, sodass der Staat selbst einen staatsfernen Rundfunk organisieren musste. Ein subjektiv-rechtliches Verständnis der Rechtsposition des Rundfunks ist historisch im Gegensatz zur deutschen Entwicklung daher nur folgerichtig.

Die mit dem RFG gesetzlich verankerte Regulierung setzte also 1992 zu einem Zeitpunkt ein, als ein duales Rundfunksystem mit einer gewissen Form der Außenpluralität im Privatrundfunk bereits bestand.[1458] Die freie Marktwirtschaft als mögliche Triebfeder zu einem Mehr an Rundfunkvielfalt – und damit einem Mehr an (rundfunkvermittelter) Meinungsvielfalt – hatte sich also bereits seit zwei Jahren bewährt, so dass die Regulierung durch das RFG auch hauptsächlich mit ordnungsrechtlichen Gesichtspunkten begründet wurde.[1459] Anders formuliert: Während in Deutschland ein pluraler Rundfunk erst geschaffen wurde, musste er in Polen eher gezähmt werden.

Die grundsätzliche Einordnung der Rundfunkfreiheit bzw. rundfunkvermittelten Meinungsfreiheit als subjektiv-rechtliche Rechtsposition hat aber auch Auswirkungen für die vor allem materiell-rechtlichen Pluralismusanforderungen.

[1456] Siehe bereits BVerfGE 52, 295 (320 f.) – *FRAG*.

[1457] Für Deutschland diesen etwas naturrechtlich eingefärbten Begriff verneinend *Bethge*, VVDStRL 57 (1998), S. 7 (30).

[1458] Vgl. oben D.I.2.

[1459] Das Gericht spricht von „technisch begründeter Notwendigkeit, im Luftraum für Ordnung zu sorgen“ und dass die „begrenzte Zahl von Rundfunk- und Fernsehsendungen es erschwert, den *Grundsatz des Meinungspluralismus* voll zu verwirklichen“, vgl. Beschluss des Verfassungsgerichts vom 2. März 1994, W 3/93 – *Fernsehen I*, II. Nr. 1 A.

Während in Deutschland durch die Figur des Ausgestaltungsgesetzes wesentliche Teile des Ordnungsrahmens dem verfassungsrechtlichen Schutzbereich der Rundfunkfreiheit vorgelagert sind,[1460] bedarf in Polen jede Regelung einer verfassungsrechtlichen Rechtfertigung als Eingriff, deren verfassungsrechtliche Anforderungen weit über die eines deutschen Ausgestaltungsgesetzes hinausgehen.[1461] Dies gilt insbesondere für den Auftrag des Rundfunks. Geht man von einer subjektiv-rechtlichen Position des Rundfunkbetreibers aus, kann ein „Auftrag" kaum zu rechtfertigen sein, wenn man das Regel-Ausnahme-Verhältnis zwischen unbeschränkter Freiheitsbetätigung und gesetzlicher Einschränkung derselben nicht in Frage stellen will.[1462]

Das polnische Medienrecht löst diesen Konflikt durch eine Trennung zwischen grundrechtsberechtigtem privaten Rundfunk, der nur wenigen Anforderungen unterliegt, und einem öffentlich-rechtlichen Rundfunk, dem keine vergleichbare Rechtsposition eingeräumt ist und der zusätzlich einem Rundfunkauftrag unterliegt. Anders als in Deutschland, wo den öffentlich-rechtlichen Rundfunkanstalten[1463] und sogar den öffentlich-rechtlichen Landesmedienanstalten[1464] eine Grundrechtsberechtigung gem. Art. 19 Abs. 4 GG insoweit zukommt, wie sie sich in einer grundrechtstypischen Gefährdungslage befinden, gilt dies für den polnischen öffentlich-rechtlichen Rundfunk so nicht.[1465]

Die Anforderungen des Verfassungsgerichts in Deutschland an den Rundfunk als Ganzes, sowie die speziellen Anforderungen an den öffentlich-rechtlichen und den privaten Rundfunk im Hinblick auf ihren Beitrag zur Meinungsvielfalt

---

1460 Zur oftmals schwierigen Unterscheidung von Ausgestaltungs- und Eingriffsgesetzen und den unterschiedlichen Rechtmäßigkeitsanforderungen siehe oben B.VII.4.

1461 Zu den Voraussetzungen der verfassungsrechtlichen Rechtfertigung eines Eingriffsgesetzes in Polen, insbesondere dem Bestimmtheitsgrundsatz, siehe die Entscheidung des Verfassungsgerichts vom 7. Juni 1994, K 17/93 – *Fernsehen III.*

1462 Dieser Argumentation, die dem liberalen Freiheitsverständnis der Grundrechte verpflichtet ist, liegt auch die Kritik an der Konstruktion der „dienenden Freiheit" zugrunde. Siehe dazu ausführlich *Bethge*, in: FS Schmitt Glaeser, S. 465 (470). Für das polnische Recht siehe Art. 31 b Abs. 3 PolVerf und dazu *Wojtyczek*, § 1 Verfassungsrecht, S. 20, 32 f.

1463 Dazu *Hesse*, Rundfunkrecht, S. 149 f. Siehe auch *Herrmann*, Rundfunkrecht, § 9 Rn. 20 m.w.N zur früheren Diskussion.

1464 *Hesse*, Rundfunkrecht, S. 220 f.

1465 Es ist bislang kein Urteil ergangen, in dem TVP S.A. gegen eine Maßnahme des KRRiT geklagt hätte. Nach Lesart des Verfassungsgerichts kann zwar grundsätzlich „Jeder" („kadzy") gem. den persönlichen Freiheitsrechten der Art. 38 ff. insb. Art. 54 PolVerf eine Verfassungsbeschwerde erheben, dies gilt allerdings nur für natürliche Personen. Selbst wenn aber an dieser Stelle eine Änderung in der Auslegung zu einer Prozessfähigkeit des TVP S.A. führen sollte, wäre fraglich, ob und in wie weit dann spezifische Rechte aus Medien- und Meinungsfreiheit geltend gemacht werden könnten, oder ob nur die allgemeine Wirtschaftsfreiheit gem. Artt. 22, 23 PolVerf als verletztes Grundrecht geltend gemacht werden könnte.

lassen sich also bereits in der dogmatischen Ausgangslage auf Verfassungsebene nur schwer mit der polnischen Sichtweise vergleichen.

Denkbar ist aber, dass die Ergebnisse sich ähneln. Dies soll im folgenden Teil anhand des Rundfunkgesetzes überprüft werden, das das vom Verfassungsgericht geforderte „System von Einschränkungen"[1466] der rundfunkvermittelten Meinungsfreiheit beinhaltet und den wesentlichen Rechtsrahmen der Rundfunkregulierung in Polen darstellt.

2. Rundfunkgesetz 1992

Das Rundfunkgesetz stellt die einfachrechtliche Grundlage der polnischen Medienordnung dar. Es wurde 1992 unter der Regierung *Hannah Suchova* erlassen und seit dem mehrmals ergänzt. Es enthält allgemeine Vorschriften für alle Rundfunkveranstalter (Art. 1 und Art. 13 ff. RFG), einen ausführlichen Teil über den Rundfunkrat KRRiT, seine Aufgaben und Kompetenzen (Art. 5 ff. RFG), die konstituierenden Vorschriften für den öffentlich-rechtlichen Rundfunk (Art. 21 ff. RFG), die Lizenzvergabe (Art. 33 ff. RFG), Vorschriften zur Kabeleinspeisung (Art. 41 ff. RFG) sowie Haftungs- und Strafvorschriften (Art. 52 ff. RFG). Wie in Deutschland werden auf einfachgesetzlicher Ebene die Anforderungen an alle Rundfunkveranstalter in einem allgemeinen Teil geregelt. Anders als in Deutschland finden sich darüber hinaus aber nur für den öffentlich-rechtlichen Rundfunk Spezialanforderungen.

a) Der Programmauftrag des Rundfunks

Die grundlegendste Verpflichtung für private wie öffentlich-rechtliche Rundfunkveranstalter ergibt sich aus dem allgemeinen Rundfunkauftrag gem. Art. 1 RFG. Demnach sind alle Rundfunkveranstalter verpflichtet, Information, Kultur und Kunst, Fortschritte in Wissenschaft und Lehre und Unterhaltung dazustellen, sowie die Produktion polnischer audiovisueller Werke zu fördern. Diese Verpflichtung beinhaltet allerdings über die benannten Programminhalte bzw. Kategorien hinaus keine Aussagen zu einer Gewichtung dieser Vielfaltsvorgaben im Sinne einer Ausgewogenheit oder im Hinblick auf einen Beitrag zur Meinungspluralität im Gesamtsystem Rundfunk.[1467] Eine ausdrückliche gesellschaftliche Verpflichtung und ein konkretisierter, individueller Auftrag finden sich erst bei den Vorschriften über den öffentlich-rechtlichen Rundfunk.[1468]

[1466] Beschluss des Verfassungsgerichts vom 2. März 1994, W 3/93 – *Fernsehen I*, II.A. was in der vorgeschlagenen Sicht das polnische Äquivalent zur deutschen „positiven Ordnung" darstellt.

[1467] So auch *Rittler/Banasinski*, Das Recht der Rundfunkunternehmen, S. 570.

[1468] Siehe Art. 21 Abs. 1 ff. RFG und dazu unten ausführlich D.III.1

Der Auftrag des Rundfunks („zadanie" in der polnischen, „tasks" in der englischen Übersetzung)[1469] ist so allgemein gehalten, dass nicht klar wird, ob damit eine objektiv-rechtliche Ordnungsidee, vergleichbar der programmatischen Aussage zur Medienfreiheit in Art. 14 PolVerf, gemeint ist, oder ob der einzelne Rundfunkveranstalter durch diesen Auftrag adressiert werden soll. Es fehlt an der für das deutsche Verfassungsrecht typischen Ableitung einer im Wege der Ausgestaltung definierten konkret-individuellen Verpflichtung des einzelnen Rundfunkveranstalters aus dem objektiv-rechtlichen verfassungsrechtlichen (Funktions-)Auftrag des Rundfunks.[1470] Anders ausgedrückt: Die Verpflichtung zur Meinungsvielfalt hat nach dem derzeitigen Buchstaben des Gesetzes keinen Verfassungsrang in Polen, sie stellt aber ein Rechtfertigungsgrund für Eingriffe in die rundfunkvermittelte Meinungsfreiheit dar.[1471]

Dies ist anders in Deutschland. Bereits bei der Einführung des privaten Rundfunks stellte das deutsche Verfassungsgericht in Auslegung der Rundfunkfreiheit gem. Art. 5 Abs. 2 S. 1 GG fest, dass der Gesetzgeber auch den privaten Rundfunk regulieren muss, damit „die Vielfalt der bestehenden Meinungen in möglichster Breite und Vollständigkeit Ausdruck findet."[1472] Wie oben ausführlich dargestellt, misstraute das Verfassungsgericht aber vom Beginn bis zum heutigen Tag einer reinen Marktsteuerung des privaten Rundfunks, da dieses zu einer Verzerrung des Meinungsspektrums führen würde.[1473] Bereits in der Präambel des 9. Rundfunkstaatsvertrages heißt es, dass „Öffentlich-rechtlicher Rundfunk und privater Rundfunk der freien individuellen und öffentlichen Meinungsbildung sowie der Meinungsvielfalt verpflichtet [sind]". Diese Verpflichtung wird ein einer Art allgemeinem Teil an den gesamten Rundfunk in § 3 RStV gerichtet. Zwar nicht besonders ausführlich, aber immerhin der Sache nach in die zutreffende Richtung, wurde damit die Grundkonzeption eines verfassungsrechtlichen Standards für das Gesamtsystem Rundfunk auf der

---

1469 Abrufbar unter http://www.KRRiT.gov.pl. Alle hier wörtlich wiedergegebenen Gesetzestexte sind Übersetzungen des Autors aus der vom KRRiT zur Verfügung gestellten englischen Version i.d.F. der Änderung *Dziennik Ustaw* 2004 Nr 91 pos 874, hinsichtlich aktuellerer Versionen auch der polnischen Fassung.

1470 Diese individuelle Verpflichtung greift allerdings eher für den öffentlich-rechtlichen Rundfunk. Für den Privatrundfunk ist sie stark begrenzt, da der „Grundstandard gleichgewichtiger Vielfalt", bis auf § 25 Abs. 2 RStV, kaum in operable, individualisierbare Aufsichtsmaßstäbe für die Vielfaltssicherung heruntergebrochen wurde. Dazu ausführlich oben C.II.1.d) und C.II.2.b)aa).

1471 Siehe oben Beschluss des Verfassungsgerichts vom 2. März 1994, W 3/93 – *Fernsehen I*, II.A. Ähnlich *Rittler/Banasinski*, Das Recht der Rundfunkunternehmen, S. 571 f.

1472 BVerfGE 57, 295 (320 f.) – *FRAG*. Zur Anforderung einer „positiven Ordnung" als Ausgestaltungsrahmen oben B.V.2.

1473 BVerfGE aaO.

Metaebene einfachrechtlich aufgenommen.[1474] Dann aber teilen sich die Anforderungen auf. Während für den öffentlich-rechtlichen Rundfunk dieser Auftrag in § 11 RStV präzisiert wird, darüber hinaus aber kaum materielle Pluralismusvorgaben zu finden sind, hat der Gesetzgeber für den Privatrundfunk ein kompliziertes dreigliedriges System aufgestellt.[1475] Dieses sichert die Berücksichtigung der Meinungsvielfalt jeweils an solchen Stellen, die besonders anfällig für Beeinflussung durch einseitige Interessen sind, meist Ausgestaltungsspielräumen, aber auch – im Falle der Konzentrationskontrolle – ökonomisch begründeten Einflusspotentialen. Auf der Metaebe, dem Gesamtsystem Rundfunk, treffen den öffentlich-rechtlichen und privaten Rundfunk aber der Sache nach die gemeinsame verfassungsrechtliche Leistungspflicht, das verfassungsrechtlich erforderliche Niveau an Meinungsvielfalt zu erreichen. In einer Art Innenverhältnis hat aber das Verfassungsgericht dem öffentlich-rechtlichen Rundfunk die Garantenfunktion für das Erreichen dieses verfassungsrechtlich erforderlichen Niveaus an Meinungsvielfalt im Gesamtsystem Rundfunk zugewiesen.[1476] Dessen Erfüllung ist gleichzeitig die Existenzrechtfertigung für den niedrigeren „Grundstandard gleichgewichtiger Vielfalt" für den Privatrundfunk, die in einem „Junktim" miteinander verbunden sind.[1477] Eine solche Verbindung im Sinne einer auch wechselseitig bestehenden Verantwortlichkeit innerhalb des dualen Systems fehlt in Polen. Aus der allgemeinen Auftragsnorm gem. Art. 14 PolVerf ist, jedenfalls bis heute, noch keine Leistungsanforderungen für das polnische Gesamtsystem Rundfunk abgeleitet worden. Aufgrund der mehr subjektiv-rechtlichen Betrachtung der Äußerungsfreiheit als Rundfunkfreiheit dürfte eine solche, an Ziel- und Aufgabenbestimmungen orientierte Sichtweise aber auch eher systemfremd und daher schwer umzusetzen sein.

Eine Sonderform, die es so im deutschen Rundfunkrecht nicht gibt, betrifft den sog. „sozialen Rundfunkanbieter" gem. Art. 4 Abs. 1a RFG. Dieser gehört systematisch zum privaten Rundfunk, unterliegt aber bestimmten inhaltlichen Anforderungen, die über die allgemeinen Programmanforderungen gem. Art. 1 Abs. 1 RFG hinausgehen. So sollen diese Rundfunkbetreiber Interesse und Lerneifer fördern, soziale Arbeit fördern, das christliche Wertsystem auf Grundlage universaler und ethischer Grundsätze achten und die nationale Identität durch ihr Programm bewahren helfen (a). Weiter dürfen sie kein jugendgefähr-

---

[1474] Siehe zum Gesamtsystem und den verschiedenen Anforderungen im dualen System oben B.V.3.

[1475] Zur dreigliedrigen Pluralismussicherung im deutschen Privatrundfunk ausführlich oben C.II.2.d).

[1476] Zu diesem „Innenverhältnis" oben C.II.5.a).

[1477] Zu den unterschiedlichen Vielfaltsanforderungen, dem Junktim und der Primärverantwortung des öffentlich-rechtlichen Rundfunks oben ausführlich unter B.V.3.

dendes Programm senden, auch nicht innerhalb der sonst gem. Art. 18 Abs. 5 S. 1 erlaubten Uhrzeiten (b), weder Werbung noch Sponsoring zulassen (c) und keine Gebühren für ihr Programm oder seine Durchleitung erheben (d). Als Anreiz und Gegenleistung für diese besonderen Verpflichtungen sind soziale Rundfunkanbieter gem. Art. 39b Nr. 2 RFG von der Zahlung der Lizenzgebühr befreit.

Dass dieser Anreiz allein nicht besonders wirksam ist, liegt auf der Hand.[1478] Derzeit sendet nur Radio Maryja mit einer Lizenz als sozialer Rundfunkveranstalter.[1479] Es wird allerdings im Rahmen der *White Paper* Studie des *KKRiT* über eine Fondslösung nachgedacht, durch den die Figur des sozialen Rundfunkveranstalters auch für andere als religiöse Gruppen interessant werden könnte.[1480]

b) Einschränkungen der Rundfunkfreiheit

Aufgrund der subjektiv-rechtlichen Konzeption des Rundfunks muss die Verhaltenssteuerung in der polnischen Rundfunkordnung durch Eingriffe in die Rechtsposition der Rundfunkveranstalter erreicht werden. Das Verhältnis zwischen Rechtsposition und Beschränkungen findet sich in den Art. 13 ff. RFG im Kapitel über die Rundfunk- und Hörfunkveranstaltung. Nach Art. 13 Abs. 1 RFG sollen alle Rundfunkveranstalter ihre Programminhalte frei und unabhängig gestalten und anbieten können und dabei ihrer Aufgabe gem. Art. 1 RFG nachkommen, also die beschriebenen Programminhalten und Kategorien abbilden. Diese Gestaltungsfreiheit wird in den folgenden Vorschriften durch eine Aufzählung von Sendeverboten und Inhaltseinschränkungen begrenzt.[1481]

Die Beschränkungen sind teilweise sehr konkret formuliert, ein wesentlicher Teil eröffnet jedoch Auslegungs- und Ermessensspielräume für den KRRiT. Hier sollen vor allem diejenigen Beschränkungen untersucht werden, die entweder materielle Pluralismusvorgaben machen oder aus denen sich eine mittelbare Pluralisierung der Inhalte als Zielrichtung der Norm ergibt. Unter den konkreten

---

[1478] Zu einem Vergleich mit der Anreizwirkung des bayerischen Teilnehmerentgelts oben C.II.1.h).

[1479] *Radio Maryja* wurde bereits mehrfach abgemahnt, da sein Programm den Bedingungen des Art. 4 Abs. 1a RFG nicht genügte, die Lizenz wurde aber nicht gem. Art. 39b Nr. 3 RFG geändert. Siehe dazu *EUMAP*, Television across Europe, S. 1139.

[1480] Vgl. dazu *KRRiT*, White Paper, S. 51. Die Finanzierung ist letztlich das entscheidende Problem von Anreizfunktionen, dazu bereits oben C.II.1.h).

[1481] Untersucht werden hier nur die Grundrechtsbeschränkungen des RFG, die im Zusammenhang mit dem Rundfunkauftrag stehen. Zu den weiteren Beschränkungen, sowie den Schranken, die sich aus weiteren Gesetzen wie TelekommunikationsG und PresseG ergeben, siehe ausführlich *Rittler/Banasinski*, Das Recht der Rundfunkunternehmen, S. 569 ff.

Vorschriften finden sich vor allem die Regelungen zu den europäischen und polnischen Programmquoten von 10% bzw. 33% in den Art. 15 – 15b RFG. Weiter werden Werberestriktionen in Art. 16 – 16 c RFG und Sponsoring in Art. 17 ausführlich geregelt, die im Wesentlichen den Restriktionen der §§ 43 ff RStV ähneln und sich durch Detailgenauigkeit und präzise Definitionen auszeichnen und wie die deutsche Regelung auch mit der Richtlinie „Fernsehen ohne Grenzen" die Herkunft teilen.[1482]

Ohne europarechtliches Vorbild sind die Beschränkungen der Programmfreiheit gem. Art. 18 RFG. Noch mit den deutschen Regelungen der § 8 ff. JMStV[1483] vergleichbar sind die Regelungen zum Jugendschutz.[1484] Gemäß Art. 18 Abs. 4 – 6 RFG dürfen Sendungen, die das körperliche, geistige und moralische Wohl von Kindern beeinträchtigen können, nur zu bestimmten Uhrzeiten gesendet werden. Solche und vergleichbare Sendungen müssen ausreichend gekennzeichnet werden. Dem KRRiT obliegt gem. Art. 18 Abs. 6 RFG die Festlegung der entsprechenden Sendekategorien und Inhalte.[1485]

Die Regelungen der § 18 Abs. 1 – 3 und Abs. 7 RFG hingegen betreffen inhaltliche Ge- und Verbote sowie Sollensvorschriften, die sich an gesellschaftlichen Werten und Gemeingütern orientieren. Unproblematisch dürften die Verpflichtung zur Sprachpflege und Bekämpfung von Vulgärsprache gem. Abs. 7 sein, wobei auch hier bereits bedenklich erscheint, wann Vulgärsprache vorliegt, bzw. ob ein einzelner Verstoß ausreichend wäre.[1486] So wäre z.B. die Bewertung offen, wenn Vulgärsprache in einer satirischen Sendung zur Charak-

---

[1482] Der Großteil geht dieser Regelungen geht auf die Europäische Richtlinie 89/552/EG – *Fernsehen ohne Grenzen* zurück, dort Art. 5 zu der Mindestquote von 10% unabhängiger europäischer Werke, Art. 13 zum Verbot von Tabakwerbung im Rundfunk, sowie Art. 17 zum Sponsoring. Das gleiche gilt für Art. 17 RFG, der den Zugang für Rundfunkveranstalter zu Großereignissen regelt. Die Norm geht auf die Änderungsrichtlinie 97/36/EG zur Richtlinie „Fernsehen ohne Grenzen" zurück, dort Art. 3a.

[1483] Jugendmedienschutzstaatsvertrag vom 13. September 2002, LT-Drs. 14/1735, S. 5 ff.

[1484] Das oben unter B.V.1.c) erwähnte Defizit in der Zusammenarbeit von Rechtswissenschaftlern mit Soziologen, Medienwissenschaftlern und Psychologen in der Meinungswirkungsforschung existiert im Bereich des Jugendmedienschutzes so nicht. Hier könnten vielleicht einige Ansätze auf die Debatte zur Medienwirkungsforschung übertragen werden, um der Rechtfertigung der Rundfunkregulierung mehr gewicht zu verleihen.

[1485] Die Festlegungen wurde mit der Verordnung vom 20. November 2001, *Dziennik Ustaw* z 2001nr. 151 pos. 1744, getroffen. Siehe dazu ausführlich *Rittler/Banasinski*, Das Recht der Rundfunkunternehmen, S. 574 f.

[1486] Denkbar ist, dass der einzelne Verstoß in nur einem Programm vor der Rundfunkfreiheit noch keinen Eingriff rechtfertigen kann. Dazu würde sich eine Heranziehung der Entscheidung des Verfassungsgerichts vom 2. März 1994 W 3/93 – *Fernsehen I* anbieten, in der dieser Maßstab für Verstöße gegen das Gebot der Beachtung des christlichen Wertesystems festgelegt wurde. Zur Entscheidung unten D.II.2.c).

terisierung eingesetzt würde. Eher deklaratorisch und daher auch unproblematisch sind die Verpflichtung zur Achtung der Gesetze, sowie die mehr klarstellenden Aufzählungen der Verbote von Rassen- und Geschlechtsdiskriminierung sowie Diskriminierung wegen einer Staatsangehörigkeit.

Schwieriger zu beurteilen ist das Verbot des Verstoßes gegen die polnische Raison d'Etat gem. Art. 18 Abs. 1 RFG. Der ohnehin staatsrechtlich – und vor allem historisch – problematische Begriff der Staatsraison ist grundsätzlich nicht geeignet, gegenüber dem Einzelnen Verhaltenspflichten zu begründen. Nach seiner Funktion legitimiert er gerade solche Eingriffe gegenüber dem Einzelnen, die mit einer rechtsstaatlichen Begründung, insbesondere dem Gesetzesvorbehalt, nicht möglich wären. Demgemäß muss mit dem auch in Polen anwendbaren Prinzip der verfassungskonformen Auslegung[1487] von einer inhaltlichen Übereinstimmung des Begriffs der Staatsraison mit der Rechtsordnung ausgegangen werden.[1488]

Besonders arm an objektivem Inhalt ist das mit Rechtsordnung und Staatsraison in Art. 18 Abs. 1 S. 1 RFG im gleichen Zusammenhang erwähnte Verbot der Förderung und Darstellung von Ansichten, die gegen die Moral und das soziale Gemeinschaftsinteresse verstoßen. Auch wenn das Bedürfnis nach einer Absicherung des gesellschaftlichen Wertekonsenses verständlich ist, erscheint ein bloßer Verweis auf „die Moral“ doch viel zu weit gegriffen. Zu Recht wird darauf hingewiesen, dass gerade die Moral als gültiger Wert nur unter konsensualen Bedingungen gelten kann und überdies nur in einem sehr engen persönlich-sachlichen Bereich.[1489] Um der Gefahr einer staatlichen Intervention unter dem Deckmantel gesellschaftlichen Interesses vorzubeugen, sollte diese Vorschrift gestrichen, zumindest aber erheblich präzisiert werden.[1490]

Nur wenig konkreter erscheint das in Art. 18 Abs. 3 RFG enthaltene Verbot der Ermutigung zu Handlungen, die eine Gefahr für die Gesundheit, Sicherheit oder Natur darstellen können. Die Begriffe sind zwar, anders als etwa der Begriff der

---

1487 Siehe nur Entscheidung des polnischen Verfassungsgerichts vom 7. Juni 1994, K 17/93 – *Fernsehen III*.

1488 So im Ergebnis auch *Rittler/Banasinski*, Das Recht der Rundfunkunternehmen, S. 571, die aber davon ausgehen, dass eine Berufung auf die Staatsraison als Eingriffsermächtigung das Staatsorgan außerhalb der demokratischen Legitimation stellt. Tatsächlich stellt es ihn außerhalb der Rechtsordnung, nicht jedoch außerhalb der demokratischen Legitimation.

1489 *Rittler/Banasinski*, Das Recht der Rundfunkunternehmen, S. 571, meinen zutreffend, die Moral sei nur „intersubjektiv nachvollziehbar“.

1490 In diese Richtung wohl auch das Verfassungsgericht in der Entscheidung vom 7. Juni 1994, K 17/93 – *Fernsehen III*. Es stellte fast bedauernd fest, dass sich der Normprüfungsantrag auf den Begriff der „christlichen Werteordnung“ beschränkte, den Begriff der Moral aber nicht angriff.

Moral, auslegungsfähig.[1491] Ohne eine bestehende Kasuistik bieten diese Begriffe aber einen zu breiten Spielraum, um Eingriffe im rechtsstaatlichen Rahmen unter Wahrung der grundsätzlichen rundfunkvermittelten Meinungsfreiheit zu ermöglichen.[1492] Auch hier sollte daher versucht werden, entweder eine Definition der Begriffe zu finden, oder aber zumindest einen offenen Katalog von Fallgruppen zu schaffen um eine Vergleichbarkeit mit unbekannten Gefährdungslagen zu ermöglichen.

Die bislang umstrittensten Regelungen betreffen die Gebote mit Bezug zur Religion. Vergleichsweise unproblematisch ist noch das Gebot zur Achtung der religiösen Gefühle der Bevölkerung. Dass es sich dabei nicht um ein Verbot der inhaltlichen Darstellung und Auseinandersetzung mit Glaubensthemen handelt, zeigt schon das folgende Gebot zur Wahrung der christlichen Werteordnung.[1493] Es soll nur bestimmte Formen der Darstellung ausschließen, wie dies auch in Deutschland sogar strafrechtlich gem. § 166 Abs. 2 StGB gewährleistet wird.

Das Gebot zur Wahrung der christlichen Werteordnung gem. Art. 18 Abs. 2 RFG war bereits im Gesetzgebungsverfahren stark umstritten, führte schnell zu internationaler Kritik[1494] und kennzeichnet den Einfluss der katholischen Kirche auf den politischen Prozess.[1495] Auch wenn in Deutschland sich eine Verpflichtung zur „Achtung der religiösen und sittlichen Gefühle der Bevölkerung" (§ 3 S. 3 RStV) ebenfalls findet, bleibt die ausdrückliche Inbezugnahme des christlichen Wertesystems außergewöhnlich.[1496] Die Vorschrift, ebenso wie die Verpflichtung des öffentlich-rechtlichen Rundfunks gem. Art. 21 Abs. 2 Nr. 6 RFG „das christliche Wertesystem zu respektieren, indem von universellen Grundsätzen der Ethik als Grundlage ausgegangen wird", war Gegenstand von zwei Entscheidungen des polnischen Verfassungsgerichts.

[1491] Allerdings begegnet die Auslegung auch erheblichen Schwierigkeiten. So ist bereits nicht klar, ob die geschützten Rechtsgüter individuell oder kollektiv zu verstehen sind. Auch die Gefahrenschwelle lässt sich aus dem Text nicht ermitteln. Bestimmte, international gängige Formate (z.B. MTV – Jackass) könnten ohne weiteres als Verstoß eingeordnet werden.

[1492] Dass es sich bei der Auslegung der Merkmale des Art. 18 RFG insgesamt bislang um Kasuistik handelt, bestätigt bereits *Piatek*, Komentarz RFG, Art. 18 Rn. 52, zitiert nach *Rittler/Banasinski*, Das Recht der Rundfunkunternehmen, S. 571

[1493] Mit anderer Begründung *Rittler/Banasinski*, Das Recht der Rundfunkunternehmen, S. 571.

[1494] Dazu sehr früh *Helsinki Watch*, Poland – Freedom of Expression Threatened, S. 8.

[1495] Siehe dazu ausführlich *Hadamik*, Transformation, S. 207 f.

[1496] *Rittler/Banasinski*, Das Recht der Rundfunkunternehmen, S. 570 nennen diese klare gesetzliche Stellungnahme „einzigartig".

c) Die Entscheidungen Fernsehen I und Fernsehen III

Die erste Entscheidung ging auf eine Vorlage des Obersten Gerichts zurück, das um eine allgemeinverbindliche Auslegung mehrerer Vorschriften, darunter auch Art. 18 und Art. 21 RFG bat.[1497] Das Gericht stellte bereits in dieser Entscheidung fest, dass die Erwähnung des christlichen Wertesystems in Art. 18 RFG eine Beispielaufzählung sei, die durch die tiefe Verwurzelung dieser Werte in der polnischen Tradition und Kultur begründet ist.[1498] Wesentlich größeren Raum widmete das Gericht der Vorschrift des Art. 21 Abs. 2 Nr. 6 RFG. Auch diese Norm wurde vom Gericht als verfassungsgemäß beurteilt, da es sich nicht um das Gebot der Verbreitung des christlichen Wertesystems handelt, sondern lediglich um eine Präzisierung des allgemeinen Rundfunkauftrags gem. Art. 1 und 13 RFG. Gemeint sei nicht die christliche Religion, sondern eher universelle Grundsätze der Ethik. Die Vorschrift beziehe sich nicht auf die einzelne Sendung, sondern auf das Gesamtprogramm des Senders. Eine Verletzung der Bestimmung setzt also mehrere Handlungen voraus, „die dazu führen, dass das Programm als Ganzes dem in der Vorschrift vorgesehene Kriterium nicht entspricht. Es ist nicht ausreichend, wenn ein solcher Vorwurf nur einer einzigen Sendung gemacht wird."[1499] Im Hinblick auf Art. 18 RFG enthält die Entscheidung nur wenig Aussagen. Die Auslegung der Norm mit Bezug zur spezifisch polnischen Geschichte ist zwar der Sache nach zutreffend, führt für sich genommen aber nicht zur Rechtfertigung einer Abweichung von der staatlichen Neutralitätspflicht. Dass es sich nur um eine Beispielaufzählung handelt, kann man vor dem Hintergrund anderer Formulierungsmöglichkeiten und des kontroversen Gesetzgebungsverfahrens bezweifeln.[1500]

Diese Zweifel bestanden auch bei einer Gruppe von Abgeordneten des Seijm, die die Vorschriften in einem Normprüfungsantrag dem Verfassungsgericht vorgelegten.[1501] Die Antragsteller gingen davon aus, dass die Normen das staatliche Neutralitätsgebot hinsichtlich der Religion verletzten und die christliche Religion bevorzugen würden.[1502] Das Verfassungsgericht folgte dem jedoch nicht und sah die Neutralitätspflicht wieder nicht verletzt. In einer verfassungs-

---

[1497] Siehe die Entscheidung des Verfassungsgerichts vom 2. März 1994 W 3/93 – *Fernsehen I.*

[1498] Entscheidung W 93/3 – *Fernsehen I.* B.

[1499] Entscheidung W 93/3 – *Fernsehen I.* B. Zu diesem Urteil und seiner Bedeutung innerhalb des spezifisch öffentlich-rechtlichen Rundfunks, siehe unten D.III.1

[1500] So auch *Rittler/Banasinski*, Das Recht der Rundfunkunternehmen in Polen, S. 571.

[1501] Siehe die Entscheidung des Verfassungsgerichts vom 7. Juni 1994, K 17/93 – *Fernsehen III.*

[1502] Ausführlich zu der Antragsbegründung *Rittler/Banasinski*, Das Recht der Rundfunkunternehmen, S. 572 f.

konformen Lesart sei die „christliche Werteordnung" lediglich exemplarisch aufgeführt. Wie schon zu Art. 21 Abs. 2 Nr. 6 RFG führte das Gericht dazu aus, dass das Gebot der Respektierung kein Gebot zur Verbreitung des christlichen Wertesystems sei und der Maßstab der Beurteilung daher nicht ein einzelnes Programm bzw. der einzelne Programmverstoß sein dürfe, sondern nur das Gesamtprogramm des jeweiligen Senders sein könne. Erst wenn der Verstoß oder die Summe der Verstöße im Verhältnis zum Gesamtprogramm den Schluss erlaube, dass das Gesamtprogramm das (christliche) Wertesystem nicht respektiert, dürfe die Aufsicht einschreiten.

An diesen Entscheidungen ist nicht weniger gezweifelt worden, als an der Vorschrift selbst.[1503] Im Zusammenhang mit den materiellen Pluralismusanforderungen sind die Normen wie auch die Entscheidungen gerade aus deutscher Sicht interessant. Sie stellen den Versuch bzw. die Rechtfertigung einer Stellungnahme und Festlegung auf einen bestimmten außerrechtlichen Wertekanon dar. Die Auswahl und Privilegierung des christlichen Wertesystems lässt sich zwar mit der historischen Verwurzelung erklären, eine echte Privilegierung würde sie jedoch nicht rechtfertigen können. Die Auslegung als nur beispielhafte Aufzählung erscheint nicht überzeugend. Zum einen bedeutet die „insbesondere" Berücksichtigung eben keine nur beispielhafte Aufführung, die ein Übergehen gerade christlicher Werte im Zweifelsfall ermöglichen würde. Zum anderen dürfte wohl der Unterschied zwischen dem spezifisch christlichen Wertesystem und einem „universalen Wertesystem der Ethik"[1504] schwierig zu bestimmen sein, sodass ein Rundfunkveranstalter sich wohl im Wege der freiwilligen Selbstzensur einem christlichen Weltbild annähern dürfte. Diese Effekte werden gerade noch gemildert durch die breite Beurteilungsgrundlage, die sich auf das gesamte Programm des Rundfunkveranstalters beziehen muss. Diese Bezugnahme auf das Gesamtprogramm zur Ermittlung von Verstößen erinnert an die Beurteilung des „Grundstandards gleichgewichtiger Vielfalt" im Privatrundfunk in Deutschland. Anders als es die obige Untersuchung für den deutschen Privatrundfunk ergeben hat, ist die Vorgabe der Artt. 18 und 21 RFG allerdings nicht auf das Gesamtangebot des Privatrundfunks insgesamt bezogen, sondern adressiert den einzelnen Veranstalter. Sie sind damit hinreichend präzisiert, sodass sich, anders als bei den Vielfaltsvorgaben der §§ 3, 6 und 41 RStV auch individualisierbare Aufsichtsmaßnahmen darauf stützen lassen.[1505]

1503 *Rittler/Banasinski*, Das Recht der Rundfunkunternehmen, S. 574 f. m.w.N.
1504 Entscheidung W 93/3 – *Fernsehen I.* B.
1505 Siehe oben ausführlich C.II.1.g). Dazu grundlgend BVerfGE 73, 118 (167) – *Niedersachsen.*

Das Bedürfnis, neben dem gesellschaftlichen Werten der Moral auch religiöse Werte und Wertsysteme im medialen Zeitalter zu erhalten, erscheint verständlich und prägt letztlich auch die Wertedebatte in der deutschen Medienpolitik. Es hätte jedoch wohl genügt, einen Verweis auf die bestehenden religiösen Gefühle und Werte der Gesellschaft mit einem Verbot der Verunglimpfung zu versehen.[1506] Der Vorteil bestünde in einer dynamischen Anpassung des Rundfunks an gesellschaftliche (Werte-)Veränderungen, die sogar im (ökonomischen) Interesse eines zielgruppenorientierten Rundfunks liegen dürfte, unter Vermeidung des Verdachts einer modernen Version des „cuius regio, eius religio“.

III. Aufbau und Aufgabe des öffentlich-rechtlichen Rundfunks in Polen

Den öffentlich-rechtlichen Rundfunk trifft in Polen wie in Deutschland eine Fülle von Sondernormen, die sich zum einen aus seiner Identität als politisch gewollte Organisationseinheit aus Mitteln des Staates erklärt, zum anderen aus seinem, über die bloße Marktteilnahme weit hinausgehenden Auftrag. Da aber zur Zeit des Erlasses des RFG bereits eine lebhafte illegale Medienlandschaft existierte, beschränken sich die Sonderregelungen, die einem Vielfaltsstandard i.S.d. deutschen Rundfunkregulierung vergleichbar sind, auf den öffentlich-rechtlichen Rundfunk.[1507]

1. Aufgabe und Grundversorgung des öffentlich-rechtlichen Rundfunks

Der spezifische Programmauftrag des öffentlich-rechtlichen Rundfunks ergibt sich aus Art. 21 RFG. Er unterteilt sich in einen allgemeinen Auftrag, der eine Erweiterung der Grundsätze des Art. 1 darstellt (Abs. 1), sowie eine Konkretisierung der Aufgabenfelder (Abs. 1a) und inhaltlich-qualitative Maßstäbe (Abs. 2). Soweit ersichtlich, ist der Auftrag des öffentlich-rechtlichen Rundfunks, bis auf die auch für ihn geltende Verpflichtung zur Respektierung der christlichen Werteordnung gem. Art. 21 Abs. 2 Nr. 6 RFG, weder in Literatur noch Praxis problematisiert worden.[1508]

a) Der Programmauftrag gem. Art. 21 RFG

Der öffentlich-rechtliche Programmauftrag gem. Art. 21 RFG besteht zum größten Teil aus nicht-justiziablen Formeln. Sie sind als Zielwerte zu verstehen, die angestrebt werden müssen, ohne das ein bestimmter Erfolg erreicht werden

---

[1506] So die deutsche Konzeption in § 3 RStV und § 166 StGB. In Polen würde dies dann faktisch eine weit überwiegende Respektierung der christlich-katholischen Werte bedeuten.
[1507] Sie dazu oben D.I.3.
[1508] So auch *Rittler/Banasinski*, Das Recht der Rundfunkunternehmen, S. 592.

muss.[1509] Dennoch erstreckt sich die Kontrolle des KRRiT, wie auch der Organe, grundsätzlich auch auf die Merkmale des Rundfunkauftrages.[1510] Soweit ersichtlich wurde bislang die Bindungswirkung des Programmauftrags und die Kontrolldichte seitens des KRRiT weder in Literatur noch Rechtsprechung thematisiert.

Nach dem mit § 11 Abs. 2 RStV vergleichbaren Art. 21 Abs. 1 RFG hat der öffentlich-rechtliche Rundfunk die Gesellschaft und die einzelnen Gruppen mit Programmen und anderen Angeboten in den Bereichen Information, Journalismus, Kultur, Unterhaltung, Bildung und Sport zu versorgen, die pluralistisch, unparteiisch, ausgeglichen, unabhängig und innovativ sind und sich durch eine hohe Qualität und Integrität der Übertragung auszeichnen. Es wird vom öffentlich-rechtlichen Rundfunk im Wesentlichen das verlangt, was das Verfassungsgericht in Deutschland als klassischen Rundfunkauftrag definiert hat.[1511] Abweichend von der deutschen Parallelvorschrift ist aber der Sport ausdrücklicher Bestandteil des Auftrags. Da der öffentlich-rechtliche Rundfunk gegenüber dem Privatrundfunk keinerlei Werbebeschränkung unterliegt, wird diese Vorschrift ausführlich genutzt, um den Privatrundfunk aus dem besonders lukrativen Markt für Sportübertragungen zu verdrängen.[1512]

Die Aufgaben aus Art. 21 Abs. 1 RFG werden im 1997 eingefügten Art. 21 Abs. 1a RFG konkretisiert, der eine nicht abschließende Aufzählung von besonderen Aufgaben enthält. So ist der öffentlich-rechtliche Rundfunk zur Veranstaltung von nationalem und regionalem Rundfunk, von Programmen in polnischer und anderer Sprache sowie sonstiger Programme, die den demokratischen, kulturellen und sozialen Bedürfnissen der Gesellschaft entsprechen, verpflichtet. Weiter hat er Themenkanäle zu unterhalten, Übertragungs- und Sendeeinrichtungen zu bauen und zu unterhalten, Teletext anzubieten, sich an

---

[1509] Zum verfassungsrechtlich geforderten Niveau an Meinungsvielfalt im deutschen Rundfunkrecht vgl. den „Mindestwert“ an Meinungsvielfalt in BVerfGE 52, 295 (323) – *FRAG*. Zu den nicht-justizialblen Zielwerten des Programmauftrags gem. § 11 RStV siehe oben C.II.5.a)aa).

[1510] Vgl. *Sobczak*, Rundfunkgesetz, Art. 21 Rn. 1.

[1511] BVerfGE 73, 118 (157) – *Niedersachsen*.

[1512] Sportübertragungen waren in der Vergangenheit immer die Sendungen mit den höchsten Einschaltquoten, siehe dazu *EUMAP*, Television across Europe, S. 1121. Diese Tatsache ist ein großes Problem für die privaten Rundfunkbetreiber, die deshalb die Spitzenstellung von TVP nicht ernsthaft gefährden können. Anders als in allen anderen Staaten des ehemaligen Ostblocks hat der öffentlich-rechtliche Rundfunk in Polen eine extrem starke Stellung, die sich auch in einer Zuschaueranteilsquote von über 50% widerspiegelt, vgl. *Filas/Planeta*, Das Mediensystem Polens, S. 520 (521) (zum Vergleich: in der Ukraine hat der staatliche und öffentlich-rechtliche Rundfunk einen Anteil von weniger als 10%. Siehe ausführlich *Khabyuk*, Der ukrainische Rundfunk, S. 23 ff.)

der Entwicklung neuer Produktions- und Übertragungstechniken zu beteiligen, selbst Sendeformate zu entwickeln und diese auch zu vermarkten. Zusätzlich muss er künstlerische, literarische, wissenschaftliche und Bildungsaktivitäten unterstützen und die Verbreitung der polnischen Sprache fördern.

Die Beschreibung des Aufgabenfeldes wird durch Abs. 21 Abs. 2 RFG inhaltlich-qualitativ präzisiert. Anders als der deutsche hat der polnische Gesetzgeber einen erstaunlich deutlichen Qualitätsmaßstab für den öffentlich-rechtlichen Rundfunk festgelegt. Dabei handelt es sich aber größtenteils um stark auslegungsbedürftige Bestimmungen.[1513] So sollen die Sendungen im Bewusstsein der Verantwortung für den Inhalt und den guten Ruf des öffentlich-rechtlichen Rundfunks übertragen werden. Er soll verlässliche und relevante Informationen über Ereignisse im In- und Ausland produzieren, die Meinungsbildung der Zuschauer und der öffentlichen Meinungsbildung ohne Beeinflussung fördern und den Bürgern und gesellschaftlichen Organisationen die gesellschaftliche Teilhabe ermöglichen, indem er verschiedene Meinungen und Sichtweisen darstellt und sein Recht auf gesellschaftliche Überwachung und Kritik wahrnimmt. Weiter soll er die Entwicklung von – insbesondere der polnischen – Kultur, Wissenschaft und Bildung fördern, das christliche Wertesystem, basierend auf universellen ethischen Prinzipien, respektieren, sowie die Familienbindung stärken, einen gesunden Lebensstil propagieren, zur Bekämpfung sozialer Fehlentwicklungen beitragen und den Sonderbedürfnissen von ethnischen Gruppen und Minderheiten entsprechen. Zusätzlich zu diesen rechtlichen Vorgaben hat sich der öffentlich-rechtliche Rundfunk das Leitbild „Miszja" (Mission) gegeben. Das Dokument enthält im Wesentlichen das Verständnis der gesetzlichen Vorgaben aus Sicht von TVP, und geht daher in inhaltlicher Hinsicht nicht über die gesetzlichen Anforderungen hinaus.[1514] Insbesondere handelt es sich dabei nicht um eine eigene, gesetzlich geforderte Auftragskonkretisierung. Der Vergleich mit den Programmrichtlinien der ARD und des ZDF zeigt demgemäß auch deutlich, dass die deutschen Versuche im Rahmen der regulierten Selbstregulierung eine Konkretisierung zu erreichen, nicht über die freiwillige Selbstdarstellung des TVP hinaus reicht.

b) Bewertung

Verglichen mit den deutschen Parallelvorschriften ist dieser Katalog deutlich länger und detaillierter. Die Vorschriften können als eine Weiterführung des deutschen öffentlich-rechtlichen Auftrages gelesen werden und sind daher für die Debatte um dessen Präzisierung als Existenzberechtigung auf der einen und

---

[1513] So auch *Rittler/Banasinski*, Das Recht der Rundfunkunternehmen, S. 574.
[1514] Siehe *TVP*, Misja Telewizja Polskiej S.A.

Aufgabenbegrenzung des öffentlich-rechtlichen Rundfunks auf der anderen Seite sehr interessant.[1515]

Es findet sich die „technische Komponente" des Grundversorgungsauftrages wieder in der Verpflichtungen zur Betreibung von Sende- und Übertragungseinrichtungen (Art. 21 Abs. 1a Nr. 3 RFG), des Sendebetriebs für die gesamte Gesellschaft (Art. 21 Abs. 1 S. 1 RFG) und der Verpflichtung zum Teletext (Art. 21 Abs. 1 S. 4 RFG). Zur Zeit der Schaffung des RFG 1992 bestanden aber schon einige private, auch nationale, Sender, sodass diese Verpflichtung zur medialen Infrastruktursicherung für die gesamte Gesellschaft nicht den gleichen garantenähnlichen Charakter hat, wie dies in Deutschland der Fall ist.[1516] Man kann eher von einer normierten notwendigen Bedingung zur Auftragserfüllung ausgehen.

Die Frage der Entwicklung und Nutzung neuer Übertragungstechniken, in Deutschland eher im Rahmen der Bestands- und Entwicklungsgarantie diskutiert,[1517] stellt ebenfalls eine Pflichtaufgabe dar. Die schwierige Frage der Reichweite des Grundversorgungsauftrages in Bezug auf neue Medien,[1518] bei der von notwendiger Flexibilität bis zur Marktdominanz des öffentlich-rechtlichen Rundfunks ausgegangen wird und unter anderem zu einer Beschwerde[1519] des VPRT bei der EG-Kommission geführt hat, stellt sich in Polen deshalb so nicht. Die Finanzierung des öffentlich-rechtlichen Rundfunks erfolgt auf Grundlage einer jährlich neu festgelegten Verordnung des KRRiT.[1520] Dem Betrag werden diejenigen Kosten zugrunde gelegt, die TVP in ihren Jahresab-

---

[1515] Vgl. dazu FAZ vom 24. April 2007, sowie die Darstellung der Einstellungsentscheidung der Europäischen Kommisison vom 24. April 2007 und ihre Umsetzungsanforderungen oben C.II.7.

[1516] Vgl. dazu BVerfGE 73, 119 (157) – *Niedersachsen*, in dem der Versorgung „nahezu der gesamten Bevölkerung" mit dem inhaltlich umfassenden Programm die essentielle Bedeutung für die demokratische Ordnung zukommt.

[1517] Vgl. in Bezug auf die Anforderungen der Einstellungsentscheidung der Europäischen Kommission *Wiedemann*, ZUM 2007, 800 (805) und oben C.II.7.

[1518] Bislang ist lediglich durch das Bundesverfassungsgericht klargestellt, dass die Sondersituation des Rundfunks und mit ihr der öffentlich-rechtliche Funktionsauftrag auch durch die Digitalisierung und Konvergenz nicht etwa erledigt ist, sondern an Gewicht gewinnt, siehe BVerfGE – *Gebührenurteil II*, 1 BvR 2270/05 vom 11. September 2007, Rn. 122.

[1519] Diese wurde nach einigen bedrohlichen Aussagen der Wettbewerbskommissarin *Neelie Kroes* vorerst eingestellt. Zur Einstellungsentscheidung und den Reformzusagen der Länder siehe oben C.II.7.

[1520] Vgl. dazu das Gesetz über die Lizenzgebühren vom 21. April 2005, *Dziennik Ustaw* z 2005 nr. 85 pos. 728. Weder das Verfahren der Gebührenfestsetzung noch der Bedarfsermittlung ist hinreichend transparent. Die unten aufgeführten Bedenken hinsichtlich der Staatsferne des Aufsichtsgremiums verschärfen sich noch, nimmt man die prominente Stellung des KRRiT im Finanzierungsverfahren hinzu.

schlüssen gem. Art. 31b RFG in der Bilanz als Kosten ausweist, die mit der Erfüllung des Auftrags gem. Art. 21 Abs. 1 RFG begründet sind.[1521] Anders als in Deutschland wird der Auftrag und die durch ihn verursachten Kosten durch TVP selbst bestimmt, eine neutrale Bedarfsfeststellung wie im Verfahren der KEF, gibt es nicht.[1522] Damit liegt die Entwicklung und Nutzung neuer Übertragungstechniken in Polen nicht im Grenzbereich des öffentlichen Auftrages und ist voll abgabenfinanziert. Vergleicht man diese Situation mit den Anforderungen der Einstellungsentscheidung der Europäischen Kommission im Beihilfeverfahren in Deutschland, wird schnell deutlich, dass der polnische Gesetzgeber wohl dringend die Festlegung des Auftrags präzisieren müsste. Insbesondere besteht durch die Anknüpfung der Bedarfshöhe an die im Jahresabschluss festgestellten Auftragskosten kein Gebot der Wirtschaftlichkeit und Sparsamkeit, dass den Gebührenzahler schützen könnte. Die von der Kommission geäußerten Bedenken gegen eine zu wenig konkretisierte Auftragsnorm gelten wohl für Polen gleichermaßen, wenn nicht stärker, da eine Normkonkretisierung durch Richtlinien, die zwar auch in Deutschland nicht effektiv ist, sich im polnischen Recht gar nicht findet.[1523]

In inhaltlicher Hinsicht wird zunächst ein Äquivalent zum „klassischen Rundfunkauftrag“ nach deutscher Lesart in Abs. 1 festgelegt. Dass die Aufzählung der verschiedenen Sparten durchaus nicht nur beispielhaft verstanden wird, zeigt sich in den jährlichen Statistiken des KRRiT, in denen ausschließlich diese Sparteneinteilung zugrunde gelegt wird.[1524] Weiter wird ein qualitativer Mindeststandard festgelegt, der den öffentlich-rechtlichen Rundfunk gem. Art. 21 Abs. 1 RFG unter anderem zur pluralistischen, unabhängigen und ausgewogenen Berichterstattung verpflichtet. Auffallend ist, dass die Verknüpfung von Rundfunkaufgabe und gesellschaftlich verfasster Demokratie in Polen nicht so stark betont wird. Dies mag vielleicht an der Mediengeschichte liegen, die zwar auch eine gesellschaftlich-systemstabilisierende Rolle der Medien kennt, allerdings nur im negativen Sinne. Dass sich diese Ansicht aber zu wandeln beginnt, zeigt die Änderung des Art. 21 RFG im Jahr 2004.[1525] Dort wurde nicht nur der derzeitige Abs. 1 eingeführt, sondern auch in Art. 21 Abs. 1a) Nr. 1 RFG der

---

[1521] Die letzte Verordnung des KRRiT für das Jahr 2007 setzte die Gebührenhöhe auf derzeit PLN 17 pro Monat, vgl. *Dziennik Ustaw* z 2006 nr. 94 pos. 656.

[1522] Zur Einordnung KEF in das System des Organisationspluralismus siehe oben C.I.4.d).

[1523] So hatte die Kommission das System der Auftragsdefinition nur unter besonderem Hinweis auf die konkretisierenden Richtlinien gem. § 11 Abs. 3 RStV hingenommen, vgl. dazu Einstellungsentscheidung der Kommission vom 24. April 2007, K(2007) 1761 endg., S. 52 Rn. 224 und oben C.II.7.b)bb).

[1524] Siehe *KRRiT*, Raport o stanie Rynku 2006, S. 53; dazu auch *EUMAP*, Television across Europe, S. 1118 ff.

[1525] *Dziennik Ustaw* z 2004 nr. 91 pos. 874.

Wortlaut des ersten Erwägungsgrundes des Amsterdamer Protokolls zum EG-Vertrag 1997[1526] übernommen und der öffentlich-rechtliche Rundfunk verpflichtet, in seinen Programmen den „demokratischen, sozialen und kulturellen Bedürfnissen der Gesellschaft zu entsprechen". Diese Formulierung kann inzwischen als Kern oder Ursprung des europäischen Verständnisses von Pluralismus gedeutet werden, da es sich wortgleich auch in den Anforderungen der Einstellungsentscheidung der Europäischen Kommission vom 24. April 2007 im deutschen Beihilfenverfahren für den sog. Public-Value-Test wieder findet.[1527]

Art. 21 Abs. 2 RFG präzisiert die Verpflichtungen mit den engeren Vorgaben zum Familienbild und zur erneuten Verpflichtung auf das „christliche Wertesystem". Sehr fraglich ist, welche Begriffe justiziabel sein könnten. Die Urteile *Fernsehen I* und *Fernsehen III* haben gezeigt, dass z.B. das „christliche Wertesystem, basierend auf universalen ethischen Prinzipien" vom Verfassungsgericht sehr wohl als auslegungsfähig angesehen wird. Das Verfassungsgericht geht davon aus, dass die in Art. 21 RFG enthaltene Regelung eine Präzisierung der Aufgaben und Programmvoraussetzungen sei, die sich aus Art.1 und 13 RFG ergeben.[1528] Diese Prüfungsvoraussetzungen erinnern an die Vorgabe des deutschen Verfassungsgerichts im Niedersachsenurteil, dass „vereinzelte, geringfügige Verstöße gegen die Meinungsvielfalt" nicht zu einem Einschreiten berechtigen.[1529] Das deutsche Problem des Schisma zwischen Programmanforderung, Prüfungsrahmen und Prüfungsmöglichkeiten besteht in Polen zwar auch. Geht man aber davon aus, dass das den Auftrag konkretisierende Merkmal nicht nur als Leitlinie, sondern auch als Tatbestandsmerkmal auslegungsfähig ist, vermindern sich die Probleme erheblich, da die Norm jeden Betreiber individuell adressiert.[1530] Der Gewinn an Rechtssicherheit birgt selbstverständlich Risiken für den regulierten Freiheitsbereich. Dies ist in Polen vielleicht weniger problematisch, da sich eine Einschränkung der rundfunkvermittelten Meinungsfreiheitsfreiheit auf das „Wie" der Meinungsäußerung bezieht, nicht jedoch ein institutioneller Schutz der Massenmedien selbst in seinem Kernbereich getroffen

---

[1526] Vergleiche das Zusatzprotokoll zum Amsterdamer Vertrag Abl. EG Nr. C 340 vom 10. November 1997.

[1527] Vgl. dazu oben ausführlich mit Zweifeln an der Umsetzbarkeit C.II.7.a). und C.II.7.b)cc).

[1528] Beschluss des Verfassungsgerichts vom 2. März 1994, W 3/93 – *Fernsehen I*, II.B.

[1529] BVerfGE 73, 118 (159, 167) – *Niedersachsen.*

[1530] So jedenfalls *Jakobowicz* in seinem öffentlichen Antwortschreiben auf eine Kritik von *Paweł Dobrowolski* an dem von *Jakubowicz* unterstützen EUMAP-Bericht des Open Society Institute, siehe *Jakubowicz*, RE: Television across Europe, S. 2, abrufbar unter www.eumap.org (2.6.2007).

wird.[1531] In Deutschland dagegen führt eine solche Regulierung unweigerlich in den geschützten Kernbereich der Rundfunkfreiheit als Programmfreiheit.[1532]

c) Reformvorschläge

Auch wenn in Polen die Auftragsanforderungen für den öffentlich-rechtlichen Rundfunk wesentlich konkreter als in Deutschland ausgestaltet sind, wird über eine Konkretisierung nachgedacht. Zwischen 2002 und 2004 wurde eine Untersuchung der polnischen Medienlandschaft im Hinblick auf den bevorstehenden EU-Beitritt durchgeführt.[1533] Diese Analyse, finanziert durch das PHARE-Programm der Europäischen Gemeinschaft, enthielt unter anderem wesentliche Reformvorschläge für Auftrag und Struktur des öffentlich-rechtlichen Rundfunks. Ein umfassendes Reformvorhaben, das u.a. auch medienkonzentrationsrechtliche Regelungen vorsah, wurde aber nach der sog. Rywingate-Affaire[1534] nicht mehr weitergeführt. Ein Nachhall der Analyse findet sich allerdings in der Änderung des Art. 21 RFG im Jahr 2004. Der bisherige Absatz 1 wurde ergänzt um den „Amsterdamer" Zusatz der „demokratischen Bedürfnisse des Gesellschaft" in Abs. 1a. Der neue Abs. 1 hingegen liest sich wie eine vor die Klammer gezogene Programmatik, die zwar gegenüber der alten Rechtslage umfassender ist, dafür aber nicht zur Klärung der bestehenden unbestimmten Begriffe beitragen kann. Möglicherweise lässt er sich aber als Auslegungshilfe, im obigen Sinne als gesetzgeberisches Leitbild,[1535] heranziehen, soweit es um die Konkretisierung der „besonderen Pflichten" gem. Art. 21 Abs. 1a RFG geht.

Der Abschlussbericht stellte eine äußerst starke Marktstellung des öffentlich-rechtlichen Rundfunks fest.[1536] Da die Finanzierung des öffentlich-rechtlichen Rundfunks aus den Rundfunkgebühren nur ca. 1/3 der tatsächlichen Kosten ausmacht, orientiert sich der öffentlich-rechtliche Rundfunk inhaltlich stark an den privaten Wettbewerbern, um ein möglichst hohes Werbeaufkommen zu

---

1531 Siehe Entscheidung des Verfassungsgerichts vom 7. Juni 1994, K 17/93 – *Fernsehen III.*

1532 Vgl. BVerfGE 59, 231 (258) – *Freie Mitarbeiter*; BVerfGE 87, 181 (201) – *HR3-Beschluss*, jeweils m.w.N.

1533 Dazu die Verordnung Nr. 3906/89 des Rates vom 18. Dezember 1989, ABl. EG L 375 mit Novellen.

1534 Zur Rywingate-Affaire, dem wohl größten medienrechtlichen Skandal in der polnischen Geschichte siehe ausführlicher unten D.V.2.

1535 Zur Funktion eines gesetzgeberischen Leitbildes in der Auslegung eines unbestimmten Rechtsbegriffes siehe ausführlich *Dörr*, AfP-Sonderheft 2007, 33 (37), *Dörr*, in: FS Mailänder, S. 481 (491) und oben C.II.2.b)bb)(1)(d).

1536 *KRRiT*, Strategic Guidance 2004, S. 44. Diese Stellung hat TVP seit 1993, als der damalige Vorsitzende des TVP, *Wiesław Walendziak*, einen Wechsel in der Programmpolitik hin zu marktwirtschaftlich-wettbewerblichem Verhalten einleitete, vgl. *Hadamik*, Transformation, S. 253.

realisieren. Dies ist nur möglich, da er, anders als der deutsche öffentlich-rechtliche Rundfunk, keinerlei aus dem Auftrag resultierenden Werberestriktionen unterliegt. Dies wurde, nicht überraschend, als konträr zum eigentlichen Rundfunkauftrag gem. Art. 21 RFG angesehen.

Im Abschlussbericht wurde deshalb angeregt, den öffentlich-rechtlichen Rundfunk stärker an seinen Auftrag zu binden und seine Möglichkeiten, programmlich und finanziell in Konkurrenz zum Privatrundfunk zu treten, zu begrenzen. Erreicht werden soll dies zum einen durch eine stärkere Gebührenfinanzierung, zum anderen durch eine gesetzliche Präzisierung des Rundfunkauftrages.[1537]

Die Präzisierung soll dabei nicht etwa durch den Gesetzgeber erfolgen, sondern nach Möglichkeit durch den KRRiT, indem zukünftig auch an den öffentlich-rechtlichen Rundfunk eine „Sendelizenz" vergeben wird, ähnlich dem britischen Modell der „Service Licences"[1538]. Diese Lizenz würde dann konkrete Vorgaben zum Rundfunkauftrag enthalten, die durch den KRRiT jährlich zu überprüfen wären.[1539] Problematisch ist sicherlich, dass diese Aufgabe dem KRRiT zufällt. Abgesehen von der Frage, inwiefern er technisch und personell überhaupt dazu in der Lage wäre, erscheint das Zusammenfallen von technischer, inhaltlicher und finanzieller Regulierung durch den KRRiT eher als Rückschritt und im Sinne des Organisationspluralismus eher kontraproduktiv. Die Idee resultiert aus einem strukturellen Versagen der internen Aufsicht des Programmrates, wie der Abschlussbericht richtig feststellte.[1540] Die Lösung sollte aber nicht in einem Ausbau der Machtposition des KRRiT gesucht werden, sondern in einer Stärkung entweder der internen Aufsicht oder einer zusätzlichen externen Aufsicht.[1541] Zusätzlich dürfte das Rechtsinstrument der Lizenz denkbar ungeeignet sein. Ein Lizenzentzug bei Verletzung der Bedingungen, wie dies für private Rundfunkanbieter gem. Art. 38 RFG möglich ist, dürfte wohl kaum das Mittel der Wahl darstellen. Ein solches Modell müsste neben den materiellen Lizenzanforderungen auch detaillierte Rechtsfolgen für Lizenzverletzungen aufstellen, die bislang noch nicht erkennbar sind. Dabei wäre in jedem Fall zu beachten,

---

1537 Siehe *KRRiT*, Strategic Guidance 2004, S. 33 f.

1538 Seit Beginn des Jahres 2007 erteilt der neuer BBC Trust als Aufsichtsgremium an alle Einheiten des BBC (derzeit 27) sog. Service Licences, die den öffentlichen Auftrag genauer spezifizieren. Damit entsteht die Möglichkeit einer genaueren Kontrolle anhand der vorgegebenen Lizenzkriterien. Siehe dazu BBC Service Licences: Operating Framework 2006, abrufbar unter: http://www.bbc.co.uk/bbctrust/. (Stand: 20. Mai 2009). Anders als der bekannte Public-Value-Test, soll diese Form der Auftragsbindung aber nicht für das deutsche Recht übernommen werden.

1539 *KRRiT*, Strategic Guidance 2004, S. 34.

1540 *KRRiT*, Strategic Guidance 2004, S. 34.

1541 In diese Richtung, allerdings unter dem Modell der Lizenz, auch der Bericht *KRRiT*, Strategic Guidance 2004, S. 35.

dass nicht jede Lizenzverletzung zur personalpolitischen Einflussnahme genutzt werden darf. Auch müssten die Rechtsfolgen so gestaltet sein, dass nach Möglichkeit kein Auslegungsspielraum für den KRRiT bei der Verletzungsbewertung besteht, da sich dies schon aus dem Grundsatz der Staatsfreiheit des Rundfunks ergibt.

d) Fazit

Das polnische Rundfunkrecht zeichnet sich durch relativ genaue und präzisierte Vorgaben für den Rundfunk aus. Grundlage dafür ist die subjektiv-rechtliche Betrachtungsweise, die derjenigen des EGMR entspricht. Insbesondere für den öffentlich-rechtlichen Rundfunk ergeben sich aber Friktionen, da er einerseits zwar nicht die subjektiv-rechtliche Rechtsposition genießt und daher strengeren Anforderungen unterliegt, diese enge Bindung aber nicht durch einen objektiv-rechtlichen Schutz als Institution Rundfunk abgesichert wird. Durch den Eingriffscharakter der Vielfalts- und Auftragsvorgaben können diese kein in sich geschlossenes System zur Pluralismussicherung bilden und müssen stückweise reguliert werden, was jedenfalls keinen konsistenten Auftrag für das „Gesamtsystem Rundfunk" entstehen lassen kann. In Deutschland wird auf der anderen Seite der Rundfunk objektiv-rechtlich als Institution betrachtet. Diese Institution wird geschützt, und in ihrer Verbindung zur freiheitlich-(vor)demokratischen Gesellschaftsverfassung auf ein verfassungsrechtlich erforderliches Niveau an Meinungsvielfalt festgelegt, das durch das das Gesamtsystem Rundfunk zu erzeugen ist.

Da aber diese objektiv-rechtliche Herangehensweise nicht mehr individualisiert betrachtet wird, muss sie notwendiger Weise unscharf bleiben und eignet sich in der bestehenden Form kaum zur Regulierung auch gegenüber einzelnen Rundfunkveranstaltern. Im Rechtsvergleich erscheint die Vorgabe der Europäischen Kommission als vermittelnder Ansatz dazu. Die Vorgabe, die objektiv-rechtlich begründeten Auftragsnormen für neue Medienangebote einerseits an den demokratischen und sozialen Bedürfnissen der Gesellschaft zu messen, auf der anderen Seite aber auch die Notwendigkeit und Erforderlichkeit zu prüfen, vereint beide System und ihre spezifischen Anforderungen. Wird diese Vorgabe stringent bei öffentlich-rechtlichen Auftragsnormen wie auch Pluralismusanforderungen gegenüber dem Privatrundfunk durchgesetzt, könnte sich sowohl das Profil des öffentlich-rechtlichen Rundfunks schärfen, als auch die Belastungen des Privatrundfunks auf ein verträgliches Maß reduzieren lassen. Für den polnischen Rundfunkmarkt würde dies einen erheblicher Einbruch des öffentlich-rechtlichen Marktanteils bedeuten, auf der anderen Seite aber auch den Privatrundfunk erstmals konkreteren Auftragsnormen unterwerfen.

2. Sicherung dieser Aufgaben durch Aufsicht

Wie in den Reformvorschlägen bereits anklingt, kann und sollte der internen Aufsicht des öffentlich-rechtlichen Rundfunks in Polen eine größere Rolle zukommen. In der Untersuchung der deutschen Pluralismussicherung wurde oben die Ansicht vertreten, dass grundsätzlich nur der „medienrechtliche Souverän" geeignet sei, verfassungskonform über Art, Inhalt, Qualität und Umfang der Meinungsvielfalt zu urteilen. Dies für den polnischen Privatrundfunk gleichermaßen zu fordern, erscheint jedoch nicht sachgerecht. Zwar wäre auch in Polen eine solche Aufsichtsstruktur wünschenswert, um einseitige und staatliche Einflussnahmen zu verhindern. Allerdings muss auch berücksichtigt werden, dass die Grundkonzeption der polnischen Medienordnung von einem Eingriffsmodell und nicht einem in staatlicher Verantwortung durch eine „positive Ordnung" begrenzeten Ausgestaltungsmodell ausgeht. Damit wird die Frage der Meinungsvielfalt grundsätzlich nicht mehr von außerhalb des (progammverantwortlichen) Rundfunks durch ein Aufsichtsgremium, sondern durch den Rundfunk selbst festgelegt und liegt vor allem innerhalb der ihn zustehenden rechtlich geschützten Sphäre. Anders verhält sich dies beim öffentlich-rechtlichen Rundfunk, dem eine solche Rechtsposition in Polen nicht zukommt. Er untersteht damit direkt den Vorgaben des KRRiT. Im Folgenden soll daher zunächst der Aufbau des öffentlich-rechtlichen Rundfunks dargestellt und ermittelt werden, wie weit seine Kompetenzen und seine Programmautonomie reicht.

a) Organisation des öffentlich-rechtlichen Rundfunks als AG

Eine Besonderheit des öffentlich-rechtlichen Rundfunks in Polen ist, dass er in der privatrechtlichen Organisationsform der Aktiengesellschaft (Spółka Akcyjna) nach dem Handelsgesetzbuch inkorporiert wurde, vgl. Art. 25 RFG. Damit sollte zum einen der öffentlich-rechtliche Rundfunk außerhalb des staatlichen Verwaltungsaufbaus gestellt werden, wie dies in Deutschland mit der Figur der öffentlich-rechtlichen Anstalt erreicht wurde. Zum anderen sollte damit der Einfluss von Staat und Regierung auf den öffentlich-rechtlichen Rundfunk vermieden werden.[1542]

In formeller Hinsicht ist dies auch weitestgehend geglückt. Obwohl der Staat Alleinaktionär ist, wurde sein Einfluss formal stark beschnitten. So sind gem. Art. 29 Abs. 1 RFG Weisungen des Aktionärs in programmlicher Hinsicht gem. Art. 29 Abs. 1 RFG ausgeschlossen. Weiter verlangt Art. 29 Abs. 3 RFG die

---

[1542] Siehe dazu *Hadamik*, Transformation, S. 210 f. Die Rechtsform der Anstalt öffentlichen Rechts ist allerdings auch in Deutschland noch kein Garant für Staatsunabhängigkeit, vgl. *Gersdorf*, Staatsfreiheit des Rundfunks, S. 161 f.

Zustimmung des KRRiT bei Satzungsänderungen.[1543] Die tatsächliche Einflussnahme wird nicht über den „quasi-formellen" Weg einer Weisung als Eigentümer genommen, sondern über die wesentlich subtileren Möglichkeiten der partei- und regierungstreuen Besetzung der Kontrollorgane.[1544] So wurde am 2. April 2007 *Andrzej Urbanski* aus dem Aufsichtsrat zum Vorstandsvorsitzenden des TVP gewählt, der zuvor als Chef der Staatskanzlei von Präsident *Lech Kaczynski*, zuletzt als dessen persönlicher Berater, gearbeitet hatte.[1545]

Das Aktienrecht gilt für den öffentlich-rechtlichen Rundfunk allerdings nur, soweit nicht Spezialregelungen des Rundfunkgesetzes eingreifen. So finden die Vorschriften über den Gründungsbericht und der Einberufung der Hauptversammlung finden keine Anwendung, vgl. Art. 25 i.V.m. Art. 629, Art. 312 und 399 HGG.[1546] Eine Modifikation des Aktienrechts stellen auch die Vorschriften über den Programmrat gem. 28a RFG dar,[1547] der kein geborenes Organ der polnischen Aktiengesellschaft nach Handelsrecht ist. Ebenfalls Modifikationen sind die Beschränkung der Aktionärsrechte gem. Art. 29 und 31 Abs. 3 RFG, sowie die Wahl der Aufsichtsratsmitglieder durch den gesellschaftsexternen KRRiT gem. Art. 28 RFG.

Während der Lizenzentzug als Verwaltungsstrafmaßnahme gem. Art. 52 RFG bei den öffentlich-rechtlichen Sendern nicht möglich ist, kann sich eine existenzbedrohende Lage aber aus wirtschaftlichen Gründen ergeben. Nicht ausgeschlossen ist die Anwendbarkeit der allgemeinen Rechnungslegung[1548] und des Insolvenzrechts. Damit könnte das öffentlich-rechtliche Fernsehen in Zahlungsunfähigkeit geraten, eine Konzeption der in Deutschland die Bestandsgarantie entgegenstehen würde.[1549] Fraglich erscheint auch, welche Konsequenz mit einer

---

1543 Der Zustimmungsvorbehalt ist allerdings, angesichts des Besetzungsmodus des KRRiT, für die Staatsfreiheit relativ wertlos, dazu unten ausführlich unter D.IV.

1544 Über diesen Einfluss war es möglich, dass unliebsame Redakteure aus der Redaktion der Nachrichtensendung „Wiadomosci" entlassen wurden, nachdem sie einen Bericht über protestierende Krankenschwestern in den Abendnachrichten durchgesetzt hatten, vgl. epd-medien, 2007 Nr. 18, S. 18.

1545 Siehe Polen-Analysen 2007, Ausgabe 11, S. 11.

1546 Verwiesen wird im Gesetzestext auf Art. 313 und 369, diese gelten nach der Neufassung des Handelsgesetzbuchs, HGG vom 15. September 2000, *Dziennik Ustaw* z 2000 nr. 97, pos. 1037, über die Verweisungsnorm Art. 629 HGG weiter.

1547 Dazu unten D.III.2.a)bb).

1548 Allerdings mit den Modifikationen, die sich aus Art. 31a RFG ergeben. Demnach müssen diejenigen Ausgaben gesondert aufgeführt werden, die im Rahmen des Rundfunkauftrages gem. Art. 21 RFG gemacht wurden, um den Finanzbedarf zu ermitteln. Die Vorschrift dürfte auch gleichzeitig den europarechtlichen Anforderungen der Transparenzrichtlinie dienen, vgl. Richtlinie 2004/109/EG.

1549 So ausdrücklich seit BVerfGE 89, 144 - *Konkurs von Rundfunkanstalten* im einfachen Rechtsrahmen festgelegt, vgl. z.B. § 32 ZDF-StV.

Insolvenz von TVP verbunden wäre. Nach geltendem Recht wäre eine Abwicklung jedenfalls nicht ausgeschlossen.

An diesem Beispiel zeigt sich die regelmäßig auftretende Spannung zwischen der grundsätzlich meritorischen Ausrichtung des öffentlich-rechtlichen Rundfunks und dem marktwirtschaftlich geprägten Rechtsrahmen, der der spezialgesetzlichen Rundfunkrechtsregulierung hinterlegt ist.[1550] In Polen ist die Existenzrechtfertigung des öffentlich-rechtlichen Rundfunks nur einfachrechtlich in Art. 21 RFG abgesichert. Grund dafür könnte die in Deutschland über öffentlich-rechtlichem wie privatem Rundfunk schwebende Metaebene des Gesamtsystems Rundfunks sein, einschließlich der Verpflichtung auf das verfassungsrechtlich erforderliche Niveau an Meinungsvielfalt, die die systemische Bestandsgarantie des öffentlich-rechtlichen Rundfunks in Deutschland bedingt. Eine solche gibt es im polnischen Recht de lege lata nicht.[1551]

Um Friktionen zu vermeiden und den öffentlich-rechtlichen Rundfunk zu schützen, wäre ein Grundsatz „rundfunkfreundlicher" Auslegung des einfachen Rechts denkbar, den es aber in dieser Allgemeinheit bislang nicht gibt. Nur eine Entscheidung ist zu diesem Spannungsverhältnis ergangen. Nach einer Vorlage des damaligen Präsidenten *Lech Wałesa*[1552] entschied das Verfassungsgericht über das Spannungsverhältnis von Art. 26 und Art. 28 RFG zum Aktienrecht. Die grundsätzlich freie, bzw. auf Antrag von mindestens 20% der Aktionäre gem. Art. 385 Abs. 3 – 7 HGG mögliche Absetzung des Aufsichtsrates erklärte das Gericht für nicht vereinbar mit dem Grundsatz der Staatsferne des Rundfunks. Nach dieser Entscheidung sind die Mitglieder des Aufsichtsrates während ihrer Amtszeit nicht abberufbar.[1553]

Grundsätzlich aber scheint das „aktienrechtliche Kleid" dem öffentlich-rechtlichen Rundfunk in Polen zu passen. Gegen die Konstruktion selbst wurde bislang keine Kritik erhoben. Aus deutscher Sicht wäre eine solche Gestaltung durchaus auch vom gesetzgeberischen Spielraum hinsichtlich der Gestaltung der Rundfunkordnung gedeckt.[1554] Eine Privatrechtsform des öffentlich-rechtlichen Rundfunks führt also wohl nicht zu mehr, sondern nur zu anderen Problemen.

[1550] Siehe zu den Friktionen auch *Hadamik*, Transformation, S. 214, dort FN 295.

[1551] Dazu schon oben D.III.1.c).

[1552] *Lech Wałesas* eher monarchisches Verständnis seines Amtes hatte ihm bereits zwei Jahre zuvor Ärger eingebracht, als das Verfassungsgericht seine Abberufung des damaligen Ratsvorsitzenden des KRRiT, *Wiesław Walendziak*, für nichtig erklärte, vgl. dazu unten D.IV.3. Insofern entbehrte dieses Vorlageverfahren nicht einer gewissen Komik.

[1553] Entscheidung des Verfassungsgericht vom 13. Dezember 1995, W 6/95. Zum Verhältnis von Rundfunk- und Aktienrecht ausführlich *Sobczak*, Rundfunkgesetz, Art. 28 Rn. 4 f.

[1554] So bereits BVerfGE 12, 205 (262 ff.) – *1. Rundfunkurteil*. Dazu Maunz/Dürig – *Herzog*, GG, Art. 5 Rn. 230.

aa) Der Aufsichtsrat

Der Systematik der Aktiengesellschaft folgend ist der Aufsichtsrat grundsätzlich für alle Tätigkeiten und Entscheidungen des Vorstands das interne Aufsichtsgremium, in Deutschland etwa dem Verwaltungsrat der öffentlich-rechtlichen Anstalten vergleichbar.[1555] Acht der neun Mitglieder werden gem. Art. 28 Abs. 1 RFG in geheimer Wahl durch den KRRiT bestimmt, ein Mitglied durch den Finanzminister als zuständigem Vertreter des Alleinaktionärs. Mit dieser Aufteilung sollte ein politischer Einfluss weitestgehend minimiert werden.[1556]

bb) Programmrat

Neben dem Aufsichtsrat wurde im öffentlich-rechtlichen Rundfunk gem. Art. 29 RFG ein Programmrat als Pflichtorgan eingerichtet. Dieser ist aber nicht dem Rundfunkrat im deutschen Recht vergleichbar.[1557] Er besteht aus 15 Mitgliedern, die alle durch den KRRiT für eine Amtsdauer von vier Jahren ernannt werden. Zehn dieser Mitglieder sollen dabei gem. Art. 28a Abs. 1 S. 1 die Mehrheitsverhältnisse des Sejm widerspiegeln, die weiteren 5 Mitglieder sollen gem. Art. 28a Abs. 1 S. 2 RFG Experten in den Bereichen Kultur und Medien sein.

Seine Aufgabe besteht darin, das Programm in Bezug auf Inhalt und Qualität, sowie den Sendeplan zu überwachen und „Resolutionen" mit einer qualifizierten Mehrheit gem. Art. 28a Abs. 3 RFG zu fällen. Diese Entscheidungen werden dem Aufsichtsrat zugeleitet und sollen von ihm gem. Art. 28a Abs. 3 S. 2 RFG als Entscheidungshilfe herangezogen werden. Originäre Entscheidungskompetenzen hat der Programmrat, anders als sein deutsches Pendant, dagegen nicht.[1558] Entsprechend findet sich in der White Paper-Studie, die der KRRiT 2005 veröffentlichte, die Forderung zur Abschaffung des Programmrats, da er mangels echter Kompetenz nur ein Verwaltungshindernis darstelle. Begründet wird diese Auffassung damit, dass bereits nach der aktienrechtlichen Kompetenzzuweisung eigentlich der Aufsichtsrat alle Aktivitäten zu überwachen habe, eines zusätzlichen Programmrates bedürfe es deshalb nicht. Bei dem vorgeschlagenen Modell einer „Lizenz" für den öffentlich-rechtlichen Rundfunk würde dem Aufsichtsrat die Aufgabe zukommen, die Lizenzbedingungen gemeinsam mit dem KRRiT, dem ein Programmrat mit vergleichbar schwachen

---

[1555] Vgl. § 23 ZDF-StV.
[1556] *EUMAP*, Television across Europe, S. 1101.
[1557] Vgl. z.B. § 19 ff. ZDF-StV.
[1558] Daher sollen bereits Mitglieder aus „Frustration" ihr Mandat niedergelegt haben, vgl. *EUMAP*, Television across Europe, S. 1113.

Kompetenzen zur Seite gestellt werden soll, zu überwachen und bei Verstößen im Zweifel sogar das Management zu entlassen.[1559]

Diese Auffassung verkennt den hohen Stellenwert und das Risiko einer programmbezogenen Regulierung. Es handelt sich dabei eben nicht nur um ein Monitoring rechtlich unverbindlicher Maßstäbe, wie etwa Corporate Compliance,[1560] sondern um den Kern der Freiheitsbetätigung einerseits und die Überprüfung und mögliche Sanktionierung von inhaltlichen Vorgaben andererseits. Die Verwaltungsüberwachung, einschließlich des laufenden Geschäftsbetriebs, sollte von der inhaltlichen Programmkontrolle allein schon aus Kapazitätsgründen getrennt werden.[1561] Hinzu kommt, dass eine inhaltliche Kontrolle durch den KRRiT zur Zusammenlegung von finanzieller, personalpolitischer und auch noch inhaltlicher Entscheidungsgewalt hinsichtlich des öffentlich-rechtlichen Rundfunks führen würde. Eine solche Zentralisierung ist an sich schon kritisch zu betrachten und entspricht wohl kaum dem Ansatz, das Strukturprinzip des Pluralismus auch in Form organisationspluraler Strukturen und Verfahren zu realisieren. Wie oben erläutert, kommt einer dezentralen, in Deutschland der föderalen, Medien- aber auch Aufsichtslandschaft durchaus für sich genommen schon eine plural angelegte strukturelle Sicherung der Vielfalt zu.[1562]

Es ist überdies auch ein Schritt rückwärts. Wesentlicher Gedanke der Neuordnung des öffentlich-rechtlichen Rundfunks 1992 war, einen einseitigen Einfluss des Staates über das zentrale Radiokomitet in Zukunft zu verhindern. Die Aufteilung von Programmverantwortlichkeit, Kontrolle und Eigentum auf TVP, KRRiT und den Staat als Alleinaktionär war genau die Verwirklichung eines strukturellen Pluralismus in der Binnenorganisation, die einen einseitigen Einfluss ausschließen sollte.[1563] Während sich in Deutschland eine plurale Regulierungslandschaft bereits durch die Länderzuständigkeit für den Rundfunk ergibt, ist der öffentlich-rechtliche Rundfunk in Polen zentralistisch organisiert.[1564] Bei fehlendem horizontalen Organisationspluralismus (bzw. Außenpluralismus) gewinnt der vertikale Organisationspluralismus (bzw. Binnenpluralis-

---

1559 Siehe *KRRiT*, Strategic Guidance 2004, S. 34

1560 Vgl. die Präambel der Deutschen Corporate Governance Codex (DCGC), die nur eine Erklärungspflicht in der Entsprechenserklärung gem. § 161 AktG bei Abweichung von den Sollvorschriften festlegt.

1561 Bedenken, dass die inhaltliche Kontrollinstanz regelmäßig mit ihren Aufgaben schon aufgrund zu geringer Ressourcen überfordert ist, werden auch im deutschen Recht geäußert, vgl. dazu die obiger Darstellung der Gremiendiskussion unter C.I.4.g)cc).

1562 Dazu ausführlich *Dörr*, ZUM 1996, 617 (622 f.) und oben C.I.4.e).

1563 Vgl. *Hadamik*, Transformation, S. 215 f.

1564 Dies trifft sogar für die Regionalsender zu. Die Regionaleinheiten von TVP waren ursprünglich rechtlich selbständige Einheiten. Seit 1998 werden die Regionalsender ohne eigenen Rechtscharakter aus der Zentrale in Warschau gesendet und verantwortet.

mus) innerhalb des Rundfunksystems relativ an Bedeutung. Hinsichtlich der besonders sensiblen programmlichen Regulierung schlagen sich Defizite in Organisation nur einer zentralen Aufsichtsstelle daher stark auf das Ergebnis der Meinungsvielfalt im Gesamtsystem Rundfunk durch. Daher muss gerade bei einer zentralen Regulierungsorganisation eine möglichst unabhängige Aufsicht gewährleistet sein. Der Verweis auf die aktienrechtliche Funktion des Aufsichtsrates, wie von Seiten des KRRiT geäußert, überzeugt dagegen gerade im Rundfunkbereich nicht.

b) Bewertung

Die interne Struktur des öffentlich-rechtlichen Rundfunks in Polen ist äußerlich vergleichbar mit dem deutschen Anstaltsmodell. Abgesehen von der personalpolitischen Einwirkung von externen Interessen,[1565] sind die Strukturen grundsätzlich zur Wahrnehmung des Auftrages aus Art. 21 RFG geeignet. Auffällig ist aber der vergleichsweise schwache Programmrat. Da ihm die Möglichkeiten zur effektiven Sanktionierung fehlt, können Rechtsverletzungen grundsätzlich nur durch den KRRiT verfolgt werden. Entsprechend wird auch die Kritik geäußert, dass es kaum mehr eine echte interne Kontrolle gäbe, da die programmliche Aufsicht gem. Art. 28a Abs. 3 RFG als lex specialis zur allgemeinen (aktienrechtlichen) Aufsicht gem. Art. 358 HGG dem Programmrat zugewiesen ist, nicht jedoch der Aufsichtsrat tätig werden kann.[1566] Das Ergebnis in der Praxis ist aber nicht etwa eine besonders geringe Prüfungsdichte. Im Gegenteil wird die Regulierung effektiv durch die nächst höhere Ebene ausgeübt, die noch dichter an Staat und Regierung gebunden ist: den KRRiT.

IV. Allgemeine Aufsicht über den Rundfunk: der KRRiT

Der KRRiT ist in Polen das zentrale Staatsorgan der Rundfunkregulierung. Anders als die Rundfunkfreiheit und die Rundfunkorganisationsnormen ist er in der Verfassung in den Art. 219 ff PolVerf verankert. Diese herausgehobene Position als „Verfassungsorgan“ wurde ihm mit seiner Entstehung durch das Rundfunkgesetz 1992 verliehen und bestimmt auch seine Bedeutung innerhalb und für den Rundfunk.

1. Stellung des KRRiT im polnischen Staatsaufbau

Der KRRiT ist Aufsichtsbehörde und kann Verordnungen gem. Art. 213 Abs. 3 PolVerf erlassen, er ist aber auch Staatsorgan. Dem KRRiT untersteht seine

---

[1565] Da diese „Personalkette“ ihren Ausgangspunkt im Wahlmodus des KRRiT hat, wird sie in sogleich folgendem Zusammenhang dargestellt.

[1566] Siehe *KRRiT*, Strategic Guidance 2004, S. 33.

eigene Behörde gem. Art 11 Abs. 1 RFG, die die Tätigkeiten des KRRiT organisiert und seine Beschlüsse ausführt. Mit dieser staatsrechtlichen Konstruktion sollte der KRRiT außerhalb der staatlichen Verwaltung gestellt werden, um einen staatlichen Einfluss weitestgehend zu begrenzen.[1567] Tatsächlich ist diese Form der Aufsichtsorganisation gegenüber dem deutschen Modell der Landesmedienanstalten als Anstalten öffentlichen Rechts formal betrachtet sogar noch konsequenter am Grundsatz der Staatsfreiheit orientiert.

Der KRRiT ist allerdings gem. Art. 12 RFG den anderen Staatsorganen, nicht jedoch der Regierung, gegenüber berichtspflichtig.[1568] Nach Art. 12 Abs. 1 ist jährlich jeweils ein Bericht an Seijm, Senat und Präsident zuzuleiten. Wenn Sejm und Senat beide die Annahme des Berichts verweigern, so endet die Amtszeit mit Zustimmung des Präsidenten innerhalb von 14 Tagen gem. Art. 12 Abs. 4 RFG. Diese Regelung sorgt für eine gewisse Abhängigkeit des KRRiT von den Staatsorganen. Das Verfassungsgericht sieht darin allerdings keinen Widerspruch zum Grundsatz der Unabhängigkeit des KRRiT.[1569] Die Regelung ist allerdings auch so eng gefasst, dass sich wohl selten politischen Mehrheiten ergeben werden, die den KRRiT aus sachfremden Erwägungen die Annahme des Berichts verweigern.[1570] Das Budget des KRRiT, sowie seiner Behörde speist sich aus dem Staatshaushalt gem. Art. 11 Abs. 2 RFG. Diese Regelung ist insofern nicht ganz unbedenklich, da beim Sejm damit Finanzierungshoheit und Berichtsgenehmigung zusammenlaufen, aufgrund der Beteiligung der anderen Staatsorgane erscheint aber die Finanzierung als Druckmittel nicht nutzbar zu sein.

2. Aufgaben und Kompetenzen

Der KRRiT hat gem. Art. 6 Abs. 1 RFG die Aufgabe, die Meinungsfreiheit in Radio und Fernsehen zu sichern, die Unabhängigkeit der Rundfunkveranstalter und das öffentliche Interesse zu schützen, sowie einen offenen und pluralistischen Charakter von Radio und Fernsehen zu gewährleisten. Zur Erfüllung dieser Aufgabe wurde er mit einer außergewöhnlichen Kombination von Kom-

---

[1567] Vgl. *Rittler/Banasinski*, Das Recht der Rundfunkunternehmen, S. 559.

[1568] Siehe dazu *Naumann*, Media System in Poland, S. 6.

[1569] Vgl. die Entscheidung des Verfassungsgerichts vom 10. Mai 1994, W 7/94 – *Fernsehen II*. 5.

[1570] Die Regierung von *Jarosław Kaczynski* hätte mit dem Bruder *Lech Kaczynski* als Präsidenten und einem von der Regierungskoalition unter Leitung der PiS (Recht und Gerechtigkeit) kontrollierten Senat eine solche Mehrheit organisieren können. Ein solch auffälliges Manöver wurde aber bereits zu Beginn der Regierungszeit unnötig gemacht: Durch die Reform Ende 2005 hatte die Koalition den KRRiT durch Personalbesetzungen mit nahe stehenden Personen besetzt. Dazu ausführlich unten D.IV.3.

petenzen ausgestattet. So erlässt der KRRiT nicht nur Richtlinien und Verordnungen, er kontrolliert auch gleichzeitig ihre Einhaltung. Soweit er Verstöße feststellt, kann er auch selbst Sanktionen verhängen.[1571]

Seine Aufgabe erstreckt sich auf den gesamten privaten wie öffentlich-rechtlichen Rundfunk. Anders als die deutsche Spiegelung des dualen System in den Aufsichtsstrukturen, mit den Landesmedienanstalten, GVK, ZAK und KEK auf der einen und Rundfunk-, Verwaltungsrat und KEF auf der anderen Seite, wird in Polen das gesamte Regulierungsspektrum durch den KRRiT wahrgenommen. Für die Sicherung des Pluralismus als „pluralistischem Charakter" des Gesamtprogramms im öffentlich-rechtlichen Rundfunk ist er neben dem Programmrat zuständig, da er gem. § 6 Abs. 2 Nr. 4 RFG alle Aktivitäten der Rundfunkveranstalter und ihre Übereinstimmung mit den Vorschriften des RFG überwacht.[1572] Dies schließt neben den Lizenz- und Strafvorschriften insbesondere auch den allgemeinen Programmauftrag gem. Art. 18 RFG und den besonderen Auftrag des öffentlich-rechtlichen Rundfunks gem. Art. 21 RFG ein. Anders als also die Institution des Programmrates glauben machen könnte, ist der KRRiT nicht auf die Prüfung des allgemeinen Programmauftrags gem. Art. 18 RFG beschränkt, sondern kann auch die Vereinbarkeit des öffentlich-rechtlichen Sendeverhaltens mit Art. 21 RFG prüfen.[1573]

3. Besetzung und Wahl

Der Besetzungsmodus des KRRiT war seit seiner Gründung immer wieder stark umstritten. Die Kritik richtet sich hauptsächlich auf die mangelnde Staatsferne des Rates. Wie oben erwähnt, besetzt der KRRiT vom Aufsichtsrat bis zum Programmrat des öffentlich-rechtlichen Fernsehens alle wichtigen Positionen.[1574] Entsprechend wichtig sind die Organisation und der tatsächliche Ablauf der Wahl seiner Mitglieder, da Fehlentwicklungen bzw. einseitige Interessenberücksichtigungen sich in einer Linie vom KRRiT durch den gesamten öffentlich-rechtlichen Rundfunk ziehen würden. Der private Rundfunk ist dagegen nicht unmittelbar betroffen und dürfte Fehlentwicklungen erst auf den Ebenen der Verordnungsgebung und Aufsicht spüren.

[1571] Vgl. zur außergewöhnlichen Stellung des KRRiT im polnischen Verwaltungsrecht *Hadamik*, Transformation, S. 206.

[1572] Die genaue Aufgabe des Programmrates ist nicht so deutlich umschrieben, wie die Kompetenzen des KRRiT, vgl. Art. 28a RFG. Es ist allerdings davon auszugehen, dass die Aufgabe des Programmrates sich ebenfalls an der Sicherung des Programmauftrages zu orientieren hat, der gem. Art. 21 auch eine „vielfältiges Programm" vorsieht.

[1573] Siehe dazu ausführlicher unten D.V.

[1574] Über seine Kontrolle des Aufsichtsrates kann er letztlich auch den Vorstand von TVP S.A., und damit die Programmleitung, beeinflussen. Vgl. dazu *Hadamik*, Transformation, S. 226 f.

Das Selbstbild des KRRiT wurde zuletzt in der Publikation „Broadcasting Landscape in 2006“ dargestellt. Nach den „Regeln der Ratstätigkeit“, wohl als Leitbild zu verstehen, arbeitet der KRRiT unabhängig und frei von illegalem oder unprofessionellem Druck. Er folgt den Grundsätzen von Pluralismus und Demokratie wie auch der Sicherung der Entwicklung von Radio und Fernsehen um ihre Unabhängigkeit zu wahren.[1575]

Diese Darstellung stimmte weder in den ersten Jahren der Rundfunkentwicklung noch heute mit der Wirklichkeit überein.[1576] Die aus deutscher Sicht wohl größte Problematik besteht in der Besetzung der Mitglieder des KRRiT durch Staatsorgane. Ursprünglich bestand der Rat aus neun Mitgliedern, von denen gem. Art. 7 Abs. 1 RFG a.F. vier durch den Sejm, zwei durch den Senat und drei durch den Präsidenten ernannt wurden.[1577] Der Vorsitzende, der gem. Art. 10 Abs. 1 RFG den Rat vertritt und eine herausgehobene Stellung hat, wurde von 1992 bis 1995 ebenfalls durch den Präsidenten ernannt.

Die Amtszeit aller Mitglieder beträgt sechs Jahre gem. Art. 7 Abs. 4 RFG. Nach der Fassung von 1992 waren die Amtszeiten der von den jeweiligen Organen benannten Mitglieder je zwei Jahre versetzt. Damit sollte gewährleistet werden, dass die Amtszeit des gesamten KRRiT nicht mit der Dauer einer Legislaturperiode zusammenfiel und dadurch politische Abhängigkeit vermieden werden.[1578] Dem gleichen Ziel dienen auch die Beschränkungen der Abberufung gem. Art. 7 Abs. 5 RFG, wonach das berufende Organ das von ihm bestimmte Mitglied nur abberufen kann, wenn es das Amt aufgibt, körperlich oder geistig amtsunfähig wird, wegen einer vorsätzlichen Straftat rechtskräftig verurteilt oder gegen das RFG verstoßen hat. Bereits 1994 kam es zu einer Verfassungsstreitigkeit um den Vorsitzenden des KRRiT. Der damalige Präsident *Lech Wałesa* hatte sich sehr gegen die Zulassung des Senders Polsat eingesetzt, der Rat vergab aber die einzige Lizenz gerade an diesen Sender. *Wałesa* war darüber so erbost, dass er den von ihm ernannten Vorsitzenden *Marek Markiewicz* kurzerhand – als Vorsitzenden, nicht aber als Mitglied – in „selbstherrlicher“[1579] Weise ohne Angabe von Gründen abberief.[1580] Auf eine Vorlage des Bürgerbeauftragten hin, beurteilte das Verfassungsgericht die Handlungen *Wałesas* als verfassungswid-

---

[1575] *KRRiT*, Broadcasting Landscape 2006, S. 8 f.

[1576] Ähnlich die Bewertung als „complicated political game“ von *EUMAP*, Television across Europe, S. 1091.

[1577] Vgl. zur alten Rechtslage *Rittler/Banasinski*, Das Recht der Rundfunkunternehmen, S. 585.

[1578] So auch das Verfassungsgericht in der Entscheidung vom 10. Mai 1994, W 7/94 – *Fernsehen II.*

[1579] So der Ausdruck bei *Hadamik*, Transformation, S. 217.

[1580] Mit Hinweis auf die politischen Rahmenbedingungen *Hadamik*, Transformation, S. 217 f.

rig.[1581] Die Kompetenz, den Vorsitzenden zu berufen beinhalte nicht – im Sinne eines actus contrarius - auch das Recht, ihn ohne Angaben von Gründen abzusetzen. Dies verstoße gegen die Staatsfreiheit und den Charakter des KRRiT als staatsfreies Organ. Ohne eine ausdrückliche Rechtsgrundlage konnte der Vorsitzende daher nicht abberufen werden. Das Verfassungsgericht schlug sich mit diesem Urteil mehr als deutlich auf die Seite der Rundfunkfreiheit. Nach einer Reform im Jahr 1995 wurde der Vorsitzende des KRRiT von den Mitgliedern des Rates gewählt.[1582] Der Auslegungsgrundsatz der Staatsfreiheit des KRRiT und des Rundfunks schien bereits zu diesem sehr frühen Zeitpunkt in die richtige Richtung zu weisen. Die Rechtslage in Deutschland wird durch das Verfassungsgericht durchaus vergleichbar beurteilt, die Begründung ist jedoch anders. In der nicht zugelassenen Verfassungsbeschwerde über das Radio-Bremen-Gesetz[1583] ließ das deutsche Verfassungsgericht den gesetzgeberischen Spielraum auch eine Verkürzung der Amtszeit des Intendanten und des Direktoriums umfassen, allerdings nur soweit die Maßnahme von einem wichtigen Grund – im konkreten Verfahren: Existenzgefährdung von Radio Bremen – gedeckt ist.[1584]

Hier zeigt sich wieder das verschiedene Verständnis des Rundfunks als Institution mit allen Folgen für Dogmatik wie auch Rechtsschutz. Die Gefahr verdeckter Personalpolitik unter dem Mantel von staatlichen Entscheidungen wird in Deutschland auf der Ebene der Ausgestaltung der Rundfunkfreiheit diskutiert. In Polen ist dies in erster Linie eine Frage des allgemeinen Rechtsstaatsprinzips in Form des Gesetzesvorbehalt und der Bestimmtheit der Rechtsgrundlage. Erst bei fehlender Rechtsgrundlage kommt der „Grundsatz der Staatsfreiheit“ als Auslegungsmaxime zum tragen, er wird also nicht direkt als Grundsatz aus der Rundfunkfreiheit abgeleitet.[1585]

Die deutliche Parteinahme des Gerichts für einen staatsfreien Rundfunk hat jedoch nicht zu einem größeren Respekt der Politik gegenüber den Medien geführt. Nur wenig später erklärte der erste Vorsitzende des TVP, *Wiesław*

[1581] Entscheidung des Verfassungsgerichts vom 10. Mai 1994, W 7/94 – *Fernsehen II.*

[1582] *Dziennik Ustaw* z 1995 nr. 142 pos 701.

[1583] Beschluss des Verfassungsgerichts vom 15. Januar 1999, 1 BvR 1946/98.

[1584] Beschluss der Verfassungsgerichts vom 15. Januar 1999, 1 BvR 1946/98, Rn. 39. Ob damals aber tatsächlich eine Existenzgefähung vorlag und gerade der Intendantenwechsel zur Abwendung der Gefährdung erforderlich war, erscheint mehr als zweifelhaft.

[1585] Ob diese Konstruktion mit der Novelle der EG-Fernsehrichtlinie „Richtlinie über audiovisuelle Mediendienste“ 2007/65/EG, die ausdrücklich von einer „unabhängigen Regulierungsstelle“ in Art. 23b n.F. ausgeht, vereinbar ist, erscheint zweifelhaft.

Walendziak seinen Rücktritt und begründete dies u.a. mit konstantem politischen Druck.[1586]

Der letzte und wohl deutlichste Eingriff seitens der Politik stellt die Umgestaltung des KRRiT 2005 dar.[1587] Einer der ersten Maßnahmen der Regierung *Kaczynski*[1588] war, den KRRiT von neun auf fünf Mitglieder zu verkleinern.[1589] Es wurden nunmehr zwei Mitglieder vom Sejm, zwei vom Präsidenten und ein Mitglied vom Senat berufen. Gleichzeitig wurde alle laufenden Amtszeiten beendet und der Rat neu besetzt. Die vorige Regelung der versetzten Amtsperioden wurde aufgehoben, und damit einer der formalen Sicherungsmechanismen beseitigt.[1590] Zusätzlich wurde bestimmt, dass wieder der Präsident den Vorsitzenden des KRRiT ernennt und abberuft. Zur Vorsitzende wurde *Elżbieta Kruk* ernannt, vormals Büroleiterin von *Lech Kaczynski.*

Die unverhohlene Übernahme des Rundfunks durch die Regierung Kaczynski hat internationale Kritik hervorgerufen und stellt einen sehr deutlichen Rückschritt in der medialen Entwicklung Polens dar.[1591] Nicht überraschend wurde die Reform durch den Bürgerbeauftragten dem Verfassungsgericht vorgelegt. Dass es sich bei dem Verfahren um ein abstraktes Normprüfungsverfahren[1592] handelte, und nicht etwa um eine Klage des KRRiT gegen die Nominierung des Präsidenten ist typisch für das polnische Medienrecht. Das eigentlich betroffene Organ KRRiT zeigte kein Interesse daran, die durchaus bedenkliche Neuregelung zu überprüfen. Dies kann sicherlich nur zum Teil mit der subjektiv-rechtlichen Prägung der rundfunkvermittelten Meinungsfreiheit bzw. Rundfunkfreiheit erklärt werden, da der „Grundsatz der Staatsfreiheit" des KRRiT zu diesem Zeitpunkt bereits zum rundfunkrechtlichen Allgemeingut in Polen gehörte.[1593]

1586 Dazu ausführlich *Hadamik*, Transformation, S. 222. Dies wiederholte sich aktuell beim TVP wo nach regierungskritischen Berichten mehrere Redakteure von „Wiadomosci" entlassen wurden, vgl. epd-medien 2007, Nr. 62, S. 14.

1587 *Dziennik Ustaw* z 2005 nr. 267 pos 2258.

1588 Formal war noch *Kazimierz Marcinkiewicz* Regierungschef. Es kann aber wohl davon ausgegangen werden, dass seine Besetzung nur ein Strohposten für *Jarosław Kaczynski* gewesen ist, wie auch sein geräuschloser Abtritt nach der Wahl von *Lech Kaczynski* zum Präsidenten zeigt. Ebenso *Maliszewski*, Osteuropa 2006, 271 (279).

1589 Siehe bereits oben D.I.7.

1590 So wohl auch *Maliszewski*, Polen-Report 06/07, S. 6.

1591 *Wojtas*, Osteuroparecht 2007, 183 ff.; *Maliszewski*, Osteuropa 2006, 271 (278 f.) m.w.N.

1592 Das Normprüfungsverfahren ist als abstraktes Verfahren ausgestaltet, die Antragsberechtigung des Bürgerbeauftragten ergibt sich aus Art. 191 Abs. 1 PolVerf.

1593 Vgl. die Entscheidung des Verfassungsgerichts vom 10. Mai 1994, W 7/94 – *Fernsehen II.*

Das Verfassungsgericht erklärte die Kompetenz des Präsidenten zur Berufung des Vorsitzenden für verfassungswidrig, darüber hinaus ließ es das Gesetz jedoch bestehen.[1594] Zur Begründung führte das Gericht an, die besonderen Kompetenzen des Präsidenten gem. Art. 135 PolVerf seien abschließend. Eine darüber hinausgehende Kompetenz ließe sich nicht im Wege der Auslegung begründen. Entscheidender für dieses Ergebnis war jedoch die zweite Argumentationslinie. Da der KRRiT als unabhängiges Verfassungsorgan außerhalb des Prinzips der Gewaltenteilung stehe, würde eine zwingende Mitwirkung des Präsidenten die notwendige Staatsfreiheit des Rates unterlaufen.

Dem ist ohne weiteres zuzustimmen. Allerdings zeigt sich wieder, dass der Schutz des Rundfunks, in diesem Fall durch die Gewährleistung einer unabhängigen Kontrolle, nicht selbst im Mittelpunkt steht, sondern nur als abgeleiteter Wert existiert. Der Schwerpunkt der Entscheidung liegt deshalb auch auf der Kompetenzabgrenzung zwischen den Organen Präsident und KRRiT und den gesetzgeberischen Gestaltungsmöglichkeiten.

Dass mit diesem Urteil lediglich die Staatsfreiheit formell überprüft wurde, zeigt der Umstand, dass die Vorsitzende des KRRiT nach dem Urteil wie selbstverständlich von den anderen vier Mitgliedern wieder in das Amt gewählt wurde.

4. Kritik

Da der KRRiT den öffentlich-rechtlichen Rundfunk besetzt, seine Aufgaben festlegt, seine Finanzierung bestimmt und die Regulierungshoheit besitzt, ist die Wahl seiner Mitglieder von absoluter Bedeutung für die Freiheit des Rundfunks in Polen. Das größte Problem ist wohl, dass die Staatsfreiheit nach dem Buchstaben des Gesetzes durchaus gewahrt scheint, der politische Einfluss sich also innerhalb der Wertungsspielräume vollzieht. Dabei kommt dem Selbstverständnis der Beteiligten eine große Bedeutung zu. Hierzu erklärte der ehemalige Ministerpräsident *Jarosław Kaczynski*, dass eine Regierung Einfluss auf die Medien haben müsse und sich nicht auf dem Kopf herumtrampeln lassen könne.[1595] Die aus der Mitte des Rates gewählte Vorsitzende, *Elżbieta Kruk*, erklärte, es sei doch klar, dass die Mitglieder des KKRiT der Regierung nahe stehen, schließlich seien sie von der Politik gewählt.[1596] Diese Umstände erfordern eine Umstrukturierung von Kompetenzen und Besetzungsmodus, die eine Einflussnahme ausschließt.

1594 Entscheidung vom 23. März 2006, K 04/06 – *KRRiT.* Siehe auch *Voß*, Rundfunkrecht in den Staaten der EU, S. 462.

1595 *Kuchnia polityczna* 2001, zitiert nach *Maliszewski*, Osteuropa 2006, 271 (272).

1596 Interview mit *Elżbieta Kruk* im Deutschland Radio, Sendung vom 7. Oktober 2006.

Für die polnische Medienordnung etwa wäre denkbar, die Nominierung der Kandidaten von der Ernennung durch staatliche Stellen zu trennen, oder die Besetzung ganz der Politik zu entziehen. Im Sinne des Organisationspluralismus müsste in jedem Fall gewährleistet werden, dass die Entscheidungsgewalt des KRRiT von der Politik als einzigem Einfluss abgekoppelt wird, da eine pluralistische Medienordnung nicht durch ein einseitig besetztes Kontrollorgan gewährleistet werden kann, wie dies der Auftrag des KRRiT fordert.[1597] Auch wenn die dogmatisch verschiedene Grundausrichtung eine Übertragung der oben entwickelten Grundsätze zu der in Deutschland notwendigen Repräsentation des medienrechtlichen Souveräns nicht erlaubt, erscheint sie aber als Grundmodell organisationspluraler Sicherungen für Polen geeignet.

Entsprechende Ansätze gab es bereits in der Vergangenheit. So wurde unter der Regierung *Jerzy Buzek* bereits 1999 der Vorschlag diskutiert, ob der KRRiT ausschließlich durch Professoren besetzt werden sollte.[1598] Wie die Professoren gewählt werden sollten und ob sie als Fachvertreter oder eher als unabhängige Vertreter des Allgemeininteresses gewählt werden sollten, wurde allerdings nicht erläutert.[1599] Die Diskussion blieb denn auch ohne nennenswertes Ergebnis. Als vermittelnde Position kann der Vorschlag des White Paper betrachtet werden, dem KRRiT einen Programmrat, bestehend aus Vertretern von Journalisten und Künstlerverbänden, zur Seite zu stellen.[1600] Mit einem solchen Gremium würde zumindest auf Ebene des KKRiT alternative und weniger politische Sichtweisen berücksichtigt werden.

Dass ein gesellschaftlicher Bezug der Regulierungsebene bald notwendig sein wird, ergibt sich nicht zuletzt aus der Novelle der EG-Fernsehrichtlinie „Richtlinie über audiovisuelle Mediendienste", für die den Mitgliedstaaten gem. Art. 3 der Richtlinie eine Umsetzungsfrist bis zum 19. Dezember 2009 bleibt.[1601] Nach langen Verhandlungen, in denen den Unterhändlern von Seiten des polnischen Medienrechtlers *Karol Jakubowicz* sogar bewusste Störungen und Unverständnis vorgeworfen wurde, konnte die Richtlinie im Dezember 2007 verabschiedet

---

[1597] Vgl. Art. 6 Abs. 1 RFG. Siehe auch die Selbstdarstellung in *KRRiT*, Broadcasting Landscape 2006, S. 8.

[1598] Siehe dazu *Hadamik*, Transformation, S. 226.

[1599] Zur Abgrenzung von Fach- und Allgemeinvertretern am Beispiel der Besetzung der Hauptorgane der Landesmedienanstalten siehe oben C.I.2.b).

[1600] Siehe *KRRiT*, White Paper, S. 33 ff.

[1601] „Richtlinie über audiovisuelle Mediendienste" 2007/65/RG vom 11. Dezember 2007, Abl. EG L 332/27 endg. Allgemein siehe *Schulz*, EuZW 2008, 107 ff.

werden.[1602] Nach der Neufassung des Art. 23b RL geht die Richtlinie nunmehr von „unabhängigen Regulierungsstellen“ aus.

Dies ist – leider – nur die Kurzfassung. Noch in den Entwürfen war die Neufassung des Art. 23b RL wesentlich umfangreicher und sprach davon, dass „die Mitgliedstaaten die Unabhängigkeit der Regulierungsstellen gewährleisten und dafür sorgen, dass diese ihre Befugnisse unparteiisch und transparent ausüben.“[1603] Dennoch lässt sich auch aus dem entgültig verabschiedeten, eher dünnen Wortlaut herauslesen, dass die Staatsfreiheit nunmehr offiziell zu einem europäischen Grundsatz der Medienordnungen geworden ist.[1604]

Dass es sich dabei nicht um ein Versehen handelt, macht der Gemeinsame Standpunkt des Europäischen Rates vom 18. Oktober 2007 deutlich. In diesem Standpunkt hielt die übermittelnde Kommission fest, dass der neue Art. 23b RL nunmehr einen Kompromiss mit der Forderung des Europäischen Parlaments nach einer ausdrücklichen Verpflichtung der Mitgliedstaaten auf eine staatsfreie Regulierung der audiovisuellen Mediendienste darstellt.[1605] Im Ergebnis handelt es sich also nicht so sehr um eine Umsetzungverpflichtung, sondern um die Feststellung, dass es innerhalb der Europäischen Union ausschließlich staatsfreie Medienregulierung geben soll. Dazu passt auch der Erwägungsgrund Nr. 28, wonach der Informations- und Medienpluralismus grundlegendes Prinzip der Europäischen Union ist.[1606]

Das hinsichtlich der polnischen Regulierung des KRRiT der Fall in der Praxis etwas anders aussieht, sollte daher zu bedenken geben. Auch wenn der relativ gruppenplural besetzte Programmrat des TVP noch eine Art Feigenblatt der organisationspluralen Regulierung darstellt, sind die Organisationmängel des KRRiT zu gravierend, um noch von einer staatsfreien Regulierung zu sprechen. Der Vorschlag zur Einrichtung eines Programmrats für den KRRiT kann aber nur eine Notlösung sein, soweit er nicht die erforderlichen Zuständigkeiten und Machtbefugnisse bekommt. Nach dem derzeitigen Vorschlag wäre er zwar in die Programmbeobachtung und Programmbewertung mit einzubeziehen, in die

---

1602 *Jakubowicz*, Voices not yet heard, S. 3. Zur Entwicklung auch *Holznagel/Dörr/Hildebrand*, Elektronische Medien, S. 155.

1603 Zum Diskussionsentwurf, insbesondere Erwägungsgrund Nr. 47 des Entwurfs siehe *Kleist/Scheuer*, MMR 2006, 206 (210 f.). Ausführlich auch *Castendyk/Böttcher*, MMR 2008, 13 ff.

1604 Davon gehen auch aus *Holznagel/Dörr/Hildebrand*, Elektronische Medien, S. 155; *Kleist/Scheuer*, MMR 2006, 206 (210).

1605 Vgl. dazu die Mitteilung der Kommission über den Gemeinsamen Standpunkt des Rates vom 18. Oktober 2007, KOM(2007)639 endg.

1606 „Richtlinie über audiovisuelle Mediendienste“ 2007/65/RG vom 11. Dezember 2007, Abl. EG L 332/30 endg., Erwgrd. 28.

Finanzierung des TVP und der entsprechenden Bewertung des speziellen Rundfunkauftrags gem. Art. 21 RFG jedoch nicht.[1607] Dies birgt die Gefahr einer politischen Regulierung über die Finanzregulierung, die die Beteiligung des Programmrates ohne weiteres konterkarieren könnte, wie es für den deutschen öffentlich-rechtlichen Rundfunk bereits ausdrücklich entschieden wurde.[1608]

V. Tätigkeit des KRRiT auf den Gebieten der Pluralismussicherung und Grundversorgung

Der KRRiT überwacht die Meinungsvielfalt nach Maßgabe des Rundfunkauftrags und übt verschiedene Tätigkeiten zu seiner Sicherung aus. Da die bereits untersuchten strukturellen Vorgaben im Sinne eines Organisationspluralismus erkennbar schwach ausgeprägt sind, kommt der Tätigkeit des KRRiT im Bereich der laufenden Programmüberwachung und Marktordnungsregulierung eine besonders große Bedeutung zu. Dies gilt insbesondere für die im Vergleich zu Deutschland schärfer gefassten inhaltlich-materiellen Vorgaben.

1. Materielle Pluralismussicherung

Die Aufgaben lassen sich in Regulierungsaufgaben der Marktordnung und in solche der Programmüberwachung, einschließlich des jeweiligen Sanktionsverfahrens, unterteilen. Während die Programmüberwachung sich auch mit den aus dem Rundfunkauftrag gem. Art. 18 und Art. 21 RFG folgenden materiellen Pluralismusverpflichtungen befassen müsste, könnte im Bereich der Marktordnung der Organisationspluralismus als Leitlinie der Kontrolle ein möglicher Maßstab sein. Dies soll im Folgenden geprüft werden.

a) Ex-ante Sicherung: Zulassungskriterien und Auswahlentscheidungen

Gemäß Art. 38 RFG ist für Rundfunkbetreiber eine Lizenz obligatorisch. Als einer der Wertungsgesichtspunkte für die Vergabe von Lizenzen wird die voraussichtliche Übereinstimmung des Programms mit den in Art. 1 Abs. 1 RFG niedergelegten allgemeinen Grundsätzen genannt. Da der private Rundfunk nicht auf einen Beitrag zur pluralen Rundfunklandschaft verpflichtet ist, kommt folgerichtig nur die Achtung allgemeiner Grundsätze als inhaltliches Kriterium in Frage. Nach den Anforderungen des RFG scheinen das Programmschema und der geplante Schwerpunkt des Rundfunkanbieters keine Rolle zu spielen. Allerdings hat der KRRiT auf der Grundlage der Ermächtigung gem. Art. 37 Abs. 4 RFG eine Verordnung über die einzureichenden Unterlagen

---

[1607] *KRRiT*, White Paper, S. 34.

[1608] Vgl. BVerfGE 90, 60 – *Gebührenurteil* und kürzlich BVerfGE – *Gebührenurteil II*, 1 BvR 2270/05 vom 11. September 2007.

erlassen.[1609] Demnach ist ein Programmschema für das erste Jahr der Übertragungstätigkeit einzureichen und nachzuweisen, inwiefern bestimmten Kategorien (Dokumentation, Bildung, Kunst, Unterhaltung, Familien- und Kinderprogrammen und religiösen Sendungen) genügt werden soll.[1610] Ob und wie diese Informationen aber in das Bewerbungsverfahren einfließen, lässt sich nicht aus den Vorschriften erkennen. Der KRRiT kann allerdings gem. Art. 37 Abs. 2 RFG über den rechtlichen Mindeststandard gem. Art. 1 Abs. 1 und Art. 18 RFG dem Antragsteller zusätzliche Auflagen – auch inhaltlicher Art – machen.[1611] Allerdings müssten diese besonderen Auflagen wohl im Lichte des Regulierungsziels von Art.6 Abs. 1 RFG ausgelegt werden, nach deutscher Lesart also im Sinne der Rundfunkfreiheit bzw. rundfunkvermittelten Meinungsfreiheit.[1612]

Soweit es mehr Bewerber als Frequenzen bzw. digitale Kapazitäten gibt, greift aus dem gleichem Grund kein an der Meinungsvielfalt orientiertes Auswahlverfahren. Es gelten prinzipiell die gleichen Anforderungen für alle Bewerber. Welcher Bewerber aber nach welchen Kriterien den Vorzug erhält, bleibt unklar. Nach Art. 34 Abs. 2 S. 2 RFG sollen jedoch alle Bewerber in einem einzigen Verfahrensschritt bewertet werden, möglicherweise um durch das Verfahren eine gleichmäßige Bewertung zu sichern.[1613]

Überraschend ist die hier fehlende Unterteilung wie im deutschen System in Zulassungskriterien und Auswahlkriterien.[1614] Auch wenn – folgerichtig – im Lizenzverfahren keine Maßstäbe hinsichtlich eines Beitrags zur Meinungsvielfalt angesetzt zu werden scheinen,[1615] so müssten wenigstens für das Auswahlverfahren greifbare Kriterien gefunden werden.

Die gleiche Kritik muss angesichts einer fehlenden Spezialregelung der Lizenzerneuerung angebracht werden. Mangels einer entsprechenden Regelung, stellt sich die Lizenzerneuerung faktisch wie eine Neubewerbung dar. Über grund-

---

[1609] *Dziennik Ustaw* z 1994 nr. 52 pos 244, inzwischen ersetzt durch die Neufassung vom 4. Januar 2007.

[1610] Vgl. § 2 Nr. 12 a) der Verordnung. Dazu *Diemer-Benedict*, Wirtschaftsfreiheit in Polen, S. 291 f.

[1611] Dazu *EUMAP*, Television across Europe, S. 1093.

[1612] Nach einem Urteil des Hauptverwaltungsgerichts vom 22.9.1994, ONSA 3/1994, Pos. 126 ist der Beschluss der KRRiT ist allerdings „von binnenrechtlicher Natur" ohne Außenwirkung. Er begründet nur eine interne Verpflichtung des Vorsitzenden, dessen Entscheidung erst die Außenwirkung entfaltet.

[1613] Anders dagegen *Rittler/Banasinski*, Das Recht der Rundfunkunternehmen, S. 610 f. Ähnlich *Diemer-Benedict*, Wirtschaftsfreiheit in Polen, S. 295.

[1614] Zu den Auswahlgrundsätzen ausführlich oben C.II.2.a)bb).

[1615] Denkbar ist natürlich, dass die Regulierung der Meinungsvielfalt im privaten Sektor über die Auflagen gem. Art. 37 Abs. 2 RFG geschieht. Dies wäre aus Gründen des Rechtsstaatsprinzips allerdings nicht ganz unbedenklich.

sätzliche Bedenken hinsichtlich des Bestandsschutzes hinaus, der im Lichte der Rundfunkfreiheit hier interpretiert werden muss und dadurch eine besondere Aufwertung erhält, kann sich der Rundfunkanbieter nicht auf ein für die Meinungsvielfalt besonders wertvolles Programm berufen. Damit wächst dem KRRiT auch in der Frage der Lizenzverlängerung durch einen auch rechtlich kaum begrenzten Auswahlspielraum eine erhebliche Machtposition zu, die schon aufgrund der ökonomischen Folgen einer Nichtverlängerung einer Lizenz geeignet ist, Druck auf die Rundfunkbetreiber auszuüben.[1616]

b) Kabelbelegungsregelungen

Die Kabelbelegungsregeln für polnische Kabelnetzbetreiber finden sich in Art. 43 RFG. Die Vorschrift ist relativ schlicht gehalten und verlangt eine zwingende Einspeisungsreihenfolge, in der zunächst die Programme des öffentlich-rechtlichen Rundfunks eingespeist werden müssen. Dem schließt sich die Einspeisung von Inhalten der social Broadcaster an, sowie privater Rundfunkprogramme, die in der Region zu empfangen sind. Nachrangig einzuspeisen sind sonstige private Rundfunkprogramme und ausländische Rundfunkprogramme. Eine Berücksichtigungspflicht für Mediendienste findet sich nicht. Auch fehlt eine Auswahlregelung, die an Vielfaltskriterien orientiert wäre. Der Kabelbelegungsplan ist dem KRRiT gem. Art. 44 Nr. 1 RFG anzuzeigen. Eine Ersetzungsbefugnis für den Belegungsplan für den KRRiT gibt es nicht, allerdings kann dem Kabelnetzbetreiber die Übertragung verboten werden, wenn er gegen die Einspeisungsrangfolge verstößt gem. Art. 45 Nr. 2 Ziff. 3) RFG oder wenn eines der eingespeisten Programme rechtswidrige Inhalte enthält, insbesondere unter Verstoß gegen Art. 18 RFG gem. Art. 45 Nr. 1 Ziff. 2) RFG.

Die Regelung steht damit in krassem Gegensatz zur deutschen, ausdifferenzierten Kabelnetzbelegung und der durch den 10. RÄndStV eingeführten Plattformregulierung.[1617] Anders als die deutsche Regelung stellt sie eine zwingende Einspeisungsrangfolge ohne Rücksicht auf Auswahl- und Gestaltungsmöglichkeiten auf. Folgerichtig zum fehlenden objektiv-rechtlichen gebundenen Pluraliskonzept fehlt es an einer Absicherung der Meinungsvielfalt im Belegungsplan. Weder wird der Netzbetreiber selbst auf eine „geleitete" Entscheidung

[1616] Zu welchen Problemen ein mangelnder medienrechtlicher Bestandsschutz führen kann, zeigte das Beispiel eines beliebten venezolanischen Senders. Obwohl er mit einem nach Expertenmeinungen besonders diversifizierten Programm seit mehr als 40 Jahren auf Sendung war, wurden ihm regierungskritische Beiträge letztlich zum Verhängnis. Auf die internationale Kritik, die darin eine Zensur sah, wurde seitens der Regierung *Hugo Chavez* erklärt, es handele sich nicht um eine „Abschaltung" sondern lediglich um eine „Nicht-Verlängerung" der Lizenz. Siehe dazu *The Economist* vom 31. Mai 2007, Pulling the Plug, S. 62.

[1617] Zur kommenden Plattformregulierung im 10. RÄndStV siehe oben C.II.3.

verpflichtet, noch gibt es für den KRRiT die Möglichkeit, den Plan anhand von Vielfaltskriterien zu überprüfen und ggf. zu ersetzen.

c) Ex-post Sicherung: Hinweise, Anordnungen und Verwaltungsstrafverfahren

Die wohl effektivste Regulierungs- und Eingriffsmöglichkeit hat der KRRiT auf Grundlage des Art. 10 Abs. 2, 3 und 4 i.V.m. Art. 53 RFG. Der Vorsitzende des KKRiT kann von jedem – privaten wie öffentlich-rechtlichen – Rundfunkveranstalter die Vorlage aller Unterlagen verlangen, um die Einhaltung des RFG, Verordnungen des KRRiT oder der Lizenzbestimmungen prüfen zu können. Da der Prüfungsumfang alle Normen des RFG umfasst, sind damit generell auch die Auftragsnormen der Art. 1 Abs. 1, Art. 18 sowie der Programmauftrag des öffentlich-rechtlichen Rundfunks gem. Art. 21 RFG eingeschlossen.

Stellt der Vorsitzende des KRRiT einen Verstoß gegen das RFG, gegen Verordnungen des KRRiT oder die Lizenzbestimmungen fest, wird der Veranstalter darauf hingewiesen hin und muss die Handlung einstellen. Kommt der Rundfunkveranstalter dem Hinweis nicht nach, so kann der Vorsitzende auf Beschluss der KRRiT den Veranstalter anweisen, den Verstoß einzustellen. Dieser Überwachungsumfang betrifft zunächst den privaten wie den öffentlich-rechtlichen Rundfunk gleichermaßen.

Neben den Hinweis- und Anweisungsverfahren besteht die Möglichkeit gem. Art. 53 Abs. 1 und 2 RFG dem Rundfunkveranstalter eine Verwaltungsstrafe aufzuerlegen. Diese kann bis zu 50% der Kosten der Rundfunklizenz betragen und trifft damit kleinere Sender wesentlich stärker, als die großen Sender. Da der öffentlich-rechtliche Rundfunk keine Lizenz benötigt, bzw. nach dem oben genannten Vorschlag de lege ferenda einer „Programminhaltslizenz" zumindest keine Lizenzgebühr bezahlen würde, greifen diese Vorschriften, soweit ersichtlich, für den öffentlich-rechtlichen Rundfunk nicht.

Neben der Verwaltungsstrafe für die juristische Person des Rundfunkveranstalters besteht kumulativ gem. Art. 54 Abs. 1 RFG die Möglichkeit einer Verwaltungsstrafe für die Leitungspersonen des Rundfunkveranstalters. Soweit die verantwortliche Person (wohl i.d.R. der Chefredakteur des Privatsenders bzw. Vorstandsvorsitzende des TVP) einer Anordnung des KKRiT zur Einstellung eines Rechtsverstoßes nach Art. 10 Abs. 4 RFG nicht nachkommt, oder keine bzw. unvollständige Unterlagen auf Anfrage gem. Art. 10 Abs. 2 RFG einreicht, kann der Vorsitzende des KRRiT eine Verwaltungsstrafe von bis zur Hälfte eines Jahresgehaltes verhängen.[1618]

Die Kontrollermächtigung wird zum größten Teil für Prüfungen der Jugendmedienschutz- und Werberestriktionen verwandt. Obwohl diese Kontrollermächtigung des KRRiT wie eine Rechtsaufsicht[1619] ausgestaltet ist, kann sie aufgrund des extrem weiten Prüfungsumfangs – praktisch jeder Inhalt jeder Sendung in jeder Kontrolldichte - in eine Fachaufsicht umschlagen, da gerade die Auftragsnormen von Art. 18 und Art. 21 RFG sehr große Wertungsspielräume bieten. So wurde bereits 1993 dem öffentlich-rechtlichen Rundfunk eine Abmahnung zugestellt, da er Karikaturen von Priestern und Nonnen zeigte.[1620] Damit wird auch deutlich, dass die Begründung des Verfassungsgerichts,[1621] die Verpflichtung zur „Achtung des christlichen Wertesystems" gem. Art. 18 Abs. 2 und Art. 21 Abs. 2 Nr. 6 RFG würde das staatliche Neutralitätsgebot nicht verletzten, da es kein Gebot zur Verbreitung christlicher Inhalte sei und die Werte lediglich nicht negiert werden dürften, so kaum haltbar war und in der Praxis durchaus zu einem christlichen Konformismus zwingt.[1622]

Neben einer vom Gesetz wohl kaum gewollten Auslegungshoheit über Fragen des Religionsempfindens wird darüber hinaus auch deutlich, dass die politische Ausrichtung des KRRiT sich auch in der Bewertung von Rechtsverstößen spiegelt. So wurde im Jahr 2006 eine satirische Imitation einer Moderatorin des Senders Radio Maryia im Fernsehsender Polsat scharf geahndet. Da die betreffende Moderatorin körperbehindert war, sah der KRRiT in der Satire eine „Verspottung Behinderter und des Gebets". Dass die Moderatorin von Polsat ihre Kollegin bei Radio Maryja nur der Stimme nach kannte, rettete den Sender nicht vor einer empfindlichen Geldstrafe.[1623] Als auf der anderen Seite Beschwerden gegen rassistische und antisemitische Äußerungen[1624] des Radio

---

[1618] Gegenüber dem öffentlich-rechtlichen Rundfunk ist es bislang nicht zu einer Geldstrafe für Leitungspersonen gekommen. Wenn die oben beschriebene Personalpolitik allerdings erfolgreich umgesetzt wurde, darf es folglich auch nicht zu solchen Verwaltungsstrafverfahren kommen. Dazu oben D.III.2.a).

[1619] Zur deutschen, derzeit sehr restriktiven Rechtsaufsicht siehe *Hesse*, Rundfunkrecht, S. 172 ff. Die Intensität der externen staatlichen Aufsicht über den öffentlich-rechtlichen Rundfunk wird sich aber wohl nach Umsetzung der Vorgaben der Europäischen Kommission mit dem 11. RÄndStV ändern. Dazu oben ausführlich C.II.7.c)bb).

[1620] Siehe *EUMAP*, Television across Europe, S. 1099.

[1621] Dazu das Urteil des Verfassungsgerichts vom 7. Juni 1994, K 17/93 – *Fernsehen III.*

[1622] So auch *Rittler/Banasinski,* Das Recht der Rundfunkunternehmen, S. 573.

[1623] Zu zahlen waren € 13.000. Zu diesem Fall *Sprycha*, Polen und Wir 2006, S. 27 mit weiteren Beispielen.

[1624] Die Aussagen von *Michałkiewicz*, u.a. „der Jude fällt uns in den Rücken", erinnerten stark an den Jargon der nationalsozialistischen Propaganda, die in Deutschland wohl ohne weiteres als qualifizierte Volksverhetzung gem. § 130 Abs. 2 Nr. 2 StGB einzustufen wären.

Maryja-Kolumnisten *Stanisław Michałkiewicz* eingereicht wurden, äußerte sich die Vorsitzende des KRRiT dahingehend, es seien „in dem Feuilleton keine diskriminierenden Äußerungen gefallen. Es waren Fakten." Alle Beschwerden wurden abgewiesen.[1625]

d) Bewertung

Es lassen sich noch viele Beispiele[1626] aufzählen, die ernsthafte Zweifel an dem Selbstverständnis der Gremienmitglieder des KRRiT[1627] als regierungsfreundliche Institution erkennen lassen. Allerdings dürfte die weit überwiegende Mehrheit an konkreten Regulierungsmaßnahmen sich im Rahmen der europaweit üblichen Standards halten, gerade in Fragen der Werberegulierung, die sich aus dem Rechtsrahmen der EG-Fernsehrichtlinie ergeben.[1628] Die Problematik liegt also nicht in der Regulierung selbst, sondern in dem Zusammentreffen einer sehr weitgehenden Kontrollermächtigung einerseits und der politischen und religiös-moralischen Überzeugung des Personals im KRRiT andererseits. Der durchaus interessante Regulierungsansatz, auch und gerade inhaltliche Regulierungsmaßnahmen im Bereich des Rundfunkauftrags durchzuführen, wird durch die durchsichtige Parteipolitik diskreditiert. Zusätzlich zu einer notwendigen Umgestaltung des Besetzungsmodus des KRRiT bedürfte aber auch der Prüfungsmaßstab einer Korrektur. Anders als in Deutschland wird mangels institutioneller Rundfunkfreiheit die einzelne Maßnahme nicht einer Schranken-Schranke in dem Sinne unterworfen, dass ihr belastender Charakter sich wiederum vor dem Grundgedanken einer Rundfunkfreiheit zu verantworten hätte.[1629] Auch wenn jede Einzelmaßnahme als Eingriff einer Rechtfertigung bedarf, fehlt es an einer, die rundfunkvermittelte Meinungsfreiheit des Einzelnen überwölbenden Schutzkonzeption,[1630] die die Freiheit der Medien selbst in den Blick nimmt. Damit wird eine im Rundfunk geäußerte Meinung im Ergebnis sogar weniger geschützt, als eine sonstige Meinungsäußerung, da eine massenmedial geäußerte Meinung eine größere Verbreitung erzielt und damit schneller eingeschränkt

---

[1625] Zu diesem Fall siehe *Mecke*, Polen-Analysen 2007, Ausgabe 16, S. 2 f.

[1626] Weitere Beispiele bei *Sprycha*, Polen und Wir 2006, S. 28, insbesondere auch zu mittelbaren Wirkungen der Selbstzensur im sog. Teppichmesserzensurfall; ebenfalls mit weiteren Beispielen *Mecke*, Polen-Analysen 2007, Ausgabe 16, S. 6.

[1627] Vgl. das bereits erwähnte Interview mit *Elżbieta Kruk* im Deutschland Radio, Sendung vom 7. Oktober 2006.

[1628] Siehe die neue Fassung der EG-Fernsehrichtlinie 2007/65/EG als „Richtlinie über audiovisuelle Mediendienste", Abl. EG L 332/32 entg., vom 11.Dezember 2007.

[1629] Zur sog. Wechselwirkungslehre siehe bereits BVerfGE 7, 198 (207f.) – *Lüth*.

[1630] Eine solche wurde mit dem „Grundsatz der Staatsfreiheit des KRRiT" bislang nur für den KRRiT aus seiner Stellung als verfassungsunmittelbares Staatsorgan anerkannt, vgl. die Entscheidung des Verfassungsgerichts vom 10. Mai 1994, W 7/94 – *Fernsehen II*.

werden kann. Der durch die Wirkung des gewählten Mediums zu rechtfertigende stärkere Eingriff läuft aber ohne einen komplementären Schutz des Mediums selbst auf eine Aushöhlung der Freiheit der Massenmedien hinaus. Das Schutzniveau massenmedialer Kommunikation bedarf an dieser Stelle noch der Ergänzung.

Hinsichtlich der Regulierungstiefe, insbesondere im Hinblick auf die Normen des Rundfunkauftrags kann aber das polnische RFG einer deutschen Regelung Modell stehen. Auf Grundlage der Verpflichtung zur Präzisierung von Umfang und Inhalt des öffentlich-rechtlichen Programmauftrags einschließlich einer wirksamen Kontrolle könnte der deutsche Gesetzgeber sich zumindest teilweise an Art. 18 und 21 RFG orientieren. Allerdings fehlt auch in der polnischen materiellen Regulierung die Berücksichtigung der Erkenntnisse der Medienwirkungsforschung. Obwohl das RFG wesentlich später als der deutsche Rechtsrahmen enstand, handelt es sich doch nicht um ein „modernes" Gesetz in dem Sinne, dass es auch die Erkenntnisse verwandter und angrenzender Wissenschaftsgebiete aufnehmen würde. So fehlen insbesondere Ergebnisse zur Verstärkerwirkung cross-medialer Verwertung, aber auch mögliche Vorgaben zur effektiven Meinungsvielfalt. Das Fehlen spezifischer Pluralismusanforderungen für das Gesamtsystem wie auch den einzelnen Rundfunkbetreiber mag auch an der verfassungsrechtlich anderen, subjektiv-rechtlichen Perspektive liegen, in die Programmauftragsnormen, die sich auf das Gesamtangebot beziehen eben nur schwer zu intergrieren sind. Die größere materielle Dichte von Programmauftragsnormen erklärt sich daher vielleicht eher mit der Homogenität der Bevölkerung. So macht es einen erheblichen Unterschied, ob die christlichen Werte in einem zu weit über 90% römisch-katholischen Land wie Polen ausdrücklich geschützt werden, oder ob dies in einem multiethnischen Einwanderungsland wie Deutschland der Fall ist. Dass aber diese Vorgaben, trotz der oben benannten Bedenken, von den Rundfunkbetreibern nicht allgemein als staatliche Programmvorgaben und ihre Regulierung nicht als willkürliche Gängelei empfunden werden, könnte für die Präzisierung des deutschen öffentlich-rechtlichen Auftrags Mut machen, und die ängstliche Verschiebung der Konkretisierung in die Anstalten hinein zumindest für einen Kanon von Grundwerten des Pluralismus beenden. Dem würde selbst das Verfassungsgericht nicht entgegenstehen.[1631]

Deutlich zu sehen ist jedoch, dass die polnische Medienordnung auch in technischer Hinsicht dringend refomiert werden muss. Dies betrifft vor allem die

---

[1631] Dies wurde nicht zuletzt im Urteil BVerfGE – *Gebührenurteil II*, 1 BvR 2270/05 vom 11. September 2007 deutlich, in dem das Gericht ausdrücklich die Möglichkeit zu präziseren gesetzlichen Anforderungen hervorhob. Vgl. dazu auch oben B.V.2.n).

Rechtsgrundlagen über die Weiterverbreitung von Rundfunkinhalten in Kabelnetzen. Da die technische Entwicklung in Polen auf wohl mehr oder minder vergleichbarem Stand wie in Deutschland ist, besteht hier eine eklatante Regulierungslücke. Von einer zunächst einmal fehlenden Regulierungsgrundlage für Plattformbetreiber bis hin zu einer Absicherung der Meinungsvielfalt in Gate-Keeper-Positionen wie dem Netzbetreiber,[1632] aber auch den Dienstepaketanbietern hat das RFG den Anschluss an die technische Entwicklung verpasst. Hier bedarf es dringend einer Reform. In diesem Bereich erweist es sich auch als besonders misslich, dass die objektiv-rechtliche und übergeordnete Sicht auf den Rundfunk insgesamt bislang nicht stark ausgeprägt ist. Im Bereich der Diensteanbieter kann das RFG deshalb letztlich nur die Übertragung von rechtswidrigen Inhalten verbieten, gem. Art. 45 Nr. 2 RFG i.V.m Art. 18 RFG. Eine positive Verpflichtung auf das Regulierungsziel des Pluralismus gegenüber den Kabelnetzbetreibern ist dagegen so gut wie nicht möglich, da der Anknüpfungspunkt inhaltlicher Regulierung in Polen immer die Programmherstellung selbst ist, nicht aber ein Verfassungsziel der Meinungsvielfalt. Diese – zumindest auch objektiv-rechtliche – Betrachtung wird aber inzwischen selbst auf europäischer Ebene angestellt,[1633] sodass hier, vor allem im Interesse der eigenen Gesellschafts- und Kulturverfassung Polen dringend eine Reform anzumahnen ist, die sowohl die technische Entwicklungstendenzen der Digitalisierung, Konvergenz und Inhaltsvervielfältigung aufnimmt, als auch sich der objektiv-rechtlichen Anbindung der Pluralismussicherung widmet.

2. Sicherung des Organisationspluralismus durch Konzentrationskontrolle?

Neben der Programmüberwachung muss eine Medienregulierung auch die Sicherung der Meinungsvielfalt durch strukturelle Vorgaben im Bereich der Marktordnung gewährleisten. Neben der Sicherung durch organisatorische und Verfahrensregelungen von Seiten des Gesetzgebers, kommt der Sicherung der Meinungsvielfalt durch ein geeignetes Marktordnungsrecht eine erhebliche Bedeutung zu, um Meinungsvermachtungstendenzen effektiv entgegen wirken zu können. Das Medienkonzentrationsrecht als Sonderkartellrecht steht damit auf der Schnittstelle zwischen einer an marktwirtschaftlichen Kriterien orientierten Marktregulierung und einer an den spezifischen Wirkungen der Medien und ihrer Bedeutung für die demokratisch-soziale Grundordnung der Gesellschaft

---

[1632] Zur Gate-Keeper-Funktion von Plattform- und Kabelnetzbetreibern siehe oben C.II.3.c).

[1633] So findet sich in Erwägungsgrund 28 der Richtlinie über „audiovisuelle Mediendienste ohne Grenzen", 2007, 68/EG, das ausführliche Bekenntnis zum Pluralismus in den Medien als Grundlage der Europäischen Gemeinschaft, dazu unten D.V.1.d). In die gleiche Richtung weisen die Aktivitäten zum Reding-Wallström-Plan, dazu ausführlich oben C.II.2.c).

orientierten publizistischen Regulierung.[1634] Auch wenn Grundlage und Rechtfertigung der Regulierung in der Wirkung der Massenmedien zu sehen ist, orientiert sich das Medienkonzentrationsrecht nicht an der Wirkung selbst, arbeitet auf der einen Seite mit der Zuschaueranteilsquote als „Chiffre für Medienwirkung",[1635] auf der anderen Seite mit markt- und programminhaltsbezogenen Rechtsfolgen. Es ist damit die notwendige organisationsplurale Ergänzung der materiell-programmbezogenen Regulierung innerhalb einer Medienordnung, da weder die reine Konzentrationsregulierung noch die Regulierung durch Programmaufsicht, Auswahl und Belegungsregeln allein in der Lage wären, die Meinungsvielfalt im Rundfunk zu gewährleisten. Es kommt damit wesentlich auf eine geeignete Abstimmung dieser Systeme an.[1636]

a) Investitionsbegrenzungsregelungen

Mit dem RFG 1992 wurde eine Begrenzung für ausländische Investoren im Medienbereich eingeführt. Nach § 35 RFG a.F. durften juristische oder natürliche Personen ohne polnische Staatsangehörigkeit nicht mehr als 33% der Anteile an einem Rundfunkunternehmen halten. Darüber hinaus durfte das effektive Stimmrecht nicht 49% überschreiten, sowie die Aufsichts- und Exekutivgremien nicht mehrheitlich mit Ausländern besetzt werden.[1637] Diese Regelungen wurden mit dem Schutz der nationalen Identität und der im internationalen Vergleich gering kapitalisierten Rundfunkunternehmern begründet, und stellten eine Einschränkungen der allgemeinen Wirtschaftsfreiheit gem. Art. 22 PolVerf dar.[1638] Anders als im Pressebereich, bedurfte der Rundfunk –zumindest in Gestalt des öffentlich-rechtlichen Rundfunks – zunächst keines ausländischen Kapitals und konnte durch den Staat modernisiert werden.[1639] Allerdings wurde auf diese Weise dem aufkommenden Privatrundfunk jede Attraktivität als Investitionsobjekt genommen, was wiederum seine Expansionsmöglichkeiten und damit seine Attraktivität für die Werbewirtschaft begrenzte (sog. Werbeeinnahmen-Reichweiten-Spirale).[1640] So stellte sich die Investitionsbegrenzungsre-

---

[1634] Siehe ausführlich zum deutschen Konzentrationsrecht oben C.II.2.b)bb).

[1635] Hahn/Vesting – *Trute*, Rundfunkrecht, § 26 Rn. 40 sowie oben C.II.2.b)bb)(1)(a).

[1636] Zu der Abstimmung der drei Säulen der Vielfaltssicherung im deutschen Privatrundfunk oben C.III.

[1637] Vgl. *Jakobovicz*, Den Westen überbieten, S. 61,

[1638] Zur Wirtschaftsfreiheit und der Rechtslage vor dem Beitritt zur EU siehe *Rittler/Banasinski*, Das Recht der Rundfunkunternehmen, S. 547.

[1639] Es ist deshalb auch kein Zufall, dass das größte private Sendernetzwerk vor der Lizenzvergabe, TV Polonia, mit *Nicola Grauso* einem Italiener gehörte. Sein Engagement, das von Beginn an ein Zuschussgeschäft war, wurde durch die Einführung des RFG effektiv unterbunden. Dazu *Jakubovicz*, Media Perspektive 1998, S. 40 und oben D.I.3.

[1640] Zu diesem Zusammenhang ausführlich *Hadamik*, Transformation, S. 295 f. Zum polnischen Werbemarkt ausführlich *Jakubovicz*, Media Perspektiven 1998, S. 43 ff.

gelung als versteckte Sicherung der Machtposition des öffentlich-rechtlichen Rundfunks heraus, an der die Wettbewerbsfähigkeit des privaten Rundfunks bis heute leidet.[1641]

Diese Regelung wurde im Zuge des Beitritts zur Europäischen Union 2004 modifiziert.[1642] Die Anteils- und Stimmrechtsbegrenzung wurde auf 49% angehoben. Da eine solche allgemeine Begrenzung grundsätzlich gegen die Kapitalverkehrsfreiheit verstößt, gilt sie seitdem nur noch für EU-Ausländer.

Man kann diese Regelung nur als protektionistischen Schutz der heimischen Rundfunkunternehmen verstehen.[1643] Sie stellt damit weder im eigentliche Sinne eine Marktordnungsregelung im kartellrechtlichen Sinne dar, noch kann sie effektiv zur Sicherung der Meinungsvielfalt beitragen, da sie nicht an meinungsrelevanten Tatbestandsmerkmalen wie der Meinungsmacht anknüpft. Geht man davon aus, dass eine umfangreiche und vielfältige Berichterstattung auch und gerade eine Frage der Finanzierung ist,[1644] stellt sich eine solche Regelung, die geeignet ist, den Markt gegenüber ausländischem Kapital zu verschließen, sogar als kontraproduktiv dar.

b) Lizenzkriterien

Als derzeit einzige Bestimmung der Rundfunkregulierung befassen sich die Lizenzvergaberegelungen mit der Frage einer medialen Machtposition.[1645] Nach Art. 36 Abs. 2 Nr. 2 RFG darf die Lizenz einem Bewerber dann nicht erteilt werden, wenn er dadurch eine dominante Position im Bereich der Massenmedien im relevanten Bereich erreicht. Zusätzlich bestimmt Art. 38 Abs. 2 Nr. 3 RFG, dass eine Lizenz entzogen werden kann, wenn der Veranstalter durch sein Programmangebot eine dominante Position im Bereich der Massenmedien im relevanten Bereich erreicht. Damit ist, wie in Deutschland, auch der Fall des inneren Wachstums erfasst.

aa) Der Begriff der „dominanten Position in den Massenmedien“

Der Begriff der „dominanten Position“ wird nicht im RFG definiert.[1646] Mit einer Gesetzesänderung im Rahmen des EU-Beitritts 2004 wurde allerdings der

---

1641 Ähnlich *Klimkiewicz*, Countryreport Poland, S. 378.

1642 Siehe *Dziennki Ustaw* z 2004 nr. 91 pos 874.

1643 So im Ergebnis auch *Hadamik*, Transformation, S. 297.

1644 So bereits das BVerfG bereits sehr früh in BVerfGE 12, 205 (251) – *1. Rundfunkentscheidung* und in Bezug auf qualitativen, nicht ausschließlich an Massenattraktivität ausgerichteten Rundfunk in BVerfGE 57, 295 (305) – *FRAG*.

1645 Von *Klimkiewicz* wohl nicht zu unrecht als „soft anti-concentration rules“ bezeichnet, *Klimkiewicz*, Countryreport Poland, S. 365.

1646 Siehe auch *Sobczak*, Rundfunkgesetz, Art. 36 Rn. 12.

zuvor in Art. 38 Abs. 2 RFG nicht ausgeführte Begriff des „relevanten Bereichs" präzisiert.[1647] Demnach ist der „relevante Markt" im Sinne des Wettbewerbsrechts (PolGWB) auszulegen.[1648] Diese wettbewerbsrechtliche Anknüpfung deckt sich mit der deutschen Bestimmung des „medienrelveanten verwandten Marktes" im Sinne des kartellrechtlichen Bedarfsmarktkonzeptes.[1649] Diese ausdrückliche Anknüpfung wurde dagegen nicht in den Bestimmungen über die Lizenzvergabe gem. Art. 36 RFG eingefügt. Da aber der Wortlaut beider Regeln vor der Novelle identisch war und auch sachlich kaum eine andere Wertung in Frage kommt, ist die Anknüpfung an die wettbewerbsrechtliche Marktdefinition auch in die Marktbestimmung des Art. 36 Abs. 2 RFG hineinzulesen. Dabei ließe sich der sachlich und räumlich relevante Markt wohl zunächst über die erteilte Lizenz abgrenzen. So wäre nach Voll- oder Spartenprogramm und regionaler, lokaler oder nationaler Lizenz zu differenzieren. Da der Begriff der dominanten Position in den Massenmedien („pozycji dominującej w dziezinie środków masowego") aber sehr weit gefasst ist, dürfte der KRRiT wohl auch die vor- und nachgelagerten relevanten Märkte und ihre vertikale oder horizontale Integration nach deutschem Verständnis prüfen.[1650] Die Auslegung der kartellrechtlichen Bestimmungen erfolgt dabei der Praxis der UOKiK. Ob mit einer Lizenzerteilung durch den KRRiT eine Konzentrationswirkung,[1651] die eine zusätzliche kartellrechtliche Genehmigung ersetzen kann, einhergeht muss allerdings bezweifelt werden.[1652] Nach dem Wortlaut des Art. 38 Abs. 2 Nr. 3 RFG wird nur hinsichtlich der Marktabgrenzung („rynek") an die wettbewerbsrechtliche Auslegung angeknüpft, nicht jedoch hinsichtlich des Begriffs der „dominanten Position".[1653]

Unklar ist bislang, wann eine „dominanten Position" angenommen werden kann. Es ist allerdings erst zu einer Lizenzverweigerung gekommen, sodass eine Konkretisierung des Begriffs durch die Auslegungspraxis des KRRiT noch

---

[1647] Siehe die Novelle in *Dziennik Ustaw* z 2004 nr. 173 pos 1808.

[1648] Die Klarstellung wurde allerdings nicht in den Bestimmungen über die Lizenzvergabe, Art. 36 RFG, eingefügt.

[1649] Zur mitunter schwierigen Ermittlung des medienrelevanten verwandten Marktes in Deutschland oben C.II.2.b)bb)(1)(b).

[1650] So auch *Sobczak,* Rundfunkgesetz, Art. 36 Rn. 12. Zum Einbezug vertikaler und horizontaler Integration von Unternehmen auf medienrelevanten verwandten Märkten im deutschen Konzentrationsrecht siehe oben C.II.2.b)bb)(1)(b).

[1651] Im Sinne einer Konzentrationswirkung, wie sie im deutschen Bau- oder Immissionsschutzrecht existiert, vgl. z.B. § 13 BImSchG oder § 62 Abs. 1 Hamburger BauO.

[1652] So aber *EUMAP*, Television across Europe, S. 1097.

[1653] Auch wenn sich eine Legaldefinition der „dominanten Position" in Art. 4 Nr. 10 PolGWB findet, kann systematisch nicht an diesem Begriff angeknüpft werden, ohne entweder die medienrechtliche oder die kartellrechtliche Kontrolle überflüssig werden zu lassen.

aussteht.[1654] In der Literatur und Entscheidungen, die den Themenbereich am Rande streifen, wird allerdings deutlich, dass der KRRiT diese Bestimmung bislang als kartellrechtliches Marktbeherrschungsverbot verstanden hat. Demnach sei der Begriff der „dominanten Position“ wie im Gesetze gegen Wettbewerbsbeschränkungen[1655] auszulegen.[1656] Eine dominante Position wird danach dann angenommen, wenn auf dem sachlich und räumlich relevanten Markt ein Marktanteil von 40% besteht.[1657] An einer solchen Auslegung lässt sich aber auch zweifeln. Der KRRiT ist ausweislich des Art. 6 Abs. 1 RFG nicht mit Aufgaben der Wettbewerbsaufsicht betraut, sondern hat durch seine Tätigkeit die „offene und plurale Natur des Rundfunks“ zu gewährleisten. Im Einklang mit dieser Aufgabenbestimmung lassen sich die Vorschriften der Art. 36 Abs. 2 Nr. 2 und Art. 38 Abs. 1 Nr. 2 RFG eher als Prüfungsermächtigung der möglichen Vormachtstellung auf dem Meinungsmarkt verstehen.

Unabhängig von der Grundfrage, ob man im Rahmen der publizistischen Konzentrationskontrolle ausschließlich auf Marktanteile abstellen kann, und damit im Ergebnis die Konzentrationskontrolle ausschließlich durch das Kartellrecht reguliert, ergeben sich bereits aus dem Vergleich der Aufgreifschwellen erhebliche Bedenken. Während in Deutschland ein ausdifferenziertes System gesetzlicher Vermutungstatbestände von 25% bzw. 30% Zuschaueranteilsquote für inneres wie äußeres unternehmerisches Wachstum gem. § 26 Abs. 2 RStV und zusätzlich rein publizistische Aufgreifschwellen[1658] bestehen, erscheint die Anknüpfung an die marktbeherrschende Stellung bei einem Marktanteil von 40% viel zu grobmaschig und nicht geeignet zur Sicherung einer anbieter- und inhaltepluralen Rundfunklandschaft. Die sich andeutende Konsolidierung des Rundfunkmarktes, aber auch die Neuausrichtung der Medien hin zu einer vollen Digitalisierung wird die Rundfunklandschaft wesentlich verändern.[1659] Hier besteht eine nicht unerhebliche Gefährdung der Meinungsvielfalt im polnischen Rundfunk, der wohl nur effektiv durch die Einführung eines ausdifferenzierten Medienkonzentrationsrechts begegnet werden kann.

[1654] *EUMAP*, Television across Europe, S. 1096.

[1655] Ustawa o ochronie konkurencji i konsumentów in der Neufassung vom 16. Februar 2007 *Dziennik Ustaw* z 2007 nr. 50 pos 331, im Folgenden „Gesetz gegen Wettbewerbsbeschränkungen (PolGWB)“.

[1656] Vgl. *Sobczak*, Rundfunkgesetz, Art. 36 Rn. 12.

[1657] Art. 4 Nr. 10 PolGWB.

[1658] Hierzu zählt § 25 Abs. 2 und § 26 Abs. 4 RStV, dazu oben ausführlich C.II.2.b)cc)(2).

[1659] Dazu *EUMAP*, Television across Europe, S. 1098 und sogleich.

bb) Die Entscheidung Radio Wawel

Die Frage der marktbeherrschenden Stellung wurde auch in der Revision einer Lizenzentscheidung des KRRiT vor dem Obersten Verwaltungsgericht thematisiert.[1660] Der KRRiT hatte dem Medienunternehmen Agora S.A. die Übernahme des Senders Radio Wawel mit der Begründung untersagt, es würde dadurch eine dominante Position im Markt der Radioveranstalter der Region Krakau entstehen. Auf eine Beschwerde von Agora hob das Gericht die Entscheidung auf mit der Begründung, dass die dominante Stellung zwar gegeben war, der KRRiT aber nicht eine Auswirkung auf das Programm festgestellt habe.[1661] Damit wurde der Universalprüfungsanspruch des KRRiT deutlich zurückgestuft.[1662] Zum einen kann die Lizenz nun nicht mehr als kartellrechtliche Unbedenklichkeitsentscheidung aufgefasst werden, so dass eine zweite Genehmigung des UOKiK[1663] erforderlich ist. Zum anderen muss der KRRiT, seiner Aufgabe entsprechend, eine negative Folge einer dominanten Position auf das Programm begründen können, um eine Lizenz verweigern oder zurücknehmen zu können.

Auch hinsichtlich der Zuständigkeit und Wirkung der Lizenzentscheidung bedarf das geltende Recht daher dringend einer Präzisierung durch den Gesetzgeber. Die in einer solchen Prüfung notwendig zu verwendenden Begriffe der Meinungsmacht, Programmauswirkung, Voll- oder Spartenprogramm bis hin zur Marktdefinition eines medienrelevanten Marktes sind ohne gesetzgeberische Präzision zu weit, um sie als Regulierungsgrundlage zu verwenden, die den rechtsstaatlichen Grundsätzen der Rechtssicherheit und des Vorbehalts des Gesetzes genügen kann.[1664] Hier kann mit dem gebotenen Respekt vor der Souveränität der polnischen Verfassungsgerichtsbarkeit auf die Worte des deutschen Verfassungsgerichts verwiesen werden, wonach der Gesetzgeber nicht der Exekutive die Sicherung der Rundfunkfreiheit durch unzureichend bestimmte Normierung überlassen darf.[1665]

[1660] Zur Entscheidung Radio Wawel siehe auch *EUMAP*, Television across Europe, S. 1097.

[1661] Siehe dazu *Frey*, Rzeczpospolita vom 29. September 2004, S. 5.

[1662] Zum Universalregelungsanspruch siehe *Hadamik*, Transformation, S. 211.

[1663] Urząd Ochrony Konkurencji i Konsumentów (UOKiK), die Polnische Wettbewerbsbehörde.

[1664] Dies wird Ergebnis auch vom KRRiT selbst gefordert. In einem Zirkelschluss rügt er, dass der Begriff der dominanten Position nicht ausreichend durch Rechtsprechung und Literatur (und natürlich auch Gesetz) konkretisiert sei, so dass er nicht für den KRRiT justiziabel ist. Vgl. *KRRiT*, Sprawozdzanie 2006.

[1665] Vgl. BVerfGE 57, 295 (327) – *FRAG*.

c) Versuch einer Kodifikation 2002

Im Rahmen der Übernahme des *acquis communitaire* ins polnische Recht im Vorfeld des EU-Beitritts wurde eine umfangreiche Reform des RFG angestrebt. In diesem Reformvorhanden sollten auch die oben angesprochenen fehlenden Rechtsgrundlagen im Bereich der Medienkonzentrationsregelungen geschaffen werden. Mit der vorgeschlagenen Auslegung, der allerdings der KRRiT erkennbar nicht folgt, ließ sich gerade noch eine Ermächtigungsgrundlage zur Regulierung von Vermachtungstendenzen, begrenzt auf den Rundfunk begründen. Die Grenze des Wortlauts unter dem geltenden Recht war und ist allerdings erreicht, soweit Cross-Media-Ownership-Beteiligungen erfasst und bewertet werden sollen. In der Novelle sollte daher in Art. 36 RFG-Entwurf eine Regelung aufgenommen werden, die Übernahmen von Rundfunkunternehmen durch einen Eigentümer von „Zeitungen und Zeitschriften" verbieten sollte.

d) Rywin-Affäre

Während der Entwurfsphase des Gesetzes suchte *Lew Rywin*, damals Aufsichtsratsvorsitzender des Senders „Canal Plus" und bekannter Filmregisseur, den Chefredakteur und Miteigentümer der Zeitung „Gazeta Wyborcza", *Adam Michnik* in dessen Redaktionsräumen auf. Die Eigentümergesellschaft Agora S.A. der „Gazeta Wyborca" hatte bereits seit längeren ihr Interesse bekundet, den Rundfunkveranstalter Polsat zu übernehmen.[1666] Dieser Plan drohte nach dem Gesetzentwurf zu scheitern, da der Zusammenschluss unter das Cross-Media-Verbot gefallen wäre. *Rywin* erklärte, er käme im Auftrage „einer Gruppe, die an der Macht" sei, und würde gegen Zahlung von € 13 Mio. und den Posten des Präsidenten von Polsat dafür sorgen, dass das Cross-Media-Ownership-Verbot aus dem Entwurf gestrichen würde. *Michnik* nahm dieses Gespräch auf Tonband auf und veröffentlichte es in der „Gazeta Wyborcza", allerdings erst fünf Monate später.[1667]

In der Folge wurde *Rywin* wegen Bestechung angeklagt. Der Skandal und insbesondere die Liveübertragung des vom Parlament eingesetzten Untersuchungsausschuss zog ein großes Medienecho nach sich und sorgte für große Verunsicherung der Gesellschaft. Als eines der wenigen greifbaren Ergebnisse der Untersuchung wurde entdeckt, dass die Entwurfsfassung unbefugt geändert wurde und die Worte „und Zeitschriften" gestrichen worden waren.[1668] Damit

---

[1666] Zur Aufstellung des Konzerns Agora siehe ausführlich *Klimkiewicz*, Countryreport Poland, S. 381 und das Organigramm auf der Website www.agora.pl (Stand: 24. Mai 2009).

[1667] Dass die Veröffentlichung erst so spät erfolgte, wurde stark kritisiert. Vgl. *Klimkiewicz*, Countryreport Poland, S. 394.

[1668] *Siehe EUMAP*, Television across Europe, S. 1097.

wäre die Meinungsmacht eines Übernahmeinteressenten im Zeitschriftensegment für Polsat und das, damals ebenfalls zur Privatisierung anstehende, zweite öffentlich-rechtliche Fernsehen TVP 2 nicht mehr zu berücksichtigen gewesen. Anders als in der öffentlichen Wahrnehmung, hätte die vorgenommene Änderung Agora S.A. als Interessenten tatsächlich nicht genützt, so dass unklar ist, in und für wessen Interesse die Änderung vorgenommen wurde.[1669]

Letztlich konnte nie geklärt werden, wer hinter der von *Rywin* genannten Gruppe stand.[1670] Die Vermutungen reichten allerdings so weit, dass auch *Leszek Miller*, der damalige Regierungschef, zumindest in das Vorhaben *Rywins* eingeweiht gewesen sei. Der öffentliche Druck wurde schließlich so groß, dass der Gesetzesentwurf durch die Regierung zurückgezogen wurde.[1671] Verabschiedet wurde nur eine „kleine Lösung", die den für den EU-Beitritt notwendigen Anforderungen Rechnung trug.[1672] Eine ausreichende Rechtsgrundlage zur Regulierung von vorherrschender Meinungsmacht in den Medien fehlt damit bis heute.[1673]

e) Bewertung

Zwei Transaktionen der neueren Zeit haben die Schwäche der derzeit geltenden Regelung aufgezeigt. Zum einen wurde Broker FM S.A. an Bauer Media Invest GmbH veräußert.[1674] Im Eigentum von Broker FM S.A. stehen der Sender Radio Muzyka Fakty Sp.z.o.o. und das Internetportal Interia.pl. Das Umsatzvolumen der beteiligten Parteien überstieg die kartellrechtliche Aufgreifschwelle von € 50 Mio. und war damit genehmigungspflichtig gem. Art. 14 PolGWB. Die Sendelizenz blieb durch die Transaktion allerdings unberührt, da dem Betreiber (Muzyka Fakty) selbst keine Marktmacht zukam. Eine Bewertung der kombinierten Meinungsmacht (i.S.d. „dominanten Position" des Art. 38 Abs. 2 Nr. 3 RFG) von Bauer Media Invest GmbH, Broker FM S.A. und insbesondere Muzyka Fakty Sp.z.o.o. wollte der KRRiT nicht prüfen, da die Rechtsgrundlage dazu fehlte.[1675]

1669 Dazu die Analyse von *Kaczmarcyk*, „Koncentracia Władzy", Tygodnik Powszechny vom 21. April 2002. Siehe auch *Klimkiewicz*, Countryreport Poland, S. 367.

1670 Zu den verschiedenen Vermutungen siehe *Klimkiewicz*, Countryreport Poland, S. 367 f.

1671 *EUMAP*, Television across Europe, S. 1099.

1672 Vgl. *Dziennik Ustaw* z 2004 nr. 91 pos 874 und oben D.I.6.

1673 So auch die Kritik des KRRiT im Jahresbericht 2006, vgl. *KRRiT*, Sprawodzdanie 2006, S. 26 ff.

1674 Zu dieser Transaktion und ihrer Auswirkung auf den Polnischen Medienmarkt siehe *Malizewski*, Polen-Analysen 2006, Ausgabe 7, S. 5.

1675 Hier hätte der KRRiT mutiger sein müssen. Zumindest in einer Zusammenschau der Rücknahmetatbestände des „Kontrollwechsels" gem. Art. 38 Abs. 2 Nr. 4 RFG und der

Die zweite Transaktion betraf die geplante Anteilsübernahme von Polsat S.A. durch Axel Springer AG in Höhe von 25,1%.[1676] Dieser Fall, ein klassisches Beispiel für Cross-Media-Ownership, wurde ebenfalls nicht durch den KRRiT geprüft. Auch in diesem Fall wurde eine kartellrechtliche Genehmigung benötigt, bislang aber nicht bewilligt, sondern aus formalen Gründen vorläufig eingestellt.[1677] Da aber die Lizenz wiederum nicht gewechselt werden sollte und insbesondere die Anteilsübernahme von einer Sperrminorität nach dem Verständnis[1678] des KRRiT nicht als Kontrollwechsel aufgefasst wird, sah der KRRiT auch in diesem Fall keine ausdrückliche Rechtsgrundlage, um die Transaktion bewerten zu können.[1679]

Zuzugeben ist der Kritik des KRRiT, dass die rechtlichen Vorgaben nicht geeignet sind, eine effektive Konzentrationskontrolle im Mediensektor in der Weise durchzuführen, dass die Bildung und Entwicklung von Meinungsmacht verhindert werden könnte.[1680]

Es fehlt gänzlich an einer Rechtsgrundlage, um die Meinungsmacht bei crossmedialen Verflechtungen zurechnen zu können. Dies gilt sowohl für horizontale wie vertikale Integration von Unternehmen in die Medienproduktionskette. Wie in Deutschland auch, ist hier ist der Gesetzgeber gefordert, ein geeignetes Instrumentarium zu schaffen.[1681] Ob allerdings ein grundsätzliches Verbot der Lizenzvergabe an im Pressewesen tätige Unternehmen, wie in der Novelle 2002 ursprünglich vorgesehen, auf Dauer geeignet sein dürfte, vorherrschende Meinungsmacht zu begrenzen, darf bezweifelt werden. Auch wenn wohl derzeit der Einfluss von Print- und Fernsehmedien wohl das größte Potential zur Meinungsbeeinflussung aufweisen,[1682] darf die cross-mediale Kontrolle sich nicht in dieser Kombination erschöpfen. Nicht zuletzt die Konvergenz der Medien lässt an dieser Kombination als einziger Gefährdungsquelle Zweifel aufkommen. Ein

---

„Dominanten Position" gem. Art. 38 Abs. 2 Nr. 3 RFG wäre eine Lizenzrücknahme zu erwägen gewesen.

1676 *Maliszewski*, Polen-Analysen 2006, Ausgabe 7, S. 4.

1677 Die UOKiK argumentierte, dass Axel Springer trotz seines Minderheitsanteils die „gemeinschaftliche Kontrolle" über das Unternehmen Polsat ausüben wolle, vgl. ddp vom 31.Mai 2007.

1678 Der KRRiT legt das Merkmal des Kontrollwechsels in Art. 38 Abs. 2 Nr. 4 RFG als einen Anteilswechsels in Höhe der Hälfte der Aktien (wohl als stimmberechtigte Aktien zu lesen) plus eine Aktie aus, vgl. *KRRiT*, Sprawozdzanie 2006, S. 27.

1679 Vgl. die fast schon ärgerlichen Worte in *KRRiT*, Sprawozdzanie 2006, S. 27.

1680 Die Kritik findet sich ausführlich in *KRRiT*, Sprawozdzanie 2006, S. 26 ff.

1681 Zu Problematik der Zurechnung von medienrelevanten verwandten Märkten in Deutschland und der letztlich ebenfalls fehlenden Rechtsgrundlage vgl. oben C.II.2.b)bb)(1)(b).

1682 So auch die frühere Bewertung von BVerfGE 73, 118 (158) – *Niedersachsen*; vergleiche aber die differenziertere Bewertung unter Einbezug auch cross-medialer Gefährdungspotentiale in BVerfGE – *Gebührenurteil II*, 1 BvR 2270/05 vom 11. September 2007.

statisches System, dass an Übertragungswege anknüpft, kann in diesem Zusammenhang nicht überzeugen. Zusätzlich bedarf die Transparenz der Ermittlungstiefe der medialen Konzentrationskontrolle einer weiteren Präzision. Wie die Übernahme von Broker FM durch die Bauer Media Invest GmbH gezeigt hat, kann auch ein Einfluss erst auf zweiter oder dritter Beteiligungsebene eine fragwürdige Konzentration von publizistischer Macht erzeugen. Diese Problematik dürfte sich noch wesentlich verschärfen, wenn die Medienbeteiligung durch Private Equity Fonds auch im polnischen Markt zunimmt. In diesem Fall könnte das Fondsmodell zu einer Anonymisierung der Beteiligungsverhältnisse führen, wie sie bereits in Deutschland die Konzentrationskontrolle vor schwierige Probleme stellt, auf die die polnische Medienordnung aber bislang gänzlich unvorbereitet ist.[1683]

Nicht überzeugend ist hingegen die Weigerung des KRRiT auf der Grundlage des geltenden Rechts zu arbeiten. Auch wenn der Begriff der „dominanten Position" tatsächlich nicht weiter, und vor allem nicht medienspezifisch, gesetzlich präzisiert wurde,[1684] hätte der KRRiT durchaus in den Verfahren Bauer Media Invest und Axel Springer AG mit einem Lizenzentzug wegen Änderung der Beteiligungsverhältnisse nach Art. 38 Abs. 2 Nr. 4 RFG drohen können. In diesem Fall wäre eine Neuvergabe der Lizenz notwendig geworden, die in beiden Fällen – Entzug und Neuvergabe – dem KRRiT die Möglichkeit geboten hätte, seine Vorstellung einer „dominanten Position" zu konkretisieren.

3. Fazit

Auffallend ist die große Diskrepanz zwischen einer stark ausgebildeten materiellen Inhaltskontrolle, die sich nicht nur an den materiellen Pluralismusverpflichtungen aus den Auftragsnormen der Art. 1, 18 und 21 RFG orientiert, sondern in Teilen weit darüber hinausgeht,[1685] und einem eher schwach ausgeprägtem Organisationspluralismus in der Aufsicht. Zusätzlich erscheinen die Elemente von organisations- und materiellem Pluralismus nicht im Hinblick auf das Regulierungsziel des „offenen und pluralen" Rundfunks aufeinander abgestimmt.[1686]

[1683] Zur Regelungslücke für den Bereich von privaten Fondsbeteiligungen im Mediensektor oben C.II.2.b)bb)(2). *Lilienthal*, epd-medien 2007 Nr. 57, S. 3 ff.

[1684] So jedenfalls die Begründung des KRRiT für seine „Handlungsunfähigkeit" *KRRiT*, Sprawodzdanie 2006, S. 27.

[1685] Anders ist das Merkmal der „Verunglimpfung von Behinderten" kaum zu erklären, vgl. oben D.V.1.c).

[1686] Eine solche Abstimmung ist allerdings aufgrund der Defizite beider Regulierungsansätze notwendig, dazu bereits oben B.III.2.c).

Das Aufsichtsmittel der Aufforderung zur Einstellung von Rechtsverstößen gem. Art. 10 Abs. 3 i.V.m. Art. 53 RFG hat sich als sehr weite Eingriffsermächtigung herausgestellt, deren Außengrenzen nur schwer zu bestimmen sind. Insbesondere eine begrenzende Schranken-Schranke, die dem Rundfunk eine hohe Rechtsposition in der „Rechtsgüterklimax“[1687] nach deutschem Verständnis geben würde, fehlt im polnischen Recht.[1688]

Die Lizenzbestimmungen, insbesondere die Vorschriften über die Rücknahme einer Lizenz gem. Art. 38 RFG geben dem KRRiT grundsätzlich eine ausreichende Rechtsgrundlage zur Regulierung vorherrschender oder entstehender Meinungsmacht. Eine Präzisierung der Vorschriften wird aber in Zukunft unumgänglich werden und wäre, schon aufgrund der Defizite im Hinblick auf die Rechtssicherheit, insbesondere für Auslandsinvestitionen und Cross-Media-Beteiligungen wünschenswert, rechtfertigt aber nicht die derzeitige Verweigerungshaltung des KRRiT. Die notwendige Ergänzung der inhaltlichen Pluralismusregulierung durch organisationsplurale Regulierung des Marktes findet sich im System der polnischen Rundfunkorganisation nicht, insbesondere eine gesellschaftliche Rückbindung des Rundfunks fehlt vollständig.

Dem Konsolidierungsdruck des Medienmarktes wird bei der derzeitigen Verweigerungshaltung des KRRiT weitgehend freie Hand gelassen.[1689] Insofern ist entweder die Einführung eines Systems zur Verhinderung von Medienkonzentration geboten, oder aber die entsprechende Auslegung der „dominanten Position“ durch den KRRiT im Wege der Rechtsfortbildung. Welche Schwierigkeiten mit der Systemausbildung im Wege der Rechtfortbildung bestehen, hat die Entscheidung der KEK in der Sache Axel Springer AG ./. ProSiebenSat1 Media AG gezeigt.

Die inhaltlichen Vorgaben der Auftragsnormen gem. Art. 1, Art. 18 und 21 RFG sind in wenigen Teilen präziser gefasst als im deutschen Recht. Der eigentliche Unterschied zum deutschen Mediensystem besteht jedoch in der zentralen und unterschiedslos auf „harte“ allgemeine Normen wie auch „weiche“ Auftragsnormen gerichteten Kontrolle durch den KRRiT. Diese bedenklich umfangreiche Kompetenz, die sich von der Rechtsaufsicht über inhaltliche Programmkon-

---

[1687] Zum Begriff der „Rechtsgüterklimax“ und seiner Bedeutung im Rahmen der sog. Wechselwirkungslehre siehe *Hermann*, Rundfunkrecht, § 7 Rn. 34.

[1688] Anders vielleicht noch der KRRiT, dem das polnische Verfassungsgericht immerhin noch den „Grundsatz der Unabhängigkeit des KRRiT“ aus der Verfassung, vgl. die Entscheidung des Verfassungsgerichts vom 10. Mai 1994, W 7/94 – *Fernsehen II.* 5.

[1689] Eine Einschränkung der Konsolidierung besteht derzeit nur in der allgemeinen wettbewerbsrechtlichen Kontrolle durch das UOKiK. Dazu auch *Klimkiewicz*, Countryreport Poland, S. 377 f.

trolle bis zur Finanzierung erstreckt, könnte allerdings durch geeignete organisationsplurale Strukturen abgemildert werden. In diesem Bereich liegt denn auch das eigentliche Problem. Obwohl der KRRiT seinem eigenen Auftrag zufolge (Art. 6 Abs. 1 RFG) die „offene und plurale" Natur des Rundfunk zu sichern hat, findet sich in seiner eigenen Organisation keine Beteiligung von gesellschaftlichen Gruppen, wie es das Grundmodell des Organisationspluralismus vorsieht.[1690] Die grundsätzliche Fragestellung nach der Staatsfreiheit des Kontrollorgans muss hier noch erweitert werden auf die Gewährleistung eines pluralen Charakters der Kontrolle selbst. Hinsichtlich der Staatsfreiheit, hier verstanden als Unterfall und gleichzeitig notwendige Bedingung der organisationspluralen Kontrolle, muss sich Polen an der neuen Richtlinie „Audiovisuelle Mediendienste ohne Grenzen"[1691] orientieren, die eine Unabhängigkeit der Regulierungsstelle von staatlichem Einfluss unterstellt. Der Verweis auf den Buchstaben des Gesetzes bzw. der Verfassung, die dem KRRiT Unabhängigkeit zusichert, wird dort nicht genügen. Darüber hinaus sollte aber die Notwendigkeit einer institutionellen Reform gleichzeitig genutzt werden, um die Kontrollinstanz des KRRiT im Sinne des Organisationspluralismus zur Gesellschaft hin zu öffnen, damit transparent zu machen und eine deutliche Abkehr von staatlicher, mittelbarer Beeiflussung zu signalisieren.

Die grundsätzliche Inpflichtnahme, insbesondere des öffentlich-rechtlichen Rundfunks zur Wahrung eines bestimmten Auftrages einschließlich der folgenden Kontrolle, gebietet auf den anderen Seite die Gewährleistung einer wirklich organisationspluralen Struktur der Kontrolle. Je genauer die Auftragsnormen gefasst sind und je tiefer die programmbegleitende Kontrolle den Auftrag nachprüft, desto weniger ist eine auch nur irgendwie bestehende Abhängigkeit der Kontrollinstanz von Einzel- oder Staatsinteressen zu tolerieren.

E. Vergleich und Ergebnisse

Bei dieser Arbeit handelt es sich zwar um einen Rechtsvergleich der deutschen und polnischen Pluralismussicherung, eigentlich aber liegt der Arbeit neben diesen beiden Rechtsordnungen mit der Medienwirkungsforschung und dem Pluralismusprinzip in seiner strukturellen und materiellen Ausprägung eine dritte Vergleichsebene zugrunde. Der Ansatz war bewusst gewählt. Die Medienwirkung ist zwar immer auch abhängig von der jeweiligen Gesellschaft und ihrer sozialen Struktur, die oben beschriebenen grundlegenden Mechanismen bleiben aber grundsätzlich gleich. Der Vergleich sollte also die Grundfrage der Medienregulierung zum Ausgang nehmen, wie die Stellung des Rundfunks als

[1690] Siehe oben B.III.2.c).
[1691] Richtlinie 2007/65/EG, dazu bereits oben D.IV.4.

Medium und Faktor des gesellschaftlichen Meinungsbildungsprozesses,[1692] bzw. als „superstrategische Institution"[1693] mit seiner „Breitenwirkung, Aktualität und Suggestivkraft"[1694] in einer Medienordnung hin auf das gewünschte Ziel einer offenen und pluralen Gesellschafts- und Meinungsbildung hin organisiert wird. Als eigentliche Rechtfertigungsgrundlage der gegenüber anderen Medien vergleichsweise starken Regulierungsdichte lag der Schwerpunkt der Arbeit daher auf der systemischen Einbindung und Lenkung der Wirkmechanismen.

Rundfunkordnungen sind aber immer auch Spiegelbild der vorangegangenen Mediengeschichte. Für den deutschen Teil zeigte sich deutlich die Prägung aus Erfahrungen der nationalsozialistischen Zeit und der Vorgaben der allierten Besatzungenmächte. Die polnische Medienordnung wiederum zeigt deutliche Spuren des Transformationsprozesses, der mit der Übernahme des *acquis communitaire* seit 2004 eigentlich eine doppelter ist. Wenn aber jedem Anfang ein Zauber innewohnt,[1695] so ist es auch fast eine Gewissheit, dass mit jedem Neuanfang auch neue Schwierigkeiten kommen. Der Vergleich hat gezeigt, dass auf polnischer Seite vor allem die Staatsfreiheit des öffentlich-rechtlichen, durch die politisch besetzte Zentralkontrolle aber auch des Privatrundfunks, nicht gewährleistet ist. Hochmut ist aber unangebracht: Legt man zugrunde, dass die Medienordnung als Regulierungsform innerhalb der Demokratischen Republik Polen erst seit 1992 überhaupt besteht, so ist sie etwa 15 Jahre alt. Nur wenig jünger, etwa 13 Jahre alt, war das deutsche Rundfunksystem als das Bundesverfassungsgericht mit dem ersten Rundfunkurteil die deutsche Regierung auf die Staatsfreiheit des Rundfunks hinweisen musste.[1696] Ein Rechtsvergleich muss daher, schon um fair zu bleiben, auch immer die Geschichte berücksichtigen.

I. Organisationspluralismus

Der Organisationspluralismus als leitendes Strukturprinzip zur Ausgestaltung von Organisation und Verfahren hat in Deutschland einen völlig anderen Stellenwert als in Polen. Dies hängt eng mit der jeweiligen Ansicht zusammen, ob die Medienordnung nach einem objektiven Prinzip, also dem Zielwert eines möglichst weit pluralisierten Meinungsbildungsprozesses, ausgerichtet werden sollte. Wie oben dargestellt, findet sich diese Überzeugung in der polnischen Medienordnung nicht in gleicher Weise wie in Deutschland. Deutlich wird dies

---

1692 BVerfGE 12, 205 (263) – *1. Rundfunkurteil.*

1693 So der ehemaligen polnische Ministerpräsident *Jarosław Kaczynski*. Siehe oben D.I.5.

1694 BVerfGE 90, 60 (89) – *Gebührenurteil.*

1695 Ein schönes, wenn auch von der Realität unbehelligtes, Zitat von *Hermann Hesse*, Stufen, S. 12.

1696 BVerfGE 12, 205 ff – *1. Fernsehurteil.* Die 13 Jahre sind auf den Zeitpunkt der Gründung der ersten Rundfunkanstalten zurückgerechnet. Dazu *Hesse*, Rundfunkrecht, S. 9 f.

an der Aufgabenbeschreibung auch des KRRiT in Art. 214 PolVerf, wonach er die Meinungsfreiheit im Rundfunk zu sichern hat. Darin sind die Sicherung der Zugangsoffenheit und die Verhinderung von entgengesetzten Entwicklungen zu sehen. Die Ableitung einer Pluralisierungsverpflichtung des Rundfunks selbst wird daraus aber ebenso wenig gefolgert wie ein auch die Einrichtung der Kontrolle erfassendes Strukturprinzip.

In Deutschland dagegen ist der Organisationspluralismus integraler Bestandteil der Medienordnung. Der ursprünglich nach dem Vorbild des Board der BBC gebildete öffentlich-rechtliche Rundfunkrat kann als Keimzelle des Organisationspluralismus betrachtet werden.[1697] Doch hinter dieser vordergründig organisatorischen Frage steckt auch, wie oben gezeigt, die Grundüberzeugung, dass das Gesamtsystem Rundfunk in seiner Funktion für und als der Teil der Gesellschaft betrachtet wird. Organisatorisch ist diese Lösung für das deutsche Rundfunkrecht zwingend, da letztlich nur der „medienrechtliche Souverän" kompetent sowie staats- und gruppenfern über Art, Inhalt und Qualität der Meinungsvielfalt entscheiden kann. Der Organisationspluralismus lässt sich zusätzlich auf Erkenntnisse der Medienwirkungsforschung stützen. So ist inzwischen vor allem die gesellschaftliche und kulturelle Prägekraft der Medien und speziell des Rundfunks anerkannt.[1698] Zwar bedarf es des notwendigen medienspezifischen Sachverstands, um die tatsächlichen Effekte zu ermitteln und vor allem zukünftig die intermedialen Wechselwirkungen zu bestimmen. Die Grundfrage aber ist, welche Medienwirkungen gesellschaftlich gewollt sind. Da diese gesellschaftlich-sozialen Wirkungen in den Meinungsbildungsprozess als Grundlage gemeinsamer und gruppenspezifischer Überzeugungen bilden und als solche vordemokratisch, also der politischen Willensbildung vorgelagert sind, ist der „medienrechtliche Souverän" auch die richtige, quasi „zuständige" Instanz, um die Grundentscheidungen über wesentliche Elemente der Meinungsbildung zu treffen.

Im System der Pluralismussicherung in Deutschland kommt dem Organisationspluralismus daher vor allem die Funktion der Sicherung durch Organisation und Verfahren zu. Er steht in einer Wechselwirkung zu den materiellen Pluralismusanforderungen, deren teilweise bestehende Definitionsschwäche er durch Prozeduralisierung im Sinne eines Grundrechtsvoraussetzungsschutzes durch Verfahren ausgleicht und damit zu einer der verfassungsrechtlich erforderlichen Regelungen zur effektiven Vielfaltssicherung wird. Die den medienrechtlichen

[1697] Zur Entstehungsgeschichte der Rundfunkräte *Hesse*, Rundfunkrecht, S. 10.

[1698] Vgl. zur Kultivierungshypothese oben B.III.1.c). Auch die Debatte um Medienwirkung im Zusammenhang mit Gewaltspielen und Jugendkriminalität lassen sich letztlich als medienkulturelle Phänomene mit gesellschaftlicher Prägekraft begreifen.

Souverän repräsentierenden Gremien als grundlegendes Gestaltungselement des Organisationspluralismus sind in geeigneter Weise besetzt. Im Hinblick auf eine kompetente Bewertung der Meinungsvielfalt, vor allem im Hinblick auf die Medienwirkung, besteht zwar ein fachliches und vor allem ein Informationsdefizit. An der Eignung der Grundstruktur ändert dies jedoch nichts. Kritisch zu betrachten, und dies gilt für Polen wie für das ARD-Gemeinschaftsprogramm gleichermaßen, ist das Fehlen jeder gesellschaftlicher Rückbindung bei vielfaltsrelevanten Entscheidungen. Hier besteht in einigen Teilen Optimierungsbedarf,[1699] in anderen so starkes Defizit, dass von einer fehlenden Ausgestaltung der positiven Ordnung und damit einem verfassungswidrigen Zustand ausgegangen werden kann.[1700]

II. Materieller Pluralismus

Der Vergleich materieller Vorgaben hat zunächst ergeben, dass sowohl in Polen als auch in Deutschland ein deutliches Defizit bei der Integration von Erkenntnissen der Medienwirkungsforschung besteht. Lässt sich dieses Defizit bis zur Einführung des Privatrundfunks vielleicht noch damit begründen, dass es keine gesicherten Erkenntnisse gab, die in geeigneter Weise hätten gesetzgeberisch umgesetzt werden können, so verfängt dieses Argument inzwischen nicht mehr. Während für die Bereiche des Ehrschutzes und des Jugendschutzrechts bereits seit geraumer Zeit auf den Sachverstand aus den Medien- und Kommunikationswissenschaften zurückgegriffen wurde,[1701] ist dies für den Bereich der Vielfalts- und Qualitätsforschung erstaunlicher Weise nicht geschehen. Dass Qualität auch immer Geschmackssache ist, erklärt dieses Defizit nur bedingt. Es würde keinem Juristen und keinem Abgeordneten einfallen, ein Jugendstrafrecht ohne Konsultation von Jugendämter, Jugend- und Entwicklungspsychologen und anderen Experten zu beraten.[1702] Bei der Ausgestaltung der Medienordnung hingegen scheint bis heute das Bundesverfassungsgericht im Alleingang und mit Stichworten (Medium und Faktor, sowie Breitenwirkung, Aktualität und Suggestivkraft) die Rechtfertigung für die Rundfunkgesetzgebung nach Wegfall der

---

[1699] Dies gilt beispielweise für die Ablösung der Konzentrationskontrolle von jeder gesellschaftlichen Rückbindung, wie sie mit dem 10. RÄndStV vollzogen wurde.

[1700] Letzteres betrifft vor allem die Aufsichtsstruktur der ARD, dazu ausführlich oben C.I.4.g)dd)(2).

[1701] Die Bewertung jugendgefährdender Inhalte im JMStV geht wesentlich auf pädagogische und kommunikationswissenschaftliche Erkenntnisse zurück. Dazu ausführlich *Köhne*, MMR 2006, XXI (XXII); zu Gewaltspielen *Hönck/Pfeiffer*, ZRP 2007, 91 (91 f.). Hinsichtlich des Ehrschutzes in Massenmedien vgl. vor allem BVerfGE 35, 202 – *Lebach.*

[1702] Siehe zu den verschiedenen Einflüssen, vor allem der Kriminologie *Hinz*, ZRP 2001, 106 (112); *Ostendorf*, ZRP 2000, 103 (105).

knappheitsbedingten Sondersituation zu liefern.[1703] Diese Situation ist nicht nur misslich, sie ist auch gefährlich. Es herrscht zwar Einigkeit darüber, dass es eine besondere Wirkung des Rundfunks gibt, doch Einigkeit ist in der Regel kein guter Berater.[1704] Als Leitlinie zukünftiger Regulierung sollte daher der spezifisch rundfunkrechtliche Präventionsgedanke des Verfassungsgerichts eine starken Medienwirkung gewählt werden.[1705] Diese Annahme sollte aber gesetzgeberisch soweit wie möglich präzisiert werden, dies gebieten nicht zuletzt der Bestimmtheitsgrundsatz und die Verhältnismäßigkeit. Die bestehenden Defizite in diesem Bereich zeigte der Fall Axel Springer AG ./. ProSiebenSat1 Media AG deutlich auf. Die Entscheidung der KEK, so richtig sie im Ergebnis auch zu bewerten ist, hat letztlich die crossmediale Wirkung der geplanten Übernahme selbst und ohne medienwirkungspezifische Begründung festgelegt. Die in diesem Verfahren sichtbar gewordenen Rechtsunsicherheiten sind kaum hinzunehmen. Deshalb wird hier der Einbezug der Medienwirkungsforschung in die materiellen Pluralismuskriterien gefordert, insbesondere für eine effektive Vielfaltssicherung.

Die bestehenden materiellen Pluralismuskriterien geben in Polen ein gemischtes Bild. Einerseits enthält der Auftrag des öffentlich-rechtlichen Rundfunks ungewöhnliche und vor allem sehr konkret formulierte Darstellungsanforderungen. Auf der anderern Seite fehlt es völlig an einer materiell-pluralistischen Absicherung der Meinungsvielfalt im Kabelnetz. Auch die Darstellungsanforderungen für den Privatrundfunk sind in keiner Weise vergleichbar mit den deutschen Anforderungen des „Grundstandards gleichgewichtiger Vielfalt." Zu erklären ist dies wohl mit der Situation, in der das RFG als Rechtsgrundlage der Medienordnung geschaffen wurde. Aufgrund der Vielzahl von vormals illegalen privaten Sendern schien die Vielfalt, zumindest in Form einer außenpluralen Anbietervielfalt, in ausreichendem Maße gewährleistet zu sein. Zusätzlich dürfte sich drei Jahre nach Beendigung des sozialistischen Staatsrundfunks die Neigung zu Inhaltsvorgaben gegenüber dem Privatrundfunk in Grenzen gehalten haben. So verständlich dies für die damalige Situation ist, bestehen doch ernsthafte Zweifel, ob dieser Regulierungsansatz noch zeitgemäß und vor allem für die Zukunft geeignet ist. Selbst wenn man aus der Historie verständlich die konkreten Pluralismusvorgaben nicht oder nicht in deutscher Strenge dem Privatrundfunk

[1703] Man schlage ein beliebiges Buch zum Rundfunkrecht auf, mehr lässt sich – bis auf wenige Ausnahmen – kaum finden.
[1704] Man denke an Galileo Galilei, dessen heute unstreitige These des Solarzentrismus leider gegen die gesellschaftliche Einigkeit über den kirchlich geprägten Terrazentrismus zunächst nicht viel ausrichten konnte.
[1705] Vgl. die Warnung vor Fehlentwicklungen in BVerfGE 57, 295 (323) – *FRAG*; und BVerfGE 73, 118 (159) – *Niedersachsen*.

zumuten will, so sollte zumindest für die beiden Subsysteme der Kabelnetzbelegung und der Konzentrationskontrolle über eine Einführung von pluralismussichernden Vorgaben und vor allem auch rechtsstaatlich belastbaren Verfahrensregelungen nachgedacht werden. Auch wenn dies nach den obigen negativen Befunden hinsichtlich der Staatsfreiheit ungewöhnlich erscheint, stellt auf Dauer weniger die staatliche Intervention die Meinungsvielfalt in Frage, sondern die vollständige Marktsteuerung. Begreift man Meinungsvielfalt vor allem auch als inhaltlich-qualitative Größe und in ihrer Wechselwirkung zwischen der Darstellung und Beeinflussung von gesellschaftlich-sozialen Werten und Ansichten, zeigt sich das strukturelle Versagen der Marktsteuerung im Privatrundfunk, wie es auch das deutsche Verfassungsgericht bereits früh festgestellt hat.[1706] Da nicht davon auszugehen ist, dass die polnischen Rundfunkveranstalter weniger an massen- und profitorientierten Formaten interessiert sind, bedarf es einer gesetzgeberischen Absicherung – auch und gerade durch Vielfaltsvorgaben für den Privatrundfunk.

Für den polnischen öffentlich-rechtlichen Rundfunk hingegen greifen durchaus strenge Vorgaben, die aber aufgrund der staatlichen Beeinflussung vollständig diskreditiert sind. Inhaltlich ist vor allem die Konkretisierung des Auftrags bemerkenswert. Anders als der deutsche öffentlich-rechtliche Rundfunk ist er auf das christliche Wertesystem festgelegt, und hat sich in der Pflege polnischer Kultur, Wissenschaft und Bildung zu widmen und sogar die Familienbindung und einen gesunden Lebensstil zu propagieren. Solcherlei Vorgaben wirken natürlich aus deutscher Sicht befremdlich, aber sie konkretisieren doch wesentlich deutlicher die Leistungsvorgabe, als dies bei der deutschen Vergleichsvorschrift gem. § 11 RStV der Fall ist. Hinzu kommt, dass diese Vorgaben grundsätzlich auch nachprüfbar und damit, wenn auch schwerlich, durch Auslegung justiziabel sein sollen.[1707] Wie auch beim deutschen öffentlich-rechtlichen Rundfunk fehlt es jedoch an einer Verpflichtung, die Vorgaben auch selbst nachzuprüfen oder zumindest die Wirkung nachprüfbar zu antizipieren. Dies sollte im Sinne einer effektiven Pluralismussicherung unter Verwendung der Erkenntnise der Medienwirkungsforschung gesetzlich normiert werden. Alle Bemühungen laufen jedoch ins Leere, soweit nicht zunächst mit einer Reform des KRRiT die Staatsfreiheit als notwendige Bedingung geschaffen wird.[1708]

Vielleicht am meisten überraschend ist der Vergleich der materiellen Anforderungen des deutschen Privatrundfunks mit denjenigen des öffentlich-rechtlichen

---

[1706] BVerfGE 73, 118 (159) – *Niedersachsen.*
[1707] Vgl. oben D.III.1.b).
[1708] Zur Bewertung der Staatsfreiheit durch die neue „Richtlinie über audiovisuelle Mediendienste“ 2007/65/EG, vgl. oben D.III.2.b).

Rundfunks. Die Analyse der verfassungsrechtlichen Anforderungen für das Gesamtsystem Rundfunk und die speziellen Bindungen innerhalb des dualen Systems haben eine deutlich breitere und grundsätzlich stärkere Verpflichtung des öffentlich-rechtlichen Rundfunks auf das verfassungsrechtlich erforderliche Niveau an Meinungsvielfalt ergeben.[1709] Trotz dieses deutlichen Schwerpunkts, hat die obige Analyse des einfachen Rechtsrahmens ergeben, dass die materielle Pluralismuskontrolle im Privatrundfunk wesentlich stärker reguliert und konturiert ist. Dies mag damit zu erklären sein, dass materielle Anforderungen für meritorische Inhalte immer in einem Spannungsverhältnis mit dem natürlichen Verhalten des Privatrundfunks als Marktakteure stehen und daher für kritische Marktsituationen (Gate-Keeper-Situationen, Konzentrationstendenzen) immer ein besonderes, situationsbedingtes Regulierungsregime erforderlich ist. Deshalb besteht aber auch die Gefahr einer „Stückwerksregulierung“, die den systemischen Zusammenhang der Pluralismusregulierung für das Gesamtsystem Rundfunk aus den Augen verliert.[1710] Demgegenüber steht das Verhalten des öffentlich-rechtlichen Rundfunks, zumindest theoretisch, nicht in diesem Spannungsfeld. Daraus resultieren aber offenkundig nicht weiter konkretisierte Pluralismusvorgaben. Die Leistungsanforderung des öffentlich-rechtlichen Rundfunks wird effektiv durch ein inneranstaltliches System von Abhängigkeiten der Organe untereinander, unter Einbezug vor allem organisationsplural vermittelter Gesellschaftskontrolle, gesichert. Dies mag unter früheren Bedingungen ein erfolgreiches System gewesen sein, für die Zukunft erscheint es in dieser Form aber kaum geeignet. Hierbei werden die mediale Ausdifferenzierung und die steigenden fachlichen Anforderungen nur zwei der Probleme darstellen.

Das schon fast philosophische Grundproblem besteht letztlich in der Definition des Erfolges. In den Schwerpunkten der Regulierung des Privatrundfunks besteht Erfolg darin, bestimmte Gefährdungen und Zustände (Meinungsmacht, Zusammenbruch des Außenpluralismus, Offenhaltung von Übertragungswegen, etc.) zu verhindern. Der über diesen Subsystemen der privaten Vielfaltssicherung schwebende „Grundstandard gleichgewichtiger Vielfalt“ wird dagegen selbst nicht gesichert. Für ihn bestehen daher auch keine Erfolgsmaßstäbe.[1711]

Hinsichtlich des öffentlich-rechtlichen Rundfunks, auch für ihn selbst, ist Erfolg dagegen bisher kaum messbar. Seine Vorgaben sind auf einen positiven Zustand der Meinungsvielfalt gerichtet, von dem selbst das Verfassungsgericht sagt, er

---

[1709] Dazu ausführlich oben B.VII.

[1710] Zu den Wechselwirkungen siehe oben C.III.3.

[1711] Dies liegt vor allem an mangelnder Konkretisierung und Individualisierung des materiellen Grundstandards, sowie fehlender Rahmung durch geeignete Organisation und Verfahren zur Programmkontrolle. Ausführlich oben C.II.2.b)aa) und C.III.1.a).

sei nicht im Einzelnen messbar.[1712] Die anerkannte, aber für den öffentlich-rechtlichen Rundfunk schon im Ausgangspunkt falsche Messgröße ist die Zuschaueranteilsquote. Die Unsicherheit, was eigentlich den eigenen Erfolg ausmacht, lässt sich sehr schön an den Berichten des öffentliche-rechtlichen Rundfunks gem. § 11 Abs. 4 RStV ablesen, die mal die Zuschaueranteilsquote, mal Meinungsumfragen unabhängiger Institute und sogar die Anzahl von Grimmepreisen als Beleg erfolgreicher Arbeit bemühen.[1713]

Diese Bewertungsgrundlagen sind aber mediensystemimmanente Größen. Die modernen Massenmedien tendieren zu selbstreferentiellem Vorgehen, wie sich nicht nur am Personalkarussel, sondern auch an gegenseitigen Referenzen und Inhalten zeigt. Geht man noch einen Schritt weiter und nimmt die Prägung der Realität durch die Massenmedien an, so entsteht aus der Prägung der Realität und ihrer Darstellung eine endlose Referenzspirale. Die Aufgabe gerade des öffentlich-rechtlichen Rundfunks besteht jedoch darin, in Wechselwirkung mit der Gesellschaft, als Medium und Faktor, den Meinungsbildungsprozess abzubilden und ihn mit zu formen. Das erfordert eine Abgrenzung von Medium, medialem Gegenstand und Gesellschaft. Nicht vereinbar mit dieser Aufgabe wäre es, wenn der Meinungsbildungsprozess nur noch selbstreferentiell innerhalb der Medien stattfände. Daher ist zu fordern, dass als Maßstab des Erfolgs für den marktfernen öffentlich-rechtlichen Rundfunk sein Beitrag zu der gesellschaftlich-sozialen, und vor allem medienexternen, Meinungsbildung gilt, wie er oben als Maßstab effektiver Meinungsvielfalt vorgeschlagen wurde. Dies muss Grundlage seiner Verpflichtung auf das verfassungsrechtlich erforderliche Niveau an Meinungsvielfalt, die Darstellung der gesellschaftlich vorhandenen Ansichten und Meinungen sein.

III. Thesen

1. Das Strukturprinzip des Pluralismus und die Einteilung in organisationsplurale und materielle Pluralismusanforderungen ist die geeignete Leitlinie für die Gestaltung einer Medienordnung in einer freiheitlich-demokratischen Grundordnung. Es bietet die notwendige Orientierung, um prozedurale, organisatorische und materielle Vorgaben so auszugestalten, dass die Meinungsvielfalt als ergebnisoffener, gesellschaftlicher und medialer Prozess optimal auf die tatsächlich vorhandenen gesellschaftlichen und sozialen Bedürfnisse trifft.

[1712] BVerfGE 73, 118 (159) – *Niedersachsen*.
[1713] Siehe oben C.II.5.c)cc).

2. Eine Abstimmung der einzelnen pluralismusrelevanten Anforderungen und ihre Sicherungssysteme im dualen System ist kaum erkennbar, da es an einer Gesamtperspektive auf das Gesamtsystem Rundfunk mangelt. Dieses Defizit kann durch eine dogmatische Ausdifferenzierung und Weiterentwicklung des pluralistischen Strukturprinzips beseitigt werden, wofür diese Arbeit einen Beitrag leisten soll.

3. Die organisationspluralen Regelungen in Deutschland fordern verfassungsrechtlich zwingend eine Beteiligung des medienrechtlichen Souveräns, da Auslegungs- und Bewertungspielräume weder einer einzelnen Gruppe, noch dem Staat überantwortet werden darf. Während in Deutschland nur für das ARD-Gemeinschaftsprogramm ernsthafte Bedenken bestehen, bedarf der Organisationspluralismus in Polen noch der Entwicklung. Die grundsätzlich subjektiv-rechtliche Konzeption der Rundfunkfreiheit in Polen wird dies aber erschweren.

4. Die verfassungsrechtliche Rechtfertigung der besonderen Rundfunkregulierung liegt in der spezifischen Medienwirkung des Rundfunks. Es besteht jedoch eine dogmatische wie wissenschaftliche Leerstelle hinsichtlich Grund und Grenzen der Medienwirkung. Die allgemeine Grundannahme einer starken Wirkung des Rundfunks hatte ihre Berechtigung, wird jedoch mit zunehmender Digitalisierung und Konvergenz, sowie verändertem Nutzerverhalten als verfassungsrechtliche Rechtfertigung für die Rundfunkregulierung nicht mehr ausreichen.

5. Die Erkenntnisse der Medienwirkungsforschung müssen in geeigneter Weise der Rundfunkregulierung zugrunde gelegt werden, um die verfassungsrechtliche Rechtfertigung neu zu sichern. Die bisherigen materiellen Pluralismusanforderungen sind weder ausreichend konkretisiert, noch ihrer Struktur nach geeignet, eine effektive Sicherung der Meinungsvielfalt zu gewährleisten.

5. Die materiellen Pluralismusanforderungen des „Grundstandards gleichgewichtiger Vielfalt" im Privatrundfunk werden derzeit nicht kontrolliert und sind in ihrer Eignung zweifelhaft. Sinnvoller und systemgerecht wären ökonomische Anreize, die förderungswürdige Inhalte im Privatrundfunk belohnen.

6. Die polnische Rundfunkaufsicht des KRRiT ist keine staatsfreie Aufsicht und bedarf dringend einer Reform. Hierzu empfehlen sich organisationsplurale Elemente. Eine Bindung des KRRiT an Sejm, Senat Präsident oder Regierung muss unzulässig sein.

7. Die materiellen Pluralismusanforderungen in Polen enthalten ebenfalls keine medienwirkungsspezifischen Vorgaben. Sie sind für den öffentlich-rechtlichen Rundfunk sehr konkret formuliert und können zum Teil der Konkretisierung in Deutschland als Vorbild dienen. Die materiellen Vorgaben für den Privatrundfunk sind dagegen kaum ausgebildet, insbesondere fehlt es an gefährungsbezogenen Regulierungssystemen wie der Konzentrationskontrolle und Kabelbelegungregelungen. Diese Gefährdungen können sich in naher Zukunft in unabsehbare und kaum zu beseitigende Schäden für den gesellschaftlichen und freien Meinungsbildungsprozess realisieren.

8. Trotz fehlender Kompetenz beginnt die Europäische Kommission, Rundfunk- und Medienpluralismus zu regulieren. Daraus kann sich ein fruchtbarer europäischer Konsens über wesentliche Elemente des Pluralismus als Strukturprinzip europäischer Medienordnungen ergeben. Es besteht aber auch die Gefahr europäischer Nivellierung der mitgliedstaatlichen, individuell- und regionalspezifischen Ausprägung von Meinungen, Ansichten und Meinungsfindungsprozessen. Daher bedarf es einer kritischen Begleitung der Aktivitäten.

F. Polnische Zusammenfassung

Praca ta dotyczyć będzie wprawdzie porównania w zakresie zagwarantowania pluralizmu przez prawo niemieckie i polskie, jednak obok tych dwóch porządków prawnych, opiera się ona jeszcze na trzeciej płaszczyźnie porównawczej, obejmującej badania w zakresie oddziaływania mediów oraz zasadę pluralizmu w jej strukturalnej i materialnej formie. To założenie zostało wybrane świadomie. Wpływ mediów jest wprawdzie częściowo zależny od danego społeczeństwa oraz od jego struktury społecznej, jednak obydwa wyżej opisane zasadnicze mechanizmy pozostają właściwie niezmienne. Dlatego też w ramach porównania za punkt wyjściowy należy przyjąć podstawową kwestię dotyczącą regulacji mediów, jak zorganizowana jest pozycja radia i telewizji jako medium i czynnika procesu kształtowania opinii publicznej, albo jako „instytucji superstrategicznej" wraz z jej „szerokim polem oddziaływania, aktualnością i siłą sugestii" w porządku medialnym, pod kątem oczekiwanego celu w zakresie kształtowania otwartego i pluralistycznego społeczeństwa i opinii. Ze względu na stosunkowo wysoki wpływ regulujący radia i telewizji w porównaniu do innych mediów podstawowym tematem pracy było systematyczne integrowanie i kierowanie mechanizmami oddziaływania.

Systemy radiowe i telewizyjne są jednak zawsze lustrzanym odbiciem minionej historii mediów. Dla strony niemieckiej wyraźny wpływ miały doświadczenia z czasów narodowego socjalizmu oraz wytyczne alianckich okupantów.

Natomiast polski porządek medialny wykazuje wyraźne ślady procesu transformacji, który wraz z przyjęciem dorobku prawnego wspólnoty *acquis communitaire* w 2004 roku jest właściwie podwójny. Jednak, choć każdy początek ma swój urok, powszechnie wiadomo, iż niesie on ze sobą także trudności. Porównanie wykazało, że po stronie polskiej z powodu centralnej kontroli politycznej radio i telewizja zarówno publiczno- prawna, jak i prywatna nie jest wolna od ingerencji państwa. Pycha jest jednak tutaj niestosowna: zakładając, że właściwie porządek medialny jako forma regulacji jest w demokratycznej Rzeczpospolitej Polskiej obecny zaledwie od 1992 roku, to liczy on dopiero 15 lat. Niewiele mniej, bo około 13 lat, liczył niemiecki system radiowy i telewizyjny w momencie, gdy Federalny Trybunał Konstytucyjny wraz z pierwszym wyrokiem dotyczącym radia musiał zwrócić uwagę niemieckiemu rządowi na zakaz ingerencji państwa w sferę radia i telewizji. Dlatego porównanie prawa powinno zawsze uwzględnić historię, chociażby ze względu na uczciwość.

I. Pluralizm organizacyjny

Pluralizm organizacyjny jako główna zasada strukturalna w ramach przygotowywania organizacji i procesów, ma w Niemczech zupełnie inne znaczenie, niż w Polsce. Jest on ściśle związany ze zrozumieniem, czy porządek medialny powinien być utworzony według obiektywnej zasady, a więc mieć za cel możliwie najbardziej pluralistyczny proces tworzenia opinii. Jak wspomniano powyżej, przekonanie to nie występuje w takim samym stopniu w polskim i niemieckim porządku medialnym. Widać to wyraźnie w opisie zadań KRRiT, w Art. 214 Konstytucji Rzeczpospolitej Polskiej, który ma zapewniać wolność słowa w radiu i telewizji. W tym zakresie widoczne jest zapewnienie wolności dostępu oraz zapobieganie występowaniu przeciwstawnych nurtów. Nie wynika z tego jednak ani sama w sobie pochodna w zakresie obowiązku zapewnienia pluralizmu dla radia i telewizji ani też zasada strukturalna obejmującej instytucję kontroli.

Natomiast w Niemczech pluralizm organizacyjny jest integralną częścią porządku medialnego. Utworzona pierwotnie na wzór platformy BBC publiczno – prawna Rada Radiofonii i Telewizji może być uważana za zalążek pluralizmu organizacyjnego. Jak przedstawiono to szczegółowo wyżej, za tą przede wszystkim organizacyjną kwestią kryje się zasadnicze przekonanie, że cały system radia i telewizji w zakresie jego funkcji uważany jest jako element stworzony dla społeczeństwa i stanowi jego część. To organizacyjnie rozwią-zanie jest obligatoryjne dla niemieckiego prawa dotyczącego radia i telewizji, ponieważ ostatecznie tylko „suweren ustanawiający prawo medialne“ może decydować w sposób kompetentny i niezależny od państwa i innych grup o rodzaju, treści i jakości różnorodnych opinii. Pluralizm organizacyjny można dodatkowo potwierdzić wynikami badań w zakresie wpływu mediów na odbiorców. Dotychczas uznano przede wszystkim społeczną i kulturową siłę oddziaływania mediów, a w szczególności radia i telewizji. Wprawdzie określenie rzeczywistych efektów, a przede wszystkim ustalenie przyszłych wzajemnych oddziaływań intermedialnych wymaga znajomości specyfiki mediów na niezbędnym poziomie. Podstawowym pytaniem jest jednak kwestia, jakiego oddziaływania mediów oczekuje społeczeństwo. Ponieważ te społeczno- socjalne oddziaływania tworzą podstawę wspólnych przekonań specyficznych dla danej grupy w ramach procesu kształtowania opinii publicznej oraz są przedstawiane jako przed-demokratyczne, a więc poprzedzające kształtowanie woli politycznej, to „suweren ustanawiający prawo medialne" jest odpowiednią i, można powiedzieć, „odpowiedzialną" instancją za podejmowanie podstawowych decyzji dotyczących zasadniczych elementów w ramach tworzenia opinii publicznej.

Dlatego w systemie zapewnienia pluralizmu w Niemczech pluralizm organizacyjny pełni przede wszystkim funkcję gwaranta poprzez organizację oraz sposób postępowania. Ma on wzajemne oddziaływanie na materialne wymogi pluralistyczne i wyrównuje ich częściowe braki w zakresie definiowania poprzez proceduralizację w sensie ochrony założeń praw podstawowych przez procesy i w ten sposób jest jedną z konstytucyjnie wymaganych regulacji dotyczących skutecznego zapewnienia różnorodności. Skład gremiów, reprezentujących „suwerena, ustanawiającego prawo medialne" jako podstawowy element kształtowania pluralizmu organizacyjnego, jest odpowiednio obsadzony. Wprawdzie pod względem kompetentnej oceny różnorodności opinii, przede wszystkim w związku z oddziaływaniem mediów istnieje deficyt w zakresie specjalistycznym a przede wszystkim informacyjnym, nie zmienia to jednak niczego w związku z kwalifikacją struktury podstawowej. Krytycznie należy rozważyć brak jakiegokolwiek udziału społecznego w decyzjach dotyczących różnorodności i dotyczy to w takim samym stopniu zarówno programów polskich jak i publicznego nadawcy radiowo - telewizyjnego ARD (Związek niemieckich nadawców publiczno – prawnych). W tym zakresie w niektórych obszarach występuje potrzeba optymalizacji, w innych istnieje tak duży deficyt, że można zakładać brak wprowadzenia odpowiedniego porządku, a tym samym stan niezgodny z konstytucją.

II. Pluralizm materialny

Porównanie materialnych wytycznych wykazało w pierwszej kolejności, że zarówno w Polsce jak i w Niemczech istnieje wyraźny deficyt w zakresie integracji wyników badań nad oddziaływaniem mediów. Deficyt ten do momentu wprowadzenia prywatnego radia i telewizji można ewentualnie uzasadnić faktem, iż nie istniały zabezpieczone wyniki badań naukowych, które można byłoby w odpowiedni sposób zastosować w kontekście ustawodawczym. W międzyczasie argument ten stracił ważność. Podczas gdy w obszarach ochrony godności oraz ochrony praw dzieci i młodzieży odwoływano się już od dawna do wiedzy z zakresu nauk o mediach i komunikacji, o dziwo nie miało to miejsca w dziedzinie badań naukowych nad różnorodnością i jakością. Fakt, że jakość jest zawsze kwestią gustu, tłumaczy ten deficyt tylko częściowo. Żadnemu prawnikowi, ani też posłowi nie przyszłoby do głowy obradować nad prawem dla nieletnich, bez uprzedniej konsultacji z urzędem do spraw młodzieży, z psychologami zajmującymi się sprawami rozwoju dzieci i młodzieży, czy też z innymi ekspertami. Natomiast w przypadku kształtowania porządku medialnego wygląda na to, że Federalny Trybunał Konstytucyjny po dziś dzień przedstawia uzasadnienia w ramach jurysdykcji w zakresie radia i telewizji autonomicznie i tylko hasłowo (medium i czynnik oraz zakres oddziaływania, aktualność i siła sugestii), mimo iż nie ma już miejsca szczególna, uwarunkowana deficytem sytuacja. Taki stan rzeczy jest nie tylko kłopotliwy, ale również niebezpieczny. Wprawdzie istnieje zgodność co do występowania szczególnego efektu oddziaływania radia i telewizji, jednak zgodność z reguły nie jest dobrym doradcą. Dlatego Trybunał Konstytucyjny powinien wybrać ideę prewencyjną, specyficzną dla prawa z zakresu radia i telewizji, dotyczącą silnego wpływu mediów jako wytyczną dla przyszłych regulacji. To założenie należy możliwie najdokładniej sprecyzować kontekście ustawodawczym, co nakazuje w szczególności zasada proporcjonalności i zasada precyzji. Deficyty istniejące w tej dziedzinie wyraźnie wykazała sprawa Axel Springer AG./. ProSiebenSat1 Media AG. Decyzja KEK (Komisji ds. Koncentracji Mediów), na ile też należy ją w efekcie uważać za właściwą, ostatecznie sama ustaliła transmedialne oddziaływanie (zachęcanie odbiorcy do korzystania innych mediów) planowanego przejęcia i bez uzasadnienia stosownego dla wpływu mediów. Sądowne sprawdzenie kwalifikacji i proporcjonalności zakazu jako obciążający akt administracyjny powinno było doprowadzić do uchylenia decyzji. Dlatego konieczne jest tutaj uwzględnienie badań naukowych w zakresie materialnych kryteriów pluralistycznych dotyczących oddziaływania mediów, w szczególności w celu zagwarantowania skutecznej różnorodności.

Istniejące materialne kryteria pluralistyczne przedstawiają w Polsce mieszany obraz. Z jednej strony zlecenie dla publiczno – prawnego nadawcy zawiera nietypowe, a przede wszystkim bardzo konkretnie sformułowane wymagania dotyczące prezentacji. Z drugiej strony w telewizji kablowej brakuje całkowicie fizyczno-pluralistycznego zabezpieczenia różnorodności opinii. Także wymagania dotyczące prezentacji wobec prywatnych nadawców radiowo-telewizyjnych nie są w żadnym stopniu porównywalne z niemieckimi wymogami „podstawowych standardów zrównoważonej różnorodności". Wyjaśnić to z pewnością należy sytuacją, w której RFG (prawo dotyczące nadawców radiowo-telewizyjnych) stworzone zostało jako podstawa prawna dla porządku medialnego. Ze względu na dużą liczbę wtedy nielegalnych prywatnych nadawców radiowo-telewizyjnych różnorodność zdawała się być zagwarantowana w wystarczającym stopniu, przynajmniej w formie zewnętrznie pluralistycznej różnorodności oferentów. Dodatkowo, trzy lata po zakończeniu działania socjalistycznego państwowego nadawcy radiowo-telewizyjnego skłonność do określania wytycznych co do treści programów prywatnych nadawców radiotelewizyjnych znajdowała się na umiarkowanym poziomie. Choć było to zrozumiałe dla ówczesnej sytuacji, istnieją poważne wątpliwości, czy to założenie regulacyjne jest nadal aktualne, a przede wszystkim, czy będzie ono odpowiednie w przyszłości. Nawet nie chcąc, co historycznie zrozumiałe, wymagać od prywatnego nadawcy radiowo-telewizyjnego przestrzegania konkretnych wytycznych, a przynajmniej nie z niemiecką surowością, należy rozważyć wprowadzenie wytycznych zapewniających pluralizm a przede wszystkim regulacji postępowania chociażby dla obydwu podsystemów – obłożenia telewizji kablowej i kontroli koncentracji. Nawet, jeżeli po uwzględnieniu powyższych negatywnych doświadczeń dotyczących braku ingerencji państwa, wydaje się to niezwykłe, to na dłuższą metę nie tyle interwencja państwa poddaje w wątpliwość różnorodność opinii, lecz raczej całkowite sterowanie rynkiem. Rozważając różnorodność opinii głównie jako wielkość merytorycznie – jakościową i we wzajemnym oddziaływaniu pomiędzy prezentacją oraz wpływem na wartości i przekonania społeczno – socjalne, widoczne jest niepowodzenie strukturalne w zakresie sterowania rynkiem prywatnych nadawców radiowo-telewizyjnych, jak już wcześniej stwierdził to niemiecki Trybunał Konstytucyjny. Ponieważ nie należy jednak zakładać, że polscy nadawcy radowotelewizyjni są mniej zainteresowani formatem masowym i zorientowanym na zysk, wymaga to prawnego zabezpieczenia – również i właś-nie poprzez wytyczne w zakresie różnorodności dla prywatnych nadawców radiowo-telewizyjnych.

Natomiast dla polskich nadawców publiczno – prawnych zastosowanie mają ścisłe wytyczne, które jednak z powodu wpływu państwa są całkowicie zdyskredytowane. Tu potwierdza się podstawowe założenie tej pracy, a mianowicie, że brak ingerencji państwa jest jednym z podrzędnych efektów pluralizmu, niemniej jednak jednocześnie jest jego koniecznym warunkiem. Ze strony merytorycznej w szczególności warte uwagi jest skonkretyzowanie zadań. Inaczej niż u niemieckiego nadawcy publiczno – prawnego, są one związane z systemem wartości chrześcijańskich i poświęcone pielęgnowaniu polskiej kultury, nauki oraz edukacji, a nawet propagowaniu więzi rodzinnych i zdrowego stylu życia. Takie założenia z niemieckiego punktu widzenia sprawiają dosyć osobliwe wrażenie, jednak konkretyzują one o wiele wyraźniej wytyczne dotyczące usług, niż ma to miejsce w porównywalnym niemieckim przepisie, zgodnie z paragrafem 11 RfStV (traktatu regulującego nadawanie radiowo-telewizyjne). Oprócz tego wytyczne te powinny być zasadniczo możliwe do zweryfikowania, a tym samym, nawet jeżeli jest to raczej niemożliwe, poprzez interpretację podlegać sądownictwu. Podobnie jak w przypadku niemieckiego nadawcy publiczno – prawnego brakuje tu jednak obowiązku samodzielnej weryfikacji wytycznych, lub przynajmniej możliwej do weryfikacji antycypacji ich oddziaływania. Powinno to zostać unormowane prawnie w kontekście skutecznego zagwarantowania pluralizmu przy użyciu wyników badań nad wpływem mediów. Żadne starania nie mają jednak sensu, jeżeli najpierw poprzez reformę KRRiT nie zostanie spełniony konieczny warunek niezależności od ingerencji państwa.

Być może najbardziej zaskakujące jest porównanie materialnych wymogów niemieckiego prywatnego nadawcy radiowo-telewizyjnego z wymogami nadawcy publiczno –prawnego. Analiza wymogów konstytucyjnych dla całego systemu radiowo-telewizyjnego oraz specjalne powiązania wewnątrz systemu dualnego wykazały wyraźnie szersze i zasadniczo bardziej zaostrzone obowiązki nadawcy publiczno – prawnego na poziomie różnorodności opinii, wymaganym przez konstytucję. Pomimo tego wyraźnego priorytetu powyższa analiza prostych ram prawnych wykazała, iż materialna kontrola pluralizmu w przypadku prywatnego nadawcy radiowo-telewizyjnego jest w większym stopniu regulowana i wyraźniej określona. Wyjaśnieniem tego może być fakt, że wymogi materialne dla kwestii merytorycznych pozostają zawsze w stanie pewnego napięcia z naturalnym zachowaniem prywatnego nadawcy radiowo-telewizyjnego jako uczestnika rynku i dlatego też, na wypadek sytuacji krytycznych na rynku (kontrola przepływu wiedzy, tendencje koncentracji), konieczny jest zawsze specjalny, zależny od sytuacji, reżim regulacyjny. Dlatego istnieje również ryzyko „regulacji fragmentarycznej", która nie będzie uwzględniała systemowego związku regulacji pluralistycznej dla całego radiowo-telewizyjnego systemu nadawczego, jak przedstawiono to już szczegółowo powyżej. W przeciwieństwie do tego zachowanie się radiowo- telewizyjnego nadawcy publiczno – prawnego przynajmniej teoretycznie nie znajduje się w zasięgu tego pola napięć. Wynikają z tego jednak najwyraźniej bliżej nieskonkretyzowane założenia pluralistyczne. Wymogi w zakresie usług publiczno – prawnego nadawcy radiowo-telewizyjnego są skutecznie gwarantowane poprzez wewnątrz – instytucyjny system wzajemnej zależności organów przy uwzględnieniu kontroli społecznej wyrażającej się głównie w formie organizacyjno-pluralistycznej. System ten mógł być skuteczny w warunkach poprzedniej epoki, jednak w przyszłości w tej formie nie wydaje się być właściwy. W tym przypadku zróżnicowanie medialne i rosnące specjalistyczne wymogi stanowić będą tylko jeden z dwóch problemów.

Ten już prawie filozoficzny, podstawowy problem polega ostatecznie na definicji sukcesu. W najważniejszych punktach regulacji prywatnego nadawcy radiowo-telewizyjnego sukces polega na tym, aby uniknąć konkretnych zagrożeń i okoliczności (siły opinii, upadku zewnętrznego pluralizmu, utrzymywanie otwarcia wszystkich ścieżek transmisyjnych, itp.). Natomiast „podstawowe standardy zrównoważonej różnorodności", unoszące się ponad tymi podsystemami prywatnego zapewnienia różnorodności nie są zabezpieczone same w sobie. Dlatego nie istnieją dla nich żadne kryteria sukcesu.

Odnośnie radiowo-telewizyjnego nadawcy publiczno – prawnego, również dla niego samego, jak dotąd, trudno dokonać pomiaru sukcesu. Jego wytyczne są zorientowane na pozytywny stan różnorodności opinii, którego nawet według Trybunału Konstytucyjnego nie można go szczegółowo zmierzyć. Uznaną, ale już w punkcie wyjścia nieodpowiednią wielkością pomiarową dla radiowo-telewizyjnego nadawcy publiczno – prawnego jest procentowy udział widzów. Niepewność, co właściwie prowadzi do własnego sukcesu, można wyraźnie zaobserwować w sprawozdaniach radiowo-telewizyjnego nadawcy publiczno – prawnego, zgodnie z paragrafem 11, ustępem 4, które jako dowód efektywnej pracy przytaczają czasem procentowy udział widzów, czasem sondaże niezależnych instytutów, a czasem nawet ilość nagród medialnych (Grimme-Preis). Te kryteria oceny, co jest również raczej filozoficznym problemem, są jednak wielkościami tkwiącymi wewnątrz systemu mediów. Nowoczesne massmedia mają tendencję do postępowania o charakterze samoreferencyjnym, co widać nie tylko poprzez „karuzelę kadry", ale także w postaci wzajemnych referencji i treści. Posuwając się jeszcze o krok dalej i przyjmując silny wpływ mediów masowych na rzeczywistość to z ukształtowanej rzeczywistości i sposobu przedstawienia jej powstanie niekończąca się spirala referencji. Jednak zadanie radiowo-telewizyjnego nadawcy publiczno – prawnego polega na utworzeniu i formowaniu procesów kształtowania opinii przy wzajemnym oddziaływaniu ze społeczeństwem, jako medium i czynnik. Wymaga to zdefiniowania medium, przedmiotu medialnego oraz społeczeństwa. Nie można byłoby połączyć z tym zadaniem sytuacji, w której proces tworzenia opinii odbywałby się tylko w sposób samoreferencyjny, wewnątrz mediów. Dlatego należy wymagać, aby za miarę sukcesu radiowo-telewizyjnego nadawcy publiczno – prawnego, oddalonego od rynku uznawany był jego wkład w tworzenie opinii społeczno – socjalnej, a przede wszystkim pozamedialnej, tak jak został on zaproponowany powyżej jako miara skutecznej różnorodności opinii. Stanowić to musi podstawę jego obowiązków odnośnie poziomu różnorodności opinii, wymaganego przez konstytucję, przedstawienia istniejących w społeczeństwie poglądów i opinii, a także kryteriów oceny.

III. Tezy

1. Zasada strukturalna pluralizmu oraz podział na organizacyjno-pluralistyczne i materialne wymogi pluralizmu stanowią odpowiednią wytyczną dla ukształtowania porządku mediów w ramach podstawowego porządku wolnościowo – demokratycznego. Oferuje ona niezbędną orientację, pozwalającą tak ukształtować wytyczne proceduralne, organizacyjne i materialne, tak aby różnorodność opinii jako proces społeczny i medialny o otwartym rezultacie, optymalnie odpowiadał rzeczywistym, istniejącym potrzebom społecznym i socjalnym.

2. Uzgodnienie poszczególnych istotnych dla pluralizmu wymogów wraz z systemami zabezpieczającymi w ramach systemu dualnego jest prawie niezauważalne, ponieważ brakuje całościowej perspektywy na pełny radio-telewizyjny system nadawczy. Deficyt ten można usunąć poprzez dogmatyczne zróżnicowanie i dalszy rozwój pluralistycznej zasady strukturalnej, do czego przyczynić się ma ta praca.

3. Konstytucja w Niemczech niezbędnie wymaga udziału suwerena ustanawiającego prawo medialne w przypadku organizacyjno-pluralistycznych regulacji, ponieważ swoboda oceny i interpretacji nie może zostać powierzona ani pojedynczej grupie, ani państwu. Podczas gdy w Niemczech pojawiają się poważne wątpliwości jedynie odnośnie publicznego nadawcy radio - telewizyjnego ARD (Związek niemieckich nadawców publiczno – prawnych), pluralizm organizacyjny w Polsce wymaga jeszcze rozwoju. Zasadniczo subiektywno – prawna koncepcja wolności nadawczej w Polsce będzie to jednak utrudniać.

4. Konstytucyjno – prawne uzasadnienie szczególnej regulacji dotyczącej radia i telewizji ma miejsce w specyficznym wpływie medialnym nadawcy radiowo-telewizyjnego. Istnieją jednak dogmatyczne i naukowe braki odnośnie podstaw i granic oddziaływania mediów. Ogólne podstawowe przyjęcie silnego oddziaływania nadawców radiowo-telewizyjnych miało swoje uzasadnienie, jednak wraz z wprowadzeniem telewizji cyfrowych i konwergencją oraz zmianą postawy użytkowników nie jest już wystarczające jako konstytucyjne uzasadnienie dla regulacji mediów.

5. Regulacje dotyczące radia i telewizji powinny we właściwy sposób opierać się na wynikach badań naukowych nad wpływem mediów , tak aby na nowo zagwarantować efektywne konstytucyjne uzasadnienie. Dotychczasowe materialne wymogi pluralistyczne nie są ani

wystarczająco skonkretyzowane, ani też nie mają odpowiedniej struktury, aby zagwarantować skuteczną różnorodność opinii.

6. Materialne wymogi pluralistyczne odnośnie „podstawowych standardów zrównoważonej różnorodności" w przypadku prywatnego nadawcy radiowo-telewizyjnego nie są obecnie kontrolowane. Wątpliwa jest również ich kwalifikacja. Bardziej sensowne i odpowiednie dla systemu byłyby impulsy, które nagradzałyby warte wspierania treści programów nadawanych przez prywatnych nadawców radiowo-telewizyjnych.

7. Polski nadzór nad radiem i telewizją prowadzony przez KRRiT nie jest nadzorem wolnym od ingerencji państwa i wymaga natychmiastowej reformy. Można zaproponować tutaj elementy pluralizmu organizacyjnego. Powiązanie KRRiT z Sejmem, Senatem, prezydentem oraz rządem powinno być niedopuszczalne.

8. Materialne wymogi pluralizmu w Polsce nie zawierają również żadnych wytycznych specyficznych dla oddziaływania mediów. Są one bardzo konkretnie sformułowane dla radiowo-telewizyjnego nadawcy publiczno – prawnego i mogą częściowo służyć za wzór dla konkretyzacji w Niemczech. Natomiast materialne wskazówki dla radiowo-telewizyjnego nadawcy prywatnego są prawie nieukształtowane; brakuje w szczególności systemów regulacyjnych dotyczących ryzyka, takich jak kontrola koncentracji i regulacje związane z obłożeniem sieci telewizji kablowej. Zagrożenia te mogą w najbliższej przyszłości prowadzić do nieprzewidzianych i trudno usuwalnych szkód w ramach niezależnego procesu tworzenia opinii społecznej.

9. Pomimo brakujących kompetencji Komisja Europejska zaczyna regulować pluralizm radiowo-telewizyjny i medialny. Wyniknąć z tego może owocny, europejski konsensus odnośnie istotnych elementów pluralizmu jako zasady strukturalnej europejskich porządków medialnych. Istnieje jednak również niebezpieczeństwo europejskiego niwelowania rozwoju indywidualnych, specyficznych dla danego regionu opinii, poglądów i procesów tworzenia opinii w państwach członkowskich. W związku z powyższym proces ten wymaga krytycznej oceny poszczególnych działań.

Studien zum deutschen und europäischen Medienrecht

Herausgegeben von Dieter Dörr und Udo Fink
mit Unterstützung der Dr. Feldbausch Stiftung

Band 1 Peter Charissé: Die Rundfunkveranstaltungsfreiheit und das Zulassungsregime der Rundfunk- und Mediengesetze. Eine verfassungs- und europarechtliche Untersuchung der subjektiv-rechtlichen Stellung privater Rundfunkveranstalter. 1999.

Band 2 Dieter Dörr: Umfang und Grenzen der Rechtsaufsicht über die Deutsche Welle. 2000.

Band 3 Claudia Braml: Das Teleshopping und die Rundfunkfreiheit. Eine verfassungs- und europarechtliche Untersuchung im Hinblick auf den Rundfunkstaatsvertrag, den Mediendienste-Staatsvertrag, das Teledienstegesetz und die EG-Fernsehrichtlinie. 2000.

Band 4 Dieter Dörr, unter Mitarbeit von Mark D. Cole: *Big Brother* und die Menschenwürde. Die Menschenwürde und die Programmfreiheit am Beispiel eines neuen Sendeformats. 2000.

Band 5 Martin Stock: Medienfreiheit in der EU-Grundrechtscharta: Art. 10 EMRK ergänzen und modernisieren! 2000.

Band 6 Wolfgang Lent: Rundfunk-, Medien-, Teledienste. Eine verfassungsrechtliche Untersuchung des Rundfunkbegriffs und der Gewährleistungsbereiche öffentlich-rechtlicher Rundfunkanstalten unter Berücksichtigung einfachrechtlicher Abgrenzungsfragen zwischen Rundfunkstaatsvertrag, Mediendienstestaatsvertrag und Teledienstegesetz. 2001.

Band 7 Torsten Schreier: Das Selbstverwaltungsrecht der öffentlich-rechtlichen Rundfunkanstalten. 2001.

Band 8 Dieter Dörr: Sport im Fernsehen. Die Funktionen des öffentlich-rechtlichen Rundfunks bei der Sportberichterstattung. 2000.

Band 9 Dieter Dörr (Hrsg.): www.otello.de. Klassik nur noch im Internet oder per pay? Symposium aus Anlass des 85. Geburtstages von Professor Dr. Heinz Hübner. 2000.

Band 10 Markus Nauheim: Die Rechtmäßigkeit des Must-Carry-Prinzips im Bereich des digitalisierten Kabelfernsehens in der Bundesrepublik Deutschland. Illustriert anhand des Vierten Rundfunkänderungsstaatsvertrages. 2001.

Band 11 Stefan Sporn: Die Ländermedienanstalt. Zur Zukunft der Aufsicht über den privaten Rundfunk in Deutschland und Europa. 2001.

Band 12 Christian Ebsen: Fensterprogramme im Privatrundfunk als Mittel zur Sicherung von Meinungsvielfalt. 2003.

Band 13 Dieter Dörr / Stephanie Schiedermair: Rundfunk und Datenschutz. Die Stellung des Datenschutzbeauftragten des Norddeutschen Rundfunks. Eine Untersuchung unter besonderer Berücksichtigung der verfassungsrechtlichen und europarechtlichen Vorgaben. 2002.

Band 14 Dieter Dörr (Hrsg.): Rundfunk über Gebühr. Die Finanzierung des öffentlich-rechtlichen Rundfunks im Zeitalter der technischen Konvergenz. 3. Mainzer Mediengespräch. 2003.

Band 15 Dieter Dörr / Stephanie Schiedermair: Die Deutsche Welle. Die Funktion, der Auftrag, die Aufgaben und die Finanzierung heute. 2003.

Band 16 Frauke Blechschmidt: Das Instrumentarium audiovisueller Politik der Europäischen Gemeinschaft aus kompetenzrechtlicher Sicht. 2003.

Band 17 Christine Jury: Die Maßgeblichkeit von Art. 49 EG für nationale rundfunkpolitische Ordnungsentscheidungen unter besonderer Berücksichtigung von Art. 151 EG. Eine Untersuchung am Beispiel öffentlich-rechtlicher Spartenkanäle. 2005.

Band 18 Sabine Groh: Die Bonusregelungen des § 26 Abs. 2 S. 3 des Rundfunkstaatsvertrages. 2005.

Band 19 Sylke Wagner: Das *Websurfen* und der Datenschutz. Ein Rechtsvergleich unter besonderer Berücksichtigung der Zulässigkeit sogenannter *Cookies* und *Web Bugs* am Beispiel des deutschen und U.S.-amerikanischen Rechts. 2006.

Band 20 Stephanie Reese: Der Funktionsauftrag des öffentlich-rechtlichen Rundfunks vor dem Hintergrund der Digitalisierung. Zur Konkretisierung des Funktionsauftrages in § 11 Rundfunkstaatsvertrag. 2006.

Band 21 Henrike Maaß: Der Dokumentarfilm – Bürgerlichrechtliche und urheberrechtliche Grundlagen der Produktion. 2006.

Band 22 Dorit Bosch: Die „Regulierte Selbstregulierung" im Jugendmedienschutz-Staatsvertrag. Eine Bewertung des neuen Aufsichtsmodells anhand verfassungs- und europarechtlicher Vorgaben. 2007.

Band 23 Johannes Gerhard Reitzel: Arbeitsrechtliche Aspekte der Arbeitnehmerähnlichen im Rundfunk. 2007.

Band 24 Ulf Böge / Jürgen Doetz / Dieter Dörr / Rolf Schwartmann: Wieviel Macht verträgt die Vielfalt? Möglichkeiten und Grenzen von Medienfusionen. 2007.

Band 25 Valérie Schüller: Die Auftragsdefinition für den öffentlich-rechtlichen Rundfunk nach dem 7. und 8. Rundfunkänderungsstaatsvertrag. 2007.

Band 26 Simone Naumann: Die arbeitnehmerähnliche Person in Fernsehunternehmen. 2007.

Band 27 Nathalie Hellmuth: ARTE – Europa auf Sendung. Verfassungsrechtliche Rahmenbedingungen für die Beteiligung von ARD und ZDF an supranationalen Gemeinschaftssendern am Beispiel des Europäischen Kulturkanals ARTE. 2007.

Band 28 Dieter Dörr / Stephanie Schiedermair: Ein kohärentes Konzentrationsrecht für die Medienlandschaft in Deutschland. 2007.

Band 29 Dieter Dörr / Simone Sanftenberg / Rolf Schwartmann (Hrsg.): Medienherausforderungen der Zukunft. Seminar zum nationalen und internationalen Medienrecht. Vom 06.–10. Dezember 2006 in Lech am Arlberg (Österreich). 2008.

Band 30 Nina Nicole Hütt: Zur Frage der Existenz von Hörfunkrechten des Sportveranstalters unter besonderer Berücksichtigung der Fußball-Bundesliga. 2008.

Band 31 Hans-Martin Schmidt: Rundfunkgebührenfinanzierung unter dem GATS. 2008.

Band 32 Julia Niebler: Die Stärkung der Regionalfensterprogramme im Privaten Rundfunk als Mittel zur Sicherung der Meinungsvielfalt durch den Achten Rundfunkänderungsstaatsvertrag. 2009.

Band 33 Jörg Michael Voß: Pluraler Rundfunk in Europa – ein duales System für Europa? Rahmenbedingungen für den öffentlich-rechtlichen Rundfunk in einer europäischen dualen Rundfunkordnung. Unter Berücksichtigung der Anforderungen der europäischen Meinungs- und Medienfreiheit. 2008.

Band 34 Nina Knorre: Die Abwicklung des Arbeitsverhältnisses nach erfolgreicher Statusklage im Rundfunk. 2008.

Band 35 Kai Friedrich Zentara: Medienordnung und Öffentlicher Diskurs. Die Pflicht des Staates zur Gewährleistung der Funktionstüchtigkeit des Öffentlichen Diskurses. 2009.

Band 36 Daniel Rudolph: Erhalt von Vielfalt im Pressewesen. Unter besonderer Berücksichtigung des publizistischen Wettbewerbs. 2009.

Band 37 Felix Heimann: Der Pressekodex im Spannungsfeld zwischen Medienrecht und Medienethik. 2009.

Band 38 Christine Scheunert: Europäischer Jugendschutz für das Fernsehen.Bestimmungen eines kohärenten Harmonisierungsgrades unter Berücksichtigung der Jugendschutzsysteme in Großbritannien, den Niederlanden, Deutschland und Polen. 2009.

Band 39 Kristoff M. Ritlewski: Pluralismus als Strukturprinzip im Rundfunk. Anforderungen aus dem Funktionsauftrag und Regelungen zur Sicherung in Deutschland und Polen. 2009.

www.peterlang.de